法鼓山年鑑
2007

◆聖嚴師父對2007年的祝福

回顧2007 展望2008

**2007年是法鼓山的「和敬平安」年，
回顧2007年，展望2008年，
聖嚴師父以專文祝福2007年，另一方面引導眾人共同迎向2008年。
2007年師父傳續任務，僧俗四眾弟子承持法業，
法鼓山整體運作順暢，積極推動各項興學、環保建設，
蘊含著薪火相傳的深義，並將淨化人心、社會的弘願一代代承續落實。**

南無觀世音菩薩！南無阿彌陀佛！諸位菩薩，我在這裡為大家祝福，為這個世界的人類祝福，為全台灣社會祝福，更為我們法鼓山所有菩薩們祝福：祝福大家身體健康、事業如意、萬事順利、家庭平安、社會和諧。

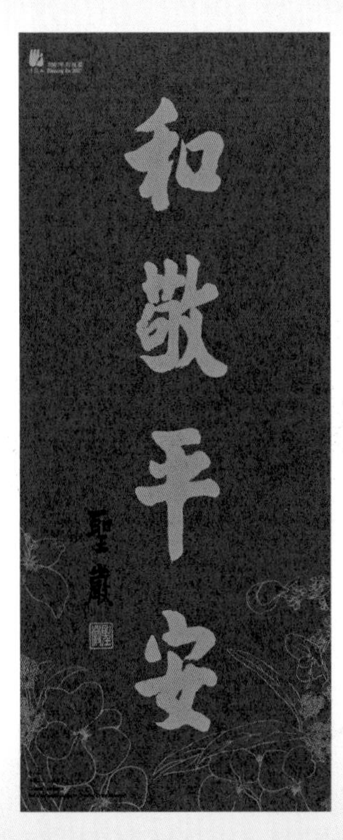

體系各項事務，順暢運作

在新的一年（2008年）即將開始，我首先把過去一年來，我們法鼓山的人事安排做個報告。大家知道我已退居幕後，不再是法鼓山體系的負責人，而是一個創辦人。目前法鼓山主要有六、七個基金會在運作，在這些基金會之中，我只保留了法鼓山人文社會基金會的董事長，其餘皆未擔任任何職位。現在法鼓山各方面的運作，不論是軟體、硬體，主要負責人是由我們的新任方丈主其責。

在教育人事部分，2007年有新安排，其一是法鼓佛教研修學院校長，邀請到惠敏法師擔任，他也是我們僧團的首

座和尚；另一項是法鼓大學籌備處，聘請到劉安之先生擔任籌備處教授。在僧團執事部分，由果暉法師及果品法師擔任副住持，果廣法師自2006年9月底接任代理都監至2007年底，這些是2007年度法鼓山非常重要的人事安排，由於各執事適才適所，整體運作非常順暢，因此，請大家不要認為任何事非師父來處理不可。我已經退休，但我們法鼓山所有活動，沒有一項減少、沒有一項衰退，都還在積極進行中。

在工程方面，2007年一年，我們完成了法華公園與全山的照明和音響設備；正在建設中的工程，則有華八仙朝山步道。這條步道位於園區聯外道路的溪濱左側，以來迎觀音公園為起點，沿溪而上，穿過華八仙公園。另外還有法華公園步道和法華橋，則已經完成。

接下來，我們最主要的工程就是法鼓大學。為了建設法鼓大學，2007年年初，護法總會副總會長劉偉剛菩薩，提出一個「5475大願興學」募款方案，希望在三年之內，號召一百萬人來參與響應——每個人每天捐5塊錢，三年圓滿5,475元，用以護持法鼓大學。這個方案如能順利達成，三年內有一百萬人的具體支持，我們辦法鼓大學，就沒有後顧之憂了。

突破時代創舉：水陸法會、生命園區

回顧2007年一年，我們做了很多事，也辦了許多活動；往未來看，我們的重點就是把法鼓大學辦起來。法鼓大學的工程進度，預計2009年可以看到建築物的輪廓，2010年起招生。在校本部建築尚未竣工啟用前，會以位於台北市區的德貴大樓興辦「法鼓德貴學苑」，先行招生。

環保生命園區的啟用，讓生命的終結更為圓滿。

僧團在2007年也有不少成長，甚至可說是法鼓山建僧以來，極具突破性的一年，例如農禪寺的改建工程，已在進行之中。2007年農禪寺改建之前，辦了幾場大法會，特別是梁皇寶懺法會，最後一天達到五千多人；農禪寺雖小，法會卻非常殊勝。

兼具環保、人文、藝術精神的「大悲心水陸法會」，是法鼓山的創舉。

在僧才教育方面，僧團早期的僧眾只有二、三十位，經過近年來的培育，尤其這六年多來法鼓山僧伽大學的養成教育，現在僧眾有兩百多人，而由我們僧伽大學培養出來的畢業學僧，就有九十幾位，這是非常高的比例。對僧團來講，2007年是非常具有突破性意義的一年。

此外，2007年12月我們首次舉辦了「大悲心水陸法會」，這是我們的一項創舉。舉辦梁皇寶懺法會是為了紀念我的師父東初老人，在1997年，我師父圓寂20週年時，首度舉辦；2007年是東初老人圓寂30週年，我們辦了這場水陸法會，除了感報老人的法乳之恩，對於道場的維持、大學院教育事業，以及對社會民眾的普化教育，也都有很大的幫助。

另外，2007年我們法鼓山的另一項創舉，就是11月份，我們跟台北縣政府共同合作的「台北縣立金山環保生命園區」，在法鼓山園區正式啟用。這對全台灣，乃至全世界來講，都是一個新的里程碑。11月24日啟用當天有10位往生者的骨灰圓滿植存儀式，包括我師父東初老人一部分的骨灰，也植存在此。植存，就是把往生者的骨灰，置入生命園區已完成鑿設的洞穴裡，與大地日月星辰常相為伴。此外，我們也舉辦了第一屆「關懷生命獎」以及全面防治自殺的活動，並且提倡「心六倫」運動。這也是我們2007年度推展的重點工作。

至於2008年，有什麼新的規畫？應該做的，還是要繼續推動。比如我們辦的法會，

倡導「心六倫」運動，希望社會人心平安、健康。

能突破傳統，又賦予新的時代意義，要繼續辦下去；2007年推動的「心六倫」運動，以及2006年發起的「你可以不必自殺」防治自殺活動，也要全面繼續推廣。這兩個運動，引起社會很大的回響，大家都非常贊同，這是由人基會策畫，需要我們全力支持。至於國際學術活動及各項國際交流計畫，也已在規畫之中。

發好願，把法鼓大學辦起來！

接下來我要報告個人的近況，相信也是大家想知道的。我這一輩子都在病中；一直以來，大家都不看好我，都認為我活不長久，隨時可能死亡。可是我還是一年一年撐過來了，到2007年，我已經79歲，體能的衰退無可否認，畢竟我已到了這個歲數。但是，在我的心願未了以前，我相信我還會繼續活下去，這最後的一個大心願，就是把法鼓大學辦起來。

我的病，究竟是什麼病？我現在向大家公布是腎臟病。這兩年多來，我固定洗腎，在洗腎過程中，我還去了一趟美國。洗腎對我沒有多少妨礙，但是這種病，不可能完全治好，只能藉洗腎來延長壽命。我每星期要到醫院洗腎，洗完腎以後，還是像普通的正常人一樣，可以做點事，並不是什麼都不能做了。

為什麼不換腎？因為我老了，一只健康的腎，如果置換在一個年輕人或者中壯年人身上，它可發揮的功能和時間較長，而我今年79歲，來日無多，用一個腎等於浪費一個腎，這是非常不慈悲的事，所以我拒絕換腎。我問了醫生，洗腎之後能維持多久的生命？他們說，視病人的情況而定，最短的大概幾個月，最長的可帶病延年二十幾年。現在我也不知道自己還能有多少時間，但我還是要把最後一個心願完成——把法鼓大學辦起來。

我們2008年的春聯祝福語是「好願在人間」，這是延續2007年的「5475大願興學」計畫，2008年仍將繼續推動，而且要全面廣大地推展開來。因此，我邀請大家發願，方式很簡單，每人每天存5塊錢，三年圓滿5,475元，共同來護持法鼓大學。這是為人間發一個好願，為人間儲存一份至善的心願。如果不發願，事難竟成；只要發願，就一定能心想事成。例如2006年底，我發了一個願：以我的書法勸募建校經費。2007年我在病中寫了五百幅字，辦了五場書法展，名為「遊心禪悅——法語．墨寶．興學」，真的因此募集了一筆辦學經費。所以，我鼓勵大家，發一個好願；也祝福大家，期勉大家發好願。阿彌陀佛！

聖嚴師父於遊心禪悅書法展記者會上，說明其興學的願心。

大溪法鼓山社會大學於今年春季班開學典禮中，提供竹製存錢筒給學員，鼓勵大家護持「5475大願興學」。

編輯體例

一、本年鑑輯錄法鼓山西元2007年1月至12月間之記事。

二、正文分為三部，第一部為綜觀篇，含括法鼓山創辦人（聖嚴師父）、法鼓山僧團、2007年例行活動，俾使讀者對2007年的法鼓山體系運作有立即性、全面性且宏觀的認識。第二部為實踐篇，即法鼓山理念的具體實現，以三大教育為樑，放眼國際，分為大普化、大關懷、大學院、國際弘化。各單元首先以總論宏觀論述這一年來主要事件之象徵意義及影響，再依事件發生時序以「記事報導」呈現內容，對於特別重大的事件則另闢篇幅做深入「特別報導」。第三部為全年度「大事記」，依事件發生時間順序記錄，便於查詢。

三、同一類型活動若於不同時間舉辦多場時，於「記事報導」處合併敘述，並依第一場時間排列報導順序。但於「大事記」中則不合併，依各場舉辦日期時間分別記載。

四、內文中年、月、日一律以阿拉伯數字書寫，如：2007年3月21日。確定的人數、金額，除非個位數或萬以上的數字，皆以阿拉伯數字書寫，如101人、3,728元等。不確定、個位數及萬以上的數字，則一律以國字書寫，如一百多萬元、大約有三千人、五個人、兩萬三千五百四十二本。

五、人物稱呼：聖嚴法師皆稱聖嚴師父。其他法師若為監院或監院以上職務，則一律先職銜後法名，如方丈和尚果東法師、僧團副住持果品法師。一般人員敘述，若有職銜則省略先生、小姐，如法鼓山社會大學校長曾濟群。

六、法鼓山各事業體單位名稱，部分因名稱過長，只在同一篇文章中第一次出現時以全名稱呼，其餘以簡稱代替，詳如下：
法鼓山世界佛教教育園區簡稱「法鼓山園區」
法鼓佛教研修學院簡稱「研修學院」
中華佛學研究所簡稱「中華佛研所」
法鼓山僧伽大學簡稱「僧大」
漢藏佛教文化交流研究班簡稱「漢藏班」
金山法鼓山社會大學簡稱「金山法鼓山社大」
法鼓山人文社會基金會簡稱「人基會」
聖嚴教育基金會簡稱「聖基會」
法鼓山社會福利慈善事業基金會簡稱「慈基會」

2007法鼓山年鑑
目錄

102 實踐篇

2007法鼓山年鑑

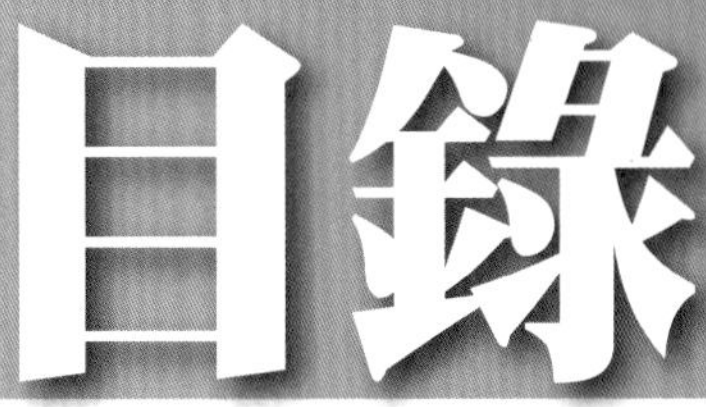

目錄

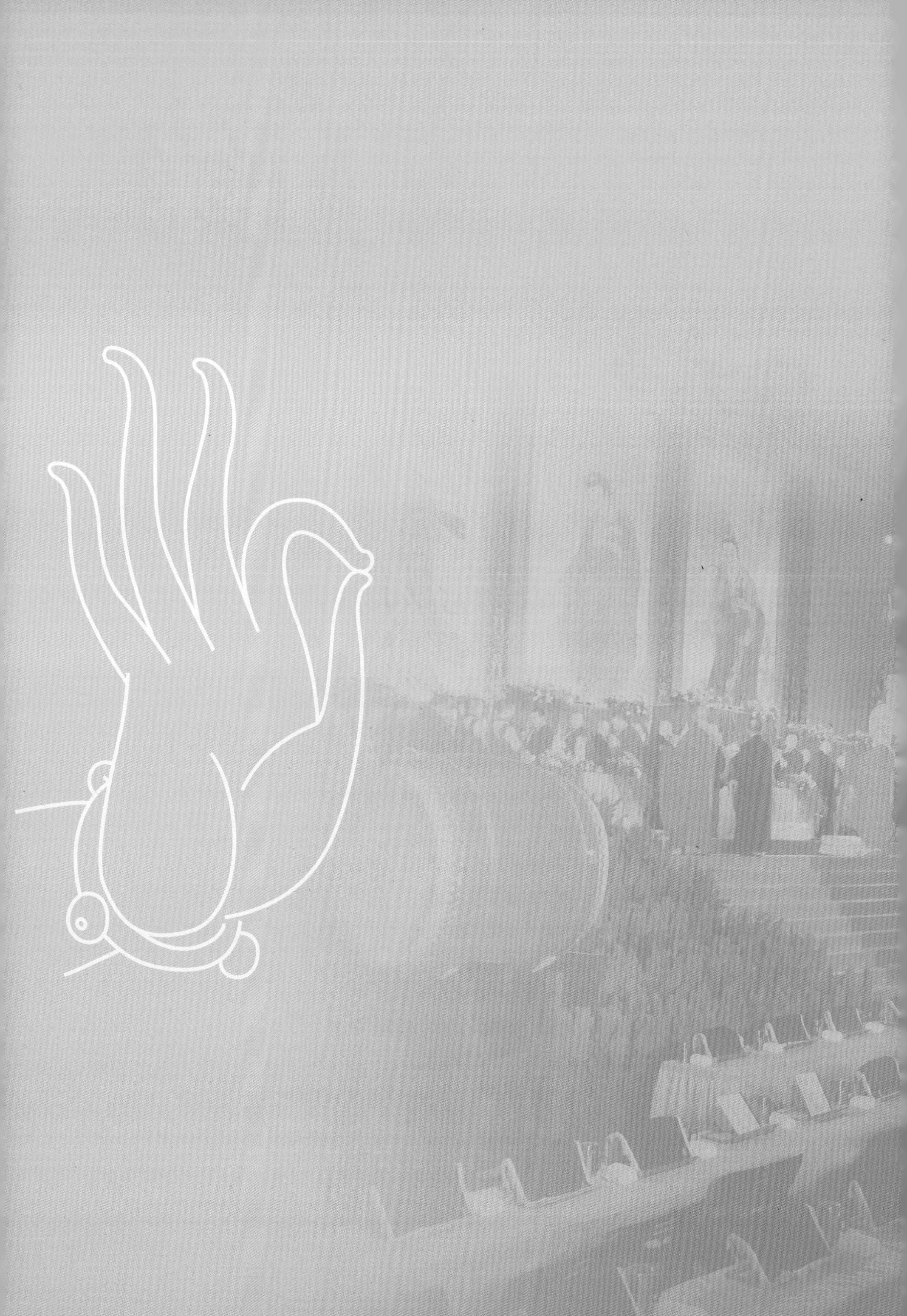

綜觀

法鼓山創辦人

2007年的聖嚴師父

法鼓山僧團

內修外弘　創新成長

2007年例行活動

各單位、地區例行活動概述

- 寺院體系
- 護法體系
- 教育事業群
- 關懷事業群
- 文化中心
- 行政中心

法鼓山創辦人

2007年的聖嚴師父

在法鼓山多元活動中，聖嚴師父緊扣當代社會的需求，提出佛法的見解。

聖嚴師父數十年遊化人間，風雪行旅，不斷前行的芒鞋穿越山林小徑，走向寬廣的世界，踏痕悠遠迤邐，已然成就其出世入世的好風景；縱使這位年長旅人的步履可能困頓疲倦，但當年的初發心卻總是呼喚他持續行動。

聖嚴師父在迎接2008年的新春開示中重申：我已退居幕後，不再是法鼓山體系的負責人，而是一個創辦人，也自云年近八旬的身體正受病苦；但基於深沉的宗教信心與入世的悲心，2007年的師父仍持續於病中，回應當代社會多元的需求，運用綿密的教化行動，編織出利他的錦繡。

為使法鼓山的理念與精神永續傳承，今年7月底，聖嚴師父對僧眾、專職、義工的精神講話中，特別開示「法鼓山的四大堅持」，包括：堅持法鼓山的理念、堅持三大教育、堅持四種環保、堅持漢傳禪佛教，清楚揭示法鼓山的方向，讓所有法鼓人透視法鼓山理念的完整性與關聯性，同時期勉四眾弟子，成為落實法鼓山理念的先鋒。

除了這念茲在茲的提醒，在法鼓山多元的活動裡，處處可見聖嚴師父鮮明的身影，帶領、指導、也推動著法鼓山教團，在教育興辦、思想啟蒙、國際連結、社群普化四個面向積極實踐，與當代時潮呼應，喚起大眾同願同行的動能。

教育興辦　廣培人才

聖嚴師父欣見法鼓佛教研修學院正式揭牌成立。

檢驗佛教興衰，端看人才有無。

聖嚴師父早年即已呼籲「不辦教育，佛教就沒有明天」，數十年的努力，具體結果隱然有成：全國第一所通過教育部核准的宗教研修學院——法鼓佛教研修學院，於4月8日佛陀誕辰紀念日正式成立，在揭牌暨首任校長惠敏法師就職典禮上，師父以「等了三十年，今天是我最高興的一天！」表達對學院成立的歡欣之情，並再度指出，今天的社會需要佛教，而佛教人才需要靠教育養成。

聖嚴師父感謝從中華佛學研究所成立以來一路護持的人士，也期望大家繼續支持法鼓山推動「三大教育」的理念。同日，中華佛研所25屆校友齊聚法鼓山園區，其中多位已具博士學位，師父以「毅力、恆心」勉勵校友們，在國內外各個不同領域發揮長才，共同為社會服務與奉獻。

成立多年的法鼓山僧伽大學，則以現代教育方式穩定培養僧才，佛學院教育也頗具成效。聖嚴師父自謂，對僧團來講，這是非常具突破性意義的一年。

而歷經多年申設規畫，法鼓大學也邁入實體建設階段，於8月召開「法鼓大學使命願景共識營」，聖嚴師父再度向四眾宣言，定位法鼓大學乃是一所以「心靈環保」為核心價值，培養改善社會、安定社會、安定人心人才的大學。

聖嚴師父親自出席每一場「遊心禪悅——法語．墨緣．興學」書法巡迴展，與大眾結法緣。

「我發了一個願，但願我的身體狀況許可，能讓我巡迴各地做關懷的工作。」這是聖嚴師父在2007年新春許下的第一個願望。2月開始，師父親自出席每一場「遊心禪悅——法語．墨緣．興學」書法展

聖嚴師父巡迴全台關懷信眾，推動大願興學。

巡迴展出的開展典禮及參與書法義賣，積極為法鼓大學籌募經費，活動受到媒體與社會關注。另持續推動「5475大願興學」計畫，向大眾勸發「大願興學」募款專案的布施行，呼籲「為後代子孫和你我的未來，為了讓眾生得到幸福平安，懇請大家每天布施5元，共同完成法鼓大學的籌建」。

3月起，聖嚴師父巡迴全台各分院道場關懷勸募會員，方丈和尚果東法師全程隨同，共同推動法鼓大學護持活動；師父懇切期勉大眾懷抱利人利己的願心，不但要自我人品提昇，更要進一步接引親友學法、護法，為推動教育事業募人、募心也募款。

結合聖嚴師父思想與法鼓山學習系統為內容的「聖嚴書院」於1月成立，此佛學課程為信眾常態教育，以學期為制、次第闡發「心靈環保」要義，於北中南各分院、辦事處開辦，並帶動終身學習風潮。

聖嚴師父關注著內部系統教育向下扎根，也使枝葉不斷向上伸展。

思想啟蒙　點滴滲透

聖嚴師父素來開放與各界菁英對話，經由各種形式的晤談交流，透過媒體報導或出版傳播，廣泛引起大眾注意，進而對社會產生觀念的啟發。

今年最著者如：台灣高速鐵路公司董事長殷琪於這三年來，多次上山求法問法，晤談內容遍及無常、憂患、生死、教育、管理、企業影響，也涵括人生終極意義、修行實踐等深層面向，由天下文化出版社集結成《慢行聽禪》一書發行；另外，與知名社會文化評論家龍應台，就生死、信仰與知識分子之使命深刻對話，文字紀錄連載刊布於《中國時報》。

聖嚴師父應國家地理頻道之邀，與美國國家地理協會駐會探險家維德．戴維斯（Wade Davis）教授，在台北誠品信義店展開以「世界盡頭的光明」為題的對談，由知名媒體工作者陳文茜主持，深入探討環保、心靈科學、全球氣候變遷等議題。師父於對談中指出：唯有人類內心的世界和平安定，才能見到「世界盡頭的光明」。人類學家與宗教家的對談，激勵了現場聽眾對人類世界的愛護與關切，並催化保護地球的行動，深獲文化傳媒的注目。

另外，有感於近年來國內倫理觀念低落，導致人心浮動不安，聖嚴師父自6月起倡導「心六倫」運動，展開包括「家庭、生活、校園、職場、族群、自然」等六種倫理的「心六倫」對談，與談人均為台灣各行各業具指標性的代表人物；師父更應邀於電視節目中講述，期許眾人從「心」出發，為現代的「心六倫」提出新的思惟和實踐方法，並透過《聖嚴師父談「新時代．心六倫」》電視帶狀節目播出，以期影響社會。

針對環保議題，聖嚴師父應行政院環保署署長張國龍之邀，協助推動環保。師父表示，環保的道理人人都懂，但往往做不到，這是心理、觀念的問題；師父並舉例強調，照顧落後國家，響應地球村計畫，也是一種深層的環保行動。其次，還有以「預防自殺，珍惜生命」、鼓勵環保自然葬的「台北縣立金山環保生命園區」啟用等活動，皆是理念的落實與延伸，更帶給台灣大眾觀念上新的啟示。

國際連結　內外和平

聖嚴師父國際聲望崇隆，儘管不便遠行，其弘化世界的行動仍由弟子代理推動，以代讀宣言的方式，將佛法應世的新思惟做遠方傳播。

3月，僧團果光法師等五位法師與六位青年，出席由青年領袖和平促進會（Young Leaders Peace Council）在肯亞召開的「蘇丹青年和平論壇」（Sudan Youth

聖嚴師父和戴維斯博士進行對談，深入探討環保、心靈科學等議題。

Peace Dialogue），由常聞法師於會議圓滿日代讀師父所撰的閉幕致辭。師父強調，儘管衝突的現象複雜多樣，若人人保持內心的寧靜，以此為基礎來討論共同求生存的問題，才能達成和平相處、社會和諧、經濟發展與政治清廉的目標。

5月，則由方丈和尚果東法師代表，出席於泰國曼谷佛教城舉辦的衛塞節暨泰皇八十大壽慶祝活動，會中代讀聖嚴師父所撰〈佛教是推動世界永久和平的希望〉一文。師父指出，由於種族、宗教、黨派的不同，以及各種利益衝突，世界和平在短時間內似乎不易達成；而法鼓山提倡「心靈環保」，就是希望每個人以慈悲心、智慧心安定內在，法鼓山並推動「共同倫理」，希望縮小全球各族群觀念上的差距，減少摩擦和誤會。

10月，聖嚴師父親自出席於法鼓山園區舉辦的「2007年亞非高峰會議」，師父致辭表示，希望大會在慈悲的原則下，探討如何避免衝突、避免戰爭；並鼓勵以經濟的生產、社會的安全，謀求世界人類共同的福祉。以上等等都是師父積極參與世界連結、掌握佛教發聲的機會。

佛教做為世界性宗教，當不能自外於世界公民的責任。然而，唯有厚培教團實力與提供人類安頓內心的教法，才能蘊積幫助世界的能量。因此，儘管走向世界的腳步仍然高揚，卻更迴向落實法鼓山內部的普化教育。

社群普化　聖俗相參

今年法鼓山大普化教育特別興盛勃發，最特出的是各種法會儀式與人文教化活動交互並融。聖嚴師父親臨關懷或帶領的場次，包括法華鐘圓滿安置後首度的撞鐘祈福活動、法鼓山園區導覽系列教育課程、法鼓山禪堂首度舉辦的話頭禪四十九、社會菁英回山禪修、大悲心水陸法會等。

聖嚴師父在話頭禪四十九期間，親自為禪眾開示。

農曆除夕舉辦「梵鐘祈願，點放光明」跨年撞法華鐘祈福儀式，初一凌晨，共近四千名信眾雲集園區法華公園，跟隨法師念誦：「一願世界和平、眾生吉祥，二願國泰民安、大眾安康，三願法鼓長響、法脈

有感於倫理觀念日益低落，聖嚴師父提出「心六倫」，希望推動建設和諧社會。

流長。」零時整，聖嚴師父帶領貴賓撞出第108響，為新的一年祈禱祝福，為華人喧鬧噪鬧的新年，帶來安詳靜謐的氣氛。

為了讓法鼓山園區充分發揮境教功能，引導每位參訪民眾更深刻體會法鼓山，聖嚴師父先後於1、2、3月在法鼓山園區國際會議廳，為僧眾、專職、導覽人員講授三場參學課程，幫助大眾深入瞭解園區各項建設及景觀工程所蘊含的法鼓山禪修精神，與簡單、樸實、莊嚴等特色，讓「人間淨土」不但在人們的內心滋長，更能於環境中呈現，實際將法鼓山的理念與精神運用在生活與環境中。

6月的「社會菁英禪修營」中，聖嚴師父給予上山禪修的企業人士深刻的勉勵，並期許企業人發揚「職場倫理」，呼應法鼓山今年主要推動的「心六倫」運動；8月初，師父為回山共修的社會菁英開示「大小乘的修行精神」，強調大乘佛法乃是行菩薩道、發菩薩願，即使身在地獄，和眾生一同感受冷熱焦灼，也不以為苦，這種同入地獄、自利利他、化度眾生的精神，就是大乘佛法的精神。

7月，法鼓山禪堂首度舉辦話頭禪四十九，聖嚴師父親自為來自國內外二百七十多位參加禪眾，完整解說一代禪師虛雲老和尚的話頭禪講錄〈參禪法要〉一章，讓禪眾對話頭禪法有更深入的瞭解與體驗。

8月，農禪寺啟建梁皇寶懺法會，共約有一萬多人次參加，為歷年來相當殊勝的一場，聖嚴師父親臨開示了佛法的慈悲精神。

最特出盛大的年終普化活動，則是12月8至15日，以「大悲心」為主題的水陸法會。長達八天七夜的法會，總計八萬名信眾由世界各地前來參與，泰國前外交部長桑納旺斯（Krasae Chanawongse）、美國CNBC電視台也前來觀禮、拍攝。聖嚴師父在送聖儀式中指出，此次跨專業人才整合、結合現代元素的水陸法會，是漢傳佛教從傳統走向現代的一個里程碑；而舉辦水陸法會的目的，是供養、救度法界所有眾生。現代人參加水陸法會，最重要的是共同聆聽佛法，並發願說好話、做好事，如此一來，每個人便能內心安定，三界眾生也會跟著平安。

行動　讓好願在人間

聖嚴師父今年的行止，依然示現佛教對神聖超越與人文倫理的雙重關懷，引領有緣的眾生，從不同的向度探索終極的自由。面對眾生無邊、煩惱無盡的人間現實，師父恆常地一步一腳印，帶領法鼓山四眾弟子，以「心靈環保」來「提昇人品」，實踐淨化世間的願望。

正是那深切誠摯的願望，不斷呼喚旅者前行的腳步！讓他持續在人間栽植菩提種子、培育善信幼苗、向八方奉獻佛法的美麗與芬芳。

文／郭惠芯（屏東社區大學授課講師）、林其賢（屏東商業技術學院副教授）

聖嚴師父從不間斷的腳步，展現對眾生的關懷。

2007年著作一覽表

出版月	書名
2月	《不一樣的身心安定》
	《不一樣的生活主張》
	《不一樣的佛法應用》
	《不一樣的生死觀點》
	《不一樣的環保實踐》（世紀對話系列／聖嚴師父與名人合著）
	《法鼓山故事》（人間淨土系列／聖嚴師父口述，胡麗桂整理）
4月	《學佛群疑》（學佛入門系列／簡體版）
	《法鼓山故事》（人間淨土系列／簡體版）
	《觀世音菩薩與現代社會》（佛教會議論文彙編／中文版／聖嚴師父等著）
5月	《禪門第一課》（*Subtle Wisdom*）（大智慧系列）
7月	《觀世音菩薩與現代社會》（*Bodhisattva Avalokiteśvara (Guanyin) and Modern Society*）（佛教會議論文彙編／英文版／聖嚴師父等著）
	《佛教建築的傳統與創新——2006法鼓山佛教建築研討會論文集》（智慧海系列／聖嚴師父等著）
12月	《方外看紅塵》（人間淨土系列／聖嚴師父口述，梁玉芳採訪整理）

2007年作序一覽表

書名	作者	出版者
《慢行聽禪》	潘煊	天下文化
《遊心禪悅——聖嚴法師法語．墨緣．興學墨迹選》	聖嚴師父	法鼓山文教基金會
《魚趁鮮，人趁早——明宗上人走過台灣佛教六十年》	悟因法師	香光書鄉出版社
《甘露與淨瓶的對話》	吳若權	圓神出版社
《方外看紅塵》	聖嚴師父	法鼓文化

2007年參與之國際會議及活動一覽表

時間	會議名稱	主辦單位	地點	演說文	參加者
3月1至6日	蘇丹青年和平論壇（Sudan Youth Peace Dialogue）	全球女性和平促進會（Global Peace Initiative of Women）附屬的青年領袖和平促進會（Young Leaders Peace Council）	肯亞戈曼非洲保護區（Gallmann Africa Conservancy）	蘇丹青年和平論壇閉幕致辭	僧團果光法師 僧團果禪法師 僧團常悟法師 僧團常濟法師 僧團常聞法師 六位青年代表
5月26至29日	泰國衛塞節暨泰皇80大壽慶典	泰國政府	曼谷佛教城、聯合國亞太總部	〈佛教是推動世界永久和平的希望〉	方丈和尚果東法師
10月27至29日	法鼓山2007亞非高峰會議	法鼓山	法鼓山世界佛教教育園區	〈以慈悲化解鬥爭、暴力與衝突〉	聖嚴師父親自參加

法鼓山僧團

內修外弘　創新成長

一百多位僧團法師以行腳，展現傳承師志、堅定建僧的願心。

2006年9月2日，果東法師接下了法鼓山第二任方丈的棒子，也象徵著法鼓山僧團擔負起領導法鼓山的使命與責任。2007年，在創辦人聖嚴師父的指導、新任方丈和尚果東法師的領導下，法鼓山僧團不僅在組織制度上不斷地強化，更在各項法務推動上，有許多的創新與成長。

在組織制度方面，法鼓山的整體組織架構已趨於完備，以僧團為領導核心，領導專職及信眾們，朝向資訊化、年輕化、國際化的方向努力。

2007年，僧團創造了許多的「首度」：2月農曆年前，首度舉行除夕「梵鐘祈願，點放光明」撞法華鐘活動；4月份的「僧活營」，完成僧眾自北投中華佛教文化館行腳至法鼓山世界佛教教育園區的創舉；7月份，為期49天的話頭禪首次於法鼓山園區禪堂舉辦，聖嚴師父多次親臨開示；10月，在僧團青年發展院法師的指導下，代表法青形象的「Pure-GECIC純真覺醒」正式展開；11月，位於法鼓山園區的「台北縣立金山環保生命園區」啟用；12月份，在園區舉辦的「大悲心水陸法會」，可說是一場落實法鼓山理念的盛宴。每一項創新，都有僧眾、專職及信眾們的智慧與用心，更象徵著僧眾們承先啟後的時代意義。

2007年可說是僧團積極開創性的一年，茲以法務推廣、僧才培育、僧眾教育、道場建設、國際參與等五個面向，介紹如下：

法務推廣

法會活動方面，今年邁入了法會與科技結合的新紀元。水陸法會是現今漢傳佛教最隆重盛大的法會，但傳統法會儀軌中，須大量燃燒牌位等作法又與環保理念相牴觸。僧團遂於兩年多前開始深入水陸儀軌與相關經典，歷經兩年多的研究，規畫了合乎現代環保理念的水陸法會，整合傳統藝術與現代科技，採用電腦動畫、數位牌位以免除焚燒，呈現藝術、科技、人文、環保等多元面向的文化活動。

另一項環保理念的推動，是「台北縣立金山環保生命園區」的啟用。此園區結合了法鼓山「四環」的理念。為了落實法鼓山的理念，園區不立碑、不記名，將骨灰分別植存，打破傳統「據洞為親」的觀念。金山環保生命園區的啟用，可說是國內殯葬觀念的一大突破，也具帶動環保自然葬風氣之先。

2006年法華鐘落成，讓今年的新春有了新的氣象，在法鼓山園區法華公園首度舉辦「梵鐘祈願，點放光明」跨年撞法華鐘祈福儀式。於2月17日除夕夜十時起，僧眾帶領信眾輪流撞法華鐘共108響，並於18日大年初一凌晨，由聖嚴師父、方丈和尚果東法師及行政院長蘇貞昌、內政部長李逸洋、台北縣長周錫瑋、鴻海集團總裁郭台銘、法鼓

法鼓山首度舉辦的大悲心水陸法會具備環保、人文的特色。

除夕夜首度舉行「梵鐘祈願，點放光明」撞法華鐘活動。

山法行會會長蕭萬長、知名表演工作者張小燕等人合力撞響第108聲法華鐘。由除夕撞鐘也帶出「遊心禪悅花迎春，和敬平安過好年」新春系列活動，接引約十萬人走訪法鼓山園區，禮佛、賞花、看法寶。

信眾教育方面，以「心靈環保」為核心理念的階次性佛學課程「聖嚴書院」，今年1月6日首度在高雄紫雲寺成立，隨即於全台灣各地展開。聖嚴書院課程規畫為三階段，每階段三年，採學期制，每學期18週。此書院將有系統地培養法鼓人成為解行並重、福慧雙修的人間淨土行者。

7月份，法鼓山禪堂舉行了首次的話頭禪四十九，由聖嚴師父親自開示虛雲老和尚的語錄。此次話頭禪四十九，共有64人全程參與，加上參加部分梯次的禪眾，總共有兩百七十餘位禪眾參禪。在禪堂板首果如法師的指導下，帶領內護法師展現師父早期直下承擔的禪風，向禪眾們行逼拶法，禪期間，棒喝聲、香板聲不絕於耳，帶動禪堂精進勇猛的修行氣氛。

10月及11月份，在僧團青年發展院法師的指導下，法鼓山世界青年會舉辦「純真覺醒成長營」，透過「創新、關懷、專注」主題式課程，引導學員進行探索自我、關懷自然、創新環保的體驗。此活動將代表法青形象的「Pure-GECIC純真覺醒」正式展開。

僧才培育

法鼓山僧伽大學今年的招生，改採不分系入學，共計有46位新生入學。僧大第三屆佛學院與養成班學僧於今年6月份畢業，包括6位男眾、15位女眾，其中有20位畢業僧，在接受三學院的領執培訓課程後，正式進入僧團領執奉獻。僧團的領執法師至2007年底，男、女眾共154人，法師的人數穩定地成長中。

農曆7月29日（國曆9月10日）地藏王菩薩聖誕紀念日，舉行剃度典禮，共有25人發心出家，成為沙彌及沙彌尼；並有35位新僧，受行同沙彌及行同沙彌尼戒。剃度典禮首度由方丈和尚代聖嚴師父授戒。此外，今年共有9位男眾、18位女眾法師前往基隆靈泉禪寺受為期近一個月的三壇大戒，成為比丘及比丘尼。

為了讓更多嚮往體驗出家生活的居士，有機會進入僧團與僧眾們一起生活，僧團今年舉辦首屆僧命體驗班，於9月4日報到至2008年1月，為期五個月，共有3位男眾、16位女眾圓滿課程。

僧眾教育

僧眾今年在禪修課程方面，除了兩梯次的初級禪訓班師資培訓外，另於11月舉辦了首次的英文禪修師資培訓，共有19位法師接受培訓。此外，馬來西亞佛學院院長繼程法師於1月份在台北安和分院進行《六妙門》開示及禪修心得分享。聖嚴師父更為僧眾法師們及悅眾菩薩們，上了一堂「參學禪修」課程。

聖嚴師父特別著重對法鼓山園區景觀內涵的介紹，今年1至3月分別為僧眾、導覽人員講授了「參學禪修的原則和方法」、「法鼓山全山導覽」、「什麼是法鼓山的景觀？」三堂導覽培訓課程。此外，包括法會監香及法器悅眾培訓、弘講培訓、管理培訓等，均持續進行，以培養優秀的僧才。僧團在僧眾培訓的規畫上，期待在內修外弘上，不僅是量的增加，更是質的提昇。

今年剃度典禮由方丈和尚果東法師代聖嚴師父授戒。

為體驗聖嚴師父以北投中華佛教文化館為起點，一步一腳印，終至開創法鼓山，堅持建僧的願心，以及祖師大德行腳朝聖求道的堅忍毅力，僧團於4月18至19日舉辦一年一度的「僧活營」，今年以「健身．建僧——承先啟後」為主旨，約有一百多位法師發願以師志為己志，自北投文化館徒步至金山法鼓山世界佛教教育園區，用行腳的實際行動堅定建僧心願，總共費時11.5個小時。這次僧活營規畫了前所未有、全程禁語的長途行腳之旅，自祖庭北投文化館出發，經陽投公路、陽金公路，接磺溪中橋直上法鼓山園區，最後於祈願觀音殿作功德迴向，圓滿此次以實際行動走出「承先啟後」的願心。

道場建設

2007年，法鼓山籌備興建與整修的國內分院道場包括：北投農禪寺改建規畫、桃園齋明寺古蹟維修、齋明寺禪修中心新建，三峽天南寺新建、動土，台中寶雲寺籌備及新增寶雲別苑、台南雲集寺新建籌備以及美國東初禪寺搬遷計畫。

農禪寺

法鼓山開山寺院農禪寺，於2007年9月6日通過都市計畫變更為保存區，目前正委託建築師規畫改建案。

齋明寺及禪修中心

齋明寺的建設可分為古蹟修復、齋明寺增建工程以及齋明寺禪修中心新建工程的建設。古蹟修復工程於2007年底已接近完工階段，而兩處增建工程均已取得建照，預定於明年（2008年）5月開工。二、三年後，大溪、桃園地區的弘化之蓬勃興隆將可預見。

2月動土灑淨的天南寺，將成為法鼓山另一個禪修中心。

三峽天南寺

位於台北縣三峽鎮，將做為法鼓山教育及禪修中心的天南寺，於今年2月11日舉行動土灑淨典禮。今年動土之後，預定於2008年底完工，並於2009年初可望正式啟用。

台中寶雲寺及寶雲別苑

台中分院已於2006年規畫籌建寶雲寺，並於今年7月份承租了西屯區鄰近東海大學的東籬農園，成為法鼓山「寶雲別苑」，於9月份開始為信眾服務。

寶雲別苑原為休閒農場，其建築與庭園設計非常自然、樸實，與法鼓山的理念不謀而合。寶雲別苑將成為未來台中分院（寶雲寺）現址啟建大廈期間的據點，擔負起台中地區共修活動、弘化之功能。

台南分院

為擴大服務台南、佳里、嘉義地區的信眾，台南分院規畫籌建佳里雲集寺，自去年（2006年）12月底舉行第一次籌備會以來，至2007年底已進行道場工程建設的設計圖擬定、修改，預計於明年（2008年）年中開始動工。

美國東初禪寺遷建計畫

創立近三十年的東初禪寺，由於建築物年久失修，加上空間過於狹小，許多活動已容納不下，故有遷建計畫。為籌募遷建款項，5月19日、7月10日、7月15日，以「法鼓希望工程、建設人間淨土」為主題，分別於紐約拉加第亞機場萬豪酒店（New York LaGuardia Airport Marriott）、芝加哥分會及洛杉磯，舉行募款義賣活動及餐會。

遷建後的東初禪寺，將扮演漢傳佛教在西方傳揚的樞紐角色，承擔在西方社會弘法的開展工作。

國際參與

在國際交流方面，今年除了繼續參與及舉辦國際會議外，方丈和尚果東法師還代表出席了泰國衛塞節的盛會。此外，美國CNBC頻道節目製作人凱文・福克斯（Kevin J. Fox）兩度到訪法鼓山拍攝紀錄片，以及僧團青年發展院受扶輪社邀請，舉辦一場「扶輪社國際青年宗教體驗二日營」，讓法鼓山的國際知名度，逐漸拓展。

僧團法師在「蘇丹青年和平論壇」中，與各國青年代表交流 。

法鼓山主辦「亞非高峰會議」，希望為亞非兩地帶來更多和平與希望。

今年繼續與全球女性和平促進會（Global Peace Initiative of Women，簡稱GPIW）及青年領袖和平促進會（Young Leaders Peace Council）合作舉辦國際會議。3月份在肯亞戈曼非洲保護區（Gallmann Africa Conservancy）召開「蘇丹青年和平論壇」（Sudan Youth Peace Dialogue），由僧團果光法師、果禪法師、常悟法師、常濟法師、常聞法師，與六位青年代表前往參加。10月份在台灣法鼓山舉辦的第二屆「女性慈悲論壇」及「亞非高峰會議」。此會議後，常悟法師及常濟法師於11月至柬埔寨參加「柬埔寨青年領袖會議」。連續的幾個國際會議，對亞洲及非洲境內所產生的衝突，有更深的探討與反省；與會者透過交流、經驗分享，協助當地青年從歷史的陰影、戰爭的殘害中，重新建立自信，找出未來道路。

深受聖嚴師父和法鼓山理念所感動的美國CNBC頻道《業緣尋旅》節目製作人凱文．福克斯（Kevin J. Fox），於今年9月及12月兩度來台拍攝法鼓山及聖嚴師父之紀錄片《法鼓鐘聲》。福克斯也積極向全球各媒體推廣此紀錄片，預定在全球各大洲播出，法鼓山在國際間的知名度將隨之提昇。

在泰國，今年的衛塞節（佛誕節），適逢泰皇八十大壽，方丈和尚果東法師代表聖嚴師父參加盛會，並於5月28日代表師父宣讀〈佛教是推動世界永久和平的希望〉一文。

青年發展院在國際交流上也有新的拓展，首次於法鼓山園區舉行「扶輪社國際青年宗教體驗二日營」，由扶輪社主委陳思明帶領，共有來自美、歐、亞洲等13個國家，43名扶輪青年及隨行社友參加。全程由常華法師、常濟法師、常御法師以英文帶領，引導國際青年們心靈探索和實境體驗，讓學員們在短短的兩天，認識佛教、體驗法鼓山的清淨莊嚴。

結語

2007年2月13日，聖嚴師父在法鼓山園區祖堂對全體僧眾提出：堅持中華禪法鼓宗的傳統、謹守法鼓山的道風，以及維護僧團的章程不變等重要原則；並於7月31日的精神講話，強調法鼓山的四大堅持為：堅持我們的理念、堅持三大教育、堅持四種環保、及堅持漢傳的禪佛教，並以禪佛教的立場，和世界佛教、世界各種文化接軌。師父勉勵四眾佛子，要凝聚團體的精神一代一代傳承，追隨創辦人的理念往前行。

方丈和尚果東法師代表聖嚴師父出席泰國衛塞節活動。

由2007年的種種呈現，正說明在方丈和尚果東法師的領導下，僧團和合團結地抱持著這樣堅定的信念與願力，勇於突破、創新、拓展，為年輕化、國際化、資訊化做了最佳的詮釋。

文／果光法師（現任法鼓山僧伽大學副院長，前任行政中心副都監）

2007年例行活動

各單位、地區例行活動概述

法鼓山為因應大普化、大關懷、大學院三大教育的推展與需求，2007年各弘化單位除了充分發揮原有機能，也進行組織調整，依功能平行整合事業發展，分為：一、寺院體系；二、護法體系：下設會團本部、國內區域護法、海外護法會三個事業群；三、其餘四個事業群，包括：文化中心、行政中心、教育事業群、關懷事業群。

總計台灣的法鼓山體系單位，包括總本山世界佛教教育園區、中華佛教文化館，以及八個寺、分院，三個精舍，兩個教育訓練中心，五個安心服務站，以及42個辦事處、13個共修處。

海外部分，美國有紐約東初禪寺、象岡道場，六個護法分會、11個聯絡處；加拿大有溫哥華道場兼加拿大護法會、多倫多分會；歐洲有盧森堡聯絡處；亞洲有香港、新加坡、馬來西亞及泰國四個護法會；澳洲有雪梨、墨爾本二個分會。

寺院體系中，僧團青年發展院於10月成立「法鼓山世界青年會」，積極培育青年人才，以強化青年組織，擴大培育健全身心、奉獻社會的全球青年學子。

國內新增的區域分院道場包括：台北縣三峽鎮的天南寺，2月舉行動土灑淨典禮，將成為法鼓山另一個禪修中心；台中分院則於現址之外，另承租西屯區鄰近東海大學的東籬農園，做為法鼓山「寶雲別苑」，希望提供中部地區民眾更寬闊的精進共修場所；海外道場部分，創立近半甲子的美國紐約東初禪寺，5月展開「法鼓希望工程——東初禪寺遷建計畫」，陸續進行數場募款活動，邀請全球信眾共同護持，讓東初禪寺可以服務更多東西方人士，並朝向漢傳佛教的國際弘化發展。

護法體系中，國內有兩個據點——新店辦事處、樹林共修處，先後於6月、10月進行新共修場地的灑淨啟用法會。

專責文化出版與推廣的文化中心，則調整為編輯出版處、營運推廣處、史料保存暨展示處等三個功能單位，另有影視製作部、產品開發部等兩個製作單位，以及行政資源部，使經營管理及人力資源運作更臻完善。行政中心則因應業務需求，將下轄的公關文宣處，重整為文宣處與公共關係室，分別負責文宣品、網路等宣傳、視覺設計及評估，以及規畫聯繫傳媒通路等工作。

教育事業群中，法鼓佛教研修學院4月正式揭牌成立並開始招生，10月再獲教育部同意增設佛教學系學士班，中華佛學研究所則隨之轉為研究單位；法鼓山僧伽大學進行學制改革，加強學僧的通識學習；法鼓大學已完成整地工程，進入實體建設階段，同時著手研擬學程規畫，象徵法鼓山大學院教育的推展，邁入嶄新階段。

關懷事業群方面，原「法鼓山人文社會獎助學術基金會」於7月正式更名為「法鼓山人文社會基金會」，持續推廣心靈環保人文關懷理念。人基會於各地社區創辦的法鼓山社會大學，繼金山、大溪、台中三校後，今年4月於北投開辦第四所法鼓山社大，也是台北市第一所法鼓山社大，顯示法鼓山大普化教育，更向都會區扎根。

以下分別對各分支道場、主要據點及各事業體於2007年的主要工作內容、例行活動，做重點介紹。

法鼓山全球各地主要據點

1. 台灣
- 法鼓山世界佛教教育園區
- 北投農禪寺
- 北投中華佛教文化館
- 台北安和分院
- 台北中山精舍
- 基隆精舍
- 桃園齋明寺
- 台中分院
- 南投德華寺
- 台南分院
- 高雄紫雲寺
- 高雄三民精舍
- 台東信行寺

2. 美洲
- 美國東初禪寺
- 美國象岡道場
- 美國護法會紐約州分會
- 美國護法會新澤西州分會
- 美國護法會伊利諾州芝加哥分會
- 美國護法會加州洛杉磯分會
- 美國護法會加州舊金山分會
- 美國護法會華盛頓州西雅圖分會
- 加拿大溫哥華道場
- 加拿大護法會多倫多分會

3. 亞洲
- 新加坡護法會
- 馬來西亞護法會
- 香港護法會
- 泰國護法會

4. 大洋洲
- 澳洲護法會雪梨分會
- 澳洲護法會墨爾本分會

5. 歐洲
- 盧森堡聯絡處

寺院體系

■法鼓山世界佛教教育園區

法鼓山世界佛教教育園區是全球法鼓山體系的總本山，今年11月法鼓山捐贈台北縣政府的「台北縣立金山環保生命園區」正式啟用，率先響應環保自然葬，推廣禮儀環保，為長期推動「心靈環保」理念的世界佛教教育園區，寫下歷史性的一頁。

以心靈環保、漢傳禪佛教為主要的弘化目標，園區全年除了本身進行的例行共修，由於其建設完善的場地、設備、空間與清淨的氛圍，配合法鼓山整體發展，全面開放給體系內其他單位舉辦各種別具特色或是大型國際化的活動，充分發揮園區的使用效益。

每年法鼓山園區都會舉行從除夕延續到元宵節的新春系列活動，今年主題為「遊心禪悅花迎春，和敬平安過好年」，內容有法會、靜態展覽、動態遊戲及主題園遊會等四大項，其中的「梵鐘祈願，點放光明」跨年撞法華鐘祈福儀式，更是法華鐘落成後首度舉辦；同時亦有「法華鐘禮讚——佛像與經文的對話」特展、「遊心禪悅——法語．墨緣．興學」聖嚴師父書法展、「法鼓奇珍妙緣展」三大特展，展現了佛教文化與法脈傳承。總計今年上山走春的民眾約有十萬人次。

為了慶祝佛陀誕辰及母親節，每年5月園區都會在每週六、日舉辦「朝山．浴佛．禮觀音」活動，今年的內容包括浴佛法會、朝山行禪、繞鐘、撞鐘、點燈等。總計今年共逾五千人參與。

園區在5月的每週六、日舉辦「朝山．浴佛．禮觀音」活動，今年有逾五千人前往參加。

其他例行活動，除了每週六的念佛共修和每月一次的大悲懺法會，另有固定於每月第二週週六和第四週週日的景觀維護日活動，以及不定期因應各團體申請而舉辦的認養人朝山暨景觀大出坡活動，全年總計約近兩千人次上山參與園區的出坡與植栽。

大型活動方面，今年最特別的是，12月8至15日首度舉辦「大悲心水陸法會」，首創以光影科技投影數位牌位，取代焚燒紙製牌位的儀式，共近八萬人次在八天七夜中，參與這場結合了藝術、科技、人文、環保等新時代精神的法會。另外，9月中，園區首度舉辦「八關戒齋菩薩行」，將觀音法門和八關戒齋結合，並搭配禪修方法，相當具有特色。

法鼓山大學院教育亦在園區開創新局，4月有法鼓佛教研修學院揭牌典禮，9月研修學院、中華佛學研究所、法鼓山僧伽大學及漢藏佛教文化交流研究班聯合開學暨畢結業典禮；國際活動則有10月的「第二屆女性慈悲論壇」及「亞非高峰會」，邀請國外的女性修行者以及亞非兩地各宗教領袖、各領域專家學者上山進行對話。

其他活動，尚有1月的「第12屆在家菩薩戒會」，約有一千多位戒子受戒，以及「第12屆佛化聯合婚禮」，共有56對新人共結菩提姻緣，觀禮人數將近兩千人，創下歷年新高。寒暑假期間，僧團青年發展院舉辦兩梯次的「卓越．超越」青年成長營、「純真覺醒成長營」，僧大主辦的第五屆生命自覺營，以及僧團主辦的首屆「僧命體驗班」。無論是千人活動、萬人法會，文化展覽、國際會議、佛教修行等動靜態活動，法鼓山園區均能提供完備的軟硬體設施，使活動圓滿進行。

「大悲心水陸法會」讓園區的空間和設備充分發揮弘化的功能。

園區的設施還兼備綠建築的特色，可做為國內相關建築的典範。一項由內政部建築研究所主辦，委託台北縣政府舉辦的「推動綠建築及建立綠建築審查及抽查制度」研討會，便於5月20、26、27日三天，分三梯次觀摩法鼓山園區的綠建築。

而為提昇園區導覽品質，充分發揮法鼓山園區的境教功能，讓來山參訪民眾體驗禪修精神和方法，聖嚴師父特別於1、2、3月共講授三場參學禪修課程，主題分別為「參學禪修的原則和方法」、「法鼓山全山導覽」、「什麼是法鼓山的景觀？」，講授如何引導參訪民眾欣賞法鼓山，並體驗觀音道場的修行，提出了園區導覽準則。

為因應法鼓山的國際化，園區於1月舉辦了「英文導覽員培訓」活動，培訓16位首批英文導覽員。3月10日，弘化院參學室舉辦「導覽組感恩聯誼會暨授證典禮」，為48位第一批參學服務員授證；之後並舉辦多項導覽人員的成長課程，包括4、7月分別有參學服務員初階、進階培訓課程，9月有「心靈導覽員成長營」。園區導覽服務日益優質，今年接引了約兩千三百多個團體，總計近二十九萬人次上山參訪，感受園區境教禪悅的氣息。

北投・農禪寺

農禪寺全年的例行活動以法會為主，另有禪坐共修、念佛共修、佛學講座，以及各種才藝和成長課程等。

法會共修方面，延續往常，有每週六晚上的念佛共修，每月一次的大悲懺法會，以及單月舉辦的淨土懺法會、雙月舉辦的地藏法會，其中向來最受歡迎的大悲懺法會，參與人數維持每場約千餘人。而每年固定舉辦的佛一暨八關戒齋法會，今年於6、9、10月各進行一場，共約兩千三百多人參與。

繼去年（2006年）之後，今年農禪寺第二度於春節期間舉辦一連三天的慈悲三昧水懺法會，並於5月19日和11月10、11日加辦兩場。其他還有元宵節的燃燈供佛法會，5月6日的浴佛法會，農曆7月的梁皇寶懺法會，以及固定於年底進行的彌陀佛七等，其中梁皇寶懺法會今年的參與人數約有一萬多人次。

梁皇寶懺法會是農禪寺的年度盛事。

每年四次的祈福皈依大典也是農禪寺重要的例行活動，今年共接引約七千多人成為新皈依弟子。今年前三場皈依典禮由聖嚴師父親授三皈依，第四場則由方丈和尚果東法師代表師父授三皈依。

禪修方面，每週日下午定期舉辦禪坐共修，每月舉辦一次的禪一，平均每場約百人參加，另有每月開辦一期、每期進行四堂課的初級禪訓班，以及每月一次的禪修指引課程，主要是為了提供例行共修，及接引初學禪坐的民眾。

弘化課程部分，今年配合「聖嚴書院」共開辦三班的初階佛學班，還有多場成長課程，如心靈成長類的「佛學進階——心的詩偈」、「佛學入門——學佛FUN輕鬆」，生命關懷類的「認識自我」、「生死學中學生死」，人文休閒類的「鈔經班」、「佛畫班」「惜福拼布班」，以及養生類的「哈達瑜伽班」、「素食烹飪班」等，寒暑假並為小朋友舉辦了心靈環保體驗營。

農禪寺每年與法鼓山社會福利慈善事業基金會合辦的活動，則有10月20日的佛化聯合祝壽，12月1日的歲末大關懷等，分別關懷了300位壽星及841戶受關懷戶。

北投・中華佛教文化館

北投中華佛教文化館今年主要的例行活動，以每週一次的念佛共修為主，另有每月一次的觀音法會和藥師消災法會，每場法會約近二百人參加。

今年11月，特別開辦「初階法器班」，於每週日晚上舉行，由僧團法師指導民眾學習梵唄和法器認識、執掌、行儀等，約有三十人參加。

每年例行的重要大型法會，包括春節期間2月18至22日的新春千佛懺法會、5月20日的浴佛法會暨親子闖關活動，以及8月11至13日配合中元節舉辦的「心地之藏——大願法會」，其中浴佛法會今年結合活潑的親子活動，許多民眾闔家前往，參與十分踴躍，約有一千兩百多人參加。

文化館今年特別舉辦《地藏經》每日持誦共修，分別於4月9日至5月30日及8月6日至9月10日舉行，帶領當地民眾精進修行，總計七千餘人次參與。

為照顧地方弱勢家庭子女，文化館與教師聯誼會合作進行「恩加關懷學童專案」，自2006年12月至2007年6月於每

文化館每週舉辦一次念佛共修。

月第四週週日上午舉辦「佛恩成長營」，提供貧困學童課業和身心輔導。暑假期間，又與恩加貧困家庭協會合辦兒童潛能開發專案，共有八堂課，持續為弱勢家庭學童提供身心關懷。

台北・安和分院

台北安和分院今年的例行活動以法會、禪修、佛學研習及禪藝推廣為主，提供多元豐富的共修活動，引領都會民眾輕鬆學佛。

法會方面，包括每月一次的地藏法會、淨土懺法會、大悲懺法會，每場都有三、四百人參與。另外每年配合節慶舉辦的法會，如新春期間，2月18日的新春普佛法會、2月20日的新春大悲懺法會；5月13日浴佛節於國父紀念館廣場舉辦的浴佛法會，並搭配「大願祈福感恩會」母親節活動，方丈和尚果東法師亦出席關懷；9月2日至10日（農曆7月）舉辦「中元孝親報恩法會」系列活動，包括地藏法會、淨土懺、大悲懺、藥師法會、地藏懺等五場。上述各場法會總參加人數約達一萬兩千人次。

禪修方面，每週三晚上、週四下午舉辦初級禪訓班，隔週有一次的禪坐共修、浮生半日禪，以及不定期的都會生活禪一等，其中以禪坐共修參與最踴躍，每場平均有二百至三百人。

安和分院暑期兒童夏令營，帶領小朋友親近佛法。

佛學研習方面，今年3、9月分別開辦了「中國佛教史概說」、「佛學入門」、「學佛五講」等七門弘講的課程，另外還有系列的聖嚴書院佛學初階課程，包括「聖嚴書院95秋級初階（一下）」、「聖嚴書院95秋級初階（二上）」、「聖嚴書院96春級初階（一上）」、「聖嚴書院96春級初階（一下）」及「聖嚴書院96秋級初階（一上）」等五個班次，每堂課約有五十至六十人參加。

為接引都會青少年、兒童親近佛法，安和分院安排了「兒童讀經班」、「兒童作文班」等課程，以及於寒暑假舉辦的兒童和青少年禪修、學佛營隊，今年共舉辦了七個梯次，共約有七百多位小朋友參加。

成長課程方面，今年於4月22日、6月10日、8月12日、10月14日共舉辦四場安寧療護課程，此課程為承續去年（2006年）「安寧療護入門」的進階課程。總計有711人次參與研習關懷末期病人的實用技巧和理念。同樣延續去年開辦的「從心看電影——學佛無國界」活動，今年共舉辦八場，每場約近百人參加。

而已成為安和分院成長課程特色之一的禪藝推廣課程，包括禪悅瑜伽、瑜伽紓壓班、禪意書法班、工筆佛畫班及各式花藝班等，今年每堂課程維持每週一次。

台北・中山精舍

台北中山精舍今年的定期活動，以禪修、念佛、讀書會為主，包括每週一的禪坐、學校學期間每週三的教師禪坐共修、每兩個月一次的禪修指引，及每週四的念佛共修；讀書會則配合佛學推廣中心開辦佛學讀書會和一系列聖嚴書院課程，以及每週三的教師讀書會等。

中山區救災中心於中山精舍舉辦救災聯誼活動。

例行的新春活動，今年除了2月28日的團拜茶會，3月3日元宵節前一天並舉辦「和敬平安燈籠會／提燈踩街」活動，內容包括持誦〈大悲咒〉祈福以及提燈踩街，共約一百六十多人參加。

精舍也開設多項才藝課程，包括花藝、太極拳、日語、繪畫，以及健康有機飲食等，採每週一次的小班上課，提供民眾自我成長的學習空間。

協助體系內其他單位舉辦的活動，例如3月協辦護法會中山區勸募會員聯誼，11月配合法鼓山社會福利慈善事業基金會舉辦「救災中心聯誼會」，由中山區救災中心悅眾帶領進行救援人員聯誼、救災演習、講解防火、滅火、避難逃生常識，以及配合護法總會舉行多場人生講座等。

中山精舍舉辦歲末關懷活動。

此外，也配合護法會及慈基會進行社區關懷，例如1月28日舉辦歲末大關懷，6月間精舍信眾兩度前往松山區福德社區關懷年長居民，帶動念佛共修，以及舉辦「相約五日節——關懷獨居長者」活動；10月協辦護法會「銀髮飛揚慶重陽」活動，陪伴六十五歲以上的勸募會員及七十歲以上的地區信眾共度佳節等。

基隆精舍

基隆精舍今年的例行共修，包括每週二晚上的念佛共修、每週三晚上的合唱團練唱，每週五晚上的禪坐共修，每週六上午的兒童讀經班等，以念佛共修的參與人數最多，每次約有八十餘人。

精舍今年舉辦多項兒童成長活動，包括每週舉辦一次的「兒童讀經班」，由老師帶領兒童讀經，並進行勞作、帶動唱、誦念《弟子規》等，同時接引小朋友的家長們認識佛法、參與地區義工活動。7月3至4日、5至6日舉辦兩梯次的「暑期兒童夏令營」，內容有禪坐、經行、爬山等；7月24至31日、8月14至21日兩梯次的「暑期兒童靜坐班」，接引小朋友練習禪修。精舍並於7月派地區悅眾至法鼓山上協助拍攝兒童禪修影片，做為未來接引小朋友學習禪法的教材。

其他活動方面，9月（農曆7月）逢地藏菩薩誕辰和佛教教孝月，精舍照例舉辦「朝禮地藏王菩薩——法鼓山朝山」活動，帶領約兩百六十位的地區信眾至法鼓山園區朝禮地藏王菩薩。

7月29日基隆合唱團應邀於基隆市文化中心演唱佛曲。

此外，基隆合唱團7月應新逸藝術公司之邀，於基隆文化中心演唱佛曲，與社會大眾分享清新的音聲。

桃園．齋明寺

齋明寺全年的例行活動包括每週各一次的禪坐、念佛共修，每月各一次的大悲懺、地藏法會，以接引青少年和兒童學佛為主的和喜太鼓班等。

每年例行的各種大型法會，有新春期間2月18、22日及3月4日舉辦的普佛、地藏、元宵法會，聖嚴師父並於地藏法會前蒞臨關懷，三場新春法會共約五百人參加。今年的浴佛法會，結合母親節報恩活動於5月20日舉行，內容包括點孝親報恩祈福燈、持誦《父母恩重難報經》、浴佛節園遊會、大悲懺法會、浴佛法會、朝山及地藏法會等，活動相當豐富。

另有8月19日的中元普度法會，春、秋兩季進行的報恩法會，而每年固定舉辦兩次的佛一暨八關戒齋法會，今年於5月12日及6月3日進行。以上各場法會，以春秋兩季的報恩法會參與情形最踴躍，分別有兩千人次和一千兩百多人次參加，為齋明寺最重要的法會之一。

齋明寺舉辦體驗自然與藝術的暑期兒童營。

為擴大接引青少年、兒童學佛，齋明寺除了每月進行三次的和喜太鼓班，今年應民眾需求，擴增為和喜、平安、吉祥、和平四個班，並搭配昆蟲彩繪的課程，總學員人數近一百二十人。而每月一至四次不等的兒童故事班、兒童美術創作班、兒童讀經菩提班、兒童歌唱班等，參加學員約有十餘人至三十餘人。其他活動包括，1月27至29日的兒童禪修營，以及7月24至28日分兩梯次的「兒童自然藝術夏令營」，總共接引近三百位小朋友透過菩薩行儀練習、禪修體驗、自然體驗、繪本世界、影片欣賞等活動方式與法相會。而齋明寺於9月舉辦的「菩提心，清涼月——中秋祝福聯誼晚會」，特別安排兒童和喜太鼓表演、法青會演出「嫦娥也團圓」幽默話劇等，充滿歡喜氣息。

此外，齋明寺也舉辦各類活動，包括2月舉辦的圍爐活動，方丈和尚果東法師、護法總會總會長陳嘉男蒞臨關懷，有近兩千位北五轄區信眾參加；10月搭配僧團青年發展院暨法鼓山世界青年會首次舉辦的「純真覺醒成長營」，約有七十位大專青年至齋明寺參加活動，11月則配合法鼓山社會福利慈善事業基金會舉辦歲末大關懷，進行冬令救濟物資發放等。

台中分院

台中分院今年的例行活動主要有每週各兩次的禪坐、念佛共修，每月一次的大悲懺法會暨菩薩戒誦戒會、地藏法會，法會每場維持約二百餘人參加，另有每週三次的讀書會，包括寶山讀書會、快樂讀書會、拈花微笑讀書會，以及每週二次的法青讀書會等。

大型的法會共修，除了1月的精進佛三，有2月17日除夕的彌陀普佛法會、18日初一的新春普佛法會、20日的新春大悲懺法會，以及元宵節的觀音法會；還有5月12日的浴佛法會，8月25至26日的中元普度——地藏法會，以上共近三千人參加。

繼去年（2006年）首次啟建後，今年3月31日至4月6日第二次在台中逢甲大學體育館舉辦「清明報恩梁皇寶懺法會」，總參與人數達五千人次，為台中分院各場法會之冠。

禪修活動方面，除了每週一晚上、每週三下午的禪坐共修，還不定期舉辦禪一、禪二、戶外禪等，例如3月10日、11月11日在苗栗三義DIY心靈環保教育中心，4月15日在台中分院舉辦的禪一，以及6月9至10日在三義DIY心靈環保教育中心舉辦的禪二，四場各約有一百人參與。9月9日至苗栗挑炭古道舉辦戶外禪，約九十位禪眾在古道上體驗走路禪和托水缽的方法。另外，8月14至17日舉辦兒童禪修營，引領近一百位小朋友領會禪法。

農曆7月，台中分院舉辦中元普度——地藏法會。

7月28日，聖嚴師父與方丈和尚果東法師全台巡迴關懷行至台中，為地區重要活動之一。當天於逢甲大學體育館進行新進勸募會員授證，聖嚴師父並開示關懷，約有中部地區一千兩百多位勸募會員及其家屬與會。

其他配合各單位的活動以各種培訓課程為主，包括3月17日弘化院佛學推廣中心的讀書會初階種子培訓，4月21日合唱團的「法鼓法音教師巡迴列車」，9月29至30日助念團的大事關懷一般課程等。

台中分院今年的法青活動也相當豐富，包括5月6日、6月3日共兩場「探訪自心的香格里拉——自我成長活動」，6月10日、7月15日、12月8日三場的「年輕化聯誼會」，以及9月30日的「與法相會」等。

南投・德華寺

南投德華寺今年的例行活動，包括每週一次的念佛、禪坐共修，讀書會、兒童讀經班，及每月一次的大悲懺法會。活動以法會參加人數最多，每次近四十人；其次是念佛共修，每次約近三十人參加。

德華寺2月4日舉辦歲末大關懷。

年度例行的法會，包括新春期間2月18日的新春普佛法會、2月23日的藥師法會、3月4日的燃燈供佛法會，三場有近百人次參與。另外每年例行的地藏法會，今年分別於1月7日、6月3日、7月1日舉行，8月26日則舉辦中元普度地藏法會，四場總共一百五十多人一起修持地藏法門。11月25日則有佛一暨八關戒齋法會，共有31人參與。

而5月6日舉辦的浴佛法會，同時配合法鼓山社會福利慈善事業基金會進行第10期百年樹人獎助學金的頒發，共約一百多人參與。由於關懷活動是德華寺的重要活動之一，與慈基會合辦的其他關懷活動還包括：1月27日、2月4日的歲末大關懷，動員義工至南投縣仁愛、魚池、國姓、埔里等地發放物資和慰問金；6月17日的端午節關懷，慰訪埔里鎮四十餘位獨居老人；9月15日的中秋關懷，提供近四十位關懷戶民生所需物資；11月24日頒發第11期百年樹人獎助學金等，適時關懷地方，給予必要協助。

台南分院

台南分院舉辦三時繫念法會，約有一千多人到場參與。

台南分院主要的例行活動，包括每週二次的念佛共修，每週一次的禪坐共修，每月一次的大悲懺法會、地藏法會等，大悲懺、地藏法會全年的總參與數達五、六千人次。

全年例行的大型法會，多有上千人

次參加，包括2月18至20日舉辦的新春大悲懺法會、祈福觀音法會，以及3月4日的元宵節燃燈供佛法會，三場總參與數近兩千人次；5月20日於台南第二高級中學舉行的「祈福平安浴佛法會」，有一千多位信眾參與，會中55位信眾皈依；9月8日舉辦的三時繫念法會有一千多人到場。

其他法會包括兩場淨土懺法會、一場觀音法會、一場佛一暨八關戒齋法會、兩場精進佛一，兩場〈大悲咒〉持誦法會等，每場人數約在一百多至兩百人左右。

禪修方面，除每週三晚上的禪坐共修，全年共舉辦三次的精進禪一。另有兩個月開辦一次的初級禪訓班，每週上課一次，為期四至五週，全年共有一千五百多人次參加。

青年活動方面，台南分院每月單週舉辦一次「法青園地」活動，7月15日配合僧團青年發展院舉辦「法青悅眾授證暨成長營」，共有台中、台南、高雄等中南部法青悅眾78人參加。7月28至29日則舉辦「兒童心靈環保體驗營」，約近一百位小朋友參加，有21位在活動中皈依三寶。9月30日舉辦「與法相會」，邀請參加「卓越．超越」青年成長營的法青共修。

6月2日，聖嚴師父與方丈和尚果東法師全台巡迴關懷行至台南，活動於台南大億麗緻飯店舉行，會中為76名新進勸募會員授證，約有六百多位勸募會員參與。

其他活動，如2月11日配合護法總會舉辦「歲末感恩聯誼及大願興學說明活動」，有近兩百人參與；4月15日以視訊連線方式和農禪寺合辦皈依活動，當天有約一百二十人在該分院皈依；11月10至11日舉辦「法鼓山朝山共修」活動，共有嘉義、佳里及台南地區四百餘位信眾一起至法鼓山世界佛教教育園區朝山。

高雄．紫雲寺

紫雲寺與合唱團合辦「紫雲之夜」音樂晚會。

高雄紫雲寺今年定期活動，主要包括每週各兩次的念佛共修、禪坐共修，每月一次的大悲懺法會，每單月的淨土懺法會、每雙月的地藏法會，以及每年固定舉辦的三場觀音法會，每場法會皆有一百多至兩百多人參與。

今年的重要法會，包括新春期間2月18至20日連續三天的新春千佛懺法會，3月3日的元宵燃燈供佛法會，這兩場法會共有2,648人次參加。另有3月30日的清明佛三，5月20日的浴佛法會，6月17日的慈悲三昧水懺法會，及8月30日至9月2日的中元普度大法會，這場大型法會中，包含了地藏法會、地藏懺法會及三時繫念法會三場，共約一千六百人次參加。另外，12月23至30日舉辦一年一度的都市彌陀佛七。

紫雲寺舉辦中元普度地藏法會。

成長課程方面，今年1月6日紫雲寺進行僧團弘化院「聖嚴書院」成立典禮，並結合紫雲寺95年度開辦的佛學班聯合結業典禮，方丈和尚果東法師親臨主持。「聖嚴書院」為一系列佛學課程，將聖嚴師父思想與法鼓山所有學習系統、教材加以整合而成。「聖嚴書院」的佛學課程也陸續於各地分院道場開辦。

1月13日並開辦了一場筆耕隊研習課程，由《法鼓》雜誌暨《人生》雜誌主編果賢法師講授「新聞寫作與攝影」。為兒童舉辦的成長課程，則有7月30日至8月1日舉辦的「兒童自然環保體驗營」。另有禪藝活動，包括筆禪書法班、瑜伽禪坐班、鈔經班等，每項課程每週一次。

8月11日，聖嚴師父與方丈和尚果東法師全台巡迴關懷行至高雄，紫雲寺上午進行祈福皈依大典，共有來自屏東、潮州、高雄、嘉義等地區1,175人皈依三寶；下午進行勸募會員關懷，共有來自高雄、屏東、潮州等地區618位勸募悅眾參加。

紫雲寺並於9月30日舉辦「中秋重陽關懷暨第14屆聯合祝壽」，這項每年皆舉辦的社會關懷活動，今年特別配合法鼓山社會福利慈善事業基金會進行中秋、重陽兩個節日的慶祝活動，當天共有127人參與。

配合其他單位所舉辦的活動，包括3月24至25日義工團的接待引禮課程，4月22日合唱團的「法鼓法音教師巡迴列車」，6月9至10日助念團的成長課程，7月15日義工團護勤組課程，7月21日勸募會員成長課程，7月29日與合唱團合辦「紫雲之夜」音樂晚會等。

高雄・三民精舍

三民精舍舉辦浴佛法會。

社區型的高雄三民道場今年12月正式更名為三民精舍，成為法鼓山第三個精舍，期能以更完備的服務，帶領地區民眾親近佛法。

今年的例行活動，包括每週各一次的念佛、禪坐共修，分別約有四十人和六十人參加；另有每月一次的大悲懺法會暨菩薩戒誦戒會，每次約九十至一百多人參與。

每年的重要法會，包括2月22日的新春普佛法會，今年約有九十人參加，5月26日的浴佛法會，則約一百五十人參與。

禪修方面，除每週四晚上的禪坐共修，以及不定期的初級禪訓班，今年還分別於5月27日和9月16日舉辦兩場禪一，共有72人參與。

成長課程主要為配合僧團弘化院「聖嚴書院」開辦多場佛學初階課程，並舉行筆禪書法班、瑜伽禪坐班等，以融合禪法的才藝活動接引民眾輕鬆習禪。

台東・信行寺

台東信行寺的例行活動，主要有每週各一次的念佛共修、禪坐共修、讀書會、法器練習，及每月一次的菩薩戒誦戒會，以念佛共修的參與人數最多，約有六十人參加。

台東信行寺今年共舉辦四場地藏法會。

每年因應重要節日舉辦的法會，包括新春期間，2月18日的新春普佛法會、20日的新春大悲懺法會，兩場參與人數有一百二十餘人；4月1日的清明報恩佛一，有近五十位信眾參與；另有5月19日的浴佛法會，今年活動除念佛、浴佛、燃燈供佛、義賣等，並結合「第10期百年樹人獎助學金」頒發典禮，約近二百人參加；8月24至25日舉辦中元節地藏法會，有93人參與。

其他重要法會，還有1月13日、10月20日、12月22日的三場地藏法會，總參與人數近兩百二十人；4月21日、7月21日、9月28日、11月24日舉辦的四場大悲懺法會，共有308人次參與。另外，5月6日和10月28日的兩場佛一暨八關戒齋法會，約有一百人參加；而8月26日的三時繫念法會，有近一百三十人參與。

禪修方面，除每週四晚上的禪坐共修，上下半年各一次的初階禪七分別於3月24至31日及9月9至16日舉辦，兩場約近一百位禪眾參加。另舉辦兩場禪一，分別於4月7日、6月30日舉辦，共有40人參加。而延續去年（2006年）的台東縣政府「心靈成長營一日禪」，今年於12月28日進行，共有40位縣府員工參與。

為兒童舉辦的成長活動包括，7月6至8日、9至11日舉辦兩梯次的「寶貝地球自然環保體驗營」，邀請行政院農委會林務局主任朱木生、台東高中教官冷鑫泉等人帶領106名國小三至六年級的小朋友，在活潑的課程中學習自然環保。另有每週各一次的兒童讀經班、「寧靜心鼓」兒童班、親子書法班等，「寧靜心鼓」亦開辦成人班。

9月22日，聖嚴師父與方丈和尚果東法師全台巡迴關懷行最後一場活動抵達台東，上午於信行寺舉辦祈福皈依大典，由方丈和尚代聖嚴師父為三百六十多人授三皈依，隨後師父為大眾開示，台東縣長鄺麗貞、台東縣議會議長李錦慧等人均蒞臨參加；下午進行勸募會員關懷，約有一百五十多位當地勸募會員及親友眷屬參與。

10月14日並舉辦了一場佛化聯合祝壽活動，為近八十位地方長者祝福。

美國．東初禪寺

做為法鼓山在北美地區的主要弘法據點，東初禪寺於兩年多前即規畫籌建國際弘法中心，今年5月在美國推動「法鼓希望工程──東初禪寺遷建計畫」。5月19日於紐約拉加第亞機場萬豪酒店（New York LaGuardia Airport Marriott）舉辦首場遷建義賣募款餐會；方丈和尚果東法師也前往當地及紐約、芝加哥、舊金山、洛杉磯等

美東地區信眾踴躍參與首場「法鼓希望工程」募款餐會。

地，邀集十方大德共同成就，讓道場遷建計畫的實現，向前邁進了一大步。

除了「法鼓希望工程」，東初禪寺今年的例行共修持續進行。本年度共修活動，以法會、禪修為主，並有念佛、講經、義工成長營，以及太極拳、瑜伽教學等各項動靜態活動。

在法會共修方面，包括每月第二週週日下午的大悲懺法會，及每月一次的菩薩戒誦戒會，每年固定舉辦的地藏法會、浴佛法會等，皆由常住法師帶領。其中大悲懺法會、地藏法會的參與者多以華人為主，每次約有八十至一百人；浴佛法會除了浴佛儀式外，也安排東初合唱團的演出及茶禪示範，約有一百人共襄盛舉。

禪修活動方面，維持每週三次的禪坐共修，以及安排於象岡道場舉辦，每年兩次的精進禪十；另有以美國地區40歲以下的青年為對象，全程以英語進行的大專禪修營，今年共舉辦兩場。另有不定期開辦的中英文初級禪訓班，中文有四班，英文三班，廣為接引東西方民眾學習禪法。

暑假期間，特於7月舉辦七天的「佛法生活體驗營」，由住持果明法師帶領，並邀請福嚴佛學院院長淨照法師、馬來西亞佛學院院長繼程法師、法源寺住持寬謙法師、象岡道場住持果峻法師等人授課，帶領45位學員，學習將佛法融入日常生活中。8月底，則舉辦了一場念佛禪五，約有三十位禪眾在法師帶領下，體驗專注念佛，試從散亂心念至集中心、統一心的過程。

長期以來持續進行的週日共修，今年除了安排禪坐、觀音法會、合唱共修外，也舉辦講經活動，包括由住持果明法師主講《六祖壇經》，美國護法會輔導師果謙法師主講《金剛經》及《維摩詰經》，民眾參與十分熱烈，每場約有六十人參加。

甫於去年11月成立的東初禪寺青少年會，今年除透過定期聚會分享彼此的學佛心得、參與社區服務，1至5月並舉辦「一分錢收穫」募款活動，將募集的善款捐贈給聖猶大兒童醫院（St. Jude Children Hospital），協助癌症兒童。

7月東初禪寺在象岡道場舉辦的「佛法生活體驗營」，帶領學員以佛法的正知見來安穩修行。

年底，方丈和尚果東法師第二度至東初禪寺弘法關懷，為信眾開示觀音法門，勉勵在日常生活中不斷學習觀音菩薩的精神，攝眾安眾。

紐約法鼓出版社

紐約法鼓出版社今年除每季定期出版英文《禪》雜誌（*Chan Magazine*），6月並與北大西洋出版社（North Atlantic Books）合作出版發行聖嚴師父所著的《正信的佛教》英文版 *Orthodox Chinese Buddhism*。

《正信的佛教》中文版寫於1960年代聖嚴師父閉關之時，書中論及現代知識分子在佛教信仰及佛學理論上時常遇到的各種問題；英文版的面世，盼能接引西方人士輕鬆進入佛陀的世界，一窺佛學堂奧。

美國·象岡道場

象岡道場主要活動為禪修，全年例行共修為每週四晚上的禪坐共修，帶領學員進行禪坐、經行及持誦《心經》等。

初發心禪活動引領學員進行戶外禪修。

今年的禪修活動，針對不同對象開辦了多樣化課程，初階禪修部分共有兩場週日共修、三場初階禪坐班，以及三場初階禪七，這三場初階禪七同時開放禪三、禪五。

進階禪修部分，主要包括一場西方禪五、一場公案禪七、二場精進默照禪十、三場話頭禪十。每場禪十，住持果峻法師皆親自主持；其中，3月9日起開辦的公案禪七，邀請聖嚴師父的法子約翰·克魯克（John Crook）、賽門·查爾得（Simon Child）帶領；7、8月的精進話頭禪十，則邀師父的法子繼程法師與果峻法師共同指導。

9月7日的西方禪五，應用類似話頭的問題，引導禪眾相互傾聽、問答，今年開始由賽門·查爾得及英國西方禪協會（Western Chan Fellowship）資深講師希拉瑞·理查茲（Hillary Richards）帶領。西方禪五其實已在英國西方禪協會推行多年，為了接引更多西方眾，聖嚴師父便於多年前邀請約翰·克魯克、賽門·查爾得及希拉瑞·理查茲每年於象岡道場舉辦這項活動。

另有二場「28天淨住課程」，分別於4月3日起、5月8日起舉辦，由果峻法師帶領禪眾入住道場28天，隨常住眾作息，除了早晚課誦、自修，每天並出坡約五個小時。

象岡道場還精心規畫融合了其他主題的禪修活動，包括6月22日起的三日健康禪、7月15日的一日攝影禪、11月9日的初發心禪。健康禪是以瑜伽為主，23位參加的禪眾多為初次接觸佛法的西方眾；初發心禪同樣是為初學者而設計，以輕鬆活潑的方式，帶領禪眾體驗禪坐、經行、直觀等禪修方法。

此外，法鼓山在北美地區首次啟建的梁皇寶懺法會，於7月1至7日在象岡道場進行，由方丈和尚果東法師及多位常住法師，帶領一百多位與會信眾同霑法益。而美國護法會繼去年（2006年）在全美各地巡迴舉辦親子夏令營後，今年再度舉辦，7月19至22日於象岡道場進行最後一場，約有五十多位青少年學員共同參與禪修、瑜伽、藝術創作、越野健行等課程，體驗全身放鬆的感受。

加拿大・溫哥華道場

甫於去年（2006年）9月落成啟用的溫哥華道場，今年展開多項活動，定期共修部分，包括每週一次的禪坐共修、合唱團練唱、「禪門探索」讀書會及「西方人讀書會及禪坐」，每週二至三次的佛法指引課程、讀書會，「相約在法青」、「少年生活營」法青活動，「心靈察站」觀看聖嚴師父開示影片活動，每週三至四次的念佛共修，每月一次的禪一、菩薩戒誦戒會、大悲懺法會等。

各項定期共修中，以禪坐共修的參與情形最踴躍，每次約有六十人參加。而「西方人讀書會及禪坐」，今年首次開辦便安排約每週進行一次，內容以閱讀聖嚴師父的英文著作及禪坐練習為主，期能擴大接引西方人接觸佛法。其餘的禪修活動，則有分別於1、5月舉辦的禪三，以及8月底的精進禪七，禪三、禪七皆為首次進行。

法會方面，除每月第二週週六下午的大悲懺法會，每次約有六十人參加；今年還舉辦了三場觀音法會，每場均近百人參與，7月場次因逢觀世音菩薩成道紀念日，人數更達一百七十餘人。而溫哥華道場每年的重要活動，包括2月新春普佛法會、3月燃燈供佛法會、5月浴佛法會等，除燃燈供佛

溫哥華道場舉辦浴佛法會。

法會，其餘均有兩百餘人參與。8月份，更首度開辦慈悲三昧水懺法會，約有一百七十人參加。另舉辦兩場佛一暨八關戒齋法會及一場地藏法會，分別於6、11月及9月進行。

溫哥華道場首度舉辦精進禪三。

法青活動方面，去年定期活動僅有於每月隔週週五晚上舉辦的「相約在法青」，今年，同一時段新增了一項「少年生活營」，帶領青少年在輕鬆的團體活動中學習佛法，活動參與人數約三十餘人。非定期活動方面，則首度於8月開辦「卓越．超越成長營」，以「認識自我、成長自我、超越自我」為主題；並舉辦法青成長課程，如8月的法青悅眾培訓成長課程，10、11月的法青心靈成長活動等，與法青分享情緒管理、心靈探索等議題。溫哥華道場法青會也於7月舉辦了一場心靈環保親子夏令營，透過各項融入心靈環保理念的活動，滋潤小朋友們心中的菩提種子。

佛學課程方面，繼去年3月之後，法鼓山僧伽大學助理教授果徹法師再度至溫哥華，接續弘講《佛說大乘稻芉經》，分別於1月每週進行三至四場；9月，果徹法師又連續四天講授「承先啟後的中華禪法鼓宗」，約有兩百八十多人次參與。

9月，溫哥華道場落成啟用週年，以三昧水懺法會、精進禪七、地藏法會、中華禪法鼓宗講座等密集共修，以及園遊會等系列活動，與民眾分享週年的歡喜。

弘化院

弘化院為法鼓山推動佛化普化的單位。隸屬該院的組織包括佛學推廣中心、參學室、活動室、法務室、課程規畫推廣室。其中法務室與課程規畫室提供整體規畫功能，活動室負責執行於法鼓山園區舉辦的多項大型活動，或提供籌辦、行政、庶務、廣宣等支援。其中佛學推廣中心、參學室的工作說明概要如下：

【佛學推廣中心】

佛學推廣中心以舉辦佛學課程、推廣心靈環保讀書會為主要弘化工作，今年並於1月份成立「聖嚴書院」，之後在全台各地普遍開設書院課程。

「聖嚴書院」於1月6日在高雄紫雲寺創立，是一系列將聖嚴師父思想與法鼓山所有學習系統和教材加以整合的佛學課程，由資深弘講師林其賢整理完成，先前在高屏地區已經發展四年，今年將該系列課程正式命名為「聖嚴書院」，並在全台各地推動。總計今年共開辦28個班次。

各地原有的佛學課程也持續進行，在佛法概論方面，《佛教入門》課程於台北安和分院、護法會新店辦事處、中壢辦事處等地開辦；戒學方面，《戒律學綱要》課程於護法會淡水辦事處開辦；慧學方面，《四聖諦講記》課程於護法會桃園辦事處、基隆辦事處、新莊辦事處等地開辦，《四如意足講記》課程於護法會中永和辦事處、桃園辦事處等地開辦，全年共開了38班。

今年並有六位僧團法師加入佛學弘講的行列，包括果燦法師主講「觀音道場學觀音法門」、果鏡法師主講「中國佛教史概說」、果會法師主講《戒律學綱要》、果慨法師主講「大悲懺法」、果徹法師主講《佛說大乘稻芉經》、果建法師主講《四十二章經講記》等。

心靈環保讀書會方面，目前全台共有40個心靈環保讀書會，分屬於各分院道場、辦事處、共修處，其中有數十個讀書會成立於悅眾自宅中。而為提昇讀書會品質，佛學推廣中心連續七年舉辦「心靈環保讀書會帶領人初階培訓」，今年舉辦了二梯次的「讀書會帶領人種子培訓初階班」，先後於4、11月在北投雲來寺進行，課程以專題演講、讀書會實體運作、分組演練等方式進行，兩梯次共近一百人參加。培訓後，則鼓勵學員回到各地分院、辦事處的讀書會或成立新的讀書會，與各地信眾一起精進研討聖嚴師父的著作及分享學佛心得。

佛學推廣中心在全台各地陸續開辦、推動聖嚴書院課程。

另外，佛學推廣中心還於3月25日為曾參與初階培訓的種子學員們，安排一場心靈環保讀書會帶領人種子培訓充電課程，地點同樣在北投雲來寺，探討重點是「從心性看電影」，邀請資深影評人曾偉禎擔任講師，帶領學員以電影為媒材，並善用技巧，進而看見自己的心性，讓讀書會的題材更多元化。

【參學室】

參學室主要負責園區的動線指引與導覽工作，採預約方式，藉由影片觀賞、文物展覽、殿堂巡禮、戶外探查或禪修體驗，引導參訪民眾感受法鼓山境教的氛圍，共霑佛法的利益，進而對其日常生活產生正面的影響。今年前往園區參訪的個人、團體，以公民營機關及教育單位居多，總計2007年預約參訪人數為八萬五千餘人，較去年（2006年）增加八千餘人，成長幅度為11%。

台北市光仁國小學生在導覽人員的解說下，學習尊重自然。

導覽人員的培訓工作，是參學室的重要活動之一。今年分別在4月及7月舉辦初階及進階課程，分兩階段培訓參學服務員；而以禪修體驗為重點的心靈導覽員培訓課程，則於9月間進行。

此外，亦不定期舉辦共修課程，如邀請台北大學社會工作系副教授楊蓓講授「傾聽的學習與練習」、故宮博物院資深導覽員李孔昭分享「如何掌握導覽技巧」與介紹「佛像之美」、南港社區大學茶山自然生態導覽員楊清長解說法鼓山園區的自然生態等，多元的課程，不僅提昇導覽服務的品質，也有效凝聚導覽人員的共識，全年度共有944人次參與。

青年發展院

青年發展院今年主要的例行活動為每週四晚上的初階佛學課程，於台北安和分院進行，課程內容包括禪修、觀音法門、淨土法門，帶領學員學習各種修行方法，進而運用在日常生活中，參與學員約有三十餘人。

3月，並於農禪寺舉辦了一場「皈依新手．快樂上路」活動，由僧團法師為80位新皈依的青年學子指導及建立正確的學佛觀念；聖嚴師父和方丈和尚果東法師特別蒞臨關懷，期許法青們常回法鼓山學習，在學佛路上努力精進。

禪修活動方面，全年共舉辦一場禪七、兩場山水禪、一場禪修成長營；包括1月底至2月初在法鼓山園區禪堂的精進禪七，3、5月分別於花蓮東海岸、南投惠蓀林場的法青山水禪，以及4月底於苗栗三義DIY心靈環保教育中心的法青禪修成長營，引領青年學子體驗禪法。

成長活動方面，延續去年（2006年）開辦的「卓越．超越」青年成長營，今年於寒暑假各舉行一場，提供各項團體成長、禪修體驗及名人講座等課程，共近五百位學員參加。青年院也為所有青年成長營的新舊學員於各地舉辦六場「與法相會」聯誼活動，包括9月15日於北投雲來寺進行，9月30日於桃園、台中、台南、高雄等地展開，總計近兩百位學員參與，交流彼此的學佛心得。

為了長期培育法青悅眾，6月30日至7月3日舉辦「法青兩年培訓計畫」首波活動——「2007年全球法青悅眾培訓營」，包括台灣、溫哥華、新加坡等地約一百四十多位海內外法青學員參加，聖嚴師父、方丈和尚果東法師、僧團代理都監果廣法師都到場關懷學員，並給予開示、勉勵。活動邀請名人座談，分享生命經驗，法青學員們也同時展開新任悅眾的遴選。

培訓營結束，7月14、15日分別在台北、台南共舉辦兩場「法青悅眾授證暨成長營」，頒發聘書給新任悅眾，象徵著青年弘化使命的傳承。隨後，三場法青悅眾成長營陸續於10、11、12月在農禪寺、台中分院、高雄大岡山高爾夫球場舉辦，為法青悅眾安排有關活動企畫，以及加強信願行觀念的提昇等課程。 為擴大培育健全自我、身心健康、奉獻社會的全球青年學子，青年院以「法鼓山世界青年會」為名，特別於今年10月展開「Puri-GECIC純真覺醒」，推動「純真覺醒——新青年『復心』運動」及系列活動，召集海內外16歲至35歲青年，共同加入為世界創造美好未來的行列。系列活動首場10月於桃園齋明寺舉辦「Puri-GECIC純真覺醒成長營」，11月於法鼓山園區禪堂舉辦第二場，兩場共有170人參與，活動將真誠、熱情、關懷、創新、專注等精神融入其中，提供了生活化的禪法和生命教育，啟發法青們對生命的熱愛。

青年院舉辦首次「全球法青悅眾培訓營」，聖嚴師父為法青會學員開示。

禪堂舉辦國內首次話頭禪四十九。

■禪修中心

禪堂

位於法鼓山世界佛教教育園區的禪堂又名選佛場，於2005年法鼓山落成開山後正式啟用，以舉辦中高階禪修活動為主。禪堂今年規畫了密集的禪修活動，與往年不同的是，為活化禪堂功能，特於兩場禪七及兩場禪十活動中，同時舉辦禪二，提供參加禪二的禪眾，體驗精進禪修的機會。這個創舉，深獲禪眾好評。

另一項重要的禪修活動為7至8月間的話頭禪四十九。這場話頭禪四十九為法鼓山首度於國內舉辦，有數項特色：一是聖嚴師父親臨現場開示；二是全程由師父弟子果如法師為禪眾開示禪法與指導小參，禪堂板首果元法師、果祺法師輪流擔任總護法師，帶領禪修。由於參與學員包括西方禪眾，因此禪期以中、英雙語進行。法師們承續師父早期直下承擔的禪風，讓禪眾逐步深入話頭禪法核心，再現臨濟家風。此外，為了接引更多人學習話頭禪法，禪期除了全程49天，特別再分成三個梯次，第一、二梯次各為14天，第三梯次為21天，方便禪眾把握難得的修行機會。

禪堂亦協辦僧團青年發展院、法鼓山僧伽大學、護法總會、專案祕書室籌辦各項相關禪修活動，如青年精進禪七、僧大禪一、悅眾禪二、工商主管禪三等；並於6月協辦僧團培訓初級禪訓班師資。

12月，首屆法鼓山「大悲心水陸法會」的總壇，即是設於禪堂，是法會的核心壇場、精神重鎮。禪堂總計全年使用人數近六千人次。

2007年禪堂禪修活動一覽表

種類	禪二	初階禪七	話頭禪七	默照禪七	話頭禪十	默照禪十	默照禪三十	話頭禪四十九	社會菁英禪三
場次	6	2	2	3	1	2	1	1	2

傳燈院

以推廣禪修及漢傳禪法為主要任務的傳燈院，今年的例行活動包括在法鼓山世界佛教教育園區、各分院，和應機關團體之邀推廣各種禪修課程，以及舉辦禪修師資培訓、研發創新課程、製作各種相關教材等。

首先，禪修課程方面，針對禪修初學者的「禪修指引」課程，每單場兩小時，俾使學員對禪修的觀念和方法有初步的認識與瞭解。今年皆於北投農禪寺舉辦，共有17場，647人參加，平均每月接引五十餘人。

針對外部機關團體申請舉辦的課程，內容包括「禪修體驗」、「動禪體驗」、「客製專案」三種，「禪修體驗」以禪修指引為主，「動禪體驗」以法鼓八式動禪體驗為主，「客製專案」則是為申請團體特別規畫設計的禪修教學活動，如演講、禪修體驗營等。今年外部申請的禪修教學，總計有27場，包括禪修體驗5場，動禪體驗19場，客製專案3場。單場上課人數至少15人，最多150人，全年共接引近一千五百人接受禪修的洗禮。

傳燈院舉辦生活禪體驗營，由禪修中心副都監果醒法師親自帶領。

為了將動禪推廣給更多社會大眾，傳燈院持續培訓師資，今年共舉辦兩場，皆在土城教育訓練中心進行。首先是3月16至18日的「法鼓八式動禪義工講師培訓」，課程內容包括法鼓八式動禪的心法和推廣技巧，共有31人參與、成為合格的動禪師資。8月25至26日的「另類輔導動中禪」，是以輔導重考生為主的禪修師資課程，內容包括遊戲禪、運動禪、生活禪靜禪、主持人技巧教授等，採活潑有趣的教學方式，共有37人接受培訓。

課程研發方面，主要包括兩部分，一為生活禪實驗教學，一為生活禪體驗營。實驗教學今年於3至10月共舉辦25場生活禪試教課程，每場一至兩天，皆由禪修中心副都監果醒法師帶領，實驗各種教學方法，並蒐集學員的學習困難與常見反應，做為課程設計及教材製作參考。總計有313位資深禪眾、法青學員參與。

生活禪體驗營則於2月至11月共舉辦六梯次，每梯次為二至五天不等；活動以法鼓八式動禪的清楚放鬆及禪坐的攝心為基礎，以人品提昇的四層次——認識自我、肯定自我、成長自我、消融自我為課程主軸，由果醒法師親自帶領，透過各種小組練習，帶領學員將禪修方法運用到日常生活的獨處、走路、與人對話相處中，以提昇自我以及人際互動上的品質。這項活動參加人數共有408人。

在教材製作方面，今年為配合法鼓山園區禪堂於7月7日至8月25日舉辦「話頭禪四十九」，傳燈院特別將聖嚴師父於國外主持話頭禪修中的精華開示聲音檔，搭配師父影像以及字幕製作成開示的影片，以供話頭禪推廣之用。總計今年4月至8月，共完成45部開示影片，其中26部為2001年象岡道場話頭禪十四開示，19部為2002年象岡道場話頭禪十開示。

護法體系

護法總會暨會團本部

護法會

護法總會為籌募法鼓大學建設經費，於今年2月啟動「5475大願興學」計畫，鼓勵每人每天5元，三年5,475元，希望號召百萬人共同成就法鼓大學。活動甫推出，即獲得熱烈的回響，各地區也利用各種場合，舉辦聯誼會、說明會，共同推動發願興學，不論是個人發心勸募，還是團體一起行動，至年底已有近十五萬民眾加入大願興學的行列。

為了推動「5475大願興學」計畫，也為了感恩、關懷各地區的護法信眾，今年一開春，護法總會即全力籌備，共在3至9月間舉辦了八場的「師父與方丈和尚巡迴關懷」，活動中並進行新進勸募會員的授證典禮，此活動為本年度法鼓山的盛事。從台北、台南、台中，到高雄、花蓮、台東，聖嚴師父親自出席每一場的活動，進行開示與祝福，勉勵信眾發起願心，接引他人共同實踐法鼓山的理念，並護持興辦法鼓大

護法總會輔導師果器法師於正副轄召聯席會上感恩悅眾的護持與推動。

學，總計關懷人數達五千六百多人。

護法總會每年例行舉辦的「歲末關懷感恩分享會」，今年各地共舉辦了34場，皆由各地區自主籌辦，在各地召委帶動下，每場各自展現當地特色；僧團法師親臨每一場的活動，代表法鼓山關懷感謝地區信眾無私的護持與參與；法師並帶領進行祈福法會，祈願眾生平安。

在成長營及教育訓練方面，6月8至10日於法鼓山園區禪堂舉辦「悅眾禪二」，帶領悅眾精進禪修，體驗身心放鬆與安定；8月5日及11月3日分別於北投雲來寺、農禪寺舉行「正副會團長／轄召／召委聯席會議」，來自全台各地的悅眾，針對各地護法組織運作，進行經驗交流分享，共有三百一十餘人次參與。

10月13至14日、10月20至21日，護法總會特別與僧團弘化院在園區居士寮舉辦「地區梵唄法器進階課程」，內容包括「梵唄與修行」、「念佛共修儀軌淺釋及練習」、「認識維那」、「發音教學及練習」等，實用的課程，讓參與的地區執掌法器悅眾獲益良多。

禪坐會

禪坐會的定期活動是每週日下午於農禪寺進行禪坐共修，也於農禪寺舉辦了七場初階禪一，並於北投貴子坑水土保持園區舉辦一場戶外禪修，經由戶外經行，練習動中禪修。

除了定期活動，並參與協辦法鼓山園區禪堂的精進禪修，台東信行寺的兩場初階禪七，及於苗栗三義DIY心靈環保教育中心進行的兩場初階禪七與兩場中階禪七。

禪坐會也於6月3、17、24日三天的農禪寺共修活動中，由僧團法師以「禪修——現代人安心之道」為題，進行禪法開示，協助禪眾能夠在日常生活中活用禪法。

舉辦禪修活動之餘，為了推廣禪修，禪坐會今年於農禪寺舉行的三場祈福皈依會團博覽會中，播放《觀身受法》影片，接引新皈依信眾體驗放鬆，進而開啟學習禪修之路。

念佛會

以推廣念佛修行法門為主的念佛會，每週六晚上於農禪寺舉辦念佛共修，已行之多年，參與人數一直相當穩定，每次共修人數都近三百人；今年並於8月28日起每週二上午於農禪寺增辦二小時念佛共修，每場約有百人參加。

念佛會引禮組成員亦固定協助農禪寺、僧團舉辦佛七，以及淨土懺法會、地藏法會、大悲懺法會、佛一暨八關戒齋法會、三昧水懺、梁皇寶懺法會等各種法會，各項活動多能接引八百至千人參與共修，梁皇寶懺法會則逾一萬人。

在教育訓練方面，為協助法鼓山各地區的念佛、助念流程更為順暢，儀軌統一化，念佛會分別於10月13至14日、10月20至21日協助僧團弘化院舉辦「地區梵唄法器進階課程」，由僧團法師指導梵唄與法器執掌，完整的課程安排，讓兩梯次約四百五十位學員獲益良多；11月24日另在板橋共修處進行一場法器共修研習，約有七十位板橋、樹林、土城地區會員參加。會長、副會長或悅眾亦不定期至各共修處指導及關懷當地法器教學、念佛共修的情形。

念佛會的菩薩於農禪寺啟建的梁皇寶懺法會中擔任引禮工作。

與社區互動方面，今年念佛會成員於每雙週週六上午至關渡浩然養老院，每雙週週日上午至台北福德社區，帶領老菩薩念佛，以安定身心。

助念團

助念團今年主要活動為舉辦大事關懷教育課程。3月10日至9月30日期間，在台北農禪寺、台南分院、高雄紫雲寺、宜蘭辦事處、台中分院共進行了五場「大事關懷一般課程」，每場課程為期兩天，內容包括首日的「佛教的生死觀」、「聖嚴師父談『禪的生死觀』」、「從瀕死現象談佛教的生命關懷」、「條條大路通何處──四隨與念佛法門的殊勝」；第二天主題則有「大事關懷的時機及關懷技巧」、「念佛生淨土」、「西方醫學的死亡判定及臨終處置」、「法鼓山的大關懷教育」等，由於內容廣泛，涵蓋理論與實務，團員參與情形十分熱烈，達2,023人次。

助念團今年於全台舉辦大事關懷一般課程，圖為在台中分院進行的場次。

初次於全國試辦的大事關懷一般課程，不僅提供助念經驗分享交流，更邀請台大醫院雲林分院醫師黃建勳、高雄榮民總醫院醫師陳如意與振興醫院護理長王瑋琦等人分別就醫學及護理觀點，分析死亡判定與介紹臨終處置。專業知識的傳授，是這次課程的一大特色，課程內容的安排也將做為助念團未來課程籌擬與執行的參考。

義工團

法鼓山義工團是成就法鼓山的萬行菩薩，不論是分支道場的各種修行弘法工作、地區的各項活動，或維持法鼓山園區的順暢運作，皆可見義工的投入，例如在法鼓山首屆「大悲心水陸法會」中，即動員了五千人次的義工人力，幾乎24小時輪流接力，共同成就法會的圓滿。

除了協助法鼓山各體系的活動，今年義工團也舉辦了各種實務訓練課程，其中導覽組3月起至12月安排了系列成長課程，內容包括綠建築規畫、如何使用部落格、自然生態導覽及參學服務員培訓等，每次約有六十多人參加；接待組4月舉辦了一場進階課程，內容包括義工的初發心、凝聚團隊默契、勤務溝通技巧、貴賓及長老的接待等，共有135位學員參與。

另有香積組的衛生講習，醫護組安排的緊急救護課程、健康講座，講座主題有健康素食新文化、腎臟寶鑑、素食者之中醫調理、認識癌症，每場約有六十至八十位學員參與。護勤組課程主題包括義工心態、正確的服務行儀、人生體驗的分享，幼教組課程則有紙雕、帶動唱、繪本等。此外，攝影組、音響組、庶務組等，皆提供了專業技能培訓的成長課程。

義工團導覽組於法鼓山園區進行參學服務員培訓課程。

為了召募新義工，義工團特別在3月25日、5月27日、9月2日、12月16日於農禪寺各舉辦一場新義工說明會，期能接引更多人加入萬行菩薩行列。

合唱團

合唱團全台各地共有九個分團，延續往年，定期每週練唱共修一次，包括高雄、苗栗團於每週一晚上進行，羅東團於週二晚上，豐原、台中、基隆團於週三晚上，台南、員林團於週五晚上，台北團於週日晚上。

在專業課程方面，合唱團今年4月特別舉辦三場「法鼓法音教師巡迴列車」活動，21日在台中分院、22日在高雄紫雲寺、28日在台北農禪寺，分別邀請東海大學音樂系老師李秀芬、聲樂家林欣欣、鄭琪樺指導正確發聲法，並進行演唱觀摩，共近三百人參加。

合唱團於重陽敬老心靈環保博覽會中演唱清涼樂音。

6月24日則於農禪寺舉辦「96年度專業研習課程」，邀請李秀芬老師為學員講授「聲樂理論發聲法與技巧」，北區三分團台北團、基隆團、羅東團，以及北五轄區等一百多位團員均前往參加。

為了推廣聖嚴師父的佛曲理念，合唱團今年開始編校委由法鼓文化出版的《法鼓山佛曲集》，希望能帶動更多民眾習唱佛曲，將清涼妙音分享大眾。

配合體系內各項活動參與獻唱方面，今年合唱團參與活動包括第12屆佛化聯合婚禮、法鼓佛教研修學院揭牌暨校長就職典禮、中秋重陽關懷暨第14屆聯合祝壽等，積極以清淨樂音來弘揚佛法。

此外，自11月起，羅東分團於每月第一週週六至羅東鎮立安養院關懷老菩薩，帶領佛曲教唱，分享法鼓山的精神。

法行會

法行會固定的共修活動為每月例會。例會中，除了討論會務、協調支援法鼓山推動的大型活動外，還會進行專業演講或佛學講座。今年安排的佛學講座，皆由僧團法師主講，例如3月禪堂板首果元法師講「中華禪法鼓宗」、4月僧團副住持果暉法師講「禪的生死觀」、5月禪修中心副都監果醒法師講「轉心轉境」等，引領成員對生命有

法行會第83次例會在農禪寺舉行，由果醒法師主講「轉心轉境」。

更深刻的體悟。每次例會都有百餘人參與。

不定期課程方面，3至6月，舉辦「健康養生研習班」系列課程，邀請資深媒體工作者陳月卿、李錦芳藉由西方營養知識、中醫養生觀念的驗證，配合健康飲食的示範、教學，分享提昇身心靈健康之方；由於課後學員回響熱烈，特於9至12月間續辦進階課程。

法行會也安排多元活動，提供成員共修成長機會，如1月間的「佛法身心靈饗宴」活動，內容採工作坊形式，並融合佛法觀念與心理學技巧，讓學員體驗身心靈整合的感受；5月參觀歷史博物館舉辦的「抽象新境──侯翠杏畫展」；6月則舉辦影片賞析，觀賞法國電影《偶然與巧合》（Chance or Coincidence）。

此外，還舉辦多場放鬆身心的戶外體驗活動，如3月、9月分別於台中武陵、宜蘭礁溪、台東信行寺及宜蘭太平山進行三場戶外禪修。7月起，法行會發起「福田認養計畫」，每月兩次於法鼓大學預定地上的法印溪兩岸進行綠化養護工作，共同維護法鼓山園區的景觀，並學習運用「動中禪」，在出坡勞務中安頓身心。

另一方面，法行會今年協辦了五場「人生講座」，邀請各領域專家分享個人的生命經驗與安心之道，2月台北大學社會工作系副教授楊蓓剖析「親密、孤獨與自由」，3月資深媒體工作者張光斗、海外悅眾鞠立賢分享「阿斗隨師遊天下」、「澳洲墨爾本弘法的因緣」，5、6月則由管理專家戴萬成主講「佛法與如實人生」。12月21至26日，法行會與法鼓山人文社會基金會共同舉辦「啟動心六倫，提昇好人品」運動，鼓勵社會大眾由「從我做起」，推動社會與人心的淨化。

法緣會

法緣會今年主要的例行活動，為每月第二週週二上午的例會，每次例會皆安排不同的主題，包括聖嚴師父關懷、方丈和尚果東法師開示、惜福會等，以及兩次戶外禪修、七場演講。每次例會均有六十多人參加。

兩次的戶外禪修於4月及11月進行，分別由禪修中心副都監果醒法師、禪堂板首果元法師帶領，內容為朝禮法鼓山、托水缽、經行等。七場演講，除1月邀請交通大學應用藝術研究所教授張恬君分享「生命的價值」，之後六場皆由僧團法師講授，包括3月果廣法師講「承先啟後中華禪」，6月果醒法師講「以禪的體驗運用在日常生活中」，7月果旭法師介紹「梵唄儀軌」，8月常慧法師分析「水陸法會意涵與殊勝功德」，9月果界法師講「臨終關懷」，10月常華法師淺談「修行經驗與心路歷程」。僧團法師們的授課與分享，讓會員們更能深入法義，體會佛法利益。

除了每月的例會，另有每月第一週週二於吳尊賢基金會辦公室進行的讀書會，今年主要研讀的佛典為《維摩詰經》及《中阿含經》；每週三上午於台北安和分院舉辦法器教學，教授助念公祭儀軌。此外，今年首度開辦書法研習班，於每週四下午在安和分院進行，讓學員們學習攝心，將禪法運用於書法中。

法緣會今年也承辦或協辦法鼓山的各項活動，如5月安和分院於台北國父紀念館舉辦的「大願祈福感恩會」、7月護法總會於台中舉辦的「遊心禪悅——法語·墨寶·興學」聖嚴師父書法展，會員們於活動中擔任接待、引導工作等。

教師聯誼會

今年教師聯誼會例行的共修活動為每週三晚上於台北中山精舍進行禪坐共修暨讀書會；此外，每年固定舉辦禪修營的教師聯誼會，今年分別於2月及7月在苗栗三義DIY心靈環保教育中心舉行寒假禪修營、暑假禪七，各由禪修中心副都監果醒法師與僧團果興法師帶領一百三十多位教師們，在禪坐、經行中沉澱身心靈，並將心靈環保精神，帶入校園，嘉惠學子。

教聯會今年特別著重各項成長課程師資的培訓，最主要有3月於法鼓山世界佛教教育園區的書法禪師資培訓；4月及8月的校園禪修研習，引導學員在生活中運用禪法。

藉由趣味學習在校園中推廣四環，是教聯會下半年師資培訓課程的特色，如8月於新店辦事處，首次辦理「淨化歌曲手語師資研習」及「淨化歌曲趣味團康帶動唱」，活動各有兩梯次，共約七十多位教師參加；10至11月則在北投雲來寺舉辦四場繪本師資研習；11月還舉辦佛曲帶動唱研習。多項活潑的研習課程，使法鼓山的理念更深入人心。

教聯會於法鼓山園區舉辦校園禪修研習。

教聯會也參與帶領各地區學校，及海內外分院道場的例行共修。禪修課程方面，例如成員至淡水商工、基隆長興國小、仁愛國小指導禪修；9月至10月初，教聯會會長吳甜、副會長劉振鄉等四位成員前往美國，參與美國護法會舉辦的生活禪推廣系列活動，教聯會成員在新澤西州、佛州奧蘭多、佛州天柏、芝加哥、西雅圖、洛杉磯、舊金山等七個地區，指導學員身心放鬆。

親子成長課程方面，則協助帶領台北安和分院的成人讀經班、兒童讀經班、兒童作文班；北投農禪寺、護法會新店辦事處、淡水共修處的繪本閱讀；以及暑假期間支援桃園齋明寺、金山法鼓山社會大學、北投法鼓山社會大學舉辦的各種兒童營等。

在社會服務方面，教聯會也參與社區弱勢兒童希望工程，如北投植穗營、恩加關懷學童專案，在北投國小、中華佛教文化館，進行學童課業和生活輔導。

榮譽董事會

「遊心禪悅──法語・墨緣・興學」聖嚴師父書法展，是榮譽董事會今年規畫的重點專案，藉由師父的書法作品與大眾結法緣，鼓勵民眾發心護持興學，讓法鼓大學的籌建順利進行。

「遊心禪悅──法語・墨緣・興學」聖嚴師父書法展是榮譽董事會今年的重點專案。

這場結合佛法與藝術內涵的心靈饗宴，在北、中、南部共展出五場，展地除了法鼓山園區、高雄市立文化中心外，台北、台中、台南三地的展覽皆由百貨業者主動邀約，當地信眾執行推動，有效凝聚了信眾的向心力。展出期間，各界佳評如潮，政府官員亦共襄盛舉，如台中市長胡志強、台南市長許添財、高雄市長陳菊等地方首長，以及多位企業界、藝文界人士，皆於開展日蒞臨會場，共同支持展覽，護持法鼓大學的興辦，也讓法鼓山大學院教育的早日完備，向前邁進了一大步。

■海外護法會

美國護法會

今年初，美國護法會發起一項「持〈大悲咒〉‧祈新年新願」活動，自1月1日起開始，延續至2月18日農曆春節結束，號召美國各地分會、聯絡處舉辦持〈大悲咒〉活動，個人則自訂日課持誦，期能為聖嚴師父法體及東初禪寺的擴遷計畫祈福，多數分會、聯絡處均自行於平日的例行共修中增加了此項活動。

繼去年（2006年）首度舉辦親子夏令營，美國護法會今年於6月8日起至7月22日，相繼在密西根州、舊金山、西雅圖、洛杉磯、紐約象岡道場等地共舉辦五場親子夏令營活動，營隊皆以「人格養成」為主題，邀請台灣的禪修講師前往帶領青少年體驗各種禪法。

今年巡迴美國各地區的活動還有生活禪推廣，於9月5日起至10月17日期間，在新澤西州、佛州奧蘭多、佛州天柏、芝加哥、西雅圖、洛杉磯、舊金山等七個地方陸續舉辦，同樣自台灣邀請師資，共有四位護法總會教師聯誼會的生活禪老師帶領學員，學習在忙碌的日常生活中，讓身心全然專注與放鬆之道。

此外，美國護法會並與法鼓山社會福利慈善事業基金會共同投入8月15日祕魯皮斯科市（Pisco）的震災關懷救援活動，展開物資援助、撫慰災民等急難救助工作，進而協助災區民眾重建家園，美國各分會也發動募款賑災活動。

美國護法會今年起為使體系內的服務、聯繫更為便利，轄區做了改變，從去年（2006年）的東部、南部、中西部、西部四個轄區，改分東北部、中大西洋、南部、中西部、西部五個轄區，共包含有6個分會、11個聯絡處。

【東北部轄區】

美國護法會東北部轄區包括紐約州紐約分會、紐約州長島聯絡處、康州聯絡處、佛蒙特州聯絡處，共修活動以禪坐及佛法研習為主。其中，紐約分會活動多與東初禪寺同步，長島聯絡處每週四晚上舉辦禪坐共修，每月有一次佛學講座，佛蒙特州聯絡處則於每月第二或第三週週六下午進行禪坐共修及讀書會，研討佛法書籍等。

【中大西洋轄區】

美國護法會中大西洋轄區包括新澤西州分會、紐約州羅徹斯特聯絡處、賓州聯絡處，主要共修為週日禪修，各據點的活動內容各有特色，新州分會於每月第一週週日會另安排一場精進半日禪，羅徹斯特以學習生活禪法的應用為主，賓州除有禪坐，也有法鼓八式動禪的練習。以下分別就各道場的共修情形做介紹：

新澤西州分會

新澤西州分會的例行共修主要於週日進行，當天上午固定舉辦一場禪坐共修，每月第一週週日則為精進半日禪，其餘內容包括念佛共修、大悲懺法會、地藏法會、《金剛經》持誦、法器練習、中文讀書會——《金剛經》研讀，以及「彈心談心」學佛心得

果謙法師帶領新州信眾進行禪修。

分享等，今年於「彈心談心」分享活動中也不定期舉辦「電影禪」，讓學員藉由觀賞電影，探究影片中的禪法內涵。

其中，4月8日的週日共修，由美國護法會輔導師果謙法師前往主持地藏法會及《金剛經》講座，為分會首次由法師帶領地藏法會，氣氛莊嚴殊勝，共有35人參加；《金剛經》講座則延續3月18日的課程，引導大家如何將《金剛經》的智慧融入生活，開啟福慧圓滿的人生。

新州今年亦有多場由法師主講的佛學課程。首先是2月3至6日，法鼓山僧伽大學助理教授果徹法師特別自台灣遠道至新州，為當地信眾講授四場「承先啟後的中華禪法鼓宗」佛學課程，果徹法師為首次開講這項課程，針對聖嚴師父提出的「中華禪法鼓宗」，從宗教、佛教、漢傳佛教、禪佛教、法鼓禪佛教層層深入，進而介紹禪佛教的範疇、特點，及法鼓山所弘揚的禪佛教特色。

另外，象岡道場住持果峻法師於11月起主講多場《佛說八大人覺經》佛學課程，以及邀請馬來西亞佛學院院長繼程法師於9月19至23日講授佛學課程，主題包括「菩提佛性」、「平淡清淨」、「無住生心」、「感恩眾生，完美的緣」，並於22日週六帶領禪一，期勉眾人以清淨心、慈悲感恩心來看世界，將修行融入生活之中。

紐約州．羅徹斯特聯絡處

今年紐約州羅徹斯特聯絡處的例行活動以禪修、讀書會為主，包括每週日上午進行禪坐共修，週二晚上進行讀書會與學佛心得分享等。讀書會今年內容強調學習生活禪法的應用，主要研讀的書籍包括《慢行聽禪》、《修行在紅塵》、《佛陀的啟示》等，每次約有十餘人參加。4月21至22日，紐約東初禪寺住持果明法師前往聯絡處關懷，帶領兩天的生活禪，約有十餘人參與精進共修。

果明法師（左四）帶領羅徹斯特當地信眾進行生活禪。

賓州聯絡處

賓州聯絡處的定期活動，主要是每週日上午於「賓州大學城居士林」（Buddhist Association of Central Pennsylvania，簡稱BAOCP）佛學社，進行法鼓八式動禪、禪坐共修，及觀看《大法鼓——人間悟語》DVD影片，並進行討論。

繼程法師於賓州州立大學為賓州信眾指導一日禪修。

今年7月，馬來西亞佛學院院長繼程法師前往賓州弘法，15日於賓州州立大學（Pennsylvania State University）主持一場一日禪，指導初級禪修；17日進行一場公開演講，主題為「八正道」，法師介紹三種世界觀、因緣觀及八正道的修行方法等，共有30位民眾參加。

【南部轄區】

美國護法會南部轄區包括喬治亞州聯絡處、德州達拉斯聯絡處、佛州奧蘭多聯絡處、佛州天柏聯絡處，共修以禪修、讀書會為主。例如：喬治亞州聯絡處每週均有禪坐及中英文讀書會、拜經、拜佛等活動，達拉斯聯絡處則有每月第三週週日的法鼓八式動禪、禪坐共修，每月第二週也為小朋友舉辦法鼓八式動禪、禪坐及遊戲等活動。內容如下：

佛州．奧蘭多聯絡處

佛州奧蘭多聯絡處今年固定於每月第一週週六上午在當地圖書館舉行禪坐共修以及佛學研討等活動，全程大多以英語進行。

今年，奧蘭多聯絡處並有兩項禪修活動，3月24至25日，與佛州天柏聯絡處在泰國廟（Wat Florida Dhammaram）共同舉辦二日禪修，由聖嚴師父的西方法子吉伯．古帝亞茲（Gilbert Gutierrez）帶領15人體驗禪修。

9月13日則舉行了一場生活禪，邀請護法總會教師聯誼會四位生活禪講師劉振鄉、蔡美枝、吳甜、蔡鴻銘，帶領二十多位禪眾，練習將禪修方法融入日常的行住坐臥中，並從中體會禪悅。

佛州・天柏聯絡處

佛州天柏聯絡處今年的例行共修項目，延續2006年的讀書會，改於隔月第二週週日上午舉行，會中研討主題先後有《心經》、「《金剛經》生活」，並討論如何將佛法運用在生活中。

例行共修另增辦了每月第二週週六下午的禪坐、法鼓八式動禪等禪修練習，以及隔月第二週週日上午於信眾家中進行禮拜大悲懺、學佛心得分享等，每場共修約有十人參加。

【中西部轄區】

美國護法會中西部轄區包括伊利諾州芝加哥分會、密西根州聯絡處。芝加哥分會的共修項目十分多元，除了每月一次的念佛共修，另有禪修、讀書會、研討會等，密西根州的活動則以禪修為重點，內容說明如下：

伊利諾州・芝加哥分會

芝加哥分會舉辦禪修課程，帶領學員進行放鬆體驗。

伊利諾州芝加哥分會今年例行活動以念佛、禪修為主，包括每週進行一至兩次的念佛共修，以及每週一次的「禪」工作坊，並有一年多次的初級禪坐班。其他活動則有太極拳班，每月兩次的「身心保健研討」、親子學佛時間，每月一次的中文讀書會，研讀聖嚴師父的著作《修行在紅塵——維摩經六講》，以及英文讀書會、菩薩戒誦戒會等，內容相當多元。

其中，「身心保健研討」於3月17日開辦，首場邀請芝加哥知名的心臟科醫師謝安民及對中醫有研究的王乃彝博士，帶領大家從中、西醫的角度探討正確的身體保健，並由資深悅眾謝秀英等以個人的學佛經驗為例，分享生活佛法觀與心的保健觀。

為了擴大推廣禪修，今年芝加哥分會於8月4日起一連兩天，舉辦禪修暨佛學講座活動，邀請聖嚴師父的西方法子吉伯・古帝亞茲（Gilbert Gutierrez）帶領信眾體驗師父的禪法；9月22至23日，邀請台灣的禪修講師前往當地教授生活禪，包括山水減壓禪、水果禪、書法禪等，引導禪眾練習將活潑的禪法融入日常生活中。

今年年初，芝加哥分會響應美國護法會發起的「持〈大悲咒〉．祈新年新願」活動，在每週五晚上、1月28日及2月17日除夕聚餐時間，共同進行〈大悲咒〉持誦共修；分會並響應東初禪寺「法鼓希望工程．建設人間淨土」遷建募款計畫，於7月10日舉辦一場「與方丈和尚有約」的小型募款餐會，邀請芝加哥地區12位工商界人士加入護持行列，方丈和尚果東法師以聖嚴師父《遊心禪悅——聖嚴法師法語．墨緣．興學墨迹選》一套三冊贈與護持者，表達感恩之意。除此，芝加哥分會也於10月19日舉辦每年例行的募款餐會，護持道場建設。

法師前往芝加哥弘法亦為當地盛事，美國護法會輔導師果謙法師先後於3月、10月至芝加哥展開多項關懷弘化活動，3月23日首場為專題講座，法師以「禪的心靈饗宴——安心之道」，勉勵大家以「平常心」看待一切事情，保持身心的安定；活動中也安排「生活禪」課程，帶領三十多位東西方學員練習法鼓八式動禪與基礎禪坐。最後法師主持了一場「觀音法會」，引領大家領受並學習觀世音菩薩的慈悲願力。

10月22日，果謙法師經由駐芝加哥台北經濟文化辦事處的安排協助，代表法鼓山致贈一套《法鼓全集》給芝加哥大學（The University of Chicago）圖書館，並於23日至聖路易，將一套《法鼓全集》致贈予籌備中的佛教圖書館「淨心書坊」，擴大推廣聖嚴師父的著作，與海外人士分享法益。

密西根州聯絡處

密西根州聯絡處今年以禪修活動為主，主要是每月第三週週六下午舉辦的禪坐共修，於蘭莘學佛會（Lansing Buddhist Association）進行。

4月，在蘭莘學佛會的彌陀村舉辦了二日禪修活動，包括半日禪及演講，由前往密西根州弘法的聖嚴師父西方法子吉伯．古帝亞茲（Gilbert Gutierrez）主持，與二十多位東西方人士分享個人的禪修體驗。

密西根連絡處所辦親子營中，小朋友練習茶禪。

聯絡處並於6月在彌陀村舉辦親子夏令營，以「人格養成」為主題，進行法鼓八式動禪、茶禪、飲食禪等各種禪修課程，以及運用彌陀村的自然環境，安排自然探索活動等，約有五十多人參加。

10月，至密西根州弘法的美國護法會輔導師果謙法師，在安娜堡市舉辦三場以「心經與禪」為主題的佛學講座，為當地民眾詳細講解《心經》的智慧與修行次第。

【西部轄區】

美國護法會西部轄區包括加州洛杉磯分會、加州舊金山分會、華盛頓州西雅圖分會、加州省會聯絡處、奧勒岡州聯絡處，禪坐共修為各據點的主要例行活動，約每週舉辦一次，其次為讀書會、佛學導讀、佛學講座等，如舊金山分會主要研討《妙法蓮華經》，西雅圖分會的佛學講座則以「《佛說大乘稻芉經》導讀」為題等。

加州．洛杉磯分會

加州洛杉磯分會今年於艾爾蒙特市（El Monte）承租另一共修地點，於2月6日遷入前，維持每週日上午的佛學導讀課程，邀請正在佛光山洛杉磯西來大學（University of the West）就讀博士班的性儀法師主講「成佛之道」，並參與美國護法會所發起的「持〈大悲咒〉．祈新年新願」活動，於1月14、21日及2月17日持誦〈大悲咒〉；遷入新址後恢復原本定期的共修活動，包括每週四晚上的禪坐共修、兩個月一次的大悲懺法會以及舉辦多場的一日禪等。

除了性儀法師，今年另有多位法師應邀至洛杉磯分會講授佛學課程，盛況為歷年來之最，首先是1月6日邀新州「同淨蘭若」創辦人仁俊長老主講「中觀與生活」；4月19至23日，馬來西亞佛學院院長繼程法師講授了三場「小止觀」及一場生活講座；6月底，曾任法鼓山僧伽大學講師的淨照法師主講兩場《瑜伽師地論》；10月23至24日，僧大助理教授果徹法師講授《佛說大乘稻芉經》；7月24至25日，更邀請法源寺住持寬謙法師前往講授「佛教心理學──唯識」、「佛教圖像與建築藝術」，12月23至25日寬謙法師再度前往講授

洛杉機分會今年4月邀請繼程法師主持佛學講座。

《金剛經》；美國護法會輔導師果謙法師也於6月9日，10月2至4日及11月2至3日，先後講授《金剛經》、「《心經》導讀」等。上述七位法師，陸續為洛杉磯民眾開講的佛學課程，內容涵括了經典、藝術、心理學及生活佛法等不同層面，內容豐富而精彩。

禪修課程則是洛杉磯分會今年共修的另一重點，不僅每週定期安排禪坐共修，6月起，每月第一週週日下午開辦禪修導讀，10月舉辦了書法禪及山水禪，以及由果謙法師帶領的念佛禪一、默照禪一，東初禪寺常悟法師帶領的禪三，11月舉行一場半日禪等；繼程法師至當地弘法期間，於4月22日舉辦一日靜坐活動，讓民眾有機會參與各種不同的禪修體驗。

7月，方丈和尚果東法師前往美國展開關懷行程，洛杉磯分會是系列行程的最後一站，15日早上方丈和尚為洛杉磯今年甫承租的新共修道場主持灑淨儀式及皈依典禮，晚上則出席為東初禪寺遷建工程舉辦的募款義賣餐會，帶領大家共同清淨道場、護持道場，期勉眾人善用道場、精進修習佛法。

加州．舊金山分會

今年加州舊金山分會平日的定期共修以禪坐、讀書會為主，禪坐共修每週一次，讀書會兩週一次；另有每月一次的大悲懺法會、念佛共修等。4月開始，每月舉辦一次菩薩戒誦戒會；6月開始，每月舉辦一次Movie Night電影欣賞；8月起則有每月一次的一日禪等，每場共修均約有十餘人參加。

舊金山分會「茶與禪的對話」活動中，小朋友開心練習茶禪。

禪修活動方面，每週固定的禪坐共修每次為時三個小時，依序進行法鼓八式動禪、禪坐練習；2月還舉辦了一場親子茶禪，主題為「茶與禪的對話」，邀請幼兒教育研究專家指導；4月、6月則分別開辦了禪三及一日禪，由美國護法會輔導師果謙法師前往帶領信眾精進禪修，10月也有一場生活禪推廣活動，分會今年的禪修活動形態顯得多元活潑。

兩週一次的讀書會，進行時則分為「經典讀誦」、「學佛五講」、「英文佛學研讀」三個階段，內容包括讀誦經文、佛法觀念解說以及法鼓山英文書籍的研讀等，今年主要研誦的經典為《妙法蓮華經》。

今年5月，舊金山分會覓得新道場，做為往後活動的共修地點。方丈和尚果東法師於7月中旬前往灑淨，新道場正式運作後，除了維持原有定期共修，並開辦新活動，例如6月中的兒童夏令營，活動中將禪修精神巧妙融入，包括訓練孩子專注力的「滴水禪」、手腳並用的跳繩和踢毽子等，36位小朋友及家長、義工近百人參加，參與十分踴躍。另有9月的義工成長課程，內容主題包括佛教儀軌、日常生活的禮儀規範、接待工作的分享等，由來自台灣的護法總會義工團團長、副團長及資深義工等人負責帶領課程。

此外，念佛共修法器組正式成立，並於例行的念佛共修中加入法器練習；9月份則成立合唱團，此後，合唱團練唱成為每週一次的定期共修，邀請紐約市立大學（The City University of New York）音樂博士許亦蓮擔任老師，指導發音、咬字及歌唱技巧，帶領大家一同領略佛教音樂之美，演唱清涼妙音。

方丈和尚並於12月初，今年第二度至舊金山弘法關懷，以「好願在人間，開心過生活」為題，為當地約近四十位信眾演講。

舊金山分會定期舉辦禪坐共修。

除了方丈和尚的弘法行，今年尚有三位僧團法師前往舊金山分會弘法關懷，包括9月東初禪寺常悟法師前往帶領禪修、法鼓山僧伽大學助理教授果徹法師演講「《佛說大乘稻芉經》導讀」，11月則有美國護法會輔導師果謙法師帶領佛學講座、讀書會及法鼓八式動禪、禪坐共修、念佛禪等，內容豐富而多元。

華盛頓州‧西雅圖分會

華盛頓州西雅圖分會今年每月週末輪替進行四項例行共修，包括第一週週日上午的大悲懺法會，第二週週日上午的禪坐共修，第三週週六下午的讀書會，第四週週日上午的念佛共修等；其中以大悲懺法會的參與情形最踴躍，每場約有三十多人參加。

非定期活動主要為佛學講座及課程。自4月開始，馬來西亞佛學院院長繼程法師蒞臨西雅圖分會，主講四場「自我、真我與無我」、「從有與空中求解脫」；9月則有法鼓山僧伽大學助理教授果徹法師前往弘法關懷，主講「《佛說大乘稻芉經》導讀」課

西雅圖分會舉辦夏令營活動，帶領小朋友開心學習。

程，並介紹法鼓山所傳承的漢傳禪佛教及中華禪法鼓宗；以及10、11月舉辦多場《中觀今論》佛學課程等，為當地民眾提供充沛的佛法學習環境與資源。

西雅圖分會6月底則首次舉辦親子夏令營，以「人格養成」為主題，設計10個「和敬平安」遊戲關卡，以及綠野遊蹤、茶禪等活動，引導孩子的集中注意力、用心體驗生活及觀察自然等，深獲孩子與家長的喜愛與肯定。

加州省會聯絡處

加州省會聯絡處今年的定期共修，主要是每兩週一次於週日下午舉辦法鼓八式動禪、禪坐共修，會後並進行禪眾共修的心得分享活動。1、2月份則參與美國護法會所發起的「持〈大悲咒〉．祈新年新願」活動，於例行共修中增加持誦〈大悲咒〉七遍。

加州省會聯絡處定期舉辦禪坐共修。

奧勒岡州聯絡處

奧勒岡州聯絡處今年的例行活動以禪坐、念佛及讀書會為主。今年2月，奧勒岡聯絡處為新覓得的新共修道場舉辦灑淨啟用典禮，由美國護法會輔導師果謙法師、加拿大溫哥華道場監院果樞法師前往主持。3月份期間舉辦了大悲懺法會、讀書會及兩場一日禪共修活動；8月並有三昧水懺法會，9月有《地藏經》持誦共修等。

今年方丈和尚果東法師美國關懷行，於7月11日在奧勒岡州比佛頓市中心考恩廣場（Corne Plaza），出席奧勒岡州聯絡處舉辦的結緣餐會，共有大波特蘭地區信眾80人參加。

果謙法師（前排右四）與奧勒岡州信眾於2月落成啟用的新共修道場合影。

12月21日晚上，奧勒岡州聯絡處舉辦「年終祈福法會」，同時舉行今年第二次搬遷的新址灑淨啟用儀式，內容包括灑淨、誦經及點光明燈等活動，約有三十人參加。

加拿大護法會

多倫多分會

多倫多分會今年的例行共修，延續往年以禪修為主，每週皆安排一次禪坐共修，8月底則舉辦了一場禪三；另有每月一次的中文、英文讀書會，以及一日禪等。新春期間，除了進行祈福儀式、聆聽聖嚴師父的新年祝辭，並有一場大悲懺法會。

特別的是，今年6月底，聖嚴師父的西方法子吉伯．古帝亞茲（Gilbert Gutierrez）應邀前往當地弘法，期間進行了兩場演講與一日禪活動，帶領當地民眾深入認識及體驗禪修的況味。

新加坡護法會

成立滿11年的新加坡護法會，今年的定期共修活動，包括每週三晚上與週日早上的禪坐共修、每週四晚上的念佛共修、每週五晚上的心靈環保課程、每週日下午的法器練習，以及每月第一、三週週日下午的菩薩戒誦戒會，每月第二週週日中午則固定舉行大悲懺法會。其中以禪坐共修的參與人數最多，每場都約有近四十人參加。

不定期的共修活動，包括因應節日而舉辦的新春團拜、衛賽節浴佛法會、歲末祈福聯誼會等；今年並於3月5至7日舉辦法器教學，邀請資深悅眾楊美雲老師指導，讓每週定期的法器共修活動能更精進。新加坡護法會今年元月成立法青組後，也不定期舉辦關懷討論會、素食漫談講座與戶外禪坐共修，期盼接引當地青年學子親近佛法。

為了擴大當地的社會參與，3月9日起一連兩天，新加坡護法會與光明山普覺禪寺合辦佛學講座，邀請馬來西亞佛學院院長繼程法師進行佛法開示，近八百位民眾參與聆聽；3月30至31日，與新加坡華樂團及新加坡南安會館共同主辦華樂演奏晚會，這場活動亦有近七百人參加。兩場活動均獲熱烈回響。

新加坡護法會舉辦衛賽節浴佛法會。

6月29至7月6日期間，僧團果舟法師、果悅法師與果仁法師至新加坡護法會指導當地信眾多項共修，包括禪五、一日基礎禪訓、禪坐監香培訓，並進行一場心靈環保講座，以「用心靈環保過生活」為題，期勉信眾能在日常生活中實踐心靈環保，以淨化身心。

11月10日至12日，方丈和尚果東法師、僧團關懷院監院果器法師，及常持法師、護法總會副總會長周文進等至新加坡護法會進行弘法關懷。方丈和尚主持了一場「心六倫展現生命的價值」講座，邀請信眾一起推廣心六倫；果器法師、常持法師則帶領禪坐共修，法師適時的提點，讓禪眾獲益良多。

12月22日，護法會正式搬遷至新會所，果器法師特別自台灣前來新加坡主持灑淨暨祈福法會及歲末感恩活動；晚上，法師主持了一場「如何提昇人的品質」佛學講座，將參與的八十多位學員分組，透過不同主題帶領各組進行分享與討論，學員參與十分踴躍，並表示對佛法有更深一層的體會。23日，法師並帶領一日禪修，指導五十多位學員在生活中應用禪法。

同日晚上，新加坡資政吳作棟夫人前往祝賀新會所搬遷，護法會則致贈一套聖嚴師父英文禪修著作與「好願在人間」春聯，與貴賓結緣。

馬來西亞護法會

馬來西亞護法會全年的共修活動相當多元，包括每週一晚上的合唱團練唱，每週二、五晚上及每週日上午的禪坐共修，每週四晚上的念佛共修，以及每月第一週週日下午的中英文雙語初級禪訓班、第二週週日的讀書會、雙週四晚上的菩薩戒誦戒會、每月最後一週週日的素食結緣等。其中以素食結緣共修的參與最熱烈，每次皆有六十多人參加。並於10至12月，每週六晚上開辦瑜伽課程，是為義工而開辦的共修成長活動。

馬來西亞護法會舉辦一日生活禪。

不定期的共修，則有4月3日的清明報恩大悲懺法會、5月1日的衛賽節祈福會，以及三場精進禪一、電影欣賞等。今年8月甫成立的馬來西亞法青會，於9月23日第一次籌辦中秋聯誼會，除以猜燈謎、佛曲演唱、團康等活動歡慶中秋，並與民眾分享法鼓山的理念。

為籌建永久使用的禪修與佛教教育中心，馬來西亞護法會今年首度規畫了數場「千人千願」募款活動，包括3月31日的「歡唱和平、舞動感恩」慈善義演、6月22至23日兩場佛教舞台劇《圓滿的生命》公演募款、11月9日「千人千願、千人宴」的募款餐會，邀請當地民眾贊助建設基金。

今年有多位僧團法師前往馬來西亞弘法關懷，為當地主持多項活動，4月1日至3日期間，常御法師、常惺法師帶領一日生活禪、「成功人生方程式」講座及大悲懺法器教學等，並與大專悅眾座談，瞭解當地青年佛教徒的現況和困境。7月30日至8月6日，果慨法師、常戒法師、常懿法師與常慧法師至馬來西亞弘法期間，果慨法師主持了7月30日至8月1日於吉隆坡武吉加里爾（Bukit Jalil）國家體育場舉辦的「馬來西亞全球觀音祈福法會」，以及2日的大悲懺講座、6日的菩薩戒唱誦與法器教學；四位法師並於4至6日舉辦的第二屆義工成長營中指導多項課程，讓義工們對法鼓山有更深一層的認識，同時為12月舉辦的首屆「大悲心水陸法會」展開說明會。

11月8至9日，方丈和尚果東法師至馬來西亞弘法關懷，首日進行心靈講座，主講「心六倫的主題價值與安定和諧」及「從心六倫展現生命的價值」，開示心六倫的意涵與社會影響；翌日則出席護法會舉辦的「千人千願、千人宴」募款餐會，會中除分享法鼓山的理念，並邀請與會千餘位信眾一起護持馬來西亞道場的建設。

本年度其他重要的活動，還包括6月6日至10日，護法會與50個馬來西亞佛教團體合辦「以佛法淨化人心，讓藝術感動世界」佛教文化藝術展，為馬來西亞首次由當地主要的佛教團體共同籌辦的佛教活動，希望讓民眾進一步瞭解、體會，佛教對於世界幸福、和平的努力。

7月26至27日，護法會安排來訪的台灣法青會與馬來西亞佛教青年總會、菩提工作坊舉行座談，就青年學佛經驗與心得展開交流分享；11月16至25日則參與第九屆國際中文書展，推廣法鼓文化出版品。

歲末，馬來西亞護法會舉辦了一場跨年持咒活動，以誦念〈大悲咒〉歡喜迎接新年。

香港護法會

香港護法會本年安排的例行活動相當密集，包括週一晚上的合唱團練唱，週二晚上的法器練習、讀書會，週三晚上的太極班，週四晚上的繪本研習、英文基礎班，週五晚上的念佛共修，週六下午的禪坐共修、晚上的鈔經班，以及每月第一週週六下午的菩薩戒誦戒會，第二、三、四週週六下午的瑜伽班，每月第二週週六晚上的大悲懺法會，每月單週週六下午的佛曲帶動唱等。6月起，每月第一週週五晚上的念佛共修，增加菩薩戒誦戒會，恭誦「法鼓山菩薩戒會誦戒」儀軌。

香港護法會舉辦佛一。

不定期的共修活動，有初級禪訓班、動禪研習班、繪本指導、禪一、法青禪一、減壓禪修營、佛一、皈依法會等；其中，動禪研習班為今年首次舉辦，期能帶領學員運動健身，並學習身心放鬆。

香港護法會今年為悅眾開辦多項成長課程，如5月5、6日的讀書會帶領人種子培訓，邀請資深讀書會講師方隆彰主講；6月16、17日「法鼓人的關懷」課程，由自台灣前往的資深悅眾楊美雲老師帶領，內容涵蓋法鼓人應有的行儀、法鼓人的勸募與關懷等；7月1、2日及12月25至27日，則邀請台灣宜蘭頭城國小校長林信德，指導「走向生命高峰」研習營，帶領學員開發內在潛能與瞭解人性特質。

今年先後有多位僧團法師至香港弘法關懷，果建法師於1月26至29日教授佛七法器，並於5月17至20日的浴佛節系列活動中，主持「中華禪法鼓宗」講座，介紹法鼓山的法脈源流，也帶領菩薩戒誦戒會、《金剛經》誦經法會及浴佛皈依法會；果啟法師、常心法師則於9月27日至10月2日帶領「大悲心祈福法會」系列活動，其中有多項活動為首次舉辦，包括佛一暨皈依法會以及地藏法會等，每場均有一百多位信眾參加。

10月7日舉辦「榮譽董事聯誼晚會」，護法總會輔導師果器法師與護法總會副總會長周文進夫婦自台灣前往參與，活動中播放《大哉斯鼓》影片，以及介紹「遊心禪悅——法語．墨緣．興學」聖嚴師父書法展影片，讓眾人瞭解師父興建法鼓大學的悲願。

在其他活動方面，如繪本班部分成員於2月3至4日，首度前往中國大陸廣東省增城的新塘，進行繪本分享，兩天活動有說故事、遊戲、唱歌等內容，約有四十多位七至十六歲學童參加；10月24日及11月9日則至志蓮中學，帶領繪本閱讀，約近四百位學子參加。

香港護法會繼2006年7月舉辦「禪宗溯源之旅」後，今年4月5至9日第二度舉行，全程參訪七個寺院，包括廈門南普陀寺、泉州開元寺、莆田市廣化寺、黃檗山萬福寺、怡山西禪寺、鼓山湧泉寺、閩侯縣雪峰寶聖禪寺，共有44人參與溯源，藉此更加瞭解禪宗法脈的傳承。

泰國護法會

泰國護法會舉辦歲末感恩義賣，義賣所得捐助泰北山區居民。

成立甫兩年的泰國護法會，今年的盛事之一，為僧團果建法師兩次前往弘法關懷。1月21至25日期間，主講「佛法與人生」、「《佛教入門》導讀」兩場佛學講座，說明佛陀生平與成佛之道，闡釋「六度」的意義與實踐；並主持書展及義賣活動，指導念佛共修、禪坐共修，帶領大悲懺法會；以及為法鼓山僧伽大學主辦的「第五屆生命自覺營」進行一場說明會。5月12、13日則為泰國護法會頒發獎助學金給泰北光復中學及大同中學的優秀清寒學子。

12月1日，護法會於曼谷中華會館舉辦一場歲末感恩活動，進行法鼓文化書籍及生活用品義賣，義賣所得除做為清寒學生獎助學金之外，還為泰國北部山區居民添購衣物和棉被，以具體行動關懷社會。

澳洲護法會

雪梨分會

今年雪梨分會的例行活動以讀書會、禪修為主，包括每月兩次的讀書會、精進禪一，另有每月一次的大悲懺法會，其中一場讀書會主要研讀《金剛經》，10月開始進行《心經》研讀。12月中旬，分會於雪梨藍山（Blue Mountain）舉辦一場週末禪修營，帶領當地信眾利用假期精進修行，學習生活佛法。

僧團果建法師2月於澳洲弘法關懷期間，特別於雪梨分會進行了一場佛學講座，主題是「十二因緣」。

果建法師為雪梨信眾開示十二因緣。

5月31日的浴佛節，雪梨分會特別派代表出席首次於澳洲雪梨市政廳舉辦的聯合國佛誕紀念日，與各國代表共同紀念佛誕。

值得一提的是，9月21日分會派五名悅眾應巴哈伊信仰者之邀，出席聯合國國際和平日祈福會，在會中宣讀聖嚴師父於2002年1月在第32屆「世界經濟論壇」會議（World Economic Forum，簡稱WEF）中的談話，提出「心靈環保」主張，及持誦觀世音菩薩聖號，為世界和平祈福。

墨爾本分會

澳洲護法會墨爾本分會今年的例行活動以禪修、念佛為主，包括每週一次的中、英文禪坐共修，法鼓八式動禪推廣活動及念佛共修等；其中，法鼓八式動禪推廣活動，為分會悅眾前往努納瓦丁老人活動中心（Nunawading Senior Centre）進行動禪示範教學。7月開始，並增加每月一次的大悲懺法會，及《阿彌陀經》、《禮佛大懺悔文》共修等，每次約有十多人參加。

果建法師2月至墨爾本分會弘法關懷。

2月期間，僧團果建法師前往澳洲弘法關懷，於墨爾本分會先後主持了多場共修，包括助念法器教學、臨終關懷，以及四場佛學講座，一場精進佛七、大專禪修營等，其中精進佛七為首次舉辦。而2月4日首場「生死的流轉」佛學講座，即有一百二十餘人出席聆聽。

5月13日並舉辦浴佛法會，邀集當地信眾共同慶祝母親節及浴佛節，及相互關懷、交流勉勵。

此外，墨爾本分會也響應當地政府機關所舉辦的活動，如3月4日澳洲清潔日、7月29日國家植樹日（National Tree Planting），以及每四個月一次由澳洲紅十字會舉辦的捐血活動等，藉此與澳洲民眾分享法鼓山的環保理念。

7月中旬，墨爾本分會為甫喬遷的共修地點舉辦灑淨祈福儀式，進行〈大悲咒〉、《妙法蓮華經・普門品》及「觀世音菩薩」聖號持誦共修等。11月後，分會因有其他安排，暫停共修。

海外區域護法

歐洲・盧森堡聯絡處

為了接引更多人親近佛法，今年開始，盧森堡聯絡處約每個月舉辦一場禪坐共修，進行禪坐練習以及討論，每次為時約一個多小時。6月13日並協助盧森堡中華文教協會（Association Culturelle Chinoise de Luxembourg）在盧森堡國家愛樂音樂廳舉辦成立十週年會慶，邀請台灣鋼琴家與國際知名華人小提琴家黃義方協奏演出，與當地民眾進行友善互動與交流。

教育事業群

■法鼓山僧伽大學

法鼓山僧伽大學以培養德學兼備、解行並重的優秀僧才為宗旨，今年為了加深、加廣學僧的學習內涵，在學制上做了變革，首度採「入學不分系」、「延遲分流」制度，並於筆試科目外加考術科禪七；所有新生入學後統一進入「佛學系」，於二年級時再分別選擇「佛學系」、「禪學系」或「僧才養成班」就讀，今年9月舉辦開學典禮，有46名新生，包括12名男眾，34名女眾。

僧大的課程規畫，向以解門、行門並重，其中本年度由聖嚴師父親自授課的「高僧行誼」課程，講授太虛大師的人格養成、精神與典範行誼，讓學僧瞭解法鼓山「建設人間淨土」的理念傳承。而為了培養領眾能力，今年女眾部首次舉辦佛七法器培訓，讓學僧熟悉佛七法器和佛七流程；並在佛學系四年級課程中增開「宗教師教育」課

法鼓山僧伽大學院長果暉法師為學僧們講授「數息觀」。

程，以造就住持正法的僧才。

為了培養學僧弘化及各種作務能力，僧大各學系安排有「作務與弘化」課程，上半年為佛學系四年級舉辦了五場見學觀摩，實際瞭解法鼓山行政中心、文化中心、桃園齋明寺、法鼓山園區的運作實務。3月份為佛學系二、三年級及男眾養成班二年級學僧開設「自我探索——探源工作坊」課程，邀請台北大學社會工作學系副教授楊蓓指導，引領學僧瞭解自我、開發自我；並於4月進行一場「自我探索—— 一日禪整合會談」，由僧團果元法師、果鏡法師、果光法師、果毅法師擔任會談法師。9月以後的課程內容，則包括時間管理、國際弘化、活動規畫與執行技巧、課程教案設計等主題，還邀請中央研究院民族研究所研究員胡台麗主講「原住民影音紀錄中的文化思惟」等，內容實用多元。

除了例行的教學、禪修課程，考季期間，僧大也安排學僧至基隆考區關懷國中基測、四技二專的考生；暑假實習，課程範圍廣泛，包括參與焰口法會活動，及至各分院實習、參與分院活動等，擴大學僧的學習面向。

今年僧大共有5位男眾、19位女眾剃度；另有9位沙彌、16位沙彌尼，於10月1至31日於基隆靈泉禪寺乞受三壇大戒。20位畢業生進入僧團後，則於法鼓山海內外體系內各單位領執，奉獻社會。

僧大今年主辦的第五屆生命自覺營，共有103位海內外學員圓滿參與，海外學員來自澳門、香港、馬來西亞、新加坡、泰國、澳洲，以及美國、加拿大等八個地區，其中，泰國地區由泰國護法會組團，有11人參加。自2004年首屆開辦以來，生命自覺營已肩負接引社會青年體驗出家殊勝意義的重要使命。

另外，僧大協辦了3月10日由中華電子佛典協會主辦的「2007電子佛典成果發表會暨九週年慶」；以及支援法青會於2月底至3月的五場「以法相會」活動；並參加3至9月聖嚴師父及方丈和尚果東法師的全台巡迴關懷行，於活動中做招生說明。

■法鼓佛教研修學院

法鼓佛教研修學院今年4月8日揭牌成立，為國內第一所佛教研修學院，也是第一所獨立的宗教研修學院。成立後，隨即展開碩士班招生作業，首屆應考人數51名，錄取新生共15人，包括佛教組12人，資訊組3人，並於9月16日舉行開學典禮。

為了因應時代與社會潮流，研修學院「研究」與「修行」並重，發展科際整合課程與國際化教學導向，在課程規畫上，設有印度佛教組、漢傳佛教組、藏傳佛教組，並擴大原有的佛學資訊學程為「佛學資訊組」等四個專業佛學學程，重視梵、巴、藏之佛典語文的基礎訓練，並加強英、日語的學習。行門方面，除朝暮定課和三學精要研修為必修外，還設有禪修、儀軌、弘化、佛教藝術、綜合等專題研修為共同選修；更結合法鼓山世界佛教教育園區的資源，提供參與法會、共修會、禪七、佛七等多元化的修行活動。

在學術研究方面，研修學院今年即承接並執行行政院國家科學委員會數項專案，如「數位典藏多媒體檔案之研究與建置——西藏珍藏語音檔案研究」、「台北版電子佛典集成之研究與建議」、「絲路中印文化交流研究——以法顯、玄奘、義淨三大師西行路線為主」等，進行數位佛典的建置，以及中印文化交流的研究等，擴大學生參與各項專案研究的機會；其中，中印文化交流的研究部分，並將於明年（2008年）召開一場「中印絲路文化交流研究國際會議」。

專題演講的舉辦、與海外知名學府締結姊妹校，則是研修學院重要的學術交流活動之一，希望藉此拓展學生們的研究與國際視野。今年舉辦的講座，包括9月比利時根特大學（Ghent University）教授巴德勝（Bart Dessein）演講「南北方大眾部和大乘佛教的起源」；11月舉辦首場「大師講座」，邀請國際腦神經權威奧斯汀（James H. Austin）教授主講「東西方心靈探索的匯集：禪與腦科學觀」；比利時根特大學教授赫

在法鼓山大學院96學年度畢結業暨開學典禮上，研修學院歡喜迎新生。

曼（Ann Heirman）演講「戒律：從印度到中國」等。此外，在法鼓山舉辦「大悲心水陸法會」之前，研修學院於11月10日首辦「佛學研究與佛教修行研討會」，15位專家學者針對佛教的傳統注釋、當代佛學數位化以及水陸法會等議題進行討論，並探討水陸法會的時代意義，會中論述多元，成果豐碩，約有四百多位來自台灣、中國大陸的學界人士出席。

在學術交流上，如4月美國丹佛大學（University of Denvor）教授阿德里安（Bonnie Adrian）來校進行田野考察、與中國大陸藏學研究中心簽訂圖書交換協議書；11月加拿大英屬哥倫比亞大學（University of British Columbia）「佛教與現代社會」學程主任寇思比（Kate Crosby）蒞校參訪，並商談日後交換學生計畫；同月還邀請澳洲阿姜蘇嘉多法師（Ajhan Sujato）來校舉行「部派佛教略談」座談會等。此外，在締結姊妹校方面，11、12月分別與美國史丹佛大學佛學中心（Stanford Center for Buddhist Studies）、澳洲雪梨大學（The University of Sydney）；12月與比利時根特大學締約結盟，簽署交流協定，希冀透過研究人員互訪、交換學生的方式，達成國際學術合作。

原為中華佛研所承辦的佛學教育推廣中心課程，自2007年第二期起轉由研修學院辦理，第二期課程有11門課程，修課人數共264人；第三期課程有12門，選修人數227人。未來將持續加強課程開發與開辦學分班。

11月，研修學院獲教育部同意佛教學系學士班單獨招生，將於明年（2008年）正式招生，為大學生提供心靈成長的求學環境。

■中華佛學研究所

中華佛學研究所近年來積極籌設「法鼓佛教研修學院」，至今年4月研修學院揭牌成立並開始招生，可謂是中華佛研所二十餘年辦學成果的展現。

中華佛研所在研修學院成立後，將不再招收新生，專以研究、出版為重，並以培育漢傳佛教研究人員為主。

中華佛研所2006年共有全修生22人，在課程方面，每學期固定舉辦的「創辦人時間」、「學術副所長時間」，今年於2月27日、5月2日，分別由聖嚴嚴師父和學術副所長惠敏法師，對學生開示期勉與指導學業方面的問題。除了課堂學習，3月14

中華佛研所暑期佛學營，引導學員體驗禪修法味。

日特舉辦校外教學，參觀故宮博物院「慈悲與智慧——佛教文物特展」、「北宋書畫、汝窯、宋版圖書特展」及「大英博物館收藏展」，期能擴大學生研究與學習視野。

今年主要舉辦的專題會議、活動，包括在2月6至8日參與協辦由行政院國家科學委員會、中央研究院歷史與語言研究所主辦的「2007亞洲佛教藝術研習營」，活動於法鼓山園區國際會議廳舉行，來自日本、韓國、中國大陸與台灣的專家學者，齊聚探討佛教藝術的新未來；4月8日於園區教育行政大樓海會廳舉辦校友會，聖嚴師父出席關懷，並勉勵校友們秉持毅力與恆心，繼續在不同領域奉獻與服務社會，共有四十餘位25屆歷屆校友與會；7月1日，中華佛研所舉辦「第四屆法鼓山漢藏佛教文化交流翻譯研究班」成果感恩發表會，聖嚴師父期勉漢藏班培訓出來的翻譯人才，能以「漢藏經典雙向翻譯」做為努力的目標，本屆畢業生共有14位喇嘛。7月5日舉辦暑期佛學營，主題是「學佛一日禪」，除引導學員體驗禪修，並邀請法鼓山禪堂板首果元法師主講「中華禪法鼓宗」，共有二百多人參加。

10月，中華佛研所並與比利時根特大學（Ghent University）洽談締約計畫，開啟雙方學術合作交流契機。

至於承辦多年的佛學教育推廣中心課程，今年除第一期的13門課程，第二期起轉由研修學院辦理。

12月26日中華佛研所舉行「卸新任所長交接典禮」，由方丈和尚果東法師擔任監交人，原法鼓山僧伽大學副院長果鏡法師從中華佛研所代理所長果肇法師手中接下所長一職，成為中華佛研所自1985年成立以來的第五位所長。這項交接，具有承先啟後的意義，期使中華佛研所成為國際佛學研究重鎮，為漢傳佛教開創新局。

■法鼓大學籌備處

法鼓大學籌備處今年完成整地工程，邁入實體建設階段。硬體工程持續規畫設計第一期校舍建築工程，包括行政大樓、共同教室、體育館、學生中心、第一書苑等，同時向有關單位進行相關行政作業申請。

在規畫學院暨學程（碩士班）方面，法鼓大學籌備處著重學院間及學程間的關聯性，已完成藝術學院、環境學院、公益學院各三個學程的課程規畫，並研議人生學院的教學單位與課程安排。

法鼓大學於8月7日舉辦籌備處主任交接儀式，在聖嚴師父監交下，曾濟群校長將籌備處主任一職交由果肇法師接任。8月11、12日，於法鼓山園區教育行政大樓海會廳召開的「法鼓大學使命願景共識營」，與會人士包括法鼓大學董事會董事、學院系所規畫教授、僧團相關執事法師等共約三十人，會中凝聚共識，並勾勒出法鼓大學的使命和願景：「以心靈環保為核心價值，培育兼具慈悲與智慧的領導者，探索人類未來，建設地球淨土。」期許未來，法鼓大學是一所集合精緻化、研究型、國際化、人文關懷等特色的國際教育村。

■法鼓山社會大學

金山法鼓山社會大學

開辦第五年的金山法鼓山社會大學，為法鼓山與金山鄉公所、金山高中共同舉辦，今年持續延攬優秀師資，並開設豐富多元的成長課程，十分受到當地居民的歡迎。

金山法鼓山社大學員歡喜展示學習成果。

今年度第一期春季班開設了16門課程，以「健康有機飲食春季研習班」、「遇見觀音」、「素食輕鬆做」最受歡迎；另開辦進階課程，如「電腦與生活進階班」、「電腦數位軟體應用進階班」；並增開語文、數學課程，如「全民英檢初級輔導班」、「初級日語四級檢定輔導班」、「親子數學」等，更有「學佛Fun輕鬆」課程，引導學員在日常生活中輕鬆學習禪修。春季班招收學員達635人。

暑假期間，金山法鼓山社大為成人及兒童共開辦12門課程，其中「兒童瑜伽」課程透過舞蹈、靜坐，幫助孩子保持身心柔軟及專注，奠定未來心靈開展的基礎；並舉辦兩梯次的「兒童自然環保體驗營」，由教師聯誼會成員引導兒童學習觀察自然生態，建立環保觀念。

第二期秋季班招收的學員共499人，開學典禮於9月24日在法鼓山園區大殿舉行，同時進行金山、萬里地區中秋關懷活動。典禮中不僅表揚多位春季班表現優異的學員，方丈和尚果東法師更代表法鼓山，致贈中秋慰問禮金給174戶金山地區需要關懷慰問的家庭，由金山鄉鄉民代表會副主席王炳煌代表接受，並與鄉親一同歡慶佳節。

秋季班共開設14門課程，新開設的課程，如「畫話——自我療癒法」，是透過簡易的線條與繪畫，帶領學員認識自我，進一步紓解壓力、調劑身心，達到自我療癒的功能；「自然環保心體驗」課程，特邀請各領域的環保專家與自然達人，探討環保新觀念以及分享實際操作的寶貴經驗，由於課程契合現代人心需求，大大提昇了鄉民的學習意願。而「佛法妙錦囊」、「觀音法門」等佛法課程，則介紹各種深入淺出的修持法門，將佛法實際運用於生活中。今年並首次於石門鄉開辦「電腦基礎」、「健康素食」兩門課，希望透過社大課程帶動石門地區的學習風潮。

近年來，由於台灣社會的人口結構改變，許多外籍配偶加入了台灣家庭，金山法鼓山社大特與金美國小首度開辦「外籍配偶生活電腦輔導班」課程，於10月6日至12月31日進行，共有30人參加，希望落實外籍配偶的生活輔導，共創多元文化和諧社會。

大溪法鼓山社會大學

今年大溪法鼓山社會大學第一期春季班課程，分別於至善高中、仁和國中開設五門、七門課程，其中以「觀光日語」、「中醫與生活」兩門課最受歡迎，選修人數分別為64、77人，春季班學員人數共有544人。

4月1日於三級古蹟桃園齋明寺舉行開學典禮，現場除了彩繪班、陶藝班創作展示外，還有「素食點心」、「家常菜」學習成果分享。

暑假期間，大溪法鼓山社大開辦「親子禪坐」、「不織布DIY」、「兒童英文繪本」等六門課程，讓大小學員度過一個充實的夏天，其中「不織布DIY」資源回收再利用的概念，更是將法鼓山提倡的四環落實於日常生活中。88位社大學員還參與齋明寺「兒童自然藝術夏令營」活動，支援場地、香積、護寮、小隊輔等工作。

第二期秋季班共有11門課程，學員人數337人。至善校區續開「生機飲食與藥膳食譜」課程；並延伸進階課程，如「網頁設計」、「觀光日語」進階班，「禪修精進研修班」安排戶外禪課程，深化禪的理念與方法；還開辦《八大人覺經》佛學課程。仁和校區的「悅讀桃花源」、「中醫與生活——經絡按摩養生」、「陶藝欣賞與創作」等課程，分別透過閱讀、按摩養生、藝術創作各角度，拓展民眾身心靈的深度與廣度；而「把綠帶回家——悠遊盆中天地」、「英語正音與LEGO超易結構法」兩門課則是在環境幽雅的齋明寺上課。

大溪法鼓山社大「親子禪坐」課程，親子一起參與共修。

台中法鼓山社會大學

台中法鼓山社大暑期「健康有活力健身」課程，讓學員藉由運動舒展身心。

去年（2006年）10月甫成立的台中法鼓山社會大學，位於台中市中心。今年第一期春季班於4月22日在台中市惠文高中禮堂舉行開學典禮，由法鼓山社會大學校長曾濟群主持，僧團副住持果暉法師、台中市副市長蕭家旗、民政局局長沐桂新、前台中市教育局局長，現任法鼓山法行會中區分會副會長蔡瑞榮等貴賓親臨致辭，蕭家旗副市長對於法鼓山社會大學課程的開辦，讓台中市民不僅可藉此學習成長，還兼顧身、心、靈的發展，表達肯定之意。而代表新學員領取上課證的林王彩珠，今年72歲，是本期最年長的學員，充分展現「活到老，學到老」的終身學習精神。

春季班的課程分為生活技能、生命關懷兩大類，包括「生活日語會話」、「生活美語會話」、「進階電腦」、「法律與生活」、「素菜料理」、「素食中式點心」、「新聞採訪寫作」、「電視節目製作」、「數位攝影與應用藝術」、「健康保健」、「神經語言學與佛法相遇」等11門課程，並以「健康保健」最受歡迎，選修人數達118人，總計春季班招生523人。

7、8月暑假期間，台中法鼓山社大除了於太平國小開辦「法鼓動禪——法鼓隊」；還於台中分院進行「插花班」、「紙黏土班」、「健康有活力健身」三項課程；更安排參訪法鼓山園區，體驗飲食禪、走路禪與遊戲魔法禪，約有三百五十餘位學員參加。

第二期秋季班則開設10門課程，招收409名學員，課程延續春季班部分包括「健康保健」、「素食中式點心」、「法律與生活」、「新聞採訪寫作」；其中「新聞採訪寫作」課程於春季班廣受好評，秋季班則安排展覽、講座、校外採訪觀摩等，讓學員瞭解寫作不是在教室獨自創作，而是透過生活體驗寫出動人的文章。新增課程中，「好好吃飯——輕食與養生」提供學員正確的健康飲食觀念，「鼓鼓生風——法鼓隊」則讓學員藉由打鼓健身，運用禪修的數息方法，搭配節奏體驗呼吸。

台中法鼓山社會大學至今已開辦三期課程，每期報名人數超過四百人，不僅讓學員習得一技之長，而攝影、烹飪、寫作班等學員也開始參與社區活動，回饋地方，發揮自利利他的服務精神。

北投法鼓山社會大學

北投法鼓山社大「太極拳與養生」班學員藉學習太極拳來養生。

北投法鼓山社會大學於今年4月開辦，繼金山、大溪、台中之後，所成立的第四所法鼓山社會大學，也是台北市第一所法鼓山社會大學。創校開學典禮於4月21日在農禪寺舉行，由法鼓山社會大學校長曾濟群主持，方丈和尚果東法師並親臨致辭。隨後於下午進行教學會議，促進授課講師對北投校區的瞭解及對法鼓山理念的認識。

北投法鼓山社大今年第一期春季班先在北投地區（包括雲來寺、台北市立圖書館清江分館）開辦七堂課，並於士林慈弘精舍（社子辦事處）開辦兩堂課，7月週六、日則是「應用佛教心理學」密集授課。豐富多元的課程包括「生活法律百科」、「素食料理」兩項生活技能類課程，「中醫與生活」、「應用佛教心理學」、「遇見觀音」三項生命關懷類課程，及「太極拳與養生」、「故事、繪本、手繪書」、「禪與花的對話」三項人文休閒類課程等，所有課程皆邀請該領域資深優秀師資擔任講師，民眾回響熱烈，學員共509人。此外，還為外籍配偶開辦成長課程「阮是快樂ㄟ台灣媳婦」，協助外籍配偶從生活基本面融入台灣生活。

暑假期間，北投法鼓山社大特開辦兒童營及成人班，兒童課程包括「環保美勞DIY」、「從心看電影」、「遊戲魔法禪」、「瑜伽班」、「親子繪本創意」、「趣味手繪書」等，內容充實有趣，共有近七百位小學員參與；成人班則有「會場創意布置」、「水果禪」、「禪與花的對話」等各項技藝學習課程，引導學員將禪定的心念融於生活中。

第二期秋季班共開設12門課程，學員共554人。新開課程如「資源回收再利用——大家來開二手店」、「專業保全人員培訓班」等，除了教授專業的技能，也讓學員有機會可開創事業第二春。

北投法鼓山社大開辦富含教育與趣味的多元課程，深受當地民眾的認同與喜愛。

關懷事業群

■法鼓山社會福利慈善事業基金會

法鼓山社會福利慈善事業基金會是法鼓山落實大關懷教育重要的執行單位，今年工作主要分為社會關懷、急難救助兩方面。

社會關懷方面，今年首度在財團法人杜萬全慈善基金會贊助下，於全台九個地區展開「安心家庭關懷專案」，以各地瀕臨嚴重生活危機的家庭為對象，評估其現存及潛在的問題與需求，並提供預防性、支持性及生命教育的服務。總計4至12月期間共服務583個家庭。

全年持續進行的關懷列車系列活動，由地區慰訪義工至社會福利服務機構關懷，如安養中心、育幼院、學校、護理之家等，今年總計動員5,152人次的義工，總服務人數20,028人次。關懷列車的服務還包括兒童暨青少年的學習輔導，對象是弱勢族群學童，以品德教育為主，課業輔導為輔，並結合禪坐、繪本閱讀等，今年共計在14個地區開辦22項課程，有14,324人次受惠。

另有年節關懷活動，包括歲末大關懷及端午、中秋、重陽等三大節日的關懷。歲末大關懷活動主要是在各地區舉辦祈福法會、園遊會，致贈關懷物資，關懷地區低收入戶及弱勢團體。端午、中秋、重陽的年節關懷則以贈送年節物品與慰問金為主；今年三大節日的關懷人數共有6,312人。

今年持續舉辦「百年樹人獎助學金」第10、11期的頒發活動，兩期受助學子共有2,498人，該專案除關懷受助學生、家庭，並透過認養方式，邀請社會善心人士加入贊助行列，共同愛護家境清寒或遭逢重大變故的孩子。

此外，慈基會也針對醫院社工室、各地區社福中心及民間機構所轉介的輔導個案，安排慰訪義工為重點個案做家訪，並進一步慰訪關懷需要幫助的案家，今年服務對象達8,551人次。

祕魯震災後，慈基會人員前往協助賑災，提供民生物資。

慈基會舉辦歲末大關懷，關懷各地區需要關懷的民眾。

其他關懷還有台北縣金山、萬里地區營養午餐補助案、台北市北投地區老人送餐關懷、募集二手電腦捐贈偏遠社區和教養院、自殺防治服務等。

急難救助方面，慈基會不僅救急，更同時為遭逢意外事故的民眾提供人心安定的重建。國內部分，主要包括4月台南龍捲風造成房屋倒塌事件、6月台中水患及8月雲林地區颱風災害等55項災難援助，共動員543人次的義工，關懷人數為10,499人次。

國外部分，包括1月底印尼雅加達水災、3月印尼巴東地震、8月祕魯地震、9月印尼朋姑露地震、11月多明尼加水災、12月孟加拉風災等相關賑災援助，以及2月菲律賓土石流事件後的孤兒就學專案等，總共動員240人次的義工，關懷75,758人次。

另外，慈基會自2004年起於印尼亞齊省及斯里蘭卡進行的南亞海嘯賑災重建專案，今年仍持續，並以協助災區民眾開闢經濟來源為主，除辦理各項職業訓練，也邀請農業專家前往評估指導。

在斯里蘭卡，重要的重建工作包括1月26日菩提心健康服務中心落成灑淨，及安心服務站的例行慰訪、第六梯次義診等。

在印尼，今年完成了棉蘭菩提學校的亞齊災童宿舍、亞齊伊斯蘭初中（MTs Keutapang Dua）圖書館暨宿舍、日惹杰杰蘭第三小學及蒙多莎蘭幼稚園等重建工程；並於亞齊當地釋迦牟尼佛堂舉辦兩場生活佛法講座，由僧團副住持果品法師前往主講，共有270位當地居民參與。另外，除持續派遣義工至亞齊伊斯蘭初中、棉蘭菩提學校進行華語教學外，亞齊安心服務站並自10月起開辦華語課程。

人員培訓與教育訓練方面，慈基會今年在全台各地舉辦的緊急救援教育訓練，共有23場，參與人數1,200人；慰訪關懷教育訓練13場，共有845人次參加；專職效能提昇研討會兩場，共133人次參加。

此外，慈基會今年還完成緊急救援教學影片的拍攝，以及慰訪關懷工作的教學影片製作，發送各地區做為實務運作學習參考。

歷年獎助學金發放人數成長圖

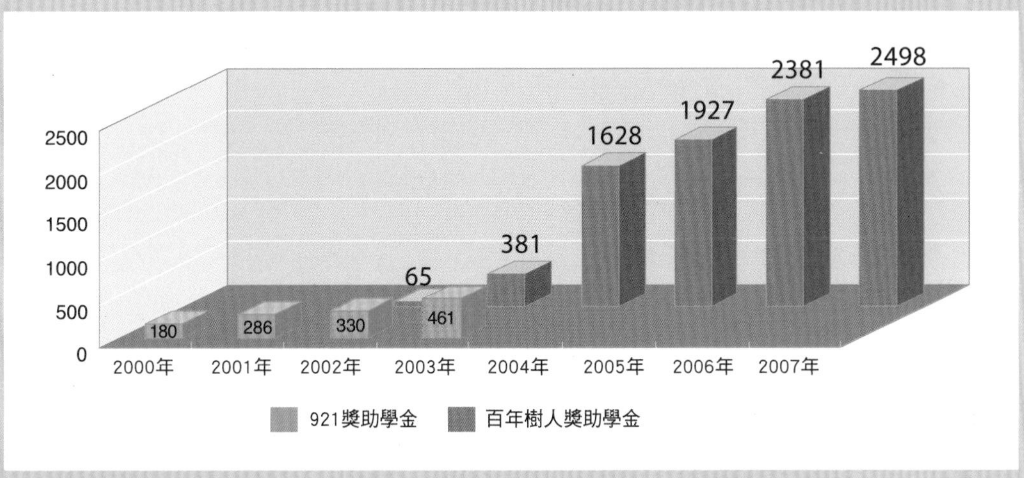

■法鼓山人文社會基金會

財團法人法鼓山人文社會獎助學術基金會今年7月正式更名為「財團法人法鼓山人文社會基金會」，繼續秉持創辦宗旨，普遍且永續地服務社會、造福人類，並獎勵各種與人文社會相關的學術研究以及資助人才的培育。人基會今年的重點工作，主要包括「珍惜生命活動」及「倫理專案」。

「珍惜生命活動」方面，繼去年（2006年）9月「2006關懷生命健走祈福」活動，呼籲社會各界共同防治自殺後，今年1月13日在台南大億麗緻酒店舉辦「你可以不必自殺，還有許多活路可走」珍惜生命座談會，將愛與關懷的力量，延續至南台灣。6月起辦理第一屆「關懷生命獎」活動，鼓勵相關從業人員積極從事有關預防自殺及生命教育的服務與宣導，並於9月舉行頒獎典禮。8月，人基會獲國防部之邀，參與協辦「國軍96年心理衛生（輔導）工作成果發表會」，提供宣導經驗，俾益軍中心理衛生輔導工作。9月10日也與財團法人廣播電視事業發展基金共同舉辦「世界防治自殺日座談會」，廣邀媒體一同重視媒體自律，以及善盡正面報導新聞的社會責任。

年中，人基會推出一系列「倫理專案」，提出「心六倫」運動，藉由「家庭、生活、校園、職場、族群、自然」等六倫的推動，希望社會與人心獲得淨化與平安。首先於6月30日於台北圓山飯店舉辦「新時代．心倫理」座談會，邀請台積電文教基金會董事張淑芬、宏碁集團創辦人施振榮、前監察院院長錢復、前清華大學校長劉炯朗與聖嚴師父對談，約近千人參加。由於「心六倫」理念契合時代需求，立刻獲得廣大回響。10月起，有線電視霹靂台播出由民間企業發心贊助的《聖嚴師父談「新時代．心六倫」》電視帶狀節目。12月21至26日，則舉辦「啟動新六倫，提昇好人品」活動，邀集56家企業共同推廣。

人基會舉辦「新時代．心倫理」座談會，聖嚴師父與各界菁英對談。

由於推廣心六倫，倡議建立校園倫理，人基會今年獲教育部肯定，表揚為品德教育績優民間團體。

此外，在人文教育的推動與普化方面，今年繼續於兩岸大學院校舉辦「法鼓人文講座」；也持續於中國大陸的北京大學、清華大學、南京大學、中山大學設置「法鼓人文獎學金」，積極推廣校園心靈環保理念與人文關懷理念；並提供獎學金予中華佛學研究所做為助學之用。

專案方面，人基會除協助由美國普林斯頓大學（Princeton University）教授史蒂芬（Stephen F. Teiser）主持的佛教文學研究，並贊助「女性慈悲論壇」、「國際青年領袖系列論壇」等國際研討活動。

文化中心

法鼓山主要的文化出版單位──文化中心，今年組織調整為編輯出版處、營運推廣處、史料保存暨展示處等三個功能單位，影視製作部、產品開發部等兩個製作單位，以及行政資源部。編輯出版處下有叢書部、雜誌部、企畫部、視覺設計部；營運推廣處下有客服管理部、通路服務部、行銷業務部、網路行銷組；史料保存暨展示處則設有文史資料組、文物典藏組、展覽組。透過專責分工，使出版經營及人力資源運作更臻流暢順利。

■編輯出版處

叢書部

編輯出版處叢書部於2007年共計出版了40項新品，包含：書籍37冊、影音產品2項，桌曆1項；今年並有兩本書籍獲得獎項肯定，包括《從心溝通》（聖嚴師父著）榮獲行政院衛生署國民健康局「2007健康好書悅讀推介獎」，以及《正念戰役》（*At Hell's Gate*）獲《中國時報》2007開卷美好生活書獎。

在各項新品中，聖嚴師父的著作共有《法鼓山故事》、《禪門第一課》、《方外看紅塵》等三冊；此外，內容集結自聖嚴師父主談的電視節目《不一樣的聲音》之「世紀對話」系列叢書，也出版了五冊新書，分別為：《不一樣的生活主張》、《不一樣的身心安定》、《不一樣的佛法應用》、《不一樣的環保實踐》、《不一樣的生死觀點》。

為了讓佛教建築在傳統與現代之間找到定位，去年（2006年）10月法鼓山首次召開了一場佛教建築研討會，法鼓文化於今年8月將會中發表的15篇論文，集結出版《佛教建築的傳統與創新》一書，內容共分為四個議題，包括「佛教建築歷史回顧」、「佛教建築的現代化」、「佛教建築的使用與管理」與「佛教建築作品賞析」，期能為佛教建築的未來發展，提供新的思惟與視野。

去年（2006年）12月法鼓山法華鐘落成啟用，法鼓文化於今年10月出版法華鐘落成典禮紀念專輯《法華住世》DVD，內容包括了介紹法華鐘鑄造緣起的「法華住世」及「法鼓山法華鐘落成典禮」、「大願和敬平安感恩晚會」、「當下」MV等四部分，為這座當前世界最大的法華鐘，留下珍貴歷史紀錄。

另一項重要新品為12月出版的《學佛五講》有聲書。《學佛五講》課程最初是在1991年3月，由聖嚴師父為僧團法師所講；自1992年法鼓山為信眾開設此一課程以來，常延法師（林孟穎）深入淺出的生動教學，接引許多人走上學佛之途。這套有聲書是2006

年全新課程的實況錄音，課程講綱由師父重新修訂，共計12堂課24片光碟，附有講綱一冊。

雜誌部

【法鼓雜誌】

法鼓人每月必讀的《法鼓》雜誌，本年（205期至216期）依舊持續「要聞」、「護法關懷」、「各地報導」、「生活佛法」、「樂在修行」、「教育文化」、「建設法鼓山」、「焦點報導」等八個版面，分別報導並協助推廣法鼓山各面向的弘化活動。

法華鐘的啟用，是本年法鼓山世界佛教教育園區的盛事，象徵著佛法常住於世，而當渾厚鐘聲響起，亦是對所有眾生的祈願祝福。《法鼓》雜誌於1月號（205期），以一版頭題，以及二、三版跨版的大幅版面，製作法華鐘啟用典禮特別報導；3月號207期，再以一版的半版篇幅，報導首度舉辦的跨年撞鐘祈福法會，以完整的文字圖片，呈現國內外各界人士、護法信眾熱烈參與的盛況。

「心六倫」運動的發起推展，是本年法鼓山大關懷教育的重要工作，《法鼓》雜誌除了於205、212、214、215、216期報導「心六倫」推動的內容和情況，自212期起，並連續四期刊載聖嚴師父的開示──「心六倫運動的目的和期許」，持續性的報導，引發社會各界響應這項符合現代社會需要的心靈運動。

本年法鼓山多項重要大事，《法鼓》雜誌進行深入報導的，還包括：「哥倫比亞大學成立漢傳佛學講座教授」（205、210期）、「聖嚴書院成立」（206期）、「聖嚴師父全台巡迴關懷」（208、211期）、「法鼓佛教研修學院正式揭牌」（209期）、「師父提出法鼓山四大堅持」（213期）、「法鼓山首辦生命關懷獎」（214期）、「法鼓山舉行亞非高峰會」（215、216期）、「台北縣立金山環保生命園區啟用」（216期）等。

在活動文宣推廣部分，首先是法鼓大學的募款計畫，除了報導「遊心禪悅──法語．墨緣．興學」書法展（211期），《法鼓》雜誌自209期起，連續六期刊載聖嚴師父以書法興學的願心；自205期至215期，並以整版篇幅推廣「5475大願興學」計畫，同時報導大願興學最新推廣情況（207、210期），以及推動大願興學的人物專欄。

其次是「大悲心水陸法會」，《法鼓》雜誌於215、216期大幅刊登活動宣傳，並報導海內外舉行的水陸法會巡迴說明（213期），以及法鼓佛教研修學院主辦的「水陸研討會」（216期），為法鼓山這場2007年底首辦的大型水陸法會暖場。

【人生雜誌】

《人生》雜誌內容秉持生活化、國際化、年輕化、資訊化四大目標，2007年除原有專題製作，並推出新專欄及進行小幅改版，期能讓讀者在閱讀雜誌、吸收新知之餘，也能啟迪對生命品質的提昇。

《人生》每期的專題是雜誌的精神與精華，今年針對心靈成長、生活實用、修行法門等議題，製作「自黑闇的幽谷升起——用正念療癒創傷之痛」（285期）、「珍惜要素——從吃開始改變」（286期）、「書法中佛法自在」（287期）、「真心有感——菩薩有應」（288期）、「環保自然葬——以綠色向世間告別」（289期）、「當知識分子學佛時」（290期）、「茶心禪味，喝出真滋味」（291期）、「病不孤單，傾聽彼此的內心」（292期）等專題內容，呈現佛法多面向的運用。

專欄方面，除了一直備受歡迎的定期專欄，例如「人生導師」、「數位弘法」、「大師密碼」、「電影不散場」等，也開發新專欄，例如「生死學中學生死」、「魔鏡西藏」、「佛教徒在德國」、「智慧之劍」等，針對各項生活修行、聖地旅遊、國外佛教、知性心靈等主題，進行深入的探討，開啟寬廣的閱讀視野。

而不定期的專欄，則有「人生書摘」、「書香人生」、「國際視窗」、「當代關懷」等，向讀者介紹佛教書籍的出版資訊，或是現代科學與佛教的連結，以及教界、學術的動態，傳遞更多國際訊息與新知予讀者，與世界同步。

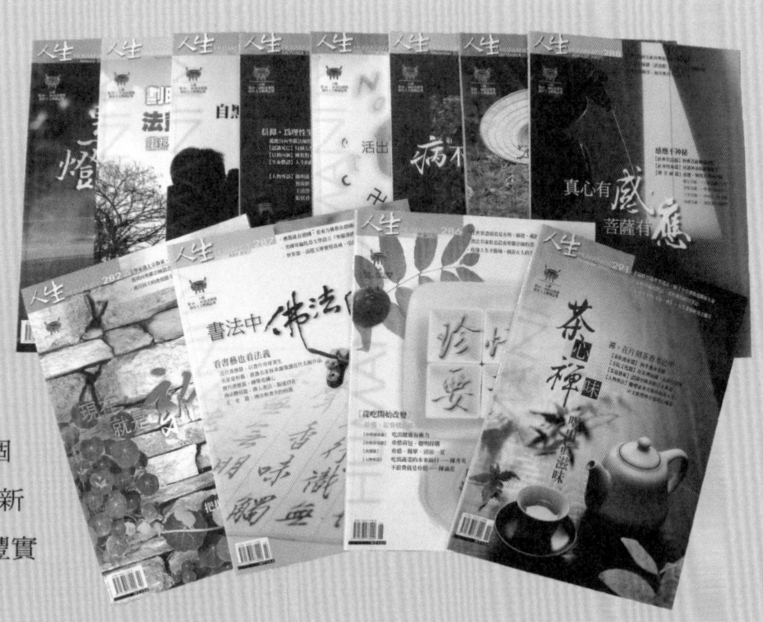

而小幅改版後的《人生》雜誌，封面設計與專題連結，整體版型設計呈現更簡單、清新，並且依各個不同屬性的專欄，再突出個別設計，希望以富有新意的風貌，帶給讀者豐實的精神食糧。

委託製作

文化中心除自製各類出版品，並接受法鼓山體系內各單位委託製作文宣、影片及生活用品，今年出版品包括法鼓山智慧隨身書4本、結緣光碟8項、結緣書籍1本、刊物3項、影片16項、儀軌類2項，以及各種文宣品、結緣品等。

2007年文化中心受委託製作產品一覽表

類別	名稱
智慧隨身書	．智慧對話系列：《生命與信仰的探究──聖嚴法師與龍應台的對話》、《新時代心倫理──聖嚴法師與錢復、施振榮、劉炯朗、張淑芬的對話》、《全球化趨勢下的信仰價值觀與教育──聖嚴法師與單國璽樞機主教的對話》
	．英文流通系列：*Why Take Refuge in the Three Jewels ?*
結緣光碟	．CD：《法鼓山佛曲精華集》、《金剛經生活》
	．MP3：《快樂學佛人》、《身安、心安、禪安》、《信仰與命運》、《活在當下真喜悅》
	．DVD：《大哉斯鼓》、《與佛法相遇》
書籍類	．《金山有情》結緣版
刊物類	．《金山有情》季刊（第19至22期）
	．《法鼓研修院訊》（第1至2期）
	．法鼓山人文社會基金會2006年報
影片拍攝製作	．2007新春影片、聖嚴師父及僧團禪修教學帶、「遊心禪悅」專案、「心六倫」專案、「關懷生命獎」專案、「大悲心水陸法會」專案、「義工團」簡介影片、「與佛法相遇」影片、「法華鐘落成」專輯影片、《大法鼓》馬來西亞版、聖嚴師父國際弘化──泰國衛塞節版、「世界盡頭的光明」影片、法鼓山簡介兒童版影片、救災教育影片、法鼓山慰訪關懷教學短片、2007年版《芒鞋踏痕》影片
儀軌類	．《念佛共修儀軌》、話頭禪四十九中英對照版課誦本與供養偈、大悲心水陸法會儀軌（《總壇疏文彙集》、《幽冥戒儀軌》、《外壇輔助儀軌》、《送聖儀軌》）
簡介、DM類	．簡介：法鼓山簡介手冊（英文普及版）、法鼓山園區導覽中英文版摺頁、法鼓大學簡介、法鼓佛教研修學院簡介（中、英文版）、台北縣立金山環保生命園區簡介
其他	．法鼓山園區大型導覽看板、法鼓山行事曆（2007下半年、2008上半年）、聖嚴教育基金會2008年月（掛）曆、來迎觀音小卡、來迎觀音佛卡相框組合、金屬書籤、光明燈吊牌、中秋節貴賓禮盒、佛化聯合婚禮手珠結緣品、金山環保生命園區骨灰容器等。

■營運推廣處

法鼓文化參加世界貿易中心舉辦的第15屆台北國際書展。

文化中心營運推廣處主要進行文化出版品的推廣，今年除了參加第15屆台北國際書展外，亦在體系內外各通路企畫舉辦了「浴佛節書展」、「Fun暑假」、「澎湖故鄉情」等主題書展；並依書籍主題特性，邀請不同領域的專業人士撰寫書籍導讀。行銷服務上，以切合讀者需求的角度，製作書訊、試讀本及網路轉寄信。為加強與讀者的互動，亦於台北國際書展展場及金石堂金石書院舉辦五場新書講座；2006年10月起開辦的「讀書會方案」推廣亦持續進行。

媒體廣宣方面，《中國時報》開卷版、《聯合報》讀書人版、《人間福報》閱讀版，以及指標性讀書類廣播節目等，均曾針對法鼓文化的新書做推薦及書評分享。

法鼓文化心靈網路書店也積極對外異業合作，包括：「Findbook網路比價」、「素食網站行銷合作」、「Google圖書搜索」及「手機鈴聲下載」等，以拓展閱讀群。針對年度重點專案「中秋月餅禮盒」，心靈網路書店則開啟與購物網合作推廣模式，廣為分享中秋佳節的佛法祝福。

此外，營運推廣處也推廣佛教文物、修行系列、生活飾品、食品等各類產品，如「花果、行願雙節筷」、「『有幸福』、『好容易』聖嚴師父墨寶復刻原木壁掛」、「純銅祈願觀音像、來迎觀音像」、「苦茶籽洗潔劑」等，藉此與社會大眾分享心靈環保生活理念。

■史料保存暨展示處

以保存法鼓山史料及舉辦文物展出為主要功能的「史料保存暨展示處」，包括文史資料組、文物典藏組、展覽組三個組別。平日積極蒐集法鼓山各項史料，建立法鼓山

「宗教文物特展」中展出複製阿閦佛頭像，史料處常定法師為開展貴賓詳細解說文物背景。

影音、圖文數位資料庫，及維護開山紀念館等，也因應弘法單位之需，協助製作教學影片，今年參與製作了清明佛七修訂版、象岡道場話頭禪十的教學帶等。

該處推展的專案中，「法華鐘木質文字模板專案」依專業保存方式，為法華鐘的文字模板進行清潔維護處理，除增加了一項珍貴史料的典藏，模板的保存將可提供後人尋得當代製作的方法軌跡與歷史背景。

展區規畫方面，則有新春期間規畫「法鼓奇珍妙緣展」，展出佛陀骨舍利與肉舍利，11至12月規畫「穿越時空的祕寶──發現地宮特展」等，帶領來訪民眾藉此體會法水源頭生生不息的傳承意涵。

史料處也受邀參加郵政博物館舉辦的「宗教文物特展」，於5月24日至6月24日期間展出兩件地宮石雕拓本，及複製阿閦佛頭像、祈願觀音像、小法華鐘、《法鼓全集》、聖嚴師父墨寶集《遊心禪悅──聖嚴法師法語．墨緣．興學墨迹選》共八件，以文物推廣佛法，並增加社會大眾親近佛教文物的機會。

行政中心

法鼓山主要的行政幕僚單位──行政中心，今年隸屬該中心的單位大多維持原有機能，包括人力資源處、財會處、總務處、資訊處、活動處、信眾服務處等，而原有公關文宣處則分為文宣處、公共關係室兩單位，增益行政服務的效能。

做為法鼓山全球弘化體系的主要後勤單位，行政中心提供所有信眾更具機能性、多元而全面的服務。其中，人力資源處、財會處、總務處、資訊處負責提供法鼓山整體行政幕僚支援，以下則進一步說明活動處、文宣處、公共關係室的工作內容：

活動處

活動處是行政中心重要的活動執行單位，主要承辦的活動包括法鼓山每年例行的皈依大典，支援各地分院、護法會團所舉辦的皈依活動，為初學佛者安排相關活動，以及佛化聯合婚禮、佛化聯合祝壽、心靈環保列車活動等，並協辦各項法鼓山的重大活動等。

今年共有七場皈依大典，包括於北投農禪寺的四場，高雄紫雲寺、花蓮、台東信行寺各一場，共接引近萬人皈依三寶。而為各地新皈依弟子舉辦的「快樂學佛人」活動，今年共舉辦86場，內容主要以講經、佛學導讀、朝山、念佛禪、動禪、專題演講、人生講座等，總參加人數有5,527人。

1月20日的「和敬平安・吉祥姻緣——第12屆佛化聯合婚禮」，有56對新人參加；9至10月期間，輔導各地分院、辦事處等舉辦「中秋重陽及佛化聯合祝壽」，共在15個地區舉行17場活動，受關懷的壽星暨獨居老人有1,450人；4至11月的「心靈環保列車」系列活動，在全台各地區共進行23場活動，約五千餘人參與。

其他協辦的大型活動，包括由法鼓山人文社會基金會主辦的1月13日「你可以不必自殺，還有許多活路可走」珍惜生命座談會台南場、6月30日「新時代・心倫理」座談會，9月9日第一屆「關懷生命獎」頒獎典禮；法鼓山佛教基金會主辦的2月11日台北縣三峽天南寺動土典禮、2月17日法鼓山園區「梵鐘祈願・點亮光明」除夕夜撞鐘祈福活

「快樂學佛人」活動帶領基隆新皈依弟子至法鼓山園區朝山。

動、11月24日「台北縣立金山環保生命園區」啟用典禮、12月8至16日「大悲心水陸法會」，以及法鼓山文教基金會於7至8月期間於全台15個地區共舉辦43梯次的暑期兒童營，10月27至29日舉辦的亞非高峰會議等。

另外，今年1至12月間，活動處持續辦理校園版《大智慧過生活》一至三冊的贈書活動暨問卷調查，共有全台480所學校及六個非政府組織（NGO）申請使用，總發行量505,000冊。

文宣處

文宣處主要負責宣傳法鼓山體系內各種活動資訊，透過各種文宣品，如海報、DM、看板、網站等方式將訊息廣為發布；並與各種媒體接觸，讓媒體和社會大眾取得、瞭解法鼓山各種活動的訊息，促進活動的效益。

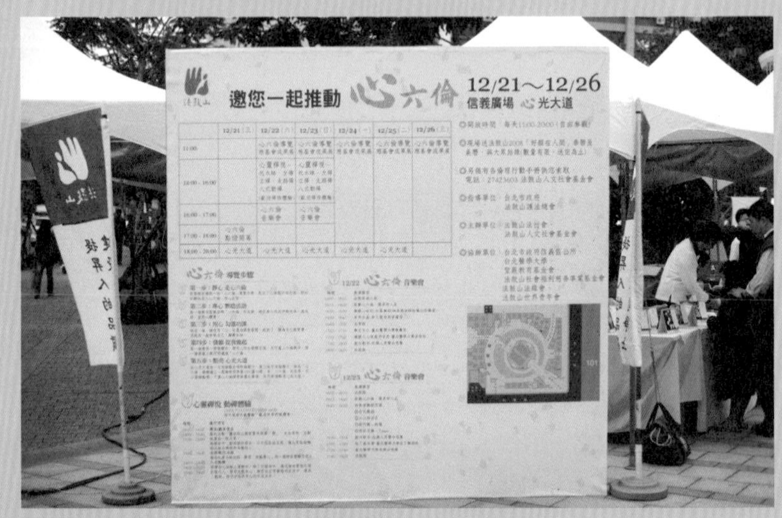

文宣處透過各種媒材，與社會大眾分享法鼓山的活動訊息。

今年文宣處參與宣傳工作的各單位重要活動，包括「你可以不必自殺，還有許多活路可走」珍惜生命座談會、第12屆佛化聯合婚禮、祈福皈依大典、新春活動、「遊心禪悅——法語．墨緣．興學」聖嚴師父書法展、CBETA電子佛典成果發表、各地區浴佛節活動、「新時代．心倫理」座談會、「卓越．超越」青年成長營、第一屆「關懷生命獎」頒獎典禮、「台北縣立金山環保生命園區」啟用典禮、歲末關懷活動、「大悲心水陸法會」等，除了藉由活動文宣品，主動向各媒體發布活動訊息，包括報紙、佛教刊物及網站等，亦會視情況舉辦媒體說明會。

另外，文宣處也負責聖嚴師父弘法節目的影視媒體通路推廣，例如今年分別安排於佛教衛視頻道、生命電視台、JET頻道播出《大法鼓》、《不一樣的聲音》等節目，並安排於中華電信MOD隨選電視播放《大法鼓》、《不一樣的聲音》、《名人對談特別專輯》等節目影片，擴大與民眾分享聖嚴師父的弘講內容。

2007年聖嚴師父電視弘法時間表

節目	頻道	時段	地區
大法鼓	華視IQ教育文化	每週六 09：00～09：30	台灣
	佛衛慈悲台	每週日 06：00～07：00 12：00～13：00 03：00～04：00	台灣
	澳門廣視	每週三 19：45～20：15	澳門
		每週日 19：45～20：15	
	中華電信MOD	隨選	台灣
不一樣的聲音	佛衛慈悲台	每週日 06：00～07：00 12：00～13：00 03：00～04：00	台灣
	JET頻道	每週六 06：00～06：30	台灣
	生命電視台	每週六、日 23：00～23：30	
		隔週一、二 13：30～14：00重播	台灣
	中華電信MOD	隨選	台灣

公共關係室

公共關係室主要負責法鼓山與社會各界互動的各種事宜，包括聖嚴師父與方丈和尚果東法師的演講、拜會行程等，及協助園區媒體接待、參訪、敦親睦鄰專案等。

公關室今年參與的活動，多以搭配園區的各項運作為主，例如地方公務機構及各級學校的拜會，協助法鼓山社會大學、護法會金山辦事處參加台北縣金山鄉的歲末掃街活動、春秋季的淨灘活動、台北縣石門鄉尖鹿社區發展協會的敬老活動，及金山高中國中部中輟生輔導專案，方丈和尚於台北縣三芝鄉公所「重振倫理道德生活講座」中演講等，與社會大眾進行正面良善的交流。

相關基金會

■聖嚴教育基金會

以弘傳聖嚴師父思想與理念為宗旨的聖嚴教育基金會，今年工作主要包括流通推廣結緣出版品，執行師父思想相關的學術研究計畫，以及鼓勵、獎助與師父思想理念契合的教育活動等。

聖基會透過推廣據點陳設結緣書刊，與社會大眾分享佛法。

結緣出版品流通推廣方面，今年主要有〈聖嚴法師108自在語〉相關主題的出版品，包括小冊子、兒童繪本、CD、MV動畫等，並有西班牙譯文版本。

截至今年底，聖基會推廣的結緣品種類，包括繁體中文64項，簡體中文5項，英文9項，影音品32項，總計110項，今年發行量總計1,541,500份。

推廣據點的拓展方面，今年於全聯社全台各大賣場設置結緣品陳列點，共有1,445處，成長幅度為12%。在海外推廣方面，將聖嚴師父過去的作品彙集成五本精選的簡體版書籍，包含《坐禪的功能》、《皈依三寶的意義》、《家庭美滿與事業成功》、《佛教的修行方法》與《因果與因緣》，分別印製兩萬份，連同100套《經典學院》影音光碟，分送至500個海外寺院與佛學院。

學術研究計畫方面，今年聖基會與美國哥倫比亞大學（Columbia University）合作設立的「聖嚴漢傳佛學講座教授」計畫，5月在哥大舉行合約簽訂儀式，首任教授由哥大宗教系教授于君方出任，期能帶動漢傳佛教在西方社會的學術研究風氣。

其他，另整理去年（2006年）第一屆「聖嚴思想與當代社會」國際學術研討會論文，以出版「聖嚴思想研究」專書；規畫2008年第二屆「聖嚴思想國際學術研討會」；邀請相關學者專家進行聖嚴思想研究計畫案，研究成果於國內外學術期刊發表；執行《法鼓全集》修編計畫；推展漢傳佛教學術發展專案計畫，該計

美國哥倫比亞大學設立「聖嚴漢傳佛學講座教授」簽約過程，首任教授為于君方（左二）。

畫今年共補助國內博士論文獎助四件、學術研討會補助兩件、學術期刊印製獎助一件等，以及聖嚴師父資料庫的建立等。

另外，聖基會並支援推廣聖嚴師父思想理念的相關教育活動，例如在聖基會網站中增加弘化院佛學推廣中心「聖嚴書院」的招生資訊，與護法總會、法鼓文化、法行會等單位共同主辦「人生講座」系列等，讓更多人有機會接觸及深入學習聖嚴思想。

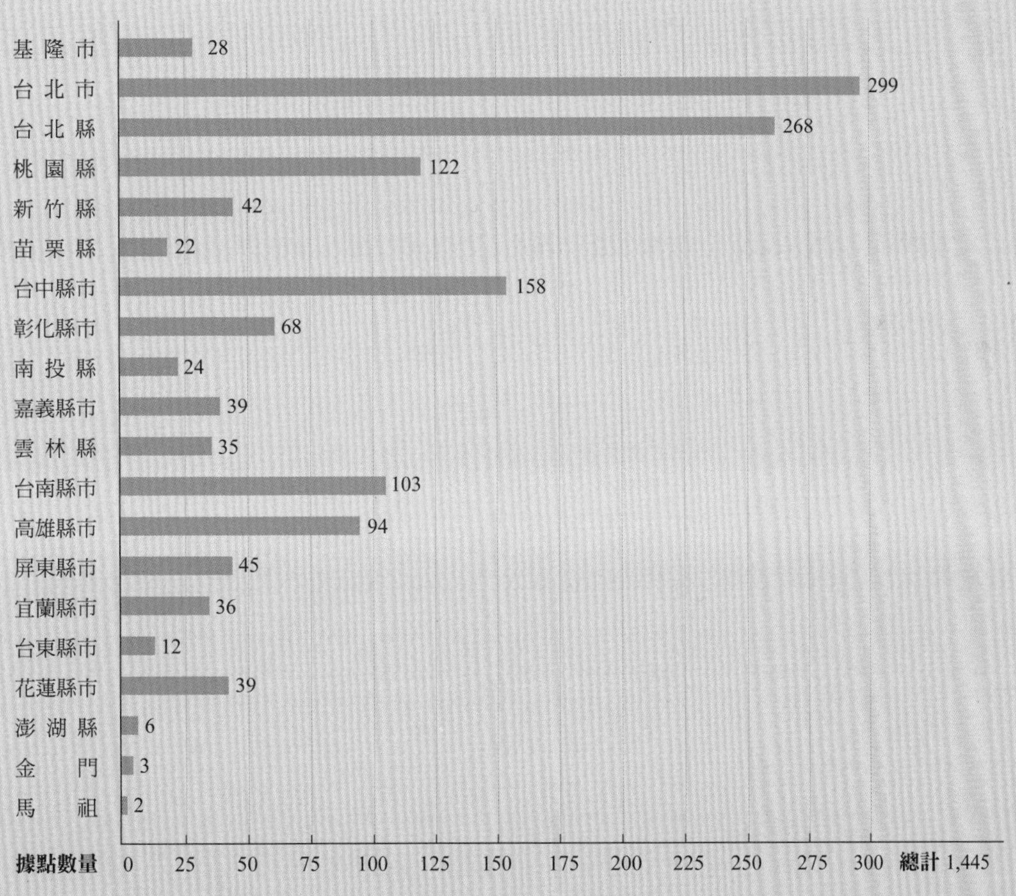

實踐

大普化
與時俱進　開創普化新局

大關懷
關懷深耕　引領時代思惟

大學院
開創研修教育新紀元

國際弘化
建立全球倫理共識

實踐

壹【大普化】

大普化教育是啟蒙心靈的舵手，
引領眾生從自心清淨做起，
培養學法、弘法、護法的菩薩，
敲響慈悲和智慧的法鼓，
建設人間為一片淨土。

與時俱進　開創普化新局

大普化教育活動多元涵蓋、與時俱進，
首度辦「大悲心水陸法會」秉持環保，創時代新局；
「話頭禪四十九」舉辦，重現聖嚴師父早期嚴峻禪風；
法鼓山園區首度「八關戒齋菩薩行」，巧妙結合觀音與禪修；
「聖嚴書院」全台各地系列開展，法鼓宗風隨之廣播。
法青發起「純真．覺醒」運動，為佛教注入源源活力，
種種普化成果深獲相關單位表揚肯定，
為社會帶動向善成長的循環與力量。

在法鼓山推展的三大教育裡，大普化教育可說是涵蓋對象最廣泛、活動形態最多元，也最貼近普羅大眾的一環。在這個日新月異的時代裡，如何將擁有悠遠歷史的漢傳佛教以現代化的方式普傳，接引大眾來認識、理解，進而接受、實踐，是法鼓山大普化教育始終在思考與嘗試的課題。

時代在進步，法鼓山的大普化教育也與時俱進，不斷推陳出新，其中，又以今年12月於法鼓山世界佛教教育園區舉辦的「大悲心水陸法會」最具代表性。在形式上，將古老的懺法改良成適應時代環保需求的新面貌；在內涵上，則承秉懺法的根本慈悲精神。此一融合傳統、再創新猷的作為，可做為法鼓山2007年大普化教育總體特色的縮影。

茲就大普化教育的四個面向——修行弘化、佛學普及、教育成長、文化出版與推廣，於2007年的具體成果分述如下：

修行弘化

自法鼓山於2005年落成開山之後，各項弘化事業便以法鼓山園區做為凝聚焦點的總樞紐，而與各地分院、道場串連，形成一具有龐大社會影響力的弘化網絡。以今年的新春活動為例，園區首次舉辦的跨年撞法華鐘祈福儀式，邀請多位各界名人合力撞響第108聲法華鐘聲，緊扣著「和敬平安」的宗旨，為傳統的熱鬧年節增添一份莊嚴祥和的氣息，成為新春期間的媒體焦點。透過媒體的報導，也接引了全台各地民眾親炙法鼓山，參與北、中、南、東各分院道場精心規畫的系列活動，共度一個有佛法滋養的

好年。這個從總本山串連至各地分支道場的主題式活動形式，也運用在浴佛節、清明節、中秋節等傳統重要節慶，藉此讓法鼓山大普化教育能夠深入各地區、各領域，同時提昇法鼓山弘化活動的社會能見度。

禪修方面，今年7月法鼓山園區禪堂首度舉辦「話頭禪四十九」，共計有來自國內外二百七十餘人次參與。因應現代人繁忙緊湊的生活步調，為接引更多民眾學習話頭禪法，特將全程49天的禪期分為三個梯次，方便民眾調配時間。總護法師們應機施與禪眾機鋒或棒喝，除接續聖嚴師父早期嚴峻的禪風，也幫助禪眾在禪法的體驗上更上一層樓。台東信行寺則繼去年（2006年）9月為台東縣政府高階主管舉行「心靈成長營」之後，今年7月再度開辦一場禪修營，約有三十位縣府二級主管參加，成效良好。

法會方面，每年重要法會之一梁皇寶懺法會，今年於台灣共啟建兩場，3月31日至4月6日在台中逢甲大學體育館舉行的「法鼓山寶雲寺啟建．清明報恩梁皇寶懺」法會，除了感念祖先眷屬、為親人祈福之外，主要是為了祈願台中寶雲寺工程建設順利；另一場為8月農禪寺的例行法會，聖嚴師父親臨法會現場關懷，共約有一萬多人次參加。

今年9月法鼓山園區首度舉辦「八關戒齋菩薩行」，以觀音法門為主軸，配合禪修方法與多項修行活動，共接引近三百人次參加。歷經一年多籌畫，動員義工人次近五千人，近八萬人次參與的首屆「大悲心水陸法會」，於

法鼓山大悲心水陸法會帶領眾人虔心共修，為眾生祈福。

台北安和分院舉辦浴佛法會，普化教育深入各地區。

12月8日至15日在法鼓山園區隆重舉行。與傳統水陸法會相較，「大悲心水陸法會」力求結合佛法慈悲與現代環保科技，首創光影科技投影數位牌位，取代傳統水陸法會大量的燒化儀式，深具開創與革新的作法，受到各界高度肯定。

法鼓山的弘化據點今年也有新氣象，6月護法會新店辦事處新的共修場所落成啟用，新的樹林共修處也於10月灑淨啟用，讓大普化教育更加遍及於各方民眾的需要與生活之中。

佛學普及

在環保意識與精神需求日漸高張的今日，法鼓山園區融入自然的環境工法，與莊嚴和諧的建築美學，既是藝術，更是佛法以境施教的典範。為了讓法鼓山園區充分發揮境教的功能，使每位參訪民眾皆能在園區中體驗禪修的精神和方法，今年1月起特別針對全體僧眾、專職人員與義工，講授三場關於法鼓山導覽的課程，主題包括「參學禪修的原則和方法」、「法鼓山全山導覽」、「什麼是法鼓山的景觀？」，由聖嚴師父親自主講；僧團弘化院並於4、7月在法鼓山園區為導覽服務員舉辦初階、進階培訓系列課程。透過此一全方位的導覽課程，讓導覽服務員更深入認識法鼓山，並引領參訪民眾深刻感受法鼓山的道風，且對其日常生活產生正面的影響，進而加入分享法鼓山理念的鼓手行列。

由於法鼓山的綠建築、環保理念已引起相關單位的重視，今年5月，由內政部建築研究所主辦、台北縣政府承辦的「推動綠建築及建立綠建築審查及抽查制度」研討會特別安排建築專家及眷屬兩百多人，至法鼓山園區參訪，深入瞭解法鼓山綠建築環保落實的概況。

而以「心靈環保」為核心理念的佛學課程「聖嚴書院」，今年1月在高雄紫雲寺成立。「聖嚴書院」規畫有三階段，每階段各有三年的學習課程，課程採學分制，教學內容包括佛法入門、法鼓山理念、學佛五講等解門課程，以及禪修、拜懺、菩薩戒等，並藉由參加行門共修、擔任義工等方式，有系統地培養解行並重、福慧雙修的人間淨土行者。現階段「聖嚴書院」的設立，將深化並持續南台灣原有的佛學班課程，同時逐步於法鼓山各分院開課，推廣「心靈環保」的法鼓宗風，總計全台各地分院共28班，合計1870位學員參加。

教育成長

應機教化是大普化教育一貫秉持的宗旨，針對各族群、年齡層，提供不同類型的活動與多元學習的管道，滿足大眾心靈成長的需求，是法鼓山在教育成長方面努力的目標。

青年是社會的中流砥柱，也為佛教未來注入源源不絕的活力。2007年是僧團青年發展院十分活躍的一年，除延續去年（2006年）於1、8月共舉辦兩場「卓越・超越」青年成長營，另於10、11月舉辦兩場「純真覺醒成長營」，以及大專禪七、朝山等活動，同時將觸角延伸至國際，暑假期間於法鼓山園區舉行的「扶輪社國際青年宗教體驗二日營」，共有來自美、歐、亞洲等13國青年與會。6月底「2007年全球法青悅眾培訓營」，則有包括台灣、溫哥華、新加坡等地約一百四十位海內外法青會員參加，全球法青齊聚法鼓山，除進行經驗交流，同時也擴大法青們的國際視野。本場活動之後，僧團青年院分別在台北農禪寺、台南、高雄共舉辦三場「法青悅眾授證暨成長營」，藉由新任悅眾授證，為法青團隊注入新血。

為了向下扎根，讓孩子們從小沐浴在佛法的馨香之中，法鼓山各分院道場也分別於寒暑假期間，規畫了別出心裁的寒暑假營隊。例如寒假期間，桃園齋明寺舉辦「藝術禪修營」，帶領小朋友體驗自然與藝術創作，潛移默化接受佛法的洗禮，別具巧思。

暑假期間，兒童夏令營於7月2日至8月23日在全台包括農禪寺、台北安和分院、桃園齋明寺、台中分院、台

聖嚴書院正式創立，規畫三階段學習課程，讓信眾更完整修習佛法。

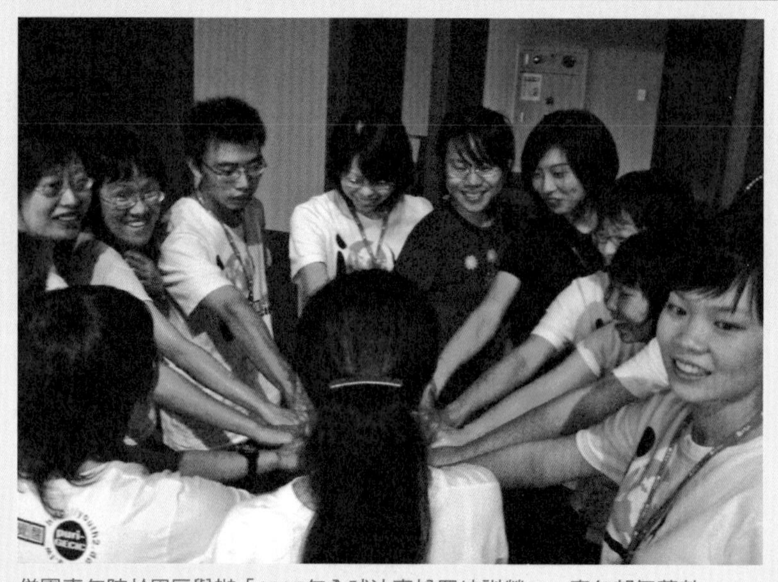
僧團青年院於園區舉辦「2007年全球法青悅眾培訓營」，青年朝氣蓬勃。

南分院、高雄紫雲寺、台東信行寺，各分院道場陸續展開20項營隊活動，活動內容多與自然環保、禪修結合，如台中分院的「暑期兒童禪修體驗營」，紫雲寺的「兒童自然環保體驗營」等，總計約有一千八百多位小朋友參與營隊，學習開發自我潛能，尊重環境與生態。

鼓勵終身學習的法鼓山社會大學，繼金山、大溪、台中之後，於4月成立「北投法鼓山社會大學」，成為法鼓山第四所社大。四所社大透過課程安排，讓佛法智慧融入生活，同時也融合地方特色，規畫各類主題活動，例如金山法鼓山社大舉辦的「台北赤蛙的故事」、「走過自然」兩場演講，都呼應了北海岸地區自然、生態與人文環境，提供在地民眾一個省思環境未來的思考向度。

此外，今年護法會團規畫的成長課程，包括義工團自3月起，為幼教組、香積組、攝影組、接待組等各組義工舉辦實務訓練課程；合唱團於4月舉辦「法鼓法音教師巡迴列車」活動，於全台北、中、南陸續進行三場培訓活動，內容包括美聲法教學、歌曲教唱及詮釋等，藉此普及佛曲歌唱的技巧與觀念。

聖嚴師父與社會知名人士的對談，一向為佛法普及弘化的重要途徑。過去三年多來，台灣高速鐵路公司董事長殷琪多次向師父求法，其問法的晤談內容，於今年1月集結成《慢行聽禪》一書；作家吳若權1至3月向師父請法的內容，也於9月集結成《甘露與淨瓶的對話──聖嚴法師開示，吳若權修行筆記》出版；知名社會文化評論家暨前台北市文化局局長龍應台3月間拜訪師父，請益生死議題。各場對談精彩，內容遍及無常、憂患、生死、教育、管理、企業影響力，以及人生終極意義等層面，藉由這些知名人士的影響力延展，同時向社會大眾推介了深邃的心靈交流內涵。

4月底，聖嚴師父更應國家地理頻道之邀，與美國國家地理協會駐會探險家維德．戴維斯（Wade Davis）展開一場以「世界盡頭的光明」為題的對談，深入探討環保、心靈科學、全球氣候變遷等議題，展現了對世界人類的愛護與關切之深意，以及以實際行動保護地球的重要性。

文化出版與推廣

一、文化出版

以文化弘法，是法鼓山與普羅大眾接軌的重要途徑。聖嚴師父的著作方面，繼去年（2006年）8月出版電視訪談師父節目《不一樣的聲音》內容合輯前五冊，今年法鼓文化再度出版發行後五冊《不一樣的身心安定》、《不一樣的生活主張》、《不一樣的佛法應用》、《不一樣的生死觀點》、《不一樣的環保實踐》，為該節目圓滿文字記錄的任務。該系列全套10冊皆附有原節目的VCD影片，加上以文字紙本集結內容，可以讓更多民眾有機會接觸、瞭解師父心靈環保的理念，以及佛教關懷社會的本願，也為社會提供淨化與安定心靈的力量。

5月出版的《禪門第一課》（*Subtle Wisdom*），是聖嚴師父在西方為初學佛者所做的開示紀錄，本書原以英文出版，內容精要說明了禪宗的歷史源流、何謂佛法等，詳細探討了佛法中最重要的議題及修習方法，為修習禪法者相當重要且具有關鍵性的一課。而12月的《方外看紅塵》一書，則集結自師父在《聯合報》連載的受訪專欄「方外看紅塵」，內容輯錄師父針對時下社會現況及各項時事問題，為現代人所提出的最適切解決良方。

素有「科技法師」之譽的惠敏法師，於《人生》雜誌發表的專欄文章，也在今年12月集結為《當牛頓遇到佛陀》一書出版。該書記錄了法師四年多來的所見所思，全書探討主題包括腦、生命、社會環境、心和科技的交會等，內含先進的科技新知，又不離教法對於「人」的終極關懷，本書的出版，讓大眾見識到大普化教育對於各類議題探討態度的多元與開放包容。

年底，法鼓文化出版由東初老人於1949年創辦的《人生》月刊合訂本，這套合訂本共收錄了創刊至1962年間出版的《人生》月刊，採復刻方式重新編訂，所有版面都模擬原版，將許多早期台灣佛教發展歷程的重要史料

法鼓文化以中英文書籍、影音等各項出版品，與社會大眾分享心靈環保的理念。

完整保存下來。

法鼓文化除出版中英文書籍，今年並出版簡體版的法鼓山「學佛入門三書」系列之《學佛群疑》，以及聖嚴師父口述法鼓山早期創建歷程的《法鼓山故事》，是法鼓山開山史的第一手資料，此二書於中國大陸推廣，期能為更多初學佛者釋疑，並提供珍貴史料參考。

在雜誌方面，2002年7月創刊的《金山有情》季刊，五年來深入金山鄉，報導地方上的人文、自然、美食特產等，逐漸與地方建立深厚感情，為了擴大服務，從今年7月開始，報導範圍從法鼓山園區所在的金山鄉，延伸為北海岸四鄉金山、萬里、石門、三芝，繼續以精緻、多元、深入的報導發掘地方之美，用心與地方一起成長。

至於結緣書刊方面，今年出版的智慧隨身書版本多元，計有中文版三種：《生命與信仰的探究》、《新時代心倫理》、《全球化趨勢下的信仰價值觀與教育》，英文系列一種：*Why Take Refuge in the Three Jewels?*，簡體版五種：《皈依三寶的意義》、《佛教的修行方法》、《因果與因緣》、《家庭美滿與事業成功》、《坐禪的功能》。影音系列則有《與佛法相遇》DVD，《快樂學佛人》、《身安、心安、禪安》、《信仰與命運》、《活在當下真喜悅》MP3一套四種，以及《金剛經生活》CD一套等。

二、文化推廣

在國際書展方面，法鼓文化參加2007年「第15屆台北國際書展」，除了推出年度首選書，還提供禪修主題的延伸性商品，以優惠方式供民眾選擇。同時於展覽現場舉辦《從心看電影》新書座談會，由該書作者曾偉禎主講，帶領現場民眾透過生活、心靈及修行三個面向，深度解讀電影。除了實體展出，法鼓文化並為無法親臨現場的讀者，在心靈網路書店線上與相關出版業者擴大聯展，讓讀者享有更自由的選書時間與空間。此外，在亞洲的香港、馬來西亞護法會亦參與當地的書展，將法鼓文化出版品分享給海外大眾。

藝文活動方面，今年主要舉辦三項展覽。自新春期間開始，法鼓山園區舉辦「法鼓奇珍妙緣展」，展出聖

於法鼓山園區舉辦「法華鐘禮讚──佛像與經文的對話」特展。

開山紀念館內常設展區──「我們的師父」。

至於從去年（2006年）起轉由聖嚴教育基金會負責推廣的結緣書刊，總計2007年與各界結緣的智慧隨身書共計1,215,000本，流通發送的影音光碟（CD、VCD、DVD、MP3等）共有121,000份，持續以結緣品的形式，將聖嚴師父思想以及法鼓山理念，推介給社會大眾。

嚴師父珍藏多年的佛陀骨舍利、肉舍利；2月8日起至9月2日，配合法鼓山「法華鐘」於去年（2006年）12月落成啟用，園區舉辦「法華鐘禮讚──佛像與經文的對話」特展，展出46位藝術家參與作品，展出期間並於國際會議廳舉辦七場「法華鐘聲揚好風．靈山響盡遍虛空」系列演講和座談活動；2月18日起至12月11日，配合「5475大願興學」計畫舉辦「遊心禪悅──法語．墨緣．興學」聖嚴師父書法展，陸續於法鼓山園區、台南市、台中市、高雄市、台北市巡迴展出五場，展出師父近兩年書寫的481件書法作品；各項展出，引領社會大眾透過佛教文物，及書法、圖像、造型、數位裝置等藝術欣賞，深入探究藝術與佛法交會的堂奧，並陶冶心靈。

高雄紫雲寺則於7月在高雄市文化中心至德堂舉辦一場「紫雲之夜」音樂晚會，以優美音聲與千餘位民眾結緣。

結語

大普化教育是一種雙向的互惠與學習，進步的社會提供法鼓山更多資糧推展弘化事業，而法鼓山的每一個弘化事業之本懷，皆旨在淨化心靈，以促成人心安定、社會祥和，這一股循環向上、向善的力量，也獲得社會各界予以肯定。今年9月，由內政部主辦的公益慈善以及績優宗教團體表揚大會，法鼓山獲頒「奉獻發芽」等三個獎項；此外，北投農禪寺與中華佛教文化館，也於12月雙雙榮獲「95年度台北市改善風俗、宗教團體興辦公益慈善及社會教化事業績優單位」的肯定。

肯定，是對法鼓山大普化教育戮力推動的一種敦促。未來，法鼓山還將持續推動淨化人心、淨化社會的工作，為建設人間淨土而努力。

文／林純綾

01.02～03.15

法鼓山社會大學開辦寒假課程

三所社大規畫16門課　五百學員參與

1月2日起至3月15日，法鼓山社會大學展開本年度的寒假活動，金山、大溪、台中三所社大分別在金山法鼓山社會大學服務中心、桃園齋明寺和台中分院開辦16門課程，總參與人數約五百人。

金山法鼓山社大開辦紙品包裝設計課程。

三所社大開辦的寒假課程，以修行、文化藝術和生活實用技能等類別為主，以金山法鼓山社大開辦的九門課最多，其中「吸管摺紙藝術」和「禪修入門」兩門最受歡迎，參加人數都在四十人以上；富有當地特色的「地瓜公仔DIY紙黏土捏塑」，以及實用的「年節花藝吊飾」及「禮品包裝設計」等課程，也相當受到喜愛。

除了服務鄉民，金山法鼓山社大今年還特別為園區專職、法師、住山義工規畫「法鼓山園區進修專案」及「好厝邊——偏遠地區多元學習方案」，提供進階電腦課程「相片編修班」，讓園區的法鼓人也有精進的機會。

大溪法鼓山社大共開辦五門課程，包括「工筆畫」、「夢幻紙蕾絲」、「禪如何應用在日常生活上」、「遇見觀音」、「兒童捏塑班」。其中，介紹觀音信仰和觀音法門的「遇見觀音」，參與人數最多，約近百人參加。

法鼓山社大學員在禪修課程中安定身心。

台中法鼓山社大則以法鼓山體系的悅眾為對象，首度開辦「電腦進階」和「數位攝影與應用藝術」兩門課程，一方面回饋長期在分院服務的義工，另一方面也提供悅眾自我進修的管道。

三所社大開辦的寒假課程，兼顧生活實用、藝術與心靈層面，利益地方民眾和法鼓山悅眾，獲得相當的肯定和回響。

01.06

「聖嚴書院」正式成立
提供完整階次性佛學課程

以「心靈環保」為核心理念的階次性佛學課程「聖嚴書院」，本日在高雄紫雲寺舉辦成立典禮。方丈和尚果東法師親臨主持，僧團關懷院監院果器法師、中華郵政公司董事長賴清祺、聖嚴教育基金會董事長施建昌、執行長蔡清彥等都親自到場祝福。成立典禮與紫雲寺2006年佛學班聯合結業典禮一起舉行，連同高雄、岡山、屏東、潮州等地佛學班學員及家屬親友，約有六百多人參與。

方丈和尚在典禮中致辭表示，「聖嚴書院」的成立，除了持續並深化南台灣原有的佛學班課程，接下來將會逐步於法鼓山各分院開課，推廣以聖嚴師父思想理念及著作為核心的法鼓宗風。

目前「聖嚴書院」課程規畫分為三階段，每階段各有三年的學習課程，課程採學期制，每學期18堂課。教學科目有：佛法入門、法鼓山理念、學佛五講等義解課程，以及禪修、拜懺、菩薩戒等行門課程，並藉由實踐「自我提昇日課表」、參加共修、擔任義工等方式，有系統地培養法鼓人成為解行並重、福慧雙修的人間淨土行者。

由於當天也是紫雲寺各佛學班的結業典禮，紫雲寺一樓同時設置靜態展覽區，展出學員的筆記、作業、學習活動照片，還有各會團活動展、書藝家現場揮毫等，活動進行至下午四點圓滿結束。

第一批「聖嚴書院」的結業學員，從方丈和尚果東法師（後排中）手中接下證書。

聖嚴書院全台擴大推廣

由僧團弘化院舉辦，以「心靈環保」為核心理念、具備階次性特色的佛學課程「聖嚴書院」，2007年1月正式於高雄展開，並逐步推廣至全台，希望讓信眾更有層次學習佛法，同時對聖嚴師父的思想、法鼓山的理念有更深入的瞭解。

近年來，弘化院開始著手整合法鼓山信眾學習系統，期盼能在各地推出有次第性、有階段性的佛學課程，讓信眾逐步進入佛學領域。在此期間，屏東商業技術學院副教授林其賢已將聖嚴師父的著作進行整合，並規畫了初、中、高階的佛學課程，以每階段三年的授課時程，在高雄紫雲寺開課，且獲得南部學員一致的認同和肯定；於是，在與林老師討論後，並經師父認可，弘化院決定將林老師規畫的課程，納入法鼓山信眾學習系統之內。由於開設的課程是以聖嚴師父的思想理念及著作為核心，因此命名為「聖嚴書院」。

弘化院的佛學推廣中心原本即在全台各地分院、道場、辦事處開設許多佛學課程，屬於法鼓山大普化教育的一環。而新開設的聖嚴書院課程，可望成為未來推動大普化教育的重要管道，主要是因為它兼具有學期制、學長制、階次性，以及解行並重的實踐性等多項特色。首先，聖嚴書院的上課方式採學期制，每學期18堂課，每四堂有一節的小組討論；其次，在班級中，每八至十人為一小組，每小組有兩位學長照顧及關懷。再者，上課之外，還須繳交作業，上課請假或缺席、缺交作業超過六次則不能升級。這樣的安排，既有嚴謹的制度規範，又有學長關懷和示範，最大的用意就是要激勵學員精進、奮發。

與一般佛學課程不同的是，聖嚴書院的課程本身除了著重次第性的內容，還著重佛法與現代生活的結合。例如課程中，學員須實地至寺院見習，學習如何當義工、如何規畫執行活動等，該課程不只是理論性的學習，而且強調解行並重，能知能行，希望學員可以在生活中、實做中實踐佛法，體驗佛法。每一階三年循序漸進的紮實課程，可以幫助學員充分吸收、理解、攝受，也能有效提昇學員的學習興趣和收穫，對於尚未接觸或初步接觸佛法的人來說，聖嚴書院是一個相當難得的學習園地。

「聖嚴書院」在各界熱烈回響下，除了中南部13個班級，今年北部地區也由原先的五個班級，再增設台北中山精舍「佛學初階班」、「學佛五講精讀班」，台北安和分院「佛學初階班」三個新班，這個在高屏地區經過多年運作、驗證，成效卓著的課程和學制將陸續推廣至全台，使其成功的經驗與各地分享，讓這一系列具有次第性而且內容完整的佛學課程，幫助所有對佛法有興趣的民眾，持續精進學習。

01.07

聖嚴師父應邀為西蓮教育中心揭幕

並參觀道安長老紀念文物展

聖嚴師父（右一）應邀為西蓮教育中心啟用典禮揭幕。（左一為惠敏法師，左二為寬裕法師）

本日上午，聖嚴師父應邀至台北縣三峽鎮西蓮淨苑，為當天舉行的「道安長老百齡誕辰紀念文物展暨西蓮教育中心啟用典禮」揭幕，方丈和尚果東法師亦一同出席。

典禮由西蓮淨苑住持惠敏法師主持，首先邀請寬裕法師、聖嚴師父為「道安長老百齡誕辰紀念文物展」及西蓮教育中心啟用進行揭幕，現場隨後播放《吾道南來——道安長老在台弘化身影》紀錄片。為感念道安長老，下午進行一場「懷安音樂會」，邀請聲樂家演唱留法音樂家王子承為長老詩作譜作的樂曲，並介紹長老創作詩詞的背景及精神。

而設於西蓮教育中心四樓的「道安長老百齡誕辰紀念文物展」，則展出手稿、衣物、日記、影片、著作、歷史照片等當年的文獻資料及長老的文稿、用品，讓人緬懷長老的弘化修行風範。

典禮後，聖嚴師父在惠敏法師引領下進入西蓮淨苑內參觀，圓滿此行。

01.09　04.17　07.31　10.23

聖嚴師父對專職精神講話

勉勵法鼓人從提昇自我人品做起

聖嚴師父每年為法鼓山體系專職、專任義工的精神講話，今年於1月9日、4月17日、7月31日、10月23日共四次，分別在法鼓山世界佛教教育園區國際會議廳、北投雲來寺展開，全台分院道場同步視訊連線，每場約有七百多人一起聆聽師父開示。

首先，聖嚴師父於1月9日以「用人、募款、成事」為主題，指出歷代各大道

聖嚴師父精神講話，期勉專職同仁在生活中修習佛法、實踐佛法。

場絕非如神話般產生，大多是由一位善知識感召一群人，再由這一群人苦心耕耘，慢慢擴充、成就的。道場擴大後要有經費才能維持，也才能做更多的事，造福更多的人。所以用人、募款是成事的必要條件，但進行時需要用心計畫才有效果。師父提醒大家，發心認真投入工作，自然能接引更多人共同來永續經營法鼓山。

7月31日在雲來寺舉行的精神講話中，聖嚴師父為大家整合、闡明「法鼓山的四大堅持」，包括第一項堅持「法鼓山的理念」，就是「提昇人的品質，建設人間淨土」，並從提昇自己的品質開始做起。第二項是堅持「三大教育」，要透過大學院教育、大普化教育、大關懷教育來建設人間淨土。第三項堅持是涵括心靈環保、禮儀環保、生活環保、自然環保在內的「四種環保」，在「四環」之中，又以「心靈環保」為核心主軸，因為要提昇人的品質，首先要從心裡面的環保做起。第四項是堅持法鼓山為「漢傳佛教」道場，就是以弘揚漢傳的禪佛教為使命，要以禪佛教的立場，和世界佛教、世界各種文化接軌。

10月23日，聖嚴師父開示「佛教、佛法與佛學」三者間的區別，指出三者之中，「佛法最重實踐」，實踐佛法是以佛說的法義來修行，並且要用正念來修正自己的心行，便能印證、體證佛法的真實不虛。師父還以《金剛經》中「應無所住，而生其心」闡明佛法就在生活之中，勉勵大家在工作生活中不忘學佛，時時用心，好好把握在法鼓山工作的因緣。

透過這三場精神講話，聖嚴師父期勉法鼓山四眾佛子從自己做起，在生活中修習佛法、實踐佛法，落實法鼓山理念，如此便能接引更多人親近、護持佛法，體驗佛法的益處。

除了上述三場，4月17日的精神講話，聖嚴師父因故未能出席，由方丈和尚果東法師「以創辦人的開示與大家共勉」，期勉大家將法鼓山理念落實在生活中，並勉勵各單位要做好橫向溝通，每個人在各自工作崗位上努力奉獻。

用人、募款、成事

1月9日於法鼓山園區國際會議廳「精神講話」

◎聖嚴師父

2007年是「豬」年，一般都說豬很蠢、很髒，而且好吃懶做，真是如此嗎？其實不然，據說豬是很聰明的動物，很愛乾淨，也有學習的能力，所以，2007年應該是個智慧年，請大家多培養智慧，用智慧來耕耘福德。

今天我要講的主題是：「用人、募款、成事。」

前幾天，作家鄭石岩教授告訴我，他有一種感受：「法鼓山這地方因為來了一位聖嚴師父，師父把袈裟一甩，就把這片山頭化成了佛教的教育園區。」因為十多年前他曾到過這裡，當時這兒只是草莽之地；但現在再度造訪，見到山上一片欣欣向榮，無論人、事、建築都是那麼莊嚴整齊，環境也如此優美。因此他有這種感覺，就像古代祖師大德所創的神話傳奇。

法鼓山真是一則神話嗎？當然不是。歷代所有的大道場，最初一定是有一個人，發了一個願，此人的修行很好、感召力很強，於是地方上大德善知識駐錫的消息不脛而走；或者發生了一些感應的事蹟，漸漸地，親近的人愈來愈多，房子也就一間一間蓋起來。古今許多大道場的發展，大多是如此，能在平時生活中攝眾，讓大眾安住、受到感化，親近道場的人，也會漸漸增多，如此才能真正接引眾生。可是道場的永續經營、團體的長遠發展，僅僅有主導者的個人魅力是不夠的，一定還要有安眾、化眾之力；也就是說，人來了以後，要讓大家有飯吃、有地方住，並照顧大眾的身心安住。大家身心安住之後，才有可能長久留下來，和我們一起努力向目標邁進。這就是找人和成事，而找人、成事，都必須同時募款。

出家人雖不是商場上的生意人，仍需要「開源」，畢竟道場或相關單位都是需要金錢維持。譬如早期我們辦中華佛學研究所，學生來了，老師也找到了，可是獎學金沒有著落，老師的薪水付不出來，還有校舍、設備，樣樣都要用錢。所以想成事，一定要找人、用人，也要募款！

募款要有方法和藝術

過去我們的勸募會員很熱心，每個月到護持會員家裡收護持金，現在這種熱心漸漸退減了。這當中原因很多，因為時代環境變了，人的想法變了，還有大家的收入減少，連帶捐款的額度也跟著縮減，所以募款愈來愈不容易。

但是在我的看法，事在人為，要看用心的程度。前陣子僧團首座惠敏法師告訴我，中華電子佛典學會（CBETA）有個數位佛教文化地圖計畫，希望我能支持，我一口答應了，後來我向某位信眾開口，對方也馬上應允贊助。這就是說，募款一定要先清楚目標、用途，還要能讓人看到未來的預期效果，這就很容易成功。

又像去年（2006年）12月的法華鐘落成啟用典禮，就是相當成功的例子，在募款上也有很好的成果和回響。這次活動邀請了「琉園」創意總監王俠軍為法華鐘設計兩款琉璃作品，做為此專案榮譽董事的紀念贈禮，大家看了這兩項作品都很喜歡，獲贈的人一方面是有了護持的功德，同時也為收藏一件獨特的藝術品而欣喜。

這就是用人、募款的藝術，也就是找有智慧的人來幫助我們募款。假如沒有適當人來構思、規畫，募款就會變得很不容易。

成事要精打細算、當省則省

用人、募款，目的是要成事；負責成事的人必須知道要如何用錢。現在我們這個團體，募款與成事的單位是分開的，譬如中華佛學研究所、法鼓山僧伽大學、法鼓佛教研修學院和未來的法鼓大學，都是成事單位，也就是用錢的單位；找錢則由護法勸募組織承擔。我要呼籲用錢的單位，凡是需要支出的事項，一定要精打細算、謹慎用錢，當用才用，當省則省，如此才能讓募款體系的信眾們覺得他們的辛苦是值得的。

所幸這部分我們都相當用心，以法鼓山園區為例，週末假日時，經常有一群人在拔草、澆水，或是擦拭、灑掃，大寮的義工也常不眠不休地為大眾準備飲食。曾有人問：「法鼓山請這些人，一天要付多少錢啊？」其實他們不是受薪人員，全是發心的義工。他們無怨無尤，不覺得工作量多、瑣碎，而是做得非常歡喜，甚至很感恩可以在這裡植福、培福，覺得做義工真是太好了！

用錢有規畫、力求謹慎，用人則借重義工資源，這是我們團體的特色。我還要提醒大家，有30元，要將30元當成100元來規畫，用30元當基礎，漸漸有一點成績之後，再一邊做一邊找錢，最後可能成就的不只100元的事，甚至更多。我們每次辦活動，剛開始經費都是不足的，可是活動圓滿之後，每每都有結餘，那就成為下一次活動的基金。

關於用人、成事，長榮集團的經營經驗頗值得參考。前不久我才讀完《張榮發回憶錄》一書，這本書儼然就是一部近代航運的發展史。張榮發的海運王國究竟如何成就的呢？主要有幾個原因。第一，他確認方向之後，絕不更改，即使歷經重重的挫折、打擊，仍然堅定往前走。其次是用人政策，他不斷栽培新人、培養後起之秀。第三是經營理念，自己賺錢，也讓人更賺錢；不僅讓自己成長，也幫助共事的夥伴同時成長。

張榮發的用人與經營理念，很值得我們讚歎和學習。然而法鼓山是個非營利事業團體，一般職場享有的福利如紅利、獎金，我們無法比照辦理，只能告訴大家在這裡工作，是修福修慧，是做布施，是從事淨化人心、淨化社會的一種服務。這話聽來像是唱高調，但真正的修行者是認同的，特別是一些長期的義工，的確是如此認知。

因此，請諸位一定要有此認知：在法鼓山工作，就是發願以慈悲心、奉獻心來為社會服務，為佛教的教育工作服務，為一切眾生服務；諸位是發了這樣的菩薩心，所以在法鼓山擔任專職。若能如此發心，你就會投入工作，總是很有精神。其實諸位也都在做著服務業的工作，是為服務而服務，如果我們每位專職的工作情緒好、服務態度佳，那麼我們的募款當然會跟著成長，如此必然能接引更多的人來參與及護持法鼓山。

共同開創法鼓山的千秋願景

我希望大家幫忙找人，找人來成事，事成則錢會跟著來，我們這個團體就能不斷成長。此外，成事的人要有宏觀視野，要有遠大的計畫，不要自限格局。所謂遠大，就是擴大時空條件來思考；思考幾百年以後的需要，思考全世界所需。要先有一個遠大的目標，然後從現在開始，一步一步腳踏實地，穩穩實實往這個目標前進。

我還要勉勵大家：是不是擔任主要的執事不重要，諸位要重視的是開創這個團體的百年大計、千秋願景。師父是一個開端，諸位要繼續往前，我們的團體才能時時開創新機。祝福大家，阿彌陀佛。

法鼓山的四大堅持

7月31日於北投雲來寺「精神講話」

堅持理念

法鼓山的四大堅持，首先是堅持我們的理念——「提昇人的品質，建設人間淨土」，但是大家有沒有進一步去想：提昇人的品質，是提昇誰的品質？通常法鼓山的信眾都曉得，人的品質不好，社會就會混亂，所以要去提昇大眾的品質，結果反而忘記品質應該先從自己提昇起，無論是專職或義工。

然而，對有些專職來說，到法鼓山的目的是來就職、找工作，不是來接受提昇人品的訓練，因此，有些人做幾個月，覺得不高興就離開；長期留下來的人，因為天天在聽提昇人品的理念，反倒不知怎樣去啟發自我。談起自己的問題時會說：「我就是這個樣子啊！」想發脾氣的時候，還是發脾氣；談到品質，就覺得品質不值錢。事實上，這些都是錯誤的觀念。提昇自己的品質，對於家人、對於自己，都有好處。在法鼓山，你就好像是在這兒「受訓」，一段時間後回到家，家人會覺得「士別三日，刮目相看」，因為你的氣質改變了。

我們一次次舉辦禪修營、念佛、禪七等活動，便是希望在我們團體裡生活、工作的人，都能提昇品質，換句話說，在我們這裡「受訓」，就是在提昇人品。人品如何提昇？只要實踐四種環保，自己的品質一定會提昇。

在我們的三大教育裡，除了大學院教育，還要透過大普化教育、大關懷教育，來做為我們建設人間淨土的方法和橋樑，譬如：法鼓山社會福利慈善事業基金會，主要在做救濟的工作；法鼓山人文社會基金會，做的是社會關懷；聖嚴教育基金會，則是規畫、發送我的各種著作，並且鼓勵學者研究聖嚴思想、發揚聖嚴思想。

堅持三大教育

在我們的理念之下，第二個堅持是要三大教育，要用三大教育來建設人間淨土。其中大學院教育已經辦了二十多年，一開始是創辦中華佛學研究所。佛研所過去有研究生，往後雖然不招生，但是有研究人員，這些研究人員都是教授、副教授，做著專題、專門的研究，他們同時也是法鼓佛教研修學院的老師。

研修學院今年招到15位碩士班的學生，在目前台灣佛教界，也可以說在目前台灣宗教界，是唯一的、第一個成立的單一宗教教育機構，它比照一般大學，但目的是培養與訓練專業的宗教師和研究宗教的人才。

此外，僧大是向內政部登記的，畢業的學生已經有三屆了。中華佛研所培養的人是學者，專門做研究；研修學院則培養一般在家的、出家的兩種宗教研究人才，以及宗教工作人員；而僧大專門培養宗教師，就是培養出家的法師，這些培養出來的法師，我們稱為「人天師範」，就是住持三寶的人才。研修學院培養出來的人，雖然可以講經，也可以弘法，但他們不一定是住持三寶的人才，畢業以後，可能留在法鼓山，也可能離開。

僧大專門培養法鼓山的龍象人才，也培養住持三寶的人才。為什麼要強調是「住持三寶」的人才？因為居士不能住持三寶，只有出家人才能住持三寶。將來研修學院裡也會有出家人，一樣也可以成為住持三寶的僧眾人才，不過學生多半還是在家人，和僧大的性質不大一樣。大學院教育培養出來的人，層次都不一樣。中華佛研所是專門研究的人才，僧大是住持三寶的人才，研修學院的人才，可能會進入僧團，可能去教書、做文化工作，也可能到社會上去找其他工作。

在法鼓山上的法鼓大學校地已經整理好，建築物即將動工了。法鼓大學到現在為止還是一個人文社會學院，規畫得很精緻，招生目標只有3000人，不只在台灣招生，還要向全世界招生。學校裡面的學生，將從世界的四方八面前來，包括學齡層到中年齡層，因此，諸位將來也都有可能進入我們的法鼓大學，不論是已經有學位的，或者是沒有學位的，都可以入學進修和就讀。

興辦法鼓大學的目的，就是希望法鼓大學的學生，在經過學校幾年的訓練之後，人品能夠提昇，未來進入社會，在各行各業從業的時候，可以擔任提昇人品工作的講師。對將來的社會而言，政府、企業，都會搶著任用我們的學生，因為他們的性格很穩定，品德、修養各方面都很優秀，是能夠承擔的人才。

培養優秀人品的學生，也是為了另外兩個目標，就是大普化和大關懷。我們的三大教育，是環環相扣的三連鎖，大學院教育的目的，就是要為大普化、大關懷這兩種教育培養人才，所以，為了大普化、大關懷這兩種教育，我們必須要把大學院教育辦好。

堅持四種環保

第三個堅持，就是堅持四種環保。第一種是「心靈環保」，第二種是「禮儀環保」，第三種是「生活環保」，第四種是「自然環保」，在四種環保當中，我們以「心靈環保」為核心主軸。要提昇人的品質，首先要從心裡面的環保、心裡面的建設，以及精神生活上來提昇和養成，只有心理先健全了，人格才能健全。所謂「心靈」的意思，就是對自己、對他人存著慈悲心。一個人能以慈悲心看所有的人，就會去愛所有的人；能用智慧心看所有的事，就不會起煩惱，因為事情該怎麼處理就怎麼處理。能對人有慈悲、對事有智慧，就是心靈環保。

心靈環保的原點，是從佛法的悲、智、願、行而來，也就是以佛法的慈悲、智慧、悲願、菩薩行為出發點。所以，「心靈環保」這個新名詞，實際上就是佛法的主要精神所在，如果佛法離開慈悲和智慧，離開大願行，那就處處使不上力了。

心靈環保的基礎，是保護自己的心靈不受污染。心靈環保不是靠環境來保護人，而是用心靈來保護自己。當你的心靈不受污染、不受破壞，能夠很健全、正常、穩定的時候，你就安全了、被保障了。如果你的心很混亂，老是跟人家勾心鬥角、瞋恨、嫉妒、貪吝，老是想要佔便宜，或覺得忿忿不平，還反過來說：「這個環境很糟糕，沒有辦法保護我的心。」其實不是環境不能保護你的心，而是你沒辦法從環境中產生保護自己的功能。

要從環境中產生保護自己的功能，是要下一番工夫的。要下什麼樣的工夫？誦經、念經、拜懺、打坐、念佛，還有參加禪修、參加讀書會，這些都是在下工夫，當我們這麼做的時候，時時刻刻都跟佛法相應，我們的心就能受到保護，否則的話，動不動就跟人家吵架，動不動就覺得自己受傷害，是被害者，這樣一來，我們的心靈就沒有被保護了。

在第二項「禮儀環保」方面，人與人之間互動的時候，語言上要有禮貌，動作上要有禮貌，口頭上要有禮貌，除此之外，表情、手勢、身體，也都要有禮貌。身體有身儀，嘴巴有口儀，心有心儀，這都是禮儀環保。學好禮儀環保之後，如果你是一位女孩子，人家看你就是一位淑女；如果你是男孩子，就是一個君子，所謂「翩翩君子」、「窈窕淑女」，都是從禮儀上表現出的。不管是男孩子、女孩子，如果講話時大聲講，走路時搶著走，坐的時候搶位置坐，搭乘公共交通工具或在公共場合不按次序排隊，這些都不是威儀。所以，我們生活上的禮儀和威儀就是禮儀環保。

四大環保第三項是「生活環保」，就是生活得很乾淨、很整潔，不要干擾其他的人，不要製造噪音和髒亂，也不浪費自然資源，省吃儉用、潔淨樸實、整齊清潔，這些都是生活環保。做好生活環保可以節省很多錢，也可以少製造很多垃圾，譬如說一張紙用過以後，如果一團一團往字紙簍丟，馬上就成了垃圾；如果只有用一面，那麼反面還可以用，就算反面用過以後，也不要撕掉它，用碎紙機碎過，可以回收製造再生紙，如此就能減少垃圾量了。所謂生活環保，就是靠我們用心來節省各項資源。節省是一種是功德、是美德，也是一種環保。

第四項是「自然環保」。我們隨手都可以做自然環保，譬如一個人，可以坐捷運，不一定要開一輛車，甚至可以不要騎摩托車，而是走一段路，還能健康一些。雖然真正對自然進行大破壞的，多數是政府、企業界，是強國的政府，以及強國裡的大企業。他們將一整片地、一整片山、一整個海洋，全部一下子破壞掉。對於這些情形，我們雖然沒有辦法，但是唯一能夠做的，就是自己少浪費、少破壞，多節省自然資源，做到自然環保。

堅持漢傳禪佛教

我們的第四個堅持，是堅持漢傳佛教，也就是漢傳的禪佛教。我們是以漢傳禪佛教的立場，向現代的世界佛教接軌，也就是說，我們現在舉辦的一些青年活動、國際活動，都是朝向這方面去思考。有些人想不通，為什麼我們要和國際上一些不是佛教徒的人聯合？即使和國際上的佛教徒聯合，他們也不會幫我們宣傳漢傳佛教，那我們跟他們來往要做什麼？

其實我們主動跟他們接觸，是讓他們知道有一個漢傳佛教，而漢傳佛教裡最精彩、最精華的部分是禪。我們現在正朝向國際佛教的趨勢發展，所謂國際佛教，就是與南傳、藏傳、北傳，甚至是歐美佛教結合，還可以進一步，跟世界各宗教接軌，這樣就更能夠建設人間淨土了。如果僅僅是在佛教界，僅僅只有我們覺得好、我們認同是沒有用的，還要使整個世界認同漢傳佛教。漢傳佛教不是獨善其身的，也不是排外的、排除異己的，漢傳佛教是包容、容納所有一切的文化，尤其是沒有性別差異的，所以現在這個多元文化的世界，正是漢傳佛教最適合發展的空間。因此，法鼓山四大堅持的最後一項，就是漢傳的禪佛教，並以禪佛教的立場，和世界佛教、世界各種文化接軌。

10月23日於法鼓山園區國際會議廳「精神講話」

「心六倫」這個名詞是我新提出的，但是它的內容原本就有；我們是配合這個時代的環境需求及人心觀念需要而提出。「心六倫」是「心靈環保」理念的一貫延續，目的是為了「提昇人的品質，建設人間淨土」。

其實，「心六倫」也不是我一個人的發明，而是我接受了許多人的建議，尤其是來自企業界、學術界、文化界和宗教界領袖人士的建議，希望我們這個時代，能夠有一個大家願意接受的共同倫理價值。

台灣現在最缺少的就是倫理教育，但是，如果我們直接以佛教的《六方禮經》來化導，可能大眾的接受度不高；如果直接以儒家的「五倫」做呼籲，也可能讓人覺得刻板；或者以天主教的「十誡」為勸勉，一般人也不太容易接受，因此，我們推出了新時代的六種倫理價值，稱為「心六倫」，這是從「心」出發，也是重「新」出發。在這個時代環境中，大眾的接受程度比較高。

「心六倫」是以佛法的精神為依歸，而由我結合佛法的精神與大眾的智慧，所提出的一種新的普化教育。自實施以來，獲得各界不錯的回響，例如企業界的回應便相當熱烈，像是前台積電董事長張忠謀、前宏碁董事長施振榮、台塑董事長王永慶、廣達董事長林百里，以及鴻海董事長郭台銘等人，他們都很贊成以這種方式來推廣新時代的倫理教育。

我們出版了一本《中華禪法鼓宗》小冊子，內容很容易看、容易懂，但是還是有很多的人不清楚：「中華禪法鼓宗」與全體佛教有什麼關係？特別是我們興辦的大學院教育，如法鼓山僧伽大學、法鼓佛教研修學院，以及未來的法鼓大學，全都是提倡「中華禪法鼓宗」嗎？而其他系統的佛教，是否就一概不准講了？我沒有說過這樣的話。「中華禪法鼓宗」是結合所有佛法的優點，融攝大、小乘佛教各宗各派佛法的所長而成，因此，我們也鼓勵對各宗各派佛法的研究與修持。我們並沒有排斥百家，而獨崇「漢傳佛教」一宗，如果有這種想法或臆測都是錯的。「中華禪法鼓宗」是兼容涵蓋各系各宗各派的大、小乘佛法，於此同榮滋長，絕不制限只有聖嚴法師的言論才能修習、才可研究；如果我們有所制限，「中華禪法鼓宗」就是局限狹隘，而非漢傳禪佛教的襟度了。可是，我們也必須正視一點：法鼓山的宗風，確實是「中華禪法鼓宗」。以下，我將分別簡介「佛教」、「佛法」和「佛學」三個名詞，請諸位指教，也跟大家勉勵。

何謂「佛教」？

佛教指的是什麼？是根據佛陀的教導而建立信仰的一種教團形態，其內涵包括教理、教儀、教史和教團。教理是佛所教導的人生道理；教儀是佛教徒基本的生活儀範；教史是佛教傳承的歷史；教團是依據佛法而修行的團體。以上四者加起來，就稱為佛教。

有的人會問：「密宗算不算佛教？」「南傳算不算佛教？」「日本佛教算不算佛教？」這些當然都是佛教，凡是有其教理、教儀、教史與教團可追溯根據的，都屬於佛教。然而，假使有人據此稱說：「既然大家同為佛教，都是佛教的一家人，也就沒有所謂彼此之分了。」這種似是而非的說法是很危險的。

以一個企業集團來說，企業裡有母公司、子公司，母公司與子公司各司其職，有的負責上游的生產，有的執行下游的作業。也有的企業，採取橫向的部門畫分，設有科、部門，每一部門都各展其長。如果當企業在進行年度總檢討時，各部門糊里糊塗、馬馬虎虎，反正是一家人，你的就是我的，我的就是你的，你的部門盈餘不少，而我的部門虧損，就把你的盈餘補我的虧損，大家的成果都相同。這樣好不好呢？如果是這麼算的，那就是糊塗帳！你的成果是你的，我的努力和我的開發還是我的，雖然彼此需要互通有無，但是糊里糊塗做成一筆糊塗帳，則是不應該的。

佛教也是一樣，現在佛教的傳承，主要有三個系統：南傳、藏傳和漢傳佛教，但是這三種傳承，已漸有差別。譬如藏傳和南傳佛教，並不特別主張素食，他們的出家人不忌葷食，南傳佛教和日本佛教可以吃魚，藏傳佛教雖不吃魚，可是其他的肉食或菸酒，則不在戒律之中；也有一些傳承，是可以成家、帶家眷的。在這種情況下，仍然可說南傳、藏傳和漢傳佛教無所差別、是一樣的嗎？而我們也可以接受或承認嗎？如果我們承認，就好像是說漢傳佛教也可以吃葷、帶家眷了，這也是糊塗帳！也就是說，整體佛教之中，有共通性的部分，也有差異的存在。

何謂「佛法」？

佛法主要是強調修持、實踐的面向。依據佛陀的教法而修持、實踐或實證，便叫作佛法。佛說：「一切法皆是佛法。」佛說魔法，魔法即佛法；魔說佛法，佛法也就變成魔法。現在世界各地都有一些附佛法外道，譬如在台灣，就有幾十個人、幾十個團體；在西藏，「雄天護法」是附佛法外道；在南傳地區，如泰國，有一個很大的團體是附佛法外道，他們提倡的修行思想和方法是沒有佛法根據的，但是因為他們在泰國的勢力龐大，所以連僧皇也拿他們沒有辦法，可是在全國性的佛教會議場合，是不會安排他們的席次的。

而根據佛說的法義來修行，修行之後再回過來用佛說的法義證驗自己的修行經驗是否正確，這就是佛法的修證。舉例來說，明末的憨山大師在修行禪定法的過程中，得到了一些修行的經驗，可是他不敢就此確定自己的修行是否如法，直到他讀了《楞嚴經》，一經對照、驗證之下，才確定自己的修行是正確的。這就是根據佛法來修行，然後把修行所得到的經驗，也可說是證悟，再回過頭來以佛學義理重複驗證。

在禪修過程中，有種種的身心反應是很正常的。《楞嚴經》即說，禪修過程中會產生一些魔境；《摩訶止觀》也指出，修行中會發生種種的身心現象。在這種情況下，如果沒有佛法的依據，也沒有修行老師的指導，修禪的人不知揀擇，就會把這些身心現象當成是聖境，那就是修了外道法、發魔了，並不是真正在修證佛法。

一切法皆是佛法，這是沒有錯的。可是，佛法有的時候講「有」，有的時候講「空」；有的時候講「性」，有的時候講「心」，也有的時候講「理」。我們看到禪宗許多大善知識的語錄，好像他們是瘋瘋癲癲的一群人，你說有他說沒有，你說空他說有，你說有他說空，你說有他說無——

講的話好像都是瘋瘋癲癲的，這是什麼原因呢？

這就是說，佛法是活用的，佛法不死於句下。如果你認定這一句才是佛法，而死命地抱定它、認定它，那就落入執著的胡同了！禪宗有個公案，講馬祖禪師跟他的弟子法常之間的故事。法常首次去拜晤馬祖，就向馬祖請法：「如何是佛？」馬祖說：「即心即佛。」法常當下開悟，然後就下山度化人群了。過了不久，馬祖想試探法常是否真的悟道，於是派另外一個弟子到法常那裡傳個訊，說馬祖禪師的講法改了，現在是講的「非心非佛」。法常聽了以後，只說：「唉！不管這老頭子講什麼，我只管它叫『即心即佛』。」馬祖知道了，便說：「梅子熟了！」那也就是說，法常自己的經驗是不受動搖的，不因他的師父態度改變而改變，而他的師父，態度真的改變了嗎？並沒有啊！

禪宗還有一個趙州從諗的公案，有人問趙州禪師：「狗子有沒有佛性？」趙州回答：「沒有。」這句話很奇怪，大家都知道眾生有佛性，為什麼趙州講狗兒沒有佛性？這是什麼原因？

佛法是活學、活用的，佛法不死在一句話下。如果你學佛只學得抱住一句話，不知變通，死在一句話下，那你學佛就沒有希望了。為什麼學佛不死在一句話下？那是因為每個人的程度，隨時都在改變，很可能今天的程度跟明天不同，明天的程度也可能跟後天不一樣；不一樣的程度，對於佛法的體驗也就不同。佛法是讓人實踐的，不是個人的經驗可以解釋，如果用個人的經驗來詮釋佛法，那是很危險的。這樣該怎麼處理呢？有兩種方式，一種是請過來人、大善知識印證；另外一種，是依據佛經的教義做為驗證，但是找經典也要有程度，程度差的人看到某一句經文，正好是他所需要的，就把這一句經文當成是他的修行經驗，這是有問題也很危險的。

何謂「佛學」？

「佛學」這個名詞，在釋迦牟尼佛的時代是沒有的。佛滅度之後，後人為了研究佛的教導，而把佛教的教史、教團、教理和教儀，當成文獻資料進行彙整、分析和研究的成果，就稱為「佛學」。

既然佛學是關於佛教種種之研究，是否也可用於佛法的研究呢？這是不能的，佛法不是用來研究的，而是用來體驗和實踐的，如果有人說：「我在研究佛法。」那說的是外行話。但是剛才我所說的「佛教」之學，如教史、教團、教理和教儀，這些都可以研究，都可找到文獻史料。例如古今中外許多學者對於佛教的詮釋、留下的文字記載或實物；後者如石窟佛像和壁畫，以及文物、法器等，皆可從事研究。例如就有專門研究《法華經》版本的學者，但是如果要專門研究《法華經》的修行，那就很困難了，因為修行的層次和經驗，只有實際的修證者才能知曉，不是任何人憑著某些語言文字，望文生義、斷章取義就能理解的。

佛學又分為很多的學派，例如天台學、華嚴學、唯識學等，這是學者們各自深研某一領域，漸次形成的宗論學派；在各個學派之中，尚有不同的支派。以中國的天台學為例，就有「山家」、「山外」兩派之說，唯識學則有「新譯」與「古譯」的不同。「新譯」是屬於玄奘的這一系，「古譯」則屬於真諦三藏那一派所翻譯的經典；但是他們共同的源頭都是從彌勒、無著、世親菩薩等一脈傳下的，只是後人為了研究，而有「新譯」與「古譯」的分歧。這是因為不同的立場、不同的角度、不同的思惟法，而出現了不同的宗論學派，都是屬於佛學的範疇。

佛學的研究，是與你用多少心、看多少書成正比的；當你用心愈深，書看得愈廣博，所知道的佛學也就愈通徹，做出來的學問也愈牢靠。可是，佛學一定可靠嗎？在我還沒有去日本以前，我認為所有的經論都沒有問題，可是我到日本留學以後，聽到許多日本學者提出偽經論，論述哪一部論非龍樹所作、哪一部論非彌勒所傳……等，這些都是學者們的見解。此外，在我還未出國前，我不知道國際佛學有所謂「大乘非佛說」的爭議，這對中國佛教徒來說實在是大逆不道之事，大乘佛法怎麼可能非佛所說！為了這個爭論，印順長老花了很多的心血提出論辯說：「大乘非佛所說，還是佛法。」這些都屬於佛學，是一種研究的學問。

我是學佛的人，時時要用佛法

以上我解釋了「佛教」、「佛法」與「佛學」這三個名詞，希望大家能夠有清楚的認知。我現在想問各位：「研修學院的學生，主要致力於什麼？」就是佛學嗎？有的人寫了厚厚的一本書，把各家、各派、各宗的修行方法，全部集結一起，自以為很有學問，其實很糟糕！這就等於把青菜、蘿蔔、豆腐，加上各種葷素，通通放在一個鍋子裡煮，起鍋後還自我稱揚：「看！佛法多豐富啊！」這種大鍋菜的料理法，只會讓人眼花撩亂，無從取用。也有的人，把各種修行方法拿來比較。佛法不是拿來比較的，法義、理論可以研究，佛法是不能比較的，評比哪種佛法層次高，而哪種佛法層次低，這是很奇怪的！

舉個例子，越南有兩位非常知名的法師，一位是一行禪師，另外一位是清慈法師，我曾經請教他們修行的方法。一行禪師說：「我看的經典不多，只看了《心經》、《金剛經》和《壇經》，我在修行的時候，只知道掌握經典的精神，常常經典裡的一句話、兩句話，就讓我非常受用。」清慈法師也講得很清楚：「我只知道《金剛經》和《壇經》，禪法得力於《壇經》，義理受惠於《金剛經》。而我真正得力的，就只有兩句話：『不思善，不思惡』，我就是抱定這兩句話修行，也不知道有沒有開悟，但是對我很有用。」這就是根據法義，而變成一種佛法修證的要門。佛法不是用來研究的，一進入研究的時候，修行就無法深入、無法著力了。

因此，我剛才問大家：「研修學院的學生，主要致力於什麼？」就是希望大家瞭解，我們是培養服務社會的宗教師，以及宗教的修證人才、文化人才，這三種都需要。如果僅僅從事佛學研究，這不是我們辦學的目的；如果不清楚佛教的教史、教理、教儀與教團，很可能會變成一個無知的佛教徒。我們最高的目標是佛法——修持佛法、運用佛法、用心於佛法。我們的心，要經常貼熨著佛法，就像清慈法師只抱著兩句話：「不思善，不思惡。」這樣的修行，就能不複雜、不麻煩。

時常把心放在佛法上，才是真正的學佛。過去我有一位弟子在圓山臨濟寺白聖法師的佛學院讀書，這位徒弟很聰明，看書看得很快，理解力也很強，後來我問他們的教務主任：「某某法師，我這個徒弟要請你多照顧，他很聰明的，就是心不踏實。」他說：「對！你這個徒弟，法不染心，他的心跟佛法是不相應的；他能講能寫，但是他的心跟佛法是不相應的。」

所謂「法不染心」，就是沒有根據佛法修行。請問各位，如果專念一句「阿彌陀佛」，算不算用佛法？專注於呼吸、調呼吸，是不是在用方法？如清慈法師所說，在任何狀況下「不思善、不思惡」，這是不是在用佛法？這些都是方法。相對的，凡事計較得失，就是法不染心，心不受於法。《金剛經》講：「應無所住，而生其心」，可是這有一個前提——要先安住於法，心安住於法，才能夠根據佛法來修行。假使有人辯稱，因為《金剛經》講「無住生心」，所以我不執著。那是不對的！這是在跨空步，當你跨空步的時候，不小心就有可能掉落萬丈深淵。

修學佛法，要步步踏實，要心安住於法，安住於修行的方法。所以無論是在家居士或出家法師，必須經常把心放在佛法上，告訴自己：「我是學佛的人，時時要用佛法。」如果我們用錯了心，有很好的學問，思想也敏捷，就是無心於佛法，這就不是在學佛了。我們看到有些學者，特別是文史哲專家，他們多少會看佛教的書籍，也或許能講說著述佛學，但是他們自己卻不用佛法，這是非常可惜的。

今天所說的三個名詞：「佛教」、「佛法」和「佛學」，其中尤以佛法最重要。現在大多數的佛學院學僧只注重佛學，或者也略讀了一點佛教概論，可是對於佛法的實踐卻不關心、不用心，法不染心。這樣，對於他們自己的安身立命、對社會的淨化、對大眾的倫理教育都是有問題的，而自己的所學和品性、品德的提昇沒有關係，這將會是很危險的。

現在我正在做的一些事，表面上看來好像和佛法無關，事實上卻是密切相關的，例如「心五四」、「心六倫」運動都是佛法。所以希望諸位都能心安住於法，修學佛法、實踐佛法，對眾生多一些慈悲心，對這個社會多付出關懷心，這樣才能體現佛法的真義。

01.21　04.15　07.22　08.11　08.25　09.22　11.04

法鼓山全年舉辦七場皈依大典

接引近萬人成為三寶弟子

法鼓山今年在全台共舉辦七場大型皈依大典，包括1月21日、4月15日、7月22日和11月4日於農禪寺進行的四場，以及於聖嚴師父和方丈和尚果東法師全台巡迴關懷活動中所舉辦的皈依典禮，分別於8月11、25日和9月22日進行的三場，聖嚴師父幾乎每場都親臨主持，總計七場皈依人數共有8,828人。

在農禪寺舉辦的四場皈依大典，是法鼓山每年四季固定的典禮，今年以「和敬平安」為主題，其中首場為今年皈依人數最多的一場，共有2,215人參加。聖嚴師父在典禮中開示，皈依就是一種歸屬感，皈依佛教即是認同、歸屬佛教這個「家」；護持三寶就像珍惜自己的家一樣，不讓外力干擾了學佛護法的環境。師父同時鼓勵皈依信眾修習菩薩心，行菩薩道，以佛法增長福慧與勇氣，用正向樂觀的態度面對生活。第二場於4月15日進行，同一時間，台南分院也同步視訊連線舉行，總計有1,732位信眾皈依。

第三場於7月22日舉行，包括來自美國、加拿大、日本、越南及台灣等地共1,590人皈依三寶。11月4日在農禪寺進行的第四場，也是今年法鼓山最後一場大型皈依大典，由方丈和尚果東法師代聖嚴師父授三皈依，共有1,515人成為三寶弟子。師父在這兩場皈依中，還特別為大家介紹法鼓山今年開始推動的新時代倫理觀——「心六倫」運動。

另外三場於聖嚴師父和方丈和尚至全台巡迴關懷行中進行。首先8月11日上午於高雄紫雲寺，共有1,166位來自屏東、潮州、高雄、嘉義等地區信眾皈依。其中，年紀最長的有95歲，也有6歲的小朋友；更有許多行動不便的長者與身障者全程參與。

今年首場皈依大典，聖嚴師父於農禪寺為信眾親授三皈五戒。

8月25日上午於花蓮高商活動中心舉辦的皈依大典嘉賓雲集，除花蓮市長蔡啟塔、花蓮縣議會議長楊文植、花蓮佛教居士會會長陳貞如等地方貴賓蒞臨，護法總會總會長陳嘉男等人也前往參與，當天共有367人接受三皈依。

9月22日於台東信行寺進行的皈依典禮，包括台東縣長鄺麗貞、台東縣議長李錦慧、護法總會總會長陳嘉男等三十多位貴賓到場為新皈依弟子祝福，當天共有243位台東地區民眾皈依三寶。

除此，法鼓山各地分院也分別舉行小型的皈依儀式，總計今年全球共約近一萬人在法鼓山的接引下，成為三寶弟子。

2007年法鼓山大型皈依大典一覽表

時間	活動	地點	人數
1月21日	和敬平安——祈福皈依大典	北投農禪寺	2,215人
4月15日	和敬平安——祈福皈依大典	北投農禪寺	1,732人
7月22日	和敬平安——祈福皈依大典	北投農禪寺	1,590人
8月11日	聖嚴師父巡迴關懷皈依大典	高雄紫雲寺	1,166人
8月25日	聖嚴師父巡迴關懷皈依大典	花蓮高商	367人
9月22日	聖嚴師父巡迴關懷皈依大典	台東信行寺	243人
11月4日	和敬平安——祈福皈依大典	北投農禪寺	1,515人
1月至12月	地區皈依儀式	全球各分院道場	約1,100多人
總計			約9,900多人

● 01.22～26

第三屆「卓越·超越」青年成長營舉辦
184位青年共同探索自我、開發潛能

僧團青年發展院於1月22至26日在法鼓山世界佛教教育園區舉辦法鼓山「卓越·超越」成長營，共有184位來自台灣、馬來西亞及香港等地各大專院校、社會階層的青年學員同聚一堂，其中並有天主教、基督教和伊斯蘭教的青年參加。

「卓越·超越」成長營「名人有約」單元中，主持人陳武雄（左起）、惠敏法師、賴青松與學員分享經驗。

這項青年成長營於去年（2006年）已舉

辦過兩屆，深受青年學子好評，這次同樣規畫許多具啟發性又動靜兼具的課程，包括自23至25日連續三天上午進行排的「名人有約」單元，分別邀請台灣證券交易所總經理許仁壽演講「修行在紅塵——中華郵政經驗談」；罹患罕見疾病、現任人間衛視新聞主播的楊玉欣演講「聽見花的笑聲——發現生命的意義」；並邀法鼓佛教研修學院校長惠敏法師、穀東俱樂部發起人賴青松，以「成功三部曲——隨順因緣、把握因緣、創造因緣」為題，與學員分享自我成長和超越的經驗。

每天下午安排的「心靈有約」單元，為小組討論與分享時間，主題分別為「人生志業中的驚異奇航」、「充滿樂活的新生命」以及「放眼天下的大氣度」，引導學員們在聽聞名人的經驗分享後，思考面對挑戰的態度、生命的意義與價值，以及人與環境的關係等，並進一步思考如何在未來生活中實踐。

參加營隊的青年學子，與方丈和尚果東法師（中）及多位僧團法師合影。

此外，「佛陀有約」、「觀音有約」、「達摩有約」等單元，則安排各項學佛行儀及禪坐共修，讓學員們學習時時放鬆身心。

五天的成長營活動，運用簡單、輕鬆、動靜兼具的方式，將優質、豐富的禪法分享給學員，充分開發學員的智慧潛能，期能為社會培養出更多身心安定的青年。

01.23

聖嚴師父出席《慢行聽禪》新書發表會

殷琪分享向師父求法及親近佛法因緣

台灣高速鐵路公司董事長殷琪過去三年多以來，多次向聖嚴師父求法、問法，其晤談內容由天下文化公司集結成《慢行聽禪》一書，於本月出版，並於本日下午在台北安和分院舉行新書發表會，師父特別蒞臨參加。

此書收錄2003年9月到2006年8月間，殷董事長拜會聖嚴師父請教佛法，以及經典釋疑方面的問答。整個過程由作家潘煊記實與撰寫，再將橫跨三年11次的問法與對談，編纂成《慢行聽禪》一書。此書內容遍及無常、憂患、生死、教育、管理、企業影響力等層面，也涵括人生終極意義、修行實踐等多個深層面向。

聖嚴師父（左起）、天下文化發行人王力行、殷琪出席《慢行聽禪》新書發表會。

新書發表會中，殷董事長答覆記者提問表示，自己十幾歲就出國受教育，遇到許多學校裡無法解決的問題，心中常常對人生有許多疑惑。後來有因緣接觸到佛法，在遇到困頓時，佛法給了她很多力量。

有記者問及佛法如何在環境中實踐？殷董事長認為，經濟發展為人們帶來許多生活便利，卻也為世界帶來許多問題，但是正如聖嚴師父的勉勵：「做我們認為最好的事。」從中取得平衡點就是在實踐佛法。

聖嚴師父則指出，地球不會永遠存在，儘管如此，我們還是要重視環境的保護，多做一些對人類生存有意義的事，這才是當務之急。

● 01.27　02.03　03.01

聖嚴師父講授參學禪修課程
指導園區導覽要領

聖嚴師父逐一介紹法鼓山園區的建築、景觀特色。

為了充分發揮法鼓山世界佛教教育園區的境教功能，讓來山參訪的民眾體驗禪修的精神和方法，聖嚴師父特別於1月27日、2月3日及3月1日，在園區國際會議廳為全體僧眾、法鼓山僧伽大學學僧及園區專職、義工等，講授三場參學禪修課程，主題分別為「參學禪修的原則和方法」、「法鼓山全山導覽」、「什麼是法鼓山的景觀？」，共有九百多人次參加。

這三場課程，聖嚴師父主要是針對導覽人員如何引導參訪民眾欣賞法鼓山，並體驗觀音道場的修行，提出園區導覽的準則，全台各分院也都同步視訊接收課程內容。

在1月27日的課程中，聖嚴師父首先指出，法鼓山園區是世界佛教教育園區，以心靈環保及漢傳禪佛教為弘揚的重點；導覽園區時，要讓參訪的民眾，能夠感受到法鼓山的道風，體驗到法鼓山禪修的觀念和方法，進而對其日常生活產生正面的影響。

2月3日的課程中，聖嚴師父進一步詳細講解導覽的方法，重點在於讓參訪民眾認識、瞭解法鼓山是一個「觀音菩薩道場」，藉著觀音信仰的薰陶，引導民眾調身、調心和調息，體驗禪修的方法。師父特別強調，導覽人員的任務為帶人修行、介紹景觀、勸人發心請購以及鼓勵布施種福田等，引導民眾修行及歡喜布施，共同協助法鼓山的維持成長。

聖嚴師父於法鼓山園區國際會議廳講授參學禪修課程。

3月1日則以介紹法鼓山園區的景觀為重點，除了依性質介紹室內景觀、庭院景觀、道路景觀、園林景觀、寺院景觀和季節性景觀，並且進一步說明園區景觀的精神為處處是景觀，沒有一寸地是浪費，沒有一寸地是無用之地，每一塊土地都納入了景觀思考中，期能將「人間淨土」的理想在此實現，並且在每個人的心中實現。

這三場課程內容將成為園區導覽人員的教材，讓每位導覽人員都能夠把握園區導覽的原則，從導覽中讓所有到法鼓山參學禪修的民眾，體驗到聖地生活的環境與氣氛，真正發揮世界佛教教育園區的功能。

參學禪修的原則和方法

1月27日講於法鼓山園區國際會議廳「參學禪修課程」

◎聖嚴師父

法鼓山名為「世界佛教教育園區」，並以「心靈環保」、「漢傳禪佛教」為首要的弘法重點，便是希望每位來到法鼓山的人，不論是佛教徒或非佛教徒，都能體驗到法鼓山禪修的觀念和方法，感受到法鼓山與其他觀光景點不同；不論來山的時間長短，都能有收穫，離去以後還可以回味，並在平時的生活中有些用處；這樣才是真正發揮了法鼓山世界佛教教育園區的功能。

引導正確的參學心態

要引導訪客建立參訪法鼓山的認知，也就是用什麼樣的態度來體驗法鼓山？首先，要告訴他們：歡迎諸位來到法鼓山，這裡是「靈山勝境」，是「北台灣第一聖地」，是「觀世音菩薩道場」。在上山的過程中，請大家能夠保持安靜，不要交談，不要喧嘩。走路的時候，慢慢地走，體驗自己的腳步；慢慢地走，欣賞這裡的環境。一邊走路，一邊心中默念「南無觀世音菩薩」。如果不想念觀世音菩薩，體驗自己的呼吸，或是體驗自己的腳步也可以。法鼓山是一處清淨的佛教聖地，請大家用心體驗這種清淨的氛圍，這是世俗環境不容易有的體驗，我們叫作「淨化身心」，對你們是有幫助的。

其次，要提醒來訪的菩薩上山的時候，沿途要注意什麼？如何欣賞法鼓山？該怎麼走？該怎麼看？該怎麼聽？如果是佛教徒，請他默念「觀世音菩薩」；如果是非佛教徒，請他留心自己的呼吸，留心自己的腳步。

導覽以攝心、安心為要

諸位不是導遊，而是代表法鼓山形象的導覽人員。諸位最要緊的不是介紹景觀，而是告訴每位來山的民眾如何欣賞法鼓山；當來訪民眾散心雜話的時候，提醒他們要用修行的方法體驗、觀察。修行是用耳朵聽、用眼睛看、用身體體會，不用嘴巴講。一開口講話，心就散了，也會影響其他的參訪者。

這些叮嚀在簡介館先說明清楚，不要到了現場才講，否則，容易破壞殿堂神聖莊嚴的氣氛。在進入每一個聖殿、每一個景點之前，請菩薩先看過導覽手冊的說明，掌握參觀的重點；到了參訪現場，再由導覽人員引導他們看，看完以後帶著離開，現場是安靜的。進入佛殿內，要勸請參訪者禮佛，不想拜、不習慣禮拜的人，至少應行三問訊禮。

中午進入齋堂前，先說明用齋吃飯的規矩，至於吃飯的姿勢是不是很標準沒有關係。用完齋後要感謝。怎麼感謝？就是打齋，歡迎大家來布施、修福報。

即景修觀

大家要知道一個原則：修行是無一樣不叫作「觀」。修行就是「觀」，禪觀也是「觀」，這是基礎的修行原則。在我們山上，任何的景物與對象，都可當成「觀」的體驗主體，這就叫作「即景觀心」，也稱為「即景修觀」。

修觀的首要條件就是把身體放鬆，放鬆之後，無論看什麼、觀什麼，都會覺得另有意境，與平時的感受不同。如果身心不能放鬆，不論看到什麼、面對什麼，都是煩惱，都是對立。

導覽人員帶領「即景修觀」時，應只給一種方法，不要因為方法多，索性全部都教，這對參訪者無益，也不符合我們的本意，希望大家來山一趟，都能從導引中確實體驗到心靈環保的內容與它實際的好處。（摘錄）

法鼓山全山導覽

2月3日講於法鼓山園區國際會議廳「參學禪修課程」

我們到任何一個神聖、宗教氣氛濃厚的地方訪問之前，心情一定會受其影響。我希望所有來山參訪的民眾，都能有這種預備、期待的心理；從看到公路上的指標開始，知道法鼓山近了，心情上開始不同；當看到聯外道路口的山徽石，知道法鼓山到了，心中自然升起一股崇敬感，我希望每位來山的訪客都能抱持這種心態。

過去我們常說：法鼓山是一處教育的環境，是世界佛教教育園區，但是並沒有把我們在宗教信仰上的地位建立起來。我在2006年底寫了一副對聯「來法鼓山觀音道場，參北台灣第一聖地」，現在已設計在《法鼓》雜誌的刊頭上。起句的「來法鼓山觀音道場」，就是把法鼓山跟信仰結合在一起，對應的「參北台灣第一聖地」，則是我們的定位。

如何把法鼓山的第一印象建立起來？首先就是要發給導覽手冊。凡是有團體預約參訪，就提供導覽手冊，讓訪客先閱讀。實際來訪時，看到法鼓山的山徽石、靈山勝境石，他們的心情就會非常恭敬，以敬仰的心進入法鼓山。至於個別來訪的人，則是另外一種作法。當小客車到了「靈山勝境」石，下車後，先在停車場或者其他平台之處，為他們說明導覽手冊的重點，介紹參訪路線。

不管到山上的任何景點，也不論參訪人數的多寡，都要保持安靜，參訪的時候不講話，導覽人員也不用講話，這一點我們平時就要做到。我希望法鼓山能真正成為一處宗教聖地，不僅在國內具示範作用，也能與國際宗教聖地的參訪水準齊平。法鼓山的導覽解說，目標是國際化，將一個國際性宗教聖地的軟硬體設施功能，完全發揮出來。

勸人留下功德，將平安帶回家

法鼓山的導覽人員具有四大任務：第一，帶人修行；第二，介紹景觀；第三，勸人發心請購；第四，鼓勵布施種福田。不論在任何時間、任何地點，諸位都要把導覽工作，帶入一種修行的環境、修行的氛圍、神聖的場域；我們希望讓民眾來山一趟，就能體驗到在聖地生活的環境、聖地的氣氛，讓所有有緣、有心之士，不虛此行。

也不要忘了勸請每一位菩薩，把功德留在山上，把平安帶回家。民眾上山一趟，有吃有拿，好看也好玩，請他們要布施做功德，也鼓勵他們到行願館請購師父的書，這樣才真正是「入寶山，不空手而回」！（摘錄）

什麼是法鼓山的景觀？

3月1日講於法鼓山園區國際會議廳「參學禪修課程」

法鼓山的景觀，可說是結合眾人的智慧，以及當代景觀建築的趨勢和特色，尤其是容納、吸收與法鼓山理念相應、相契者，才有現在大家所看到的法鼓山景觀。莊嚴是道場景觀的重要功能之一。道場裡的任何景觀，即使一草一木，都是幫助我們修行的工具，助成修行的場域。其次，道場景觀是要使人置身其中，感受舒適宜人、清心悅目。

法鼓山的景觀類型

室內景觀，就是建築物內的景觀。法鼓山的室內景觀，是以凸顯功能為主。以國際會議廳為例，這裡面的設施就非常具有功能性，而功能本身就是一種景觀：裝置是景觀，舞台是景觀，座椅是景觀，設備也是景觀，然而整體看起來單純不複雜，次序井然。禪宗道場是力求單純、簡單、不複雜。什麼是美？簡單、實用、一致性，就是美。

庭院景觀，山上的庭院景觀，有男寮庭院、女寮庭院、大殿的前後庭院、祈願觀音殿庭院，以及教職員宿舍的前後庭院等。祈願觀音殿的庭院，我花了比較多的時間、心力。一開始，我們只確定那是接待大廳的主體建築，我說要有一個水景，訪客一進接待大廳就映入眼簾，心立刻能安定下來。結果這成為法鼓山的一大特色，因為在台灣，像這樣把大水池蓋在建築物頂樓的，相當少見。

道路景觀，山上的道路有很多，從聯外的雙面觀音路一直進入園區，沿線的幹道和支線都是道路。除了道路之外，道路兩旁的設施也是景觀。除了路樹之外，一區一區的植栽，也屬於園區的道路景觀。

植栽是有功能的，第一是引導的作用，提供一種視覺上相續引導，第二是視覺上的享受，讓大家在車上或者漫步途中不覺枯燥，一邊前行一邊欣賞植栽景觀，而有一種進入聖地的感受。

另外，我們的道路是跟水結合在一起的。從聯外道路進入園區，就是一條路配著一條溪，路是「雙面觀音路」，溪是「雙面觀音溪」。有水有路的景觀，才是最珍貴的無價寶。

園林景觀，主要是指山上的公園景觀。此外，圖資館前的「七如來」和大停車場的「四大天王」，也屬於山上園林的一部分。山上有十幾個公園，有些是對外開放的，有的則不對外開放。開放的有祈願觀音公園、開山觀音公園、法華公園、藥師古佛公園、自然生命公園、華八仙公園；不開放的則有男寮公園、女寮公園、禪堂公園和教職員宿舍公園。

寺院景觀，以中國的寺院景觀來講，並沒有一個定則，但是仍有一個基礎。在中原地區的漢傳佛教，由於自然景觀豐富，所以十分講求單純，尤其是禪宗道場，不但色彩簡單，植栽、室內的擺飾也很簡潔，全都是單純的。我們在台灣，一方面要保持禪宗道場「本來面目」的單純，一方面也不能無視於台灣本土生長豐富的植物生態，因此掌握的原則就是：簡單、莊嚴、樸實和容易照顧。

季節性景觀，是指一年四季，每季各有不同的植栽景觀。我們同時規畫四季的植栽，到了不同季節，就有不同的景致，這樣才是務實的作法。除了季節性景觀，也要考量區塊性的特色，凸顯不同區塊的植栽特色，但是不能雜亂無章。

我希望法鼓山上，處處是景觀，沒有一寸地是浪費的，沒有一塊地是無用之地。每一塊地都要納入景觀的思考，小面積有小景觀的作法，大面積有大景觀的思惟。此時，「人間淨土」一方面落實在我們心底，一方面也在我們的環境裡實現了。（摘錄）

01.27～01.28　02.01、02.08　02.02～03

安和分院舉辦寒假兒童營

以創意內容做為學習主軸

為了讓小朋友有一個充實又美好的寒假，台北安和分院於1月27日至2月8日期間舉辦了三個兒童營隊，包括了「和敬平安——兒童冬令營」、「芝麻開門．大師解碼」、「魔法波特CLUB——兒童戲劇營」，共有近一百六十個小朋友報名參加。

在果傳法師的引導下，小朋友們在寒假營隊歡喜學習。

1月27至28日，「和敬平安——兒童冬令營」首先揭開寒假營隊的序幕。活動內容包括：安和分院監院果傳法師演講「諸佛菩薩的搖籃」，以及安排學佛行儀、禪修體驗等課程，還有學習專心、專注與安定的「描繪觀音」、「和敬平安豆」等單元活動。活動最後，由小朋友獻十恩偈卡給父母親，傳達「感恩的心」。

2月1、8日的「芝麻開門．大師解碼」兒童營，邀請外籍老師彼特（Peet）主講法鼓文化出版的《大師密碼G》一書中有關支謙大師、善無畏大師的故事，透過互動教學，小朋友對於這兩位佛教大師寬宏溫和的特質，有了初步的認識與體會。

2月2至3日舉辦「魔法波特CLUB——兒童戲劇營」，內容包括「親親我的小法寶」、「哇！神奇的聲音王國」、「魔法波特的百寶袋」、「法力無邊」等單元。整個活動設計成一個魔法情境，小朋友可以發揮想像力和創意，融入「心五四」的精神盡情演出。活潑生動的演出，讓受邀前來的家長們驚喜不已。

三個兒童營隊的內容紮實豐富，課程涵容了佛法精神，讓所有參加的小朋友輕鬆自然地體會到佛法智慧，以及創意活潑的學習體驗。

01.27～29

齋明寺舉辦寒假藝術禪修營

透過自然與藝術體驗佛法

1月27至29日，桃園齋明寺舉辦寒假兒童營隊「藝術禪修營」，由監院果迦法師帶領，共有80位小朋友參與。

三天活動包括各種禪修體驗，以及繪本、影片欣賞和自然體驗等內容。透過各種日常生活作息，讓活潑好動的小朋友體驗禪修，是這次活動最大的特色。果迦法師首先為小朋友進行「愛的叮嚀」，告訴大家不管是行禪、立禪、飲食禪、茶禪、書法禪、托水缽、法鼓八式動禪等，舉凡行住坐臥皆是禪。

例如飲食禪，法師除了引導小朋友感受食物在專注、清楚咀嚼之後的美味，以及養成良好的用餐禮儀，還透過角色扮演，讓小朋友進行「相依相『餵』」的互動遊戲，藉此體驗父母養育子女的辛苦，幫助他們體會感恩、惜福的重要。而戶外出坡、經行、放鬆身心和接觸自然等活動，則是引導小朋友們走路時練習走路禪，在茶禪和書法禪時練習收心、淨心和攝心。每晚安板前、每早打板後，還安排了靜心時間，幫助小朋友「調好心靈頻道」。

小學員們在藝術禪修營中學習茶禪。

至於藝術方面的課程則包括造紙體驗、卡片製作、影片欣賞、繪本世界、討論分享等。三天的活動中，可說動靜皆是禪，也讓參加的小朋友們有一個心靈充實而歡樂的假期。

● 01.30～02.04

法鼓文化參加第15屆台北國際書展
為讀者提供豐富精神資糧

1月30日至2月4日，法鼓文化參加於台北世界貿易中心舉辦的2007年「第15屆台北國際書展」，展出聖嚴師父的著作及各種心靈方面的好書，為讀者提供豐富的精神資糧。

這次展覽中，法鼓文化特別在展區攤位入口擺放暢銷書《大師密碼》系列中的小沙彌紙板立像，可愛逗趣的形象，相當引人注目。展區展覽的出版品，包括聖嚴師父所著的《完全證悟》、《從心溝通》等，以及2006年年度新書《佛陀的廚房》、《聽見西藏》、《大師密碼》系列、《從心看電影》等，其中以聖嚴師父的新書《從心溝通》、《禪無所求》等最受歡迎。

為了拉近讀者和作者的距離，今年法鼓文化特別在2月2日晚上於展覽現場舉辦《從心看電影》新書座談會，邀請作者曾偉禎主講，帶領現場讀者透過生活、心靈及修行三個面向，深度解讀電影。

法鼓文化在書展中提供民眾豐富的心靈饗宴。

除了實體展出，法鼓文化也結合相關出版業者，在心靈網路書店推出佛書聯展，讓不能親臨展場的讀者，同樣可以分享豐富的佛法寶藏。

02.01

《不一樣的聲音》五冊新書出版
廣布聖嚴師父關懷社會的法語

繼去年（2006年）8月出版電視談話節目《不一樣的聲音》內容合輯前五冊，法鼓文化本月再度出版後五冊《不一樣的身心安定》、《不一樣的生活主張》、《不一樣的佛法應用》、《不一樣的生死觀點》、《不一樣的環保實踐》，為該節目圓滿文字紀錄的任務，也讓聖嚴師父關懷社會的法語能更廣為流布。

《不一樣的聲音》後五冊圓滿出版。

聖嚴師父的這五冊書分別探討不同方面的問題，《不一樣的身心安定》探討諸如感情問題、處世原則；《不一樣的生活主張》探討人生態度、如何做各種抉擇；《不一樣的佛法應用》探討自我修持的方法、菩薩行的法門；《不一樣的生死觀點》探討命運與鬼神信仰、生命尊嚴；《不一樣的環保實踐》探討心靈環保、自然環保和生活環保等課題。

該系列「聖嚴師父與名人對話集」共出版十冊，前五冊分別為《不一樣的親密關係》、《不一樣的教育理念》、《不一樣的人生旅程》、《不一樣的社會關懷》、《不一樣的文化藝術》。全系列十冊都附有原節目的VCD影片。

《不一樣的聲音》節目目前仍持續在許多電視頻道播出，加上以文字紀錄的出版，讓民眾有更多機會接觸聖嚴師父心靈環保的理念，瞭解佛教關懷社會的本願，為社會注入一股淨化和安定的力量。

02.08～09.02

法華鐘禮讚特展——佛像與經文對話

46位藝術家參展 七場演講探索經典奧義

配合「法華鐘」於去年（2006年）12月落成啟用，法鼓山園區自2月8日起至9月2日，於第一大樓五樓舉辦「法華鐘禮讚——佛像與經文的對話」特展。除了藝術展覽之外，2月10日至7月28日期間，並於國際會議廳舉辦七場「法華鐘聲揚好風．靈山響盡遍虛空」系列演講和座談活動。長達半年餘的展出，共約有十萬民眾參觀。

「法華鐘禮讚——佛像與經文的對話」特展是由法鼓山佛教基金會主辦，由藝術家陳永賢教授策展，共有46位藝術家參與作品展出。特展分為五個單元，包括：經鐘與祈福、法相與雕塑、經文與書法、經變與圖像、數位與互動；內容從佛像與佛經兩種角度，採取平實、禪意、互動的視覺語言，以影像、文字、數位科技等各種媒材，將佛像與佛經的深刻意涵靈活呈現，引導大家進入書法、圖像、造型、數位裝置等藝術欣賞，讓觀眾探究藝術與佛法的堂奧。

7月28日最後一場座談中，惠敏法師（右起）、邱再興、詹獻坤、莊國彬四人引領民眾透過藝術解讀《法華經》。

配合特展而舉辦的「法華鐘聲揚好風．靈山響盡遍虛空」系列演講和座談，則邀請學者鄭石岩、莊國彬、郭祐孟等，藝術家陳永賢、黃心健、詹獻坤等，文教界人士聖嚴教育基金會董事長施建昌、邱再興文教基金會董事長邱再興，以及僧團法師惠敏法師、果暉法師、果鏡法師等人，由各種不同角度來探討、解讀《法華經》。七場演講與座談，共有近一千位民眾參與，分享經典中的奧義。

「法華鐘禮讚——佛像與經文的對話」特展和演講座談的舉辦，是去年（2006年）12月法鼓山園區「法華鐘」落成啟用系列禮讚的延續；特展本身與相關的系列座談、演講相互輝映，讓參加的民眾在動態、靜態兼具的生動呈現中，更深入體會佛法與藝術融合的感受。

此外，3月25日下午，策展人陳永賢特別邀請46位參展的藝術家前往園區參觀特展，方丈和尚果東法師、聖基會董事長施建昌也蒞臨現場，向藝術家們致謝。

2007年「法華鐘聲揚好風．靈山響盡遍虛空」系列
演講、座談一覽表

時間	主題	演講者、與談人	參與人數（約）
2月10日	鐘聲響起談法華	惠敏法師（法鼓佛教研修學院校長） 施建昌（聖嚴基金會董事長） 邱再興（邱再興文教基金會董事長） 陳永賢（國立台灣藝術大學教授） 黃心健（藝術家）	200
2月24日	妙法大願迎新春	果暉法師（法鼓山僧團副住持）	100
3月24日	火宅妙喻法華信	郭祐孟（圓光佛學研究中心圖像文獻室研究員）	50
4月28日	大願成就法華讚	許書訓（法鼓佛教研修學院推廣教育中心講師）	50
5月26日	作禮事尊法華經	果鏡法師（法鼓山僧伽大學副院長）	50
6月23日	利益眾生法華行	鄭石岩（學者、作家）	120
7月28日	鐘鼓滌心清 大願法華行	惠敏法師（法鼓佛教研修學院校長） 邱再興（邱再興文教基金會董事長） 詹獻坤（藝術家） 莊國彬（法鼓佛教研修學院教授）	400

02.11

三峽天南寺灑淨動土

聖嚴師父勉眾學習捐地者孝心善行

位於台北縣三峽鎮，將做為法鼓山教育及禪修中心的天南寺，本日舉行動土灑淨典禮，由方丈和尚果東法師主持。聖嚴師父、捐贈建地的邱家11位代表、

正式動土興建的天南寺，未來將做為法鼓山教育及禪修中心。

台北縣長周錫瑋、台北縣民政局局長黃麗足、板橋市長陳惠貞、三峽鎮長陳佳烜、天南寺籌建主任委員黃平璋、護法總會總會長陳嘉男等貴賓，以及護法會海山辦事處義工110人、北四轄區近五百位信眾都出席觀禮。

天南寺所在地原為邱春木先生所有，為了教化人心，十多年來努力開墾籌建，但邱先生卻因一場登山意外往生。邱家子女為實現父親遺願，四處奔走，在黃平璋先生的引薦下，與法鼓山結下善緣，並決定捐獻3000坪土地，以及一億八千萬元資金興建天南寺，希望它成為普化人心的寶地。

聖嚴師父除了對邱家表示感謝，並藉此期勉眾人學習邱家子女的孝心和善心。師父表示，希望天南寺日後兼具教育、慈善與淨化人心的功能，對社會國家有所貢獻。師父以「要到天上去，先過南天門；要到法鼓山，先來天南寺」一段話，鼓勵大家未來多參與法鼓山和天南寺舉辦的活動。

周縣長致辭時表示，現今的社會有許多問題，而法鼓山這樣的佛教團體可以協助人們淨化心靈，發覺內心的幸福。法鼓山的落成開山、法鼓山社會大學的設立，以及天南寺的動土興建等，都提供了大眾更多修習佛法的機會，周錫瑋縣長代表所有台北縣民表達感恩之意。

典禮最後，聖嚴師父、方丈和尚及與會貴賓共同執鏟，完成動土儀式，圓滿當天的活動。

02.13

僧團於法鼓山園區歲末圍爐、禮祖

聖嚴師父勉僧眾堅守漢傳佛教根本

僧團本日中午在法鼓山世界佛教教育園區第二大樓國際宴會廳及第二齋堂舉辦歲末圍爐，下午四時並於開山紀念館祖堂辭歲禮祖，包括僧團全體常住法師、法鼓山僧伽大學學僧等共約兩百多人參加。

禮祖之後，僧眾相互拜年，接著聖嚴師父為大家開示，說明這是僧團於法鼓山落成開山後的第二次辭歲，對於僧團人數每年都持續增加，每個人也都持續在成長，感到欣慰，並感恩大家過去一年的努力學習與奉獻。

聖嚴師父帶領僧團大眾禮祖，並進行開示。

聖嚴師父特別為僧眾開示「祖堂」的意義，在於它代表佛法的傳承——從釋迦牟尼佛開始，直到今天21世紀的我們。法脈是一代一代相承相續的，從原始的印度佛教，到今日的漢傳佛教，而以漢傳佛教為我們的根本，我們必須堅守漢傳佛教的立場，不能喪失道場開創的精神。

聖嚴師父強調，今天僧團在祖堂辭歲，這一份光榮、這一份恩德得來不易，因此要感恩歷代祖師的恩澤，包括把法脈從中國大陸傳至台灣的兩位師公：東初老和尚及靈源老和尚。

最後，聖嚴師父叮嚀僧眾謹記：永遠不能拋開創辦人的理念、目標和方向；並且必須堅持中華禪法鼓宗的傳統、謹守法鼓山的道風，以及維護僧團的章程不變。

堅守漢傳佛教與法鼓山道風

2月13日講於法鼓山園區開山紀念館「僧團辭歲禮祖」

◎聖嚴師父

今年是我們在法鼓山上的第二次辭歲，首先要感恩諸位去年（2006年）一年的努力、學習與奉獻，不僅我們的團體成長，個人也成長了。

去年一年，我們成長得非常快。在體制上，從我兼任創辦人和住持的雙重身分，到去年9月舉行第二任方丈接位大典，代表僧團制度逐漸邁向健全化。法鼓山僧團的組織章程，也逐漸臻於完善。

從大原則來講，僧團章程就好比是一部憲法，尤其是一個宗教團體，並非一般民間社團，更要重視組織章程的穩定性。

我們初創一個道場，如果章程隨時可改，也就隨時存有危機。只要有一些抱有野心的人能夠辯才無礙，就會非常危險。為了保障我們的道風，保護我們的傳統，所以我主張：僧團的基本章程絕對不能修改。就像憲法是一個國家立國的根本大法，不得輕易修改，否則對國家社會將產生難以想像的影響。原則就是原則，技術性的部分可以討論，但是原則性的立場、方針，不可動搖。

漢傳佛教的根本不能動搖

現在我們大家在祖堂辭歲，祖堂的意義是什麼？它是代表著佛法的傳承——從釋迦牟尼佛開始，直到今天21世紀的我們。法脈是一代一代相承相續的，從原始的印度佛教，到今日的漢傳佛教。而漢傳佛教是我們的根本，這點不能改變。如果不能堅守漢傳佛教的立場，而轉變成藏傳、南傳的修持，那就喪失了我們道場開創的精神。

五台山的顯通寺和菩薩頂，原來都是漢傳佛教的道場，今日則為藏傳佛教的弘化地；尤其顯通寺，曾是華嚴四祖大弘化的場域，後為禪宗道場，今則改為藏傳佛教的據點。為什麼呢？因為道場的基礎不穩，一旦人才缺乏，立場的屬性隨時可換。

因此，為了堅定漢傳佛教的立場，除了一代一代的負責人必須站穩腳跟，堅持漢傳佛教的傳統；更要透過一代一代地辦教育，培養漢傳佛教的薪傳人才，如此才能固守漢傳佛教的根本立場。今天我們在祖堂辭歲，這一份光榮、這一份恩德來得不易，我們要感恩歷代祖師的恩澤，包括把法脈從中國大陸傳至台灣的我的兩位師父：東初老和尚及靈源老和尚。

現在我們的僧團有兩百多人，每年人數仍在成長，道場也在增加中，力量勢必愈大，然而諸位一定要謹記：永遠不能拋開創辦人的理念、目標和方向。在我們僧團，生活是漢傳佛教傳統的生活形態，思想是漢傳佛教傳統的修行思想，方法是漢傳佛教傳統的修行方法，這就叫「傳統」。我們可以接收、運用和參考南傳和藏傳的優點，使漢傳佛教更豐富、更有彈性，但如果放棄自己的立場，專用他系的方法，這是有問題的。

過去我到藏傳、南傳的道場參訪，有的根本不允許我們穿漢傳佛教的僧服，甚至要求我們要重新受他們的戒，在他們那裡學習。法鼓山的要求並沒有這麼嚴格，但是到我們山上來，就要遵守我們的方式，接受我們的環境，配合我們的生活形態，否則山上就會變成五花八門，一片散漫，失去莊嚴的整體性。

我們辦的教育，包括法鼓山僧伽大學、中華佛學研究所、法鼓佛教研修學院，以及未來的法鼓大學，都是基於同一個目標、方向、理念與要求，這是我的期許。

法鼓山的道風不能變

如何保持我們道場的道風不變、性質不變，以及方向不變？那就要請諸位善知識把握一個原則：像我一樣，經常在重要的關頭，重新提起我的師父東初老和尚對我的交代。那是我不敢違背、不敢踰越的。諸位在人前人後，或是弘法、住持道場，都要說：「我的師父是這麼說的，是這麼交代我們的！而我們是根據他老人家的理念、指導和悲願，戮力往前。」一定要常常這樣講。

師父不是獨裁者，也不是什麼權威者，而是代表法鼓山的創始精神。法鼓山如果離開師父的創始精神，每個人各有想法、各有作法，將來會很辛苦。譬如有五個人，有五種看法，各自堅持說：「這是我的想法，這是我的看法，事情就該這麼做。」此時，一定要馬上回到師父的理念，不管師父是否健在，都要回歸到師父的創始精神，這樣，「中華禪法鼓宗」的立場才不會變質。

因此，要凝聚我們團體的精神，一代一代傳承，要維持幾百年不變，就必須要回溯到聖嚴師父的理念。

為什麼日本佛教各個宗派能那麼穩固、堅強，流傳數百年，而且還能不斷吸引外來者加入、學習，進而在宗派裡擔任職務，一心奉行？實際上，日本各宗派的人才，大多是來自外面，內部的人才反而少。尤其日本有些寺廟，出家人就是傳承者，自己沒有子嗣，就必須向外求才，而外來的繼承者則必須遵行這個宗派的創始者所訂下的規章及方向。

以日蓮宗為例，沒有一人不講日蓮上人的理念，否則就無從在日蓮宗立足；在禪宗的曹洞宗來講，人人必說道元禪師，否則沒有立足的餘地。同樣地，在淨土宗，如果不講法然上人，也就難以立足；所以，一定要追溯到該宗派創始人當時的創建理念、規範，以做為遵行的準則，而這個準則就在文獻裡。一旦有所爭執，就要審視當時的文獻，不能個人隨其意解，任意改變。

請諸位善知識隨時提起師父今天開示的原則：堅持中華禪法鼓宗的傳統、謹守我們的道風，以及維護僧團的章程不變。祝福大家，阿彌陀佛。

02.17～18

法鼓山首度舉辦撞鐘祈福儀式

聖嚴師父與貴賓合力圓滿第108響

法鼓山首度舉辦的「梵鐘祈願，點放光明」跨年撞法華鐘祈福儀式，於2月17日除夕夜及18日大年初一凌晨在園區法華公園舉行。由聖嚴師父、方丈和尚果東法師、行政院長蘇貞昌、內政部長李逸洋、台北縣長周錫瑋、鴻海集團總裁郭台銘、法鼓山法行會會長蕭萬長、表演工作者張小燕等人合力撞響第108聲法華鐘，現場並有近四千名信眾參與。

儀式首先由方丈和尚帶領僧眾法師撞出震懾人心的除夕第一響。前三響，僧眾法師念誦：「一願世界和平、眾生吉祥，二願國泰民安、大眾安康，三願法鼓長響、法脈流長。」緊接著開放十方信眾參與，不少信眾攜家帶眷前來參與，在法師帶領下，依序牽著彩繩撞鐘。

前107響鐘聲圓滿，並在大年初一零時整，由聖嚴師父與貴賓合力撞擊第108響，隨後師父並帶領所有貴賓一同為新的一年祈禱祝福。師父開示表示，今年是轉機轉運的大好年，並希望所有人在新春伊始，為每一個個人、家庭、公司、社會、國家、乃至全世界的人類，祈求和平，祈禱幸福、順利、健康、平安。

由於今年農曆除夕夜是法鼓山園區第一次舉辦跨年撞法華鐘活動，國內多家電視新聞頻道在同一時間做實況轉播。往後法鼓山每年都將舉辦除夕撞鐘儀式，以法華鐘聲為台灣獻上祝福。

首度舉辦的法華鐘撞鐘儀式，在僧團法師合力下，撞響108響。

● 02.17～03.04

法鼓山「和敬平安過好年」新春活動

十萬人參訪園區 禮佛賞花看法寶

法鼓山世界佛教教育園區為迎接2007年豬年新春，從2月17日除夕下午至3月4日元宵節，舉辦「遊心禪悅花迎春，和敬平安過好年」新春系列活動，來自各地近十萬民眾共同參加，同霑新春法喜。

上山過節的民眾，走訪於祈願觀音殿的祈願觀音池前。

今年新春期間的園區布置得喜氣洋洋，四處可見紅色祈願燈籠，及大大小小的竹編吉祥豬，活潑討喜又不失莊重；大殿中央設有「滿願燈」，在除夕當夜由方丈和尚果東法師點燃，祈禱大眾有願必成。整個新春活動共分為法會活動、靜態展覽、動態遊戲及主題園遊會等四大項目。

法會活動方面，包括除夕夜的彌陀普佛法會、2月18日大年初一的「梵鐘祈願，點放光明」跨年撞法華鐘祈福儀式，以及元宵節的燃燈供佛法會。18日初一至22日初五，大殿均舉辦平安法會和佛前大供，許多民眾闔家參與。初一和初三上午，聖嚴師父與方丈和尚也至大殿向信眾開示祝福。

靜態展覽方面，包括第一大樓副殿的「遊心禪悅——法語．墨緣．興學」聖嚴師父書法展、開山紀念館的「法鼓奇珍妙緣展」、第一大樓五樓的「法華鐘禮讚——佛像與經文的對話」特展，以及祈願觀音殿內，特別展出聖嚴師父平時供奉於起居室內的宋朝木質精雕古觀音和明朝鎏金觀音銅像，許多民眾駐足於前虔誠禮拜。自2月17日至3月18日，並以春節應景的花卉和平安燈，於園區各處展出「和敬平安花卉展」，展現花卉與空間的對話。

動態遊戲方面，主要舉辦「靈山勝境尋佛寶」闖關遊戲，參與民眾依照園區地圖磁鐵板，按圖索驥至來迎觀音公園、法華公園、藥師古佛、開山觀音、大殿、祈願觀音殿等六大勝境，通過佛像相關問答後，獲得每一尊菩薩聖像的磁鐵，完成法鼓山園區地圖拼貼遊戲。

主題園遊會方面，2月18日初一至25日初八，於居士寮迴廊舉辦「平安園遊會」，提供北海岸名產和行願館特製的「喜願糖」、「和敬茶」，供民眾選購。

一系列的新春活動，延續到3月4日元宵節，當天晚上舉辦燃燈供佛法會，為新春活動畫下圓滿句點。

北台灣第一聖地迎新年

新春系列活動讓民眾過個充滿法味的新年

民眾於祈願觀音殿禮拜觀世音菩薩並祈福。

來法鼓山觀音道場，參北台灣第一聖地。每年春節，到法鼓山世界佛教教育園區禮佛、滌心，已經成為近年許多人迎接新年的方式，而法鼓山總本山今年也充分應用園區理想的環境、設備，規畫一系列多元、生動且富有教育意涵的新春活動，讓近十萬參訪的信眾，闔家共遊，共祈眾人幸福，過一個充實的「和敬平安年」。

今年園區從除夕到元宵節，照例有長達半個月的帶狀活動，除了莊嚴的法會，還有許多充滿法味和法喜，動態、靜態兼具的活動。法會部分包括除夕夜的彌陀普佛法會、「梵鐘祈願，點放光明」跨年撞法華鐘祈福儀式，大年初一起的平安法會和佛前大供。

其中，「梵鐘祈願，點放光明」跨年撞法華鐘祈福儀式是今年除夕活動的一大特色。除了點亮萬盞光明燈，於去年（2006年）底才落成啟用的法華鐘在除夕夜撞響108響，更是法鼓山園區的創舉。法華鐘上鐫刻有整本《法華經》的銘文，撞一響法華鐘，等於讓信眾念誦一整部《法華經》，功德非常殊勝。在除夕夜跨年撞鐘108響，更象徵斷除眾生過去、現在、未來三時108種煩惱，祈願眾生虔心跟隨佛菩薩的腳步，在新的一年更清心自在。法鼓山園區做為觀音道場、弘揚法華妙法的靈山勝境，舉辦這項撞法華鐘跨年儀式，意義格外非凡。未來每年的除夕也都將舉辦，持續以此度化眾生。

發揮境教功能向來是園區新春活動的特色，今年園區首創的「靈山勝境尋佛寶」闖關活動，藉由拼圖遊戲，引領民眾尋訪來迎觀音公園、法華鐘公園、藥師古佛、開山觀音、大殿、祈願觀音殿等六大勝境，遊戲運用各點所具有的獨特環境，規畫出六個性質不一的關卡及過關題目，使得活動趣味、法味兼具，且適合親子共同參與，可說是一項讓人印象極為深刻的活動。主辦單位並於上述六大勝境，備妥萬壽菊、石斛蘭、水蓮等二、三十種花卉，提供來訪民眾供花，藉由鮮花的供養，傳達心中對佛菩薩的虔誠與敬意。

開山紀念館展設有「法鼓奇珍妙緣展」，展出佛骨舍利。

除了動態活動，今年幾項靜態的展覽頗受矚目。首先是「法華鐘禮讚——佛像與經文的對話」特展，由國立台灣藝術大學教授陳永賢策展，邱再興文教基金會與鳳甲美術館執行，邀請台灣多位藝術家藉由不同角度及媒材的藝術創作，展現法華精神。特展分為「經鐘與祈福」、「法相與雕塑」、「經文與書法」、「經變與圖像」、「數位與互動」五個單元，其中尤其以「數位與互動」單元，透過多媒體素材的效果，與民眾進行融合了佛法概念的互動虛擬遊戲，讓人印象深刻。

而「遊心禪悅——法語．墨緣．興學」聖嚴師父書法展，則是首度展出師父近兩年靜養期間，為了籌募法鼓大學建校經費而書寫的481件書法作品，使大家能經由筆墨間的神韻，去體會師父的法語禪悅，以及師父致力興學與建設人間淨土的慈悲願力。

另外，開山紀念館特別策畫的「法鼓奇珍妙緣展」，展出難得一見、仍在增生中的舍利子，以及各項過去未曾公開、象徵法鼓法脈傳承的文物。這次展覽中，最特別的文物是慧僧法師自印度迎回，探望聖嚴師父於美濃朝元寺閉關時相贈的佛骨舍利。另於祈願觀音殿內，亦首度展出師父日常供奉的宋朝木質精雕古觀音，以及明朝鎏金觀音銅像等，讓信眾在新春親自禮敬、供養，因緣更是殊勝。

尋佛寶遊戲，大小朋友一起來闖關。

今年春節假期，法鼓山園區安排系列動靜皆宜、闔家歡樂的活動，讓上山民眾在一連串的驚奇與喜悅中，感受到溫暖的祝福，並帶回佛法的精神，讓新的一年智慧增長。

02.17～03.04

全台各地分院喜迎「和敬平安年」

舉辦各類新春活動邀信眾過好年

2月17日至3月4日期間，除了總本山法鼓山世界佛教教育園區舉辦新春系列活動外，全台各地分院同步迎接2007年「和敬平安年」，各項新春活動以普佛法會、大悲懺法會為主，元宵節則有燃燈供佛法會，廣邀信眾闔家參與，共同迎接新年。各地分院活動概況依北、中、南、東四個地區分述如下：

北部地區不僅舉辦各項新春法會，還有多場藝文活動。例如農禪寺於2月18日初一至20日初三期間舉辦新春三昧水懺法會後，隨即於2月21日起至3月4日舉辦「古佛像藝術欣賞」活動，展出唐代敦煌畫作的複製品，有西方阿彌陀經變圖、東方藥師佛經變圖和維摩詰經變圖等大型畫作，並於2月25日上午邀請鹿野苑藝文之友會會長吳文成主講「如何欣賞古佛像」，引領民眾進入佛教藝文殿堂。

台北安和分院從2月18日起至3月4日，不僅舉辦和敬平安法會，包括新春普佛、大悲懺、元宵燃燈供佛等法會，也特別舉辦「新春禪藝聯展」，展出禪藝班師生的作品，包括工筆佛畫、拼布藝術、石頭彩繪、池坊及中華花藝等，以人文藝術豐富民眾的新春假期。

中部地區的台中分院、埔里德華寺於2月18日均舉辦了新春普佛法會。此外，台中分院於19日還舉辦新春電影欣賞，放映影片《放牛班的春天》，邀請僧團果元法師、台灣婦女團體全國聯合會國際部主任王淑麗為電影講評，約五十人到場觀賞與聆聽。

南部地區的高雄紫雲寺，於2月18日初一至20日初三舉辦新春千佛懺法會，為了歡迎走春的民眾，紫雲寺規畫了禮佛區、消災點燈區、叩鐘祈福區、許願心靈處方籤區、許願卡區、泡茶區等活動，讓民眾除了參加莊嚴的法會，也可透過各種輕鬆、趣味的活動獲得法喜，並祈願新年平安、祥和。

高雄紫雲寺舉辦千佛懺法會。

東部地區的台東信行寺，則於初一、初三分別舉辦新春普佛法會、大悲懺法會，各場活動都接引近百人參加，為當地重要活動之一。

全台各分院新春活動的尾聲，則在農禪寺、安和分院、齋明寺、紫雲寺於3月4日舉辦元宵燃燈供佛法會，活動歡喜圓滿地落幕。

2007年法鼓山各地分院新春主要活動一覽表

區域	地點	日期（農曆）	活動名稱
北區	法鼓山園區	2月18日（初一）	梵鐘祈願祈福法會
		2月18至22日（初一至初五）	平安法會
		3月4日（十五）	元宵燃燈供佛法會
	農禪寺	2月18至20日（初一至初三）	新春慈悲三昧水懺法會
		2月21日至3月4日（初四至十五）	古佛像藝術欣賞
		3月4日（十五）	元宵燃燈供佛法會
	中華佛教文化館	2月18至20日（初一至初三）	新春千佛懺法會
	台北安和分院	2月18日（初一）	新春普佛法會
		2月20日（初三）	新春大悲懺法會
		3月4日（十五）	元宵燃燈供佛法會
		2月18日至3月4日（初一至十五）	新春禪藝聯展
	桃園齋明寺	2月18日（初一）	新春普佛法會
			新春大悲懺法會
		3月4日（十五）	元宵燃燈供佛法會
中區	台中分院	2月18日（初一）	新春普佛法會
		2月19日（初二）	新春電影欣賞
		2月20日（初三）	新春大悲懺法會
	南投德華寺	2月18日（初一）	新春普佛法會
		3月4日（十五）	元宵燃燈供佛法會
南區	台南分院	2月18至20日（初一至初三）上午	新春大悲懺法會
		2月18至20日（初一至初三）下午	新春祈福觀音法會
		3月4日（十五）	元宵燃燈供佛法會
	高雄紫雲寺	2月18至20日（初一至初三）	新春千佛懺法會
		3月4日（十五）	元宵燃燈供佛法會
	高雄三民道場	2月22日（初四）	新春普佛法會
東區	台東信行寺	2月18日（初一）	新春普佛法會
		2月20日（初三）	新春大悲懺法會

● 02.28

青年院「與法相會」北區聯誼

以心五四為題材增進交流

僧團青年發展院本日於農禪寺一樓禪堂舉辦「與法相會——北區聯誼活動」，約近一百位北區法青成員參加。

學員們在小組討論中分享接觸佛法的因緣。

活動首先由大家輪流介紹自己親近法鼓山的因緣，以及參加法鼓山青年禪修營隊的經驗，接著進行小組分享，許多人提及佛法給予自己的感動和喜悅，同時感恩自己經過佛法薰陶後的轉變和提昇。有學員提到，自己藉由分享學佛體驗，邀請更多朋友加入法鼓山，一起感受佛法的好。

午齋時，安排了一場以「心五四」運動為題材的創意活動，學員分組為桌上的菜色發想和「心五四」精神有關的名稱，藉著共同完成任務的過程，組員間也消除彼此的陌生感，學習包容與接納。

下午的「心靈交流」時間，學員們針對自己的成長歷程和對青年院的期許進行討論。活動最後，法師引導大家放鬆身心、感受身心的安定與法喜，並勉勵大家，除了自己得到內心的安定，也要共同發願，與眾生結下良好的緣分。

一天的聯誼活動，讓學員們重溫佛法，彼此相互勉勵，於學佛路上不斷精進。許多學員也發願，未來要更積極參與法鼓山所舉辦的青年禪修、佛學課程等各種修行活動，維持學佛的恆心與心力。

03.03

環保署長張國龍拜會聖嚴師父

邀請法鼓山協助推行環保工作

本日上午，行政院環境保護署署長張國龍帶領部屬至法鼓山世界佛教教育園區，拜會聖嚴師父，同時就如何持續推展環保理念向師父請益。

對法鼓山園區注重環保生態的建設工程，張國龍署長首先表示讚歎，也期盼法鼓山以全國各分支據點的力量，響應環保署推動環保理念，張署長並希望，未來籌辦國際環保會議時，能邀請聖嚴師父蒞臨演講。

聖嚴師父表示，環保的道理人人都懂，雖然大家知道破壞、浪費、污染自然環境的行為不好，但往往做不到，這是心理、觀念的問題。師父向張署長介紹法鼓山的四種環保，並以近日法鼓山參與在肯亞舉辦的「蘇丹青年和平論壇」

為例，說明一些非洲國家環境髒亂、教育低落，對於環保更是一知半解，這一切如果不從內心觀念改變起，從精神苦悶中振奮起來，其他的貧窮、環保問題，便無法解決。

張國龍署長（左四）帶領部屬向聖嚴師父（右四）請益。

聖嚴師父強調，照顧落後國家，響應地球村計畫，也是一種深層的環保。師父的一席話，讓張署長一行人受益匪淺，企盼能與法鼓山合作，共同喚醒社會大眾對環保的重視。

03.03～04

各地舉辦元宵祈福活動

燃燈供佛、提燈踩街慶佳節

法鼓山北、中、南各地分院道場於3月3至4日舉辦燃燈供佛平安法會、點平安燈祈福等各項活動來慶祝元宵節，包括法鼓山世界佛教教育園區、農禪寺、台北安和分院、南投德華寺、台南分院、高雄紫雲寺等，為歡樂的新春佳節增添法味。

北部地區方面，法鼓山園區於4日元宵節當天，以「祈福．平安」為主題，全天舉行平安觀音法會，聖嚴師父到場關懷時為大眾祈福，希望在未來一年裡，人人都能平順圓滿，方丈和尚果東法師也親自關懷上山參訪的信眾。此外，祈願觀音殿前的水池，也展開放平安水燈的

方丈和尚果東法師元宵夜在法鼓山園區大殿主持「燃燈供佛法會」。

活動；晚間則於大殿舉行「燃燈供佛平安法會」，由方丈和尚主持，在新春系列法會總迴向後，民眾隨著法師的引導，提燈繞法華鐘巡禮。

農禪寺在元宵當天，除了舉辦燃燈供佛法會，並於法會後進行提燈踩街活動，在法師帶領下，大眾提著義工精心製作的環保燈籠，一路上持誦觀音聖號，步行至農禪寺旁的社區與位於北投公館路的雲來寺，祈求人人平安。

台北安和分院於元宵夜舉辦燃燈供佛法會，由禪修副都監果醒法師主法及引燈，將象徵智慧與光明的燈傳給每位參與的人，兩百多位民眾在莊嚴的佛號聲中，依序在佛前供燈，點亮「和敬平安」的排字，現場充滿了溫暖與感動。

中部地區方面，台中分院舉辦觀音法會來迎接元宵節，並設有觀自在燈、和敬平安燈等供信眾點燈，約有二百六十人參加。南投德華寺則舉辦燃燈供佛法會，由副寺果恆法師帶領三十位信眾唱誦和燃燈。

南部方面，台南分院依照往常慣例，盛大舉辦元宵燃燈供佛法會，共有274位民眾參加。高雄紫雲寺則舉辦了豐富的活動，包括在3日元宵節前一夜舉行燃燈供佛法會、提燈踩街等活動，4日當天與高雄縣勞工局在勞工育樂中心縣民廣場，舉辦祈福園遊會。民眾扶老攜幼到會場燃燈供佛、點平安燈祈福，其中叩平安鐘活動最受民眾歡迎，以一聲鐘響祈願整年的平安。

今年的新春佳節，就在各地分院精心舉辦的元宵節法會與活動中，圓滿結束。

● 03.10～11

法鼓山舉辦導覽組授證典禮

為48位首批導覽員授證

感恩授證典禮上，弘化院常慧法師為第一批導覽員授證。

僧團弘化院於3月10、11日在法鼓山世界佛教教育園區舉辦「導覽組感恩聯誼會暨授證典禮」，由弘化院常慧法師為48位首批導覽員授證。

第一天的聯誼會中，平日各自忙碌的導覽員們齊聚一堂，相互關懷並分享導覽的寶貴經驗。資深導覽員蔡麗蓉分享，在園區建設初期，山上只有臨時寮，導覽員對著建築圖片或是指著一片樹林，為上山參訪的人講述法鼓山園區未來樣貌，並幽默比喻，那是一個「看圖說故事」的時代。

第二天進行感恩授證典禮，除了授證，會中並頒發多種獎項，感恩導覽員風雨無阻的奉獻，例如「精進擺渡人獎」是頒發給身兼導覽員和地區悅眾雙重身分者。導覽員在分享時表示，在與人互動的喜悅，以及不斷充實的學習中，不僅能忘卻所有疲憊，還能自我成長。

03.11

龍應台向聖嚴師父請益生死課題

師父勉勵信仰須從實踐開始

知名社會文化評論家暨前台北市文化局局長龍應台，本日前往法鼓山世界佛教教育園區拜訪聖嚴師父，就生死、信仰與知識分子之間的關係，向師父請益。

龍應台表示，三年前因為父親過世，促使她直接面對生死這門功課。聖嚴師父說明，僅僅依憑思想、理性方式去思索，希望生命能有新的啟發，那是很難的。在宗教信仰上，東方的知識分子往往抱持著懷疑的態度，西方的知識分子則多數都有宗教信仰，而所有宗教信仰的本質即是「相信」，那是一種體會生命的態度，而不是拿來當成學術研究的態度。因此，師父鼓勵龍應台，繼續從自己的生命經驗深入體驗。

龍應台還提到，思索生死課題的過程中，讓她連帶去省思自己與寫作、社會評論的關係。她提出「探索終極關懷與評論寫作有所矛盾」的問題，向聖嚴師父請益。師父鼓勵龍應台不要放棄寫作，因為那是她的才華，以及奉獻社會的資糧，同時不需要完全放棄原有的理性特質，而是應該「將理性與內在探索做結合」，並將批判的筆鋒改為社會關懷的筆鋒。

另外，龍應台也提出「寂寞」、「自我懷疑」等心靈層面的問題。聖嚴師父說明，雖然寂寞包括思想上的、情感上的、修行上的，但只要有宗教信仰，以及往自身內在探尋的力量，即使寂寞也不會對自己的作為感到懷疑，反而會因為信仰而更具信心，例如修行閉關，外相上雖是孤獨的，因為是在踏實修行，更能體會到與諸佛菩薩同在。

最後，聖嚴師父還鼓勵龍應台先閱讀一些佛教經典，並在生活中實踐信仰。師父強調，信仰必須從實踐開始，修行也一定要從體驗生命的本質開始，才能踏實、有歸屬感。

● 03.17

青年院舉辦「皈依新手快樂上路」

聖嚴師父勉勵法青精進學佛

新皈依青年觀看聖嚴師父的開示影片，感受師父的關懷。

僧團青年發展院本日於農禪寺舉辦「皈依新手快樂上路」活動，邀請今年1月份皈依三寶的80位青年參加，希望藉此活動建立青年正確的佛法知見和價值觀，進而在生活中落實佛法，聖嚴師父與方丈和尚果東法師分別親臨現場勉勵學員。

聖嚴師父並為這場活動錄製一段開示影片，表達對法青們的關懷和期許。師父勉勵法青們三個精進學佛的方法：親近道場、每天要有定課、多看師父的著作或聽師父的錄音帶，這樣才能知道如何一步一步地學佛。師父並希望法青們在日常生活中，時常提醒自己要遵守五戒、多結善緣、減少自我中心的執著，如此才能真正進入學佛的歷程。

聖嚴師父並鼓勵與會的法青們，除了常回法鼓山學習，也要多參加青年院舉辦的各種活動，增進彼此交流，因為青年們有活力，便能夠帶動自己、帶動他人、帶動社會風氣，也為法鼓山帶來年輕人的活力。

方丈和尚則期勉法青們落實「心靈環保」，不但自己能以正念面對困境，也能展現為人奉獻自我的價值。

在分組討論中，一些青年表示因為參加青年院舉辦的「卓越．超越」成長營，對於著重認識自己、為自己負責的佛法，及法鼓山包容開放的態度，深受感動，進而發願成為三寶弟子。整場活動在法師們的關懷指導，以及與會青年開朗的笑容裡圓滿。

● 03.24～25

紫雲寺舉行「接待禮儀教育關懷培訓」

義工團悅眾教授各項禮儀課程

高雄紫雲寺於3月24至25日舉辦「接待禮儀教育關懷培訓」，由義工團團長秦如芳、副團長吳滿雄、吳麗卿等人授課，近百位高雄、屏東、潮州等地學員報名參加。

義工團悅眾親自示範各項禮儀動作，學員們收穫良多。

課程第一天，主要講授一般接待和日常生活禮儀，學員們相當投入學習，隔天一早並主動複習第一天的上課內容。監院果耀法師在勉勵學員時，以鞋櫃上整齊放置的鞋子為例，讚歎學員從服裝儀容、言行舉止散發出安定的氣質，確切落實了課堂所學，而這就是舉辦培訓課程的目標。

第二天的進階課程，包括貴賓、長老、宴客的接待及電梯禮儀等。由於法鼓山與國際人士往來密切，接待的貴賓來自世界各地，國際禮儀相對重要，講師吳麗卿將自己所學的國際禮儀知識與經驗傾囊相授，令學員們十分欽佩。秦如芳團長也將平日的禪修功夫融入禮儀教學，幫助學員從實際演練中親身體驗。

果耀法師在課堂最後，藉由一一點名的方式，「驗收」學員的應對行儀，並期勉大家把握難得的學習因緣。學員們帶著充實感恩的心，以及滿滿的能量踏上歸途。

03.25

法鼓山舉辦「法華鐘禮讚」感恩茶會

方丈和尚感謝參展藝術家共襄盛舉

方丈和尚果東法師感恩參展藝術家奉獻專長與心力。

法鼓山「法華鐘禮讚——佛像與經文的對話」特展策展人陳永賢教授及法行會副會長邱再興，邀請共同參展的46位藝術家們，於本日下午至法鼓山世界佛教教育園區參觀特展，現場並舉辦感恩茶會，方丈和尚果東法師、聖嚴教育基金會董事長施建昌亦蒞臨現場表達感恩之意。

方丈和尚首先感謝藝術家半年來的努力創作，讓法鼓山僧眾及義工能藉此特展因緣，與參訪信眾進一步互動與關懷。方丈和尚表示，法鼓山是一座強調境教的道場，山上的一草一木都是寶，而這次參展的藝術家、藝術創作，以及參訪民眾也都是寶。如何透過展覽，融合各方看法，達到淨化人心的功用，則是法鼓山一直以來努力的方向。

方丈和尚並代表法鼓山贈送每位藝術家一份結緣品，包括聖嚴師父口述的《法鼓山故事》一書及〈聖嚴法師108自在語〉的國、台語版CD等。水墨畫家許郭璜也代表所有藝術家們回贈書、畫等藝術品表達感謝。隨後，藝術家們在義工帶領下，至祈願觀音殿、法華鐘樓等地參觀。

以磁青蠟箋、純金泥繪製「楊柳觀音」參展的藝術家聶蕙雲表示，本次特展外圍的「經鐘裝置」及「祈福語籤」，讓人可以親自參與，法鼓山對藝術品生活化的努力，令人讚歎。

03.31

金山法鼓山社大春季班開學典禮

方丈和尚主講「心靈環保講座」

方丈和尚於金山法鼓山社大開學典禮中致辭。

金山法鼓山社會大學於本日在台北縣金山鄉中山堂舉辦2007年第一期（春季班）開學典禮暨「心靈環保講座」，由方丈和尚果東法師主講，金山鄉長許春財亦蒞臨致辭，約有三百九十多人參加。

講座中，方丈和尚以「一股安心的力量——和敬平安暨安心、安身、安家、安業」為主題，說明只要身心安頓，當下即是淨土，勉勵學員在面對人生順逆之時，要以「正面認知、逆向思考」去營造健康的心靈，如此就可以安於當下，離苦得樂。

許春財鄉長致辭時，表示將與法鼓山一起為關懷眾生而努力，相信在大家共同努力下，一定能創造金山鄉的繁榮與祥和。

活動現場還邀請金山鄉立托兒所小朋友表演小小太鼓、中角國小附設幼稚園表演唐詩吟唱，以及金美國小陶笛隊表演，「素食簡餐班」、「創意料理班」、「健康有機飲食研習班」等也一起展出學習成果。

03.31～04.06

台中分院啟建梁皇寶懺法會
祈願寶雲寺建設工程順利

台中分院於3月31日至4月6日在台中逢甲大學體育館舉行「法鼓山寶雲寺啟建．清明報恩梁皇寶懺」法會，除了感念先亡眷屬、為親人祈福之外，並祈願台中寶雲寺工程建設順利。一連七天的法會，分別由禪修中心副都監果醒法師、禪堂板首果元法師主法，共約一千五百人次參與，彰化縣長卓伯源亦到場參加。

活動期間，每天有將近一百五十位來自台中、員林、彰化、豐原、海線、南投等地的義工參與服務工作，同心協力護持這次殊勝的法會。4月5日清明節當天，方丈和尚果東法師特地到場，關懷所有參與法會的信眾及義工。

4月6日圓滿日，僧團副住持果暉法師到場感謝大家的奉獻，並鼓勵大家在法會結束後，持續到台中分院參加共修，也希望大家共同發願，早日完成寶雲寺的建設，讓更多中部地區的民眾，有更多機會親近佛法，加入行菩薩道的行列。

台中分院舉辦梁皇寶懺法會，近一千五百位信眾參加。

04.01

大溪法鼓山社大春季班開學典禮
以「看見人文新願景」勉學員終身學習

曾濟群校長在典禮中頒發服務獎予學期中表現優良的學員。

位於桃園的大溪法鼓山社會大學本日在桃園齋明寺舉行2007年第一期（春季班）開學典禮，校長曾濟群、桃園齋明寺監院果迦法師、大溪鎮長祕書郭進德、縣議員楊朝偉、李柏坊等貴賓皆到場觀禮，共約三百七十多人參加。

典禮以「看見人文新願景」為主題，除了頒發2006年第二期（秋季班）學員結業證書、終身學習護照、勤學獎，以及服務獎予在學期裡表現優良者，並安排各項表演節目，包括振奮人心的「歡欣鼓舞．齋明寺和喜太鼓隊」表演、桃園地區禪坐組呂美貞老師帶領「Fun輕鬆」、法鼓八式動禪等禪修活動，還有彩繪創作、培福小站、學習作品展等靜態展示，內容多元豐富。

典禮中，還特別發給與會大眾每人一個竹筒及一個五元硬幣，透過遊戲的方法，邀請大家一起發願護持「5475大願興學」計畫。曾校長致辭時，向大家說明大願興學的意義與發願的方法，鼓勵學員以感恩回饋的心來成就法鼓大學，使教育的志業能永續推展，很多學員立即在現場以實際行動響應興學計畫。

最後，主辦單位特別以「素食點心」、「家常菜」等課程的學習成果分享大眾，活動在充滿法喜而溫馨的氣氛中圓滿落幕。

04.18～19

僧團舉辦「僧活營」以行腳傳承師志
齊聚法鼓山探討教團未來展望

僧團於4月18至19日舉辦一年一度的僧活營，以「健身．建僧——承先啟後」為主旨，一百多位法師發願以師志為己志，自北投中華佛教文化館徒步至金山法鼓山世界佛教教育園區，用行腳的實際行動堅定建僧的心願，總共費時11.5小時。

一百多位僧團法師自北投文化館行腳至金山法鼓山。

為體驗聖嚴師父以北投文化館為起點，一步一腳印，終至開創法鼓山，堅持建僧的願心，以及祖師大德行腳朝聖求道的堅忍毅力，這次僧活營規畫了長途行腳之旅，自祖庭北投文化館出發，經陽投公路、陽金公路，接磺溪中橋直上法鼓山園區，並於祈願觀音殿功德迴向，圓滿此次以實際行動走出「承先啟後」的願心。

抵達法鼓山次日，法師們齊聚禪堂，由僧團代理都監果廣法師帶領禪坐共修，接著觀看聖嚴師父的開示影片，主題為「承先啟後的重要性與法鼓山未來的展望」。方丈和尚果東法師說明師父對僧團未來發展方向的指示，強調中華禪法鼓宗是以漢傳佛教為根基，並勉勵僧眾秉持師父的願心、信心與恆心，為建僧而努力。

下午安排小組分享，就風雨中行腳的體驗交換心得，法師們感悟良多，體驗深刻，有法師提到，當自己在隊伍中隨著大眾的步伐與節奏前進，這股團體的支持力量，足以提昇每個人精進向上的心力與願力，激勵彼此的道情與道心。

04.21～22　07.29

弘化院舉辦導覽服務員培訓

兩階段培訓參學服務員

僧團弘化院參學室於法鼓山世界佛教教育園區舉辦導覽服務員培訓系列課程，首先於4月21至22日舉行初階培訓，共有73人參加，學員經過三個月隨隊見習後，7月29日參學室再度於法鼓山園區，為其舉辦進階培訓課程，約有五十多人參加。

弘化院加強培訓導覽服務員，以接引更多人親近法鼓山。

4月21、22日的初階培訓課程，第一天首先由導覽組悅眾為學員實地詳細導覽法鼓山園區，之後觀看影片、研討，並做園區簡介、說明動線的概念與原則，以及導覽時的繞佛、拜佛禮儀、標準服裝示範、小隊練習等課程，還安排禪修體驗；第二天則實際進行全天的導覽行程演練，之後做小組分享。

7月29日的進階課程內容則包含：全山動線介紹、大地尋寶、值班問題面面觀等。其中「大地尋寶」單元，以團隊合作的力量，完成園區每一定點的走訪，加深學員對於各點之間動線的熟悉度。另外，「值班問題面面觀」單元則以戲劇呈現方式，將值班常遇到的問題彙編成一齣戲劇演出，讓大家輕鬆學習解決問題的方式。

課程最後，參學室常法法師期勉學員，身為導覽服務員，除了應具備知識、技能，還要加上熱忱、親切、耐心、尊重的態度，接引更多的信眾親近法鼓山、學習佛法。

● 04.21～22

齋明寺舉辦春季報恩法會

以「心香」虔誠誦念 落實環保精神

桃園齋明寺於4月21至22日舉行一年一度的春季報恩法會，由僧團果建法師主法，約有兩千多人次參加。

桃園齋明寺信眾於春季報恩法會中虔誠誦念。

本次法會分為兩個部分，第一天是地藏法會，第二天是三時繫念法會。法會現場以清淨蓮花供佛，簡單素雅的環保方式，令人感到莊嚴和寧靜，並邀請家屬以「心香」誠懇專注地誦念經文，為往生者超度。

齋明寺表示，這場法會雖以超薦亡靈為目的，但由於落實法鼓山四大環保的精神，鼓勵少燒香、不燒冥紙，多年來受到社會肯定，參與信眾逐年增加。

在法會的現場，還設有法鼓文化、培福小站及醫療區等攤位，提供信眾相關的服務。其中，培福小站提供的食品多由義工發心製作，義賣所得全數做為齋明寺古蹟修復功德款，讓信眾們參與法會之餘，也能有更多培福的機會。

● 04.21　04.22　04.28

合唱團舉辦「法鼓法音教師巡迴列車」
提昇歌唱專業技巧　傳播法音

李俊賢老師（右一）為合唱團員授課，果器法師（中）亦前往關懷。

合唱團舉辦「法鼓法音教師巡迴列車」活動，於4月21日在台中分院、4月22日在高雄紫雲寺、4月28日在農禪寺陸續進行三場培訓課程，內容包括美聲法教學、演唱觀摩與講評、歌曲教唱及詮釋等，全台約有二百九十多人參加。

在本次巡迴課程中，團長李俊賢特別邀請多位聲樂家前來授課，包括東海大學音樂系教授李秀芬於台中分院指導「聲樂理論發聲法與技巧」；高雄師範大學音樂學系教授林欣欣於紫雲寺主講「發聲與技巧」；台北市教育大學教授鄭琪樺於農禪寺教授「發聲法及歌唱技巧」等。

李俊賢團長在每一場「歌曲教唱及詮釋」課程中指出，合唱時先要學習聽前奏，拍子抓準、唱熟曲譜，然後用心來詮釋歌詞，感動了自己，才能感動別人，並在演唱時保持身心放鬆與自在，如此方能唱好一首歌曲。

最後的分享交流中，學員們紛紛表示，希望能多舉辦類似的課程與活動，增進佛曲歌唱的技巧與觀念。

04.21

北投法鼓山社大第一期開學典禮

法鼓山開辦第四所社會大學

方丈和尚果東法師在北投法鼓山社大開學典禮上勉勵學員散播淨化人心的種子。

今年開辦的北投法鼓山社會大學於本日在農禪寺舉行第一期開學典禮，方丈和尚果東法師、台北市民政局局長黃呂錦茹、北投區區長張義芳、法鼓山社大校長曾濟群等貴賓都應邀到場，約有三百五十多位學員參與。

方丈和尚在典禮中致辭表示，面對環境不斷變動，除了具備一技之長，更需要以「正面認知，逆向思考」的方式來看待事情，並期許在座學員散播淨化人心的種子，讓社會在潛移默化中得以改變。

黃呂錦茹局長指出，法鼓山在弘法與教化上深得人心，相信社會大學的開辦，能啟迪更多人。曾濟群校長除了感謝北投各界的支持，同時希望大家在學習的同時，也能在生活中落實法鼓山「提昇人的品質」理念。

活動當天，有法鼓隊的擊鼓演出與清江國小扯鈴隊的表演，金山法鼓山社大學員也特別準備具有地方特色的點心，除了展現學習成果，也融入了法鼓山社大的傳承精神。

04.22

台中法鼓山社大春季班開學典禮

地方人士肯定辦學成果

台中法鼓山社會大學於本日在台中市立惠文高中禮堂舉辦2007年第一期（春季班）開學典禮，由校長曾濟群主持，僧團副住持果暉法師、台中市副市長蕭家旗，台中市民政局局長沐桂新、前台中市教育局局長蔡瑞榮等多位貴賓蒞臨致辭，近五百位學員參加。

典禮中，蕭家旗副市長對法鼓山社大規畫強調人品與心靈提昇的課程，表達肯定之意；果暉法師則勉勵社大師生，將心靈環保的理念融入課程中，並由自身做起，落實在生活裡。

曾濟群校長表示，法鼓山社大以結合教育與活動來實踐佛法生活化，提昇民眾生活的品質與精神，並鼓勵大家一起來終身學習；前教育局局長蔡瑞榮則勉勵所有學員要好好珍惜學習的機會，同時將這份感恩轉化為奉獻的精神，服務更多的人。

台中合唱團為台中法鼓山社大開學典禮獻唱。

典禮並安排台中合唱團獻唱，接著進行法鼓八式動禪體驗，最後由法青們帶領20位台中與東勢安心服務站的小朋友表演「小鼓手」，逗趣的演出，讓現場觀眾開懷大笑，歡喜圓滿了此次活動。

● 04.22　06.10　08.12　10.14

安和分院開辦安寧療護進階課程

許禮安醫師提醒尊重病人需求與個別差異

台北安和分院於4月22日、6月10日、8月12日、10月14日舉辦安寧療護系列課程，邀請台灣安寧緩和醫學學會理事許禮安醫師，承續去年（2006年）「安寧療護入門」課程後，進一步講授安寧療護進階課程。

課程內容包括4月22日入門級課程，談「癌症的早期診斷與預防」、「如何告知病情」、「心理反應與靈性需求」、「生病心情——我好怕」；6月10日進階級課程，談「生命與死亡的意義」、「瀕死現象與處理」、「安寧居家療護經驗談」、「從安寧經驗談殯葬文化改革」；8月12日進修級課程，談「臨終關懷觀念澄清」、「靈性照顧與靈性陪伴的探討」、「關於悲傷的種種——談悲傷關懷」、「翻身擺位技術與餵食練習」；10月14日則為前三次系列課程的總結，許禮安醫師舉了六

許禮安醫師（右）講授安寧療護進階課程。

個實例來談「安寧療護的基本人性關懷」；同時分別以身體照顧、心理照顧、靈性陪伴、基本人性四個主題，說明「安寧療護的本土化模式」，以及教導大家「病人如何帶病生活」等。循序漸進的課程安排，帶領信眾瞭解與學習；在「翻身擺位技術與餵食練習」單元中，還特別遠從台中禮請護理師張儀芬為大家授課並實際演練。

許禮安醫師指出，根據目前醫學統計，每四人就有一人得到癌症，台灣則高達三分之一。如此高的罹癌率，讓安寧療護工作益顯重要。如何體會癌末病人及家屬的心路歷程？許禮安醫師提醒大家，永遠要尊重病人的需求、自主性和個別差異性。雖然生老病死是人生自然的過程，這個過程不免給我們煩惱和痛苦、憂鬱和無奈，但卻讓我們對生命有更深切的省思和體悟，淬煉出更多生命的慈悲與智慧。

04.28

聖嚴師父與探險家維德・戴維斯對談

應國家地理頻道之邀探討環保問題

聖嚴師父應國家地理頻道之邀，本日與美國國家地理協會駐會探險家維德・戴維斯（Wade Davis）博士於台北市的誠品書店信義店展開一場以「世界盡頭的光明」為題的對談，由媒體工作者陳文茜主持，深入探討環保、心靈科學、全球氣候變遷等議題。

第一次來台的戴維斯教授，為美國哈佛大學（Harvard University）民族植物學博士，長期投入各地文化人類學和民族植物學研究，曾在尼泊爾聽聞佛教的「四聖諦：苦、集、滅、道」觀念而深受感動，認為佛教是一門可運用於生活的心靈科學。戴維斯教授表示，在全球化壓力下，許多文明面臨消失的危機，因此致力於挽救行動。聖嚴師父對

聖嚴師父與維德・戴維斯教授於「世界盡頭的光明」座談會中探討環保議題。

戴維斯教授表示敬佩，讚歎他藉由訴說故事來努力挽救消失文明的行動，是「大修行」。

在全球暖化議題上，聖嚴師父與戴維斯博士一致認為，從個人觀念改變出發，進而影響他人，將「不破壞環境」的觀念傳遞出去，才能真正有所行動。師父指出，解決全球暖化的具體行動，需要各國政府推動，而一般民眾可藉由「破壞環境資源的商品不要用、破壞環境資源的活動不要參加」這樣簡單的行動來落實。

關於環保，聖嚴師父進一步說明，這可以是一種思惟，是生活的方式，是與人相處的態度，也是對待大地環境的行動，而法鼓山推動心靈、生活、禮儀與自然等四種環保，就是提倡從人的觀念改變開始。師父進一步表示，過簡樸少欲的生活、與人相處以關懷利他的角度出發、對大地懷抱感恩，唯有人類內心的普遍和平安定，才能見到「世界盡頭的光明」。

戴維斯教授最後指出，小小的團體，能帶來真正改變環境的力量，歷史上的重要變革，都始於單一的心靈，他並表示，被聖嚴師父真誠關心世界的觀點所感動，同時高度肯定法鼓山推動四種環保淨化人心的理念。

在這場人類學家與宗教家的對談中，現場聽眾皆感受到兩人對人類世界的愛護與關切，以及採取行動保護地球的必要性與立即性。

04.28～06.30

紫雲寺「生死學中學生死」開課

幫助大眾建立正確的死亡觀念

高雄紫雲寺於4月28日至6月30日每週六上午，開辦「生死學中學生死」課程，邀請屏東社區大學授課講師郭惠芯主講，共有52人參加。

全部課程共有10堂，從學習重新認識死亡開始，進而瞭解臨終關懷的種種面向、探討生命倫理，並引導學員深入佛教對於生死的闡揚與關懷，內容主要包括：「學習死亡如何提昇生命品質」、「現代醫學與生死」、「身心靈的全人思惟」、「臨終心理與陪伴」、「覺知悲傷與伴行的藝術」、「生命倫理議題」、「佛教的生死關懷」等，希望透過「死亡教育」，幫助社會大眾正視生死課題，並在講述與討論「死亡與死亡過程」（Death and Dying）中，使大眾瞭解死亡與生命的關聯，從而建立健康的生涯規畫與臨終處理能力。

課堂上學員反應熱烈，多數人談到不知該如何面對喪親之慟、意外死亡，以及隨之而來的心情失落與情緒調適等問題，因此希望藉由這堂「生死學中學生死」課程，從認識死亡開始，進而學習如何以佛法的觀念來面對生死大事。

05.01～31期間

全台各分院道場歡慶佛誕

聖嚴師父勉勵大眾感念二重恩

今年的浴佛節，欣逢母親節，法鼓山各地分院相繼在5月份舉辦一系列結合浴佛、母親節的活動，廣邀全台民眾共同慶祝這兩個充滿感恩的節日。

北部地區包括農禪寺、北投中華佛教文化館、台北安和分院、桃園齋明寺等，除了舉行浴佛法會，還搭配各具特色的活動。例如，農禪寺於5月6日進行浴佛法會，同時也在大殿舉行「第10期百年樹人獎助學金」頒獎典禮，並舉辦園遊會，以及紙雕、飾品及佛像等藝術作品展。

北投文化館於5月20日舉辦的浴佛節活動，也與當地社區合作，安排親子闖關遊戲、義診、義賣等，並邀請逸仙國小學童表演二十四節氣鼓、弦樂等節目。

由台北安和分院主辦、法緣會承辦的「大願祈福感恩會」，5月13日上午在國父紀念館西側廣場展開。現場安排有浴佛、禪食禪茶及踩行「七步蓮花」等活動，方丈和尚果東法師、國父紀念館館長鄭乃文、台北市民政局副局長葉傑生等人均出席參加。聖嚴師父也特別透過錄影畫面，期勉大家隨時感念生命的二重恩。

「大願祈福感恩會」中，大小朋友穿上木屐，同心協力踩行「七步蓮花」。

桃園齋明寺於5月1至31日期間，舉辦「溫馨5月孝親報恩行」活動，內容包括點孝親報恩祈福燈和超薦燈，持誦《父母恩重難報經》，以及6日大悲懺法會，20日浴佛法會、親子朝法鼓山浴佛禮觀音等。

中部地區的南投德華寺，於5月6日舉辦浴佛法會暨「第10期百年樹人獎助學金」頒發典禮，由副寺果弘法師主持，約近一百人參加。台中分院於12日舉辦浴佛法會，由僧團副住持果暉法師主法，約有五百多人參加。

南部地區的台南分院，於5月20日在台南第二高級中學舉行「祈福平安浴佛法會」，法鼓山僧伽大學八位學僧特別到場擔任法會悅眾，約有一千多位信眾參與，55位信眾皈依。另外，高雄紫雲寺和三民道場分別於20日、26日舉辦浴佛法會，皆由監院果耀法師主持，兩場法會共近六百人參加。

東部地區的台東信行寺，於5月19日舉行浴佛法會，由監院果寰法師主持，內容包括念佛、浴佛、燃燈供佛、香花供佛、義賣等，活動中也頒發「第10期百年樹人獎助學金」及生活補助金，約近二百人參加。

各地活動皆在簡單、莊嚴的儀式中進行，讓大家一起感受充滿法喜的感恩氣氛。

小菩薩們到農禪寺虔誠禮拜，將香花獻給佛陀和母親。

2007年全台各地分院道場浴佛活動一覽表

	主辦單位（地點）	時間	活動名稱或內容	人數（約）
北部	農禪寺	5月6日	浴佛法會、第10期百年樹人獎助學金頒發典禮、藝術作品展	1000人
	中華佛教文化館	5月20日	浴佛法會、親子遊戲、義診、義賣等	1200人
	台北安和分院（國父紀念館西側廣場）	5月13日	大願祈福感恩會、浴佛	8000人
	桃園齋明寺	5月20日	浴佛法會	100人
中部	台中分院	5月12日	浴佛法會	500人
	南投德華寺	5月6日	浴佛法會、第10期百年樹人獎助學金頒發典禮	100人
南部	台南分院（台南第二高級中學）	5月20日	祈福平安浴佛法會	1000人
	高雄紫雲寺	5月20日	浴佛法會	400人
	高雄三民道場	5月26日	浴佛法會	160 人
東部	台東信行寺	5月19日	浴佛法會、第10期百年樹人獎助學金頒發典禮	200人

05.05～31

法鼓山園區舉辦「朝山．浴佛．禮觀音」

同慶佛誕、母親節　信眾歡喜感恩

為了慶祝佛陀誕辰及母親節，法鼓山世界佛教教育園區特別於5月的每週六、日，舉辦「朝山．浴佛．禮觀音」活動，活動期間登記朝山的團體人數逾五千人。

5月6日舉行的浴佛法會，方丈和尚果東法師親至現場關懷，並為大眾開示佛誕傳說及其示現的精神。方丈和尚指出，佛法是由佛的智慧和慈悲所流露，而浴佛的涵義，是以戒定為香、忍辱為水、精進為力、智慧為鏡、慈悲為藥，以佛的智慧光明、慈悲、仁愛，沐浴自己，將種種煩惱化為歡喜、自在、清涼，開發出與佛陀相同的清淨心，掃除無明的煩惱。方丈和尚也以「掃地，掃心地；心地不掃空掃地。浴佛，浴心佛；心佛不浴空浴佛」勉勵現場民眾，並期勉大眾藉由朝山頂禮大地的儀式，學習以惜福的心感恩父母及大地，感受身心逐漸淨化的過程。活動後，法師們並以壽桃與民眾結緣，為大眾祝福。

主辦單位僧團弘化院表示，為紓解朝山人潮，今年特別在法華公園加設浴佛、撞鐘等活動，讓民眾多一個地方圓滿浴佛行。

此外，為感謝金山鄉民長期以來對法鼓山的支持，金山法鼓山社會大學特別於5月6日舉辦「溫馨5月情，快樂法鼓行」活動，邀請四代同堂的家庭一同上法鼓山園區朝山浴佛、歡度母親節。除了有音樂饗宴、安排子女們透過事先拍攝的影片表達對母親的感謝，並在現場以象徵堅韌勇氣的台灣百合向母親獻花頂禮，與金山鄉民共度一場充滿法喜和祝福的饗宴。

民眾闔家至法鼓山園區參加浴佛。

05.24～06.24

法鼓山參加「宗教文物郵展」
引導民眾更認識佛教與法鼓山

5月24日至6月24日，由台灣郵政公司、佛光緣美術館總部、法鼓山佛教基金會及中華集郵團體聯合會共同主辦的「宗教文物郵展」，在台北郵政博物館六樓特展室展出。24日當天，包括監察院祕書長杜善良、前中華郵政公司第一任董事長許仁壽、佛光緣美術館長妙仲法師，以及法鼓山僧團常定法師等，皆出席開幕儀式。

法鼓山參展的文物包括：聖嚴師父的著作《法鼓全集》102冊及《遊心禪悅——聖嚴法師法語．墨緣．興學墨迹選》共三冊墨寶集、複製阿閦佛頭像、祈願觀音、二幅地宮石雕拓本、小型法華鐘與一套《法華經》；並藉圖文展示1996年於法鼓山園區建造的台灣第一座地宮，希望民眾藉此對法鼓山和佛教文物有更深刻的認識，也瞭解法鼓山為台灣佛教文物的保存所做的努力。現場還提供智慧隨身書與〈聖嚴法師108自在語〉與民眾結緣，和社會大眾分享法鼓山的理念。

法鼓山於「宗教文物郵展」展出《法鼓全集》、地宮石雕拓本等。

05.26

國內建築專家觀摩園區綠建築

肯定法鼓山維護、尊重環境理念

由內政部建築研究所主辦、台北縣政府承辦的「推動綠建築及建立綠建築審查及抽查制度」研討會，本日安排建築專家及眷屬近一百人，至法鼓山世界佛教教育園區參訪，讓相關單位、與會專家實地觀摩國內綠建築的落實概況。

在台北縣政府工務局局長柳宏典、台灣省建築師公會主任翁清源帶領下，建築師公會一行人首先到簡介館聽取簡報，由僧團副住持果品法師介紹法鼓山推動心靈環保的理念。法師指出，心靈環保就是希望人們從內心改變觀念，由內而外表達對環境的友善和尊重，而園區的建設便是以簡單、樸實為原則，落實人與自然共生共榮的環保理念。柳宏典局長讚歎園區的建築，並肯定法鼓山園區是國內綠建築環保理念的先驅和典範。

「推動綠建築及建立綠建築審查及抽查制度」研討會成員及其家眷參觀法鼓山園區。

下午，在法鼓山建設工程處處長李孟崇、總

工程師陳洽由陪同下，一行人陸續參訪了大殿、藥師古佛步道，體驗建築物和自然融合的和諧之美，並實地參觀女寮的雨水回收設施及太陽能抽水設施。

多位來訪的專家不約而同表示，透過這次的觀摩才體認到法鼓山推動的環保理念，其實都蘊藏在園區各處工程細節上，令人深切感受到法鼓山對環境的友善及尊重。

除本日的參訪行程，該研討會還於5月20日及27日，安排另外兩梯次專家及眷屬至法鼓山園區參訪，三個梯次的總人數約有兩百多人，藉由實地觀摩，所有到訪者因此對法鼓山綠建築及環保理念有更深刻的印象和瞭解。

05.27

法行會召開中區會員大會

胡志強市長伉儷到場感恩佛法

果暉法師（右二）、果理法師（右一）、台中市長胡志強伉儷（左一、二）出席法行會中區大會。

法行會中區分會上午在台中分院舉行今年的第一次會員大會，僧團副住持果暉法師、台中分院監院果理法師、台中市長胡志強伉儷、彰化縣長卓伯源、台中縣副縣長張壯熙都出席參加。聖嚴師父特地錄製了一段開示影片，表達對中區法行會的關懷、期望和祝福。

胡志強市長致辭時提及夫人邵曉鈴半年前的意外，並透露在事發後第五天收到聖嚴師父的親筆信函，就像在最苦難的時候，見到一盞明燈，讓他充滿力量。胡志強市長接著表示，夫人的康復與其說是奇蹟，他寧願相信是念力，是大家的念力共同成就這個奇蹟，他非常感恩。胡志強市長挽著夫人上台，連聲向大家致謝，全場響起熱烈的掌聲。

法行會總幹事陳建仲在會中向會員報告會務，指出法行會將全力投入台中分院遷建工程——寶雲寺籌建的募款工作，法行會副會長陳進堂則進一步說明台中寶雲寺的籌建進度。

活動中，果暉法師藉四預流支「親近善士、聽聞正法、如理思惟，法隨法行」，闡明「法行」的意義，並勉勵大家多親近善知識，用修行的態度過生活。卓縣長也鼓勵大家多親近法鼓山，使善的力量擴大，進而讓大家產生共同的信念，得到心靈上的提昇。

06.03

新店辦事處新道場落成啟用
提供多元進修課程

護法會新店辦事處本日舉行新道場落成灑淨啟用法會，由護法總會輔導師果器法師主持，護法總會副總會長黃楚琪、法行會執行長藍福良、教師聯誼會召集人楊美雲、北四轄區召委楊紀梅等人，以及北二、北四轄區五百多位信眾都到場參與。

新店辦事處寬敞的佛堂可接引更多信眾進行共修。

自1990年起，新店地區的信眾們開始借用場地進行共修。由於地點經常變更，加上共修人數逐年增加，2004年，當地信眾便發起募款活動，希望藉由大家的努力，找到適合的地點，做為新店信眾永久共修之處。

北四轄區副召委邱少玲表示，由於新店地區多為工業及住宅用地，坪數適當且可供商辦使用的場地並不多見，加上經費有限，尋覓難度相對提高。就在大家四處奔走之際，一位信眾發心捐獻，重新燃起眾人的希望。接著透過資源回收及多方的捐款，終於累積到足夠經費，於今年尋得一處86坪的空間，為辦事處找到新家。

新的辦事處設有大殿、知客處，還陳列法鼓文化出版的書籍，讓民眾前往共修之時，也有機會接觸佛學著作。目前的活動規畫，除了週一的「禪坐共修」及週四的「念佛共修」，還有法行會舉辦的「人生講座」，並計畫陸續開設「中華花藝」、「佛教入門」、「瑜伽」、「親子繪本」等課程，提供地區多元進修學習的管道。

06.16

交大校友體驗法鼓山心靈之旅
聖嚴師父蒞臨關懷及開示

為了深入認識法鼓山，藉此親近佛法、體驗禪修，國立交通大學校友會、教職員及眷屬兩百多人組成「法鼓山心靈之旅」參訪團，於本日前往法鼓山世界佛教教育園區進行一天的參訪、禪修行程，聖嚴師父亦出席關懷。

方丈和尚果東法師（左）贈送來訪的交大校友會結緣品。

對於這麼多傑出社會菁英，利用假日帶著家眷和朋友到法鼓山體驗禪修，聖嚴師父表示欣喜和歡迎，並向眾人介紹法鼓山是一個推廣「大普化、大關懷、大學院」三大教育精神的世界佛教教育園區，希望透過教育來推廣佛法，讓個人、家庭、社會乃至世界，能因學習佛法的智慧慈悲更加祥和。

午齋前，方丈和尚果東法師也為眾人進行一場開示。方丈和尚運用許多巧喻，說明「活在當下，就是佛在當下」的道理。最後，在僧團青年發展院法師帶領下，眾人學習法鼓八式動禪和數息方法，體驗從行、住、坐、臥中，循序放鬆身體的感覺。

● 06.16～17

64位企業人士上法鼓山學禪修

聖嚴師父期許發揚「職場倫理」

6月16日起一連兩天，由工商倫理委員會發起的「工商禪二」於法鼓山世界佛教教育園區居士寮舉行，包括工商倫理委員會主委顏元博、法行會會長蕭萬長、法行會執行長藍福良等人，共64名工商界人士參加。

兩天活動由禪修中心副都監果醒法師擔任總護法師，學員們透過法鼓八式動禪、禪坐練習，學習舒緩壓力、放鬆身心。第二天下午，聖嚴師父特別到場關懷並開示。師父首先提到法鼓山對社會關懷和教育的重視，無論是去年（2006年）推動的珍惜生命、防治自殺宣導，還是今年推出的「心六倫」運動系列活動，均對社會發揮正面影響。

由於參加學員都是工商企業家，對企業界與整個社會都有舉足輕重的影響力，因此聖嚴師父藉此機會向學員說明

聖嚴師父到場關懷工商禪二的學員，並進行開示。

法鼓山正在推動的「心六倫」運動，對於第五倫——「職場倫理」，師父特別引用企業家曹興誠「員工就是合夥人」，以及林百里「公司資產屬於眾人」等相關理念，說明「職場倫理」的重要性，期許學員在經營企業的同時，也能照顧所有員工和整體社會的利益。

透過這次的工商禪二，參與的學員和緩身心並紓解壓力。為此，顏元博主委代表全體學員向法鼓山致謝。顏主委特別提到，每次到法鼓山，都有不同的感動，相信這次活動後，學員也能將法鼓山的理念與更多業界朋友分享。

06.30～07.03

青年院舉辦全球法青悅眾培訓營

法青兩年培訓計畫活動起跑

6月30日至7月3日，僧團青年發展院於法鼓山世界佛教教育園區舉辦「2007年全球法青悅眾培訓營」，包括台灣、溫哥華、新加坡等地約一百四十多位海內外法青會員參加，聖嚴師父、方丈和尚果東法師、僧團代理都監果廣法師都到場關懷學員。

這場為期四天的培訓營，是青年院「法青兩年培訓計畫」的首波活動，以開發內心「真誠、熱情、關懷、創新、專注」的五大純真特質出發。活動中，一向重視青年發展的聖嚴師父，勉勵學員在專注禪修的同時，也要付出行動，積極爭取服務奉獻的機會，將「青年的蓬勃朝氣」轉化為「對社會服務的心」，助人助己、善用生命，創造生命的價值。方丈和尚、果廣法師為學員講述法鼓山的理念和方向；曾跟隨師父四處弘法的媒體人張光斗，則以座談方式分享隨師遊天下的感動，讓學員深切感受師父的慈悲和願心。活動還安排學習撰寫自傳、企畫活動，以及關懷接引技巧等課程，並進行經驗分享和交流。

活動第三天上午進行「天下第一會」，由法青會員展開新任悅眾的遴選。經過大家密集的討論，總會長、副總會長以及海內外各分會的新任悅眾，共有150位，都在這一次推選中順利誕生。青年院並於7月14、15日分別在台北、台南舉辦兩場「法青悅眾授證暨成長營」，頒布聘書給這些新任悅眾。青年院輔導師常惺法師表示，這次調整組織架構後，讓法青的組織更臻完整，對未來的發展及經驗的傳承更有幫助。

培訓營之後，青年院還陸續推出一系列悅眾培訓活動，包括10、11、12月連續舉辦三梯次的「悅眾成長營」等，希望透過密集的課程，培養新任法青悅眾成為「肯負責、有能力給予的年輕人」，並鼓勵大家以實際的願力和行動力，為佛法的推廣注入活躍動力。

承擔是成長的開始

7月1日講於法鼓山園區禪堂「2007年全球法青悅眾培訓營」

◎聖嚴師父

法青會於2001年正式成立，2006年擴展為「青年發展院」。現在法青會成員中，有一半以上是社會青年，非大專在校生，能接引社會青年固然很好，但是青年院主要的目標，還是以接引在學的大專青年為主，雖然他們的年齡層較低，但是對我們團體有一定的影響力。社會青年已經踏入社會，是社會的中堅分子，應該要擔當起社會責任，為社會盡一分奉獻，自立而立人，若是停留在青年階段，不往上成長，不是我們所樂見的。

從此刻起，請諸位法師和學員共同思索：「究竟什麼是成長？」、「如何藉由成長來幫助自己，也幫助他人？」

在奉獻中自我成長

成長營的用意是什麼？如果在公家部門或私人企業，被指定或推派參加成長營的人，必定是這個單位希望培養的人才，因此參加成長營之後，就是承擔重要任務的開始。

6月30日，法鼓山在台北圓山飯店舉辦一場「新時代．心倫理」座談會，討論這個時代所需要的六種倫理，希望每個人從「心」出發，在各自的崗位上，扮演好自己的角色，承擔起個人應負的責任與義務。現在諸位是法青會的一員，就要時時記得法青成員的身分、責任和義務。

我希望法青會的青年是有慈悲心、有願力的佛教青年，而不是一般所誤解的，逃避社會責任、對社會漠不關心、消極的佛教徒。如果社會大眾看到諸位年紀輕，卻不想付出，只想不勞而獲，這對佛教的損失很大！第一是法鼓山資源的損失，第二是造成社會對佛教徒不良的印象，以為佛教徒都是逃避現實、逃避責任，只知道念佛、打坐的人，只顧自己修行，而不想付出，不想對團體、對社會擔負起責任來。

我認識一位名叫沈芯菱的女孩，她12歲時就在網路上架設網站，幫助祖父銷售生產過剩的文旦，以直銷方式免去中間經手的成本，自己不但得利，消費者也因此受惠。後來她又架設網站免費助人學習英文，利用自己在學校的筆記分享英文的學習經驗。除了設立網站助人之外，她也參加許多公益活動，其中包括法鼓山的活動。她今年只有16歲，而自12歲起就為家人付出、為社會奉獻，十分不容易。

因此，我要勉勵大家：以諸位的年齡，可奉獻的機會相當多！記得我剛到台灣時只有19歲，是一名士兵，在軍中為國家奉獻，但是當時我寫了不少散文，也完成十多篇的短篇小說。軍中需要製作壁報時，我也自願當編輯，因為我樂於為大眾服務，因此，日後軍中一有活動，大多選我為代表。我這一生，就是這樣走過來的，我覺得非常有意義。

樂於服務　勇於承擔

今天我和大家談這些，目的是希望你們能夠真正地成長，不要老是停滯、停格於現在的階段；期許在座的諸位，凡是曾參加青年成長營的青年朋友，不但要讓自己提昇，更要學以致用，主動爭取服務、奉獻的機會，有多少力量就做多少奉獻；發心擔任悅眾、領導人，成為活動的核心人物，帶動影響其他人，幫助他們一起成長；執行任務時，則要勇於承擔。我希望法青會培養的人，不僅是社會的中堅分子，更是佛教界的青年領袖人才。

聖嚴師父期勉法青會成員懷抱積極奉獻社會的悲願。

從現在起，請諸位要開始承擔責任，學生有學生的責任，在職者有在職的責任；每個人都有自己的身分，也可能同時扮演多種角色，而有多重的責任，那就是要對不同關係的對象來服務、奉獻。諸位參加法青會，也是一種身分。我希望諸位能真心誠意地回來成為悅眾幹部、盡心奉獻，成為一個名副其實的佛教青年，才不辜負我們對法青的期望。祝福大家。

07.02～08.23期間

法鼓山各分院舉辦暑期兒童營

多元課程組合讓孩子快樂學佛

法鼓山暑期兒童夏令營於7月2日至8月23日在全台各分院道場陸續展開，包括農禪寺、台北安和分院、桃園齋明寺、台中分院、台南分院、高雄紫雲寺、台東信行寺，以及各地護法會辦事處等，以創新、多元的各式課程，陪伴孩子度過法喜而充實的暑假。

北部地區首先由農禪寺、北投法鼓山社會大學，於7月2至26日、7月30日至8月23日共同舉辦兩個梯次的「暑期兒童自然環保體驗營」，分別在農禪寺、北投雲來寺、士林慈弘精舍、台北市立圖書館清江分館等地展開，並特別設計「和敬套餐」、「平安套餐」、「福慧套餐」和「自在套餐」四種課程組合，幫助小朋友培養解決問題的能力、開發另類思考，及體驗禪法的活用與安定。

安和分院則於7月6日至8月25日期間共舉辦五個營隊，包括「暑期安和菓子噴噴親子班」、「暑期兒童夏令營」、「暑期兒童學佛營」、「暑期兒童禪修班」與「暑期青少年禪修班」等，讓小朋友從中學習佛法的精神，懂得感恩與孝順父母，更增進了親子情誼。

齋明寺於7月24至29日期間共舉辦兩梯次「兒童自然藝術夏令營」，以探索自然、藝術創作為主，運用齋明寺周遭的自然生態為教材，邀請荒野保護協會老師林耀國授課，從活動與課程中，教導小朋友學習尊重生命，愛護自然。

中部地區，台中分院於8月8至17日期間共舉辦兩梯次的兒童禪修營，以「西遊記」故事串場，引導小朋友尋找「知福、惜福、種福、培福」的「四福經」，並安排至雪霸國家公園汶水遊客中心觀察動物與觀賞《觀霧山椒魚》影片。

桃園齋明寺「兒童自然藝術夏令營」，引導小朋友發揮創作潛能。

南部地區，台南分院於7月28、29日舉行「兒童心靈環保體驗營」，帶領小朋友學習法鼓八式動禪、製作餅乾、拍攝照片等，並播放《不願面對的真相》紀錄片，讓大家對自然環保問題有更深的認識，另外還邀請漸凍人蕭建華現身說法，分享對生命的熱愛。

紫雲寺於7月30日至8月1日舉辦「兒童自然環保體驗營」，安排學佛行儀、彩繪燈籠、製作隊旗等活動，並前往「扇平森林生態科學園區」實際體驗自然生態。

東勢安心站「暑期生活體驗營」，活潑的團康活動，讓孩童度過一個歡樂的暑假。

東部地區，信行寺從7月6至11日展開兩梯次的「寶貝地球」自然環保體驗營，邀請了林務局主任朱木生介紹大自然、台東高中教官冷鑫泉講解野外求生，並讓小朋友在大自然裡親身體驗，對環保留下更深刻的概念。

各分院道場除了在營隊課程內容上求新求變，今年舉辦的方式也有新嘗試，例如台中分院將舉辦地點擴大至雪霸國家公園、紫雲寺帶領小朋友前往「扇平森林生態科學園區」進行兩天一夜的自然觀察等，顯示出對青少年教育的關懷與用心，也希望透過各種豐富多元的活動，讓小朋友們開發自我潛能，學習尊重環境與生態，成為「四環小尖兵」。

2007年法鼓山暑期兒童營一覽表

地區	主辦單位	活動主題	日期	總人數
北部地區	農禪寺、北投法鼓山社大	暑期兒童自然環保體驗營等（共七項主題活動，11梯次）	7月2至26日 7月30日至8月23日	442
	台北安和分院	暑期安和菓子噴噴親子班	7月6日、7月13日、8月3日、8月10日	14
		暑期兒童夏令營	7月7日、7月15日	160
		暑期兒童學佛營	7月21日	84
		暑期兒童禪修班	8月2至23日每週四	52
		暑期青少年禪修班	8月4至25日每週六	52
	桃園齋明寺	兒童自然藝術夏令營	7月24至26日、7月27至29日	247
	基隆辦事處	法鼓山2007兒童「心靈環保」夏令營	7月3至4日、7月5至6日	92
	海山辦事處	兒童四環生活體驗營	7月28至29日	92
	大同辦事處	2007和敬平安年——法鼓山大同區暑期兒童自然環保體驗營	7月11日	28

地區	單位	活動主題	日期	總人數
中部地區	台中分院	2007法鼓山寶雲寺兒童禪修營	8月8至11日、8月14至17日	180
	東勢安心服務站	2007法鼓山東勢安心站暑期生活體驗營隊	7月8至12日	22
		2007法鼓山東勢安心站暑期悅讀營隊	7月15至18日、7月22至25日	45
	員林辦事處	2007法鼓山兒童心靈自然環保體驗營	8月9日	80
南部地區	台南分院	兒童心靈環保體驗營	7月28至29日	98
	高雄紫雲寺	2007法鼓山兒童自然環保體驗營	7月30日至8月1日	54
東部地區	台東信行寺	「寶貝地球」自然環保體驗營	7月6至8日、7月9至11日	106
	羅東辦事處	法鼓山兒童自然環保體驗營——尋根之旅	7月22日	27
	宜蘭辦事處	2007法鼓山暑期兒童自然環保體驗營	7月22日	33
	花蓮辦事處	心寧．自然環保體驗營	7月14至15日	28

● 07.07～08.25

禪堂首度舉辦話頭禪四十九

聖嚴師父親臨開示臨濟禪法精髓

法鼓山於7月7日起至8月25日首度在園區禪堂舉辦話頭禪四十九，聖嚴師父並親臨開示。為了接引更多民眾學習話頭禪法，特別將全程49天的禪期分成三個梯次，第一、二梯次各為14天，第三梯次為21天，方便民眾調配時間，把握難得的修行機會，全程共有來自國內外二百七十多人次參與。

這場禪四十九，由禪堂板首果元法師、果祺法師分梯次擔任總護，禪堂板首果如法師參與禪法開示與小參指導。

禪修期間，除了安排早晚兩次觀看聖嚴師父的開示影片，師父更利用上午時間親臨禪堂達21次，分段講授虛雲老和尚的〈參禪法要〉，引導大家逐步練習話頭禪的方法。總護法師們則接續聖嚴師父早期嚴峻的禪風，應機施與禪眾棒喝，幫助禪眾在禪法的體驗上更上一層樓。

禪眾在禪堂戶外草坪上經行。

禪期最後的心得分享時，不少禪眾表示，參加這次的話頭禪之後，皆有突破自我的感受，並期待下次禪期能夠再度精進共修。

法鼓山於台灣首度舉辦話頭禪四十九

話頭禪四十九中，聖嚴師父親臨禪堂開示。

今年法鼓山於園區禪堂首度舉辦話頭禪四十九，自7月7日起至8月25日止，長達49天的禪期，由聖嚴師父親自帶領禪堂法師們，共同指導來自國內外兩百七十多位禪眾，成就了這場殊勝的禪修活動。

禪修期間，除了安排早晚觀看聖嚴師父的開示影片之外，師父更親臨禪堂開示，將話頭禪法的方法、功能、過程、目的，以及所會遇到的各種境界與障礙，都做了清楚完整的解說。師父在第一次開示時，首先點出參加禪修的心態——不論打算在禪堂修行幾天，都要告訴自己：「我是在禪堂一輩子，我的生命就交給禪堂，不管哪一天可以出堂，在未出堂以前沒有所謂的『時間』，只有『一念萬年』。」勉勵禪眾要以這樣的心態以及心理狀況來修行、參話頭，務必放下所有的雜念妄想，放鬆身心，全心全意只有一句話頭。

聖嚴師父並為禪眾完整解說其著作《禪門修證指要》中，所收錄虛雲老和尚話頭禪開示〈參禪法要〉，以親身的修為體證來詮釋一代禪師虛雲老和尚的禪修講錄，讓禪眾對話頭禪法有更深入的瞭解與體驗。

不同的身心體驗，轉化為體悟生命的力量

值得一提的是，此次禪四十九邀請禪堂板首果如法師參與禪法開示與小參指導，帶領內護法師展現聖嚴師父直下承擔的禪風，幫助禪眾確實而深入體驗師父的禪法核心。

禪眾在這次的禪期中，親身感受臨濟禪「卷舒縱擒，殺活自在」禪風的

威力，總護法師們在清晨、夜間禪坐或是經行時，向禪眾們行逼拶法，一陣陣地喝問「什麼是無？」此起彼落的香板聲，藉以提振或考驗禪眾一整天的用功，關照求法的精進心。

為了讓禪眾在長時間的禪期裡調適身心，法師們充分運用禪堂先進完備的設施，以及得天獨厚的自然環境，除了以禪坐、動禪、瑜伽運動、經行、出坡等不同的方式來調和禪眾身心，並視天候狀況，至禪堂戶外草地與禪堂公園進行直觀等輔助方式，特別的是夜間戶外禪坐與經行，禪眾們融入沒有光害與污染的自然環境中，聽著風聲、水聲、蟲鳴鳥叫聲，感受不同的身心體驗，轉化為體悟生命的力量。

近年來，法鼓山推廣曹洞宗默照禪法，其以放鬆身心、清楚觀照為基礎方法，廣為信眾所接納，因此成為較為普遍的禪修法門。然而，向有「金剛王寶劍」之稱，以威猛利劍斬斷煩惱的話頭禪，其獨到之處亦是漢傳佛教臨濟禪法無可取代的精髓之一，能夠鼓舞人們探索生命本質的積極動力，對於現今社會問題叢生，民眾對生命感到茫然，自殺率節節攀升等現象，足以發揮激勵人心的作用，因此法鼓山舉辦話頭禪四十九，有其特殊的意義。

禪眾在禪期中，感受聖嚴師父所傳承臨濟話頭直下承擔的禪風。

07.08　08.02～05

台中分院青年領袖培訓系列活動

啟發學員自我探索與提昇

台中分院於暑期舉辦青年領袖培訓系列活動，7月8日於分院進行「PartI心靈成長課程」，共有71人參加；8月2至5日於苗栗三義DIY心靈環保教育中心展開「Part II 青年領袖培訓營——小隊輔培訓」，共約有六十人參加。

「PartI心靈成長課程」邀請觀新心理諮商中心負責人王天興講授「自我察覺與自我同理」課程，內容包括「自我察覺——做自己的主人」、「察覺、接受、注意——自我同理」、「認識情緒及情緒的處理」、「察覺輪模式——對於人事物整體的瞭解及互動」等，幫助青年認識自我，並學習如何與自我和平相處。

「Part II 青年領袖培訓營」則是為期四天的進階密集領袖培訓課程，希望透過禪修、自我探索，讓青年們能夠深入領會生命的意義，進而學習奉獻服務大眾，達到對自我的肯定與提昇。

王天興老師（右一）與青年學員在課程中密切互動。

兩梯次的活動結束後，並安排學員們擔任暑期兒童禪修營的義工，藉由帶領小朋友學佛與禪修的實際服務體驗，進一步將所學運用在日常生活中。

07.20

信行寺為台東縣府主管舉辦禪修營

連續兩年舉辦成效良好

台東信行寺本日為台東縣政府主管舉辦禪修營，由監院果寰法師帶領，約有三十位縣府二級主管參加。

這次禪修營是繼去年（2006年）9月為台東縣政府高階主管舉行「心靈成長營」之後再度開辦，顯示成效良好。

台東縣政府主管參加信行寺舉辦的一日禪修營，心靈收穫豐富。

果賓法師首先為學員們介紹法鼓山的理念，然後播放聖嚴師父的禪修開示影片。影片中，師父特別指出「幸福」的定義，說明只要可以呼吸，就是幸福；吸一口氣，體驗自己的存在，因為當一口氣存在時，生命才有意義、有價值。

經過果賓法師的引導，以及義工們的協助，讓學員們逐步瞭解如何以禪修來調身、調息、調心，以及學習法鼓八式動禪、七支坐法等基礎禪修方法。

活動結束前的分享，一位學員期許自己能將學到的佛法觀念與方法，落實到日常生活中，以提昇自己的生命品質，這樣的期許，也獲得其他在場學員們的回響。學員們並感謝法師與義工，讓他們在此次禪修營中，收穫豐富。

07.29

紫雲寺「紫雲之夜」音樂會
以優美音聲與千餘位民眾結法緣

高雄紫雲寺本日晚上在高雄市文化中心至德堂舉辦「紫雲之夜」音樂晚會，高雄縣長楊秋興、音樂大師黃友棣、音樂博士陳功雄等貴賓，都應邀出席聆賞，當晚共有南台灣一千兩百多位民眾入場欣賞。

這場音樂會，由法鼓山高雄合唱團指揮陳世音老師企畫，除了安排高雄、屏東合唱團員70人演唱，並邀請南台灣藝文界人士林恩如、賴苡鈞、蔣宛瑾、蔡鎮宇、劉文姬、莊美麗等人參與演出，內容包括：合唱、鋼琴、大提琴、長笛、二胡、擂鼓、敦煌舞蹈等表演，其中黃友棣教授等人更當場首演創作新品。

節目的壓軸，由高雄合唱團演唱〈法鼓山〉、〈和喜巧克力〉、〈夕照〉、

「紫雲之夜」音樂晚會，在眾人的成就下，圓滿成功。

〈紫雲頌〉、〈我為你祝福〉等歌曲，最後所有表演者上台謝幕，全場響起熱烈掌聲。

這場音樂晚會，經由義工們群策群力，以及眾多信眾的奉獻，終於得以精彩呈現。當天音樂會場外，當義工們分送結緣文宣品給每一位到場的民眾時，大家不僅歡喜接受，並給予正面的鼓勵和肯定。

07.30～31

青年院為扶輪社舉辦國際青年宗教體驗營

13國青年齊聚法鼓山探索心靈

由僧團青年發展院承辦、籌備近四個月的「扶輪社國際青年宗教體驗二日營」，7月30日起一連兩天於法鼓山世界佛教教育園區舉行。營隊由扶輪社主委陳思明帶領，共有來自美、歐、亞洲等13個國家、43位扶輪社青年及隨行社友參加。

來自美、歐、亞洲13國扶輪社青年，在法鼓山上學習佛教禮儀，體會如何以良好威儀來莊嚴自己。

營隊全程以英語進行，由總護常華法師，以及常濟法師、常御法師和三十多名小隊輔、義工共同帶領。活動以心靈探索和實境體驗課程為主，包括：學佛行儀、Workshop（工作坊）、禪修體驗、梵唄課誦等。其中在「學佛行儀」課程中，學員們穿著海青，由常華法師引導，學習合掌、問訊等禮儀，體會如何以良好威儀來莊嚴自己；常濟法師主持的Workshop中，學員們則透過個人省思及團體討論，瞭解生命真正的價值，並思惟如何經由小小的改變，讓這個世界變得更美好。

雖然活動只有短短兩天，但法鼓山的清淨、安定、攝受的環境，以及法鼓人的熱情友善，使遠道而來的國外年輕學員們收穫良多、備感溫馨。

● 08.04～10.23期間

僧團舉辦大悲心水陸法會說明會

巡迴國內外召開七十多場

常慧法師（右一）於農禪寺為大眾說明「大悲心水陸法會」的舉辦緣由。

法鼓山將於今年12月舉辦「大悲心水陸法會」，僧團弘化院特別組成「大悲心水陸法會」籌備小組，自8月4日起至10月23日期間展開國內外七十多場巡迴說明會，廣邀各界參與法會。首場海外說明會於8月4日在護法會馬來西亞分會舉行；台灣的首場說明會，則於8月11日在農禪寺展開，由籌備小組成員常慧法師主持，約有六十多位北一轄區召委、委員參加。

在各場說明會中，籌備小組詳細說明這場以「大悲心」為主題的水陸法會緣起，是為了紀念聖嚴師父的法脈傳承——曹洞宗東初老和尚百歲，以及臨濟宗靈源老和尚百歲晉五冥誕。為了將兩位師公的恩澤，化為培養人才的教育事業，以回饋國家社會，師父指示法鼓山僧團籌辦第一屆「大悲心水陸法會」。

由於水陸法會的功德殊勝，籌備小組鼓勵與會大眾廣邀親友參加，將眾生的善念匯聚成為一股力量，使凡聖冥陽皆能蒙受利益。

08.05

社會菁英禪修共修會農禪寺舉辦

聖嚴師父開示大小乘佛法的修行精神

法鼓山於本日下午在農禪寺大殿舉行「法鼓山社會菁英禪修第56次共修會」，聖嚴師父親自到場關懷學員，同時開示大小乘佛法的修行精神，會中並邀請實踐大學董事長謝孟雄演講「日本建築之旅」，共有116位學員參加。

聖嚴師父開示時指出，佛教分為大乘和小乘兩支傳法系統，大乘佛法乃是行菩薩道、發菩薩願，即使身在地獄，和眾生一同感受冷熱焦灼也不以為苦，這種同入地獄的精神就是大乘佛法的精神；小乘佛法講求自度自覺，然而大乘佛法卻是講求自利利他、化度六道眾生的。由於凡夫皆是隨業而來到世間，所以應發菩提心慈悲眾生，化功德為善果。

謝孟雄董事長演講「日本建築之旅」時，介紹日本知名建築師安藤忠雄的作品。謝董事長指出，安藤忠雄設計的建築，特別注重禪意、環保和自然的概念，以清水混凝土展現的建築，表面不加任何修飾，這樣的極簡特性，更能呈現出建築空間的精神。在這場充實的演講後，本次共修會圓滿結束。

社會菁英禪修共修會中，聖嚴師父關懷學員並開示。

大小乘佛法的不同

8月5日講於農禪寺「法鼓山社會青英禪修第56次共修會」

◎聖嚴師父

聖嚴師父為共修會學員開示大小乘佛法的差異處。

今天要跟諸位介紹大乘佛法和小乘佛法的不同之處，特別是大乘佛法因為要修菩薩道，行菩薩行，所以是可以成佛的。小乘佛法有聲聞及緣覺兩類，聲聞是在有佛法的時代，聽到佛說的四聖諦、十二因緣法而照著去修行，能解脫生死而證涅槃，出離三界；緣覺則是出世於沒有佛法的地方，但是他們自修自證的智慧相當深厚，自然就發現了十二因緣的道理，根據十二因緣去修行而得解脫道。聲聞與緣覺解脫之後不再投生人間，也不再度眾生而進入涅槃。修習小乘佛法永遠不會成佛，假如要成佛，必須迴小向大，發菩薩願，才能從小乘轉為大乘，這需要花很長的時間。

聲聞、緣覺為何被稱為小乘？由於他們只求自己解脫生死，出離三界苦海，不管其他的眾生還在苦海之中。雖然他們在尚未涅槃之前也會幫助眾生，譬如小乘比丘們也說法度眾生，不同的是，他們並沒有發願生生世世都到此娑婆世界，其追求的目的是如何得解脫，進入涅槃，這就是小乘。

大乘菩薩誓願自己未度先度眾生

大乘是發菩薩誓願，雖然自己尚未解脫，但發願要度眾生——自己未度先度眾生，這是菩薩初發心。菩薩發心，並沒有考慮自己何時得解脫、何時得救濟、何時出離三界苦難，只想到如何使眾生離苦得樂，這就是菩薩精神。諸位一定聽過地藏菩薩說：「地獄不空，誓不成佛；眾生度盡，方證菩提。」地藏菩薩發願到地獄裡現地獄眾生相，在地獄中他照樣的會感受到種種的苦難，然而這是他自己發願要去的，所以跟因為業報所感而到地獄去的眾生不同，心理上不會覺得怨苦、怨恨、不自由。就像有些人到監獄中去做教化的工作，跟受刑人住一樣的房間，吃同樣的飯。有些法師親自到監獄去帶禪七、帶佛七，跟受刑人一起生活七天，但是法師們並不覺得是在監獄中受苦受難。

因此，大乘菩薩不會拒絕前往任何的苦難之處。譬如台灣921大地震，我們即刻派人到災區協助，與災區民眾生活在一起，這是一種慈悲心。此外，南亞大海嘯時我們也派了義工去印尼、斯里蘭卡、泰國等地救濟、協助他們。有一位義工發願到斯里蘭卡的災區服務兩年，這兩年之間她就跟著災區民眾完全生活在一起，她並不覺得自己是在受苦，因為是她自己發願到那邊服務的。

大乘佛法跟小乘佛法的不同之處，在於大乘菩薩不為自己求安樂，不為自己得解脫，而是為了度眾生，他可以到人、天、阿修羅、地獄、餓鬼、旁生等六道輪迴眾生之中，如果哪一類的眾生需要，只要因緣成熟，他就會去救度那些眾生。譬如菩薩會現豬身到豬群中，過著豬的生活；現身到羊群中，過著羊群的生活，他可能會被飼養者殺掉、吃掉，但是菩薩本來就是要來度化那些豬、羊的，他是不會逃避危險或者苦難的。而聲聞、緣覺這二乘人，因為沒有菩薩以及度六道眾生的觀念，只知道以人間或者天上的兩種形象來修行進而出離三界，所以不會出現在其他的四道。

佛教的精神主要就是菩薩精神。在《法華經．普門品》裡，觀世音菩薩有三十二種應化身；在《楞嚴經》以及《地藏經》裡也提到，菩薩有這樣的能力；《華嚴經》的普賢菩薩、文殊菩薩都有這樣的願心。他們都曾在各類的眾生裡度眾生，他們也會化身為聲聞、緣覺等小乘，這就是大乘菩薩精神的偉大之處。

請諸位記得這兩句話：「菩薩不為自己求安樂，只為眾生得離苦。」大乘佛教之所以偉大，就是以菩薩的精神一生一生的修行，然後才能成佛。釋迦牟尼佛未成佛前是菩薩，他修行三大阿僧祇劫，在佛經裡稱他為因地的佛，也就是菩薩。他在因地的三大阿僧祇劫之中，曾經在各類的眾生群中度眾生，最後則以王子的身分出家、修道、成佛。他為何不以地獄相成佛呢？因為地獄相非常可怕，眾生看了會認為佛是從地獄出來而無法接受，所以佛是用福德智慧相現王子身而成佛，如此一般人就會覺得很珍貴。

修行小乘行有四種增上：一、信增上：建立信心，開始是初心，然後信心愈來愈堅固，愈來愈強；二、戒增上：持戒之目的是為了身口意三業清淨；三、定增上：心不會慌亂，經常是在安定與安詳之中；四、慧增上：慧是修定而來，心不浮動就會產生智慧。

一般人老是在情緒中打滾，使得自己很痛苦、很矛盾，跟任何人以及環境都會有衝突。持戒就是心清淨，心清淨之後才能身清淨、口清淨，不做壞事，不出惡言，然後就可以修定。人如果經常能夠處在安定與安詳之中，必定是非常愉快的，如果常常鬧情緒，那就是煩惱。有一些信眾非常虔誠，也很認真學佛，可是情緒容易波動，不但自己煩惱，也使他人痛苦，這就是沒有修定。

南傳佛教將修定稱為內觀，觀自己心的念頭、心的起伏、心的動靜，能夠用心來觀，心就不會浮動，心不浮動就能產生智慧，稱為觀慧。觀慧之後就能夠漸漸得解脫，觀慧實際上是一種定的成果。觀自己心的粗、細、動、靜，心漸漸就能安定下來成為止觀，那就是入定。南傳佛教的內觀，實際上就是由定增上而慧增上，他們最高是證得阿羅漢果而得解脫。此為小乘修行的次第，靠信、戒、定、慧四種增上而出三界。

大乘菩薩三種增上

大乘菩薩有三種增上：一、信增上；二、悲增上；三、慧增上。大乘的「信」跟小乘的「信」內容不太一樣，小乘只信三寶，大乘則是信眾生皆能成佛。小乘國家如泰國以及斯里蘭卡相信佛、法、僧三寶，佛是說法之人，法讓我們得到修行的方法和觀念，而僧則是佛教的團體，是傳播佛法之人，小乘佛教徒相信世界上只有釋迦牟尼佛可以成佛，不相信其他的眾生以及自己都能成佛；但是大乘佛法除了信三寶之外，還相信自己也可代佛說法而成就佛道。中國歷代禪宗的祖師們都在說法，他們並不執著於心外的釋迦牟尼佛，而相信眾生都能成佛，所以發願來度眾生。這不僅僅是幫助眾生得到物質或精神的鼓勵，而是幫助眾生離苦得樂，並能解脫成佛，此為大乘菩薩的信心。

慧增上跟信增上有關。凡夫因為業力而到三界來受報。我們的身體叫作業報身，而環境則是我們業報的果，用業報的身來接受業報的果，這是沒有發菩薩心的凡夫。但是發了菩薩心的人不一定已得解脫，然而，他們是因發願而來。就像菩薩發願，自己未度先度人，就是菩薩初發心——不為自己求安樂，但願眾生得離苦。以願力而至六道眾生中去度眾生的，不一定是大菩薩，普通的人如果能這樣發願，也會有此能力，因為這是願力。這個願力能幫助你修菩薩道，在修菩薩道的過程之中，自己也在隨緣消舊業，就不會再造更多的惡業。因此，自願以願力去度眾生，一方面自己的悲願增加，另一方面自己的罪業也能化解。

慈悲心增上是很容易的。譬如農禪寺舉辦的法會，準備工作都是由法師以及義工負責，他們日以繼夜、風雨無阻地趕工布置壇場，雖然辛苦，可是他們做得很高興，並沒有想到做一天會有多少錢，能增長多少功德，家裡會得到什麼樣的福報，他們的目的只是為成就眾生，這種精神就是慈悲心，就是悲增上。諸位身為社會菁英，也要學習這種慈悲心的精神，這就是發菩提心，悲心增長即為悲增上。

法鼓山辦教育，成就佛教的人才，有些人以「無名氏」護持法鼓山，這些人就是悲增上。此外，我們提倡環保，有許多義工每逢週末、週日、假期，會到山上去除草，將山上整理得乾淨清爽，其實他們可以利用假日帶著孩子好好地出去玩一玩，可是卻到我們山上來奉獻，這就是慈悲增上，也是悲增上。

慧增上是智慧增上，慧增上是人與人之間相處能夠不動情緒。在山上的義工們經常來，但是很少有抱怨的。我問他們是否受到照顧？他們說：「法師們都很忙，我們自己上山來，就要自己照顧自己！」我又問：「你們長期做義工，怎麼沒有一點怨言呢？你們這樣的奉獻，是為誰辛苦為誰忙哪？」他們說：「我們處理雜草，整理山上的環境，這就是我們想得到的，因為這些雜草是心頭的煩惱草，拔一根就去除一個煩惱，拔草等於是在念佛一樣。」所以他們將雜草拔得特別乾淨，這就是一邊工作一邊增長智慧，煩惱自然就少了，以這樣一種觀想法工作，就是在修行。

今天是講大乘佛法與小乘佛法的不同之處，請諸位記得我所說的：「菩薩發願，自己未度先度人，就是菩薩初發心——不為自己求安樂，但願眾生得離苦。」

社會菁英禪修營第56次共修會學員於農禪寺聆聽聖嚴師父開示。

08.09

聖嚴師父出席「環保網路普度」記者會

勉大眾轉化觀念 提昇傳統民俗文化

本日上午，聖嚴師父應台北縣長周錫瑋之邀，出席縣政府舉辦的「環保網路普度」記者會，針對傳統祭祀方式，提出環保、文化、宗教等三層面的思考和建議，希望大眾在誠心感懷祖先之際，也要珍惜有限的地球資源。

台北縣每年農曆7月焚燒紙錢的金額約達四億元，不但消耗金錢及地球資源，也嚴重影響環境空氣品質，為此，縣政府推動「環保網路普度」，希望民眾善加利用，除了減少焚燒污染，並發揮愛心，將辦理普度費用捐款至慈善機構，幫助弱勢團體。

聖嚴師父指出，其實陰間沒有生產消費，紙錢對亡魂並無實質幫助，反而對生者造成負擔，因為印製紙錢不但加速資源消耗，焚燒的微粒更會對人體及環境造成損傷。師父還以日本為例，說明祭祀也可發展成具有「地方特色」的文化。日本民俗在二次戰後進行改良，將民俗節慶轉為文化祭，賦予藝術、教育的意涵，不僅達到觀光效果，更成功提昇文化保存與涵養。

「環保網路普度」記者會上，聖嚴師父提出珍惜地球資源的祭祀觀念。右為台北縣長周錫瑋。

聖嚴師父也提到早期桃園齋明寺內設有很多金爐，每年焚燒大量紙錢和香，但在法鼓山接續法務後，四種環保理念的影響下，金爐現在已經完全消失。由此可見，習慣和觀念是可以改變的，如果政府能加強宣導，再配合相關法令執行，相信會有顯著成效。

最後，聖嚴師父期勉大眾從精神層面著手，無論是超度、法會或祭典，透過經文誦念、鮮花、素果來追思，虔誠禮敬，就能達到同樣效果。師父期許不久的將來，這樣的觀念廣為大眾接受，如此不但能為傳統祭祀文化開啟新局面，更能為地球資源保育盡一份心力。

提倡環保的民俗節慶

8月9日講於台北縣政府「環保網路普度」記者會

◎聖嚴師父

民間的習俗節慶有很多陋習，如果不改善、不進化的話，人家會覺得我們很落伍。以台灣的中元普度來講，整個過程中會燃燒大量的冥紙，根據台北縣長周錫瑋提到，去年（2006年）7月份僅僅在台北縣就燒掉了四億。實際上，台北縣並不是燒得最多的，估算起來，全台各縣市燒掉的數量非常龐大，整個台灣就好像是一個專門燒冥紙的大金爐，這對我們的國際形象影響很大，如果國際人士問起：「為什麼你們要燒冥紙？」唯一的理由就是迷信。

燒冥紙無益亡靈

環保署調查，民間有百分之七十以上的人都知道不應該、不需要，也贊成不燒冥紙，但是因為左鄰右舍都在燒，自己不燒覺得不好意思，如此一來，燒冥紙的習俗相當不容易改正。我在這裡提出一個建議，首先，勸導寺院、道觀，包括佛教、道教，以及民間的土地公廟等逐年減少燒冥紙，慢慢地就能習慣不燒了。

舉例來說，我們位在桃園的分院齋明寺，是一間建於清朝、擁有三百多年歷史的古廟，我們剛接續法務的時候，廟裡有許多燒冥紙的金爐，因為燒的人多，需求量多，所以金爐一直增加。後來，經過我們慢慢地宣導，減少金爐的用量，到現在一個也沒有了。

究竟燒冥紙對亡魂有什麼用？有人說冥紙是陰間的錢，燒給他們好拿去買東西。可是陰間有買賣、有貿易嗎？人間有生產、有消費，陰間沒有生產，所以也無從買賣、無法消費，燒了等於沒有用，只是浪費。我們應該從精神、心理層面為他們做功德，或者是誦經、念佛迴向給他們，這樣對亡者才有用，否則的話，僅僅燒冥紙並沒有用處。

我認為推廣網路普度不僅非常現代化，也很符合現代人的需要。現代人都很忙碌，如果在網路上超度祖先親友，那就沒有數量和距離的限制，只要能夠在網路上達成超度的目的，所花費的人力、物力就會減少，同時，最重要的是合乎環保原則。

最初有人懷疑，在網路上超度，亡靈真的會去嗎？其實亡靈也好、祖先也好，他們都是精神體，不是物質體，不一定要坐交通工具，或是跑多遠的路，只要我們心念一動，請他們到某個地方，為他們超度、為他們紀念、為他們舉行儀式，他們就能夠感應得到。所以，我們只要有心，希望在網路上做超度，網路上呈現出的畫面是祭壇，那他們就會在網路上出現。所以，我贊成用網路來普度，而且不一定在中元普度，就是在清明、過年，甚至是平常的時候也可以做。從我們內心來講，同樣是表達慎終追遠的敬意，對亡靈而言，也可以得到同樣的功德，但是對整個社會環境來說，意義就完全不同了。

改良民俗節慶三層次

從我的立場來看，民間習俗節慶的改良，可分為三個層次：第一、站在文化的角度，可以把節慶變成民俗的文化祭典，藉此呈現出地方及文化上的特色。比如台北縣某個廟的神，祂的精神是什麼？為什麼被人崇敬？另外，為什麼要在特定時候祭拜祖先？因為這是漢民族對祖先的崇敬，所以要把崇敬祖先的文化呈現出來。只要一個縣市先做，其他的縣市也會跟進；而且要用獎勵的方法來讓寺廟主動去做，然後再配合政府的政策與法律的規定，我想這是可以做得到的。

我在日本的時候看到一個現象：日本早期原來的民俗跟台灣差不多，但是戰後漸漸改良，凡是地方的民俗節慶都轉化成文化祭，視這個節慶代表什麼樣的精神，就將它表現出什麼樣的文化內涵。藉由文化祭凸顯出節慶的意義，以提昇它的層次，不僅僅是在民間吃吃喝喝或燒一些東西，而將它昇華成為一種藝術、文化，甚至是教育的活動，如此一來，更能達成觀光的效果，只要那個地方有民俗節慶，國際人士或是全國人民都會到那裡參觀。

第二、從環保的角度來看，凡是用火燒的東西都會污染空氣環境。譬如冥紙是用稻草或竹子做的，燒了以後會產生致癌的微粒子；還有冥紙上的金箔、銀箔屬於金屬物質，燃燒後會釋放毒氣，除了污染整個大氣層之外，無論遠近的人們，只要吸進隨風飄散的毒氣之後，都會受到影響，這是很不健康的。

現在我們每年燒掉的冥紙數量非常可觀，不僅會污染空氣和水，在經濟上也會造成浪費。現今地球暖化的現象愈來愈嚴重，不要以為只有燃燒汽油才會有影響，燒冥紙也會，只要在自然界燒任何東西，都會讓暖化的程度提高。做為一個現代的地球人，應該要盡量保護地

聖嚴師父期勉大眾轉化觀念，提昇民俗節慶的文化內涵。

球，而為了保護我們的地球，最好都不燒冥紙。據統計，目前台灣的空氣污染指數在世界上名列前茅，若是民間能夠少燒一些冥紙，少製造一些污染源，就能使地球暖化的速度減緩一些，這是功德一件，對我們未來子孫也是一樁好事。

第三、以宗教的立場而言，我們法鼓山也進行中元普度、清明時節舉行超度法會，但是我們不僅不燒冥紙，連香都不主張燒。現在的香都是污染源，因為它的製造成分是一些會產生污染的物質，燒了以後，空氣會變得很糟糕，特別是在小小的家庭空間裡燒很多香，會讓整個家庭受影響。所以我們主張供水果或是供飯菜，但不要燒香，如果一定要，就燒一支品質好的、煙少的香。現在公共場所都不准抽菸了，在家裡應該也要這樣。

尊重民俗，提倡民俗

所以，佛教是不燒冥紙也不燒香，法鼓山在祭典或法會時，則會在佛前上香，因為這是入鄉隨俗。漢人社會有漢人的文化、有漢人的需求，我們老祖宗幾千年來都習以為常地做，如果不做的話大家心不安，所以我們還是照著做。其實國外其他民族沒有中元普度，也沒有清明超度這種習俗、這種文化，但是他們也都很平安地度過。

例如要建房子，在破土動工的時候，都要先祭拜土地，之後大家才能安心施工，如果不祭的話，只要一發生公共安全問題，大家就會開始埋怨：「就是因為沒有祭拜，所以才會發生意外。」祭了之後會不會有公安事件發生呢？可能還會有，但是心理上總是認為祭過比較平安。這是一種民間信仰，我們尊重它，所以祭祀法會還是要做，但是不要污染環境。

除了空氣之外，噪音也是一種污染。例如以前送喪的時候很重排場，喪家、花車、樂隊等，一排隊伍長達幾里路，聲音很大，整條馬路都受到噪音的影響。其實送喪不需要有這麼大的排場。

總之，污染環境的聲音，污染環境的氣體，污染環境的各種各樣東西，都應該減少、免除，加以改善，民俗習慣提昇了以後，國際上的觀光客到台灣來，才會覺得台灣是個有文化的好地方。

08.18～24

農禪寺啟建梁皇寶懺法會

聖嚴師父親臨開示超度的精神

農禪寺於8月18至24日啟建一年一度的梁皇寶懺法會，聖嚴師父親臨壇場關懷大眾，共約有一萬多人次參加。

在法會第二天及圓滿日當天，聖嚴師父都親臨壇場開示。最後一晚的開示中，師父特別說明，為何每年同一時節，全台各地寺院同時舉辦法會的緣由。師父表示，被超度的眾生也和人一樣，需要不斷聽法學習，才能斷除煩惱，超度往生，因此每年都要一次又一次舉辦法會，讓眾生有更多聽法熏習、獲得超度的機會，而藉由法會的參與，也同時增長大家的感恩心和慈悲心。

由於8月15日祕魯發生強烈地震，造成數以千計民眾傷亡，法鼓山特別為罹難者立超薦牌位，並為傷者以及救援團隊立消災祈福牌位，祈求眾人平安。另外，考量眾人拜懺的需求，今年農禪寺還增加兩座各可容納六百多人的臨時佛堂，讓更多信眾能在壇位上虔誠禮懺。此外，農禪寺監院果燦法師也在每天拜懺前後，向眾人解釋懺文內容、拜懺的意義，最後一天則說明為何要做齋天及放焰口，讓與會者瞭解佛法慈悲眾生的精神。

24日最後一天的焰口法會，現場湧進五千多名信眾，不僅各殿堂擠滿人潮，大殿外、走廊上，隨處可見手持懺本的信眾。在悅眾法師帶領下，信眾於寺內各處虔誠誦唱，氣氛莊嚴。一連七天的法會，於晚上十點多順利圓滿。

今年農禪寺梁皇寶懺法會，增加兩座各可容納六百多人的臨時佛堂，讓更多民眾能在壇位上虔誠禮懺。圖為第三佛堂。

08.24～28

青年院舉辦「卓越．超越」成長營

以「轉角，遇見生命貴人」為題展開

僧團青年發展院於8月24至28日於法鼓山世界佛教教育園區舉辦「卓越．超越」成長營，活動以「轉角，遇見生命貴人」為主題，共有319位青年參與。

吳念真（左二）、惠敏法師（右二）暢談「展現生活品質」。左一為主持人蔡旻霓，右一為總護常惺法師。

五天四夜的成長營課程中，早上安排「名人有約」演講；下午由學員分成小組，就上午演講內容展開討論，並舉行「法師有約」問答互動；晚上由營隊總護常惺法師帶領學員體驗禪坐、經行、法鼓八式動禪，引導學員在禪修過程中面對自己、認識自己。

25日早上，邀請阿原肥皂創辦人阿原分享人生經驗，主題為「重拾生命發球權，拒絕茫然無助的生涯」，阿原以籃球運動為喻，期許學員將自己當做「籃板」，迎接各方面的挑戰，使生命更寬廣。翌日，邀請城邦出版集團董事吳麗萍分享「掌握愛情的天平，揮別追逐盲目的愛情」，鼓勵學員培養自身健全人格，追求以愛為唯一條件的親密關係。

27日最後一場講座，由僧團首座和尚惠敏法師、導演吳念真暢談「展現生活的品質，遠離無聊忙碌的生活」。針對「生命在呼吸之間」、「無常、無我」的觀點以及時間與知識的管理和定位等，兩位與談人透過一個個小故事，幽默地分享各自經驗，在滿堂笑聲中，學員們也深刻體會了當中的人生意涵。

在「法師有約」的活動中，常惺法師鼓勵學員尋找內在生命的答案，以及轉變自我的契機，並點出貴人就在你我之間。

最後一天上午，方丈和尚果東法師特地到場關懷，期勉學員學習在逆境中轉念，成就有智慧的人生。感恩晚會上，學員們一起寫信給生命貴人，並在月夜星空下傳燈，藉由小小燭光，將每一顆年輕的心，凝聚成感恩和成長的光圈，向未來的生命散發出去。

● 09.15～16

法鼓山園區首度舉辦八關戒齋

以「觀音法門」結合禪修

9月15日起一連兩天，法鼓山世界佛教教育園區於祈願觀音殿舉辦首度的「八關戒齋菩薩行」，以觀音法門為主軸，配合禪修方法安排多項修行活動，共有近三百人參加。

法會由僧團副住持果品法師主法，首先透過聖嚴師父講戒的影片讓戒子們瞭解本次戒齋的精神和內容，之後展開一日一夜的觀音法門修行。第一天下午，總護果慨法師在「觀音法門」課程中，介紹持誦〈大悲咒〉的意義及方法，勉勵學員學習觀世音菩薩慈悲濟世的精神，隨後舉辦大悲懺法會。第二天一早，禪修中心副都監果醒法師帶領戒子以禪修方法，配合持誦「南無大悲觀世音菩薩」聖號朝山，三步一拜，以感恩懺悔的心，洗滌身心。

結合觀音法門與禪修的八關戒齋，是法鼓山一項創舉。

對於戒會結合觀音法門與禪修的修行方法，戒子們都覺得非常受用。法會之後，戒子們紛紛分享兩天以來的感動與體會，同時感恩有此受持八關戒齋的因緣。

● 09.15～16

心靈導覽員成長營舉辦

帶領導覽組義工體驗禪修

僧團弘化院參學室為導覽組義工於9月15、16日舉辦第二屆「心靈導覽員成長營」活動，由弘化院常法法師等人帶領，共有44位學員參加。

由於「引導放鬆」、「體驗禪修」是導覽組義工在帶領參訪團體中十分重要的課程，因此這場成長營活動特別以禪修體驗為重點。

活動第一天，安排學員觀看聖嚴師父的開示影片，師父提醒大家在待人接物的應對進退之間，應期許自己要像「無底的垃圾桶」，不受外在人、事、物的撥動干擾；在行、住、坐、臥中，更應以「無塵的反射鏡」自我期勉，以無分別、不比較的從容態度來處世。

看完影片，接著進行引導放鬆、走路禪、托水缽等課程，其中「托水缽」讓學員們印象深刻。在帶隊法師的引導下，學員們小心翼翼捧著滿碗的水，走在祈願朝山步道上，不斷提醒自己專注、放鬆、清楚每一個腳步。這項課程讓不少學員感到很有啟發性。

成長營中，導覽員練習托水缽，體驗專注與放鬆。

第二天的小組演練，各組學員再次練習每個單元課程；過程中，學員們也都自我要求，反覆地練習，彼此之間並相互回饋分享。

活動結束後，學員們表示，希望未來帶領導覽時，不僅要令所有參訪民眾感到熱忱、親切有禮、耐心，更要有「入寶山，不空手而回」的感動。

● 09.20

法鼓山獲頒績優宗教團體獎

公益慈善和社教事業備受肯定

方丈和尚果東法師（右）從李逸洋部長（左）手中接受獎座。

由內政部主辦的公益慈善及績優宗教團體表揚大會，本日於台大醫院國際會議中心二樓舉行。法鼓山佛教基金會、北投中華佛教文化館以及農禪寺，獲頒「奉獻發芽獎」，由內政部長李逸洋親自頒發，方丈和尚果東法師、文化館住持鑑心法師代表受獎。

這次獲得表揚的宗教團體，無論在災難救濟、照顧弱勢或是心靈輔導等方面，都曾投注相當多的資源，展現出高度的人文關懷。而在得獎的208個團體中，法鼓山獲得三個獎項，顯見法鼓山在公益慈善和社會教化事業的推動，獲政府及各界人士的肯定。

未來，法鼓山將持續推動淨化人心、淨化社會的工作，為建設人間淨土而努力。

09.21　12.20

再生能源講習於法鼓山園區、雲來寺舉辦

僧團法師、專職和義工參與聆聽

工研院能環所專業講師介紹再生能源的使用現況和未來發展。

由經濟部能源局委託工業技術研究院能源與環境研究所舉辦的「再生能源巡迴列車講習」，於9月21日及12月20日分別在法鼓山世界佛教教育園區及北投雲來寺進行，由工研院能環所專業講師介紹再生能源的使用現況和未來發展，每場約有僧團法師、專職和義工等近五十人參加。

由於傳統能源污染嚴重，造成全球氣候急遽變遷與惡化，自然環境的保護刻不容緩。而所謂的「再生能源」，包括太陽能、生質能、風力能、地熱能、小水力、海洋能等，因具有潔淨、降低溫室氣體排放及自產能源的特性，世界各先進國家皆致力於再生能源的開發、應用。

經濟部為了推廣再生能源的觀念，於全台舉辦這項「再生能源巡迴列車講習」，由工研院能環所等單位的技術推廣人員藉圖片及影片深入淺出地說明各項再生能源應用現況，讓大眾明瞭台灣目前在這些領域上所做的努力與成果，進而能夠共同配合使用和推廣再生能源。

再生能源的觀念和使用除了具備實用效益，並符合法鼓山推動的自然環保理念，期能透過再生能源的推廣應用，使得物盡其用，同時大大減少對自然環境的傷害。

09.24

法鼓山園區中秋共享清涼月

七百多人參與手創市集秀創意

9月25日是中秋節，法鼓山世界佛教教育園區於24日舉辦「中秋月明．法鼓箏情」活動，內容包括手創市集、中秋晚會等，約有七百多位民眾參加。

手創市集讓親子們專注製作各種DIY作品。

當天下午，法青鼓隊為活動揭開序幕，接著展開「手創市集」，除展出金山法鼓山社會大學學員的各項花藝、紙編等作品，金山法鼓山社大的多位師資也在現場指導大家DIY作品，有捏麵人、編織、紙杯玩偶、押花卡片等，大人、小孩都一起動手製作。

中秋晚會於晚間六點在大殿舉行，由裝扮成「嫦娥」與「吳剛」的兩位主持人逗趣引言，之後安排的節目包括新莊永琦幼稚園小鼓隊擊鼓表演、文化中心國際翻譯室張家誠伉儷的大小提琴演奏、法青同學演出話劇《嫦娥奔月》、中華佛學研究所學生與漢藏佛教文化交流翻譯研究班喇嘛演出「穿越時空的祝福」等。壓軸節目是由石門國中「風之精靈室內風箏隊」帶來室內風箏表演，精湛的表現引起現場熱烈的掌聲。

晚會最後，僧團副住持果品法師向大家傳達中秋祝福，並希望眾人將所感受到的溫柔月光，化作慈悲與智慧，對待周遭人事物，使得生命更潔亮、圓滿。

09.24　09.30　10.13　10.14

法鼓山社大2007年秋季班開學

四地分校各自展現辦學成果

法鼓山社會大學2007年第二期（秋季班）於9月24日、9月30日、10月13日、10月14日，分別在金山、大溪、台中、北投等四個分校舉辦開學典禮，每場典禮約有三、四百位新、舊學員參加。

法鼓山社大校長曾濟群致辭時，勉勵學員持續精進學習成長，接著由校長頒發結業證書、終身學習護照及勤學、服務獎，每個分校也都進行成果展示、節目表演等各具特色的活動。

開辦第五年的金山法鼓山社大，於法鼓山世界佛教教育園區大殿舉行開學典禮暨金山、萬里地區中秋關懷活動。方丈和尚果東法師、法鼓山僧伽大學院長果暉法師到場關懷，金山鄉長許春財、代表會副主席王炳煌、金山高中校長鍾雲英等多位鄉民代表與學校校長也應邀蒞臨參與，共有303人獲頒春季班的結業證書。方丈和尚並代表法鼓山致贈中秋慰問禮金給金山地區174戶需要關懷慰問的民眾。

大溪法鼓山社大於至善高中活動中心舉行秋季班開學典禮，共有360人獲頒春季班的結業證書，齋明寺監院果治法師、桃園縣教育局駐區督學李國亮、縣議員李柏枋等多位民意代表等貴賓也蒞臨觀禮。典禮中，由「陶藝欣賞與創作」、「不織布DIY」、「環保與生活DIY」等班級提供的成果展示，備受矚目。

台中法鼓山社大秋季班開學典禮於惠文高中禮堂進行，共有170人獲頒春季班結業證書、終身學習護照，其中受獎學員林王彩珠以72歲高齡就讀，並以全勤的優異成績結業，令全場來賓深受感動。典禮前，首先由學員們展示上學期「新聞採訪寫作班」和「電視節目製作班」的製作成果，以及「日語班」歌曲演唱；典禮後，「素食點心班」及「素菜料理班」學員則於現場分享素食餐點。

今年4月開辦的北投法鼓山社大，於農禪寺舉行秋季班開學典禮，僧團副住持果品法師、法鼓山社大校長曾濟群，一同出席為學員頒獎，共有286位春季班學員獲頒畢業證書，300位獲頒終身學習護照。台北市民政局局長黃呂錦茹、立法委員丁守中等貴賓並蒞臨肯定社大的開辦成果。素食烘焙班的學員也在典禮後分享健康的餐點。

台中法鼓山社會大學的開學典禮於惠文高中大禮堂舉行。

四場開學典禮共同呈現法鼓山社會大學各分校豐碩的辦學成果，學員們彼此分享學習成長的喜悅，正是法鼓山提昇人品、建設淨土理念的具體落實。

10.13～14 11.10～11

青年院推動新青年「復心」運動

舉辦純真覺醒成長營 啟發全新自我

純真覺醒成長營的學員們從托水缽的過程中學習專注。

10月13、14日以及11月10、11日，僧團青年發展院暨法鼓山世界青年會於桃園齋明寺及法鼓山世界佛教教育園區禪堂舉辦兩個梯次的「純真覺醒成長營」，透過「創新、關懷、專注」主題式課程的學習，引導學員進行探索自我、關懷自然、創新環保的體驗。活動由總護法師常源法師、青年院常御法師帶領，兩梯次共有近一百七十位大專青年參加。

活動中，由兩位法師帶領學員進行禪坐、法鼓八式動禪、戶外經行、溪澗靜坐、吃飯禪，以及托水缽、自然體驗、大地觀等課程，藉此學習觀照自我、放鬆身心、融入自然和實踐佛法。

為了啟發學員關懷世間的情懷，課程特別安排播放《話說世界環保》影片，片中製作人鈴木大衛以幽默的情境故事，說明空氣、水、泥土、陽光具備共生的循環關係，並以另類的經濟價值觀提出人類對保護自然的呼籲。

成長營並邀請醒吾技術學院通識教育中心主任辜琮瑜以「探索生命意義」為題，剖析中西方對「生從何來」與「死往何去」的想法，進一步說明珍視當下生命的重要，並以「一念三千」說明心念的轉折，即與六道輪迴相應。

活動還安排「台北市環保再生創意協會」連苑伶老師藉由帶領學員觀看環保影片，以及動手做創意娃娃，親自體驗創意環保，讓學員瞭解經過創意巧思，資源回收的物品同樣可以美不勝收。

課程結束前，常御法師為大家介紹聖嚴師父提出的「四要」內涵和精神，同時讓學員學習判斷哪些是「需要、想要」；什麼是「能要、該要」，什麼又是「不能要、不該要」。

經過兩天的營隊生活，學員們從體驗、省思，學習到專注、創新、關懷的生活哲學與再生力量。

10.14～11.11

五場水陸法會講座於農禪寺舉辦

果慨法師主講「傳統與創新」

為迎接法鼓山首次舉辦的「大悲心水陸法會」，同時讓信眾更瞭解法會的精神意涵，法會籌備小組於10月14日至11月11日每週日晚上七點至九點，在農禪寺舉辦五場「大悲心水陸講座——傳統與創新」，由籌備小組長果慨法師主講，每場皆有近一百人參加。講座內容涵蓋傳統水陸介紹、水陸與民間信仰建醮的比較、法鼓山大悲心水陸法會的特色等。

果慨法師說明流傳一千五百多年的水陸法會，結合各部大乘經典、僧俗四眾的力量，是漢傳佛教規模最大的佛事。法師指出，法鼓山此次「大悲心水陸法會」，還結合前瞻環保、現代理念、深化藝術、人文永續等元素，同時具備教育、文化與關懷社會的功能，落實了法鼓山所推廣的「四種環保」理念。

果慨法師也鼓勵準備參加法會的信眾們，法會開始前，可先到各地分院參與共修，在水陸法會期間盡量茹素，清淨身口意；用清淨的身心參加法會，不但諸佛歡喜，歷代祖先也可以同享功德，並能為個人、家庭、事業、社會眾生的平安祈福。

10.23

上海靜安寺德悟長老拜訪聖嚴師父

師父感念長老對佛學教育的付出

聖嚴師父感念德悟長老（左）的恩情。

中國大陸上海靜安寺前住持德悟長老在聖靈寺今能長老、新加坡毗盧寺住持慧雄法師陪同下，本日至法鼓山世界佛教教育園區拜訪聖嚴師父。

今年高壽88歲的德悟長老，擔任靜安寺住持期間，聖嚴師父正就讀於靜安寺的佛學院，師父特別感念長老的兩大恩情：一是60年前，德悟長老在接下住持之後，與密迦法師共同整頓靜安寺，使靜安寺從子孫道場成為十方叢林道場，並開辦佛學院，禮請太虛大師、白聖長老等人主持佛教教育，培養青年僧才。

再者，是1988年聖嚴師父首度至中國大陸參訪，德悟長老也在接機行列中，然而當時由於人群圍繞，他只能與長老眼神交會，並沒有機會深談。此次能在法鼓山聚首，彼此都格外珍惜。

此行除了拜訪聖嚴師父，德悟長老一行人並由方丈和尚果東法師陪同參觀祈願觀音殿和開山紀念館，並在祈願觀音殿前的瞭望台俯瞰金山平原，讚歎法鼓山的靈山靜水。

10.23

能源局舉辦法鼓山照明設計觀摩

七十餘位專家體驗園區環保照明

由經濟部能源局主辦、工業技術研究院能源與環境研究所承辦的「法鼓山照明設計案例觀摩會」，本日邀請國內建築、燈光、照明等學界及業者七十多位專業人士前往法鼓山世界佛教教育園區，觀摩園區內的照明系統。

法鼓山園區節約、自然、環保的照明系統，讓來賓印象深刻。

2005年落成的法鼓山園區，照明系統規畫著重整體考量，在低耗電量中兼顧照明品質，同時盡量採用自然光來維繫人跟自然的交流，即使使用人工燈光，也以柔和的光線為主。由於具備「節約、自然、環保、健康」的特色，因此成為學界和業者的對象。

在法鼓山僧團副住持果品法師的引領下，參訪學員首先到簡介館聽取簡報，瞭解法鼓山的環保理念。接著一行人在法鼓山建設工程處處長李孟崇陪同下，參訪祈願觀音殿、大殿及禪堂，親身體驗佛教空間的設計及照明特色。藉由本次案例觀摩，一行人進一步瞭解了宗教建築空間的安排及其照明特性，並學習如何利用照明建構空間的層次。

10.28

樹林共修處新場地灑淨啟用

將定期提供念佛、禪坐共修

果器法師為樹林共修處啟用主持灑淨法會。

10月28日，護法會樹林共修處舉行新共修場地灑淨法會，由護法總會輔導師果器法師主法，樹林市長陳世榮、立法委員廖本煙等人到場祝賀，約有一百多人參加。

在啟用典禮上，果器法師特別感謝兩位提供共修處的悅眾，一為10年來無償提供原共修空間的徐乃淑，另一為現址提供者劉豐治。劉豐治表示，12年前因為一場大病，他因此皈依三寶，但後來忙於事業，未能進一步接觸佛法。不過十多年來，藉由《法鼓》雜誌獲知法鼓山各種活動和訊息。這次能提供共修場地，是感恩法鼓山給他奉獻和培福的機會，希望藉由這個場地接引更多人學習佛法，實踐法鼓山的理念。

當天並舉行一場人生講座，邀請國立羅東高中校長游文聰分享「為什麼需要法鼓山？」透過電腦螢幕投影，游文聰校長一一說明法鼓山的理念、三大教育、「心五四」運動及四種環保的內涵，讓大家更瞭解法鼓山的精神和方向。

目前該共修處規畫的定期活動，包括週二的念佛共修、週三的禪坐共修，並提供法鼓文化書籍的借閱服務；未來還將陸續安排初級禪訓班、佛學講座等各種共修項目。

11.03　12.01　12.29

金山法鼓山社大舉辦三場環保講座

環保專家分享「自然環保心體驗」

金山法鼓山社會大學2007年秋季班課程之「自然環保心體驗」，於法鼓山世界佛教教育園區第二大樓簡介館舉辦三場系列演講，分別於11月3日邀請荒野保護協會創辦人徐仁修，12月1日為「台北赤蛙復育計畫」成員程禮怡，29日則是文山新願景促進會陳建志，針對環保議題進行演講，共有三百多人參與聆聽。

11月3日的首場演講，徐仁修以「走過自然」為題，剖析保護自然生態的哲學思惟與人文關懷，並強調現代人雖然愈來愈重視環境的保護，卻沒有從根本處做起，也就是把自然萬物視為與「人」一樣平等的生命。而大自然之所以和諧存在，是因為生態系統裡「食物鏈」的傳遞途徑，蘊涵著互相幫助、共生共榮的智慧，若是不瞭解而任意打亂生態循環，慈悲心也會造成惡果。

12月1日邀請「台北赤蛙復育計畫」成員，亦是台北市立動物園推廣組輔導員程禮怡主講「台北赤蛙的故事」，和學員分享揚名國際的台灣生態復育案例「阿石伯與赤蛙的故事」。1999年，保育人士發現，三芝農友楊文石（阿石伯）種植的蓮花田，仍有台灣瀕臨絕種動物台北赤蛙的蹤跡，於是展開「台北赤蛙復育計畫」。阿石伯種植的有機蓮花，受到廣大消費者喜愛，「買蓮花，救赤蛙」的善舉不脛而走，證明透過各方合作，可以讓生態保育與經濟發展得到雙贏，成就護生善舉。

12月29日第三場主題為「與河流對話」，邀請陳建志主講，上午安排的演講讓學員重新認識台灣的河川資源，及對水資源的瞭解與地區未來發展的可能。他表示珍惜水資源的觀念，必須透過教育來傳遞。下午的戶外課程，則實地走訪法鼓山園區的溪流生態。

金山法鼓社會大學「自然環保心體驗」課程，邀請徐仁修（站立者）主講「走過自然」。

這三場環保議題演講，旨在期勉大眾從心體驗、隨手做起，凝聚社會關懷「人．自然．環境」的熱情，進而形成「全民環保運動」。

12.01

《人生》月刊合訂本復刻出版

原貌重現近半世紀台灣佛教發展史料

法鼓文化本月份出版由東初老人於1949年創辦的《人生》月刊合訂本，內容包含第一卷至十四卷，不但保存許多早期台灣佛教發展歷程的重要史料，出版時間又適逢東初老人百歲冥誕，使得該合訂本的問世更具意義。

這套合訂本共收錄了自1949年至1962年間出版的《人生》月刊，採復刻方式重新編訂，所有版面都模擬原版，連風漬破損的痕跡都以原貌真實重現，讓讀者認識該刊內容及風格的演變過程，是最大的特色。

《人生》月刊是現今《人生》雜誌的前身，在當時與《海潮音》雜誌並列為國內兩大佛教刊物，歷任主編皆為當時佛教界的菁英，除了東初老人，還有圓明法師、廣慈法師、心悟法師、成一法師、星雲法師、性如法師等。1960年，聖嚴師父接任主編，隔年師父因為閉關及經費不足等原因，忍痛將《人生》月刊暫時停刊，直到1982年復刊，並更名為《人生》雜誌，出版至今。

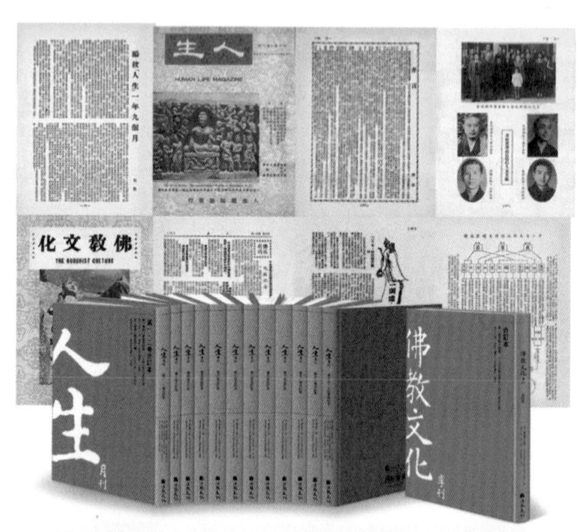

《人生》月刊復刻版合訂本，重現近代台灣佛教刊物的原始風貌與風格演變。

《人生》月刊合訂本呈現了從艱苦草創至今的努力過程，以及多元豐富的面貌，而該刊這半世紀來的演變，也呼應了台灣近代佛教艱苦的發展之路。

12.08～15

法鼓山首度啟建「大悲心水陸法會」

結合藝術、科技、人文、環保等新時代精神

法鼓山首度啟建的「大悲心水陸法會」，自12月8至15日於法鼓山世界佛教教育園區展開。泰國前外交部長桑納旺斯（Krasae Chanawongse）、美國CNBC電視台人員出席觀禮、拍攝；故宮博物院院長林曼麗、台北縣鄰近鄉鎮代表及各界賢達則身著海青參與法會。長達八天七夜的法會，總計有近八萬名信眾參與，聖嚴師父並於最後一天的送聖儀式中親臨開示。

在籌辦此次法會時，聖嚴師父即指示水陸法會應秉持法鼓山的環保理念，摒除傳統水陸法會燒化大量牌位及紙製品、木造物的慣例。為了讓整個儀軌既如法又環保，水陸法會籌備小組特別與故宮博物院、台北藝術大學合作，首創光影科技投影數位牌位，取代焚燒紙製牌位的儀式。深具開創和革新的作法，受

到各界高度關注與肯定。

規畫時間長達一年的水陸法會，在半年前即展開海內外六十多場說明會，讓信眾認同法鼓山的理念。堪稱漢傳佛教規模最大的水陸法會，此次在法鼓山上總計有11個壇場，包括總壇即內壇，以及大壇、楞嚴壇、華嚴壇、法華壇、淨土壇、祈願壇、藥師壇、諸經壇、密壇及焰口壇等10個外壇。法會期間全山梵音繚繞，處處可聞持咒、誦經、念佛聲等。

15日最後一天的送聖儀式，在主法法師廣慈長老引領下，近萬名信眾由法會總壇步向聖壇，藉由現代數位科技，將四聖六凡及法界一切眾生送往西方淨土。整個儀式在萬人連綿齊聲的「阿彌陀佛」聖號中進行，場面莊嚴盛大，撼動人心。

聖嚴師父在送聖儀式後，開示舉辦水陸法會的目的，是供養、救度法界所有眾生，由於普度範圍相當廣泛，可以帶給十方眾生殊勝的大功德。師父進一步指出，現代人參加水陸法會，最重要的是共同聆聽佛法，並發願說好話、做好事，如此一來，每個人便能內心安定，三界眾生也會跟著平安。

聖嚴師父並特別感謝廣慈長老為法鼓山指導法會、故宮博物院提供珍貴的經變圖，以及台北藝術大學師生們協助布置壇場，也讚歎僧團全體法師及義工在法會期間所投注的奉獻和努力。

法鼓山首度舉辦的「大悲心水陸法會」，以宗教結合藝術、科技、人文、環保等新時代精神，約近八萬人次參與。

回歸佛法本質的水陸法會

12月15日講於法鼓山園區「大悲心水陸法會」送聖典禮

◎聖嚴師父

水陸法會，又名「無遮大法會」，是漢傳佛教的一種修持法，也是漢傳佛教諸多修持法門中最大的一項。

聖嚴師父開示大悲心水陸法會的意義，並強調水陸法會的本懷在於利益一切眾生。

一般講修持，我們知道有禪觀、禪定，這是其中一大主流；其次有經懺誦念的儀軌行持，例如最早有隋代天台宗的智者大師編成《法華三昧懺儀》，陸續則有唐代華嚴宗的宗密禪師彙編《圓覺經道場修證儀》，唐代的悟達國師依據宗密禪師的《圓覺經道場修證儀》編寫《慈悲水懺法》；宋代天台宗的四明知禮大師編寫《大悲懺》，宋代慈雲遵式大師制定《往生淨土懺願儀》及《淨土懺法儀規》等儀軌；元代開始，蒙古人的經咒佛事大行，元代則有中峰明本禪師完成淨土法門的《三時繫念》，一直到明末，蓮池大師修訂焰口集成《水陸道場儀軌》，從此普行於世的漢傳佛教，便是經懺了。

元代至明末期間，是中國禪宗衰微的時期，當時一心想參禪的人，能從中獲得大利益的修證者不多，因此漢傳佛教的流布，也就漸漸轉變成以經懺為主流。至此，全國寺院的禪堂不多，經懺佛寺則逐漸普遍，不論大寺、小寺，莫不以經懺法會當成謀生、經營的一大項目。

為什麼說水陸法會最殊勝？因為其他的法會，只誦某一部經，或只拜某一部懺，水陸法會則廣設十壇，每一壇就是一堂佛事，人數可多可少。水陸有「眾姓水陸」和「獨姓水陸」兩種。在水陸法會的內壇，供奉諸天、閻王，類似中國民間的供天神和供鬼神，在水陸法會中，這些全是菩薩。拜水陸的功德由所有參與人共同得到。我們在水陸法會所迎請、供養、禮拜的對象，全都會蒞臨法會現場，各自以他們相應的因緣與根器，到各個壇場聽經聞法。因此一場水陸法會所供養、救度的眾生，範圍相當廣，因此說有殊勝的大功德。

法鼓山是觀音菩薩道場，以觀音的圓通法門修持為主，因此我們辦水陸法會，大多選用跟觀音菩薩相關的經懺，設成各壇主題；通過觀音法門，使得一切根器的眾生都能得度——這是法鼓山辦水陸法會的緣由和目的，我們以這樣的一大法會佛事，來廣度眾生，利益一切眾生。

賦予時代新意

在21世紀的今天，法鼓山首次舉辦水陸法會，我們的作法具有革新意義，也是對僧俗四眾的一種重新教育。我們的革新之舉，就是把原來懺儀中，凡是源於中國民間信仰的部分，或是採擷道家、道教的俗儀之處，重新思考。至於原來的懺儀也是有根據的，譬如受戒，是一種儀軌，根據戒律的宗旨和基本原則，編成了中國的一項佛事。經懺佛事不是不好，只可惜後來的演變，使水陸淪為一種營利活動，而非專心辦道的修持方法。其實各種懺法在古代都是修持法門，然而在滲入漢地的民間信仰以及道家、道教的內容後，水陸法會儼然成為中國歷代所有民俗儀軌的大熔爐。

水陸法會的修訂儀軌，完成於明末的蓮池大師。在現代社會中，不論是我們的民風、環境背景以及知識的發展，與當時環境已不可同日而語。如果我們還保留傳統水陸中一些不合時宜的作法，譬如燒紙馬、燒紙人、燒紙衣、燒種種的牌位，在現代來講是非常不符合環保的；況且追溯這些內容，皆非源自印度的原始佛法，而是歷代佛教中人，為了接引民間信仰的人士接受正信佛法，向民間信仰模仿學習，才有的添加內容。

我們對水陸法會的革新，一般信眾反映都很能夠接受，也頗獲好評。因此，我希望今後的水陸法會，不僅僅是法鼓山這麼做，其他道場也能夠一起嘗試改變。

集眾人之力完成

我要感謝這次水陸法會的所有促成者。辦水陸法會最早是我的構想，後來由僧團果慨法師熱心促成。我們請到廣慈老法師來教導，他除了全力配合，也瞭解到我們希望改革的決心。在辦水陸之前，我們做了宣導，也辦了學術會議，藉由這些過程，始有今日法會的圓滿。

我在這裡非常感謝所有投入的相關人事、單位，比如壇場的布置，是由台北藝術大學的教授（簡立人、房國彥、王正芬、王三玉）和學生承攬重責，以及凌陽科技董事施炳煌、青鳥新媒體藝術，他們花費很多的心力，將道場布置成像國際博覽會的未來館；感謝故宮博物院院長林曼麗和工作人員的協助，提供故宮珍貴的經變圖共襄盛會，讓每個人一進入壇場，都感覺到彷如置身佛國淨土之中。感謝每一位法師以及一千多位義工，在法會期間所奉獻的體力、時間、智慧和努力。

謝謝大家，祝福大家，無惱無憂，無障無礙，得大自在。

千年來的創新與突破

法鼓山首次舉辦「大悲心水陸法會」

法鼓山今年12月8至15日首度啟建「大悲心水陸法會」，是法鼓山成立以來所辦規模最龐大、籌備時間最久、動員人數最多、內容最豐富的法會，更是佛法東傳以來，法會形式內容首度結合前瞻環保、深化藝術、永續人文等現代元素的大願盛會。

這場法會的緣起，是為了紀念聖嚴師父的法脈傳承——曹洞宗東初老人百歲冥誕暨圓寂30週年，及臨濟宗靈源老和尚百歲晉五冥誕，以緬懷兩位恩師的法乳深恩及對佛教弘化事業的貢獻。然而，當法鼓山一開始要舉辦水陸法會時，來自內部反對的聲音不小。除了因為法鼓山主要為一禪修、教育推廣的啟蒙團體，而非經懺道場之外；多數原因是來自於水陸法會的爭議——由於時代背景的關係，流傳至今已有一千五百多年的水陸法會儀軌摻雜了許多密教、道教、民間信仰的內容，其中更有許多儀式需藉由燒化方式來進行，與現代環保理念產生衝突。

為了解決這延宕千年的問題，促使法鼓山開始正視水陸法會的原始精神與弘法形態，從辦與不辦的轉折過程，正看出此次法會的革新與開創性。

法鼓山「大悲心水陸法會」結合環保、藝術、科技等項目，是一場充滿人文關懷，並具教育功能的現代法會。

創新與突破的現代化法會

一、回歸經典依據，秉持環保理念

為了釐清傳統水陸法會中的多項燒化儀式，法鼓山水陸法會籌備小組進行了許多探源工作，發現早在四百年前，明代的蓮池大師就大力批判法會中的燒化問題，指出送聖化紙往往在無意中傷害蟲蟻，有悖於佛法慈悲濟世的原始精神。因此在與中央研究院民族學研究所研究員林美容、文哲所研究員李豐楙等學者討論後，決定取消燒化儀式。這個堅持，後來也得到了水陸法會重要推手廣慈長老的認同。

二、以說明會、研討會、講座，廣邀各界參與

接著，法會籌備小組花費了兩個月時間，於海內外舉辦七十餘場說明會，向民眾傳達「大悲心水陸法會」的主軸，在於堅持佛法的核心本質，以利益現代大眾，因此將取消燒紙馬、紙人及牌位等不合時宜的作法，讓法會回歸經典，同時合乎現代的環境背景與需求；並且舉辦五場「大悲心水陸講座——傳統與創新」系列講座，讓信眾瞭解法會的精神內涵；11月10日，法鼓佛教研修學院更舉辦一場「佛學研究與佛教修行研討會」，以「醮與水陸的對話」為主題，探討水陸法會的學術意義。

大悲心水陸法會的創舉——以數位牌位取代實體牌位。

三、用數位取代燒化

不燒化，乃是此次水陸法會的最高指導原則。不燒紙紮人、馬，並透過電腦動畫繪製的數位牌位，取代信眾在法會期間所寫的消災、超薦牌位，這是突破實體牌位局限的創新。

兼具文化使命和教育功能的法會特色

一、多元面向的文化活動

為了讓法會的精神和弘法形態能符合當代漢傳佛教的人文思惟，法鼓山特別與故宮博物院、台北藝術大學、凌陽科技股份有限公司及青鳥新媒體藝術合作，融合傳統與現代，讓水陸法會呈現藝術、科技、人文、環保等多元面向的文化活動。

除了以電腦動畫繪製虛擬消災、超薦牌位外，並應用數位投影技術，將牌位投射在壇場的螢幕上，解決實體牌位佔據空間的問題；還透過創意的視覺設計，讓虛擬牌位與虛擬佛像結合，彷彿諸佛慈悲守護著一切眾生。

法會最後的圓滿送聖燒化儀式，同樣也融合現代動畫科技。當天，聖壇

大悲心水陸法會的創舉——以數位動畫取代燒化的送聖儀式。

裡架起三層樓高的大螢幕，在現場近萬人齊誦「阿彌陀佛」聖號中，數位投影呈現虛擬牌位化生蓮花、昇上天際、飛向阿彌陀佛手裡的過程，引領大眾觀想眾生在阿彌陀佛的接引下，往生西方淨土。電腦動畫的虛擬畫面，提供信眾觀想空間，也藉此對佛法生起信心和歡喜。

另一方面，法會在清淨、環保、簡約的理念訴求中，呈現出濃厚的當代人文氣息。以壇場的空間設計為例，部分壇場利用法鼓山原有的佛堂空間來布置，部分壇場是利用其他室內空間衍生，如齋堂、露台、簡介館、國際宴會廳等，室外壇場的部分，則以搭建臨時帳蓬來創造佛堂空間，將法鼓山建築的內外空間做了充分應用，並以現代審美趨向和材質元素，完整表達富有薪新精神的法會空間。

而壇場內周圍懸掛的諸佛聖像，則以古典佛教國寶水陸畫來表現，向故宮博物院取得十餘幅明清時期的水陸畫圖像授權，及日本龍谷大學名譽教授稻垣久雄提供的《淨土三經經變圖》圖像授權，應用影像輸出方式製成巨幅掛軸，這是首次在法會期間重現千百年前各式優美珍貴的經變圖，水陸法會的悠遠傳統藉此展現，亦成功提昇了法會的文化層次與藝術價值。

二、僧眾與信眾共同成就

水陸法會各壇的執法法師，依壇位大小有二至二十四人不等。最重要的內壇，主要由三位法師主持法事，包括主法、正表及副表，是整個法會的靈魂人物，法會特別邀請以梵唄見長、目前八十多歲的廣慈長老擔任主法。與會信眾隨執法法師們誦念儀文，眾人一心稱念共修，與諸佛菩薩相互感應道交，虔心修行。

歷時八天七夜的水陸法會，一共動員了接待、護勤、交通、場地等15組五千人次的義工每天排班執勤，正因有這些義工的輪流接力，才成就了法會的圓滿。這場法會，可說是一場法界眾生共同參與的勝會。

水陸法會期間，共有五千人次的義工輪流接力，成就法會。

展現慈悲精神的新時代法會

聖嚴師父曾說，法鼓山舉辦任何活動，都必須銜負文化、教育的使命，達到關懷社會、符合時代需求的功能。法鼓山「大悲心水陸法會」廣邀四眾弟子，一起學習開啟自性大悲，互勉祈願眾生離苦，超脫了傳統法會儀式的格局；它更是一場結合宗教與科技、藝術、人文、環保的跨文化活動，不但展現佛教的慈悲精神，也賦予水陸法會的時代新意，讓法會走向簡化、淨化、現代化的未來新願景。

內壇與外壇，壇壇是好壇

水陸法會依照法會性質，分成「內壇」與「外壇」，傳統以內壇為主，外壇視為內壇的前方便，但「法鼓山大悲心水陸法會」打破傳統法會裡內壇外壇的藩籬，每一壇的監香法師都為信眾開示該壇的經典，每一部經都是成佛之道。

信眾在參與法會的過程中，除了誦經，並經由法師開示，深入認識每一壇的內涵。每一部經都是佛法，都是成佛之道。每個人可根據自己的習性與修行方便，選擇壇位精進用功。因此，法鼓山水陸法會11壇，沒有大壇小壇之分，壇壇都是好壇。

（1）總壇

設於禪堂的總壇，是整場水陸法會的精神重鎮。總壇在水陸法會第四天（12月11日）凌晨三點開始結界、灑淨。總壇各項儀軌、佛事，包括第四天的灑淨、第五天的請上堂，第六天的告赦、幽冥戒，都是從半夜開始，由主法法師廣慈長老及正、副表法師帶領信眾跪拜、唱誦，以及進行消災、普度、上供、下施等諸多佛事。

總壇內，以著名佛教藝術家奚淞雄所繪製的74幅水陸畫，及日本龍谷大學名譽教授稻垣久雄提供的《淨土三經經變圖》，莊嚴壇場。

（2）大壇

位於第一大樓大殿，是外壇中規模最大的一壇，主要禮拜《梁皇寶懺》、小齋天、延生普佛以及彌陀普佛。

《梁皇寶懺》是南朝梁武帝奉請寶誌禪師及多位禪師所作，為超度皇后郗氏；齋天則是隋代天台宗智者大師依《金光明經》制定《金光明懺法》延續至今；普佛內容為禮敬諸佛、懺除業障、供養三寶、祈求福慧。大壇以懺悔法門為特色，這些懺法，都是歷史悠久的漢傳佛教傳統，超度功德廣大無邊，彰顯水陸法會廣開大門，慈悲救度的核心意義。

（3）淨土壇

位於第一大樓四樓副殿，主要恭誦淨土三經：《佛說無量壽經》、《佛說阿彌陀經》和《觀無量壽經》，以及聆聽聖嚴師父開示淨土法門的影片、拜願、持誦「阿彌陀佛」聖號、往生牌位超薦迴向。

淨土壇主佛堂的正面，懸掛日本龍谷大學名譽教授稻垣久雄提供的《淨土三經經變圖》三幀，兩側有數位投影螢幕顯示往生蓮位牌；位於五樓門廳的第二佛堂，則懸掛故宮博物院國寶《佛說阿彌陀經》圖像。結合藝術、科技的壇場，充分顯示符合現代的環保精神。

（4）藥師壇

位於第一和第二大樓中間的彌陀殿，壇內供奉藥師佛，兩側投影各功德主消災祈福的「長生祿位」數位牌位。法會以恭誦《藥師如來本願功德經》為主，每日持誦〈藥師咒〉108遍，並進行消災牌位的迴向，祈願以藥師佛的願力令祈願者消除病苦、醫治百病、消災延壽以獲得現世利益。在水陸法會眾多壇位中，藥師壇為最受信眾歡迎的壇位之一。

（5）楞嚴壇

位於第二大樓五樓第二齋堂，主要恭誦《楞嚴經》和禪觀修持。《楞嚴經》又稱《大佛頂首楞嚴經》、《大佛頂經》，是漢傳佛教的重要經典；宋代以來，禪宗、天台宗、華嚴宗特別重視，不但內容豐富，文字也非常優美。

壇場中，懸掛了一幅聖嚴師父的巨幅墨寶《楞嚴經．大勢至菩薩念佛圓通章》，透過師父墨寶的祝福，在場念佛共修者得與大勢至菩薩同修念佛三昧、得證圓通之法。

（6）密壇

位於第二大樓七樓國際宴會廳，由中華佛學研究所漢藏佛教文化交流班的喇嘛主法，以修持藏傳佛教的觀音法門為主，融合格魯、寧瑪、噶舉、薩迦四大教派相關儀軌，每日誦《觀世音開顯解脫道經》及持誦六字大明咒，並供奉千燈、千水及千花。壇中央設置一座彩沙壇城，四周布置大幅觀音唐卡、曼陀羅，及造型特殊的密教法器，如金剛鈴杵、獨鈷杵、法螺等。

密壇的設立，緣於漢藏班的喇嘛為感恩法鼓山栽培，以及對促進漢、藏佛教交流的回饋。

（7）祈願壇

位於第二大樓祈願觀音殿，是法鼓山特有的壇位。祈願壇以修持觀音法門為主，禮拜《大悲懺》，每日繞壇持誦〈大悲咒〉49遍，透過身口意三業精進持咒修行，向觀音菩薩祈願消災免厄、利益一切眾生。

（8）諸經壇

位於第二大樓簡介館，壇中供奉釋迦牟尼佛，兩旁懸掛《金剛般若波羅蜜經》經文。

諸經壇主要恭誦《大乘金光明經》、《大方廣圓覺經》、《金剛般若波羅蜜經》、《梵網經．心地品》等多部大乘經典，希望透過大乘佛法的圓覺妙理和觀行方法，闡述各種解脫法門，以獲諸天鬼神護持，除去一切橫逆不順與業障，令諸眾生啟發無上菩提心，早日成無上佛道。

（9）華嚴壇

位於第三大樓三樓女眾佛堂及四樓男眾佛堂。華嚴壇由果如法師、全度法師帶領大眾靜閱《八十華嚴》，相較於其他壇場繚繞的誦經、持咒聲，顯得格外寧靜，恭誦者可在此修「定心」工夫。

《華嚴經》為佛陀成道後第一次所說之法，共有八十卷。整部經典開示菩薩道的出發點，涵蓋了「信、解、行、證」四要旨，也是佛法智慧的周圓展現。

（10）法華壇

法華壇設置於法華鐘樓，是這次法會唯一的室外壇場，主要誦念《妙法蓮華經》。

法會期間，主法、悅眾法師領眾恭誦《法華經》，每誦完一部便撞鐘七響，在沉厚的鐘聲裡，與會者滌淨身心，充分感受觀音菩薩的悲心與祝福。法華壇從鐘樓延伸到階梯，四周布置有故宮博物院國寶《妙法蓮華經》圖像以及聖嚴師父墨寶，自然、藝術和佛法交相融合，形成殊勝美景。

（11）焰口壇與聖壇

除了各壇於白天舉辦佛事，設於法鼓大學操場預定地上的焰口壇，則在法會期間的晚上，舉辦了四場三大士焰口及一場五大士焰口。焰口是本著佛教的慈悲胸懷，對鬼道眾生無限制地施食、普度。12月14日晚上的五大士焰口，在近五千位信眾參與下，集眾願心，共同圓滿放賑濟苦的功德。

15日於聖壇（原為焰口壇）舉行的送聖儀式，代表法鼓山首次舉辦的水陸法會功成圓滿，最後以數位科技取代傳統燒化的送聖，融合傳統與創新的展現。

2007年大悲心水陸法會每日儀程記要

日期	內容
12月8日（第一天）	‧外壇：灑淨、法華壇誦經開始
12月9日（第二天）	‧外壇：各壇誦經開始、三大士焰口
12月10日（第三天）	‧外壇：各壇誦經、三大士焰口
12月11日（第四天）	‧總壇：結界灑淨、發符、懸幡、點榜
	‧外壇：各壇誦經、三大士焰口
12月12日（第五天）	‧總壇：請上堂、供上堂
	‧外壇：各壇誦經、最後一場三大士焰口
12月13日（第六天）	‧總壇：告赦、佛供、請下堂、幽冥戒
	‧外壇：大壇小齋天、各壇誦經
12月14日（第七天）	‧總壇：佛供、供下堂
	‧外壇：各壇誦經結束
	‧外壇、總壇：五大士焰口
12月15日（第八天）	‧總壇：圓滿供、圓滿香
	‧外壇：延生普佛、彌陀普佛 、大壇午供
	‧外壇、總壇：送聖

12.21

台北市政府表揚農禪寺與文化館
同獲公益慈善及社會教化事業績優單位

農禪寺與文化館獲台北市政府頒「善德永彰」牌匾，由果燦法師代表受獎。

北投農禪寺與中華佛教文化館，雙雙榮獲「95年度台北市改善風俗、宗教團體興辦公益慈善及社會教化事業績優單位」。本日上午，台北市政府於台大醫院國際會議中心，表揚54個宗教單位及孝悌楷模，農禪寺監院果燦法師、果悅法師，代表方丈和尚果東法師出席受獎。

當天典禮由台北市民政局局長黃呂錦茹親自頒獎，農禪寺和北投文化館分別獲頒「善德永彰」牌匾及獎狀乙幀。果燦法師在受獎後表示，農禪寺會持續秉持著「十方來，十方去，共成十方物」的精神，為社會教育盡心盡力。

此次獲獎宗教團體都是長期投入低收戶救濟、災難救助、清寒學生獎助學金濟助、社區義工隊服務等社會公益慈善事項，其他獲獎單位還包括善導寺、聖靈寺等，中華佛教僧伽會常務事長今能長老更親自蒞臨觀禮，表達對頒獎典禮的重視。

12.22

《當牛頓遇到佛陀》新書座談
作者惠敏法師剖析佛法與科學的交會

法鼓文化本日下午於台北金石堂信義店舉辦《當牛頓遇到佛陀》新書座談會，由素有「科技法師」之譽的作者——法鼓佛教研修學院校長惠敏法師，剖析佛法與世間科學交會的各種角度，約有七十人參加。

《當牛頓遇到佛陀》一書為發表於《人生》雜誌專欄文章的集結。惠敏法師表示，該書記錄了他四年來的所見所思，是個人生命軌跡的見證。全書探討主題包括腦、生命、社會環境、心和科技的交會等，每個主題皆不離人文科學的核心問題：「我是誰？」透過生活周遭的每個元素，如科學發明、一部電影、一首歌、一個人的生命故事，引發法師思惟自身存在的意義和價值。

惠敏法師於《當牛頓遇到佛陀》新書講座中，為民眾開啟現代佛學新視界。

例如書中〈再見！降龍尊者：鱷魚先生〉一文，為惠敏法師於2006年得知澳洲鱷魚專家厄文（Steve Irwin）被刺魟攻擊身亡新聞時，所引發對生命的種種思考。現場有讀者提問，以厄文如此瞭解野生動物的專家，最後還是喪生了，該如何看待此事？法師則提出兩個思考角度：如果不是厄文，其他人可能活不了這麼久；其次是，各行各業都有風險。從不同的角度去思索、理解一件事，正可瞭解佛法所說「諸行無常」的深義。

最後，惠敏法師也與現場聽眾分享自己的生命態度：學習把每一分每一秒所認識的人事物，都當作是第一次，也是最後一次；因為是第一次，所以能抱持開放的心胸、富有創意、不落窠臼；因為是最後一次，所以更懂得珍惜。

● 12.29～2008.01.01

全球法青種子培訓營高雄舉辦

聖嚴師父以信、願、行勉青年精進向上

果舟法師與學員分享「關懷接引」的心法。

僧團青年發展院暨法鼓山世界青年會為使法青悅眾持續成長精進，於12月29日至2008年1月1日，在高雄大岡山高爾夫球場舉行四天三夜的「全球法青種子培訓營」，共有67位來自台灣、加拿大、新加坡、馬來西亞等地的法青悅眾參加。

活動以小組討論、主題演講方式進行，另安排團康、心得分享、法師開示等。其中一場演講，是由行政中心副執行長果光法師為學員們剖析如何將佛法融入義工工作，學習如何在情境中轉念，在承擔中鍊心，在承擔中實現願力。心得分享單元中，則由聖嚴教育基金會董事長施建昌、電視製作人張光斗和媒體工作者葉樹姍分享與聖嚴師父互動的小故事，讓學員們充分感受師父「願力支持心力，心力支持體力」的毅力和悲願。

活動高潮為31日舉辦的晚會，法青各分會以影片播放、戲劇和舞蹈等方式，呈現半年來悅眾們的甘苦和感動；會中並播放聖嚴師父的開示影片「青年學佛的三條件——信、願、行」，希望提昇法青對佛法及領眾的信心（信）、培養承擔責任的能力（願），以及貫徹執行的行動力（行），達到「信、願、行」的實踐，勉勵學員勇於承擔，樂於奉獻，這也是青年院培訓法青悅眾的長遠目標。

與往年培訓營不同的是，此次活動選擇於氣候宜人的南台灣舉行，讓學員在寬闊的自然環境中共修學習，彼此的互動交流顯得更加活潑而有創意。

「全球法青種子培訓營」在高雄大岡山高爾夫球場進行經驗分享與交流。

青年學佛的三條件——信、願、行

12月31日高雄大岡山「全球法青種子培訓營」錄影開示

◎聖嚴師父

諸位法青會的海內外代表，這次在高雄的聚會，我無法親自與諸位見面，只能藉著錄影，與諸位分享青年學佛的三條件——信、願、行。

之一：信

信，有不同的層次。一種是「仰信」，就是「信仰」的倒置詞。「仰信」的意思是說，自己尚未接觸佛教，可是從周遭的親戚朋友身上，或者看到社會上一些具有影響力、令我們尊敬的人已經接觸、信仰佛教，而佛教信仰確實幫助他們擴大生命的襟懷，把人生提昇至另一種境地；因著這些示範的影響，相信佛教是不錯的，也就跟著一起隨喜佛教、接觸佛教，這叫作「仰信」。

其次是「解信」，是藉由閱聽媒介的管道，獲得佛法的訊息，從而建立佛教的信仰。譬如有人透過閱讀書報雜誌，或者經由各種媒介的傳播而接觸佛法，覺得佛法很有道理，也很契合自己現階段對於生命的思索，別具啟發，因此願意接受佛教，進而探索、信仰佛教。

第三種是「證信」，就是信仰佛教以後，漸漸感受到佛法帶給自己的改變與成長；或是隨著同儕友人參與佛教的團體，參加各種活動，例如諸位參與法青會，而從活動之中，感受到佛法不可思議的力量，因此更堅定佛教的信仰。

以上這三種層次，不論從哪一門入，「信心」非常重要。但一開始，不一定由「仰信」開始，也不一定從「解信」進入，實際上，有人根本沒有通過這兩種歷程，而是從參與活動中建立對佛教的信仰心，直接進入「證信」的層次。「聖嚴教育基金會」有一位董事，任教於大學，她原來是一名基督徒，後來因為參與法鼓山的義工活動，覺得做義工很有意義，也從做義工的過程中聽到佛法、受益於佛法，漸漸建立起對佛法的信仰心。現在她是法鼓山非常熱心的一位護法居士。這是屬於「證信」的一例。

之二：願

學佛，一定要發願。發什麼願？願，有近程、中程和遠程之別。短程的願，就是近期之內，自己希望完成某一項願心，而把願心當努力的目標。譬如諸位現在參加佛教團體，希望短期內能達成某一項任務而全力以赴，這是屬於近程的願。

中程的願，是指對某一段時期的奉獻規畫。譬如接下來的一段時日，我打算要學佛、做義工，或者加入義工團體，並且全心投入付出。這是屬於中程的願。

還有一種是遠程的願，遠程的願是無限廣大的，它沒有一個固定的目標，也沒有一個既定完成的期限，就是鍥而不捨地投入，持續地做下去。譬如我們有一些信眾，他們做義工，做什麼都可以，就是抱持一個願心：「有什麼地方需要我，我就去做；沒有人做，需要人做的事，我來吧！」這是遠程的願。遠程的願就是大願，是這一生之中永遠不會改變的，如法鼓山有什麼事需要我，我會全心全力奉獻，永遠願心不退。

其實，做義工的好處非常多，比起僅僅是上課、聽講、參加活動的收穫更豐富。因為做義工的時候，自己就是參與主導的人，自己就是指導者、擔任領導的老師，這便是教學相長，一邊指導人、協助人做義工，同時自己也在做義工。在這種情況下，我們學習的面向更寬廣，收穫的心得也愈豐富。

之三：行

行，就是實踐。在佛教來講，學佛修行菩薩道，可從二門進入。一種是靜態的行，比如打坐、誦經、拜佛，這是一邊開發智慧，同時增長慈悲心，也稱為智慧行。另一種是動態的行，也稱為福德行，就是專門為人服務、為人奉獻、為人照顧，而為了要照顧人、服務人，對社會有所貢獻，自己不得不充實，在知識、能力與品德上都必須提昇；因此雖是修福德行，實際上是福慧雙修。如果僅僅是參加念佛、打坐、拜懺，或者聽經演講，雖然也能夠成長，可是成長的空間有限，一定要走入人群，為人奉獻、付出，這樣的成長才是最踏實的。

有一位居士，初來法鼓山不久，我們就請他擔任小組長、小老師。他說他什麼也不懂，怎麼能當小組長、小老師？我告訴他：「你當了小組長，自然就會；做了小老師，自然就懂。」他問我什麼意思？我說：「一方面，我們會告訴你怎麼做；另一方面，你看著別人怎麼做，跟著學也就會了。」他聽了以後覺得有道理，也願意試試。現在他是我們團體裡奉獻非常多、常有大用的護法居士。只要願意承擔，樂於為他人奉獻，自己的成長是最多的，得到的利益也是最深刻的。

以上，我把「信、願、行」這三個字奉獻給諸位，也期待諸位法青會的幹部都能具足這三種條件；這三個要件，缺一不行。最後，祝福大家在這次的成長營裡，有更多的成長、更深的體驗，來日一起為法鼓山「提昇人的品質，建設人間淨土」的理念而努力。

祝福大家平安、健康，阿彌陀佛。

實踐

貳【大關懷】

從生命初始到生命終了，
以「心靈環保」出發，
落實各階段、各層面的整體關懷，
安頓身心、圓滿人生，
實現法鼓山入世化世的菩薩願行。

關懷深耕　引領時代思惟

2007大關懷教育有多項工作引領社會新思潮，
「5475大願興學」計畫的開展，凝聚眾人願力辦教育，
「心六倫」運動與首屆「關懷生命獎」的啟動，
使新時代價值觀、生命關懷理念於焉成形；
乃至「金山環保生命園區」成立，為推廣環保自然葬的先驅。
而慈善救助關懷持續以長期計畫，深耕安定人心的建設；
涵融教育功能的整體關懷，
從自我提昇出發，將自然啟發大眾良善的心懷。

法鼓山大關懷教育，今年以「引領社會風氣與觀念啟蒙」為主要目的，藉由開展多項創舉，如發起「5475大願興學」計畫，及推展一系列「倫理專案」運動，提出「心六倫」，倡導社會新價值觀，並舉辦首屆「關懷生命獎」等，透過突破性的思惟與方法，為新時代社會樹立良善的典範，宣導大眾發好願、護持興學，重視人倫常理、珍惜人我生命。

尤為甚者，今年以落實「節葬、簡葬、潔葬」為目標的「台北縣立金山環保生命園區」於法鼓山園區正式落成啟用，法鼓山成為第一個率先響應政府多元葬法政策，第一個推動環保自然葬並參與規畫、協助管理維護的宗教團體，此舉代表著法鼓山長期以來推動環保教育理念的成果，更是國內喪葬文化的一大里程碑。

綜觀2007年法鼓山的大關懷教育，無論是在信眾關懷、社會關懷，以及急難救助方面，均秉持以適時適所的關懷慰藉，提供大眾溫暖心靈、提昇人品的豐實資糧。

信眾關懷教育

鼓勵發願興學，是今年信眾關懷教育的一大特色。為了興辦以「心靈環保」為核心價值的法鼓大學，培育兼具慈悲與智慧的優質領導人才，以建設人間淨土，護法總會於今年2月起發起「5475大願興學」募款計畫，邀請社會大眾「許個好願，讓它實現」，以每天5元、三年5475元的方式，匯聚涓滴成流的大願力，共同護持這項長期的興學建設。

教育為百年大計，護法總會特別設計一對小沙彌撲滿做為結緣品，讓大

護法總會推動「5475大願興學」計畫，邀請社會大眾「許個好願，讓它實現」，共同護持法鼓大學的建設。

願興學計畫深入家庭，除了大人種福田，也引導孩子從小學習布施，從小發好願，增長品格的修養。

法鼓大學是聖嚴師父發願為佛教、為世界奉獻的大學，為接引更多人參與這項教育事業的興辦，師父繼1991年、2003年赴各地巡迴關懷後，今年特別第三度展開全台各地巡迴關懷，於3月中至9月底先後赴台灣北、南、中、東各地共進行八場勸募關懷活動，總計關懷人數達五千六百多人。

聖嚴師父殷切期勉每位勸募會員，不僅要提昇自我人品，還要懷抱願心，以利人利己的菩薩道為任務，接引親友學佛、護法；特別的是，師父在每場關懷開示中一而再、再而三地強調法鼓山目前興辦法鼓大學、拓展大學院教育的內容與意義，以及大學院教育與大普化教育、大關懷教育三者密不可分的關係，同時勸導大家發願興學，為的就是加快以教育造福人間、淨化世界的步伐。

配合「5475大願興學」計畫，自2月至12月陸續於法鼓山園區、台南、台中、高雄、台北等地共舉辦五場「遊心禪悅——法語．墨緣．興學」聖嚴師父書法展，藉由展出、義賣師父的481件墨寶，傳達其筆墨間的禪悅，也讓民眾得以體會師父「以法托缽、以墨寶結緣」的興學悲願。

法鼓山「5475大願興學」計畫推動以來，獲得社會大眾廣大回響，有來自實業家吳紹麟、胡蘭伉儷的捐款；有知名表演工作者李連杰捐贈電影《投名狀》首映會門票做為結緣品，拋磚引玉鼓勵大家支持興學；各場「遊心禪悅——法語．墨緣．興學」聖嚴師父書法展也有林懷民、新光集團等藝文、企業界人士共襄盛舉，大力贊助護持。截至年底，共有148,788人發心參與這項計畫，這份眾人凝聚的願心願力，反映了現代人對優質高等教育的深切期待。

針對勸募會員的關懷，另有護法總會於1月起陸續在全台分院、道場、辦事處共舉辦34場「無限祝福．無盡關懷」歲末關懷感恩分享會，向來由護法總會主辦的歲末感恩分享會，今年特別改由地方護法單位各自籌辦，讓各地悅眾有機會親身參與大關懷教育的落實工作，從中獲取經驗和啟發，使得分享會在凝聚勸募會員的向心力、歸屬感之餘，其所賦予的關懷、教育的功能也更為顯著。

成長課程方面，8月護法總會於北投雲來寺舉行「正副會團長／轄召召委聯席會議」，就各地護法組織運作情形進行經驗交流與分享，使資深悅眾的寶貴經驗得以傳承，新進悅眾並能藉此學習承擔、提昇品質。

助念團今年3月起陸續於台北、台中、台南、高雄、宜蘭各地共舉辦五場、每次為期兩天的「大事關懷一般課程」，邀請僧團法師、專業講師等為學員講授佛教的生死觀、大事關懷的技巧以及地區經驗交流分享等，學員在活潑的課程中，提昇大事關懷的技能，同時對生死學、同理心有更深一層的體悟。

此外，為感恩義工菩薩對法鼓山各項活動的奉獻，農禪寺於年初舉辦了「感恩新春義工活動」，3月舉行「義工菩薩感恩晚會」等，這兩場活動，方丈和尚果東法師、聖嚴師父分別親臨關懷、開示佛法，並表達了深切的感謝。

社會關懷教育

法鼓山對社會大眾的關懷重點，為透過分享佛法觀念，以提供安定身心的方法。近年來，台灣社會亂象層出不窮，有鑑於此，聖嚴師父今年特別融合佛法內涵，提出了「心六倫」的新社會價值觀、當代社會安頓之道，積極宣導以「家庭、生活、校園、自然、職場、族群」等六種倫理觀念為中心的「心六倫」，盼能為失序的時代重建人與人之間的常倫與價值。

6月底起，法鼓山人文社會基金會舉辦「新時代．心倫理」座談會，為一系列「倫理專案」活動揭開序幕，系列活動包括7月聖嚴師父接受年代電視台邀請，以「心六倫」為題錄製宣導影片；9月師父應中國電視公司之邀，於《全民大講堂》節目中，與富邦文教基金會執行長陳藹玲、人基會祕書長李伸一進行對談，介紹「心六倫」；10月起至明年（2008年），人基會製作的《聖嚴師父談「新時代．心六倫」》電視帶狀節目，於有線電視霹靂台固定播出等，期望藉由傳播媒體的力量，與社會大眾分享新時代倫理觀，為人類社會

法鼓山舉辦「新時代．心倫理」座談會，揭開「倫理專案」系列活動的序幕。

積聚向上提昇的內在力量，進而導正日益衰頹的社會風氣。

12月，並於台北市信義廣場舉辦「啟動心六倫，提昇好人品」活動，活動中除安排點燈許願，還特地邀請六位知名企業與學界代表，一起宣讀發願文〈從我做起〉，呼籲大眾從自我的落實做起，共同推動心六倫運動。許多政府、企業、教育界人士均出席響應，顯見「家庭、生活、校園、職場、自然、族群」六種倫理的推動，已然獲得社會大眾的肯定與認同。

另外，方丈和尚果東法師也藉著應邀演講的機緣，推廣「心六倫」運動，包括10月在宜蘭羅東高中主講「展現生命的價值，平安快樂過生活」，11月於馬來西亞護法會主講「心六倫的主體價值與安定和諧」，於新加坡護法會主講「從心六倫展現生命的價值」等，將「心六倫」同步與全球信眾分享，期能落實對全世界人類的整體關懷。

延續去年（2006年）法鼓山推動「關懷生命」的理念，舉辦系列珍惜生命活動，勉勵社會大眾以「四它」來面對人生難題，今年9月繼而首度嘗試以國內人士為對象，舉辦第一屆「關懷生命獎」，以表揚獎勵致力於生命關懷工作的團體和個人，為社會樹立「慈悲關懷」的典範，讓全民得以學習面對、珍惜關懷生命，活出生命的光彩，同時喚起整個社會國家對此議題的重視，並肯定相關社會工作者的價值，也讓更多人士起身投入相關公益領域。

同樣是以「關懷生命」為內涵，人基會與廣播電視事業發展基金於9月在台灣大學公共衛生學院合辦了一場「世界防治自殺日座談會」，主題為「媒體啊！請給我們一生的承諾」，人基會祕書長李伸一、廣電基金執行長林育卉、中央研究院生物醫學研究所鄭泰安教授等人皆參與座談，討論近年來台灣媒體報導自殺新聞的概況、媒體報導名人自殺對社會的影響、從自殺防治看媒體社會責任等議題，呼籲媒體應謹慎報導自殺新聞，以正面態度關心自殺議題，善盡媒體的社會責任。

今年在推廣「四環」方面，令人矚目的是，法鼓山捐贈台北縣政府的「台北縣立金山環保生命園區」，11月於法鼓山園區正式啟用，響應環保值存的生命園區不破壞自然景觀、不舉辦悼念儀式、不設置墓塚墓碑，讓生命回歸自然懷抱，永續土地資源，可說是「四環」精神的體現。

延續歷年推動禮儀環保，法鼓山今年1月於園區舉辦「第12屆佛化聯合婚禮」，共有56對新人響應環保、簡約而莊嚴的婚禮；9月中旬至10月底於北、中、南各地分院、辦事處共舉辦17場「第14屆佛化聯合祝壽」，以簡約而溫馨隆重的儀式關懷壽星達1,450人，全台共約三千兩百多人次參與活動。

至於在各地展開的心靈環保推廣，

「台北縣立金山環保生命園區」正式落成啟用，是國內喪葬文化的里程碑。

包括4至11月期間，於全台各地總計舉辦23場的「心靈環保列車系列活動」，今年活動除原有推廣項目，並以響應「世界清潔地球日」為主要內容之一，安排在全台灣六個地區同步舉辦「逗陣來拚掃」活動，目的是為了號召大眾參與淨山、掃街等，進而清淨我們的家園和心靈。7月，一場由高雄各區召委共同策畫的「心靈環保博覽會」，在鳳山市鳳凌廣場舉辦，內容安排多項融合環保理念、且適合闔家參與的親子闖關遊戲，希望以輕鬆方式引導民眾在生活中落實環保。

慈善救助關懷教育

法鼓山的慈善救助關懷，主要可分為兩方面：一為對弱勢族群及清寒家庭、學子的關懷，一為緊急救援關懷。

對弱勢族群及清寒家庭、學子的關懷，長年以來持續不斷。今年舉辦的歲末大關懷活動，關懷了近二千戶的低收入戶、獨居老人、921震災重建區關懷戶、失業清寒家庭、急難貧病等家庭。法鼓山社會福利慈善事業基金會在全台各地舉辦第10、11期「百年樹人獎助學金」頒發活動，申請人數較往年增加，全年共嘉惠2,498位學子；5月，僧團法師並與慈基會義工前往金山、萬里等各中小學，發放午餐補助費，共補助26位學子，期勉受助學子精進成長，將來回饋社會。

在緊急救援關懷方面，每逢社會上發生災難意外之際，慈基會緊急救援中心總是即刻動員，盡可能提供支援協助。

於國內，4月陸軍直昇機墜毀意外，6月陽明山仰德大道車禍，8月中南部連日豪雨引起水患，11月苗栗爆竹工廠意外等，慈基會都在第一時間提供必要的物資救援與心靈撫慰。

於海外，今年在印尼，2月雅加達發生嚴重水患，3月蘇門答臘（Sumatra）省會巴東（Padang）附近發生芮氏規模6.3地震，9月蘇門答臘島（Sumatra）西岸外海發生芮氏規模8.4的強震，均造成嚴重災情，慈基會獲知後，立即啟動急難救助系統，動員棉蘭（Medan）及班達亞齊（Banda Aceh）兩個安心服務站人員展開援助行動，協助災區民眾安頓身心。

在拉丁美洲，祕魯8月中發生芮氏規模8的強震，位於加勒比海的多明尼加11月初遭受熱帶風暴侵襲，均造成民眾生命、財產重大損失，法鼓山獲知消息後，慈基會與美國護法會全力動員，發起募款活動，慈基會緊急救援系統並組成賑災團隊，前往災區投入救援行動，並向當地居民表達法鼓山的關懷與祝福。

在災難發生後第一時間投入救援與關懷之餘，後續的家園、心靈重建工作更是法鼓山慈善救助的一大重點，去年（2006年）以南亞大海嘯受創嚴重的印尼、斯里蘭卡二地的救助工作為主，今年此項長期安心重建計畫仍持續進行。

1月法鼓山設於斯里蘭卡安心服務站的「菩提心健康服務中心」啟用，之後牙科、婦女健康、一般門診、兒童生長等將陸續開診，為居民提供安心、安身、安家及安業的實際照護。5月慈基會則派出關懷團，由僧團副住持果品法師、關懷院監院果器法師領隊，前往印尼日惹、棉蘭與亞齊等地，為興建完工的各項學校工程，進行落成啟用揭牌和捐贈典禮，同時關懷災區學童及慰勉當地的法鼓山義工，果品法師並於亞齊當地進行一場生活佛法開示及皈依典禮，共有60人皈依三寶。以上種種，為災區民眾所做的救援重建工作持續深耕，並給予佛法滋潤，展現了法鼓山整體關懷的長遠願心。

為了提昇緊急救援關懷的品質，法鼓山舉辦了各種成長活動，分別是3、8月在土城教育訓練中心共兩梯次的「聯絡人成長營暨效能提昇研討會」，6月在北投雲來寺的「法鼓山緊急救援系統正副總指揮成長營」，7月中旬至10月中旬，陸續於全台各地開辦近二十場緊急救援訓練課程。

此外，隨著現代各種社會問題層出，承辦相關工作的社工員壓力逐漸增加，慈基會特別於6、9月分別在北投雲來寺和高雄紫雲寺舉辦「社會工作者心靈饗宴」，提供禪修課程，希望社工善用禪法減輕自身的工作壓力，進而啟動更多能量幫助需要的民眾。

結語

法鼓山推動大願興學計畫，帶動社會大眾發起願心，為興學奉獻一己之力，乃至提倡新時代價值觀「心六倫」，設置關懷生命獎項為社會建立良好典範，為社會啟迪正面的新思惟，引領良善的風潮；不僅如此，原有慈善救助持續，並進行扎根、深化工作，使得整個社會在潛移默化中，受到關懷，也學習關懷，未來法鼓山的大關懷教育在此基礎之上，更需步步為營，密實關懷的多元面向，逐步落實整體關懷的目標。

01.06～02.12

護法總會舉辦歲末感恩會

凝聚各地勸募會員大願力

1月6日至2月12日，護法總會以「無限祝福．無盡關懷」為主題，陸續在各分支道場、辦事處舉辦34場歲末關懷感恩分享會，邀請各地勸募悅眾共聚一堂；方丈和尚果東法師、護法總會輔導師果器法師、總會長陳嘉男等，分別到各地傳達聖嚴師父的感謝，並期勉大家自我提昇。

系列活動首場於北投雲來寺舉辦，最後一場於中永和地區圓滿，共有近萬人參與。各場活動中，首先由法師帶領進行祈福法會，接著觀看2006年法鼓山大事記影片、聖嚴師父新春開示影片，最後表揚去年（2006年）推動「1624行動專案」成果卓著的勸募會員，由輔導師致贈平安米、裱裝的法鼓山大殿釋迦牟尼佛佛像、師父墨寶「和敬平安」雙面相框等，表達感謝和祝福。

歲末關懷感恩分享會往年由總會舉辦，今年改由各地區自主籌辦，在各地召委帶動下，每場各自展現當地特色，例如台中分院於1月13日舉辦兩個場次，邀請《阿斗隨師遊天下》一書作者張光斗分享跟隨聖嚴師父海外弘法的故事，讓信眾感動不已。1月28日，高雄紫雲寺於活動中播放高屏地區年度回顧影片，以過去共同辛勤耕耘的點滴，期勉大家再努力奮發向前。

今年護法總會歲末關懷感恩分享會由地區各自籌辦，關懷、教育的功能更為顯著。

2007年護法總會歲末感恩分享會一覽表

日期	地點	轄區	人數（約）
1月6日	北投雲來寺	士林天母	180
1月7日	林口辦事處	林口	120
	士林慈弘精舍	社子	110
	土城教育中心	海山	160
1月13日	淡水辦事處	淡水	220
	桃園辦事處	桃園	150
	台中分院	台中	300
1月14日	北投雲來寺	北投石牌	230
	松山辦事處	松山	150
	新竹辦事處	新竹	80
	中壢辦事處	中壢	150
	北投雲來寺	護法總會和喜自在組	250
1月19日	中正萬華辦事處	中正萬華	120
1月20日	台北安和分院	大信南	180
	嘉義辦事處	嘉義	40
	花蓮辦事處	花蓮	150
1月21日	台東信行寺	台東	40
	基隆仁愛國小	基隆	250
	宜蘭南屏國小	宜蘭羅東	700
	內湖辦事處	內湖	140
1月27日	員林辦事處	員林	90
	彰化辦事處	彰化	100
1月28日	大同共修處	大同	100
	高雄紫雲寺	高雄縣市	2,100
	北縣培德活動中心	三重蘆洲	200
	台北中山精舍	中山	250
1月29日	台北安和分院	安和分院	100
2月3日	屏東辦事處	屏東	400
	潮州無量壽安養中心	潮州	120
2月4日	三芝石門辦事處	三芝石門	50
	新莊丹鳳國中	新莊	250
	台北市文山區戶政中心	文山、新店	300
2月11日	台南分院	台南	250
2月12日	北縣中永和辦事處	中永和	120

護法總會歲末感恩分享

方丈和尚傳達聖嚴師父關懷、勉勵悅眾奮發熱忱

護法總會1月6日起陸續於全台分院、道場、辦事處舉辦共34場的歲末關懷感恩分享會，以「無限祝福．無盡關懷」為主題，廣邀各地勸募悅眾共聚一堂。

在延續一個多月，近萬人參與的分享會中，方丈和尚果東法師、護法總會輔導師果器法師、總會長陳嘉男等人分別到各地傳達聖嚴師父對悅眾們一年來奉獻付出的感謝，並且期勉大家以法鼓山理念、佛法的觀念與方法提昇自我，進而發起大願心，共同為今年法鼓山的重要目標——法鼓大學興學的大願計畫——吹起全力衝刺的號角。

做為一個觀音道場，法鼓山以諸佛菩薩的慈悲願力來接引信眾，關懷信眾，而關懷信眾的過程，本身即具備了教育功能及展現慈悲、智慧的精神，這也是法鼓山長久以來，極力推動三大教育之大關懷教育的用心。

向來由護法總會主辦的歲末感恩分享會，今年改由地方護法單位各自籌辦，關懷、教育的功能因此更為顯著。除了使每一場都有各自的地方特色，也讓各地悅眾有機會實際參與大關懷教育的工作，從中獲得許多經驗和啟發。

例如，在活動實際運作中，難免遭遇種種突發的狀況和問題，但大家隨時接受各種變數，並以「四它」方法去面對和處理，不斷調整自己的心態。藉由實地練習運用方法，使他們對佛法和法鼓山理念有更深一層的認識，也讓自己的心靈和人品得到提昇。

此外，地區的勸募會員積極動員起來，不僅增強了團體的凝聚力、向心力，也讓信眾們更有歸屬感和親身參與的溫馨感，使得彼此在互動中，生起共同奮發向上的熱忱。值得一提的是，這次僧團關懷院輔導師出席每一場活動，親自表達關懷與祝福，更是讓地區信眾感受到僧團與護法總會的用心和溫暖，也使整個感恩分享會系列活動更加成功圓滿。

護法總會輔導師果器法師出席分享會，致贈結緣品給小菩薩，並向各地信眾表達關懷與祝福。

01.07

北投歲末感恩忘年會雲來寺舉行

慈基會結合社區團體傳送祝福

由台北市北投區公所主辦，法鼓山社會福利慈善事業基金會、北投區健康服務中心、台北市北區社區醫療群、財團法人台北市北投文化基金會、北投社區大學，和七個社區協會及里辦公室共同承辦的「北投社區歲末感恩忘年會」本日於北投雲來寺舉行，將祝福和溫暖傳送北投地區需要關懷的民眾，並邀請當地社區居民參加。

果燦法師關懷北投區信眾。

這項活動緣起於2005年9月，當時慈基會聯合北投社區團體，為當地的獨居、中低收入長者及身心障礙者提供每天免費送餐的服務，一年多以來，共服務了兩萬兩千人次，與社區居民結下善緣，也促成這次的感恩忘年會。

這場感恩忘年會節目豐富，有北投社區大學提供的古箏演奏、手語、合唱班、漢文吟唱等表演；還有吉慶社區長青合唱團、關渡醫院社區天使、榮光社區代表、法鼓山北投區慈善組等團體表演精彩節目，現場氣氛熱絡歡喜。

會中，法鼓山行政中心輔導師果燦法師也到場關懷，並向上場表演的年長者致意。法師表示，奉獻不一定單指金錢，凡是參與這個有意義的活動都是在奉獻。

除了社區團體表演，台北榮民總醫院、陽明醫院、國軍北投醫院、振興復健醫學中心、關渡醫院的醫護人員，也在二樓大殿提供健康檢查和諮詢服務，實地關懷居民的身心健康。

01.08～02.24

法鼓山歲末大關懷中南部展開

近兩千關懷戶感受佛法溫暖

法鼓山社會福利慈善事業基金會95年度的「法鼓山歲末大關懷」系列活動，去年（2006年）底即陸續於北部地區展開，中南部地區的關懷活動，則於今年1月8日在南投縣的竹山安心服務站登場，接下來依序是20日在南投安心服務

台中分院除發放慰問金，並安排園遊會、義診等多元服務。

站，20至21日在東勢安心服務站，28日在台中分院、員林辦事處、埔里德華寺等地點進行。關懷對象包括低收入戶、獨居老人、台灣921震災重建區關懷戶、失業清寒家庭、急難貧病等近二千戶。

各地的關懷活動，除發放關懷物資及慰問金，並為各地的受關懷戶舉辦祈福法會、義剪及歲末同歡會。此外，每個地區的關懷活動也各有特色，例如東勢安心服務站特別舉辦有獎徵答、團康遊戲，以及音樂、舞蹈等演出，讓參與者在趣味、輕鬆中，感受另一種貼心、知性的關懷。台中分院則安排了園遊會，提供義診區、惜福結緣區、飲食區等多元服務，讓參加民眾備感溫馨。

整個95年度「法鼓山歲末大關懷」系列活動持續將近兩個月，將佛法慈悲的精神具體展現。

95年度法鼓山歲末大關懷活動一覽表

區域	時間	活動地點	實際關懷戶數	關懷戶地區
北區	2006年12月9日	農禪寺	378戶	北投低收入戶、北縣市個案；三重、士林、北投、文山四個社福中心之個案
	2006年12月10日	法鼓山世界佛教教育園區	215戶	金山、萬里、基隆、三芝、石門
	2006年12月17日	桃園齋明寺	50戶	新竹市香山區、桃園縣大園鄉、平鎮市之低收入戶
中區	2007年1月8至13日	竹山安心服務站	110戶	南投弱勢家庭、低收入戶、急難貧病者
	2007年1月20日	南投安心服務站	118戶	
	2007年1月20、21日	東勢安心服務站	100戶	
	2007年1月28日	員林辦事處	49戶	辦事處附近二里里民及南彰化需關懷之弱勢家庭
	2007年1月28日	台中分院	152戶	大台中地區低收入戶
	2007年1月28日、2月24日	南投德華寺	140戶	埔里、魚池、國姓、仁愛
南區	2006年12月16日	台南分院	200戶	台南市獨居長者與低收入戶
	2007年1月21日	高雄紫雲寺	300戶	高雄市左營區、三民區；高雄縣鳥松鄉、鳳山市、仁武鄉二、三級之低收入戶
合計			1,812戶	

01.13

珍惜生命座談會台南舉辦

鼓勵民眾以關懷化解自殺問題

法鼓山本日下午於台南大億麗緻酒店舉辦一場「你可以不必自殺，還有許多活路可走」珍惜生命座談會，邀請法鼓佛教研修學院校長惠敏法師、國際口足協會理事長謝坤山、台南奇美醫院院長詹啟賢、台灣行政法學會理事長城仲模等進行座談。台南市長許添財、衛生署副署長陳再晉、大億企業集團董事長吳俊億、法鼓山人文社會基金會祕書長李伸一等皆蒞臨會場，座談會由資深媒體工作者葉樹姍主持，共近八百人參與聆聽。

這場座談會是法鼓山繼去年（2006年）6月在台北舉辦「珍惜生命座談會」，引起各界熱烈回響後，再度將這股愛與關懷的力量，延續擴大至全台各地，希望喚起社會大眾對生命的珍視。

座談首先由惠敏法師破除大眾對自殺和解脫的誤解。法師說明，依佛教的觀點，解脫是指煩惱的解除，而不是生命的結束；自殺無法解決、解脫任何事，死只會衍生出更多問題，他鼓勵大家以正視問題的態度去解決問題。

城仲模理事長以身旁友人的自殺為例，指出做好自殺防治的起點，就是用心關懷周遭的人，如陪伴、引導對方接受正規的醫療或諮詢等，如此才能及時提供必要的協助。如果大家都能以關懷為出發點，對珍愛生命有正確的想法和責任，就不會輕易結束自己的生命。

珍惜生命座談會邀請惠敏法師（左二）、謝坤山（左三）、城仲模（中）、詹啟賢（右三）擔任與談人，由葉樹姍（右一）主持，人基會祕書長李伸一（左一）與會感謝與談人。

詹啟賢院長根據醫學數據，指出有自殺念頭的人其實也曾想過以理性解決問題，這時周遭的家人、朋友應該馬上付出足夠的關心。他呼籲，除了理性解決問題，感性的關懷或引導對方宣洩情緒也一樣重要。

應如何感性地關懷有自殺念頭的人？謝坤山理事長表示，運用同理心幫助對方看到未來的希望，如此將會讓他生起勇氣與力量。他自己便常以自身的故事去鼓勵他人，因此感動並鼓勵了許多人。

座談會最後在熱烈的討論中圓滿結束，現場聽眾在離席時，紛紛以微笑、握手方式與鄰座聽眾互道再見，期盼以小小的動作，讓愛與關懷從現在開始傳遞出去。

01.20

法鼓山舉辦第12屆佛化聯合婚禮
56對新人共結和敬平安良緣

參加佛化婚禮的新人們在三寶前共許菩提姻緣。

法鼓山第12屆佛化聯合婚禮本日在法鼓山世界佛教教育園區舉行，這場名為「和敬平安．吉祥姻緣」的婚禮，以環保、禮儀和簡約為原則，共有56對新人參加，觀禮人數將近兩千人，創下歷年新高。

在婚禮中，聖嚴師父為新人親授三皈依，並勉勵新人們用佛法規範自己的人生。師父表示，結婚是新人生的開始，代表一個人可以為自己和對方負責，為雙方父母和下一代承擔起家庭責任。師父期勉新人能夠和諧相處、不離不棄；若發生口角，也要能每吵一次，成長一次。

本次婚禮邀請伯仲基金會董事長吳伯雄擔任證婚人，台北縣長周錫瑋、台北市民政局長黃呂錦茹分別為男、女雙方主婚人，介紹人則是法鼓山護法總會總會長陳嘉男。婚禮最後，方丈和尚果東法師致贈白瓷觀音、聖嚴師父墨寶給新人，代表法鼓山對新人們的誠摯祝福。

法鼓山自1994年起為推動禮儀環保所舉辦的佛化聯合婚禮，至今年共有511對新人響應理念，共組佛化家庭。

01.26

斯里蘭卡菩提心健康服務中心啟用

眾善緣成就　守護當地居民身心健康

法鼓山於斯里蘭卡台灣村建造的「菩提心健康服務中心」，本日落成啟用。啟用典禮由法鼓山僧團副住持果品法師、關懷院監院果器法師以及僧團常聞法師等，率同關懷團成員八十餘人，至當地舉行灑淨祈福法會及落成啟用揭碑。斯里蘭卡南部省衛生部部長、法輪兒童基金會會長強帝瑪法師（Ven. Chandima）等貴賓也應邀出席。

2004年南亞大海嘯發生後，法鼓山社會福利慈善事業基金會隨即投入斯里蘭卡的救災和重建工作。在完成第一階段物資救援後，又陸續完成台灣村100戶的房舍建造，興建水塔、幼稚園、水質改善等工程，捐贈300套廚具、家具，並成立「斯里蘭卡安心服務站」，協助居民重建受創的心靈。

位於斯里蘭卡的「菩提心健康服務中心」，由法鼓山結合多個慈善團體共同推動而成。

由於當地長期缺乏公共衛生與醫療資源，因此安心服務站遷入台灣村後，慈基會便著手協助居民改善環境衛生，提昇對個人健康的重視，同時培訓當地看護技術人員，並興建「菩提心健康服務中心」，為居民提供安心、安身、安家及安業的實際照護。

「菩提心健康服務中心」的落成啟用，法鼓山雖是主要推動者，但更感謝十方大德出錢出力，以及當地政府單位的協助，才能成就此因緣善果。

02.01起

護法總會推動「5475大願興學」計畫

邀請大眾共同興辦法鼓大學

由護法總會發起的「5475大願興學」計畫，自2月1日起，開始在全台積極推動，邀請社會大眾「許個好願，讓它實現」，並以每天布施5元，三年5,475

義工菩薩邀請小菩薩共同護持「5475大願興學」，並以分別象徵智慧、慈悲的小沙彌撲滿，表達感恩。

元的具體方式，號召百萬人共同護持法鼓大學的興建。截至今年12月底止，共有148,788人發心參與。

法鼓大學是聖嚴師父發願要為佛教、為世界奉獻的大學，以「心靈環保」為辦學核心價值，希望培育出慈悲與智慧的領導人才，不但與一般學府有不同的宗旨，也是因應目前世界需要的一所大學。而「5475大願興學」計畫希望接引更多人參與這項教育事業的興辦，提供一個結善緣、行善念的良機。

為了鼓勵信眾參加「5475大願興學」計畫，同時廣邀親友加入，護法總會準備了小沙彌撲滿做為結緣品，除了大人種福田，也引導孩子從小學習布施，從小發好願，每天實踐，有利品格修養的增長。

護法總會並規畫，三年內圓滿5,475元的響應者，除致贈一份滿願結緣品，芳名也將登錄在法鼓大學設置的大願牆上，表達對捐款者的感謝，也期勉未來法鼓大學學生好好珍惜眾人護持的願心，時時精進學習，為正信佛法的永久住世、人類心靈的平安幸福共同努力。

02.04起

慈基會關懷印尼雅加達水患
協助當地民眾安頓身心

自1月31日以來，印尼雅加達發生五年來最嚴重的水患，法鼓山社會福利慈善事業基金會獲知消息後，立即於2月4日啟動當地的急難救助機制，協助受災地區的民眾安頓身心。

法鼓山義工為雅加達災區民眾加油。

印尼雅加達及其周邊地區豪雨成災，約百分之七十五的地區遭到洪水淹沒，造成多人不幸往生。慈基會緊急在雅加達勘災和採購物資，並至迫切需要救援的地區發放竹蓆、藥品（皮膚藥膏類）、消毒用品和民生必需品，同時進行關懷慰訪工作。

由於災害過後，民眾最迫切需要的不僅是物資上的救濟，更包括心靈的重建。因此慈基會除了提供災區民眾物質上的援助，也給予精神上的關懷與打氣，讓他們獲得身心安定的力量。

02.18～08.18

聖嚴師父遊心禪悅書法展

以書法和法語為法鼓大學募款

為推動法鼓大學設立，圓滿法鼓山「大學院、大關懷、大普化」三大教育之宏願，「遊心禪悅——法語．墨緣．興學」聖嚴師父書法展，自2月18日起於法鼓山世界佛教教育園區第一大樓四樓副殿展出，並於2月15日下午於台北安和分院舉行開展記者會。師父親臨會場，方丈和尚果東法師、法鼓佛教研修學院校長惠敏法師、國立故宮博物院院長林曼麗、台北藝術大學美術學院院長林章湖、鳳甲美術館創辦人邱再興及書法名家周澄、杜忠誥、連勝彥等多位藝文人士亦共同與會。

聖嚴師父書法特展展出師父的書法作品，有佛句、偈誦、詩偈等。

記者會上，遊心禪悅書法展的總召集人，也是收藏家的葉榮嘉，首先說明策展的過程和因緣，為了興辦法鼓大學，聖嚴師父在害病之餘仍致力書法創作，完成多幅書法作品。

記者會中，林曼麗院長致辭表示，藝術與宗教追求「真善美」的理念是一致的，她推崇聖嚴師父自成一格的書法創作與其中蘊含的智慧結晶。在場的多位書法名家也認為，聖嚴師父的書法不落俗套，充滿自在的氣韻，這是師父從禪修中得來的功夫。

聖嚴師父致辭時，自謙書法寫得不好，但都是用「心」來寫，筆就是他的心，心定則心清明，用清明的心來寫，字體之間自有一股神韻，這跟禪修的體驗息息相關。師父同時感恩認購這些書法作品的人，感謝他們認同師父興學的理念。

在法鼓山園區展出的481幅聖嚴師父書法作品，分為六梯次展出，每次80幅，於每個月月底進行作品換展，展期至8月18日。下半年也將在台南、台中、高雄、台北巡迴展出，讓各地民眾也能欣賞到師父的墨跡，並參與競捐，共同為佛教教育事業盡一份心力。

●03.10　03.17　03.24

聖嚴師父與方丈和尚關懷北區勸募會員
期勉大眾響應「5475大願興學」

由護法總會舉辦的聖嚴師父與方丈和尚果東法師全台巡迴關懷活動，自3月10日至9月22日共進行八場。首場活動於法鼓山世界佛教教育園區展開，接著於3月17日和24日在農禪寺進行第二、三場。三場活動中，護法總會總會長陳嘉男、副總會長黃楚琪、楊正雄、周文進，和北部各區轄召、召委、勸募會員及其家屬等三千多人次出席。

聖嚴師父在會中祝福並勉勵與會的勸募會員，表示勸募是利人利己的菩薩行，在過程中可以自我提昇，募款是方法，募心才是目標，能夠募人學佛，功德無量。師父同時期勉大眾懷抱願心去接引自己的親友一起學法、護法。

活動首先進行授證典禮，新進勸募會員從常住法師手中接下授證胸章，方丈和尚除代表聖嚴師父向勸募會員致上感恩與祝福，並幽默地以「有了佛法不會鬱卒，而會裕足」，鼓勵大家多發心發願，將佛法的利益分享給更多人。接著由弘化院法師為大眾講述「承先啟後的中華禪法鼓宗」，說明法鼓山所弘傳的禪法是漢傳禪法，強調大家要擔負起承先啟後、續佛慧命的大任。

護法總會也藉此機會，向與會大眾說明目前在各地積極展開的「5475大願興學」計畫，包括計畫緣起和護持辦法等，懇請大家努力推動這項計畫，接引更多人共同完成法鼓大學的籌建。

去年（2006年），護法總會基於聖嚴師父的健康考量，取消了原訂的巡迴關懷行程，讓許多信眾深感惋惜，也使得今年聖嚴師父與方丈和尚全台巡迴關懷行，更讓信眾深切感受到師父的關懷與慈愛。

大願是信心、熱心和持久的恆心

3月10、17、24日講於法鼓山園區、農禪寺「全台巡迴關懷」

◎聖嚴師父

總會長、副總會長、各轄區的召委，以及諸位委員、勸募會員：

現在我已退位，許多的事已交由弟子們主事，我希望擔任執事的人，不論在家或出家弟子，都要積極推動各項關懷與教育，不可緣木求魚、守株待兔。

勸募是我們的命脈

在法鼓山三大教育中，我們現階段的募款是為了辦大學院教育，而唯有大普化教育與大關懷教育的普遍落實，讓信眾及新加入的人感受到溫馨的關懷，對我們這個團體產生向心力、歸屬感，進而讓大家都願意響應、護持，我們的團體才有未來。

在我們團體中，透過關懷來進行護法勸募就等於是我們的生存命脈，如果缺少護法勸募組織，就無法成為一個健全發展的佛教團體。

勸募是接引大眾來護持法鼓山，同時參與法鼓山、分享法鼓山。護持法鼓山，同時也獲得成長；因為在護持過程中，你付出時間、心力與金錢，同時也接受了法鼓山的觀念和方法，進而對你的生活、自信心和人品，帶來正面積極的影響。

勸募要有「三心」

法鼓山的勸募會員一定要具備「三心」：信心、熱心和恆心。

首先是信心。信心從對法鼓山的認知開始，包括觀念的瞭解和方法的實踐。譬如二十句共勉語和「心五四」運動都是觀念，也是方法，只要照著去做，就能感受到實際的利益。持念「觀世音菩薩」聖號也是方法之一。法鼓山是觀音道場，許多人到山上來朝山、禮拜，覺得很有感應；或者只是走進法鼓山園區，就立刻覺得身心安定、清淨；也有人是從文宣或者法師、義工的分享之中，獲得安身、安心、安家、安業的觀念和方法，覺得對自己、家人和工作很有助益，於是信心油然而生。

有了信心以後，熱心就會跟著湧現。一旦你感受到法鼓山理念的好處，自己受用之餘，也希望有更多人一起來共享：除了自己護持法鼓山，更會熱心懇切希望身邊所有的人，不管認識或者不認識的人，都來護持法鼓山，分享、宣傳法鼓山的理念。

在產生信心與熱心之後，最重要的是保持恆心。有的人當了勸募會員十年、二十年，還發願一輩子當法鼓山勸募會員，甚至發願生生世世護持法鼓山、支持法鼓山。諸位之中不乏有這樣的人，因為你們對法鼓山有信心，你們對法鼓山懷抱熱心，法鼓山的一切與你的人生緊緊相繫，所以，你們發願長長久久常在法鼓山、護持法鼓山。

這種信心和熱心是從實踐和推廣理念而來的。法鼓山的理念，是師父投注一生的時間和心血，將原本深澀難懂的佛學名詞，經過統整、歸納，而轉變成明朗易懂、現代化、實用化的觀念和方法，大家只要照著去做，就等於汲取佛法的核心精華，就能獲得法益，自己去實踐推廣，才能產生護持的信心、熱心，以及長遠的恆心。

回到初發心

我在這裡勉勵諸位，不論你們是否經常見到師父，請你們永遠不要忘了法鼓山的理念，不要忘了當初發願成為法鼓山勸募會員的初衷。

諸位是為了接受法鼓山的理念而來，同時也為了推廣法鼓山的理念而在這裡。諸位接受法鼓山的理念，是為了提昇自己的人品，因此修學佛法，學習運用法鼓山提供的觀念和方法，一以自利，一以助人。這便是諸位加入法鼓山成為勸募會員的動能。

我對新勸募會員有幾句勉勵的話，希望每一位都能發長遠心，從現在開始，不僅僅是領取一張勸募會員證，也是學佛修行的開始。諸位一定要修學佛法，才能對法鼓山的理念產生信心；更確切地說，諸位是因為實踐法鼓山的觀念、方法，所以產生信心，所以發長遠心護持法鼓山。

請諸位不要退心，起退心的時候，要立刻回到初發心。人很容易退心，很容易偷懶，你們需要自我勉勵，也需要他人的勉勵；大家彼此勉勵，就是相互的關懷。修行的人，要經常回到初發心，回到最初你發願當法鼓山勸募會員的衷心，再發一次願！發願護持法鼓山，用法鼓山的理念、方法來生活、處世、待人，讓自己生活更平安、快樂、健康、幸福。

另一方面，人都會老，你們要開始帶著下一代來參與法鼓山。這十幾年來，我們漸漸有了法鼓山這個團體，也把法鼓山的理念變成了社會大眾可以實踐的觀念和方法，好不容易才把法鼓山世界佛教教育園區建立起來。建成以後，我們要好好運用它來修行，自己修行，也成就其他人，以及下一代一起來修行。

辦一所「心靈環保」的法鼓大學

相信大家都看到法鼓大學的募款訊息，我們為什麼要辦法鼓大學？很多人並不看好法鼓大學，認為現在台灣公私立大學林立，而且「少子化」社會來臨，學校多而學生少，法鼓大學恐怕前途多舛。

但是，我告訴諸位，法鼓大學自有其定位，就像法鼓山存在的價值一樣。法鼓山存在的價值，在於所推動的「心靈環保」理念，這不僅僅是台灣需要，兩岸三地也都需要；不但是東方人需要，西方社會也一樣歡迎。我出席各種國際會議，與各國人士接觸時，儘管各民族語文、文化與宗教信仰不同，然而只要一提起「心靈環保」，各國人士都很認同，接受度很高，甚至認為「心靈環保」是促進全世界融合的一種運動。

在北區巡迴關懷中，聖嚴師父期勉大家懷抱募人學佛的理念，接引大眾成就大願力。

而法鼓大學的辦學理念，就是「心靈環保」，這是我們與其他大學的不同之處。除了一般知識學術與技能課程之外，我們更重視學生人品、品格的修養，也就是心靈的健康、心靈的環保。

近幾年，台灣社會的嚴重失序與政治亂象其來有自，我們必須承認台灣的教育是失敗的，特別是在人格與品德的教育上，幾乎繳了白卷。因此，法鼓大學首重學生健全人格的發展，包括對眾生的關懷、對社會安定的責任感，這些都是屬於健全人格的範疇，是我們創辦法鼓大學的宗旨。

我們期許法鼓大學是一個發亮的光源體，是一處善良動能的發源地，可為我們的社會培育出更多淨化人心的發酵種籽，這是目前社會和世界迫切需要的。因此，法鼓大學非辦不可，而且一定要辦成，藉以帶動其他大學一起跟進，共同為社會創造光明希望的未來。請大家要對師父有信心，對法鼓大學更要有百分之兩百的信心！

目前中華佛學研究所已與全球二十餘所大學建立學術合作關係，法鼓大學正式辦學以後，我們與國際各重點大學的互動更形密切，一方面吸收國際知名學府的優點、長處，同時也把法鼓山「心靈環保」的理念推廣到全世界。

為了建設法鼓大學，最近護法總會和榮譽董事會、法行會共同發起一項法鼓山「5475大願興學」計畫，就是為法鼓大學募款，希望號召百萬人響應。這是一項三年計畫，要找到一百萬人護持，我把這樁任務交給諸位了。祝福大家，阿彌陀佛。

● 03.10～11　04.28～29　06.09～10　07.14～15　09.29～30

助念團舉辦大事關懷一般課程

提昇學員關懷技巧和能力

助念團為使成員深入瞭解關懷工作的重點，同時學習適當的慰訪技巧與專業知識，於3月10日起至9月30日期間，分別於農禪寺、台南分院、高雄紫雲寺、宜蘭辦事處、台中分院，共舉辦五場「大事關懷一般課程」，每次課程共兩天，總計約有二千餘人參加。

課程第一天的內容主題包括：「佛教的生死觀」、「聖嚴師父談『禪的生死觀』」、「從瀕死現象談佛教的生命關懷」、「條條大路通何處——四隨與念佛法門的殊勝」；第二天主題則有「大事關懷的時機及關懷技巧」、「念佛生淨土」、「西方醫學的死亡判定及臨終處置」、「法鼓山的大關懷教育」等。

其中，「佛教的生死觀」課程由法鼓山僧伽大學院長果暉法師、副院長果鏡法師，以及屏東社區大學副主任郭惠芯等人分別主講；「聖嚴師父談『禪的生死觀』」課程由禪修中心副都監果醒法師主講；「從瀕死現象談佛教的生命關懷」課程邀請道興法師主講；果醒法師並與助念團團長鄭文烈分別主講「條條大路通何處——四隨與念佛法門的殊勝」；關懷院果界法師則講授「念佛生淨土」與「法鼓山的大關懷教育」。

針對實際的關懷技巧方面，由助念團顏金貞等四位副團長主講「大事關懷的時機及關懷技巧」。另安排西方醫學安寧療護的課程，邀請台大醫院雲林分院醫師黃建勳、高雄榮民總醫院陳如意與振興醫院護理長王瑋琦分別主講「西方醫學的死亡判定及臨終處置」等。

兩天的大事關懷成長課程，讓學員體會相當深刻。

兩天12個小時的課程，引領學員深刻體會讓臨終者寧靜無懼、讓生者安心的重要和殊勝，藉此提昇助念團大事服務關懷品質，做好對臨終者和家屬的照顧，協助學員幫助他人，也成長自己。

2007年助念團大事關懷一般課程一覽表

日期	地點	人數（約）
3月10至11日	北區──農禪寺	700人
4月28至29日	南區──台南分院	350人
6月9至10日	南區──紫雲寺	470人
7月14至15日	東區──宜蘭辦事處	170人
9月29至30日	中區──台中分院	330人
合計		2,020人

● 03.14

慈基會救援印尼巴東地震

偕同當地團體提供援助

法鼓山救災人員為民眾說明領用物品等事項。

印尼蘇門答臘（Sumatra）省會巴東（Padang）附近於3月6日發生芮氏規模6.3地震，造成數百人傷亡、上千房舍倒塌。法鼓山社會福利慈善事業基金會獲知後，立即啟動急難救援系統，動員棉蘭（Medan）及班達亞齊（Banda Aceh）兩個安心服務站人員展開援助行動，協助災區民眾安頓身心。

慈基會首先派遣印尼棉蘭安心站站長李徒動員當地義工進行關懷，並聯合印度尼西亞佛乘協會（Indonesian Buddhist Council）巴東分會佛光寺、蘇北愛心永恆慈善基金會，一起深入巴東地區勘災，並回報災區情況及所需的救援物資。

實際勘查之後，慈基會偕同兩會成員，共同於3月14日前往災情較嚴重的12個村莊，約一千兩百戶、六千位居民，緊急發放白米、速食麵、煉乳、餅乾、肥皂等食物與日常用品，並持續提供後續的關懷和援助行動。

03.22

農禪寺舉辦「義工菩薩感恩晚會」

方丈和尚到場關懷與勉勵

方丈和尚果東法師率領法師們關懷義工。

農禪寺本日舉辦「義工菩薩感恩晚會」，以表達對義工長期護持的感謝，邀請近五百位義工回寺團聚，方丈和尚果東法師親自到場關懷。

活動中，方丈和尚以「時時心有法喜，念念不離禪悅」，勉勵大家「食時」也要心有法喜，面對所有的人事物，還要「『煉練』不離禪悅」，這個「煉」是「修煉」的「煉」跟「練習」的「練」，讓每個心念隨時都充滿法喜和禪悅。農禪寺監院果昌法師也向義工們表達感恩，他表示，多年來大家除了在活動期間回寺裡幫忙，平時更把農禪寺當成自己的家，常會自動自發地回來走走看看，檢視有什麼需要修理或幫忙的地方，這種盡心投入的態度，使農禪寺成了一處廣種福田、行菩薩道的最佳共修道場。

藉由這個機會，果昌法師為大眾介紹農禪寺新任監院果燦法師，晚會也因此充滿感恩、傳承的溫馨氛圍。

活動接著安排台北榮民總醫院佛堂義工李孟祐表演琵琶演奏、北投區慈善隊現場帶動唱，以及醫療組義工獻唱等，最後大家一起合唱〈我為你祝福〉，為晚會譜上歡喜溫馨的休止符。

03.23

聖嚴師父向新春義工表達感謝

226位義工代表於農禪寺重溫奉獻歡喜

為了感恩於新春期間在法鼓山世界佛教教育園區、農禪寺、台北安和分院等各地服務的義工，僧團三學院本日於農禪寺舉辦感恩新春義工的活動，聖嚴師父並親臨會場，向226位義工代表表達深切的感謝和祝福。

當天晚上，受邀的義工在農禪寺共聚一堂，方丈和尚果東法師亦親自到場一一關懷。多位義工踴躍上台分享自己當義工的心得及收穫。此外，也播放各分院新春活動影片，讓大家重溫自己新春時辛勤奉獻的身影，回味當時「忙得快樂，累得歡喜」的感受。主辦單位表示，新春期間各分院道場舉辦了各項法會與活動，由於義工們的熱情參與及護持，活動才得以圓滿。為了感謝義工們全天候不間斷的「重量級付出」，因此邀請義工代表們代表所有的新春義工接受感謝。

方丈和尚果東法師向全台新春義工表達感謝。

● 03.24～25　08.04～05

慈基會舉辦「聯絡人成長營」

學習將禪法融入慰訪關懷工作

法鼓山社會福利慈善事業基金會於3月24至25日、8月4至5日在台北縣土城教育訓練中心舉辦兩梯次「聯絡人成長營暨效能提昇研討會」，以提昇與落實慰訪關懷工作，共約有各地區正副聯絡人、安心服務站站長、專職一百六十多人參加。

3月份，第一梯次成長營首先由慈基會總幹事陳果開致辭，他讚歎所有慰訪人的菩薩行，是累世善行所得的法緣，既修福又修慧；僧團關懷院果界法師接著介紹佛教與慰訪工作的關係，同時藉日常生活點滴，說明如何將禪法融入工作中。活動並邀請張老師基金會諮商心理師林烝增主講助人歷程與技巧，也當場讓學員練習如何進一步瞭解當事人的感覺與情緒，使這些從事第一線慰訪工作的學員們獲益良多。

在講師們帶領下，聯絡人成長營學員們進行慰訪工作的討論。

第二天的課程則邀

請台北市社會局專員林淑文做專題演講。林專員從高風險家庭的認識與協助、社會福利服務資源等議題，說明一系列有關「安心家庭專案」的內容，而這項專案同時也是慈基會即將展開的關懷活動之一，因此學員們針對專案設計問卷，並進行分組討論和溝通。

8月份成長營首先由僧團關懷院監院果器法師致辭關懷，與學員們分享聖嚴師父開示「法鼓山的四大堅持」，並傳達方丈和尚果東法師對大家的祝福和關心。法師也期勉大家，以善的循環來影響社會，以熱誠奉獻的心，讓關懷工作更加圓滿。接著邀請社團法人中華商管協會理事長董煥新主講「活動企畫撰寫」，教導大家如何有效率地撰寫企畫案以及如何成功地執行。

第二天則邀請林烝增心理師主講「同理心訓練」，學員們除了瞭解如何從同理心的思惟，去體會當事人的感覺和情緒，並學習傾聽與談話技巧。在討論和分享時，來自南投的學員分享與公部門接洽的經驗和活動設計，而高雄學員則分享地區義工邀請關懷戶參加活動的經驗。

藉由這兩次成長營的充電和交流，學員們更能掌握慰訪關懷的原則與方法，也讓各地區聯絡人對落實各項關懷工作，有了更多瞭解，也產生了更多信心。

04.28

紫雲寺認養鳥松鄉人行廣場

方丈和尚鼓勵大眾參與奉獻社會

高雄紫雲寺認養鳥松鄉人行廣場，動土祈福典禮由方丈和尚果東法師與地方代表一起進行。

高雄紫雲寺本日上午舉辦「認養鳥松鄉人行廣場灑淨動土祈福典禮」，由方丈和尚果東法師主持，立法委員林岱樺、高雄縣政府民政局局長邱志偉、鳥松鄉鄉長林榮宗、鳥松鄉民代表會主席吳正成等貴賓，以及來自屏東、潮州、高雄等地三百多位民眾出席，共同祈願工程順利。

這項認養活動緣於1990年，高雄縣鳥松鄉公所徵收人行廣場用地，卻因經費籌措問題，無法如期開發。由於紫雲寺毗鄰人行廣場預定地，因此決定長期認養人行廣場的開發及維護工作。

典禮當天首先由紫雲寺常住法師們帶領大眾誦持〈大悲咒〉，接著方丈和尚致辭表示，感謝高屏地區的護持信眾及鳥松鄉公所成就此殊勝因緣，讓法鼓山能夠秉持心靈環保理念來為社會大眾服務，並鼓勵十方大德一起加入奉獻的行列。

邱志偉局長感謝法鼓山長期以來推動各項公益活動，尤其是認養人行廣場之舉，更是深具意義，除了提供民眾休憩功能，更樹立了宗教教化人心的典範，造福人民。林榮宗鄉長也感謝高雄紫雲寺長期認養人行廣場，充分展現對地方的回饋和認同。

典禮上，三百多位信眾在方丈和尚及與會貴賓的帶領下，將手中的平安石一一放在人行廣場預定地上。而這些平安石早先即由監院果耀法師發起，邀信眾每人撿一顆石頭帶回家持咒祈福，並發願「鋪出平安路，走向幸福門」之後，這次再帶回廣場，做為人行廣場「共築平安幸福之路」的基石。

● 04.28～05.26　09.23～11.30期間

第10、11期「百年樹人獎助學金」各地頒發
全台共二千四百多位學子受惠

法鼓山社會福利慈善事業基金會於4月28日至5月26日、9月23日至11月30日期間在全台各地舉辦第10、11期「百年樹人獎助學金」頒發活動，並結合各地節慶、淨山、感恩卡創意大賽、頒獎典禮等，期勉受助學子精進成長，將來回饋社會。今年申請人數較往年增加，全年共有2,498人受惠，包括國小811位、國中570位、高中708位、大學（專）409位。

農禪寺舉行「百年樹人獎助學金」頒發典禮，僧團法師頒贈助學金勉勵學子。

第一場於4月28日在台北縣土城教育訓練中心舉行，包括北投、石牌、大板橋區等地的受獎學生、家屬及認養人代表等共379人參與。僧團關懷院監院果器法師開示時表示，教育是百年樹人的工作，除了透過物質協助，更要重視心靈建設，社會才會更溫馨；法師並期勉學子珍惜時間、努力求學，秉持報恩的心，以後也要關懷社會。這次頒獎，結合當地土城桐花節賞花活動，典禮前由

義工帶領學生和家屬前往賞桐花，共享親子同遊之樂。

5月6日在農禪寺進行北區士林、天母、社子、中山、文山、新店、大三重等六區共89位學子的頒獎典禮，活動首次結合浴佛法會共同舉辦，讓頒獎活動具有雙重的感恩意義。

台中分院「百年樹人獎助學金」頒發典禮後，國小國中組學子合照。

同日上午，台南分院的頒發典禮中，分院監院果舟法師以聖嚴師父「大鴨游出大路，小鴨游出小路」的故事，勉勵現場四十多位受獎學子走出自己的人生方向，也不忘時時與人分享，更要發願「敲法鼓」，一起加入法鼓山「建設人間淨土」行列。典禮中安排融合佛法智慧的「拳王」、「自畫像」、「一元、二元大團員」等遊戲，希望開啟學子們的學佛之鑰。

10月14日於海山地區、彰化地區分別舉辦頒獎典禮，並結合重陽敬老活動進行。11月4日，於宜蘭市「安康托兒所」、嘉義市身心障礙綜合園區「再耕園」分別舉行，宜蘭地區的活動中，還安排彩繪天地、巧手資源重生再利用、茶禪等，讓大家學習運用「四環」做創意思考；嘉義地區的典禮則與「感恩卡創作大賽」頒獎一同進行，蒞臨致辭的嘉義市長黃敏惠感謝法鼓山積極投入社會公益與關懷弱勢家庭，並以聖嚴師父的法語「慈悲沒有敵人，智慧不起煩惱」與眾人共勉。

「百年樹人獎助學金」專案是法鼓山落實整體關懷的重點工作之一，今年受獎學子人數較去年（2006年）增加一百餘人，各場頒獎典禮結合多元關懷活動，希望受益的學子們能於過程中感受到社會溫暖，建立正確、積極的人生觀。

2007年「百年樹人獎助學金」成果統計表

	國小	國中	高中	大專	總人數
受助學生	811	570	708	409	2,498

05.06～11

法鼓山組團赴印尼關懷

果品、果器法師領隊前往慰問居民

繼1月組團赴斯里蘭卡，為完工的「菩提心健康服務中心」舉行灑淨祈福法會後，5月6至11日法鼓山社會福利慈善事業基金會再度派出關懷團，由僧團副住持果品法師、關懷院監院果器法師領隊，前往印尼日惹、棉蘭與亞齊等地，為興建完工的各項學校工程，進行落成啟用揭牌和捐贈典禮，同時關懷災區學童及慰勉當地的法鼓山義工。

關懷團於5月7日至日惹，為重建小學和幼稚園舉行捐贈典禮；9日前往棉蘭菩提學校（Perguruan Buddhis Bodhicitta），為亞齊受災學童學生宿舍暨活動中心舉行捐贈儀式；11日至位於亞齊貝薩縣（Aceh Besar）的伊斯蘭初中（MTs Keutapang Dua），進行學生宿舍暨圖書館捐贈典禮。在印尼地方政府官員、當地的基金會工作人員及居民協助參與下，除了進行伊斯蘭教傳統祈禱，法鼓山關懷團也誦念《心經》和觀世音菩薩聖號，為當地民眾祈福，捐贈儀式十分順利圓滿。

捐贈儀式之外，果品法師並在5月10日於亞齊進行一場生活佛法開示及皈依典禮，共有60位信眾皈依三寶。果器法師則前往各受災居民住處，逐一關懷慰問。

慈基會此行的捐贈關懷活動，備受當地媒體重視。5月11日晚間，果品法師應亞齊電視台之邀，在現場的Call-in節目中，介紹法鼓山的理念和慈基會的各項計畫。果品法師表示，人心重建是一條漫長的路，未來法鼓山仍會持續推動南亞重建計畫，落實教育和關懷工作。

法鼓山關懷團在日惹進行棉蘭亞齊學校校舍捐贈儀式。

05.06～28

慈基會補助學生營養午餐費

法師期勉同學們奮發學習

果舫法師代表法鼓山慈基會至各校發放午餐補助費。左為金山鄉金美國小校長李春芳。

有鑑於不少學生因父母失業、家庭變故，面臨繳不出營養午餐費的困境，法鼓山社會福利慈善事業基金會與金山、萬里鄉民共同合作，補助認捐營養午餐費。5月6至28日，僧團果舫法師和慈基會義工前往金山、萬里等各中小學，包括金山鄉中角、三和、金美、金山等國小和金山高中，以及萬里鄉大鵬、崁腳等國小和萬里國中發放午餐補助費，共補助26位學子。

此行中，果舫法師都會勉勵每位受援學生，在接受他人幫助之後，更要期許自己努力奮發學習，同時要懂得感恩和報恩，立志未來也要去幫助別人，將愛心一棒接一棒傳遞下去。

05.30～06.10

聖嚴師父書法巡迴展首站到台南

師父邀請台南民眾護持興學辦教育

2月份在法鼓山世界佛教教育園區展出且深獲各界回響的「遊心禪悅──法語．墨寶．興學」聖嚴師父書法展，5月30日至6月10日於台南市新光三越百貨公司西門店開始全台巡迴展的第一站，6月2日舉行開幕儀式，聖嚴師父親臨分享筆墨禪修的喜悅，同時邀請台南民眾一起護持法鼓大學的建設，為佛教教育事業共盡心力。

聖嚴師父親臨台南市「遊心禪悅──法語．墨寶．興學」書法展開幕典禮。

開幕展當天約有六百多人參加，方丈和尚果

東法師、台南市長許添財、大億麗緻董事長吳俊億、新光三越百貨西門店店長劉世賢、《中華日報》董事長詹天性、朝元寺融誠法師等都親臨現場。

在滿場人潮中，聖嚴師父親自為眾人介紹展出作品，並且謙虛地表示自己不是書法家，舉辦書法展是為了法鼓大學募款，希望大家踴躍競捐，把這些文字當成是增福德、長智慧的作品收藏。

由於場地有限，本次展覽是從聖嚴師父的481件競捐作品中，細選其中81件展出。前往觀展的台南市書法協會常務監事王錫圭，以「真情流露」形容師父的墨迹，同時還捐出自己謄寫的〈四眾佛子共勉語〉以及《心經》，希望透過捐字來支持興學計畫。

現場有些平常沒有太多機會參與法鼓山活動的民眾，皆藉著這次書法展的機緣，認購聖嚴師父的字冊，共同為教育盡一分心力。

06.02

聖嚴師父關懷嘉南地區勸募會員

期勉大家接引新人找回舊人

由護法總會所舉辦的聖嚴師父與方丈和尚果東法師全台巡迴關懷活動，本日下午於台南大億麗緻飯店舉辦，聖嚴師父和方丈和尚偕同護法總會副總會長劉偉剛、黃楚琪、周文進等人，前往關懷嘉義、台南地區六百多位勸募會員。

聖嚴師父到台南關懷嘉義、台南地區勸募會員。

活動在合唱團優美的歌聲中揭開序幕，方丈和尚首先為新進的76名勸募會員進行授證，並期許眾人「結合內外資源，開創全新局面」。稍後，台南分院、佳里以及嘉義地區的代表，分別上台介紹當地的勸募工作團隊，同時報告台南雲集寺的籌建狀況。現場接著播放聖嚴師父開示的《承先啟後的中華禪法鼓宗》影片，並在果祥法師解說下，大家更瞭解法鼓山所傳承的法源法脈，以及所要闡揚的漢傳佛教。

甫於上午參加「遊心禪悅——法語．墨寶．興學」聖嚴師父書法展台南展場開幕儀式的聖嚴師父，於下午四點蒞臨關懷。師父首先為新認捐的28位榮譽董事授證，隨後進行開示。師父指出，唯有釐清觀念，加強自我修持，勸募的心念才能更加堅定，希望會員以「接引新人，找回舊人」為目標，繼續努力。

聖嚴師父還提到法鼓山正全力推動的「5475大願興學」計畫，表示目前加入護持的民眾，有超過百分之六十並非法鼓人，可見社會對於法鼓大學的重視和支持。師父邀請勸募會員和他一起努力，共同成就這個造福人類的興學悲願。

台南分院監院果舟法師表示，以往巡迴關懷多與高屏地區合辦，這次首度由台南地區主辦，信眾們相當興奮和感恩；雖然人力和時間有限，但眾人莫不全力以赴，各自發揮所長，讓活動圓滿完成。

06.03

慈基會舉辦緊急救援正副總指揮成長營

果光法師勉勵落實關懷精神

各地救援正副總指揮在成長營中分享交流安身安心的心得。

法鼓山社會福利慈善事業基金會本日在北投雲來寺舉辦「法鼓山緊急救援系統正副總指揮成長營」，約有八十多位來自全台各分院、地區救災中心緊急救援系統的正、副總指揮參與，慈基會祕書長果光法師也到場關懷。

果光法師致辭時，以日常發生的意外事故為例，印證佛法說的「諸行無常」，並強調許多自然或人為災害，無法預料何時發生，所以救援工作一定要爭取時效。法師勉勵大家落實聖嚴師父提倡的關懷精神，從災難救助著手，協助民眾解決困難，讓他們安身、安心。

這次成長營課程豐富，除了邀請群英企業管理顧問公司董事長吳政宏主講領導統御，台南分院監院果舟法師並與大家共同討論如何運用宗教信仰增強救難信念。法師表示，在救災工作中，救援者常會陷入無力幫助人的迷惑之中，此時要從佛法中學習開啟智慧，不斷自我勉勵，在先安定自己的前提下，投入緊急救援工作方能持續不歇。

台中安心服務站站長鍾金雄則介紹實際的組織與動員方法。此外，慈基會派赴印尼義工、曾任棉蘭安心服務站站長的李徒，以及5月底甫前往菲律賓頒發災後孤兒助學金的資源整合組主任委員曾照嵩，也特別和大家分享自己的助人感想。成長營在眾人熱烈討論中圓滿落幕。

06.06～15

人基會贊助學子送愛到西非

台灣與獅子山願景團隊校園勸募物資

為了鼓勵青年學子關心世界議題、投入幫助全人類的行動，由法鼓山人文社會基金會推動的「青年領袖願景實踐方案」，特別贊助「台灣與獅子山願景實踐團隊」於6月6至15日在台灣大學舉辦「愛飛至獅，愛／非自私」校園系列活動。

「台灣與獅子山願景實踐團隊」由五位台灣學子、兩位西非獅子山共和國青年發起，目的是為了幫助久經戰禍的獅子山勸募物資。發起成員之一的台灣大學國際企業學系學生吳宣儀表示，自己和同伴們有幸能在去年（2006年）7月參加法鼓山主辦的「國際青年領袖會議」，進而認識獅子山公益組織創辦者歇凡努斯（Sylvanus）等人，瞭解獅子山國內的貧窮、內戰和教育資源短缺等問題，大家深感同情，希望能為改善該國困境盡一分力量。

一年來，由兩國青年共組的團隊在法鼓山人基會的贊助下，架設了網路平台，讓更多世人瞭解獅子山的狀況，並積極透過各項勸募活動，提供實質幫助。這次在台大進行的活動內容，包括獅子山共和國的關懷介紹特展、書展義賣，及二手衣物和英文書籍募集，將募得的物資全數送往西非，幫助獅子山重建社會。

06.07

香港企業家響應大願興學

李吳麗英女士澤被法鼓大學

為了護持法鼓大學的建設，本日下午，實業家吳紹麟、胡蘭伉儷與聖嚴師父於聖嚴教育基金會辦公室，簽下新台幣一億八千七百萬元的捐款約定書，這筆捐款將做為法鼓大學環境研究學院教學大樓的建築經費。

李吳麗英女士遺產捐贈法鼓大學建設基金，其家屬吳紹麟（右一）、胡蘭（右三）等與聖嚴師父簽署捐贈約定書。

這項捐款乃是台北蒙特梭利幼稚園校長胡蘭女士已故姨母，亦是香港企業家李吳麗英老太太生前的付託，希望將其遺產以意義最深遠、福澤最永續的方式加以運用。

在姨父李家旭老先生的完全信任下，胡女士在法緣會成員柯瑤碧、方台華與葛潔輝等舊識的引介下，親自拜會聖嚴師父、方丈和尚果東法師，瞭解師父利益眾生的浩瀚悲願。經由法鼓大學董事劉偉剛、姚仁喜建築師等人的說明建議，胡女士決定以法鼓大學環境研究學院做為姨母遺產捐助的對象，祈願姨母的福澤能夠利益無量學子。

未來法鼓大學環境學院的教學大樓，將以「麗英大樓」為名，以紀念李吳老太太的善行。

06.25　09.12

慈基會舉辦社會工作者心靈饗宴

為社工員提供禪修減壓課程

參與社會工作者心靈饗宴的社工員，練習禪修、放鬆身心。

有鑑於社會上各種家庭問題層出不窮，承辦相關工作的社工員壓力也愈來愈大，法鼓山社會福利慈善事業基金會特別於6月25日及9月12日，分別在北投雲來寺和高雄紫雲寺舉辦「社會工作者心靈饗宴」課程，藉由提供禪修課程協助社工運用禪法減輕自身的工作壓力，也產生更多能量幫助需要的民眾。

首場於雲來寺舉行的「社會工作者心靈饗宴」，共有32位台北縣政府的社工人員參加。禪修中心副都監果醒法師到場說明禪修的功能，指出學習禪修和佛法可以提昇自我觀照能力，看到自己的問題，若能處理好自己的心，就能面對外界紛擾，順利完成工作使命。

當天課程由禪修講師李珮穎主講，從放鬆身心、體驗呼吸、體驗打坐開始，逐步引導社工員練習心靈放鬆。隨後的問答時間，許多社工員踴躍提出問題，李老師除詳細解答，同時勉勵大家具備禪修基本常識後，還要多跟隨老師練習，從中自我肯定和提昇，精進工作與生活。

第二場於高雄紫雲寺舉辦的課程，由紫雲寺監院果耀法師指導禪修，共26位高雄縣市政府社會局社工參加。對於法鼓山提供禪修減壓的學習課程，參與的社工員都滿懷欣喜與感謝，也期待對禪法有更多認識和學習，進而將禪修融入生活、工作中。

06.30

人基會舉辦「新時代．心倫理」座談會

推廣「心六倫」促進人我和諧

聖嚴師父有感於近年來國內倫理觀念低落，導致人心浮動不安，自7月起，法鼓山人文社會基金會舉辦一系列「倫理專案」活動，宣導「家庭、生活、校園、自然、職場、族群」等六種倫理的「心六倫」。系列活動第一場——「新時代．心倫理」座談會，6月30日在台北圓山飯店舉行，邀請聖嚴師父、前監察院院長錢復、宏碁集團創辦人施振榮、前清華大學校長劉炯朗及台積電文教基金會董事張淑芬等貴賓與談，由資深媒體工作者葉樹姍主持，行政院長張俊雄、台積電董事長張忠謀等各界貴賓亦蒞臨盛會，共近千位民眾參加。

張俊雄院長致辭時，首先感謝法鼓山對淨化社會人心的貢獻。他認為台灣目前最需要的是一顆倫理的心，建立正確的價值觀是最迫切需要的。

聖嚴師父表示，「倫理」的精神在於維護社會的安定與和諧，倫理就是一種分寸、一種責任、一種服務、一種奉獻，具有保護自己、保護他人的功能。師父希望結合有心提倡倫理的人，共同推動「心倫理」運動。

前監察院長錢復感佩聖嚴師父發起此項運動，並以他長期從事外交談判的心得，指出不管在家庭、企業或社會、國際間，如果懂得「讓」，就能促進和諧。

施振榮從自私、自利的角度談現代人的倫理關係。他強調現代人應追求永續的利益，如果只看個人利益，最終反而會造成傷害。

前清華大學校長劉炯朗認為，倫理就是跟別人相處的規則，與人相處應從內「心」出發，由內心主導自己，我們怎麼對自己，就要怎麼對待父母家人、老師同學，進而對待周遭的每一個人。

張淑芬則鼓勵眾人，可以試著以個人為起點去實踐倫理精神，隨時隨地檢視自己的行動跟語言，與人有好的互動，就是心倫理的推動。

座談最後在聽眾與貴賓熱烈互動、問答之下，圓滿結束。主辦單位人基會表示，後續會舉辦更多相關活動，期許眾人從「心」出發，為現代的「心六倫」提出新的思惟和方法。

「新時代．心倫理」座談會，左起為張淑芬、施振榮、錢復、聖嚴師父、劉炯朗、葉樹姍。

「心六倫」運動的目的與期許

刊登於《法鼓》雜誌212至215期（2007年8至11月）

◎聖嚴師父

回顧東方社會，經歷了近一、兩個世紀的動亂，舊的倫理觀念和價值已遭到漠視，導致當今社會充斥著各種亂象：人與人之間缺少尊重，個人也缺乏自重，每個人所扮演的角色亦非常模糊，責任感與本分心也都變得淡薄。因此法鼓山要推動一種新的倫理運動，我們將它稱之為「心六倫」。

所謂「心」，就是「良心」的心。許多人都知道需要有倫理價值觀，但當倫理落實到自己身上時，卻往往由於利害得失的考量，而將它棄之不論，而對與己無關的事情，就要求大家要有倫理價值觀。當然大家都應該要守道德，要有倫理觀念，但關鍵在於我們每個人，是否有把自己的真誠心、懇切心放進去，是否有把自己的生命，跟倫理道德結合在一起。因此我們提出「心六倫」，是要從心出發，正如法鼓山一貫強調的「心靈環保」，要從自心做起。

倫理須有道德的配合

「倫理」與「道德」這兩個名詞，一般都是相提並論的。兩人以上的相處，彼此各盡其責、各守其分，這是「倫理」；彼此尊重、互相關心，這是「道德」，兩者之間關係相當密切，不過範疇並不相同，例如道德之中，不一定含有倫理，但倫理的實踐，則一定要有道德來配合。

所謂「倫理」，是指人際間的互動，每一個人可以同時扮演好幾個角色，善盡每個角色的本分、責任，就是倫理觀念的落實。至於「道德」，是讓所有與我互動的人，都能夠得到利益、平安，也就是所謂「交友」的功能。

道德的實踐，關鍵在於我們自己。如果只是一味的期待、苛求他人對我們好，自己卻沒有等同地去回饋，那就是欠缺道德。我必須再次強調，人際之中如果缺乏道德，也就不成為倫理。

「心六倫」關懷的主體與價值

「心六倫」的特色，在於它的時代性，是對當前台灣社會及國際情勢的一種回應，這與過去傳統儒家所倡的「五倫」：「父子、君臣、夫婦、兄弟、朋友」不同。比如「心六倫」之中，提到了自然、職場和族群倫理，都是新時代的面向，非傳統五倫所能涵蓋。

我們每一個人在「六倫」之中，扮演的不只是一重，而是多元的角色。不論我們扮演什麼角色，都應該要有正確的觀念：我們是為了守分、盡責、做奉獻，而不是為了爭取；在求自利的同時，也要尊重、關心他人。所以，一味的貪求爭取不是倫理，服務奉獻才是倫理的價值。

一、家庭倫理

家庭倫理的主體是夫婦、親子、兄弟姊妹三者的人際關係，至多可延伸至與公婆、岳父母間的互動。在家庭中，一個父親可能也是女婿、兒子，同時也扮演兄弟手足的角色。不論扮演哪一個角色，在何種立場，就會有相對的身分；而有什麼樣的身分，就要擔負起這個身分應有的責任和義務，共同來照顧家庭，使家人幸福和樂。

現代人大多是小家庭，家中成員少，至多是祖孫三代同堂。小家庭最常見的問題是：父母對子女的照顧、關心不足，而子女對父母的孝敬、關心，日漸淡薄。舉例來講，媒體經常報導某些家世顯赫的公眾人物後代，在父母往生之後，為了遺產爭執不休，甚至鬧上法庭，他們只計較個人利益的爭取，而不去思考家庭的和諧關係。

此外，很多父母在孩子成長的過程中，給予的家庭教育相當有限。在這種情況之下，缺乏家庭教育的孩子，到了外面很可能就成為麻煩的製造者，他們不受管教、無可理喻，而學校的老師也不敢管，因為一管教，家長就上門理論了。過去我們講一個孩子沒有家教，那是對父母相當嚴厲的指責；可是現在，缺乏家教的孩子為數不少，甚至有的父母不肯讓老師管教小孩，這是非常大的問題。

家庭是一個社會最基本的組成單位，擁有健康和樂的家庭，才是一個幸福祥和社會最穩固的基石。家庭的每一個成員，不論輩分，都應該思考如何為自己的家人奉獻，而不是斤斤計較如何從對方身上獲取什麼。每一個成員，都要克盡本分，不論其他成員如何，我們自己一定要扮演好自己的角色，對長輩要感恩孝敬，對平輩及晚輩要關心照顧，如此則不論貧富貴賤，家庭必然和樂幸福。

二、生活倫理

生活倫理的重點是節約、簡樸、不浪費。

生活倫理與其他五倫，均有密切的關係，因為不論在什麼場合，都是人類生活的一部分。我曾經看過一個廣告，內容是一個女孩子買了很多衣服，卻不快樂。其實我們對於物質的需求，真正需要的不多，而是想要的太多；要的愈多，卻愈不滿足！

生活倫理的另一個內涵是：要尊重自己，也要尊重他人，給自己方便之餘，也要讓他人方便。中國傳統的俗諺云：「各人自掃門前雪，莫管他人瓦上霜。」這種陋習今人應當修正過來，因為個人與他人的生活實不可分。因此，生活倫理的落實，除了從我們每一個人開始，珍惜善用生活中的各種資源外，也要對環境給予愛護和尊重，除了給自己方便，也要尊重其他使用者的權益。

三、校園倫理

校園倫理的主體是老師、學生和家長。

我聽到現在許多的老師、學生和家長，大家都有苦水。譬如老師說，現在的學生不管做錯什麼，老師就是不能管教、不能責備、不能勸導，否則家長就上門理論；但如果學生成績不好，家長則說是老師沒有善盡教育之責，所以他們很感歎。而站在家長的立場，他們也抱怨現在的老師，沒有愛心、沒有耐心，每天只是固定地上下班，不是真的有心作育人才。

這也說明了一種現象：現在的校園，學生不像學生，老師不成老師，而與校園倫理關係密切的家長，也沒有盡到責任，只是把孩子送到學校，放任他們為所欲為。至於最高的教育行政單位，也給予學生十足的自由；這樣的作法立意雖佳，鼓勵學生能充分發揮才學，可是往往自由過度成了放縱，反而造成其他同學、老師的困擾，甚至妨礙到整個校園。

當前台灣深受西方文化影響，西方社會講求平等，為此也有學生要求跟老師平等、跟社會人士平權。但這種平等是有問題的，當中沒有考慮到校園倫理，也沒有思考到自己應盡的本分和義務，只想享受權利，這是不切實際。

師生的倫理，是建立在雙方愛與敬的基礎上，如果教育決策者能對老師、學生、家長制定一套倫理規範，使三方在校園倫理的規範內，各盡各的職務，各盡各的義務，如此才能教育出品德和學養兼美的下一代。

四、自然倫理

自然倫理的關懷主體，就是自然生態，包括生物與非生物的資源和環境。非生物的資源，例如金屬、石油、煤等礦藏，雖不是生命，但與生態有關。因此，這裡所說的自然倫理關懷，除了直接保護有機生態之外，還包括間接保持各種資源之間的永續平衡，凡是自然界的一草一木、一塊石頭，都跟人類的生存有關，人類使用它們，就應該珍惜它們、保護它們。

現在大家都有共識，地球只有一個，地球不能毀滅。也許有人以為砍倒一棵樹、剷平一座山丘、捕捉幾隻保育類動物，地球尚不致因此而毀滅，然而這是井底之見。因為人類的家園就在自然之中，人類生存所賴以維生的條件，都是從自然供給。因此，當有任何一個人破壞自然資源、消耗自然資源，就等於浪費了全體人類的資源，即是把後代子孫的資源一併糟蹋了。更有甚者，當地球環境惡化之後，人類的健康將受其影響，而人類生命的保障，也會愈來愈脆弱。

人類與自然環境之間，雖然自然不會說話，但是我們日常所用的物品（資源），不管是自己買的或者別人送的，都不應該浪費。關心自然倫理，不破壞、浪費地球資源，要從每一個人自己做起，進而去保護、改善地球環境，使地球更具有未來性，使人類的生存空間更有安全感。這種對自然資源及自然環境的關心和付出，就是我們要提倡的「自然倫理」。

五、職場倫理

職場，泛指政府、民間等公民營事業單位場所，也包括非營利事業的團體組織。人與人之間工作上的互動關係，就叫做職場倫理。

我所認識的企業界人士，大多感慨現在的企業主難為。企業的負責人付出創意、智慧、資本、資源，但員工卻把企業主當成敵視的一方，什麼都要爭取。但是員工的立場又不同了，他們說，老闆不斷壓榨員工的時間、資源，甚至是生命，員工付出那麼多時間和心力，卻只得到不相稱的酬勞，兩者根本不成正比。這是職場中普遍存在的問題，勞資雙方對立，而彼此都要求獲得更多的權利、享受，這不是健康的企業倫理。

除了勞資關係，企業也會面臨與上下游廠商和消費者之間的互動關係。如果企業僅僅考慮在商言商，甚至為了謀利不惜謊詐欺騙，當然不會是正確的企業倫理。

工作的意義，並不只是糊口的謀生工具而已，而是生命的實踐。一個健全的企業經營，應該把股東、客戶、勞工、消費者，當成是生命的共同體，大家彼此成就、互相照顧。從這樣的關係中，我們可以瞭解：企業主並不等於獨裁的皇帝，企業的財產也不是由老闆一人創造，而是由團隊共同締造，因此創造出來的福利，也該分享給企業相關人員。而所有相關人員，也都應該各自扮演好自己的角色，各盡其責。

以此類推，任何職場中的成員，不論職位高低大小，都應以平等的心態來服務及奉獻，把職場當作自己的家，把同仁當作自己家人來對待。

六、族群倫理

「族群倫理」的意涵，就是對不同族群、文化、語言、習俗、宗教等的尊重與包容。

目前國際社會較棘手的族群問題，多半來自宗教、政治和信仰上的差異。當今世界已是一個多元文化社會，同一國人民即是同一族群，其間沒有種族、膚色、語言之別。例如美國，是世界族群的大熔爐，但在美國憲法的保障下，所有族群一律平等。然而在比較落後的國家、地區，仍存有種族偏見，這種偏見應當要修正，否則除了無法融入世界體系，作繭自縛的結果，本身也會被整個大社會揚棄。

台灣是一個多元族群的社會，在這塊土地上，各族群之間向來和平相處，和樂共榮。可惜近年來少數政客為了選舉考量，把族群的差異性當成吸票的利器，大肆挑撥這塊土地上人民原本融洽的感情，影響所及，台灣宛如兩個家園，對立的雙方互相仇恨，互看不順眼；甚至於同一家庭之中，也因族群議題的爭執，導致家人情感破裂。這種平時不存在的問題，到了選舉前夕就被拿來炒作，一旦選舉過了，則又煙消霧散，這是非常不良的選舉文化。實際上，台灣並沒有族群的問題。

近年台灣社會另一個快速增加的族群，是外籍配偶與其所生的「新台灣之子」。這些新族群除了有水土、語言及文化上適應的問題，他們也承受了來自社會上某些歧視的眼光，不免過得辛苦。事實上，外籍配偶、新台灣之子已是台灣社會的一分子，外籍配偶是台灣的媳婦，而她們所生的孩子是台灣的公民，是將來台灣社會的主人翁——這是可以預見的事實，怎麼還可歧視他們呢？此外，我們的社會尚有某一群人，因疾病或者其他因素，無法過著與一般人相同的生活，因此遭受外界異樣的眼光，這也屬於族群問題的一種。

縱觀人類的歷史，一個社會因有多元族群的相互激盪、互助合作，往往更豐富、更精彩，這不是歷史的偶然；然而其先決條件，一定是要不同族群之間拋棄對立，相互包容，才能求同而存異。因此，族群倫理便是站在尊重多元的立場，讓每個族群都能發揮自己的特色，同時也要思考、照顧到其他的族群，使他們一樣受尊重、被保護，如此才能展現多元社會的豐富與可貴。

「心六倫」的目的

法鼓山提倡「心六倫」運動，最主要的目的，就是要「提昇人的品質，建設人間淨土」，希望藉由這六種範疇的倫理，幫助台灣社會與人心能夠淨化、平安、快樂、健康。

我要期勉大家一定要從大處看、往遠處想，並且考慮未來性。希望藉由「心六倫」，將台灣社會的倫理運動、道德形像，經由影響而改變、提昇，同時進一步影響全球華人社會的民情風氣。只要我們能做出一點點小小成果，相信就會有許多人願意來參與我們、響應我們，和我們一起來持續推動。

唯有提昇人的品質，才能建設人間淨土，人間社會的淨化，需要我們每一個人從觀念、想法的轉變做起。現在一般人都想著競爭，競爭不是壞事，但是站在「六倫」的立場，每一個競爭者，除了要考量自己有飯吃、生活平安、有未來，同時要想到讓競爭的對手也有路走、也有飯吃、也能安定生活，更要考慮勿把競爭的舞台弄垮了，這才是倫理。如果只想到競爭，而不管他人及後人的生存空間，這就有失倫理，沒有道德。

倫理是一種仁慈，是一種菩薩的悲心，在自利的要求之餘，必須要利他；唯有利他的自利，才是最有保障的。如果只想到自利，而不考慮利他，則自己享有的利益也不會安穩，因為其他的人會來覬覦、會來爭奪。

愈是在混亂的環境之中，愈是需要提倡倫理教育和倫理觀念。希望諸位讀者，都能一起來扮演「六倫」運動的詮釋者、先驅者，希望諸位都能心懷服務、奉獻，以利益他人來成長自己，這才是最好的價值，也是幸福、快樂人生的真義。

心六倫 世界向善提昇的契機

新時代倫理觀開啟當代社會安頓身心之道

6月30日，法鼓山人文社會基金會以「新時代．心倫理」座談會做前奏，為一系列「倫理專案」活動揭開序幕，積極宣導以「家庭、生活、校園、自然、職場、族群」等六種倫理觀念為中心的「心六倫」，也為世界和社會注入更多向善和革新的契機。

以心六倫定位自己，關懷他人

「心六倫」系列活動的推動，乃是聖嚴師父感於近年來國內外紛擾不安，種族與族群衝突不斷，人際關係備受考驗，許多人不尊重自己，也不尊重他人；動輒不守本分，缺乏責任感，或者對自己扮演的角色模糊不清，導致社會問題叢生。聖嚴師父認為這些都是現代人倫理觀念低落式微所致，因此須由重振倫理著手。

聖嚴師父倡導的「心六倫」，包括家庭倫理、生活倫理、校園倫理、自然倫理、職場倫理、族群倫理。家庭倫理強調家人間要互相照顧、愛護，對長輩要感恩孝敬，對平輩及晚輩要關心照顧；生活倫理主張努力過簡樸、整潔的生活；校園倫理主張學生、家長、老師各盡其分，彼此相互尊重、支持與和諧互動；職場倫理主張在工作崗位上盡心、盡責，為社會奉獻自己而成全他人；族群倫理鼓勵多元族群彼此尊重、互助、包容、共榮；自然倫理主張珍惜地球自然環境的資源。

「心六倫」的內容都是當前社會最迫切需要的行為準則，涵蓋面向和內涵遠超過傳統「父子、君臣、夫婦、兄弟、朋友」的「五倫」，特別是自然、職場和族群倫理，都是新時代的產物，切合現代社會的需要；期盼藉由這六種範疇的倫理，能夠促成台灣社會淨化、平安，幫助人心自在、快樂。

各界回響熱烈

由於心六倫理念契合時代和人心需求，「新時代．心倫理」座談會獲得許多社會賢達和各界民眾的熱烈參與，引起廣大回響，知名媒體工作者王偉忠製作的中視新節目《全民大講堂》旋即邀請聖嚴師父上節目，講述「心六倫」與現代人的心倫理之道。

法鼓山自啟動「心六倫」運動之後，許多民間企業共同發心贊助一系列「聖嚴師父談『新時代．心六倫』」電視帶狀節目的製作和播出。如有線電視霹靂頻道即自2007年10月起至2008年2月底，每週一至週五固定時段播出。

除了企業和媒體的響應，方丈和尚果東法師也直接深入各地，9月起先後為三芝鄉公所代表及台北縣民眾、宜蘭民眾介紹「心靈環保」、「心六倫」，11月8日至12日至馬來西亞與新加坡護法會關懷時，分別為兩地信眾主講「心六倫的主體價值與安定和諧」和「從心六倫展現生命的價值」，將新時代的倫理帶給當地民眾，獲得極大回應。另外，法鼓山人基會與法行會於12月21至26日在台北市東區舉辦「啟動心六倫，提昇好人品」活動，讓心六倫理念進一步走入更多人的生活中。從海內外民眾熱切的殷求，可見全球社會對「心六倫」的肯定與支持。

「心六倫」，是從心出發、從我們每個人自己做起進而推及他人，尋求永續的、利人利己的利益，實際上正是法鼓山長久推動「心靈環保」的內容。聖嚴師父指出，「心六倫」運動是做不完的，這不僅只是一波的活動，也將是持久性的工作，需要大家用心去體會，真誠去實踐。

經由聖嚴師父的號召、法鼓山四眾佛子的積極推行，以及各界的努力，相信台灣社會的倫理觀念將會有心的轉變和提昇。法鼓山也將藉著各種管道和因緣，向全球各地推廣「心六倫」，讓世界趨向於和平安定，讓人間淨土的理想得以逐步實現。

此外，為了推廣心六倫運動，人基會今年度更出版了一套《心六倫行動手冊全輯》、書籤及桌曆三種文宣品；其中《心六倫行動手冊全輯》內容包含運動的目的與期許，以及家庭、生活、校園、自然、職場、族群倫理的行動方針等，期能藉此擴大推廣「心六倫」。

07.14～11.23

緊急救援課程於各地區展開

慈基會義工增進救災經驗與默契

為加強各地義工的救災專業知能、強化救災組織，法鼓山社會福利慈善事業基金會緊急救援中心於7月14日至11月23日期間，陸續於全台各地開辦緊急救援訓練課程，全年共23場，受訓人數共1,200人。

這些教育訓練包括一場全省正副總指揮成長營、18場各地區救援義工成長營、二場南亞義工教育訓練營，及二場華語義工教育訓練營等。其中，9月30日，屏東、潮洲地區的義工在屏東辦事處展開訓練課程，共有69位義工參與。首先由陳結輝、孫明理兩位義工介紹「地區救災中心組織架構與任務編組」，加強對組織運作方式的認識，下午則邀請屏東女中老師姚秀瑛主講「創傷關懷技巧」，講解緊急救援的工作重點，不在於好高騖遠的「救」，而是對當事人的「援」。

新竹地區的課程於10月13日在新竹辦事處舉行，共有40位義工參與。當日課程由慈基會總幹事陳果開進行簡介，接著由資深義工鍾金雄主講「法鼓山地區救災中心組織及作業要點」，並分享國內救援案例，而義工顏炯彬則分享國外救援心得，分享討論與綜合座談由總指揮洪世彬主持。

南投地區的課程在10月13日展開，54位義工到南投安心服務站接受訓練。課程在站長李賜春簡介慈基會以及《南國天空下的希望種子》影片播放中開始，總指揮熊英輝除了講解救災中心組織各組工作要點，並分享兩年來的救災心得，從發放物資、與災民的互動，點點滴滴的經驗，都讓與會義工收穫良多。

10月14日，苗栗地區課程於苗栗辦事處進行，共有25位義工參加。總指揮陳金和與吳家瀅，共同主持救災教學影片導覽和編組任務討論，配合影片的播放，讓義工們更能瞭解各組的任務和作業流程。

救災工作是法鼓山重要的關懷項目之一，在這次訓練的每一場課程中，參與義工們不僅學習到救災專業技能，也藉著交流經驗，對於往後的救災工作，建立起更良好的合作默契，及提昇未來的救援與關懷品質。

緊急救援訓練課程中，義工們分享彼此的救災經驗。

07.22

「心靈環保博覽會」於高雄鳳山展開

民眾闔家參與學習環保生活

由高雄各區召委共同策畫的「心靈環保博覽會」，本日在鳳山市鳳凌廣場展開，許多民眾皆闔家參與，回響熱烈。

博覽會活動內容以「遊戲闖關」的形式來推廣法鼓山心靈環保理念，並特別規畫出「禪坐體驗」、「念佛祈福」、「心靈環保」、「生活環保」、「親子遊戲」等五個攤位關卡，許多小朋友隨著父母，或是與同學結伴，一起協力通過五個關卡，經歷了一場饒富趣味的心靈洗滌體驗。

高雄地區民眾在「心靈環保博覽會」中體驗禪修。

活動中，除了讓民眾學習餐具可重複使用、零污染的方法，並鼓勵大家於日常中實踐生活環保之外，更引導民眾透過專注玩遊戲、閱讀佛法小書冊、禮佛、誦念菩薩聖號、放鬆打坐、學習法鼓八式動禪等活動來安定身心，不少民眾表示雖然是初次接觸法鼓山和禪修，但對於這樣的親身體驗，感到印象深刻。

07.27～08.05

「遊心禪悅」書法展台中展出

聖嚴師父與胡志強市長進行對談

為向社會大眾推廣「5475大願興學」，法鼓山舉辦「遊心禪悅——法語・墨緣・興學」聖嚴師父書法展全台巡迴展，第二站於7月27日至8月5日在台中市新光三越百貨公司展開。28日上午開幕典禮，聖嚴師父及方丈和尚果東法師親臨參加，台中市長胡志強伉儷、書法家杜忠誥等貴賓蒞臨參與，一同體會字裡行間的禪機法趣。

典禮中，聖嚴師父為大家介紹各件作品書寫的意涵與書寫過程，例如在書寫「戲外看戲忘了戲，夢中作夢不知夢」這幅作品時，是感於「人生如夢，但人常身在其中而不知」，師父進而說明，戲外人本就是旁觀者，他勉勵大家透過禪修洗禮，來真正明白自己身在何方。

胡志強市長並與聖嚴師父進行一段對談，他形容師父的作品是「字裡有禪，禪裡有字」，字字讓人「知夢、知戲、知人生」；書法家杜忠誥則指出，一般人寫書法多重技巧，而師父的筆墨，卻自然流露出禪學修養及氣韻。

台中市長胡志強（左）、夫人邵曉鈴（右），連袂出席「遊心禪悅」書法展，並和聖嚴師父展開對談。

展示現場，不少人請領聖嚴師父墨寶，以實際行動護持興學；也有民眾表示，雖然無法完全辨認作品中的每個字，卻可以感受到師父行筆間的慈悲與智慧，對於法鼓山的理念因此興起了由衷感佩。

07.28

聖嚴師父與方丈和尚巡迴關懷至台中

傳承興學大願　為社會帶來福祉

護法總會舉辦聖嚴師父與方丈和尚果東法師全台巡迴關懷活動，本日下午抵達第四站台中逢甲大學體育館，大台中地區共約一千兩百多位勸募會員及其家屬出席。

活動首先由法行會副會長陳進堂報告台中寶雲寺的籌建現況，接著僧團常慧法師介紹法鼓山僧伽大學，讓大家更瞭解法鼓山的教育使命。之後由方丈和尚為新進勸募會員授證，方丈和尚並期勉眾人抱著感恩之心，運用慈悲和智慧關懷他人，接引更多人得到佛法利益。

為彰顯大願傳承的意涵，台中地區14位發心認捐「5475大願興學」的小朋友及法青悅眾，特別懷抱著「慈悲」與「智慧」小沙彌撲滿，引領聖嚴師父進場，堅定的護持願心，令在場民眾深受感動。

方丈和尚果東法師為台中地區的榮譽董事頒發證書。

聖嚴師父在為45位榮譽董事頒證後，開示強調法鼓山有堅定的理念和方針，但必須透過三大教育來實踐，並期許每位信眾都能發心支持興學大願，共同成就為社會帶來福祉、提昇大眾素質的法鼓大學。

護持法鼓山與其他神廟有何不同？

7月28日講於台中逢甲大學體育館「全台巡迴關懷」台中場

◎聖嚴師父

聖嚴師父期許每位信眾都能發心支持興學大願。

諸位法師、居士，我已數年未到台中，本來我的身體狀況並不適合出遠門，但是我發了一個願：「假使情況許可，我希望再到全台各地做一次巡迴關懷。」沒想到這個願一發，各地區菩薩即著手安排好了，儘管體能狀況不穩定，但我仍然到各地關懷。

我已是近八十歲的人了，但還有一個心願，就是興辦法鼓大學。有人問我：「現在的大學已那麼多，為什麼還要辦法鼓大學？」這問題正如同台灣已有許多寺廟，為什麼還需要有法鼓山？那是因為法鼓山的特色與其他團體不同，還是有很多地方需要像法鼓山這樣的佛教團體來奉獻。就如台灣各地的連鎖超商，已經非常普及，為什麼品牌佳的連鎖商店還是一家一家增設？便是因為他們自有特色，也就有市場的需求。同樣地，我們要辦法鼓大學，因為我們自有獨特的辦學目標與內容。

以辦教育培育人才　以人才奉獻社會

有人問我：「護持法鼓山，與在其他的神廟燒香還願、奉獻做功德，有什麼不同？」確實，有些合法經營的宗教團體，能夠用心地把信眾的護持款妥善應用在辦醫院、辦學校、建設圖書館，以及從事各項社會公益、慈善、教育、文化等事業，這是很好的；然而這些公益事業的推動，大多是在有限的資源中，做有限的事情，並沒有明確的理念、宗旨和目標。

可是法鼓山不同，我們是主動關懷社會，有理念、精神、方針和方法，並且積極推動各項教育、普化和關懷的工作。在法鼓山世界佛教教育園區尚未建成之前，我們已經透過各種媒體，在社會上長年推動法鼓山的理念，這種無形的教育，多年來，已安定、淨化社會眾多的人心，就如今天在台中的這場活動，能夠有上千人出席，代表法鼓山理念的提倡，對於安定社會已經產生不小的影響力。

我們的理念是「提昇人的品質，建設人間淨土」，並透過三大教育來實踐我們的理念。法鼓山的三大教育，一是大學院教育，二是大普化教育，三是大關懷教育。建設法鼓山的目的，就是為了辦大學院教育，而以大學院教育培養的人才，來推動大普化和大關懷教育；三大教育之間，乃是互為連鎖的關係。

其中，大學院教育至今已有相當的基礎，例如法鼓山僧伽大學已招收六屆學僧，目前有三屆畢業，投入僧團的執事工作；中華佛學研究所辦學至今已25年，培養了許多學生出國留學，並取得博士學位；法鼓佛教研修學院今年正式招生，是國內第一所得到教育部核准設立的單一宗教研修學院，畢業學生可獲得正式學位。除了前述三個教育事業體，還有正在建設中的法鼓大學，是大學院教育的第四個事業體，也是我們現在募款的目的建設。因此，我們正在培養一批批奉獻、服務的人才，讓社會祥和，讓社會有明天，人間不斷充滿未來的希望。

用佛法調心　促進社會和諧

然而，法鼓山目前培養的人才依然不足，對社會所推動的關懷、普及教育工作，仍需加強。儘管有許多人已經皈依三寶，但是尚未真正學佛，以至於無法以身作則，進而影響他人也來學佛；因此我希望不只是出家法師，在家居士也能共同修學菩薩道，讓自己成為社會中一股穩定的力量。

安定社會、穩定社會，需要有修行的工夫。所謂修行，就是每天能有一段固定的修行功課，譬如持誦觀世音菩薩聖號、禮拜觀世音菩薩、打坐、念佛，或者讀經。期勉大家最好每天早晚都能有半小時的修持，如此便能保持心的安定。練習用佛法來調心，用佛法來幫助自己，才能過著健康、平安、快樂的生活，進一步使家庭和樂、社會和諧。

現在我們的社會很需要佛法，也需要有人來傳播佛法，而法鼓山就是以辦教育的方式來造就人才，以人才來奉獻給我們的社會，提供佛法的普及服務，以及全生命的關懷教育。所謂「前人種樹，後人乘涼」，一定是栽樹的人有心有願，才能化育明日的一片清涼淨土。敬請諸位共同來響應法鼓山的三大教育，支持、支援法鼓大學的興辦。祝福大家健康、平安、快樂。阿彌陀佛。

08.04起

護法總會舉辦新進勸募會員說明會

每月定期舉行 傳承寶貴經驗

護法總會今年度於8月4日起每個月第一個星期六上午，在農禪寺舉辦新進勸募會員說明會，首場於農禪寺二樓禪堂進行，護法總會輔導師法果器法師、總會長陳嘉男、副總會長黃楚琪以及地區轄召、召委等都出席關懷，共有65位北部地區新進勸募會員參加。

說明會首先由陳嘉男總會長致歡迎辭，接著由北二轄區轄召洪祥雲說明勸募的意義、觀念與心態，除了具備「榮譽、功德、責任」三項條件，更需要有「善心、時間、修行的方法」，才能做好勸募的工作。

擁有多年勸募經驗的江元燦老師於會中分享寶貴的經驗，並表示自己目前已接引四百多人加入「5475大願興學」計畫，除了每天發願接引更多人，最重要的是去關心每位護持會員，例如寫幾句祝福的話，感恩對方的善行。

會中，信眾服務處主任胡正中為大家介紹法鼓山護法組織架構，以及勸募會員做關懷時可使用的資源；而勸募時經常會碰到的慰問和助念關懷等問題，則由助念團副團長薛麗英解說。

果器法師在結語時表示，勸募的目的不僅在募款，更希望從中給予關懷，落實法鼓山「提昇人的品質，建設人間淨土」的理念。

果器法師於新進勸募會員說明會中，勉眾募款之外還要給予關懷。

為使新加入的勸募會員培養正確的勸募觀念和心態，並瞭解法鼓山的理念與組織架構，以順利進行勸募關懷，這項勸募會員說明會活動將持續舉辦，幫助會員們募人、募心、募款更順利。

08.05

護法總會舉辦悅眾聯席會議
果光法師分享「承擔與傳承」

護法總會本日於北投雲來寺二樓大殿舉行2007年全國「正副會團長／轄召／召委聯席會議」，就各地護法組織運作情形進行經驗交流，約有一百二十多位來自全台各地的悅眾參加。

學員們於悅眾聯席會上相互分享、交流經驗。

護法總會先於上午進行會務報告，包括「5475大願興學」專案、中秋重陽關懷活動、水陸法會義工人力分配等。下午則由行政中心副都監果光法師，以「承擔與傳承」為題進行分享。法師以輕鬆幽默的口吻，述說自己在僧團領執過程中，遇到挫折時如何運用修行方法，來轉化內心的不安。法師並以「奉獻即修行」、「以師志為己志」的體驗分享，提供了大家最好的答案。

護法總會輔導師果器法師引用《佛陀的廚房》一書中〈從湯中悟道〉一文的讀後心得，來做為結語，期勉大家應學習湯中每種蔬菜的合作與和諧，這番勉勵也為當天的心靈饗宴，畫下圓滿句點。

08.11

聖嚴師父與方丈和尚巡迴關懷至高雄
鼓勵勸募會員募人、募心、募款

護法總會舉辦聖嚴師父與方丈和尚果東法師全台巡迴關懷活動，本日在高雄紫雲寺進行第五場，上午舉辦皈依大典，共有1,166人皈依三寶；下午進行勸募會員授證典禮，共有618位來自高雄、屏東、潮州等地區的勸募悅眾參與，12位榮譽董事在師父見證下，接受方丈和尚授證。

在關懷活動中，聖嚴師父以上午盛大的祈福皈依大典為例，表示儘管高雄地區已有不少寺院和法師，但因為法鼓山能提供不一樣的精神和理念，所以紫雲寺在當地非常受歡迎。師父強調法鼓山的理念就是大普化、大關懷、大學院三大教育，而理念的推廣需要所有勸募會員努力募人、募心、募款才能成事。師父指出，募款建設法鼓大學看似困難，但只要將辦學理念推廣出去，並辦好教育，一定會獲得各界的支持與幫助。

會中，勸募會員分享勸募心得，以實例證明法鼓山推廣教育、興辦大學、培養人才的理念，以及如何獲得民眾的認同，並進而加入護持法鼓山的行列。

活動還安排由弘化院監院果慨法師、《法鼓》雜誌主編果賢法師、法鼓山僧伽大學教務長常諦法師，分別就年底即將舉辦的「大悲心水陸法會」、中華禪法鼓宗的內涵、法鼓山僧伽大學的教育方針等進行說明，使在場勸募會員不僅更瞭解法鼓山三大教育，也更堅定推廣法鼓山理念的信心。

聖嚴師父（中）與高屏地區的勸募悅眾，以及常住法師們合影。

薪火相傳推動教育

8月11日講於高雄紫雲寺「全台巡迴關懷」高雄場

◎聖嚴師父

這次我到大高雄地區，看到高雄市容在環保、景觀方面的品質均提昇不少，交通也比以往更便捷，以此來看，高雄是一個很有前途、很有希望的城市。就佛法而言，佛教在高雄一向相當普及，高雄地區實際上並不缺少寺廟，也不缺少法師，為什麼還需要一個紫雲寺？

法鼓山是眾多佛教團體之一，但是法鼓山的特色跟其他寺院不同；正因為特色的不同，法鼓山在高雄地區尚有很大的發展空間。

法鼓山的特色在哪裡？就是我們「中華禪法鼓宗」有清晰的理念和修行方法。法鼓山的理念是「提昇人的品質，建設人間淨土」，至於理念如何實踐？即是以「心靈環保」為核心主軸，從我們自己的內心開始做起，讓自己健康、快樂、平安、幸福，也讓他人健康、快樂、平安、幸福；這就是自利利他，便是心靈環保，實踐這項理念，也是身為法鼓山信眾精進的一大前提。

如何使得我們自己與身旁的人都能健康、快樂、平安、幸福？如果僅止於口號是沒有用的，一定要有具體的方法，我們的方法是透過「三大教

在高雄紫雲寺的榮董授證典禮上，聖嚴師父親自感謝榮董對法鼓大學的護持。

育」來推動，即大學院教育、大普化教育和大關懷教育。目前我們正在募建法鼓大學，便是屬於大學院教育的範疇。

法鼓山是一座教育園區

法鼓山是一座廟，還是一處教育園區呢？法鼓山的定位一開始就是一處教育園區，而非一般的佛教寺院。法鼓山至今已有18年歷史，這十多年來，法鼓山上已有三個教育機構：法鼓山僧伽大學、中華佛學研究所，以及今年春天甫獲教育部核准設立的法鼓佛教研修學院。此外，還有第四個教育機構是法鼓大學。

我一向強調：法鼓大學是一所「不一樣的大學」，它的特色在於培養建設人間淨土的種子。建設人間淨土的工作，不僅我們這一代要做，還要一代一代的人接續努力，要一代一代的人持續來關懷、化導、淨化我們的社會，使得社會人心淨化、社會風氣淨化，才能實現所謂健康、和樂、幸福的生活。法鼓大學主要就是培養這方面的領導人才。

在大學院教育之中，僧大、中華佛研所和研修學院，主要是培養佛教學術的研究人才及弘揚佛法的宗教師人才，法鼓大學則不同。法鼓大學要培養的是建設人間淨土的菁英俊秀，因此我們的辦學以研究所為主，學生人數不在多，著重於精緻的教學品質，使得學生畢業以後，都能成為建設國家社會的棟梁人才，這是我們辦學的宗旨。

最近有一位香港企業人士的夫人往生了，她的遺願就是把身後遺產捐給認真辦學的教育機構或者學校，當她的家人聽到法鼓大學的辦學理念和願景之後，當下就決定將老太太的遺澤捐建法鼓大學。我們只要把法鼓大學辦出口碑，自然可以獲得支持，接引更多人一起來成就這所「不一樣的大學」。

於高雄紫雲寺進行勸募會員授證典禮，共有618位來自高雄、屏東、潮州等地區的勸募悅眾參與。

而大普化教育則是透過念佛、拜懺、打坐、講經、文化出版等種種方式來教化、化導社會，這些是大普化教育的具體內容。大關懷教育方面，目前我們所做比較有顯著成果的是臨終關懷和助念關懷；此外，還有針對國內外災難提供的急難救助，以及平日的訪貧慰問、冬令關懷、清寒獎助學金等。我們提供物資、救濟金，並用佛法來撫慰、關懷人。有許多人在物質生活上沒有問題，可是心理很痛苦，一時的難關走不過就想輕生，或是在自殺邊緣掙扎。面對這樣的人，則需要以佛法來開導他們，幫助他們轉變觀念。用佛法來關懷人、幫助人，就是我們所做的大關懷教育。

另外，當前我們的社會倫理道德嚴重失序，人與人之間不講倫理分際，在許多場合裡都可以看到惡形惡狀的人，沒有道德，不尊重倫理。一個團體中，假設十人之中有一人是這樣的人，那就不會平安。

因此，我們現在推行「心六倫」運動，呼籲每一個人在每一個場合，都要承擔起照顧人、服務人、奉獻人的責任。「心六倫」運動，同樣也是屬於大關懷教育的範疇。大關懷教育是持續性的一種關懷，我們不只關心現在，也關心未來，因為現在與未來是銜接的；我們關懷現在的人，希望能使他們平安，也關懷未來的人，希望也讓他們平安。

每個人都是三大教育的推動者

教育工作無法速成，需要持續地堅持。法鼓山的三大教育以「心靈環保」為核心價值，不僅要持續去做，還要普遍地推廣。諸位在這三大教育裡面，既是推動者，也是受教育者。也許有人認為：「嗯，法鼓大學，孩子可能有機會就讀吧，我們這些中老年人，大概沒希望了！」其實，法鼓大學是我們大家的大學，任何人都有機會接受法鼓大學的教育。而現在支持法鼓大學，就等於是為我們自己、為我們的下一代、為我們的整體社會，耕耘一片充滿希望的大福田。

最後，祝福大家學佛精進，一起來實踐、推廣法鼓山的理念，做我們三大教育的學生，也做三大教育的老師。只要與他人分享法鼓山的理念，你就是老師；只要傳播法鼓山的理念，你就是法鼓山的教育人才。教育是通過眾人一起建立的，唯有如此，我們的社會才有希望。

諸位參加我們的團體，就是我們三大教育的當然推廣成員，只要勸人念一句「阿彌陀佛」，勸人念一句「觀世音菩薩」，或者告訴人家幾句師父的法語，分享「心靈環保」簡單的觀念和方法，也就是在進行三大教育的扎根工作了。

我難得來一趟高雄，如果因此能讓大家對法鼓山的認識更深一些，真正投入法鼓山理念的實踐，就是我最大的收穫。祝福大家平安、健康、快樂。

● 08.11～22

「遊心禪悅」書法展高雄展出

各級民意代表響應法鼓山理念

法鼓山舉辦「遊心禪悅——法語．墨緣．興學」聖嚴師父書法巡迴展，第三站於8月11至22日在高雄市立文化中心進行。首日開幕當天，聖嚴師父及立法院長王金平、高雄市長陳菊、高雄市議會前議長陳田錨伉儷、立法委員黃昭順、羅世雄、林岱樺及各級民代貴賓，都前往參加，典禮由高雄市立高雄中學校長黃秀霞主持。

聖嚴師父致辭時表示，自己不是書法家，此次將書法作品展出的目的，是為了籌募興辦法鼓大學的經費。師父強調，法鼓山要辦不一樣的大學，要教育出能夠關懷社會、淨化社會的優秀人才。

聖嚴師父在開幕展上為王金平院長（左二）、陳菊市長（右二）、前議長陳田錨（右一）解說作品。

王金平院長非常認同聖嚴師父的理念，並推崇師父的書法，可以帶領人們領略禪修的喜悅。陳菊市長以過去擔任公職時與法鼓山合作的經驗，表示對法鼓山的素樸平易感到敬佩，她並說明，如果能把人間淨土的精神，落實在每個不同生活境界，台灣社會一定會不一樣。前議長陳田錨伉儷則率先請領師父墨寶「和喜自在」和「真實義」，並發願為教育盡一份心力。

● 08.14

慈基會緊急救援台灣中南部水災

提供災區民眾各項民生物資

本月份，台灣中南部連日豪大雨，高雄縣美濃鎮與屏東縣東港鎮遭逢水患，法鼓山社會福利慈善事業基金會獲知消息後，立即啟動緊急救援系統，由高雄地區救災中心總指揮陳元章與屏東地區救災中心總指揮陳結輝等人於14日前往協助。

豪雨期間，13日高屏溪支流美濃溪暴漲，致使美濃鎮一片汪洋，嚴重淹水，陳元章總指揮親往美濃，於14日早上與美濃鎮公所民政課取得連繫後，立即與慈基會義工們協助提供並發送200箱礦泉水與100箱泡麵等民生物資。

14日屏東縣東港鎮亦爆發水災災情，陳結輝總指揮得知東港鎮災情後，主動聯絡東港鎮公所，獲知亟需救援的地區為大鵬村及新東里，法鼓山屏東區的義工們隨即前往附近商家採購，並將總計500份乾糧及38箱礦泉水送至災區居民手中。

對於法鼓山慈基會及時的協助與關懷，遭受水患之苦的住戶們皆表達由衷的感謝。

慈基會義工關懷東港水災情況，並贈送居民應急用品。

08.20

法鼓山救援祕魯強震

賑災團前往投入救援行動

南美祕魯於8月15日發生芮氏規模8.0的強烈地震，造成五百多人罹難。法鼓山獲知消息後，立即指示法鼓山社會福利慈善事業基金會與美國護法會全力動員，發起募款活動；慈基會緊急救援系統並組成賑災團隊，於8月20日前往祕魯投入救援行動。

20日上午，法鼓山中山區救災中心總指揮李豪作以及顏炯彬、陳韻珊等人動身前往祕魯。抵達祕魯首都利馬（Lima）後，與美國護法會的保羅．甘迺迪（Paul Kennedy）會合，搭軍機前往皮斯科市（Pisco），在市長克雷托．羅哈斯（Cleto Rojas）陪同下進行勘災，估計該區有一千戶以上房屋全倒、一萬五千人以上無家可歸。經過與台灣駐祕魯代表處代表黃聯昇討論，並與慈基會總幹事陳果開聯繫後，賑災團決定在當地採購民生物資，解決居民的燃眉之急。

慈基會義工與祕魯當地人員商討救災事宜。

團員分別前往災情最慘重的皮斯科市、契查市（Chincha）及艾卡地區（Ica），發放約兩星期份量的米、鹽、油、罐頭、糖、牛奶等物資，援助3,950戶人家。

值得一提的是，在艾卡地區，由於祕魯UAP大學（Universidad Alas Peruanas）學生的主動幫忙，使得分配行動快速有序，讓同行的台灣國際醫衛行動醫療團深表讚歎。為了感念法鼓山的義舉，祕魯國會議員艾德嘉．努內斯．羅曼（Edgar Nunez Roman）更代表居民及UAP大學致贈法鼓山紀念品。

在完成第一階段的賑災任務後，慈基會並評估實際狀況，持續關注當地居民的需要，並提供協助。

08.25

聖嚴師父與方丈和尚巡迴關懷至花蓮
勉勵信眾發心成就興學

護法總會舉辦的聖嚴師父與方丈和尚果東法師全台巡迴關懷活動，本日在花蓮高商活動中心進行第六場，上午舉辦祈福皈依大典，由方丈和尚代師父授三皈依，共418位來自花蓮、宜蘭地區的信眾皈依成為三寶弟子。下午進行新進勸募會員授證典禮，共有21人接受證書，全場約近三百位花蓮、宜蘭地區勸募會員及其家屬出席。

關懷活動在九位小朋友合唱〈四眾佛子共勉語〉的歌聲中揭開序曲。聖嚴師父開示時表示，舉辦巡迴關懷活動，主要是希望各地勸募會員藉此更深入瞭解法鼓山三大教育理念及內涵，並期望所有勸募會員都能發心，邀大眾共同成就法鼓大學。

在花蓮信眾的祈願聲中，聖嚴師父步入會場。

護法總會副總會長黃楚琪、地方資深悅眾李子春、游文聰等，也在活動中為大家說明大願興學活動的現況，或是以自身經驗分享加入法鼓山後得到的佛法益處，以及護持大願興學的心得。

法鼓山目前於花蓮地區僅設有辦事處，各項資源有限，地方悅眾傾其心力，將這次巡迴關懷活動安排得相當妥善，聖嚴師父特別對花蓮地區悅眾表達肯定和感謝。

做一件事，一定要發願

8月25日講於花蓮高商活動中心「全台巡迴關懷」花蓮場

◎聖嚴師父

法鼓山在花蓮原來就是較小規模的發展，雖然花蓮的信眾人數少，但是熱心不比人差，這次的花蓮行，主要是讓花蓮地區的信眾們看看我，因為我知道地區的信眾們都很關心我。

我還有一個願心未了，那就是法鼓大學一定要建起來。法鼓山有三大教育：大學院教育、大普化教育和大關懷教育。首先，大學院教育一共有四種教育機構，一是法鼓山僧伽大學，自2001年開辦以來，每年都在持續招生，人數愈來愈多，而且學生的程度非常好，到我們山上報考僧伽大學的學生，多半皆已具有大專畢業的程度。其次是中華佛學研究所，我們已經辦了二十五年，前來報考的學生也都相當優異，許多人已經在國內外取得碩士學位再來報考的，可見得他們對於佛學研究確實有心。現在研究所已轉型為單純的學術研究機構。第三是國內第一所獲教育部核准設立的宗教研修學院「法鼓佛教研修學院」，在台灣所有宗教團體之中，我們是第一所成立的，將來畢業的學生可獲頒教育部承認的正式學位，這是台灣宗教史上的一大創舉，今年也已經正式招生了。

第四為法鼓大學，是根據法鼓山的理念而辦學，我們希望將來法鼓大學的學生，個個都是「提昇人的品質，建設人間淨土」理念的推動者。現在法鼓大學的整地工程已經完成。法鼓大學的定位是一所精緻型、小而美的學校，以研究所為重點目標，不同於一般大學，因為我們要為法鼓大學，也為台灣社會及全世界的人類，走出一條新的康莊大道，造就真正足以建設人間淨土的青年人才。這是我們辦學的理念，也是我人生中此際最重要的心願，我們要全力以赴把法鼓大學辦好。

不僅是「教育」　也是「關懷」

但是，要把學校辦好，需要有條件的配合：一、要找對辦學的人、確立辦學的方向；二、要找到辦學的經費，沒錢難以成事。所以請花蓮地區的信眾們在募款時，能夠盡力而為，盡心而為。

另外，大普化教育的內容，比如傳統的修持方法：講經、禪修、佛七、拜懺、法會等，以及現代化的傳播方式：網路、影音、文化出版等，都是屬於大普化教育。特別是文化出版的推廣，除了我們既有的專業出版部門之外，同時也成立了「聖嚴教育基金會」、「人文社會基金會」等，共同來協助推廣法鼓山的理念。

國防部最近舉辦一場「國軍96年心理衛生工作研究成果發表會」展覽活動，邀請法鼓山提供「防治自殺」的相關文宣參展，同時國防部新兵訓練中心也行文要求採用我的語錄、文章，譬如我在2005年8月到陸軍關渡營區為士官兵舉行「尊重生命，迎接未來」演講的講稿內容以及〈聖嚴法師108自在語〉，做為國防部訓練新兵的期勉語，希望藉著一句句精簡的法語，幫助年輕的新兵認識身心安定的方法，從而建立起對自己的信心，為國家社會奉獻服務。而這些都是屬於大普化教育。

大關懷教育方面，譬如我上一次到花蓮，是在2001年桃芝颱風過後，花蓮部分地區爆發了嚴重的土石流，我到災區慰訪受創的民眾，不僅僅是安慰他們，而是用佛法的觀念來輔導，幫助他們安心、安身、安家、安業，這就是我們的大關懷教育。此外，我們對於臨終關懷以及往生的助念關懷，都做得很深入，同樣也是屬於大關懷教育。還有，我們在農曆7月舉辦中元普度法會，這也是關懷一般社會大眾的需求，可是我們的作法跟其他地方不同，我們在法會中賦予了教育與關懷的雙重功能。

昨天農禪寺剛圓滿了一年一度的梁皇寶懺法會，在法會期間，平均每天有兩千多人，最後一天放焰口時，也有五千多人參加；但是這五千人在一起，卻一點也不像五千人，為什麼？因為大眾的唱誦非常整齊、非常莊嚴，所有參與的人都跟法師一樣那麼地虔誠，會場非常安靜、肅穆；大家唱誦的時候非常誠摯，拜的時候全神貫注，因此，五千人在一起卻好似只有一人。農禪寺不大，外邊的人不曉得，也想像不到寺裡居然有五千人一起共修。

這是一種教育，也是一種修行，大家嘴上在念、耳朵在聽，心裡做觀想，就是三業相應。所以我們舉辦任何的法會，形式上雖是普化的教育，實質上寓有關懷的功能，在這方面我們做得相當好。

我們希望大學院教育培養出來的人才，成為大普化教育和大關懷教育的實踐者、推動者，如此才能使得建設人間淨土的工程更穩固、更踏實。

事在人為　有願必成

法鼓山在花蓮地區的發展，實際上仍有可為。我要勉勵花蓮地區的召委：「做一件事，一定要發願！發願就不覺得辛苦！」不發願的話，很可能日子得過且過，召委的任務雖不至於懈怠，卻也可能任期屆滿，一事無成。

召委一定要發願。發願提昇、成就現在花蓮辦事處尚不足的地方。譬如現在我們缺少的是什麼？有哪些可為之處？辦事處在人力、物力以及社會資源上，還有多少發展的空間？特別是對法鼓山理念的認知，對法鼓山理念的推廣，還能夠如何加強？如何發展？此外對於人員的培訓，除了依循護法總會的培訓原則，也要自己培養訓練人才。很重要的是，要一邊發願，同時找人，自己一人唱獨角戲是成不了事的；而找到人以後，個個都要請他們發心、發願，這樣才能夠帶動花蓮地區的成長。

發心、發願，就能產生不可思議的力量，如果你不發心不發願，你就沒有時間來奉獻，也找不到人、想不出什麼辦法來，因為你根本沒有想要成事，沒有想要找人！花蓮地區的發展，首要是人員的穩定，其次為接引新的菩薩、培訓新人員，再來是法鼓山理念的推廣，一步一步慢慢地使花蓮地區的民眾，都能認同法鼓山的理念。

諸位現在手上都拿到一張〈四眾佛子共勉語〉，這是成立法鼓山之初就已經有了，請諸位要謹記在心，照著去做，在生活中運用，並用來檢視自己的行為，這對諸位很有幫助的。如果不把這二十句共勉語背熟，對法鼓山理念的推廣、對法鼓山理念方法的運用，也就不容易著力了。

確實遵守「三不」

此外，馬上就要選舉了，我要重申法鼓山對於政治的立場：我們對於任何政黨的態度都是相同的，凡是與法鼓山理念相近，願意來協助推動法鼓山理念的政黨或政治人士，我們都歡迎；任何人到法鼓山來看我，不管他是什麼立場、什麼顏色，我都歡迎，也都接待，至少這些政治人士接觸法鼓山之後，可能他們的態度會稍微改變。比如說，參加法鼓山社會菁英禪修營的立法委員，各黨派都有，在經過禪修洗禮之後，通常他們的態度都會變得溫和、緩和些，這可以說是我們對社會的一份貢獻，對立委諸公來講，也是他們的一份收穫。

因此，在法鼓山這個團體，大家可以有自己的政治立場，但是態度要慈悲、要有智慧，不要因為支持的政黨不同，使得我們內部產生分裂。所幸多年來我們的信眾雖然各有政治立場，但是在團體裡都能做到不談政治、不談選舉，也不會你來說服我或我來說服你，我們就是這麼一個清淨的建設人間淨土的團體。法鼓山一向不干預政治，不參與政治的角力，這是非常重要的。

其實在〈法鼓山的共識〉裡，一開始就很清楚地告知諸位：凡是參與法鼓山的菩薩，首先，不可利用法鼓山的組織管道，將政治訴求帶進我們團體之中；第二、絕對禁止男女之間有不正常的男女關係，如三角、四角戀情或者婚外情等；第三、我們這個團體不允許信眾、會員之間，彼此有金錢借貸的行為往來。諸位同道之間，應是互相的幫助，卻不可有彼此借貸、私下打會的事情發生。如果同修道侶之間，彼此有金錢上的借貸往來，漸漸就可能影響了道情，使得原來參與團體修學佛法的同道之誼變質，一旦借出去的錢要不回來，那就成了反目的仇人。如果是親友之間互相的支援，那沒有問題。這三條規定，請大家一定要遵守。

今天現場到的勸募會員雖然不多，但是只要大家動起來、大家發願，花蓮地區真的很有希望。為了我們自己，為了我們的家庭，為了我們的社會，我們必須要有願力來支持。沒有願力，任何事做不了多久就會起退心，做不了多久就會覺得自己一人唱獨角戲，好累、好辛苦，不唱也罷。因此我在這裡期勉召委菩薩一定要發願，發願帶動更多的人來參與法鼓山，那大家就會來了，也請諸位信眾一起發願，好不好？祝福花蓮地區的信眾們。

09.09

法鼓山首辦「關懷生命獎」
宣導大眾珍惜生命、關懷他人

法鼓山人文社會基金會本日於台北西華飯店舉行第一屆「關懷生命獎」頒獎典禮，首屆關懷生命獎個人獎得主為「牧愛生命協會」執行長吳美麗，團體獎則為「張老師基金會」，分別由聖嚴師父和立法院長王金平頒發。法鼓山方丈和尚果東法師、法鼓佛教研修學院校長惠敏法師、法鼓山人基會祕書長李伸一、衛生署副署長陳再晉、前台灣大學校長陳維昭、宏仁集團董事長王文洋等貴賓皆蒞臨觀禮。

近年由於全球自殺風潮日盛，尤其台灣自殺死亡率逐年攀高，法鼓山2006年起即陸續推出一系列珍惜生命的活動；「關懷生命獎」的舉辦，更是希望鼓勵長期默默關懷生命的個人和團體，為社會樹立良好的典範，進而宣導大眾珍惜生命、關懷他人。

頒獎典禮由資深媒體人廖筱君主持，典禮首先由罕病天籟合唱團演唱歌曲，接著王金平院長致辭表示，台灣去年（2006年）自殺人數高達四千四百多人，自殺已成為國人十大死因之一，他呼籲國人應更珍視生命。

聖嚴師父開示時，勉勵社會大眾以「四它」的態度來面對人生難題，否則無論是傷害他人或自己，都是不尊重生命的行為，自殺更不能解決問題。師父也指出，宗教信仰能給予人們幫助，提供離苦得樂的智慧；同時，期勉個人、團體或政府部門一起努力，當防治自殺的守門員。

獲頒個人獎的吳美麗女士，自18歲即投入關懷生命的領域，擔任張老師諮商、生命線救援等工作，迄今30年未曾間斷。吳女士領獎時，除了感恩一起從事防治自殺、輔導弱勢家庭的牧愛生命協會全體義工，更感謝輔導過的個案願意打開心胸，讓她走入生命，同悲同喜。

獲頒團體獎的張老師基金會，由該會執行長邱德才代表領獎。邱執行長表示，該會創立至今38年，透過上千位義工「張老師」的奉獻，除了輔導超過上萬人次的自殺個案，更舉辦許多生命教育活動，協助無數人走出悲傷，今後更將持續投入此一關懷生命的工作。

法鼓山透過首屆關懷生命獎的舉辦，做為奉獻社會的另一個起點，往後仍會繼續秉持佛陀本懷，關懷世間生命，為淨化社會人心更盡一份心力。

珍惜生命，就不會自殺

刊登於9月9日第一屆「關懷生命獎」典禮大會手冊

◎聖嚴師父

一、國內外自殺人口現況

「世界衛生組織」（World Health Organization，簡稱WHO）自2003年起，將每年的9月10日訂為「世界自殺防治日」，希望藉此喚起全球關注，不要忽視自殺對整個社會的影響。根據2000年的一項統計，全球65億人口之中，有一百萬人死於自殺，這是非常驚人的數字。

報導指出，南韓已經超越日本，成為目前全世界自殺人口比例最高的國家，平均每10萬人之中，就有26人死於自殺；其次是日本，匈牙利的自殺比例也很高。台灣雖不在自殺高比例的排行之中，但是近年來國人的自殺案件劇增，佔十大死亡原因的第九名。值得注意的是，其他因素的死亡人數都呈銳減，唯有自殺人數是增加的，這是非常嚴重的警訊。例如1991年，自殺死亡人數是1,465人，到了2000年，增加至2,471人，2006年，再增至4,406人；15年之間，自殺死亡人數呈現三倍成長，這確實是我們社會的一大隱憂。

過去的幾十年間，台灣每年死於自殺的人口，皆在一、兩千人之間，2002年起，首度超過三千人。近幾年來，自殺人口逐年攀升，其中以青壯年的人數最多，再來是老年人，以及少部分的青少年和兒童。國內的「精神健康基金會」在2007年春天，公布一項台灣地區的人民精神健康調查，他們推估，2006年一整年，共有142萬人曾經萌生自殺的念頭，有41萬人採取行動，13萬人自殺兩次以上；這顯示台灣社會有一部分人對生命存在的價值，感到愈來愈悲觀。

二、自殺可以避免

為了正視自殺人口激增的事實，目前台灣民間的醫療團體、衛生組織和行政院衛生署成立了「自殺防治中心」，希望能挽救悲觀的人一條生命。法鼓山也在2006

聖嚴師父頒發團體獎予張老師基金會，由該會執行長邱德才代表領獎。

年9月10日，即「世界自殺防治日」當天舉辦一場「關懷生命」健走祈福活動，同時啟動「你可以不必自殺網」，以提供正面的訊息，幫助對人生感到灰暗、失望，或者萌生輕生念頭的人，能在這裡找到一些健康的訊息，感受到生命的亮光。其實只要不鑽牛角尖，願意敞開心門去接收外界的訊息和支援，自殺是可以避免的。

從意圖自殺到自殺身亡，通常不是一時的念頭，而是有其醞釀過程。也就是說，自殺是有機會可以防範的。根據一項研究分析，在自殺案件中，約有百分之五十當事者事先會有預警，他們會直接或間接向他人暗示想輕生的念頭，然而多半的親友都輕忽了，所以無法及時阻止悲劇的發生。有的人事前沒有自殺的跡象，卻在有意無意間透露人生悲觀的想法，或者突然間將心愛之物分送給至親好友，宛如告別。像這樣的人，如果身旁的親友能稍加留意，即時給予慰勉、開解或者陪伴，很可能就陪著他們走過了生命的低潮，等低潮一過，陽光又出來了。

三、自殺雖有原因，總會有不必自殺的活路

自殺的原因有很多，有的是因為失業，有的是失戀，有的是家庭不和諧，也有的是因為經濟負擔過重、收入不夠，或者根本沒有收入，因而走上絕路。也有一些人，因為罹患躁鬱症、憂鬱症，時日一久，漸漸對生命不抱希望，覺得活著沒有意義，所以步上自殺之途。最糟糕的是，父母攜子全家自殺。大人們覺得自己活不下去了，就把孩子帶著一起「走」；好像孩子留在世上沒人照顧，只有受苦，與其讓孩子受苦，不如帶他們一起「走」，這真是人間最慘痛的悲劇！其實，這種想法是大錯特錯，這麼做更是千萬不該！我曾在公益廣告中呼籲：「孩子有無限的未來，父母能把孩子撫養長大，這是大功德、大喜事、大好事。反之，父母如果阻斷孩子該有的成長，而帶著孩子一起自殺，那是人間最悲慘的損失。」

不切斷自己的後路，一步一步往前走，前方總會看見希望。因此我要建議：每一個人都應該要有自己人生的寄託。如果能有一個生命的寄託，就是找到生命的歸屬感，也就有了生命的目標與方向。這個時候，就不會懷疑活在世上的意義，而有一種穩定的安全感。就像船在大海中航行，不可能每天日麗風和，也會有起風落雨之時，甚至面臨暴風巨浪。可是在風雨來襲之前，我們可以事先找避風港掩護，等風平浪靜之後再出發。人生的過程也是一樣，難免遇風遇雨，有時甚至是大風大浪來襲。一輩子平順沒有任何困境，那是不多見的。有些人遇到小風小浪，完全招架不住，徹底崩潰；有的人即使遇巨風駭浪，也能從容不迫；也有的人，知道風雨欲來，先找避風港保護再說，因為活著就有希望。我經常說：「只要還有一口呼吸在，就有無限的希望。」只要活著，哪怕只有一分鐘，就有一分鐘的價值，就有一分鐘的功能與希望。人生的希望處處都有，為什麼要自殺呢？

以經濟問題來說，譬如欠了卡債、地下錢莊而還不出錢來，臨到對方催債，因為受不了壓力而選擇自殺的人，可能心裡想著：「我就是沒錢，大不了一死，死了就什麼都不欠了。」事實上，「債」是不會憑空消失的；

今生不還，來世還是要還償，到時候連本帶利，可能還更多。因此，我要勸勉有經濟壓力的人，就算是被債主逼債，也不必要自殺。債務不會永遠還不清，現在一時還不了，將來仍然可能還清。只要活著，以時間來爭取空間，目前沒能力償還，也許時間一久，就會有新的轉機。再怎麼辛苦，再怎麼難捱，還是要堅持活下去！只要活著，就有機會，就有希望。

四、人人應該建立人生的歸屬感

會選擇自殺的人，很大的原因是因為找不到生命的歸屬感。什麼是生命的歸屬？可以從幾個層面來看。第一是現實的歸屬。我們的生命，是以現在的人類社會為歸屬，其次是整體人類歷史、文化的歸屬。也就是說，我們每個人的生命，都是源自古今中外整體人類歷史、文化的滋養，而我們的一生，能奉獻多少、成就多少，就全回饋出來，共為整體人類歷史、文化的一部分。這是更深遠的生命歸屬，相信一般人是可以理解的。第三是宗教信仰的歸屬。有信仰的人，活著的時候，隨時都深信有神、佛菩薩在保護；遇到困難的時候，會祈禱佛菩薩、神的護佑加持，幫助度過難關。祈禱之時，情緒往往就能平靜下來，事情也能夠柳暗花明、峰迴路轉，發現新的契機。

因此，我奉勸每個人最好都能有正確的宗教信仰。正確的宗教信仰，並不等同於民間信仰的燒香、拜拜，而是要有宗教的生活與宗教的修養。對有信仰的人而言，比較能夠從容面對人生的驟變，信仰對他們來說，是最後的歸屬，也是人生的避風港和依歸處。

「第一屆關懷生命獎」頒獎典禮，陳維昭（左起）、吳美麗、邱德才、方丈和尚果東法師、聖嚴師父、王金平、陳再晉、李伸一合影。

五、自殺風潮必須用希望來化解

我也要呼籲社會大眾，不要輕忽台灣兩千三百萬人之中，每年有四千多人死於自殺，乍看並不很嚴重，其實這個數字是相當高的，甚至比起某些戰亂、災變造成的罹難者數字，有過之而無不及。某些戰亂，時間長達十年，死亡不超過數千人；台灣921大地震造成兩千三百多人往生，全國哀慟。可是，台灣地區自殺死亡的人數，每年卻有四千多人，這豈不是一個更大的災難！

自殺的現象，對社會的影響實在太大了！一個人自殺，足以影響一個家庭，甚至影響整個社會。其實，在我們的社會中，面對坎坷遭遇而依然堅持奮鬥的人，大有人在。有些家庭，根本沒有收入，成年人都往生了，就是靠著老人家拾荒也能活下去；或者在學中的孩子利用課餘打工，也能活下去；甚至有一家人共吃一碗麵過活的例子。這些人堅強的求生意志是可佩的，無論如何艱苦，也要活下去。現在台灣，只要願意接受幫助，社會局或者民間慈善團體都願意提供協助，實在不需要孤軍奮鬥，自以為沒有希望而輕生。

六、人情冷暖，也處處都有熱心人的愛

還有另一種現象，也值得關心，那就是輿論形成的致命壓力。最近媒體報導，有一位五十多歲的婦人，和一個年紀小於她的中年人相戀，結果小鎮上流言蜚語，譏笑、批評、嘲弄聲四起，讓她覺得活著沒臉見人，竟然自殺了。這個事件實在值得省思，我們的社會是不是太缺乏慈悲心了？為什麼接受男長女幼的婚姻，卻不能接受女長男小的交往呢？這真是輿論殺人。把貧富、性別、年齡、學歷和職業等差異，當成牢不可破的階級觀念，來歧視、訕笑，有這種心態的人是落伍的，更是不慈悲的。希望這次事件能帶給大眾深切的反省，我們每個人都應對社會多一點包容，對人多一些慈悲。

此外，對於罹患憂鬱症、躁鬱症者，或者獨居無依的老人、無援無助的人，大眾要主動伸出溫暖的手；另一方面，需要幫助的人，也一定要伸出手尋求支援，這才是脫離困境的方法。

曾經萌生自殺念頭的人，要練習著用誠懇、信任的心來結交朋友，敞開心胸討論問題如何解決。也許一次、兩次得到的回應是冷眼旁觀、無人理睬，即便如此，還是要繼續努力，給自己機會，也給他人機會。不是所有的人都冷漠，一定會有熱心的人，願意伸出溫暖援助的手。千萬不要被拒絕一次、兩次，就覺得這個世界冷漠，拒人於千里之外。人間處處都有門，有的門內正好沒人在，無法應門，再多敲幾次，一定會有人來回應你、幫助你。要相信自己，也相信這個社會一定可以幫助你解決問題。

09.10

人基會與廣電基金合辦防治自殺座談會

呼籲媒體正面關心自殺議題

法鼓山人文社會基金會本日在國立台灣大學公共衛生學院，與廣播電視事業發展基金合辦一場以「媒體啊！請給我們一生的承諾」為主題的「世界防治自殺日座談會」，呼籲媒體謹慎報導自殺新聞。人基會祕書長李伸一及廣電基金執行長林育卉、中央研究院生物醫學研究所教授鄭泰安等人應邀參與座談，方丈和尚果東法師亦出席致辭。

座談會探討議題包括：近年來台灣媒體報導自殺新聞的概況、媒體報導名人自殺對社會的影響、從自殺防治看媒體社會責任等。方丈和尚首先在致辭中，以「心靈環保」理念期許社會散播善念，鼓勵有輕生念頭者勇於求助，以智慧、轉念面對生命困頓。

李伸一祕書長對自殺防治提出「面對接受處理、整合關懷單位、加強生命教育、快速通報系統」四項建議；林育卉執行長及文化大學新聞系助教莊柏仲，分析各大報及新聞台對自殺新聞的處理，評議媒體以聳動、腥羶的圖片文字呈現此類消息有所失當。

鄭泰安教授發表對2005年表演工作者倪敏然自殺事件的研究，並從專訪自殺未遂者的報告中發現，在媒體不當報導後，會讓一些人產生模仿、合理化、無望感、學習自殺方法的病態意念，也因此造成自殺率明顯增加。馬偕醫院精神科暨自殺防治中心主任劉珣瑛以及精神科醫師方俊凱，則透過自殺模式的分析，提出國內外自殺防治策略的討論與反思。

馬偕醫院精神科暨自殺防治中心主任劉珣瑛於座談會中，主講「醫學與媒體的對話——從自殺防治工作看國內的自殺新聞」。

除了發表相關議題，與會者並發動簽名連署，重申世界衛生組織對自殺新聞報導的規範，呼籲媒體以正面態度關心自殺議題，藉由報導自殺防治及轉介知識等方式，擴大安全支持網絡，善盡社會責任。

09.15

聖嚴師父應邀於《全民大講堂》講「心六倫」

與名人對談　分享新時代倫理觀

聖嚴師父（右）、李伸一（中）、陳藹玲（左）於《全民大講堂》節目中講述現代人的心倫理之道。

自6月底法鼓山在台北圓山飯店舉行「新時代．心倫理」座談會後，該議題持續獲得社會大眾廣大的回響，9月15日聖嚴師父即應中國電視公司的邀請，在知名製作人王偉忠的新節目《全民大講堂》裡，講述現代人的心倫理之道。

當天節目由媒體工作者林書煒擔任引言人，並邀請富邦文教基金會執行長陳藹玲、法鼓山人文社會基金會祕書長李伸一與聖嚴師父對談。師父首先說明「心六倫」的內涵，包括家庭、生活、校園、自然、職場和族群等六種倫理觀念。

李伸一祕書長認為，在混亂的時代提倡倫理十分重要。他指出，落實聖嚴師父推動的三大教育、四種環保的理念，就是合乎倫理的規範。

陳藹玲執行長在回應現代校園暴力事件、青少年的倫理問題時表示，現代化過程中，單親家庭愈來愈多，家庭結構愈來愈不健全，這時學校的教育、關懷功能就更形重要。她認為青少年的問題來自於家庭教育的不健全，而一個好老師則可以適時引導學生走回正路。

此外，現代人於不同場域有不同的群我關係，要在多重身分中顧全倫理，首先要認清楚輕重緩急。聖嚴師父巧妙地以引言人林書煒為例表示，儘管她擁有母親、妻子、電視主播等多重身分，只要量力而為，就能由內而外面面俱到，但是如果沒有盡好母親的角色，就是本末倒置。

《全民大講堂》是由永齡教育慈善基金會出資的新文教節目，製作單位為匯集國內向上提昇的能量，導正日益頹廢的社會風氣，節目首次錄影就邀請聖嚴師父介紹「心六倫」，顯見師父提倡心六倫備受肯定。該集節目於10月21日及11月3日在中視頻道播出。

09.15

法鼓山響應世界清潔地球日

全台六地區信眾投入清淨家園行列

每年9月的第三週週末為「世界清潔地球日」（Clean Up The World Weekend），由法鼓山文教基金會主辦的「心靈環保列車」活動，本日響應清潔地球日，特別安排在全台灣六個地區同步舉辦「逗陣來拚掃」活動，希望藉由號召大眾參與淨山、掃街等，進而清淨我們的家園和心靈。

六個參與活動的地區，包括：淡水、大信南區（信義、南港、汐止）、中正萬華區、花蓮、屏東、基隆等。淡水以新民街為清掃區，大信南區則以虎山溪、虎山步道為範圍，中正萬華區在華中橋下河濱公園展開掃街和動禪，花蓮地區以法華山登山步道做為重點清潔區，屏東則是前往大津瀑布進行淨山。

基隆地區更動員近百名義工，到基隆市暖東峽谷協助除草、掃地，基隆精舍兒童班的小朋友也在父母親帶領下，學習做環保小尖兵。當天到場關懷的護法總會輔導師果器法師勉勵大家，掃地時要練習「掃心地」，隨時觀照自己身心的狀態，輕聲細語，這就是實踐「心靈環保」的方法。

法鼓山各地環保義工，響應世界清潔地球日，共同清淨家園。

09.21～23

慈基會援助蘇門答臘地震

亞齊安心站勘災救援

9月12日，印尼蘇門答臘島（Sumatra）西岸外海發生芮氏規模8.4的強震，法鼓山社會福利慈善事業基金會在獲悉災情後，即刻緊急聯絡印尼亞齊安心服務站，21日至23日並派遣安心站站長李徒以及廖秋蘭、彭川苓、郭健鳳、王常怡等五位專職和義工，前往災情嚴重的濱海省份朋姑露（Bengkulu）北部發放賑災物資，同時協助巴東（Padang）倒塌的觀音殿佛堂重修。

此次震災，受創較嚴重的地區除了朋姑露，另有西蘇門答臘，超過八萬六千棟建築物在強震中倒塌或受損，25位當地居民不幸罹難。慈基會前往災區發放的物資共有上千份的食糧，包括：米、泡麵、餅乾、煉乳等。

為了親自將物資送到災區民眾手上，一行人親自前往德沙盤尼焦（Desa Panijau）、盧布耳敏岱（Lubur Mindai）等地區，其中盧布耳敏岱位於陡峭山區，車輛無法抵達。當法鼓山的義工們利用機車，克服險惡的路況，運送2,500公斤的白米、500箱的泡麵至災區時，居民相當感動，並以簡短的伊斯蘭教祈禱儀式感謝法鼓山的幫助。

法鼓山義工前往災情嚴重的朋姑露發放賑災物資。

09.22

聖嚴師父與方丈和尚全台巡迴關懷至台東

勉勵台東法鼓人提昇信心和願心

護法總會舉辦聖嚴師父與方丈和尚果東法師全台巡迴關懷活動，最後一場於9月22日在台東信行寺舉行，上午首先舉行祈福皈依典禮，共有三百五十多位信眾皈依三寶，台東縣長鄺麗貞、台東縣議會議長李錦慧及護法總會總會長陳嘉男等三十多位貴賓，也到場為新皈依弟子祝福；下午則進行勸募會員關懷，約有一百五十多位台東地區的悅眾參加。

上午的皈依典禮由方丈和尚代聖嚴師父授三皈五戒，隨後師父說明皈依的意義，勉勵信眾在皈依三寶後，要開始修學佛法，做一個真正的三寶弟子，而且要多看師父的著作，經常回來參加信行寺的活動、親近佛法，才能從「善門」進向「佛門」。

聖嚴師父在信行寺為台東地區民眾開示。

下午的勸募會員關懷活動，除了勸募會員及親友眷屬出席，並有專程自台北前來的護法總會總會長陳嘉男，及三位副總會長黃楚琪、周文進、楊正雄等一行三十多人，到場關懷台東地區的勸募鼓手，現場氣氛溫馨、熱烈。

聖嚴師父開示時表示，推廣法鼓山的理念，分享法鼓山正在做的事，並告訴大家成為法鼓山勸募會員的好處，是每一位勸募會員的職責和榮譽。師父並殷切說明法鼓山如何以三大教育，逐步落實「提昇人的品質、建設人間淨土」的進程，特別是目前正在極力推動的大願興學計畫，勸請大家一起支持推動。

台東信眾踴躍出席聆聽聖嚴師父開示。

聖嚴師父在離開台東前，再次期勉當地悅眾們，雖然地處偏遠的東台灣，但要更有信心和願心，發揮各自的影響力，將法鼓山淨化人心的觀念和方法，在這處有好山好水的清淨寶地散播開來。

不要灰心，要發願心

9月22日講於台東信行寺「全台巡迴關懷」台東場

◎聖嚴師父

台東雖然地處偏遠，但是法鼓山在台東的發展，並不比其他地區落後，法鼓山勸募體系建立之初，台東地區很快就有了護持會員和勸募會員，只是到目前為止，發展的速度比較慢。主要原因是台東的人口少又分布廣，加上受限於地形狹長，推廣佛法不易；尤其台東的住眾以原住民居多，而原住民大多信仰基督教或天主教，我們想要深入發展，更是顯得困難。

但是，請大家不要灰心，而要發願心。台東地方非常淳樸，人民非常善良，自然環境不受污染，是一個好地方，如果再有佛法的熏習，那就是人間的淨土了。

事實上，台東的淳樸人心和自然環境，一直以來是北、中、南部許多外縣市的藝術家、文學家、詩人，以及一些退休人士心中最想親近的地方，最希望能定居的「淨土」。這是台東的吸引力，也是台東的優勢。其實台東一向是環保的模範縣，相較於其他地方，確實是人間淨土。但是，所謂的「人間淨土」，不僅僅是自然環境的清淨，最主要是人們心中少一些煩惱，對環境多一些愛護，而對人多一些關懷，這就是人間淨土。

信眾雖少　願心不落後

今天我來這裡，一方面是看看大家，另一方面是勉勵大家，台東的總人口數近二十五萬人，法鼓山信眾卻不多。因此我要勉勵大家，包括今天出席的諸位勸募會員和護持會員，以及陪同前來的家人、朋友，至少這一百五十人多都應該是我們法鼓山的會員，請諸位能夠發願，發願在台東地區推廣法鼓山的理念，接引更多人擔任法鼓山的勸募會員。其實勸募並不難，只要能夠向人介紹法鼓山，幫助人們認識法鼓山、瞭解為什麼要護持法鼓山……等，把這些訊息廣為分享，就是在做勸募的工作了。

法鼓山主要是辦教育，就是我們的三大教育：大學院教育、大普化教育和大關懷教育。在大學院教育方面，現在我們已經辦了三種大學院教育，包括法鼓山僧伽大學、中華佛學研究所，以及法鼓佛教研修學院，現在正募款籌辦第四種——法鼓大學，請大家共同來支持「5475大願興學」的募款計畫。我自2006年8月至今年初，抱病書寫了五百多件書法作品，為的就是法鼓大學的募款！

實際上，我的字並不值錢，但是大家感受到其中有一份願心，也就是我們要辦大學的這個願心感動了許多人，所以，接連在台南、台中、高雄三地舉辦的「遊心禪悅——法語．墨緣．興學」書法展，都受到熱烈的回響，以及相關單位免費提供展場的護持贊助。

法鼓山辦教育的目的是為了培養人才，在座的出家法師多半就是從法鼓山的教育體系裡培養出來的，等到法鼓大學招生以後，在家居士也可以在法鼓山上受教育，成為淨化人心、淨化社會的專業人才。

另外，大關懷教育包括慈善公益、急難救助、弱勢族群等的關懷，特別是國內外各種災難，如風災、水災、土石流、地震，以及空難、車禍等意外發生時，法鼓山會派人前往關懷，一方面提供物質上的援助，一方面給予精神上的慰勉和鼓勵。

大普化教育則是運用各式各樣的管道來傳布佛法，譬如透過文字出版、廣電媒介以及電腦網路資訊等現代傳播的技術，把佛法的利益有效快速地廣為分享。另外，法鼓山也提供傳統的修持方式，像是打坐、念佛、拜懺、誦經、讀書會、講經等活動，目的是讓接觸到法鼓山的人，不管是參與共修，或者訊息的接收，都能感受到法鼓山的功能。譬如諸位走出去，人家看到你們身上穿著法鼓山的義工服，看到你們的氣質與眾不同，而願意來親近你們、接觸法鼓山，那麼你們就是現身說法，做著大普化的工作，因為你們的一言一行，舉止是那麼有禮貌，使得他們覺得很安定，這就是佛法功能的發揮。

台東是人間的淨土

人間淨土是我們每個人要去體會，去努力的，從言行舉止和待人接物之中，慢慢地練習、落實，這樣就是在提昇自己的人品，當自己的人品提昇以後，與其他人互動所產生的影響、功能，就是在建設人間淨土。

我在這裡，主要勉勵諸位落實法鼓山的理念——「提昇人的品質，建設人間淨土」，同時期勉諸位發願，讓周遭的人都能夠接觸到法鼓山的理念，能夠從你身上感受到法鼓山的理念，這樣就有可能接引他們成為法鼓山的護持會員，而這就是諸位的貢獻。

信行寺辦的許多活動，多半是北、中、南外縣市的信眾來參加，本地反而參加的人少，而外縣市的信眾經常到信行寺來修行，諸位本地的信眾，更要把握機會，多參加活動。你多參加活動，就能對法鼓山的精神、理念掌握得更好，向心力更強；當你自己的修行愈得力，對其他人的影響力也就愈大。因此，不管是對你自己好，或者對你的家庭，對你的生活、事業、環境著想，我都要勉勵諸位，多多參加信行寺的修行活動。

今年我到台北、台中、台南、高雄、花蓮、台東全台各地巡迴關懷，台東是巡迴關懷計畫的最後一站。我來是為諸位提振信心，請諸位能夠發起願心。如何發起願心？即是自己要能接受法鼓山的理念、實踐法鼓山的理念，同時勸導周邊的人都能夠來接觸、接受以及實踐法鼓山的理念。若能做到，台東就是人間的淨土。

台東的優勢，要著重在精神生活的提昇，如同那些退休人士、藝術家、文學家、畫家甚至於外國人，他們到台東看重的是精神生活的層次，並不是物質文明的享受；而法鼓山的理念，也首重精神、心靈層次的提昇。希望台東地區的民眾們都能珍惜現有的環境。祝福大家平安、健康、幸福、快樂。

聖嚴師父全台巡迴關懷

關懷並接引眾人成就興學悲願

聖嚴師父親自至全台各地巡迴關懷慰勉信眾。

自3月10日起至9月22日，聖嚴師父與方丈和尚果東法師在護法總會的安排下，於全台共進行八場巡迴關懷活動，師父親自感恩與祝福在各地推動法鼓山理念的勸募會員。過程中並由方丈和尚主持新進勸募會員授證儀式、代師父授三皈依，師父分別對信眾們進行開示與關懷，總計關懷人數達五千六百多人。

為了培育兼具慈悲與智慧的領導人才，聖嚴師父發願興辦一所為佛教、為世界奉獻的大學——法鼓大學，為了接引眾人共同成就這份興學悲願，今年初，師父在新春許下的第一個願望就是「願身體狀況許可，能巡迴各地做關懷工作」。

在此一系列的關懷行中，除了聖嚴師父的開示勉勵與關懷外，同時舉行新勸募會員授證儀式，並於高雄、花蓮、台東共舉辦三場祈福皈依大典，接引了近一千九百人皈依三寶；中南部行程中，則於台南、台中、高雄搭配展開三場「遊心禪悅——法語．墨緣．興學」聖嚴師父書法展開幕典禮，不僅讓勸募會員同時沐浴在師父的關懷和書法禪意中，更透過筆墨書法的蘊涵，讓民眾體會師父「以法托缽、以墨寶結緣」的興學悲願。

地區信眾共同發願，護持法鼓大學。

聖嚴師父在每場會中均不斷強調，勸募是利人利己的菩薩道，不但要提昇自我人品，也應透過勸募接引人學佛；而推廣法鼓山的理念，分享法鼓山正在做的事，告訴大眾成為法鼓山勸募會員的好處，是每位勸募會員的任務所在。目前，法鼓山正為法鼓大學的興辦而積極募款，師父特別藉此巡迴關懷，籲請大家共同支持大願興學的計畫，期能加快以教育造福人間、淨化世界的腳步。

這次巡迴關懷行，並富有深刻的傳承意涵。於北區的關懷行中，特別安排由僧團弘化院法師為大眾講述「承先啟後的中華禪法鼓宗」，活動中播放聖嚴師父開示影片，讓大家瞭解法鼓山所弘傳的漢傳禪法內涵，及歷史傳承、意義，期勉大家擔負起承先啟後、續佛慧命之願。

2006年9月甫接位的方丈和尚，首次隨同聖嚴師父親臨各地關懷，代表著法鼓山在弘揚漢傳佛法、建設人間淨土的長遠過程中，薪火相傳、綿延不輟；而法鼓大願興學則是漢傳佛法傳承的具體實踐，各地區信眾們以參與師父的巡迴關懷行，共同為興學大願的傳承做見證，許多人更以發心認捐護持「5475大願興學」，彰顯大願傳承的深意。

護法總會年初於各地共舉辦34場的「無限祝福．無盡關懷」歲末感恩分享會，讓參與的信眾備感溫馨，而為期半年多的聖嚴師父全台巡迴關懷行，更讓勸募會員直接感受到師父給予的期勉與祝福，有效鼓勵大家落實法鼓山理念，並持續為法鼓興學大願努力不懈，為淨化人心、安定社會奉獻一分心力。

2007年聖嚴師父與方丈和尚果東法師全台巡迴關懷活動一覽表

時間	地點	關懷轄區	關懷人數	新進勸募會員授證典禮	祈福皈依大典	皈依人數	遊心禪悅書法展（地點）
3月10日	法鼓山世界佛教教育園區	北三、六、七轄區	849	○			
3月17日	農禪寺	北四、五轄區	947	○			
3月24日	農禪寺	北一、二轄區	1,040	○			
6月2日	台南大億麗緻飯店	嘉義、台南地區	591	○			○（台南市新光三越百貨）
7月28日	台中逢甲大學	中部地區	1,239	○			○（台中市新光三越百貨）
8月11日	高雄紫雲寺	大高雄區、潮州、屏東地區	618	○	○	1,166	○（高雄市立文化中心）
8月25日	花蓮高商	花蓮地區	190	○	○	367	
9月22日	台東信行寺	台東地區	146	○	○	243	
合計			5,620			1,899	

（表格中，註明「○」者，表示行程中有此項活動）

09.16～10.28

各地分支道場舉辦佛化聯合祝壽

一千五百位長者接受關懷祝福

桃園辦事處舉辦佛化聯合祝壽活動，為老菩薩切壽糕。

9月16日至10月28日期間，法鼓山於北、中、南各地分院、辦事處共舉辦17場「第14屆重陽敬老暨佛化聯合祝壽活動」，全台共約三千兩百多人次參與，出動的義工約有八百多人次，關懷的壽星達1450人。

這項重陽敬老暨佛化祝壽活動是由法鼓山社會福利慈善事業基金會和佛教基金會主辦，護法總會、各地分院（寺）、辦事處、安心服務站承辦。主要以慈基會平日在全台關懷的個案、社福機構與及低收入戶中，65歲以上的長輩為對象，另外還包括護法體系中65歲以上的勸募會員。

各地區的佛化祝壽活動，精心布置了溫馨的會場，並安排各具特色的節目，如舞蹈音樂、合唱團、相聲表演等，讓長輩們充分感受祝壽的歡樂氣氛；同時準備了水晶念珠及敬老狀，祝福長輩們高壽及平安康健。出席祝福的僧團法師們也鼓勵老菩薩們把握機會學佛向佛，修智慧、種福田。

其中，北部地區於10月20日在農禪寺舉行，約有五百多人參加，共有230位壽星，為壽星人數最多的一場。在主法果建法師的帶領下，全場一同唱誦《心經》、藥師佛聖號祝壽祈福，法師並為大家解說《地藏經》。法師提到，《地藏經》是佛在忉利天為母親所說之法，經中介紹了地藏菩薩的悲願，可說是佛經中的孝經。法師以此勉勵在座信眾共同實踐「長輩照顧疼惜晚輩，晚輩孝順尊敬長輩」的家庭倫理，並鼓勵老菩薩們學習佛法，活到老，學到老。

10月14日於桃園辦事處進行的活動中，共有21位老菩薩在法師主持下皈依三寶。現場除了邀請威爾幼稚園、桃園縣蕙心媽媽社、長笛音樂家林曼芳等演出節目，還安排子女們為自己的老菩薩奉茶及洗腳，藉此表達感恩的心意，溫馨的氣氛讓多位長者十分感動。

南部地區於9月30日在高雄紫雲寺舉行，參加祝壽的壽星最高齡93歲，並有六對金婚夫妻，最高婚齡63年。紫雲寺監院果耀法師代表僧團向老菩薩感恩，並表示一個家庭因為有老菩薩們努力經營，才能圓滿，因此老菩薩是「家中寶」。今年的佛化聯合祝壽活動，與慈基會舉辦的中秋重陽關懷活動同時進行，讓大家藉此對家中老菩薩表達感恩與關懷。

第14屆重陽敬老暨佛化祝壽活動一覽表

地區	時間	舉辦單位	活動地點	參與人數	壽星人數
北部地區	9月24日	雙和辦事處	中興安養堂	60	25
	9月29日	苗栗辦事處	法鼓山園區	111	76
	10月13日	基隆辦事處	基隆仁愛國小	250	180
	10月14日	北四轄區	土城海山高工	1,000	172
	10月14日	桃園辦事處	桃園辦事處	100	45
	10月19日	中正萬華辦事處	中正萬華辦事處	95	70
	10月20日	農禪寺	農禪寺	550	230
	10月21日	中山精舍	中山精舍	80	51
中部地區	10月14日	彰化辦事處	彰化辦事處	27	27
南部地區	9月30日	高雄紫雲寺	高雄紫雲寺	214	93
	10月21日	屏東辦事處	屏東辦事處	145	61
	10月28日	潮州辦事處	無量壽安養中心	300	215
東部地區	9月16日	羅東辦事處	法鼓山園區	86	60
	10月14日	台東信行寺	台東信行寺	95	65
	9月18日	花蓮辦事處	長春養護院	20	20
	9月21日		長榮養護院	50	50
	10月27日		花蓮辦事處	25	10
總計				3,208	1,450

● 09.29

方丈和尚赴三芝鄉講述「心六倫」
鼓勵大眾盡責奉獻　展現生命價值

方丈和尚果東法師應台北縣三芝鄉公所之邀，本日晚間至鄉公所演講「展現生命的價值，平安快樂過生活」，推廣「心六倫」運動，約有近三百位鄉民到場聆聽。

三芝鄉長花村祥開場時表示，現今社會道德不振，鄉里間普遍存在青少年吸毒、自殺、離婚等問題，法鼓山倡導的「心靈環保」理念，有助於改善這些不良風氣，提昇大家的觀念和生活，因此主動發起這次講座，並邀請方丈和尚主講。

方丈和尚果東法師在三芝鄉公所演講後，致贈「和敬平安」條幅予三芝鄉長花村祥（左）。

方丈和尚在演講中表示，倫理就是盡責盡分，道德則是懂得尊重他人、關心他人，只要把握利他的原則，懂得奉獻和付出，樂於分享自己的生命資源，知足常樂，生活其實可以過得很簡單、很快樂。方丈和尚也鼓勵大眾，遇到困境時，要正面認知、逆向思考，學習摒除負面情緒，便能轉化心境，產生正念。

透過方丈和尚平易近人、深入淺出的分享，與會大眾更明瞭倫理道德的真義，鄉民希望日後有更多機會接觸佛法和法鼓山。

10.01

心六倫電視帶狀節目播出
企業贊助推動新倫理

法鼓山人文社會基金會繼今年6月30日舉辦「新時代．心倫理」座談會，啟動心六倫運動後，製作一系列《聖嚴師父談「新時代．心六倫」》電視帶狀節目，於10月1日起至2008年2月底每週一至週五下午兩點半到三點，在霹靂台（11頻道）播出。

《聖嚴師父談「新時代．心六倫」》電視節目，進一步深入探討心六倫的意義與價值，內容精要、實用，深啟人心。整個帶狀節目共為期五個月，每週播出一項倫理單元，首次播出的是由維他露企業發心贊助的「自然倫理」單元。

針對心六倫運動的推廣，聖嚴師父曾表示，六倫運動是做不完的，希望藉此將台灣社會的倫理道德形象，經由推廣而改變、提昇，同時也能進一步影響全球華人社會的民情風氣。只要我們能做出一點點小小的成果，相信就會有許多人願意來參與、響應我們，和我們一起推動。

《新時代．心六倫》帶狀節目於霹靂電視台播出。

該節目播出之後，不僅引起許多回響，許多民間團體也紛紛響應贊助。12月起，富邦文教基金會即提供中廣流行網《「媒」事來哈啦》節目時段，贊助每天播出兩分鐘聖嚴師父對心六倫的開示，為期一個半月。

10.12

祕魯政府官員參訪法鼓山園區

感謝協助該國民眾度過震災陰霾

本日上午，祕魯駐台灣代表艾賀熙（Jose Eyzaguirre）夫婦帶領富蘭克林．桑傑士（Franklin Sanchez）等六位祕魯國會議員前往法鼓山世界佛教教育園區參訪，並感謝法鼓山在8月祕魯發生強震後的援助。方丈和尚果東法師陪同嘉賓聽取救災簡報。

位處中南美洲的祕魯，8月15日發生芮氏規模8.0的強震，造成五百餘人罹難，數千人受傷。法鼓山社會福利慈善事業基金會在8月20日派遣四位義工前往支援賑災，緊急協調撥派民生物資如米糧、罐頭及飲水等，為3,950多戶災區民眾紓解飲食問題。因此，桑傑士等六位祕魯國會議員趁著來台參加國慶慶典期間，特地前往法鼓山園區拜訪致意。

方丈和尚果東法師（前排中）接見祕魯嘉賓，包括國會議員桑傑士（前排左二）及駐台灣代表艾賀熙（後排右二）。

一行人於上午參訪祈願觀音殿、開山紀念館及大殿等地，在進入祈願觀音殿及大殿時，虔誠地向引禮法師學習行禮動作，並進行禮佛。隨後貴賓們前往行願館，帶回祈願觀音像及大悲水，並表示要與祕魯家人分享。

下午方丈和尚在聽取救災簡報後，向祕魯議員們分享聖嚴師父所說「在災難中，救苦救難的是菩薩，受苦受難的是大菩薩」，並強調，世界人類本是一體共生，人人應該以慈悲與關懷的精神去幫助受災難之苦的人。桑傑士議員則感謝法鼓山不分種族、國別，盡心盡力援助祕魯的災區民眾，讓他們相當感動。

10.13

方丈和尚至宜蘭演講「心六倫」

闡述現代人安身立命之道

方丈和尚果東法師為宜蘭民眾演講，介紹「心六倫」。

繼9月底於台北縣三芝鄉演講「展現生命的價值，平安快樂過生活」後，方丈和尚果東法師本日下午應宜蘭信眾邀請，以相同主題於羅東高中舉行「心靈環保」講座，分享法鼓山近來推動的「心六倫」運動，約有近四百位民眾參加，羅東高中校長游文聰特別出席。

活動在法鼓山羅東合唱團演唱〈我為你祝福〉下揭開序幕。方丈和尚隨即以一個半小時的時間，講述「心六倫」的範圍和意義，並特別強調生命的價值在於奉獻和付出，現代人要以「四安」來提昇人品，用「四要」來求得平安，發揮「四它」來解決困境，培養「四感」來與人相處，以及藉由「四福」來增進福址，才能得到少欲知足的自在與快樂。

游文聰校長表示，為了推動「心六倫」運動，邀請方丈和尚到宜蘭進行第一場講座，機緣殊勝。而現場民眾專注的聆聽和踴躍的提問，顯見法鼓山多年來在蘭陽平原播下的「心靈環保」種子，已慢慢成長茁壯。

10.13

方丈和尚關懷宜蘭勸募會員

勉勵大家念觀音、學觀音、做觀音

本日晚上，方丈和尚果東法師偕同護法總會輔導師果器法師、總會長陳嘉男，於羅東高中研習廳，關懷一百五十多位宜蘭、羅東地區的勸募會員。

活動首先由宜蘭地區轄召林素珠向大家表達歡迎及感恩，接著展開正副轄召及召委介紹，過程中，方丈和尚一一關懷每位悅眾。在「法鼓心燈」傳燈活動後，方丈和尚與大家分享聖嚴師父的故事，指出師父總是將生命旅程中遭遇的苦難化為信心、願心的營養劑，希望在場的勸募會員同樣秉此精神，燈燈相傳。

方丈和尚也希望悅眾們無論於人於己都要學習體諒和包容，一方面給予成長的時間、空間，另一方面要藉慚愧、懺悔的功夫來清淨修行，減少煩惱、獲得安樂。方丈和尚表示，修行是否得力，不只在於念佛多久、打坐多好，而是在於能否將佛法應用在生活中，藉事鍊心，使得煩惱愈來愈少。

儘管悅眾們各有專長，也各自扮演不同角色，但同樣身為第一線勸募會員，方丈和尚期勉大家一定要相互關懷，以柔軟語、慈悲語去對待會員及周遭的人，更要隨時將佛法運用在日常生活中，讓人真正感動，進而願意親近佛法、護持佛法。

方丈和尚果東法師於羅東高中關懷宜蘭、羅東地區的勸募會員。

最後，方丈和尚鼓勵大家，不僅要常念觀音菩薩，更要學習觀音菩薩、做觀音菩薩的化身，消除過去的種種無明煩惱，以過去、現在、未來的業力，轉化開啟為大悲願力，以成就淨化人心、淨化社會的理念目標。

●11.20～21

法鼓山關懷多明尼加風災

提供救災物資傳達關懷

位於加勒比海的多明尼加，本月初遭受熱帶風暴侵襲，造成民眾生命和財產重大損失，死亡人數達122人，約有七萬人無家可歸，是該國十年來最嚴重的災情。法鼓山社會福利慈善事業基金會由李豪作、張征男兩位義工組成代表團，於11月20日啟程前往多明尼加賑災，向當地居民表達法鼓山的關懷與祝福。

代表團於21日抵達多明尼加後，在台灣駐多明尼加大使館、當地政府機關、台灣僑界的安排協助下，實地進入災區瞭解災情後，提供東聖多明哥市（Santo Domingo Este）1,700百份裝有米、鹽、餅乾等的物資袋；而為防止傳染病擴散，另捐贈272頂蚊帳。發放物資的同時，代表團也當場向居民表達關懷和祝福，期望居民早日遠離傷痛，勇敢面對未來生活。

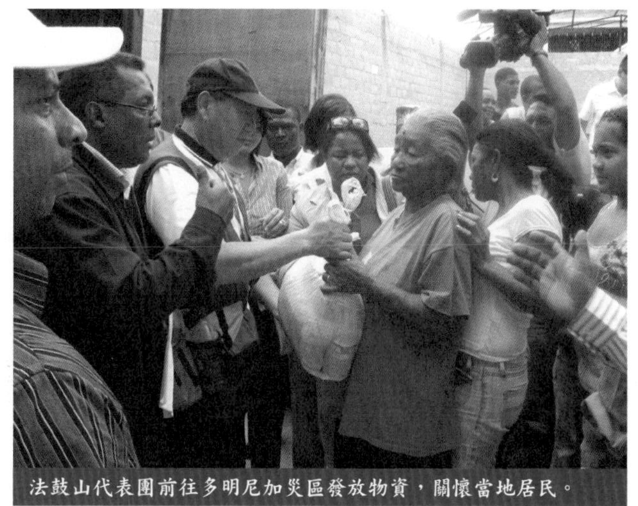
法鼓山代表團前往多明尼加災區發放物資，關懷當地居民。

●11.24

「台北縣立金山環保生命園區」啟用

率先倡導落實「節葬、簡葬、潔葬」

法鼓山捐贈台北縣政府的「台北縣立金山環保生命園區」，本日於法鼓山世界佛教教育園區正式啟用，由方丈和尚果東法師、台北縣副縣長陳威仁共同主持啟用暨植存儀式，法鼓山僧團副住持果暉法師、中華佛教文化館住持鑑心法師、台北縣民政局局長楊義德、金山鄉長許春財等貴賓也蒞臨觀禮。

法鼓山率先響應「環保自然葬」理念，植存聖嚴師父恩師東初老和尚的骨灰，現場還有10位往生者家屬捧著親人骨灰，共同參與首次植存活動。

啟用植存儀式前，方丈和尚首先代表聖嚴師父致辭感謝台北縣政府及參與生命園區的推動者，成就「對生者有利，對亡者有功」的大功德。方丈和尚指出，21世紀是落實環保理念的契機，而生命園區的啟用，更結合了法鼓山「四環」的理念。為了落實法鼓山的理念，園區不立碑、不記名，將骨灰分散植存，打破傳統「據洞為親」的觀念，讓生命回歸自然。

陳威仁副縣長指出，生命園區雖是小小四百多坪土地，卻是殯葬觀念的大大突破。他特別感謝法鼓山捐贈土地，並主動規畫、管理生命園區的無私精神。他表示，園區雖委託法鼓山管理，但沒有宗教信仰限制，所有民眾都可以自行擇日植存。

啟用儀式在陳威仁副縣長代表主辦單位率同貴賓、家屬向往生者鞠躬獻花開始，接著所有人為往生者默禱追思一分鐘後，由家屬捧著親人骨灰前往植存。東初老和尚的骨灰也由方丈和尚、鑑心法師、果暉法師親手置放在植存穴中進行植存，並以默禱的方式，覆上泥土、鮮花，表達追思。

每位家屬在義工協助下，輪流依序將親人的骨灰分袋安置在五個二公尺深的洞穴內，並獻上石斛蘭花瓣，隨後掩蓋沙土。儀式完成後，方丈和尚不忘以「肉體的生命是無常的，精神的生命是永恆的。」勉勵眾人，先人的精神是永遠伴隨在後人身邊，即使見不到遺骨，依舊可以緬懷追思。

金山環保生命園區啟用當天，方丈和尚果東法師捧著東初老和尚的骨灰，率先響應植存。

推動禮儀環保新里程

金山環保生命園區落實環保自然葬

從法鼓山世界佛教教育園區的三門旁進入，沿著「之」字型步道往上行，轉個彎，映入眼簾的是大片竹林，這裡就是「台北縣立金山環保生命園區」，已於今年11月24日正式啟用。金山環保生命園區的正式啟用，不僅代表法鼓山長期推動「四種環保」理念的成果，無異也是國內喪葬文化新的里程碑。

長久以來，台灣傳統民間繁瑣的喪葬形式，如土葬、火葬入塔，已為環境、景觀帶來日趨嚴重的負面效應；而「台北縣立金山環保生命園區」的設立，就是以落實「節葬、簡葬、潔葬」為目標，提供所有社會民眾為往生的親人植存骨灰，既不破壞自然景觀，不造成土地利用的浪費，進而改變國人對死亡的觀念，達到移風易俗的效果。

法鼓山從1994年推動「禮儀環保」以來，就與台北市政府合辦佛化聯合奠祭，帶動社會簡化傳統喪禮的繁複儀式。不只如此，聖嚴師父認為，唯有進一步推行自然葬法，才能節約土地資源、實惠經濟；才能落實「人生的價值，在於奉獻」，即使走到死亡的階段，還是可以實現奉獻的願心，留給後代子孫及大地眾生一個更乾淨、更美好的永續環境。

儘管立意良善，又符合時代需求，法鼓山開始推動環保自然葬時，卻是困難重重。原來依據「台北縣骨灰拋灑植存實施辦法」規定，只有公有地才能進行骨灰拋灑或植存。有鑑於此，聖嚴師父毅然捐贈法鼓山園區的一塊土地給台北縣政府，由縣府依法成立環保生命園區，希望達到拋磚引玉之效。由師父的用心，可以看出法鼓山改善傳統殯葬文化的決心。經過十多年的努力，法鼓山成為第一個率先響應政府多元葬法政策，第一個推動環保自然葬並參與規畫、協助管理維護的宗教團體。

環保生命園區的成立，事實上也是法鼓山倡導「四環」精神的體現。整個生命園區不破壞自然景觀，保持生態環境的平衡，是「自然環保」；平常不舉辦悼念儀式，是「生活環保」；最重要的是，生命園區以禪宗不落形式的哲學思想，不設置墓塚、墓碑，讓人不會恐懼死亡，而能勇於認識、面對死亡，是實踐「心靈環保」。

落實法鼓山「禮儀環保」理念的環保自然葬，不僅能讓生命回歸自然的懷抱，真正入土為安、反璞歸真，達到以綠色向世間告別的理想，又可永續土地資源，更是智慧生命的永恆長存。金山環保生命園區的正式啟用，是國內殯葬文化新的里程碑，期許未來環保自然葬能普及全國各地，讓後代子孫享有美好的生活環境。

11.29～12.11

遊心禪悅書法展台北場圓滿

雲門、新光等藝文、企業界人士參與

2007年「遊心禪悅——法語．墨緣．興學」聖嚴師父書法展巡迴展的最後一場，11月29日至12月11日於台北新光三越信義店舉行。12月1日進行啟展典禮，聖嚴師父親臨會場，聖靈寺住持今能長老、中華佛教文化館住持鑑心法師、故宮博物院院長林曼麗、中央警察大學校長謝銀黨、新光集團創辦人吳火獅夫人吳桂蘭、新光化纖董事長吳東昇等上百位佛教界、藝文界和企業界貴賓共同與會，支持師父以書法弘法、籌建法鼓大學的心願。

聖嚴師父致辭時，特別感謝新光集團免費提供場地成就展覽，以及書法展籌備委員葉榮嘉等人的辛勤付出。師父表示，這次巡迴展出的四百多件書法，都是在抱病半年期間，利用夜深人靜或清晨時分所寫，由於是隨心寫、隨意寫，不為藝術而是以修行的心態寫，所以把展覽命名為「遊心禪悅」。

聖嚴師父說明，義賣作品是為了籌建法鼓大學，雖然台灣已有多所大學院校，但法鼓大學的目標是培養學識、品格兼備的高素養人才，而人品教育正是目前教育中最欠缺的部分。

與聖嚴師父共同主持開幕的雲門舞集總監林懷民，也特別分享自己的觀展心得，他表示最喜歡的作品是〈真自由〉，當徘徊於作品前時，心中會思考著：「要如何自由？」林懷民相信，一百年之後當世人看見師父的字，會如同看到弘一大師的字一般，獲得無限的安慰和啟發。

開幕式最後，聖嚴師父為現場嘉賓開示三幀法語墨寶，包括「和喜自在」、「百年如意」以及「應無所住而生其心」。師父表示，有和諧才有喜樂，自在常住心中，自然能無所罣礙行於世間；百年，指無限的時間，生命雖有限，只要珍惜當下，便日日是好日、年年是好年；「應無所住而生其心」出自《金剛經》，師父以此勉勵來賓「心中無事，但要積極做事」。

「遊心禪悅」書法展台北場中，聖嚴師父為嘉賓開示「應無所住而生其心」法語墨寶。右為貴賓林懷民。

這場遊心禪悅書法展，是自今年2月後在法鼓山、台南、台中、高雄等地陸續展出之來，展出作品最多的一場，展期至11日圓滿，也為興學願舉注入無限動力。

特別報導 以法語、墨寶圓興學悲願

聖嚴師父以書藝為佛事，與民眾結法緣。

為推動法鼓大學籌備設立，圓滿貫徹法鼓山「大學院、大關懷、大普化」三大教育之弘志，以「遊心禪悅——法語．墨寶．興學」為題的聖嚴師父書法特展，自今年春節起至12月11日於法鼓山園區及北中南各地分批巡迴展出，與認捐興學的民眾喜捨結緣。師父除親自出席各地的啟展典禮，解說作品的書寫過程，更開示其意義，讓大眾瞭解字裡行間蘊藏的禪意；並介紹法鼓大學的興學理念，邀請社會大眾加入興學行列。

作品充滿禪機　具宗教情懷

這次聖嚴師父書法展，展出作品經過多位書法名家，包括杜忠誥、周澄、連勝彥、林隆達等人選輯作品；取名「遊心禪悅」，則是因為師父自言是以「心」來寫，以「禪」修的心態寫。

聖嚴師父長期來潛研三藏法典，幾乎將精力全部傾注於弘法利生的如來家業中，而長期的修行、學問與涵養，自融合成書卷的氣韻，雖然師父謙稱字醜，但在專家眼中，卻是下筆從容，韻味自長。書畫家周澄就認為，師父的作品「禪機法語，充滿法喜，且文意簡賅，發人深省」；書法家杜忠誥則撰長文指出，「師父懷有大宗教家淑世的悲心，筆墨華滋，結體嚴密，顧盼有情，讓人心生歡喜。」

書法展展出的481幅作品，皆是聖嚴師父近兩年的創作，甚至在2006年8月至2007年元月療病之際，勉力揮毫。內容除了佛學的經典文偈、古來賢哲的詩文、法鼓山理念相關的文字外，多是師父對佛法修證體悟與實踐的心得，並以現代的語言呈現，如「慈悲沒有敵人，智慧不起煩惱」、「面對它，接受它，處理它，放下它」、「需要的不多，想要的太多」等，文句淺白易懂，卻直指人心，無異一帖帖現代心靈良方，能化開人心罪愆的闇暗與無明，而走出光明。

除實體書法展，法鼓山文教基金會另出版《遊心禪悅——聖嚴法師法語·墨緣·興學墨迹選》三冊，書中同時收錄多張聖嚴師父專注運筆的相片。觀者無不經由筆墨間的神韻，分享師父的佛法智慧，並體會師父致力興學與建設人間淨土的慈悲願力。展出期間，深獲各界熱烈回響和肯定，如台南、台中、台北的展覽，即是由百貨業者主動邀展；不少民眾皆當場認捐墨寶或請購書冊，以實際行動支持法鼓大學的建設。

護持法鼓大學興辦

一幅幅聖嚴師父親書的佛句法語，沒有字體、格式的規範框架，不拘細節，但以筆墨引眾，將佛法精義涓滴傳承，這是無聲的說法。透過此次的展出，讓人不僅激起藝術弘法相應無差的讚歎，在欣賞翰墨時，內心充滿自在的法喜禪悅，更能藉此體會佛法的妙用。

「遊心禪悅——法語·墨寶·興學」聖嚴師父書法展，不是為了書法藝術，而是為興辦一所以心靈環保為主軸的法鼓大學。另一方面，在台北、台中、台南的展出場地，皆是商業精華區，不僅能接引年輕世代的參與，也能讓普羅大眾跨越宗教的藩籬及佛法深奧的刻板印象，共同來領略師父用書法揮灑所帶來的清涼意境，堪稱結合公益與教育的藝文盛事。

為法托缽　以墨寶結緣

聖嚴師父為了實現興學的悲願，特地「為法托缽」，以抱病所寫的法語墨寶，做為相助捐獻的結緣品。這些墨寶字字禪機、句句法語、筆筆法門，字裡行間，盡是心靈哲思，不僅呈現出師父人間修行的義諦，更邀集眾人之力，共同成就一所世界迫切需要的法鼓大學，早日實現佛教理想的人間淨土，也為法鼓山留下珍貴的文化資產。

聖嚴師父遊心禪悅書法展各場次一覽表

場次	時間	地點
記者會	2月15日	台北安和分院
園區場	2月18日至8月18日	法鼓山園區第一大樓四樓副殿
台南場	5月30日至6月10日	台南市新光三越百貨公司西門店
台中場	7月27日至8月5日	台中市新光三越百貨公司
高雄場	8月11至22日	高雄市立文化中心至真堂
台北場	11月29日至12月11日	台北市新光三越百貨公司信義店

12.02

斯里蘭卡醫療團參訪法鼓山
感恩海嘯災後重建的救援義行

在南亞海嘯期間受重創嚴重的斯里蘭卡，由該國衛生部南省醫療祕書布達哈皮亞（N. Buddhapriya）率領漢班托塔（Hambantota）衛生局副局長里亞那吉（Dr. S. A. H. Liyanage）及南亞重建醫療單位的相關首長一行九人，本日在法鼓山社會福利慈善事業基金會專職及義工的陪同下，至法鼓山世界佛教教育園區參訪。

斯里蘭卡醫療團參訪園區，實地體會「靈山勝境」的殊勝。

里亞那吉副局長讚許法鼓山園區的建築群帶給人們祥和安定的力量，不愧有「靈山勝境」之稱。此次醫療團不僅來到法鼓山，在台期間，於11月26日至12月5日更前往北投農禪寺、雲來寺以及南投安心服務站參訪。

此外，對於法鼓山在南亞海嘯災後前往該國進行人道救援的義舉，醫療團一行人也再三表達感恩之意。

12.16

李連杰拜會聖嚴師父
捐電影門票響應大願興學

為了響應聖嚴師父的辦學理念，圓滿法鼓山「5475大願興學」的悲願，表演工作者李連杰本日至台北安和分院拜會師父，並捐出兩百張電影《投名狀》的首映會門票做為護持大願興學計畫，師父也回贈一對慈悲與智慧小沙彌撲滿給李連杰，感謝李連杰抛磚引玉的善舉。

記者會上，聖嚴師父首先稱許李連杰近年推動慈善事業的善行。師父表示，勸人為善、透過做好事去感動人，是一道很重要的善門，只要有更多人做好事、說好話，就會成就社會的幸福和希望。師父談到與李連杰的因緣，是因為佛法而產生連結，如今法鼓山將興辦的大學，是以「心靈環保」為主軸，這個理念不僅能帶動全世界的無數善念，並能培養出以「心靈環保」為核心價值、生活方式的優秀人才。

聖嚴師父贈送李連杰一對「智慧．慈悲小沙彌」，感謝他支持大願興學。

李連杰表示，在他的生命中，從未忘記聖嚴師父的教誨，瞭解到心靈的健康更甚於物質的豐富，也明瞭唯有修行，才是離苦得樂的良方，更感恩師父倡導的「心靈環保」，讓他受益良多。他形容自己現在的生活，是白天拍戲，拍完戲就做善事。李連杰說明自己所成立的壹基金，就是以「每個人都是一家人」為理念，期望建構一個把善心傳出去的平台。他希望未來能將法鼓山的「心靈環保」理念編入教材，推廣到全世界，讓更多人知道。

12.20

方丈和尚應邀為扶輪社演講

分享如何展現生命價值

國際扶輪社第3520地區第四分區於本日下午在台北國賓飯店舉辦聯合例會，特別邀請方丈和尚果東法師演講「展現生命的價值，平安快樂過生活」，推廣「心六倫」，約有七十多人參加。

近一小時的演講中，方丈和尚從尊重生命開始，述說人們如何掌握生命的尊嚴，進而莊嚴生命，成就眾生；循序漸次提出佛教對生命的看法，分享佛法的慈悲和智慧，讓與會社員更進一步體認生命的價值。

方丈和尚也表示，由於現代社會媒體的負面報導充斥，使得許多人對做好事

國際扶輪社第3520地區第四分區部分成員與方丈和尚果東法師（左五）合影。

產生灰心、退縮的念頭；他強調與其不滿社會亂象，不如從要求自己做起，透過自身的改變去展現生命力，進而關心他人、幫助他人、奉獻他人。

12.21～26

人基會「啟動心六倫」點燈活動

產官學界攜手支持「從我做起」

法鼓山人文社會基金會、法行會於12月21至26日，在台北市信義廣場舉辦「啟動心六倫，提昇好人品」活動，進行點燈許願，以及一系列禪修、藝文表演等，聖嚴師父於活動第一天蒞臨關懷。

21日傍晚時分，千盞許願燈匯聚台北市信義廣場，搭建起一條「心光大道」。「心光大道」於下午六點正式開幕，方丈和尚果東法師、法行會會長蕭萬長、護法總會總會長陳嘉男、人基會執行長李伸一，以及台北市副市長林崇一、台北市民政局局長黃呂錦茹等嘉賓，都出席響應。

蕭萬長會長在發願牆上寫下心願，推動「心六倫」從我做起運動。

開幕儀式由知名表演工作者郎祖筠擔

任主持人，分別邀請中華民國婦女聯合會常務委員田玲玲、信義房屋董事長周俊吉、台灣大學校長李嗣涔、遠雄集團董事長趙藤雄、富邦文教基金會執行長陳藹玲、和泰興業董事長蘇一仲等六位代表，上台為「心六倫」宣讀〈從我做起〉發願文；56家企業代表也上台啟動點燈，共同支持「心六倫」的推動。

方丈和尚致辭表示，心六倫是法鼓山「心靈環保」的具體實踐，以安定和諧為基礎種子，將整個社會善的力量凝聚起來。

「從我做起」的發願儀式，在活動期間受到很大的回響，民眾紛紛在入口的發願牆上寫下心中願望，並將發願卡懸掛在廣場四周的千盞心燈上。22、23日下午，現場由法鼓山禪修講師帶領民眾體驗禪坐、走路禪的心靈禪悅；晚間，法鼓隊、台北醫學大學管絃樂團、現代舞蹈等表演團體，為民眾帶來安定身心的藝術饗宴。

法鼓山自2007年下半年起，即大力推動「心六倫」運動，從個人發願「從我做起」開始，期能讓「心六倫」真正落實於社會每個角落，讓台灣更加祥和而溫暖。

六位企業、教育界代表為「心六倫」宣讀〈從我做起〉發願文。（左起依序為周俊吉、李仲一、田玲玲、趙藤雄、方丈和尚果東法師、李嗣涔、陳藹玲、蘇一仲）

參【大學院】

涵養智慧養分的學習殿堂，
以研究、教學、弘法、服務為鵠，
養成專業的佛學人才，
開啟國際學術交流大門，
朝向世界佛教教育園區的願景邁進。

開創研修教育新紀元

2007年的大學院教育，展現了質與量並進的成長，
法鼓佛教研修學院揭牌成立，並再獲准增設佛教學系學士班；
中華佛學研究所轉為學術研究單位，致力於推廣漢傳佛教之研究；
做為中華禪法鼓宗僧才培育搖籃的法鼓山僧伽大學，
透過學制變革，健全學僧佛學通識教育。
而申設十餘年的法鼓大學，也進入實體建設階段，
並向各界宣示創校願景與核心價值。
四大院校交織而成的大學院教育網絡，
擔負起法鼓山培育現代化、國際化、悲智雙運宗教人才的教育使命。

大學院教育是法鼓山三大教育的基礎，經過多年的爭取，強調研究與修行並重的法鼓佛教研修學院，在今年揭牌成立。這是國內第一所正式納入高等教育體系的單一宗教研修學院，開創了漢傳佛教研修教育的新紀元，具有劃時代的影響性。中華佛學研究所則轉型為漢傳佛教研究機構，法鼓山僧伽大學也採用了新的學制培育僧才。三大院校的創新作法，帶動了法鼓山大學院教育「質的提昇」。

法鼓佛教研修學院在4月8日佛誕日正式揭幔成立。

法鼓山大學院教育單位於9月16日舉行96學年度聯合畢結業暨開學典禮，出席的學生包括：研修學院首屆新生、僧大第七屆新生，以及中華佛研所、僧大、漢藏佛教文化交流研究班應屆畢結業生等92位新舊生。近百位的學生人數，顯示法鼓山大學院教育，已從「質的成長」進展到「質量雙長」的階段，以因應社會各層面廣大需求；學生人數的成長，也展現法鼓山大學院教育培育佛教人才的具體成果。

研修學院與美國史丹佛大學佛學中心簽署交流協定。

法鼓佛教研修學院

法鼓佛教研修學院在去年（2006年）經教育部核准設立後，即積極展開設校籌備與招生作業，並在今年4月8日佛誕日當天揭牌成立，首任校長惠敏法師正式就職。聖嚴師父在揭牌典禮上表示，「這三十年來，我們一步一步堅持、努力，總算盼得今日成熟的果實。」師父期許研修學院為佛教界、乃至這個世界，培養出最優秀的佛教弘化人才。

秉承中華佛研所25年的辦學基礎和豐碩成果，研修學院首屆招生即獲得有志於佛學研究的海內外學子重視與肯定 ，共錄取15名新生。

繼碩士班之後，研修學院於今年10月再獲教育部同意增設佛教學系學士班，於明年（2008年）起單獨招生，招生名額35名，堪稱法鼓山大學院教育深耕多年後，為培養年輕漢傳佛教弘化人才，又一具體成果。

以發展科際整合課程與國際化教學為導向的研修學院，今年與國內外研究單位進行的學術交流活動，可分為三類：一為與國內外知名學府締結學術交流約定，二為國內外教育機構或學者來校參訪交流，三是應邀出席國際會議、參與研討。這些交流活動，正是培育國際宏觀人才的最佳養分。

首先，研修學院創校以來，除承接中華佛研所既有之姊妹校資源，也繼續推動國外結盟院校，目前已經完成與澳洲雪梨大學（University of Sydney）、比利時根特大學（Ghent University）、美國史丹佛大學（Stanford University）的學術締約結盟。

其次，來校參訪交流的研究機構與學者，包括：哈薩克國家科學院人文組院士傅仁坤暨清雲科技大學中亞研究所師生、美國紐約長島大學（Long Island University）選修「比較宗教與文化」學程師生、比利時根特大學校長與漢學系主任、泰國朱拉隆功佛教大學（Mahachulalongkornrajavidyalaya University）佛研所、「日本鎌倉佛教研究學會」訪問團、不丹中央圖書館館長兼榮譽教授圖庫仁波切（Ven. Mynak R. Tulku）、澳洲寂靜森林道場（Santi Forest Monastery）住持阿姜蘇嘉多法師（Ajhan Sujato）等。行程除了參訪、體驗禪修，也發表演說或舉辦座談，深化台灣佛學研究與國際接軌的面向。

第三類為出席國際會議、學術論壇，以漢傳佛學研究與數位典藏研究，在國際上發聲，逐步建立研修學院的國際學術地位。校長惠敏法師及副校長杜正民等今年應邀赴德國漢堡大學（Hamburger University）、中國大陸上海師範大學、蘭州大學、越南佛教大學、美國柏克萊加州大學（University of California, Berkeley）、日本國際佛教學大學院大學、武藏野大學等，出席國際會議與國際學術論壇，共11場次，並發表多篇論文。

研修學院主辦的學術研討活動亦積極開展，呼應了將學術研究、資訊科技、禪法修行做系統整合的創校宗旨。11月2日首度舉辦的「大師講座」，邀請國際腦神經權威暨《禪與腦》（*Zen and Brain*）一書作者奧斯汀（James H. Austin），來校演講「東西方心靈探索的匯集：禪與腦科學觀」。

而傳承中華佛研所年度論文討論精神並擴大舉辦的首屆「佛學研究與佛教修行」研討會，分「佛學研究」、「佛教應用」、「佛教修行」三大專題進行研討。其中「佛教修行」專題以法鼓山首度舉辦的「大悲心水陸法會」為主題，從學術面探討其演變發展與創新突破。

由校長惠敏法師擔任主任委員的中華電子佛典協會，也發表最新版本的「CBETA電子佛典集成2007版」，收錄《大正藏》、《卍續藏》總計高達一億五千萬字的漢文佛典經文，幾乎涵蓋八成以上的重要經典，被喻為「佛經中的Google」。

佛學館藏豐富的圖書資訊館，自今年起由中華佛研所移至研修學院，在館務運作及服務品質上，均積極朝大學圖書資訊館的目標努力。除了將圖書自動化系統升級成Aleph系統，並整合加掛MetaLib & SFX系統，提供讀者更簡易的檢索介面，於6月正式上線。館藏方面，今年以一套《法鼓全集》102冊與中國大陸中國藏學研究中心交換《大藏經・丹珠爾》及《大藏經・甘珠爾》，更添館藏藏經的完整。

一年一度的圖館週活動，今年舉辦「東初老人圓寂三十週年暨台灣佛教環島推廣影印《大藏經》五十載紀念文獻展」，以感念老人的法乳之恩，以及對台灣佛教界的貢獻。

推廣教育中心也自今年第二期起，將業務由中華佛研所移到研修學院，結合研修學院師資及課程，加強生活佛法的推廣教育，並開拓服務範圍，擴大弘化效果，第二期與第三期總開課數共有23門。

為了加強與各界的互動與交流，《法鼓研修院訊》於9月創刊，採季刊發行，內容共有四版。第一版至第三版分別為重要記事、校園動態以及學術交流等，第四版為英文版，內容為前三版記事的精華報導，可做為國際人士瞭解研修學院的溝通媒介之一。

法鼓山僧伽大學

以培養自度度人的優秀僧才為目標的法鼓山僧伽大學，辦學進入第七年。為了接引有志青年出家奉獻，今年擴大辦理招生宣傳，除於去年（2006年）12月及今年3月，分別於台東及法鼓山園區舉辦兩場說明會外，也遠赴馬來西亞進行一次海外招生說明會，並與僧團青年院、法青會巡迴全台舉辦五場「與法相會」活動，以及派員隨同聖嚴師父與方丈和尚果東法師「全台巡迴關懷」共八場次，進行招生宣傳；總計本學年招收46人，包括男眾12位、女眾34位。

僧大今年在學制上有了嶄新的規畫，首度採「入學不分系」、「延遲分流」制度，並於筆試科目外加考術科禪七。為加強學僧佛學通識教育，所有新生入學後統一進入「佛學系」，升上二年級時再分別選擇「佛學系」、「禪學系」及「養成班」就讀。

今年僧大共有25位學僧受具足戒、24位學僧剃度，並有20位畢業生進入僧團領執，為弘法利生注入新活力。今年也首度提送佛學系應屆畢業生畢業製作，向聖嚴教育基金會申請獎助，常雲法師以〈聖嚴法師戒律之思想與實踐〉、常超法師以〈聖嚴法師的無我觀初探〉獲准通過，各獲得獎學金一萬元，透過實質獎助，鼓勵僧大學僧投入漢傳佛教與聖嚴師父思想的學術研究領域。

由於辦學成果受肯定，今年有斯里蘭卡大寺派（Malwathu Chapter）國師——最高長老蘇曼噶拉（The Most Ven. Tibbatuwawe Sri Siddhartha Sumangala Maha Nayaka Thero）與南林尼僧苑住持惟俊法師一行，以及韓國正信佛教最大宗團曹溪宗65位全國僧伽大學教職成員來校參訪，與僧大就辦學經驗等進行分享與交流，共同為佛教的傳承與弘揚奉獻心力。

由僧大學僧策畫執行的生命自覺營，今年邁入第五屆，以「體驗現代出家新生活」為宗旨，共有來自台灣、北美、東南亞等地區103位青年圓滿課

韓國曹溪宗教職員一行65人於5月參訪僧大，交流辦學經驗。

程，體驗九天清淨的出家生活。

有別於針對青年舉辦的「生命自覺營」，僧大配合僧團今年首度舉辦「僧命體驗班」，放寬參加學員的年齡限制，並延長體驗期為五個月，由僧大負責教育訓練等課程，讓六十歲以下的學員體驗出家的生活。

中華佛學研究所

4月8日佛誕日當天，中華佛研所歷屆校友四十多人齊聚法鼓山園區，見證了法鼓佛教研修學院成立的歷史時刻，共同分享聖嚴師父、李志夫教授等努力爭取多年的成果。

二十多年來，中華佛研所嚴謹的學術訓練，造就了不少傑出校友。根據統計，中華佛研所歷年來招收研究生217位，已於國內外取得博士學位者有12位，修畢博士課程者7位，攻讀博士學位中有9位，其餘的畢、結業生，多半於大學、佛學院所從事研究、教學，或於出版、文化、新聞界等領域工作，培育佛教人才，成果豐碩。

今年起，中華佛研所轉為以漢傳佛教為研究重心的學術單位，並持續舉辦學術交流活動，定期出版以英文論文為主的《中華佛學學報》等，全心致力學術研究工作。

今年所舉辦的各類活動，包括：2月「亞洲佛教藝術研習營」，邀請13位海內外佛教藝術專家學者，發表14篇論文；7月「經禪脫殼——認識與體驗中華禪法鼓宗」暑期佛學營，透過動禪、行禪、坐禪等方式，引導一百多位學員將佛法帶入日常生活中。

中華佛研所於國際佛學交流的推動極具成績，今年5月，比利時根特大學校長高文貝基（Paul Van Cauwenberge）、漢學系系主任巴德勝（Bart Dessein）來訪，雙方於10月正式締結姊妹校。12月，姊妹校新疆塔里木大學文理、農業工程、植物科技術學院等各學院院長、教授至法鼓山園區參訪，由榮譽所長李志夫、現任所長果鏡法師等接待。

由中華佛研所主辦，以促進漢藏佛教與佛學交流為宗旨的「法鼓山漢藏佛教文化交流翻譯研究班」，7月1日舉辦第四屆成果感恩發表會，本屆共有14位喇嘛畢業。聖嚴師父勉勵漢藏班培訓出來的翻譯人才，能以「漢藏經典雙向翻譯」為努力目標，促成雙方文化交流。唯本屆以後，漢

中華佛研所姊妹校新疆塔里木大學教職員一行至法鼓山園區參訪。

藏班將暫停運作。

為了感恩法鼓山的栽培，漢藏班的喇嘛特別在12月的大悲心水陸法會中設立密壇並主法，引導信眾修持藏傳佛教的觀音法門，做為促進漢傳、藏傳佛教交流的回饋。

在人事行政方面，擁有日本京都佛教大學文學博士學位的果鏡法師，在12月26日從代理所長果肇法師手中接任所長，對此，聖嚴師父期許，在新氣象中，中華佛研所必須擔負起弘揚漢傳佛學的艱鉅任務，為法鼓山的大學院教育注入更多動力。

法鼓大學目前已進入實體建設階段。

法鼓大學

法鼓大學自1997年曾濟群校長從第一任籌備處主任李志夫手中接下籌備工作以來，儘管遇到大學教育與土地開發的法令限制，但終能一一克服，在1998年順利通過教育部核准籌設，並於2004年舉辦校地動土典禮，目前已邁入實體建設階段。十年來承擔法鼓大學籌備重任的曾濟群校長，在今年8月7日榮退，將籌備處主任一職交接給果肇法師。因著前後任籌備主任的同心協力，與僧俗四眾的願心願力，法鼓大學的建設願景，已逐步邁向實現。

法鼓大學籌備處於8月召開共識營揭櫫創校興學的使命願景──「以心靈環保為核心價值，培育兼具慈悲與智慧的領導者，探索人類未來，建設地球淨土。」聖嚴師父也強調，「法鼓大學的存在，就是為了造就實踐、推廣法鼓山理念的人才。」

因此，在籌備處規畫下，法鼓大學將是一個集合精緻化、研究型、國際化、人文關懷等特色的國際教育村，以培養改善社會、安定社會、安定人心人才為目標的大學。

結語

今年的大學院教育，多方展現了創新的躍動與邁進。無論是研修學院的成立運作、僧大的學制變革，或是法鼓大學的積極建設，都是法鼓山因應時代環境需求所推動的具體實踐，持續朝向「培育佛教人才，推動世界淨化」的目標邁進。

文／果暉法師

（法鼓佛教研修學院佛教學系系主任）

01.27

法鼓佛教研修學院首屆招生說明會

將解行並重新學風推介給學子

去年（2006年）獲准設立的法鼓佛教研修學院，本日舉辦首屆招生說明會，由校長惠敏法師主持，副校長杜正民、教務組長見弘法師、黃繹勳等多位教師與中華佛學研究所學生出席參與說明，共有110位有意報考的學子參加。

惠敏法師（右三）、杜正民副校長（右二）、見弘法師（左二）、黃繹勳老師（左一）等人出席研修學院招生說明會。

說明會首先介紹研修學院的教學環境設備、師資和未來研究的展望；座談問答中，特別針對與會學子希望瞭解的課程學制、日常生活、經費預算等各方面概況加以說明。惠敏法師表示，研修學院以中華佛研所25年的辦學經驗為基礎，除了既有的「印度佛學組」、「中國佛學組」、「西藏佛學組」，更擴大佛學資訊學程為「佛學資訊組」，並新設「佛典翻譯學程」，強化數位資訊和語言人才的培育。

惠敏法師說明，研修學院將融合法鼓山僧伽大學與僧團的行門定課，以及法鼓山世界佛教教育園區的教學資源，開創研究與修行並重的新學風，這個結合學術研究和修行實踐的課程特色，令與會學子印象深刻。惠敏法師還進一步表示，未來研修學院將與法鼓大學相互合作，學生可以跨校選課或雙主修，以培育兼具科際整合和宗教情懷的研修、服務人才。

02.04～12

僧大舉辦第五屆生命自覺營

140位青年體驗出家生活

法鼓山僧伽大學舉辦的第五屆生命自覺營，2月4至12日於法鼓山世界佛教教育園區進行，本屆以「體驗現代出家新生活」為主題，共有來自北美、東南亞等地近一百四十位青年參加。

「生命自覺營」以體驗出家人的生活為活動主軸，讓年輕人藉由簡樸單純的規律生活，學習實踐佛法的觀念與方法，使心靈沉澱下來，從而瞭解自我，自覺生命的意義。

擔任本次活動總護法師的常隨法師表示，現代人需要充實心靈資糧，而出家生活的體驗，能夠滿足年輕人提昇自我、超越自我的需求，自覺營也藉此接引青年學習佛法，邁向菩提之道。

本屆自覺營的活動規畫，上午著重佛法知見的學習，下午則安排各種修行體驗，所有內容包括佛門禮儀、佛學課程、授戒、禪修、出坡，以及認識自我等課程。學員們每天清晨四點起板，在叩鐘擊鼓聲中，以發願做為一天的開始，接著參加早課、生活作務、上課學習，一直到晚間十點安板。在法師的引領下，學員們運用佛法來思考、說話、行動，並以禪修的方法，觀照自我的起心動念，時時活在當下。

生命自覺營學員在大自然中出坡作務，體會身心與環境的融合。

活動最後進行心得分享時，學員們表示很珍惜這段難得的出家體驗，在道別聲中，大家相約還要再來法鼓山相聚，並且攜手向菩薩道邁進。

● 02.05～08

「亞洲佛教藝術研習營」法鼓山舉行
邀請學者專家探索佛教藝術新未來

由行政院國家科學委員會、中央研究院歷史語言研究所主辦，覺風基金會、中華佛學研究所及台灣大學佛學研究中心共同協辦的「亞洲佛教藝術研習營」，2月5至8日在法鼓山世界佛教教育園區舉行。該研習營邀請13位海內外專家學者發表14篇論文；共有近二百位台灣及來自中國大陸、香港、新加坡等地，對佛教藝術有興趣的學員參與，中華佛研所榮譽所長李志夫並應邀在開幕式中致辭。

專家學者於佛教藝術研習營中，探討各項佛教藝術議題。

此次參與研習營的學員，包括國內外佛教藝術界的著名學者，如法鼓佛教研修學院校長暨台北藝術大學教授惠敏法師、台大哲學系副教授蔡耀明、故宮博物院研究員李玉珉、文化大學歷史系教授陳清香，以及中國大陸清華大學美術學院教授李靜杰、韓國梨花女子大學教授姜友邦、日本東北大學教授長岡龍作等人。來自不同地域的學者觀點，使得本次研習營更具國際化的宏觀視野。

四天的研習營中，除了探討有關佛像、佛塔的藝術研究，也擴展到如何觀看佛教藝術史等方法學的探討。不少學員表示，參加這次研習營，讓他們感受最深的是隨眾的團體生活，許多研究佛教藝術卻未曾體驗修行生活的學員，從過堂、出坡過程中，體會到佛教修行的精髓，並與自身的研究結合。對於法鼓山園區寧靜優美的環境，以及法鼓山投入佛教教育的熱忱，都表示讚歎和肯定。

● 03.10

「CBETA電子佛典集成2007版」發表

推動為經文加入新式標點

CBETA工作小組於慧日講堂合影。

中華電子佛典協會（簡稱CBETA）本日於台北市慧日講堂舉辦「2007電子佛典成果發表會暨九週年慶」，由中華電子佛典協會主任委員惠敏法師，向大眾介紹最新版本「CBETA電子佛典集成2007版」，並說明未來追求「質的提昇」計畫和願景。

惠敏法師於會中表示，最新的「CBETA電子佛典集成2007版」，已收錄《大正藏》、《卍續藏》總計高達一億五千多萬字的漢文佛典經文，幾乎涵蓋八成以上的重要經典，法師喻稱它為「佛經中的Google」。惠敏法師進一步說明，CBETA未來除了補足《大正藏》及《卍續藏》尚未收入的藏經，彙為「佛典總集成」之外，還將從「量的追求」轉為「質的提昇」，其中，為經文加入新式標點符號，將是未來的重點工作之一。

CBETA自從網路校對計畫開始之後，已有超過五萬人次志願參與，顯示出社會大眾對佛法弘傳的重視與熱忱。

03.22～23

清雲科大中亞所師生參訪法鼓山

盼與研修學院交流合作

清雲科技大學中亞研究所二十多位師生，在所長傅仁坤的帶領下，於3月22、23日參訪法鼓山世界佛教教育園區，除了與法鼓佛教研修學院進行學術交流，並學習法鼓八式動禪及禪坐，體會禪法的安定與平靜。

惠敏法師（第二排左一）、李志夫教授（第二排左二）與清雲科技大學師生合影。

22日首先安排清雲科大師生參訪法鼓山園區，對園區所呈現的清淨氣氛，參訪師生皆十分讚歎。接下來一行人練習法鼓八式動禪與基礎禪坐，進一步體會與自然環境融合的寧靜自在。

次日舉辦一場專題演講，由研修學院校長惠敏法師主講「玄奘西域行——絲路與唐代佛教」，法師介紹目前已完成的「數位博物館——西域玄奘行」的網站使用，以及結合電子與佛典的「高僧傳地理研究資訊專案」（GIS）的內容規畫。惠敏法師的解說，讓與會師生對於目前佛典數位化的進展印象深刻。

接著在座談會上，身兼哈薩克國家科學院（National Academy of Sciences of the Republic of Kazakhstan）人文組院士的傅仁坤所長表示，他對於聖嚴師父的辦學理念十分景仰，期盼能透過兩天行程，領略法鼓山的教育理念與作法。傅仁坤所長並提出許多雙方互相合作的建議，包括合辦異地教學、研討會等，希望加強彼此的交流。

活動結束後，中亞所學生以哈薩克族最古老且具代表性的樂器「東不拉」演奏三首樂曲，圓滿了此次法鼓山之行。

● 03.24

斯里蘭卡最高長老參訪法鼓山

南林尼僧苑與僧大交流辦學經驗

斯里蘭卡大寺派（Malwathu Chapter）國師——最高長老提巴圖瓦維．師利．悉達塔．蘇曼噶拉．瑪哈．納亞卡．泰羅（The Most Ven. Tibbatuwawe Sri Siddhartha Sumangala Maha Nayaka Thero）一行25人，在南林尼僧苑住持惟俊法師的引介下，本日至法鼓山世界佛教教育園區參訪，希望和法鼓山交流辦學經驗，由方丈和尚果東法師、僧團副住持果品法師、代理都監果廣法師、法鼓山僧伽大學副院長果鏡法師等人以座談的方式，分享法鼓山的辦學理念和歷程。

座談會首先播放《大哉斯鼓》及《僧伽大學簡介》兩部影片，方丈和尚並適時加以說明，讓南林尼僧苑與斯里蘭卡比丘們更能瞭解法鼓山的理念，以及僧伽教育目前的概況。蘇曼噶拉國師表示十分認同聖嚴師父的理念，雖然斯里蘭卡和台灣分屬兩地，但是同樣全力在推廣佛教教育。稍後，方丈和尚陪同貴賓參觀開山紀念館及祈願觀音殿等地。

方丈和尚果東法師（前右一）陪同斯里蘭卡蘇曼噶拉國師（前左一）一行人參觀開山紀念館。

蘇曼噶拉國師為斯國最高長老，近年來除了鼓勵僧眾走出寺廟，關懷人群，並計畫在當地籌設佛教學校。因此，惟俊法師特別引介蘇曼噶拉國師及比丘們，參訪在僧伽教育上深耕多年的法鼓山，希望藉由辦學經驗的分享與交流，共同為佛教的傳承與弘揚奉獻心力。

04.06

紐約長島大學師生參訪法鼓山
瞭解培育宗教人才的理念

美國紐約長島大學（Long Island University）修學「比較宗教與文化」課程（Comparative Religion and Culture Program）的16位師生，在輔仁大學宗教學系安排下，本日參訪法鼓山世界佛教教育園區，行程中並安排參觀法鼓佛教研修學院，瞭解法鼓山培育宗教人才的情形。

紐約長島大學師生參觀圖書資訊館。

長島大學開設的「比較宗教與文化」課程，兼顧理論與實踐，學生上課採周遊列國的學習方式。校方此行安排學生參訪美國本土、土耳其、印度、泰國與台灣五個國家，希望學生們透過參訪法鼓山及台灣其他佛教團體，觀察並體驗佛教如何在台灣文化的浸潤與影響之下轉型，而與世界接軌，同時使台灣成為佛教的輸出國家。

04.08

法鼓佛教研修學院成立典禮
首任校長惠敏法師正式就任

全國第一所單一宗教研修學院「法鼓佛教研修學院」，於本日佛陀誕辰紀念日，在法鼓山世界佛教教育園區舉辦成立揭牌暨首任校長就職典禮。揭牌儀式由聖嚴師父、校長惠敏法師、方丈和尚果東法師、行政院文化建設委員會主任委員邱坤良、教育部高教司司長何卓飛、聖靈寺住持今能長老、前教育部次長范巽綠，以及研修學院籌備處主任李志夫、法行會會長蕭萬長、行政院第六組組長陳德新、台北縣民政局副局長王澤民、日本龍谷大學芳村博實教授等人共同揭幔，來

研修學院首任校長惠敏法師就職，聖嚴師父親自頒贈校長聘書。

自宗教界、教育界以及關心佛教教育的人士都蒞臨會場觀禮。

揭牌典禮上，聖嚴師父致辭表示：「等了30年，今天是我最高興的一天！」表達了對學院成立的歡欣之情。師父並說明，今天的社會需要佛教，而佛教人才需要靠教育養成，研修學院就是為了培養研究宗教、從事宗教工作的人才。對於學院的成立，師父特別感謝一路護持的人士，也期望大家繼續支持法鼓山推動「三大教育」的理念。

揭牌儀式後，接著於國際會議廳進行校長就職典禮，聖嚴師父親自將校長聘書頒給惠敏法師，並由研修學院籌備處主任李志夫移交校長印信，完成首任校長的就職儀式。

典禮現場大家熱絡討論交流，對於台灣佛教教育的未來前景，寄予厚望與無限祝福。

各界貴賓齊聚祝賀法鼓佛教研修學院揭牌典禮，左起依序為李志夫教授、王澤民副局長、何卓飛司長、范巽綠女士、蕭萬長會長、方丈和尚果東法師、聖嚴師父、今能長老、邱坤良主委、陳德新組長、芳村博實教授、惠敏法師。

一生的心願，終於實現！

4月8日講於法鼓山園區「法鼓佛教研修學院」揭牌典禮

◎聖嚴師父

諸位長官、諸位嘉賓、諸位法師，諸位研究所的老師、同學，以及諸位護法體系的護法菩薩們：

今天這個日子，我們已經等了三十年。三十年前我即主張：今天不辦教育，佛教就沒有明天！佛教不辦教育，就無法培養人才；佛教沒有人才，就會被社會輕視、矮化，而佛教弘化的功能也就無法產生。

這三十年來，我們一步一步堅持、努力，總算盼得今日成熟的果實。我們的第一步，是「寄生」於中國文化學院，在中華學術院底下成立佛學研究所。那是1978年，我應中國文化學院創辦人張其昀先生的邀請擔任研究所所長。1981年起，研究所正式招生，現在我們的研修學院校長惠敏法師就是第二屆校友，在座尚有第一屆校友果祥法師。在文化學院辦了三屆以後，由於張其昀先生因病休養，校務人事起了變化，研究所因此被迫中止，這讓我們開始思考必須自力辦學。

1985年，研究所遷至北投中華佛教文化館恢復招生，同時更名為「中華佛學研究所」，這是我們第二步的努力。我很幸運能有李志夫教授和方甯書教授一路走來的協助；兩位是我的好友，他們總是謙說在追隨我，事實上卻給予我莫大的幫助，特別是在辦學的實務經驗上。

中華佛研所辦學二十餘年，培養了許多優秀的佛教人才，對佛教界也產生很大的貢獻。譬如在座的第二屆校友厚觀法師，過去曾擔任福嚴佛學院院長；梅迺文教授在美國任教多年；有的人受邀至中國大陸講學；有的人則在國內外大學執教服務，譬如惠敏法師已歷任台北藝術大學學務長、教務長和代理校長，但是他毅然選擇到我們這裡奉獻，擔任研修學院校長，我非常感謝他。

在聖嚴師父（中）監交下，研修學院籌備處主任李志夫（左）將印信移交給惠敏法師（右）。

回首過往的二十多年，由於我們向

教育部登記設立的是乙種研究所，按教育部規定，乙種研究所在師資及學生的招考條件上，必須比照一般大學研究所的標準，問題是在我們這裡任教的老師無法取得正式的教師資歷，也無法升等，而畢業的學生無法獲得學歷承認。在這種艱難的情況下，我們還是一屆一屆招生，可見我們的學生重視的是「真才實學」。

法鼓佛教研修學院是國內第一所獨立的單一宗教研修學院。

由於中華佛研所的辦學成果，讓我們深具信心，然而對於爭取宗教學位的承認，始終是我們努力的目標。我們爭取了二十多年，包括我、李志夫教授，還有惠清法師，我們經常到教育部、立法院去爭取。我們一直在努力、努力，鍥而不捨地努力，這是我一輩子的心願，我一定堅持到底。

如今，研修學院正式揭牌成立，今天是我最高興的一天。研修學院成立以後，我們會要求學生茹素、上早晚課，畢竟研修學院是為了培育佛教的宗教師人才，因此對於佛教的儀式、宗教師的威儀養成，我們非常重視，希望能為佛教界，乃至這個世界培養出最優秀的宗教師人才。

「法鼓佛教研修學院」是國內第一所佛教的研修學院，也是第一所獨立的宗教研修學院，我們矢志辦到最好，也盼有朝一日能把我們的辦學經驗，分享給其他宗教團體參考。因此，我們的校長責任非常重大，我相信我們會辦得很好。

感謝諸位蒞臨今天的儀典，但盼日後仍能不吝支持，在智慧、經驗及財力上，多多給予我們支援。謝謝。

國內第一所
單一宗教研修學院成立

彰顯佛教教育的時代意義

法鼓佛教研修學院於4月8日正式成立，為國內第一所經過教育部核可通過的單一宗教研修學院，所培育出的佛學研究人才，也將獲得教育部的資格認可。這是聖嚴師父、中華佛學研究所歷任所長李志夫教授、方甯書教授等努力爭取了二十多年的成果，也是對中華佛研所二十多年來辦學績效的肯定。

一直以來，國內各宗教團體積極推動「單一宗教研修學院」立案，讓單一宗教教育納入正規的教育體制。然而「宗教研修學院」的成立，對社會有什麼樣的時代意義？

宗教研修學院的時代意義

在歐美日等國家中，神學或宗教研究納入高等教育體系已經行之多年。許多知名的大學院校都設有佛學研究中心，從事佛學或東方文化的研究。例如英國的布里斯托大學（University of Bristol）、美國的維吉尼亞大學（University of Virginia）與日本的東京大學等。在日本，各佛教宗派致力於佛教的學術化更是不遺餘力，並創辦多所佛教大學，例如日蓮宗的立正大學，真宗本願寺派的龍谷大學等。

研修學院於1月27日進行首屆招生說明會，由校長惠敏法師主持。

反觀國內，過去在教育部的高等教育政策裡，宗教是與教育分離的，直到1987年，教育部才准許在公、私立大學設立宗教系與宗教研究所。至於單一宗教，如佛學系、佛學研究所，皆無相關法規准許設立。

如今，宗教研修學院的立案通過不但讓宗教得以進入校園，更因為通過教育部的承認，使其可以站在學術的平台上，與國內一般大學院校進行宗教學術的研究，進而與國外宗教學術機構交流，開拓各個宗教團體的國際視野。

除了學術教育的認可，研究與修行的整合更是宗教研修學院納入高等教育的另一重大時代意義。法鼓佛教研修學院校長惠敏法師表示，過去佛教教育只走學術路線，教育主管機關認為如果與修行結合，將會有違反學術規範的疑慮。但事實上，學術上的研究，沒有修行的實踐是不夠的；同樣地，如果只注重修行，而沒有理論基礎，也會有流於盲修瞎練的弊病。

德學並重的法鼓佛教研修學院

目前法鼓佛教研修學院依學制設立「佛教研究所」，承接中華佛研所在制度上的組別，分為漢傳佛教組、藏傳佛教組、印度佛教組三組。此外，為了因應網際網路資訊時代來臨，另設立「佛學資訊組」，藉此培養具數位化能力的宗教人才，建構佛教經典的數位典藏。

為了讓學生親身驗證佛法，提昇人品，還特別設立「研修中心」，整合法鼓山僧伽大學將近六年的辦學經驗，專門規畫執行宗教實修，亦即行門方面的課程，例如朝暮定課、禮懺法門、念佛法門、禪修法門等課程。惠敏法師認為，即使沒有出家，人文素養及悲智和敬等特質，也是任何一個時空與社會都需要的人才。

不只如此，具有國際視野人才的培育，也是辦學目標之一。惠敏法師說明，研修學院的學生將會是社會上的菁英與領袖，既受過學術上嚴謹的訓練，在禪修體證上亦有成就，是弘揚漢傳佛法不可或缺的人才。

為了培育具有國際視野的人才，研修學院目前已經跟美國維吉尼亞大學、澳洲雪梨大學（University of Sydney）、日本立正大學等15所國外知名的學校結盟，有利學生未來在海外的進修。而在學科的安排上，也加強國際語言訓練，繼續出版的《中華佛學學報》，並以英文論文為主。另外，會陸續辦理學術會議、出版、舉行研究會、講座等國際學術交流活動。

佛學教育是難行能行的菩薩道

面對宗教研修學院的未來，不管就法令、經費、師資、招生等方面，仍有需要努力的地方。惠敏法師提出，在尚無相關法令規範之下，教育部都是透過「私校法」，將宗教研修學院當作綜合大學一樣比照辦理，要設置教務處、學務處等龐雜的行政體系。對於只有一系一所的研修學院而言，在人事聘用、管理上，皆須審慎考量。

除了法令的問題，近年來大學擴增，學歷的泡沫化，讓招生問題成為宗教研修學院首先面對的挑戰。對此，一手推動法鼓佛教研修學院籌備成立的李志夫教授滿懷信心地表示，這幾十年來，中華佛研所就是在沒有相關法規的協助下，踏實地興辦宗教教育。

1988年，中華佛研所在無法授予教育部認可學位的情況下，聖嚴師父以

「佛教需要人才，人才需要教育的養成」為理念，號召了一群年輕志士，無畏於未來工作出路而前來就讀，並有一群熱心的老師，如目前國內著名的佛教學者鄭振煌、楊郁文、藍吉富等，在教學資源缺乏的環境下，付出心血，不但深耕佛學研究，更培育出許多佛教人才。

研修學院不但承接中華佛研所及法鼓山僧伽大學多年來的辦學經驗，具備國內外優秀的佛學師資，更有來自十方、成千上萬認同聖嚴師父以及法鼓山辦學理念的僧俗四眾，默默護持。

透過這股信心與願力，研修學院必能培養出德學兼備的優秀人才，不論在家或出家，都能成為弘傳漢傳佛教的中流砥柱，令正法久住。

法鼓佛教研修學院大事記

時間	事件說明
2000年10月	教育部召開第一次「宗教研修學院」納入正規教育體系的會議，並訪視九所宗教學院，包括佛教四所、基督教兩所、天主教兩所、一貫道等學院，研議設校的標準。
2001年4月	教育部宗教教育專案小組，計有恆清法師、李豐楙、林端等八位教授至法鼓佛教研修學院之前身——中華佛學研究所的舊址中華佛教文化館訪視，並與中華佛研所師生舉行座談會，瞭解相關宗教研修學院成立之可行性。
2001年6月、7月	教育部修訂准予設立「宗教研修學院」有關法規，由中華佛研所擬訂「草案」，邀請有關佛教教育院所參與意見、座談，以便向教育部提出理想可行之法規，以促成此一法規盡早完成。
2002年11月	各宗教代表成立「宗教研修學院促進會」，推舉中華佛研所所長李志夫為總幹事，負責推動宗教教育納入正式學制。
2004年3月23日	立法院三讀通過「私立學校教育法第九條修正案」，確定未來宗教研修學院可授予學位。
2004年10月	申請籌設「法鼓佛教研修學院」。
2006年5月12日	教育部等相關單位官員蒞臨法鼓山世界佛教教育園區實地會勘。
2006年6月20日	出席教育部召開的「95年度大學校院設立審議委員會」。
2006年8月14日	教育部來函同意法鼓佛教研修學院籌設；法鼓佛教研修學院去函教育部，呈報擬聘董事名冊。
2006年8月25日	獲教育部來函，同意「法鼓佛教研修學院」董事名冊。
2006年9月8日	召開第一屆第一次董事會會議。
2006年10月3日	向教育部核報董事會成立、組織章程及財產清冊等。
2006年10月23日	向教育部核報第一屆董事會推選聖嚴師父為董事長。
2006年11月10日	獲教育部來函同意「法鼓佛教研修學院」捐助章程。
2007年4月8日	法鼓佛教研修學院正式揭牌成立，同時舉辦首任校長就職典禮。

04.08

中華佛研所25屆校友齊聚法鼓山

聖嚴師父以「毅力、恆心」勉勵大眾

中華佛學研究所於本日法鼓佛教研修學院揭牌暨首任校長就職典禮結束後，在教育行政大樓海會廳舉辦校友會，聖嚴師父、方丈和尚果東法師、研修學院校長惠敏法師與中華佛研所榮譽所長李志夫皆到場關懷，共有二十五屆歷屆傑出校友四十多人與會。

聖嚴師父（左一）以「毅力、恆心」勉勵歷屆中華佛研所校友。

聖嚴師父在校友會上致辭表示，經過這麼多年的努力，靠著毅力與恆心，終於盼到研修學院設立，師父以此勉勵所有在場校友，不論在什麼地方，只要秉持這樣的信念，就能做出成績。

二十五年來，中華佛研所嚴謹的學術訓練，造就了不少傑出校友，有的遠赴海外深造取得博士學位，例如：留學英國、現任研修學院教職的莊國彬與任教中山大學的越建東；留學德國、任教圓光佛學院的宗玉媺等；或者留在國內攻讀者，例如：就讀中央大學博士班的如碩法師等；出家法師方面，則有現任板橋泰國法身寺台灣分院住持心平法師、任教於中華佛研所的純因法師等，更有許多畢業生在國內外各個不同領域發揮長才，共同為社會服務與奉獻。

04.27～29

泰國朱拉隆功佛教大學僧侶參訪法鼓山

與研修學院交流辦學心得

泰國國立朱拉隆功佛教大學（Mahachulalongkornrajavidyalaya University）佛研所主任兼校長祕書沙維法師（Sawai Chotiko）等一行16人，4月27至29日至法鼓山世界佛教教育園區參訪，由僧團副住持果品法師、法鼓佛教研修學院校長惠敏法師、圖書資訊館副館長果見法師接待，雙方藉由難得的機會，交換彼

此的辦學心得。

活動第二天下午，沙維法師一行人參觀研修學院圖資館，透過果見法師詳盡地說明，大家對於館藏及網路資訊系統有更深一層的認識。接著由惠敏法師簡報研修學院的特色，以及介紹《大藏經》電子版。

朱拉隆功佛教大學一行人參觀圖書資訊館。

園區並為朱大參訪團安排導覽，走訪祈願觀音殿、開山紀念館、藥師古佛與藥王園等地，一覽法鼓山獨特的建築及人文景觀。為期三天的活動，不僅增進了彼此的瞭解，也為兩校未來的合作奠定良好基礎。

● 05.19～20　05.26～27

僧團舉辦考生祝福活動

為北海岸四鄉考生加油

由僧團主辦、法鼓山僧伽大學協辦的「考生祝福」活動，在護法總會北七轄區信眾支援下，5月19、20日，於基隆經國管理暨健康學院、基隆女中「四技二專統一入學測驗」現場展開第一場關懷活動；第二場則在5月26日起一連兩天，於基隆中學及基隆女中「國中第一次基測」現場進行。僧團弘化院法師也親自到場為考生加油打氣。

僧團法師與北七轄區信眾至基隆區考場，為考生加油打氣。

由北七轄區信眾組成的考生服務隊，在考場為考生及家長提供許多結緣品，包括「加油祈願扇」、「大悲心起」瓶裝水、〈聖嚴師父108自在語〉、僧大勵志書籤等，其中，考生專屬的「加油祈願扇」，最受大家喜愛，考生只要在扇子上填入姓名和應試名稱，即可得到祝福。陪考的父母也藉由結緣品，一同分享了法鼓山的理念和佛法的清涼。

僧團表示，位於金山的法鼓山，長期以來受到北海岸四鄉鄉親的支持，這次舉辦「考生祝福」活動，除幫助考生在考試中安定身心，也藉此對地方表達回饋之意。

05.28

韓國曹溪宗僧侶參訪法鼓山園區

65位教職員觀摩僧大辦學經驗

韓國曹溪宗全國僧大65位教職員參訪法鼓山園區。

韓國曹溪宗全國僧伽大學65位教職員，包括教育院各局長、七所僧大佛學院長、十四所佛學院講師等法師居士，本日在曹溪宗教育院教育部長法藏法師帶領下，首次組團到法鼓山世界佛教教育園區參訪考察，進行僧伽高等教育的經驗交流。

曹溪宗在韓國已有一千七百多年歷史，屬於中國禪宗法脈，擁有九十多所禪院、近二十所僧伽大學、三千多所寺廟，法師人數一萬二千名以上，是韓國正信佛教最大宗團。為迎接此次台韓僧伽教育的交流盛會，法鼓山由法鼓佛教研修學院校長惠敏法師、僧團副住持果品法師、法鼓山僧伽大學副院長果鏡法師以及全體師生共同接待歡迎。

上午的參訪行程由僧團副住持果品法師代表迎接，並於簡介館內舉行歡迎會。稍後，雙方僧團前往大殿禮佛，並互相頂禮問候。禮畢，參訪團至教育行政大樓參訪，實地瞭解僧大的硬體設備和上課情形。

接著於階梯教室舉行座談會，由曹溪宗教育院練修局局長松河法師擔任主持，雙方各有三位代表於台上進行對談。法鼓山代表為惠敏法師、果品法師、果鏡法師，曹溪宗則為法藏法師、教育局長性海法師、事務局長明淵法師。雙

研修學院校長惠敏法師和曹溪宗教育院教育部長法藏法師（左）互贈紀念品，期許有合作機會。

方先介紹各自的教育體制，然後相互提問，針對彼此國內僧伽教育的現況、困境和未來展望交換意見。除了互相勉勵，雙方也期許未來能有更多交流合作的機會。

參訪團在參觀祈願觀音殿和行願館後，圓滿此次行程，為台韓僧伽高等教育的交流學習，建立了一次寶貴的經驗。

05.31

比利時根特大學學者參訪法鼓山園區
與研修學院建立學術合作共識

比利時根特大學（Ghent University）校長高文貝基（Paul Van Cauwenberge）、漢學系系主任巴德勝（Bart Dessein）等人，本日至法鼓山世界佛教教育園區參訪，由法鼓佛教研修學院校長惠敏法師、副校長杜正民、中華佛學研究所代理所長果肇法師與法鼓山僧伽大學佛學院副院長果鏡法師等人接待。

根特大學是比利時設有漢學系的二所大學之一，有不少學生在台灣留學，此次接受教育部邀請，前往中央研究院、台灣大學等學術教育機構訪問，法鼓佛教研修學院是參訪行程中唯一的宗教研修單位。

高文貝基校長（前排右三）、巴德勝主任（前排右一）等人與惠敏法師（前排右二）、杜正民副校長（前排左一）在祈願觀音殿前合影。

當天的參訪，首先在教育行政大樓五樓海會廳觀看簡介影片，之後進行交流座談。惠敏法師詳盡說明中華佛研所申請創立法鼓佛教研修學院的宗旨與成立經過。針對研修學院的硬體建設、教學課程及學生獎助學金，兩位來賓也提出問題與看法。雙方交換意見後，初步達成四點具體共識：一、法鼓佛教研修學院暨中華佛研所與比利時根特大學漢學系可建立學術合作交流關係。二、雙方研究人員或老師可互訪或講學。三、雙方的研究生也可交換訪問、學習。四、鼓勵法鼓佛教研修學院或是歷屆中華佛研所畢業的研究生，前往根特大學漢學系留學，進修博士學位。

座談結束後，兩位來賓在研修學院教授馬德偉、馬紀老師陪同下，前往參觀圖書資訊館、第一大樓大殿、開山紀念館及第二大樓的祈願觀音殿。根特大學此次參訪，除了進行交流、觀摩，也開啟雙方未來更多學術合作的契機。

07.01

第四屆漢藏班成果感恩發表會

聖嚴師父勉投入漢藏經典雙向翻譯

中華佛學研究所本日於法鼓山園區教育行政大樓階梯教室，舉辦「第四屆法鼓山漢藏佛教文化交流翻譯研究班」成果感恩發表會，聖嚴師父、方丈和尚果東法師、法鼓佛教研修學院校長惠敏法師、中華佛研所代理所長果肇法師、台灣西藏交流基金會副祕書長翁仕杰、蒙藏委員會副處長娥舟文茂等兩百多位貴賓皆應邀到場，分享喇嘛們的學習成果。

聖嚴師父於會中致辭表示，漢傳和藏傳佛教的經典均源自印度，希望漢藏班培訓出的翻譯人才，能以「漢藏經典雙向翻譯」做為努力的目標，促成雙方文化交流。師父進一步指出，弘揚佛法應具備多元性和整體性，才能因應世界宗教的未來發展，希望喇嘛們結束課程後，能善用所學，造福更多人。

本屆畢業的14位喇嘛，在會中發表各自挑選的藏文經典翻譯作品，並運用多媒

第四屆漢藏班學員與師長們合影留念。（第一排右四起依序為娥舟文茂副處長、惠敏法師、全度法師、果醒法師、翁仕杰副祕書長。）

體進行翻譯成果的中文簡報。此外，還安排四位喇嘛分別以中文與藏文示範辯經。

方丈和尚最後致辭感謝各方護持，使得漢藏班能在法鼓山園區順利開辦，讓法鼓山更邁向「世界佛教教育園區」的目標，並期許未來不分漢傳、藏傳，都能努力弘揚佛法，為世界帶來和平與希望。

07.04～05

僧大舉辦第三屆畢業生製作成果發表會

二位學僧作品獲聖基會獎助肯定

7月4、5日兩天，法鼓山僧伽大學於法鼓山園區階梯教室舉行第三屆畢業生製作成果發表會，由教務長常諦法師主持，共有10位佛學系畢業學僧參與展出，僧大全體師生、論文指導老師及13位評分老師都出席這場發表會。

發表會上，學僧們各以30分鐘報告內容，並接受20分鐘的現場提問，最後交由評分老師給予評定。學僧發表的畢業製作，主題遍及禪修、僧伽教育、臨終關懷、聖嚴師父思想研究、水陸法會研究等。

僧大今年並首度將應屆畢業生的畢業製作，提送聖嚴教育基金會申請獎助，其中常雲法師及常超法師分別以論文〈聖嚴法師戒律之思想與實踐〉、〈聖嚴法師的無我觀初探〉，獲得2007年「優秀佛學院畢業生獎學金」，各獲得獎學金一萬元，以鼓勵僧大學僧投入漢傳佛教與聖嚴師父思想的學術研究領域。

法鼓山僧伽大學第三屆畢業生製作作品一覽表

學僧	論文題目	指導老師
常律法師	〈從法鼓山禪堂（室內空間）來探討其對禪修需求的滿足〉	果祺法師 李孟崇（建工處處長）
法可法師	〈如何使法鼓山僧伽大學成為世界佛教僧伽教育搖籃——以出家眾在僧大就讀可能性之探討為主〉	惠敏法師
常生法師	〈法鼓山之臨終關懷——從人間淨土到他方淨土〉	果器法師 常諦法師
常超法師	〈聖嚴法師的無我觀初探〉	果醒法師 證融法師
常允法師 常先法師	〈認識女寮從「心」開始〉	果肇法師
常雲法師	〈聖嚴法師戒律之思想與實踐〉	果鏡法師 證融法師
常文法師	〈2007法鼓山第一屆水陸法會〉	果慨法師
常銘法師	〈法鼓山大悲心水陸法會——開啟自性大悲、祈願眾生離苦〉	果慨法師
常修法師	〈法華鐘之人間淨土——大悲心起〉	果慨法師

07.05

中華佛研所舉辦暑期佛學營

以「經禪脫殼」為旨體驗佛法

佛學營學員依序至戶外體驗經行。

中華佛學研究所本日於法鼓山園區舉辦一年一度的「暑期佛學營」，活動主題為「經禪脫殼——認識與體驗中華禪法鼓宗」，帶領學員透過動禪、經行、坐禪等各種禪法，親身體驗禪修法味，共約有一百多人參加。

佛學營由中華佛研所研究生策畫，總幹事洞鈜法師表示，這次活動的目的，是希望第一次接觸佛法的學員，能從初步認識義理開始，再循序漸進地從行、住、坐、臥中，體驗禪修的觀念和方法，並結合理論和實踐，由外而內、由動至靜，將佛法帶入日常生活中。

早上的課程，在觀看2006年法鼓山大事記、聖嚴師父禪法開示影片後，進行法鼓八式動禪及戶外經行。下午則練習禪坐、放鬆、經行。由於經行時，法師不斷提醒學員注意腳步，因此在討論過程中，有學員請教其中的意義，法師表示，關注呼吸和腳步，是為了提醒自身清楚活在當下，進而摒除雜念，使身心獲得平靜。

課程最後，安排學員參訪法鼓山園區，由導覽義工詳細解說，學員們並參觀圖書資訊館，認識不同版本的《心經》石碑刻文、各樓層藏書、設施，讓學員們留下深刻的印象。

07.15～26

研修學院考察唐代佛教文化地圖

結合多項數位技術進行田野考察

法鼓佛教研修學院於7月15至26日，至中國大陸蘭州進行「唐代佛教文化地圖考察」活動，在副校長杜正民、法鼓山僧伽大學副院長果鏡法師帶領下，共有15位師生參與這場結合數位佛典文獻、地理資訊科技（GIS）、多媒體影音紀錄等數位技術的田野考察之旅。

15至17日，考察團先至西安探訪漢傳佛教各宗派祖庭，如淨土宗祖庭香積寺、密宗祖庭青龍寺、八宗共祖法門寺等，杜副校長並代表研修學院，贈送「中華電子佛典集成」（CBETA）及《法鼓全集》光碟版予法門寺佛學院，由該佛學院教務主任賢空法師代表接受。

19至25日，考察團參加蘭州大學歷史文化學院舉辦的「2007年絲路中段學術考察活動」，和與會的兩岸學術單位就絲路考察的議題進行交流。杜副校長在19日的研討會開幕致辭時，特別向與會人士介紹法鼓山的理念。考察團接下來則從天水一路至敦煌，沿途在麥積山石窟、甘谷大象山石窟，以及莫高窟等佛教遺址進行考察。

為了此次考察，參與此行的研究生們不但事先充分蒐集、準備資料，同時還分成「文獻蒐集」、「影音記錄」和「地圖測繪」三組，分別進行絲路沿線上的佛教遺跡衛星定位、實地測量，並繪製寺院、佛塔及古城的電子地圖等工作，未來將再結合文獻及影音資料，開發現代數位地圖，展現數位佛學研究的最新成果。

除了學術上的豐碩成果，一行人在祖師大德曾經走過的求法路上討論與學習，不僅擴展了心胸與視野，更體會到求法者為法忘軀的決心和堅持。

杜正民副校長（右六）、果鏡法師（左三）帶領師生至中國大陸進行「唐代佛教文化地圖考察」。

08.02～03

日本鎌倉佛教研究學會教授參訪法鼓山

體驗學術與修行氣息

惠敏法師（前排左三）、果暉法師（前排左四）與日本鎌倉佛教研究學會教授合影。

「日本鎌倉佛教研究學會」組成訪問團，於8月2、3日至法鼓山世界佛教教育園區參訪。訪問團成員分別來自立正、愛知學院、鳴門教育、身延山、東北、關西、東京等大學，一行共有九位教授。

訪問團第一天參觀法鼓佛教研修學院圖書資訊館，由圖資館副館長果見法師帶領，接下來則由參學室日語導覽人員引領參觀法鼓山園區。

3日早晨，成員們隨同僧團法師一起上殿做早課，親身體驗法鼓山上的修行氣氛。用完早齋後，在研修學院校長惠敏法師、法鼓山僧伽大學院長果暉法師等人的陪同，一行人參觀禪堂建築與周邊環境，並瞻禮開山觀音，隨後還參觀了正在第一大樓五樓展出的「法華鐘禮讚——佛像與經文的對話」特展。

訪問團一行人除了對於展場中融合傳統與創新的作品讚賞有加之外，對於法鼓山園區的各項硬體設備亦表示印象深刻。

08.07

法鼓大學籌備處主任交接

校長曾濟群榮退　果肇法師接任

法鼓大學籌備處本日於法鼓山園區教育行政大樓海會廳舉辦「法鼓大學籌備處主任交接典禮」，在聖嚴師父的監交下，曾濟群校長將籌備處主任一職交由果肇法師接任，方丈和尚果東法師、法鼓佛教研修學院校長惠敏法師、護法總會總會長陳嘉男、中華佛學研究所榮譽所長李志夫、前逢甲大學校長劉安之，以及法鼓山事業體的各部會主管等皆應邀觀禮。

典禮上，聖嚴師父特別頒發感謝狀和「人間淨土」牌匾給曾濟群校長，感謝他對籌備建校、推動大學院教育事業的用心和貢獻，而曾濟群校長不僅將退休金全數捐出，並發願終身擔任法鼓山教育事業的義工，師父讚歎他是一位難得的「大菩薩」。

1997年，曾濟群校長自第一任籌備處主任李志夫手中接下法鼓大學籌備工作，十年來全心全力投入法鼓山「大學院」教育事業，儘管任內遇到大學教育及土地開發等法令限制，所幸1998年順利通過教育部核准籌設，並於2004年舉辦校地動土典禮。回顧艱辛的創校過程，曾濟群校長表示，自己深受聖嚴師父辦學的悲願感召，因此儘管困難重重仍勇往直前。曾濟群校長表示自己貢獻甚薄，今後將秉持「一人法鼓山，全家法鼓山；一日法鼓山，終身法鼓山」的理念，繼續奉獻服務。

在聖嚴師父的監交下，曾濟群校長（左）將法鼓大學籌備處的印信，移交給新任的果肇法師（右）。

典禮圓滿前，法鼓大學籌備處前後三位主任及與會貴賓們，與聖嚴師父、方丈和尚合影，象徵法鼓大學將承先啟後、同心協力，邁向另一新的里程碑。

● 08.11～12

「法鼓大學使命願景共識營」舉行

以推廣心靈環保理念為使命

8月11、12日在法鼓山世界佛教教育園區海會廳召開的「法鼓大學使命願景共識營」，由聖嚴師父邀請法鼓大學董事會董事、學院系所規畫教授、僧團相關執事法師、護法會及籌備處規畫人員，共約三十人參加。

聖嚴師父曾開示：「今天的大學，對於禪修、心靈、精神層面和人格的教育比較欠缺，而這卻是我們特別重視的部分，也是我們與其他大學區隔的特色。」以此引領所有出席人員共同討論，勾勒出法鼓大學的使命願景——「以心靈環保為核心價值，培育兼具慈悲與智慧的領導者，探索人類未來，建設地球淨土。」師父並強調法鼓山的使命就是法鼓大學的使命，表示「法鼓大學的

法鼓山教育體系相關人員齊聚共識營研討與發想。

存在，就是為了造就實踐、推廣法鼓山理念的人才，這是法鼓大學不能更改的使命。」

會中也提出具體落實的作法，包括：建構國際教育村，營造多元學習；創新學術研究，建立全球淨化的典範和共識等，亦即法鼓大學不但要培育出提倡心靈環保、能自我領導的人才，還要探索出讓地球萬物和平相處的知識和思想。所以，未來法鼓大學將是一個集合精緻化、研究型、國際化、人文關懷等特色的國際教育村。

歷經多年申設規畫，目前法鼓大學邁入實體建設階段。法鼓大學將是一所以「心靈環保」為核心價值，培養改善社會、安定社會、安定人心等人才的大學。

08.20～23

惠敏法師參加越南佛教與傳承學術研討
發表「電子文化地圖專案」研究成果

法鼓佛教研修學院校長惠敏法師、副校長杜正民等一行四人，於8月20至23日前往越南胡志明市，參加由越南佛教大學舉辦的「越南佛教與傳承學術研討會」。

研討會中，惠敏法師針對「電子文化地圖專案」發表高僧傳海上絲路研究的相關論文〈唐西域求法高僧與海上絲路〉（Buddhist Eminent Monk's Tracks and The Sea Silk Road in Tang Dynasty），以義淨大師所撰的《大唐西域求法高僧傳》為主要研究內容。論文內容並運用地理資訊系統報告運期、木叉提婆、窺沖、慧琰、智行及大乘燈法師等六位出身於越南的法師行跡，顯示越南佛教在唐代的地位，而GIS電子地理地圖技術的呈現，則表現出研修學院在傳統文獻之外，執行學術研究的新方法與現代化。

除了參與學術會議，惠敏法師一行人也參訪越南佛教大學，瞭解越南佛教教育的現況，並促進日後雙方的交流。

09.01

《法鼓研修院訊》創刊

扮演學校、學生和學術界溝通橋樑

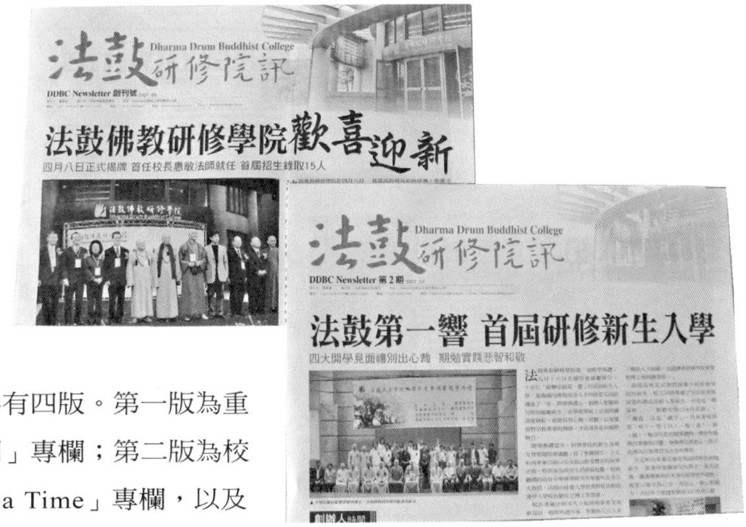

為加強佛教與各宗教的互動與交流，法鼓佛教研修學院於本月創刊《法鼓研修院訊》，做為學校、學生和國內外學術界之間的溝通橋樑。

採季刊發行的《法鼓研修院訊》，內容共有四版。第一版為重要記事和「創辦人時間」專欄；第二版為校園動態，包含「校長Tea Time」專欄，以及校園主題報導等；第三版以學術交流事件為主，其中，「參訪與交流大事記」依照時間以條列式摘錄研修學院與宗教、學術界的互動交流或參訪活動；第四版則為英文版，為前三版記事的精華報導。

由於研修學院為國內第一所獲教育部核可之單一宗教研修學院，加上以培養兼具國際宏觀視野與學術研究的宗教人才為辦學目標，因此，發行校訊除希望記錄研修學院學術發展的點滴之外，亦可藉由第四版的英文版面，促進學術交流，並幫助師生與國際接軌。

此外，針對校方舉辦的大師講座或國際學術研討會等，也會以專題報導形式深入探討，讓刊物發揮更大的效益。

09.16

大學院96學年度畢結業暨開學典禮

聖嚴師父以悲願勉勵新舊生

法鼓山大學院教育單位96學年度畢結業暨開學典禮，本日上午於法鼓山園區國際會議廳舉行，出席的學生包括：法鼓佛教研修學院首屆新生、法鼓山僧伽大學第七屆新生，以及中華佛學研究所、法鼓山僧伽大學、漢藏佛教文化交流班應屆畢結業生等92位新舊生。創辦人聖嚴師父、方丈和尚果東法師、研修學院校長惠敏法師、前逢甲大學校長劉安之博士等師長及兩百多位貴賓們，都到場為學生們祝福勉勵。

聖嚴師父在致辭中首先勉勵畢業生們，要在身教言行上，落實宗教師的生活與角色；而對於敲響法鼓第一擊的研修學院15位新生，師父希望藉由法鼓山的「學風」與「道風」，建立出屬於研修學院的優良校風。

另外，聖嚴師父特別強調漢傳佛教與國際接軌的必要性及迫切性，勉勵所有師生除了在學術領域必須持續深度耕耘，更要具有心胸、悲願及對宗教事業的熱情，才能走向國際舞台。

為了歡迎首屆研修學院新生，學校特別準備環保「杯」、108「自」在語、餐「盒」、「鏡」子四樣代表校訓「悲智和敬」和「四環」的禮物贈與新生，別具創意和深意的期勉，讓全場響起如雷掌聲。隨後播放各畢業班製作的溫馨感恩影片，新舊生們也互道祝福，期許彼此一起努力，實踐師長們的期許。

法鼓山大學院96學年度畢結業暨開學典禮，聖嚴師父期勉學生融合法鼓道風，建立優良學風。

培育漢傳佛教的人才

9月16日講於法鼓山園區

「法鼓山大學院教育96學年度畢結業暨開學典禮」

◎聖嚴師父

今天是法鼓山僧伽大學的畢業和開學典禮、法鼓佛教研修學院的開學典禮、中華佛學研究所的畢業和開學典禮，以及漢藏佛教文化交流班的畢業和結業典禮，我要在這裡恭喜大家。

我也要謝謝諸位老師，非常辛苦地指導，讓同學們慢慢培養出對佛法的認知、對佛教的熱心，並且學會修心的調養，而成為佛教的人才，這都是老師們的貢獻。法鼓山的教育體系，從原來的中華佛研所，後來漸漸地發展出僧伽大學、漢藏佛教文化交流班，以及法鼓佛教研修學院，佛教的教育體系可說已經完成了。中華佛研所的成果是豐碩的，許多畢業生出國留學已取得博士學位，我們感到非常安慰。當我辦中華佛研所的時候曾經說過：「佛教如果今天不辦教育，就沒有未來。」而這主要是指漢傳佛教。漢傳佛教在教育事業方面，只有太虛大師辦了幾個佛學院造就人才，到了台灣以後，每一個道場都在辦佛學院，不過畢業以後沒有升學的機會，所以無法培養出人才。

教育是根本大計

反觀藏傳佛教的教育基礎非常紮實，孩子很小的時候就去出家，而我們到了二、三十歲才出家，所以教育差距是相當遠。現在法鼓山有專門培養宗教師的僧伽大學，造就出家的人才，為我們中華禪法鼓宗建立比較有規模的僧團，也是建構漢傳佛教裡的一個僧團。僧伽大學的學生，主要的修學目的是成為出家人。在四年的過程當中，不完全是大學教育，主要是僧才教育，然後做一個出家人像一個出家人，是出家人的心態，是住持三寶、人天師範的人才。

另外，中華佛學研究所這一屆研究生畢業以後，我們就不再招生，由法鼓佛教研修學院取代中華佛研所的功能。過去中華佛研所只有碩士班，未來研修學院除了碩士班，還有大學部，並且朝向博士班努力。在法鼓山的體系下，研修學院是培養研究的人才、文化的人才，也是宗教師的人才。同學們可以做傳教師的工作、文教的工作，也可以做研究的工作，性質跟僧伽大學不一樣。現在我們有15位研究生，其中有兩位出家人，出家人本身首先要做好宗教師，此外再做研究的工作。宗教師能不能到學校去教書？當然可以，但主要是做出家人的本分事。

諸位到了法鼓山要學習我們的道風，請不要認為你們只是來讀書的，一定要跟我們的道風相應，否則，各位的生活、行為、形象，會跟法鼓山格格不入，請諸位要建立學風、建立道風，未來這就是你們的貢獻。

建立法鼓山的道風與學風

所謂的「道風」，就是我們山上的修行、法鼓山的理念，以及法鼓山的生活形態，這都是我們的道風。學風則是研究的風氣，我希望法鼓山的學風不是一個人單打獨鬥，關起門來在研究所裡一個人研究，而是整體性的，第一屆這15位學生是一個群體，互相學習各人的所長，而團體也要有團體的研究，彼此互動，不同領域要互相地交錯研究，這就成為我們開闊的學風了。

比如美國哈佛大學（Harvard University）、台灣大學，他們的學風都是第一屆同學、老師建立的。現在你們是第一屆的研修學院同學，要把學風建立起來，並且配合、適應法鼓山的道風，如此一來，各位的素質、品質跟其他學校的宗教系、所是不一樣的，社會大眾對法鼓山的畢業學生、研究生會另眼看待，而不一樣的地方，就是因為我們學風與道風的影響。

漢藏班的喇嘛同學們這幾年來在山上適應我們的環境，學習漢語，進步得很快。但是漢藏班會暫時停辦，我們大家要努力向政府申請，或是向你們的台灣代表爭取，使漢語、藏語兩種文化能夠繼續交流。現在諸位只是學了漢語，真正的漢傳佛教還不瞭解，還沒開始翻譯漢傳佛教文獻，我希望未來無論你們在山上也好，不在山上也好，要持續對漢傳佛教用一點心，否則僅僅只是單方面學會了漢語，在台灣對台灣人傳教，那是不夠的，如何能把漢傳佛教介紹到西藏文化系統裡，這樣才是交流。

漢傳佛教如果不辦教育，就沒有明天。然而我們現在已經在辦教育，有沒有明天了呢？到現在為止還是沒有看到，雖然今天出席很多人，但是在國際上的學術會議、宗教會議等，仍然看不到漢傳佛教的人才。如果漢傳佛教要出人頭地，就要主導這些會議，但是藏傳佛教、南傳佛教，以及日本佛教都有，只有我們漢傳佛教很寂寞，所以我們要加一把勁，好好發願，「我在這裡讀書，就是希望為漢傳佛教開拓明天的大門。」

近年，我經常在國際上出席各項宗教交流會議，曾被視為佛教領袖代表，也被選為國際會議組織的代表，甚至被推舉為國際會議的主持人，這在漢傳佛教界中並不多見，尤其是能走到國際舞台的漢傳出家人，在台灣、中國大陸並不多，這不僅僅是語文的問題，悲願很重要，就是對佛教的熱心、對國際佛教的熱心，或是對國際宗教的熱心參與、奉獻，這是非常重要的，這樣才能夠成為漢傳佛教真正的國際人才，這是我給諸位的建議。阿彌陀佛。

09.17～2008.01.12

僧團首度舉辦「僧命體驗班」

讓學員體驗出家修行生活

為了讓有意體驗出家修行生活者，圓滿清淨梵行的心願，法鼓山僧團和法鼓山僧伽大學於9月17日至2008年1月12日，在法鼓山世界佛教教育園區首次舉辦「僧命體驗班」，共有26位學員報到，其中男眾4位，女眾22位，共有19人圓滿全程活動。

僧命體驗班學員體驗短期出家生活。

有別於僧大自2004年開辦、至今年2月已舉辦五屆的「生命自覺營」，以希望體驗出家生活的青年為對象，活動為期七天；「僧命體驗班」的年齡層開放為青年至中年，體驗期也增長為四個月至一年不等。

「僧命體驗班」每天的生活從起板、早課、早齋到晚課、安板等，完全依照出家眾的作息，讓學員在生活行儀中，體驗出家心行和生活。

課程的安排方面，則包括佛法概論、出家心行，以及專題等；其中專題部分，則有認識法鼓山、梵唄、禪修三大主題，另有聖嚴師父親自主講的「創辦人時間」開示和「高僧行誼」課程。尤其難得的是，12月13日特別安排學員們參加法鼓山園區正在進行的「大悲心水陸法會」，做為實習課程之一。

為了讓學員回顧與反思「僧命體驗班」期間的所學，除舉辦期末考試，並依平時表現、期中出坡、期末禪七等做為成績評量，激勵學員努力精進，真正學習到出家人的身儀、口儀及心儀。

10.15

研修學院獲准增設佛教學系學士班

培養具國際觀的全方位宗教學士

今年4月正式揭牌成立的法鼓佛教研修學院，繼第一屆佛教學系碩士班新生於9月入學之後；10月15日再獲教育部函覆核可，自下一學年度（97學年）起，可招收佛教學系學士班學生，使得初創立的研修學院具備更為完整的學制和教育功能。

除核定准予招收大學部學生，教育部並於11月21日再度函覆研修學院，同意該校97學年度起開辦的佛教學系學士班得單獨招生。為因應97學年度（2008年）大學部學生的招收時程，研修學院自11月上旬起，即積極進行招生辦法及招生簡章的相關研擬作業，並於12月5日召開招生委員會議，將決議後的招生辦法呈報教育部核定。

研修學院學士班課程規畫，以「漢傳佛教」為主要研修主題，內容包括漢傳佛教之歷史發展、漢傳佛教各宗派之義理與修行，以及禪修之學理與修行次第。在學科研究方面，該系將以戒、定、慧三學引導學生於日常生活中實踐，以培養具獨立研修能力的漢傳佛學研修人才。在研修方面，該系學生將經由行門與福業課程的規畫，修習如禪修、念佛、作務與弘化、梵唄與儀軌等各種活動，將禪修實際地運用於日常生活中。研修學院規畫完整的解門、行門課程，期能培養理論與實踐並重、傳統與創新相融、具有國際宏觀視野的宗教師及學術文化兼具的佛教弘化人才。

該校預定於2008年2月舉辦大學部首次招生說明會，首屆學士班預計招收35名學生，這些學生在修滿四年畢業後，將可獲得教育部認可的宗教學士學位。

11.02

研修學院首場「大師講座」
國際腦神經權威奧斯汀演講「禪與腦科學觀」

法鼓佛教研修學院本日舉辦首場「大師講座」，邀請美國密蘇里大學（University of Missouri）醫學院神經科臨床教授暨《禪與腦》（*Zen and Brain*）一書作者詹姆士．奧斯汀（James H. Austin），主講「東西方心靈探索的匯集：禪與腦科學觀」。講座在法鼓山園區國際會議廳舉行，由研修學院校長惠敏法師引言，包括國內醫界朱迺欣、張楊全、陳榮基等神經科主治醫師全程出席，約有四百多人到場聆聽。

《禪與腦》作者奧斯汀博士演講「禪與腦科學觀」。

演講一開始，奧斯汀博士帶領全場聽眾靜坐三分鐘，引導每個人進入講題的情境中，接著他向聽眾展示手腕上沒有數字區別、每一個時刻皆標示著「NOW」的腕表，他表示這是「禪修的表」，直接點出禪修的兩大重要觀念——放鬆身心、活在當下。

奧斯汀博士並以投影片輔助說明「禪的發展與類別」、「禪坐的練習與自我的認知」、「大腦分區的功能」、「意識的來源」，為聽眾勾勒出禪與腦的基本概念。他表示，一般人的認知為皮膚之內是「我」，皮膚之外是相對的外在世界，也就是透過六根所認識的世界；但經過靜坐練習，六根變得不再活躍，而內心卻能一片清明。有人打坐時會產生幻覺，以為是開悟，但奧斯汀博士強調在「禪定」或「開悟」時，腦部對外界的覺知狀態都會隔絕，進入內在智慧階段。

奧斯汀博士並提出最新的科學數據，證明成人的腦仍具可塑性，一旦達到肉體上的感覺被阻斷時，腦部神經便有明顯變化，會產生前所未有的禪悅狀態，而打坐就是訓練大腦在這方面做改變的一種方式。

現年82歲的奧斯汀博士，潛心研究禪修與神經科技整合，已有三十餘年的禪修經驗，其深入淺出的演說，讓人一掃腦神經科學與禪學艱澀難懂的印象。演講最後，主辦單位開放聽眾提問，現場互動熱絡。惠敏法師並讚歎奧斯汀博士的專業與禪修，提供了研修學院跨科際合作的辦學新思惟。

這場「大師講座」是研修學院自4月創校以來，首度跨科際合作的嘗試，希望提供學生多元學習管道，進而提昇國際視野。

11.10

研修學院舉辦「佛學研究與佛教修行」研討會

探討水陸法會的時代意義

法鼓佛教研修學院本日上午於法鼓山園區國際會議廳舉辦「佛學研究與佛教修行」研討會，共有來自中央研究院、台灣大學、中山大學、台北藝術大學等學術單位的15位專家、學者參與研討，另有台東大學、清雲科技大學及中國大陸北京佛學院等各校四百多位學界人士，共同出席這場學術盛會。

研修學院校長惠敏法師於開幕致辭時表示，此次的學術研討會是傳承中華佛學研究所年度論文討論的精神而擴大舉辦，目的在促進校內師生，以及與他校之間的學術交流；而以「佛學研究」與「佛教修行」為題，呈現研修學院將學術研究、資訊科技、禪法修行統整結合的辦學理念。

當天研討會分為「佛學研究」、「佛教應用」、「佛教修行」三大專題，針對佛教的傳統注釋、現今佛學的數位化，以及法鼓山將於12月舉辦的大悲心水陸法會，總共發表10篇論文。

上午第一場「佛學研究專題」，首先由專研巴利語的研修學院助理教授莊國彬發表論文，提出注釋書除了輔助閱讀外，還可從中瞭解佛教的傳承與發展。第二場「佛教應用專題：電子專案發表」，由國立台灣大學工程科學及海洋工程學系暨研究所助理教授黃乾綱、研修學院助理教授馬紀（William Magee）、馬德偉（Marcus Bingenheimer）共發表三篇論文，分別從抽詞查詢、音像保存、3D模擬等方面，分享他們在佛學數位典藏上的研究成果，並分析歐、美與台灣等地電子專案的優點，提出嶄新的研究規畫。

除了針對佛學研究的研討，強調解行並重的研修學院，特地於下午進行「佛教修行研討會：醮與水陸的對話」，為法鼓山規畫在12月舉辦的「大悲心水陸法會」進行深入討論。中央研究院文哲所研究員李豐楙首先強調，水陸法會是佛教進入中國之後的文化再創造，是漢傳佛教獨具的特色；對水陸法會有深入研究的台中護專講師洪錦淳則表示，法會最重要的目的是教育信眾，而法鼓山教育信眾的成功大家有目共睹。

最後一場討論會中，由法鼓山水陸法會籌備小組連智富、施炳煌與台北藝術大學副教授簡立人、講師房國彥等專家學者，透過數位簡報，讓與會者瞭解法鼓山首次舉辦的「大悲心水陸法會」不只是單純的宗教儀式，而是結合佛法與現代藝術、科技、人文、環保，成為彰顯時代精神、回歸佛法教義的水陸法會。

此次研討會中的每場座談，發表人與現場聽眾間皆有精彩的提問與回應，形成宗教學術研討會中少見的熱烈氣氛，與會學者及參與來賓咸表示收穫豐碩。

「佛學研究與佛教修行」研討會中，右起簡立人老師、房國彥老師、惠敏法師、連智富先生等共同參與討論。

「佛學研究與佛教修行」研討會議程

主題	主持人	論文發表人	論文
佛學研究專題：覺音論師注釋書的風格與特色	蔡伯郎（法鼓佛教研修學院助理教授）	莊國彬（法鼓佛教研修學院助理教授）	〈覺音論師注釋書的風格與特色——以中部注釋為主〉
佛教應用專題：電子專案發表	杜正民（法鼓佛教研修學院副校長）	黃乾綱（台灣大學工程科學及海洋工程學系暨研究所助理教授）	〈跨語抽詞專案〉
		馬紀（William Magee）（法鼓佛教研修學院助理教授）	"Hopkins Archive"
		馬德偉（Marcus Bingenheimer）（法鼓佛教研修學院助理教授）	"New Possibilities in Buddhist Informatics"
佛教修行研討會：醮與水陸的對話	林美容（中央研究院民族學研究所研究員）	李豐楙（中央研究院文哲所研究員）	〈道教科儀與文書運用〉
		洪錦淳（台中護理專科學校講師）	〈從祖師「規約」論「水陸法會」與會者應有的態度〉
		與談人：地信法師（慈濟大學宗教所研究生）	〈比較台灣佛教水陸法會與民間信仰建醮之異同〉
佛教修行研討會：法鼓山水陸法會的特色——傳統與創新	惠敏法師（法鼓佛教研修學院校長）	連智富（法鼓山水陸法會籌備小組）	〈法鼓山理念的水陸法會〉
		施炳煌（法鼓山水陸法會籌備小組）	〈送聖的視覺傳達及意義〉
		簡立人（台北藝術大學副教授） 房國彥（台北藝術大學講師）	〈法鼓山水陸法會之視覺設計〉

● 11.15

研修學院與史丹佛大學簽署交流協定

校長惠敏法師赴美簽約

法鼓佛教研修學院校長惠敏法師本日代表研修學院，與美國史丹佛大學佛學研究中心（Stanford Center for Buddhist Studies，簡稱SCBS）簽署交流協定，並與該中心締約為姊妹學校。

本次締約緣起於今年4月，SCBS主動邀請惠敏法師至史丹佛大學進行講演並簽署交流協定。10月中旬，副校長杜正民赴美參加研討會，順道參訪SCBS，代表研修學院就兩校締結姊妹學校一事進行籌畫與安排；除商討締約相關事務外，雙方並達成部分具體的合作計畫，例如辦理暑期經典導讀課程。此外，兩校也商討交換師生的具體方案、聯合發行學報及舉辦國際會議等多項合作事宜。

惠敏法師除了於11月15日拜會SCBS簽署交流協定、進行學術講座外，13

杜正民副校長（右二）於10月中旬參訪史丹佛大學佛學研究中心，代表研修學院就兩校締結姊妹學校一事進行籌畫與安排。

日先於加州普莫納大學（Pomona University）演講；18至21日至加州聖地牙哥參加美國宗教學會（The American Academy of Religion，簡稱AAR）之年會，並發表論文。23日轉赴日本，出席日本東京武藏野大學（Musashino University）所舉辦的「人間淨土論壇」，以「西方淨土、人間淨土與社區淨土」（西方淨土、人間淨土とコミュニティ淨土）為題，公開演講。

惠敏法師表示，未來研修學院將積極拓展國際合作，達成更多學術交流，期能提供師生多元的海外進修管道。

● 11.28～2008.02.17

研修學院圖館週舉辦東初老人紀念文獻展

感念老人推廣影印《大藏經》的願心

今年適逢聖嚴師父恩師東初老人百歲冥誕及圓寂三十年，法鼓佛教研修學院圖書資訊館於11月底展開的圖館週活動，特別於11月28日至2008年2月17日舉辦「東初老人圓寂三十週年暨台灣佛教環島推廣影印《大藏經》五十載紀念文獻展」，並製作「臨濟、曹洞法脈東初老和尚紀念數位典藏專輯」光碟。

28日的開幕茶會，於圖資館一樓舉行，研修學院校長惠敏法師、副校長杜正民、圖資館館長馬德偉、副館長果見法師，以及來自澳洲的阿姜蘇嘉多法師（Ajhan Sujato）、剛果的鮑霖神父（Jean Claude Thamba）、義大利的馬明哲修士等多位國外貴賓都出席與會。

惠敏法師致辭表示，東初老人五十年前一步一腳印環島推廣影印《大藏經》，讓大乘經典在戰後的台灣得以流通普及，加速漢傳佛學研究的腳步；對照今日佛學研究已進入數位化保存和研究的階段。研修學院除了透過這次圖館週的展覽，回顧東初老人當年推廣《大藏經》的點滴，2008年2月更將舉辦「CBETA電子佛典十週年慶祝活動」，來感念老人一生在弘化上的努力。

紀念文獻展於圖資館一至四樓的走廊展出，以壁掛和櫥窗形式呈現珍貴的歷史照片、信件、著作、手稿等資料。一樓至二樓為東初老人生平事蹟和推廣《大藏經》的緣起歷程；二至三樓為承繼老人遺志推廣《大藏經》的聖開法師、煮雲法師、茗山法師等相關著作；四樓則展出《大藏經》發起人蔡念生、孫立人、丁志磐等居士的日記、回憶錄，以及鑑心長老尼、廣慈長老、方甯書教授的口述歷史。

圖資館舉辦東初老人圓寂三十週年紀念文獻展，表達對東初老人的感恩和懷念。

這次圖館週展覽活動，讓民眾回顧東初老人當年推廣《大藏經》的艱辛，對台灣佛典發展史有更深入的瞭解，同時也是半世紀以來漢傳佛學在台灣發展歷程的最好見證。

● 12.26

中華佛研所新舊任所長交接

果鏡法師承續弘揚漢傳佛教重任

中華佛學研究所本日上午於法鼓山園區教育行政大樓舉行「新舊任所長交接典禮」，在方丈和尚果東法師監交下，法鼓佛教研修學院研修中心主任果鏡法師從中華佛研所代理所長果肇法師手中接下印信，接任第五任所長。僧團副住持果暉法師、研修學院校長惠敏法師、中華佛研所榮譽所長李志夫教授，以及法鼓大學籌備處教授劉安之、法鼓山社會大學校長曾濟群、護法總會總會長陳嘉男等人，都蒞臨觀禮。

果鏡法師（右一）接任中華佛研所所長。

方丈和尚在致辭時，首先感謝代理所長果肇法師務實、踏實的行政表現，並期勉新任所長果鏡法師，務必傳承中華佛研所創辦人聖嚴師父樹立的良好學風及弘揚漢傳佛教的使命。

果鏡法師於大學時期親近聖嚴師父學佛，畢業後依止師父出家，加入僧團二十多年期間，曾任僧團都監、監院等執事。1995年赴日本佛教大學攻讀文學博士，對淨土學的研究卓然有成。2003年學成歸國後，擔任中華佛研所專任助理研究員、法鼓山僧伽大學專任助理教授，2005年出任僧大佛學院副院長，2007年出任法鼓佛教研修學院研修中心主任。法師於行政、佛學研究及佛教修行上，皆具深厚的經驗和學養，未來中華佛研所在法師帶領下，將能承先啟後，為漢傳佛學研究開創新局。

12.27

中華佛研所姊妹校塔里木大學教職員來訪

交流辦學經驗並參觀圖資館

中國大陸新疆塔里木大學教職員，在塔大黨委王選東、生產建設兵團行政學院副院長劉心鳴及副院務委員尤漢良帶領下，包括文理學院、農業工程學院、植物科技術學院等各學院的院長、教授一行22人，本日參訪法鼓山世界佛教教育園區。

由於2004年中華佛學研究所進行「國際絲路研究計畫」，受到塔里木大學的協助支援，兩校建立了良好情誼，並締結為姊妹校；因此，中華佛研所全體教職員出席歡迎。

一行人由中華佛研所所長果鏡法師、榮譽所長李志夫教授、圖書資訊館副館長果見法師，分別接待、引導參觀園區各項建築，以及中華佛研所、圖資館的設施和研究成果。法鼓佛教研修學院校長惠敏法師、副校長杜正民以及僧團副住持果暉法師則出席餐敘，交流兩校的校務和辦學經驗。

新疆塔里木大學教職員一行人參觀圖資館，在副館長果見法師（右一）的引導下，瞭解館藏設施。

參訪行間，王選東表示，中華佛研所嚴謹的教學制度和淳厚的研究學風，令他印象深刻，他會將這些寶貴經驗帶回新疆，讓當地人認識法鼓山。

實踐

肆【國際弘化】

為落實對全世界、全人類的整體關懷，
透過多元、包容、宏觀的弘化活動，
經由禪修推廣、國際會議、宗教交流……
消融世間的藩籬及人我的對立與衝突，
成就普世淨化、心靈重建的鉅大工程。

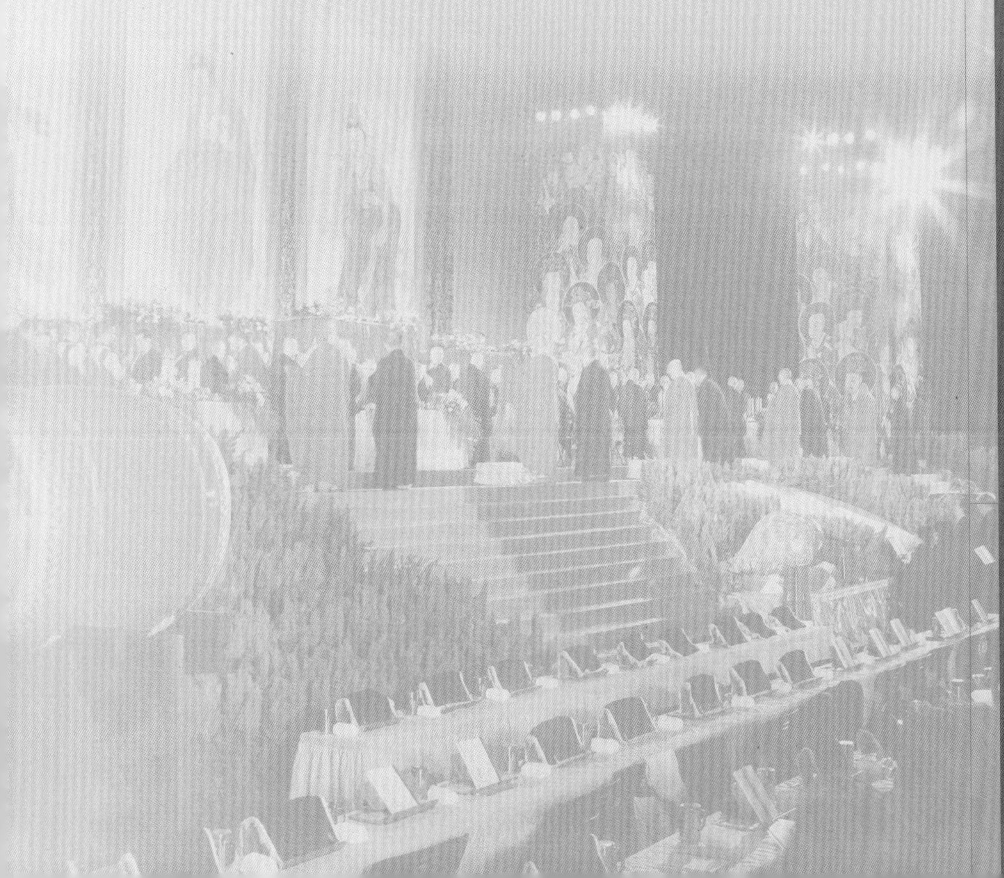

建立全球倫理共識

**2007年法鼓山國際弘化以「大悲心起」為理念內涵，
善用漢傳佛教慈悲與智慧的力量，
以建立全球共通的倫理觀與道德觀。
除舉辦並積極參與多場國際會議，建立對話機制，
也以「心六倫」為落實全世界整體關懷的方法，
舉辦各項修行、成長活動；
而為因應海外推廣漢傳佛法的迫切需求，持續接引青年，
並展開各分會、道場的搬遷和擴建，
在全球法鼓人同心同願推動下，
期能讓世人共享法益。**

「我們推動的工作，看起來屬於宗教性質，實際上我們努力的方向，乃是希望超越宗教的範疇，關心我們整體的人類社會。」2006年11月，聖嚴師父為「中東暨亞洲宗教領袖高峰會」講述的開幕致辭，點出了法鼓山推動國際弘化的大方向。

與各宗教、各種族構築溝通橋樑，建立一個全球性的共同倫理價值，為世界和平走出一條共通的道路，是法鼓山推動「心靈環保」、「大悲心起」、「心六倫」種種理念背後的深遠關懷。而2007年的法鼓山，在國際弘化工作推動上，分別從參與國際活動、僧團全球弘法、各國護法會推展護法弘法事業等各層面，持續朝這個大方向努力。

參與國際活動　建立溝通橋樑

持續2006年與國際社會接軌的活力，法鼓山今年主辦了兩場國際會議，分別是10月26日「第二屆女性慈悲論壇」，以及10月27日「亞非高峰會議」。受邀參加的國際會議有三場，包括3月1至6日在肯亞進行的「蘇丹青年和平論壇」（Sudan Youth Peace Dialogue）、5月26至29日泰國舉行的「曼谷國際衛賽節」、11月15至19日於柬埔寨展開的「柬埔寨青年領袖會議」。

延續2006年「第一屆女性慈悲論壇」，今年再度邀請國外的女性修行者，與國內女性宗教代表進行對話；而「亞非高峰會議」，則以「喚起全

球性的慈悲」為主題，邀請各國宗教領袖、專家學者，探討如何運用宗教的慈悲和智慧，化解世界的衝突和困境。圍繞「慈悲」精神而舉行的會議，都是希望各宗教、種族能放下自我之見，敞開瞭解、尊重、包容的慈悲心懷，消弭彼此的對立和紛爭。

今年法鼓山應邀出席國際會議，目的也是期望藉由參與活動的機會，推廣「心靈環保」的理念，為國際社會貢獻一份和平的力量，無論是在「蘇丹青年和平論壇」、「曼谷國際衛賽節」、「柬埔寨青年領袖會議」，都可看到法鼓山代表積極與會的身影。其中與各國青年的溝通上，法鼓山更是格外著力。青年是未來世界的領導者，透過青年會議的舉辦和參與，法鼓山向全球青年傳達從心出發、以「心靈環保」推動和平的方法，經由實地的互動交流，這些「心」方法令各國青年留下深刻印象，無形中也為未來世界和平，勾勒出一個可以期待的遠景。

5月底，方丈和尚果東法師出席泰國舉辦的「國際衛塞節」（佛誕節），代聖嚴師父宣讀〈佛教是推動世界永久和平的希望〉致辭文，期盼每個人以慈悲心、智慧心安定內在，並希望法鼓山推動的「共同倫理」，能縮小全球各族群觀念上的差距，減少摩擦和誤會。種種努力，展現法鼓山關懷整體人類的願心與用心。

「亞非高峰會議」邀請各國宗教領袖、專家學者，探討運用宗教慈悲和智慧的力量化解世界的衝突和困境。

僧團全球弘法　推廣「心六倫」

本年法鼓山僧團全球弘法，首先是方丈和尚果東法師橫跨亞洲、美洲的弘法行程。5月份，方丈和尚至美國紐約東初禪寺；7月份，巡迴美國象岡道場、芝加哥、奧勒岡、舊金山、洛杉磯等地；11月份，前往東南亞的新加坡和馬來西亞；12月份，關懷美國新澤西州、東初禪寺、舊金山等地。方丈和尚一方面關懷當地信眾，一方面也將法鼓山在台灣推廣的「心六倫」，同步向全球推廣，期望在所有法鼓人共同推動下，落實對全世界的家庭、族群、自然環境的關懷，為人類社會營造出真正的和平與幸福。

至於僧團法師的弘法關懷，本年行程遍及加拿大、美國、泰國、澳洲、香港、新加坡、馬來西亞等地。不同以往，本年僧團法師的海外行，多場皆由法師組成弘法團隊，例如6月底，果舟、果悅、果仁三位法師一同至新加坡；7月底，果慨、常慧、常戒、常懿四位法師至馬來西亞；9月底，則是果啟、常心兩位法師至香港。

法師組成團隊前往全球各地，也使弘法的範圍和內容隨之擴大。以果慨、常慧等四位法師的馬來西亞行為例，除舉辦講座，介紹大悲心水陸法會、中華禪法鼓宗、大悲懺等，還帶領義工成長營、菩薩戒誦戒會、法器教學等，當地信眾透過法師們的講授引導，同步培訓法鼓山推動的各項活動。

此外，方丈和尚果東法師的美國關懷行，延續聖嚴師父每年在台灣、美國兩地弘法的行程，而由戒長法師們帶領的全球弘法關懷，凡此種種，都展現出僧團承先啟後、接續傳承的活力。

各地弘傳佛法　既推陳又出新

分布全球的各護法會、分支道場，今年在各項例行的禪修、法會之外，多項首次舉辦的活動，則格外引人注目。

位於北半球的美國，7月初於紐約象岡道場舉辦一場梁皇寶懺法會，這是法鼓山在北美地區首度啟建的大型法會，象徵法鼓山在西方推廣禪修的同時，也進一步將漢傳佛教豐富殊勝的內涵，帶入西方社會。

至於7月中旬，在象岡道場舉行的「佛法生活體驗營」，以及9月至10月中旬，美國護法會在新澤西州、佛州奧蘭多、佛州天柏、芝加哥、西雅圖、

象岡道場於7月舉辦法鼓山在海外的第一場梁皇寶懺法會。

方丈和尚果東法師（右五）在美國關懷行中，拜會駐芝加哥台北經濟文化辦事處，並致贈《法鼓全集》。

雅圖華僑文教服務中心，希望美國民眾有更多機會親近聖嚴師父的著作，認識廣博又精深的漢傳佛法。

而位於南半球的澳洲，在弘揚佛法的工作上，一樣是既推陳又出新，例如2月中旬，墨爾本分會第一次舉辦精進佛七，接引當地信眾深入念佛法門；12月中旬，雪梨分會也舉行了一場週末禪修營，搭配現代人週休二日的作息，成功地將切合日常生活運用的禪法，介紹給參加活動的民眾。

洛杉磯、舊金山等地推廣一系列生活禪活動，則開展法鼓山在西方推廣禪修的新面向。

一直以來，法鼓山規畫的禪一、禪二、禪七等修行活動，深受西方人士喜愛，今年推廣的禪修活動，更強調在生活中融入禪法的練習，引導禪眾時時放鬆身心、處處自我覺照。其中生活禪的推廣，更在美國引起很大回響，10月上旬在舊金山進行時，不但有當地平面、電視媒體的採訪報導，當地電視台甚至邀請法鼓山的講師在節目中，向民眾現身說法，這也反映現代人不分國界，對漢傳禪法的需要。

不僅推廣實用禪法，美國護法會還進行一項贈書活動，將代表聖嚴師父思想、理念精髓的《法鼓全集》套書，贈送給台灣駐芝加哥、舊金山的經濟文化辦事處，以及芝加哥大學（University of Chicago）圖書館、聖路易市佛教圖書館「淨心書坊」、西

青年營親子營　年輕活力不斷

在佛法推廣和扎根的過程中，「年輕化」是不可或缺的一環。今年全球各地的護法會、分支道場在寒暑假期間，紛紛舉辦青年營、親子營等各種成長營，包括：2月底，美國東初禪寺、舊金山分會舉行「親子茶禪」，澳洲墨爾本分會舉行「佛學青年營」；6、7月份，美國護法會於密西根州、舊金山、西雅圖、洛杉磯、象岡道場，巡迴舉辦「親子夏令營」；8月中旬，在台灣廣受青年朋友歡迎的「卓越・超越成長營」，也首度移師加拿大溫哥華舉辦。

透過青年營、親子營的舉辦，中華文化與漢傳佛法的內涵，也隨之在全

球小朋友及青年的心中，播下了種子。以美國護法會舉辦的「親子茶禪」為例，在講師帶領下，參與的孩童與父母，經由泡茶、奉茶、品茶等過程，學習茶道禮儀，體驗親子間的尊重、包容與感恩，「禮儀環保」的精神，也在無形間融入其中。

西雅圖分會今年首度舉辦親子營。

再以溫哥華法青會舉辦的「卓越．超越成長營」為例，活動除了邀請當地傑出人士分享人生，也安排了「溪邊直觀」、「晨曦觀海」等禪修活動，年輕學員在大自然中練習觀照內心，感受禪修對安定身心、成長自我的幫助，真切體驗禪法的奧妙。

在學習成長之外，全球法青會員更進一步向當地青年推廣禪法，像是8月底，九十多位新加坡當地的大學生、各國交流學生，前往新加坡護法會參訪，新加坡法青會員藉由觀看影片、演唱歌曲、食禪（Chan Eating）等活動安排，成功地向當地青年學子介紹法鼓山，許多學生因此加入新加坡法青會，為法鼓山增添年輕新血輪。

擴建和搬遷　水月道場傳法脈

今年國際弘化有一個引人注目的現象，就是全球各道場、分會的擴建和搬遷。在擴建計畫部分，有美國紐約東初禪寺、馬來西亞護法會兩處；搬遷部分，則有美國奧勒岡聯絡處、舊金山分會、洛杉磯分會，以及新加坡護法會等四處。

美國東初禪寺的擴建，反映了法鼓山在西方弘法的長足發展。創建於1979年的東初禪寺，是聖嚴師父在西方弘法的根據地，北美各護法分會、聯絡處及師父西方弟子們在美洲主持的禪修機構，皆以東初禪寺為中心，再至各地開枝散葉。時至今日，東初禪寺已成為漢傳佛法在西方的弘傳重鎮、北美法鼓人的精神重心，因此，將位於紐約皇后區的小小道場，進行擴大和遷建，已是全美法鼓山僧俗四眾的共同心願。

為了讓東初禪寺遷建早日實現，今年法鼓山僧俗四眾積極動員，展開各項募款活動。自1月1日起至2月18日農曆大年初一，美國護法會於全美各地分會，同步進行「持〈大悲咒〉．祈新年新願」活動，以祈求遷建順利；5月和7月，方丈和尚果東法師更親自赴美，至紐約、芝加哥、洛杉磯等地推動「法鼓希望工程——東初禪寺遷建計畫」義賣募款餐會，而西雅圖分會、奧勒岡聯絡處等也分別在當地進行募款活動。眾人齊心努力，展現出弘揚漢傳佛教的願心，也說明法鼓山在西方社會中，已是提昇心靈不可或缺的一處堅實堡壘。

馬來西亞道場的建設計畫，同樣反映出漢傳佛法在東南亞的弘傳成效。馬來西亞的法鼓人，期望打造一個永久性的禪修及佛教教育中心，為此，馬來西亞護法會籌畫一系列「千人千願」募款活動，3月底舉辦「歡唱和平，舞動感恩」音樂會，6月底進行舞台劇《圓滿的生命》公演，11月初，方丈和尚果東法師並在「千人千願」大型募款餐會上，邀請眾人一起成就馬來西亞道場的建設，接引更多東南亞民眾親近正信漢傳佛教。

美國奧勒岡聯絡處、舊金山分會、洛杉磯分會，以及新加坡護法會，為了尋覓適用的、永久性的共修道場，也在本年進行搬遷。「空花佛事時時要做，水月道場處處要建」，今年全球各地信眾以救度一切眾生的願心願力，致力於道場的搬遷和擴建，正展現了全球法鼓人齊力讓漢傳佛法邁向國際化的具體努力。

邁開國際化的腳步

法鼓山在國際間的弘法工作，不論是「中華禪法鼓宗」的闡揚、讓漢傳佛教走向國際化，以及「心靈環保」的推動，均引起西方社會注目。在學術界，美國知名學府哥倫比亞大學（Columbia University），5月10日正式和聖嚴教育基金會簽定合約，共同在該校開設「聖嚴漢傳佛學講座教授」，具體說明了法鼓山近半世紀以來大力推動的「人間淨土」、「心靈環保」，其產生的影響和貢獻，已成為國際學界研究關心的新領域。

不只學術界，許多西方媒體也為法鼓山弘法的願心願力所感動。今年9月，美國CNBC頻道節目製作人凱文・福克斯（Kevin J. Fox）特地來台，為該頻道節目《因緣尋旅》（Karma Trekkers）拍攝法鼓山世界佛教教育園區，12月又再度來台，拍攝法鼓山紀錄片《法鼓鐘聲》，並向全球六大洲播送法鼓山的故事。

法鼓山提倡的「心靈環保」、「心六倫」，都是運用慈悲、智慧的佛法內涵，呼籲人類學習調伏內心，培養包容、尊重的胸懷，建立全球倫理共識，為對立與衝突尋求解決之道。這樣的努力，不僅是漢傳佛教的方向，也是全球的方向。紀錄片《法鼓鐘聲》的拍攝，意味著西方社會已逐漸聆聽到了東方漢傳佛教的智慧，也意味著法鼓山國際化的腳步，未來不只是「百尺竿頭，更進一步」，更需要直心而往，邁開大步。

文／陳玫娟

01.05～02.20

果徹法師赴美加弘法

為溫哥華信眾續講《稻芉經》

1月5日至2月20日，僧團果徹法師至加拿大溫哥華道場、美國護法會新澤西州分會、紐約東初禪寺，展開弘法關懷之行，為當地信眾講授佛學課程、帶領禪修等活動。

法師首先於1月13至23日，每日上午在溫哥華道場講授《佛說大乘稻芉經》，這場課程是延續去年（2006年）3月中旬的前緣，當時法師講完前半部即返台，此次繼續講授下半部，將課程圓滿。

果樞法師（左五）帶領當地信眾於機場迎接果徹法師（中）。

這次的《佛說大乘稻芉經》課程，以果徹法師譯自梵文的今譯本為綱本，每堂課皆有近八十位學員參與。法師引述世尊在托缽時，見稻芉的生長情景，告諸比丘「若見因緣，彼即見法，若見於法，即能見佛」，點出該經是以「緣起法」為中心思想。每堂課後的分組討論，學員們各自抒發心得，並以果徹法師教導的見面問候語：「少事少惱否？道業精進否？」來共同勉勵、精進修持。

1月25至28日，法師接著帶領36位學員展開三天的精進禪修，這也是溫哥華道場成立以來首度舉辦的禪三。過程中，法師時時藉境說法，引導學員覺察生活中的每個細微變化，並體驗無常。

2月3至6日，法師至新州分會為信眾講述「承先啟後的中華禪法鼓宗」。法師首先簡介世界傳統宗教的現狀，接著說明佛教的特色和發展，進而說明漢傳佛教的特色和內容、禪佛教的範疇與特點，最後介紹法鼓山禪佛教的特色。此講座共分四次，每次兩小時，最後一次為佛學問答活動，每場課程均有五十多位學員參加。

2月9至11日，法師也在東初禪寺講述「承先啟後的中華禪法鼓宗」，眾多美國護法信眾，藉由法師的說明和介紹，更瞭解法鼓山的傳承與漢傳佛法。

01.07

果謙法師費城弘講《心經》

引導學員禪修並觀照內心

果謙法師在演講活動中引導費城信眾練習經行。

美國護法會輔導師果謙法師本日偕同美國護法會副會長郭嘉蜀、新澤西州分會召集人王九令等人，至賓州費城弘法關懷，約有三十位當地信眾參與活動。

果謙法師上午首先講授「禪修與心靈環保」。法師指出，禪坐可以幫助人放鬆身心、放下自我，進而達到心境平和。法師詳細介紹法鼓八式動禪和禪坐的方法，並由兩位悅眾現場示範，引導聽眾學習在禪坐過程中觀照自己的心。

下午，法師講述「《心經》概要」，進一步說明如何藉由對「空」的領悟，嘗試放下執著和分別，體驗內心本來的光明和自在。法師勉勵大家面對生活中的各種順逆境，應保持平和心態，並以四它「面對它、接受它、處理它、放下它」的態度去處理。

法師的演講內容生動，切合實用，獲現場聽眾熱烈回響，紛紛期盼法師下一次再蒞臨弘法。

01.07

新州分會舉辦新春觀音法會

果謙法師勉信眾學習觀音精神

美國護法會新澤西州分會本日舉辦「新春祈福觀音法會」，由美國護法會輔導師果謙法師主持，近七十位信眾參加。

果謙法師首先向信眾說明，法鼓山是一個觀音道場，如果大家能在新的一年虔敬誦念「觀世音菩薩」聖號，便可以為自己帶來祝福和希望。法師接著引導大家放鬆身體、專注心念，在念佛及拜佛中，藉由佛號的力量，將煩惱、委屈、雜念，一一消融。

法會後，法師期勉大家向觀世音菩薩學習，將慈悲的能量與周圍的人分享。法師指出，禮拜觀世音菩薩，其實就是在禮拜我們的自性佛，希望人人以這份自性佛的光芒，照亮所有需要的眾生。新州分會召集人王九令也在活動最後鼓勵大家，多邀請親朋好友參與共修活動，一起精進修行。

果謙法師為新州信眾開示。

01.17～22

法鼓山代表團訪問印度

洽談聖嚴師父著作翻譯事宜

法鼓山行政中心公關文宣處輔導師果祥法師、聖嚴教育基金會董事長施建昌等人組成代表團，於1月17至22日前往印度參訪。期間除了拜訪印度佛教普濟會的世友（Dharmachari Lokamitra）居士，洽談出版聖嚴師父英文著作的相關事宜外，並至龍樹學院、孟買貧民窟等多處進行交流與慰訪。

果祥法師（右一）為印度民眾介紹聖嚴師父和法鼓山的理念。

英籍的世友居士隸屬於西方佛教會成員，致力於印度的佛教復興已有30年，並創辦龍樹學院和佛教普濟會。法鼓山代表團此行首先拜會世友居士，討論彼此交流合作的可能性，初步協議先將〈聖嚴法師108自在語〉與智慧隨身書英文版《菩薩戒》（*The Bodhisattva Precepts*）翻譯成印度文，在印度發行推廣。

法鼓山代表團隨後還訪問位於中印龍城的龍樹學院、貧童養護中心、孟買的貧民窟及浦內的南瞻部洲基金會，並分別於龍樹學院和南瞻部洲基金會各舉辦一場交流分享會，向與會者介紹聖嚴師父、法鼓山的理念，以及法鼓山從事的弘法事業和教育推廣工作。

除了學院的學生，還有近一百五十位印度民眾出席這兩場分享會。聽眾大多數為政治、法律、醫藥、文化各界的菁英分子，許多人對法鼓山的弘法活動深感興趣，甚至表示希望有機會至法鼓山參訪或參學。

01.20

新加坡護法會舉辦法青聯誼

邀兩所大學佛學社員分享「心靈環保」

為了接引更多新加坡青年學子認識佛法，並推廣法鼓山「心靈環保」理念，新加坡護法會法青組本日下午舉辦一場法青聯誼聚會，邀請新加坡國立大學、南洋理工學院八位佛學社學生理事共同參加。

新加坡法青與新加坡大學、南洋理工學院佛學社的學生理事合影。

聯誼會首先播放法鼓山世界佛教教育園區的介紹短片，現場多數學生理事表示知道法鼓山，而且是透過聖嚴師父著作《正信的佛教》開始接觸佛法。接著在小組茶敘中，學生理事分享當地校園的學佛現況，指出大部分學生比較喜歡學習靜坐，但對佛法卻缺乏興趣與瞭解。此外，由於新加坡以英語為主要教學語言，因此佛學社學員大多傾向南傳的修行方法。

分享討論後，播放聖嚴師父與各界菁英對談的《不一樣的聲音》電視節目影片，學生們選擇觀看自身熟悉的課題──「如何減輕聯考的壓力」。當天，新加坡護法會並以聖嚴師父的著作與兩大學府佛學社結緣。學生理事們表示，他們對「心靈環保」的觀念相當有興趣，希望未來能有機會參與新加坡護法會開辦的相關課程。

01.21

泰國護法會舉辦佛學講座
僧團果建法師主講「佛法與人生」

果建法師於泰國護法會為信眾主持佛學講座。

為了將法鼓山的理念及實用的生活佛法推廣到泰國華人社會，泰國護法會於本日舉辦「佛法與人生」佛學講座，由僧團果建法師自台灣前往弘講，約有一百多人參與聆聽；同日並舉辦法鼓文化書展、文物義賣等活動。

在「佛法與人生」講座中，果建法師講述佛陀的身世、成佛之道，以及佛教名詞「六度」，內容深入淺出。此外，同步進行的書展和義賣成果也相當豐碩，對於第二次舉辦書展的泰國護法會，可說是一大鼓舞。

這次活動是泰國護法會今年年初的重要活動之一，早在數月前，悅眾們便集思廣益、共同策畫。此次活動的圓滿，讓泰國護法會對往後推展法鼓山理念更具信心。

01.25～28

溫哥華道場首辦精進禪三
果徹法師引導學員修行法門

在果徹法師（第一排左五）帶領下，溫哥華道場首度舉辦精進禪三。

加拿大溫哥華道場自去年（2006年）9月落成啟用後，於1月25至28日首次舉辦精進禪三，由僧團果徹法師帶領，共有36位學員參加。

禪三過程中，果徹法師詳細

講解拜佛、經行、無相禮拜、懺悔禮拜，以及「正知、正念」、「觀、照、提」、「一行三昧」等修行法門，並且時時藉境說法，例如拜佛時，法師指導學員「合十」，必是雙掌相貼，而非曲掌使中間留下空隙，法師說明，這樣的調整也許一開始不太習慣，但就像修行一樣，開始時都要帶幾分勉強。

法師還指導學員慢步經行的方法，覺察動中的那隻腳，同時在微細的動作變化中，體驗一切事物的無常變遷。

這場精進禪三的圓滿，全賴義工們在籌備過程中大力配合，大家非但不辭辛勞，還深深感恩有此因緣擔任義工，義工們的奉獻精神可說體現了佛法中「彼種亦不作是念，我能生此芽」的無我觀念。

由於這場禪三頗受禪眾歡迎，溫哥華道場又於5月19至21日第二度舉辦精進禪三，由監院果樞法師擔任總護，共有33位學員參加。

02.01～27

果建法師澳洲弘法關懷

主持佛學講座、佛七、法會、大專禪修營

2月1至27日，僧團果建法師至澳洲墨爾本分會及雪梨分會弘法關懷，主持的活動內容包括佛學講座、精進佛七、大悲懺法會、大專禪修營等。

果建法師（中）關懷墨爾本分會當地信眾。

4日下午，果建法師在墨爾本分會進行一場佛學講座，主題為「生死的流轉」，現場聽眾約一百二十多位。法師從因緣法講起，解釋人從何來、將往何去、生死之間等問題，讓聽眾深入瞭解佛法的生死觀。另一場講座於5至7日進行，主題為「四聖諦、八正道及十二因緣」，近四十位信眾參加。

8至15日，法師接著於墨爾本分會帶領海外第一場精進佛七，香港護法會11位悅眾及義工皆前往支援，資深悅眾楊美雲更是全程協助，難得的精進機會，讓當地信眾增益學佛向法的決心，活動共近三十人參加。

2月17日為農曆春節，果建法師特別於上午至雪梨分會進行一場佛學講座，主講「十二因緣」，共有30人參加。隨後，果建法師再回墨爾本分會，主持「圍爐暨大悲懺法會」，以及翌日大年初一的新春普佛法會，兩場法會共有四十多人參加。

20至21日，果建法師為墨爾本分會信眾指導「臨終關懷及助念教學」；25至27日則為25位大專青年主持禪修營活動，圓滿近一個月的弘法關懷行。

02.17～24

海外各道場舉辦新年共修活動

全球信眾虔心為家人、世界祈福

東初禪寺舉辦「持〈大悲咒〉．祈新年新願」祈福修行活動。

迎接農曆春節，位於海外的分院、道場，包括美國紐約東初禪寺、美國護法會、加拿大溫哥華道場、新加坡護法會、澳洲護法會等，都舉辦團拜祈福和法會等慶賀新春活動，各地活動概述如下：

東初禪寺於新春期間舉辦「持〈大悲咒〉．祈新年新願」祈福活動。除夕首先進行一場「〈大悲咒〉一永日」法會，由住持果明法師帶領約六十位信眾向觀音菩薩祈願，希望新的一年裡，東初禪寺擴遷早日實現。大年初一，兩百多位信眾歡聚東初禪寺，共同慶祝新年；並邀請曾任美國佛教會紐約大覺寺住持、逾九十高齡的仁俊長老，為大家做新春開示。現場還有東初禪寺合唱團獻唱、捏麵人表演等節目，氣氛溫馨。

美國護法會各地分會同步於大年初一舉辦「新春〈大悲咒〉法會」，一起祈求東初禪寺擴遷早日圓滿。而各分會也各自舉辦慶祝活動，例如西雅圖分會舉辦「點吉祥燈」活動，以及觀看聖嚴師父的新春祝福影片、2006年法鼓山大事記影片，近三十位信眾共同迎接和敬平安的2007年。

溫哥華道場於2月17、18日除夕及大年初一，舉辦新春圍爐暨普佛法會，由監院果樞法師主持，法師為近五百位參與信眾開示說明，參加普佛法會，身口意三業得以清淨，而身是燈台，心是燈蕊，佛的智慧光明、福德吉祥是燈火，十善戒法是燈油；新春普佛能點亮自己的心燈，也為家人親友祈願光明吉祥，願這份功德普照人世。

新加坡護法會則在2月24日大年初七下午，舉辦新年團拜聯誼會，由美國象岡道場住持果峻法師主持，約有七十多位信眾參加。活動中播放聖嚴師父的祝福開示影片，法青組青年以古箏彈奏悠揚悅耳的佛曲，並演唱〈我為你祝福〉，共同為全世界人祝福。

澳洲護法會雪梨分會於2月17日除夕上午舉辦佛學講座，由僧團果建法師主講「十二因緣」，共有30人參加；中午舉辦聯誼聚餐，有28人參加圍爐。墨爾本分會則於除夕晚上舉辦「圍爐暨大悲懺法會」，由果建法師開示講解佛教除夕圍爐及拜懺的意義，約三十人參加；18日大年初一，舉辦「新春普佛法會暨悅眾關懷」活動，近二十人參加。

海外分會、道場的新春活動，在各地法師和悅眾的用心規畫下，讓所有信眾及其家人即使分居於世界各地，也能獲得佛法的智慧與祝福，以好的開始展開新的一年。

● 02.22　02.25　02.26

東初禪寺、舊金山分會舉辦親子茶禪

傳達優質人文內涵與禮儀環保

美國護法會於2月22、25、26日共舉辦三場親子茶禪活動，分別於舊金山分會進行一場、紐約東初禪寺進行二場，邀請幼兒教育研究者謝惠娟老師主持，透過中華文化的飲茶之道，傳達優質的人文內涵與禮儀環保的理念，每場約三十人參加。

22日於舊金山分會舉辦的茶禪活動分為兩個階段，第一階段邀請父母和孩子共同參與，第二階段以成人為主要學員。活動一開始，謝惠娟老師以「Mimi阿姨」自稱，拉近了與孩子們的距離，並生動活潑地帶著小朋友認識一組組精緻小巧的茶具，幫助孩子們很快地熟悉各項茶具的名稱和功用。

謝惠娟老師於東初禪寺主持茶禪活動。

「Mimi阿姨」實際操作每一道泡茶程序，逐步引領孩子們品茶賞茶。接著指導奉茶禮儀，例如：奉茶時，茶具刻有美麗花紋的一面應該向著客人，表示願意與人分享；奉茶的同時，須以一個深度且徐緩的鞠躬行禮、回禮，表達內心的尊重與感恩。接著，「Mimi阿姨」並帶領小朋友演練奉茶。

第二階段的活動，則由謝惠娟老師與眾人分享其茶禪教學推廣的心得。她表示，茶道原是傳統文化的一環，運用泡茶、奉茶、品茶的過程，可以傳達人與人之間良善的互動、尊重、包容與感恩；而茶道的文化就是禮儀的文化，與法鼓山提倡的四種環保之一「禮儀環保」不謀而合。謝惠娟老師指出，茶禪的推廣，可幫助人由內而外淨化，人我和諧，社會自然也會祥和起來。

東初禪寺則分別於25、26日兩天晚上各舉辦一場，謝惠娟老師同樣以現場演練，以及問答的互動方式，細心解說茶道。每場兩個小時的親子茶禪，過程中笑聲不斷，氣氛溫馨而歡喜。

02.24

奧勒岡州新道場落成啟用
期能接引當地民眾親近佛法

奧勒岡新道場落成，果謙法師（第一排右四）與信眾們合影。

歷經六年的耕耘和努力，位於美國波特蘭市的美國護法會奧勒岡州聯絡處，於本日舉行新道場灑淨啟用典禮，由美國護法會輔導師果謙法師、加拿大溫哥華道場監院果樞法師共同主持，約一百人參加。

灑淨啟用典禮後，隨即於翌日舉行大悲懺法會暨皈依典禮，共有20位信眾成為三寶弟子。這次透過灑淨、佛前大供、法會、皈依等活動，讓參與活動的華人及社區信眾感受到佛法的莊嚴，同時進一步認識法鼓山推動建設人間淨土的理念。

奧勒岡州聯絡處於2000年10月由鄧銀英、李先興兩位悅眾發心成立，初期活動包括讀書會、大悲懺法會、禪坐共修等；現任召集人羅存齡接任後，除了繼續推動原有活動，並發揮其青少年輔導及教育的專業背景，致力往下扎根，努力接引年輕一代親近佛法。

03.01～06

法鼓山參與「蘇丹青年和平論壇」
各國青年代表共同為蘇丹謀求和平之道

法鼓山於3月1至6日出席由青年領袖和平促進會（Young Leaders Peace Council）在肯亞戈曼非洲保護區（Gallmann Africa Conservancy）召開的「蘇丹青年和平論壇」（Sudan Youth Peace Dialogue），由僧團果光、果禪、常悟、常濟、常聞等五位法師與六位青年代表參加。約四十位蘇丹青年，以及來自台灣、美國、日本、黎巴嫩、奈及利亞、烏干達等二十多位青年代表出席這場會議，希望為蘇丹境內因內戰帶來的多種問題，共同探討解決之道。

這場論壇由全球女性和平促進會（Global Peace Initiative of Women）附屬的青年領袖和平促進會主辦，議題包括愛滋病、環保、貧窮、婦女問題等，幫助蘇丹青年從過去解決問題的方案中，吸收寶貴的經驗，讓此次論壇在實際解決問題上，開啟了更多的思惟面向。蘇丹代表們並選出各地區的聯絡人，期待建立聯絡網，為蘇丹的問題繼續努力。

因為聖嚴師父未能親臨會場，由常聞法師代表師父宣讀閉幕致辭文。對於蘇丹過去因種族與教派仇恨，以致陷入種族大屠殺，師父強調，必須以和平來面對所有的問題，並尋求和解的方式，才是面對衝突最好的方法；唯有人人都能心平氣和，來討論共同的問題，才能達成和平相處、社會和諧、經濟發展與政治清廉的目標。

會議最後一天，各國代表分享彼此的心得。法鼓山代表謝舒妃以去年（2006年）在美國參加聯合國青年領袖高峰會議的心情，提及當面臨衝突時，自己如何以內在和平來影響周遭的人，讓整個事件的傷害降到最低。謝舒妃的分享，也讓蘇丹青年實際感受到以平靜心靈面對衝突所帶來的力量。

晚上，所有的青年代表在歡送會營火中一起歌舞，並共同許下心願，希望將和平的力量帶到蘇丹，以及全球各個角落。

常濟法師（左）與國際青年在肯亞戈曼非洲保護區進行交流。

友誼是和平的基礎

3月6日於肯亞戈曼「蘇丹青年和平論壇」會議致辭（常聞法師代表宣讀）

◎聖嚴師父

我很榮幸被邀請來為蘇丹青年和平論壇做一場簡短的演說，因我不能親自出席，故由弟子常聞法師代我宣讀。我祝福大家身體健康，也祝福大會順利圓滿。

我個人對於蘇丹這個國家知道的不多，但是我曉得蘇丹在非洲是面積最大的國家，人口大約三千五百三十九萬多人，同時全國有19個種族，597個部落，語言主要是阿拉伯語，但是英語也能通用。百分之七十以上的居民信奉伊斯蘭教，南方居民多信奉原始部落宗教，僅有百分之五信奉基督教，由於國家的種族較多，國家的宗教也不統一，因此有一些衝突。

特別是在西部的達佛地區，從2005年以來，連續發生種族滅絕的殘暴行為，就是兩個伊斯蘭教的教派，因為種族不同，所開始的不人道的屠殺行為。其中一邊成了受害者。其實這兩個種族都是同一個伊斯蘭教下的教派，既然信仰同一個宗教，照道理說不應該發生衝突，可是由於種族不同，一邊是阿拉伯人，一邊是黑人，因而發生阿拉伯的民兵團（Janjaweed）進行屠殺行為。

包容多元文化種族和信仰

所以這幾年以來，蘇丹這個國家是在痛苦之中。其實蘇丹的自然資源非常豐富，但是由於內戰，使得國家變得貧窮混亂，因此我們舉辦蘇丹青年和平論壇，希望促使蘇丹青年能夠站起來向世界呼籲，讓世界各國重視蘇丹的問題。青年是國家未來的主人，也是世界未來的主人，青年在扮演國家各領域的領導角色的時候，就能改變國家的命運。

我們發現種族宗教多元化，是21世紀世界人類的必然趨勢，而且我們必須走上這條路。蘇丹這個國家，本身就是宗教多元化、種族多元化、語言多元化，這真是21世紀時代的一種形式。多元化是非常好的，能夠彼此學習、互相包容合作，能夠使得社會更繁榮、使得國家更富強，但如果說多元之中不能和諧相處、不能和平相待、不能彼此合作互助，那就會使得這個國家社會更殘暴、更混亂。對立的結果就是暴力，暴力不能解決問題，這是大家都知道的事。所以，目前蘇丹國內就是這樣的狀況。但願雙方都能心平氣和，來討論共同的問題。所謂共同的問題就是，共同求生存的問題、共同達成和平相處的問題，若能共同來促成社會和諧、經濟發展、政治清廉，這樣國家才能富強、社會才能安定。如果蘇丹在非洲東北部能夠很穩定、很繁榮，它會影響整個非洲，甚至整個全球人類都能獲得利益。

法鼓山這個團體是主張用和平解決問題。和平並不是嘴巴上的口號，或者僅僅要求其他種族對我和平、要求其他種族對我平等、要求其他種族根據我們自己的標準來講正義。因為正義這個名詞，各有各的立場，各有各的標準，因此當坐下來談的時候，要讓彼此知道自己對正義的意見、自己對公平的想法，要彼此雙方都能接受，並不是僅僅單方面要求另外一方面照著自己的想法來接受。實際上，正義和公平，每一個種族都有自己的標準，如果說要有共同的標準，那就需要協商，這是我的建議。

以心靈環保面對問題

我們這個團體是在推廣「心靈環保」的運動。心靈環保就是我們的內心不受環境的影響，環境的影響就是種種的刺激、誘惑、折磨。我們要心平氣和來面對所有的問題，在這樣的狀況下，來求得和解的方式。如果我們的內心充滿不滿、怨恨與仇恨，那我們與任何種族或教派相處，就容易發生衝突；如果我們自己的內心是和平的、是不受影響的，才能夠保持真正的客觀。當我們與對方接觸時，即使對方不友善或不理性，還是仇恨我們，我們仍然要伸出溫暖友誼的手，與對方協商，至少不會一碰到就衝突；兩方面只要有一方能表現出和平友誼的態度，就能坐下來慢慢地談。

這次大會，為了實踐聯合國千禧年的願景，要討論的問題相當多，例如：環境、心理、婦女、貧窮、愛滋病等問題，若能夠討論出具體的結果，進而分享給全世界的與會代表，帶回自己的國家或地區，這樣一來，從青年開始來影響我們整個的社會，社會就能達成千禧年發展的目標。我們希望蘇丹能夠推動這樣的目標，以年輕人為核心來推動，成為整個蘇丹國家的財富。

果光法師（左二）、果禪法師（右二）與國際青年合影。

我們這個團體為什麼要支持這個論壇，實際上就是支持我們這個世界以及聯合國千禧年發展的運動，同時希望蘇丹這個國家能很快安定下來，很快達成和平的願望、經濟的發展、教育的普及，也鼓勵呼籲全世界的人都能注意到這一點，共同來協助蘇丹完成願望。

祝福大家。

以心靈環保推動世界和平

為蘇丹青年和平論壇提供建言

與會各國代表各自種植一棵象徵和平的樹苗做為紀念。

非洲面積最大的國家蘇丹，過去因種族與教派仇恨，境內充斥種種人心衝突、社會紛亂的問題，為了促使蘇丹走向和平安定的發展方向，今年3月1至6日，法鼓山僧團果光法師、常聞法師等五位法師帶領六位青年代表，前往肯亞戈曼非洲保護區（Gallmann Africa Conservancy）出席「蘇丹青年和平論壇」（Sudan Youth Peace Dialogue）。二十多位各國青年代表及40位蘇丹青年，共同討論如何解決蘇丹境內因內戰帶來的諸多問題；常聞法師並於會議最後一天宣讀聖嚴師父的書面致辭，將「心靈環保」的理念，傳達給長期生活在戰亂下的非洲青年代表。

將悲心落實於行動

這場和平論壇的舉辦，緣自法鼓山2006年與全球女性和平促進會（Global Peace Initiative of Women，簡稱GPIW），於美國紐約象岡道場舉辦的「青年領袖促進和平論壇」（Young Leaders Peace Building Retreat），會後日本、南非、墨西哥等國六位青年代表展開連結，成立跨國的「青年領袖和平促進會」（Young Leaders Peace Council）。此次「蘇丹青年和平論壇」的召開，即是青年代表悲心的實踐與具體行動的落實。

五天的會議中，主辦單位除安排蘇丹青年代表發聲，讓世界瞭解並重視蘇丹的困境與急迫的外援需求如醫療、教育與財務等方面，並以「聯合國千禧年發展目標」（UN Millennium Development Goals，簡稱MDGs）為方向進行分組討論，議題包括貧窮、愛滋、環保、兩性等問題。各國青年經過互相激勵、啟發，提出具體可行的方案與經驗分享，讓蘇丹青年在實際解決問題的面向上，能夠啟迪更多思惟與可能。

台灣經驗獲熱烈回響

討論過程中，法鼓山青年代表分享早期台灣環保啟蒙經驗，如「我們只有一個地球」海報設計、撿拉環活動等，以及在參與國際會議面臨對立時，如何以內在的和平來化解異議，解決爭端。台灣的經驗，獲得許多國家代表的共鳴，烏干達、奈及利亞代表不約而同表示，和平來自內心，世界是一體且相關的；與會青年並且決議成立「青年環保組織」（Youth For Environment），喚醒當地的環保意識、力行環保工作。

面對層出不窮的問題，聖嚴師父於書面致辭中指出，法鼓山主張用和平解決問題，和平並不是嘴巴上的口號，或者僅僅要求其他種族對我和平、講正義，因為正義這個名詞，各有各的標準，因此要讓彼此知道自己對正義、公平的想法，要彼此雙方都能接受，進一步則需要協商。師父並且祈願人人都能心平氣和，來討論共同求生存的問題，共同達成和平相處、社會和諧。

此次論壇，法鼓山五位僧團法師帶領青年代表站在國際舞台上，與各國青年進行交流，不僅讓彼此相互瞭解對於和平的想法，也互換實際經驗，開啟對話機制；從而啟動青年對社會、世界注入希望、生命力，與改善人類環境的可能。

與會各國代表把握機會進行文化交流。

國際化、年輕化，是近年法鼓山推動理念的重要方針，也是努力的方向。出席國際會議「蘇丹青年和平論壇」，不但讓世界瞭解法鼓山對於和平的主張與期許，也藉此凝聚各國青年共識，消除歧視和排斥，加強區域合作，建立全球共通的倫理價值觀，共同為促進世界和平而努力。

03.03～04

舊金山分會舉辦禪修活動

古帝亞茲分享禪法智慧

吉伯・古帝亞茲帶領東西方禪眾進行禪修。

美國護法會加州舊金山分會於3月3至4日，在舊金山灣區桑尼維爾市（Sunnyvale）菩提學會道場，舉辦為期一天半的禪修課程，由聖嚴師父的西方法子吉伯・古帝亞茲（Gilbert Gutierrez）帶領，約有四十位東西方人士參加。

這次禪修課程，安排了禪修簡介、禪修指引、基礎禪坐方法練習，以及半日禪等。3日的活動中，古帝亞茲首先講述他個人親近聖嚴師父的因緣，接著請學員閉上眼睛，回想當天早上做了什麼，想像活動結束後要做什麼，再把心思拉回當下。藉由這個過程，讓學員體會什麼是活在當下，什麼是妄想過去與未來。

4日進行基礎禪坐方法解說，接著展開半日禪。心得分享時，學員表示希望古帝亞茲能夠再來灣區，和大家分享更多的禪修智慧，古帝亞茲則勉勵學員將「禪」融入生活中，如此才能得到更大的利益，進而幫助他人。

03.03

溫哥華道場新春燃燈供佛法會

果樞法師開示燃燈供佛的意義

法鼓山加拿大溫哥華道場於本日下午，首次舉行元宵節新春燃燈供佛法會，由監院果樞法師帶領，約有八十人參加。

法會壇前，設有和敬平安燈以及消災、超薦燈，參與信眾依序出壇，燃燈供養十方諸佛；也代表溫哥華道場接續點燃法身慧命之燈，生生不息。

在法會中，果樞法師為大眾開示點燈的意義：點燈代表光明、希望與發願，藉由燃燈供養諸佛的功德，能為自己、歷代先亡眷屬以及所有眾生，祈求光明的未來。法師並舉《增一阿含經》中燈光佛成佛的典故與「貧女施燈」的故事，說明所點的燈長明，以誠心為油，一燈傳一燈，是法身慧命智慧之燈，是斷煩惱、證菩提、成佛道、度眾生的無盡燈，勉勵信眾要以至誠的信心來修學佛法。

與會大眾在果樞法師的帶領下，虔誠持誦《佛說施燈功德經》後，圓滿這場莊嚴隆重的法會。

溫哥華道場燃燈供佛法會中，信眾順序出列在佛前供燈。

03.09～10

新加坡護法會舉辦佛法講座

繼程法師勉勵信眾將佛法融入生命

新加坡護法會於3月9至10日兩天，於光明山普覺禪寺舉行兩場佛法演講，邀請馬來西亞佛學院院長繼程法師主講，美國紐約象岡道場住持果峻法師亦出席關懷，每一場都有七百多位民眾到場聆聽。

兩場演講主題分別為「快樂人生」、「禪與愛」，繼程法師為聽眾說明學佛的意義及益處，期勉眾人精進修習，將佛法融入生命。

9日上午，首先進行「快樂人生」演講；下午，繼程法師於新加坡護法會舉辦「禪與茶會」，以喝茶為例，說明泡好的茶若不立即品嚐，冷掉後就不好喝了；修學佛法時，也要趁年輕力壯的時候，好好把握因緣學習與奉獻。

10日早上，繼程法師首先在共修處帶領禪坐共修，指導信眾練習止觀法門的次第，指出禪坐時要「先止後觀」，因為「止」是重要的基礎；至於在日常修行的要義上，原則為「修慧為主、修定為輔」，下午則進行「禪與愛」演講。

繼程法師為新加坡信眾主持佛法講座。

演講活動中還播放法鼓山世界佛教教育園區的簡介影片，讓聽眾瞭解法鼓山的精神理念與弘法事業。新加坡護法會剛成立的法青會學員，也特地到現場為聽眾獻唱佛曲，表達對眾人的祝福。

● 03.23～25

果謙法師赴芝加哥弘法關懷

引領東西方學員體驗身心自在

透過「生活禪」的課程，芝加哥學員們進行禪坐體驗。

美國護法會芝加哥分會於3月23至25日舉辦多項弘法活動，由美國護法會輔導師果謙法師前往帶領，包括兩場佛法講座、生活禪練習，以及觀音法會，約有三十多位東西方學員參加。

在23日「禪的心靈饗宴——遠離壓力的快樂之道」講座上，果謙法師指出，現代人之所以身心不安，在於生活變動性大，對未來沒有安全感，面對生活、感情、健康、生死等人生問題，常感到慌亂。法師表示，心是人的主宰，外在環境是自己內心世界的縮影，若能以平常心面對、接受事情，不隨外境起舞，就能保持身心安定。

24日進行生活禪，學員們首先學習法鼓八式動禪與基礎禪坐，之後進行戶外禪。果謙法師引導大家運用直觀的方法，學習放下分別心和執著心，練習聽只是聽、看只是看，單純地去感受環境，並鼓勵大家將方法運用在日常生活中，體驗真正的快樂。

25日早上舉辦的觀音法會，果謙法師帶領大家以清楚、放鬆、專注的禪法進行，在念佛與拜佛的動作中，把自己的身心融入觀音菩薩的慈悲願力裡，虔誠學習觀音菩薩無我的慈悲願力。法會結束後，果謙法師並期勉大家學習觀音菩薩的精神，自利利他。

下午進行第二場講座「禪的心靈饗宴——安心之道」，法師對「無常」、「空」的觀念做了詳細的解釋，說明如何從對「空」的瞭解，放下執著與分別，體會自心的寂靜與自在，同時學習心存感恩，以柔軟的態度對待周遭人事物，以智慧、慈悲來處理問題，自心就能清明自在。

最後，果謙法師與芝加哥分會的悅眾們聚餐，感謝大家的發心與付出，這次的弘法活動，在溫馨而法喜的氣氛中結束。

03.31

馬來西亞分會舉辦募款音樂會

用音聲淨化人心　號召千人千願

馬來西亞護法會為籌建永久的禪修與佛教教育中心，規畫「千人千願」系列募款活動，首場活動「歡唱和平，舞動感恩」音樂會於本日在森圖（Sentul）王嶽海大禮堂舉辦，僧團青年發展院常惺法師、常御法師，以及馬來西亞佛學院院長繼程法師、馬來西亞內政部副部長陳財和等都出席參與，晚會約有一千八百人參加。

晚會上，繼程法師勉勵與會大眾，要提昇人品，必須先回到自己內心，踏實地從根本處著手。常惺法師則鼓勵大眾從「少欲知足」及「關懷他人」兩個方向，落實淨化人心的行動，並期許法鼓山每一處道場都是一所教育中心，每一項活動都發揮教育功用。

當晚的表演，由馬來西亞護法會合唱團開場，演唱〈三寶歌〉、〈法鼓山〉、〈茉莉花〉、〈我為你祝福〉等歌曲；接著由多位歌手及知名佛曲創作人黃慧音等人輪番演唱，黃慧音並將〈四眾佛子共勉語〉譜成莊嚴感人的佛曲，讓大眾琅琅上口。 晚會還以〈聖嚴法師108自在語〉及一塊感恩石，與每位現場聽眾結緣，願大家求法修道的心，就像感恩石般堅固、踏實。

馬來西亞護法會合唱團為募款音樂會獻唱。

04.05～25

美國護法會邀請繼程法師赴美弘法

至舊金山、西雅圖及洛杉磯指導禪修

繼程法師（第二排右五）與洛杉磯分會信眾合影。

美國護法會自4月5至25日，邀請聖嚴師父的法子，亦是馬來西亞佛學院院長繼程法師，至美國舊金山、西雅圖以及洛杉磯等地分會，主持各項禪修、演講等弘法活動。

4月5至9日，繼程法師首先在舊金山分會主持多場弘法活動。5日，法師於菩提學會進行「禪坐與睡覺」演講，為大家說明在禪坐中睡覺是否得宜，並指出禪坐過程就是能量的充電，應該以正確健康的心態來看待；6日在坎貝爾（Campbell）妙緣內觀中心，法師主持一日禪共修，詳細解說調身的原理，以及與調息、調心的相關性，並回答禪眾的修行疑惑；7及9日分別為菩提學會及舊金山分會指導讀書會，其中9日的讀書會中，法師以「人間佛教」為主題，為舊金山信眾講說佛教在適應印度及中華兩種文明的發展及流變。

12至14日，繼程法師至西雅圖分會主持兩場講座，講題分別為「自我、真我與無我」及「從有與空中求解脫」。法師指出，在日常生活中也可運用自我、真我、無我的觀念，不論簡單睡好覺或面對複雜的人際關係，只要放鬆身心，便能覺察真我，放下我見、我執、我慢，煩惱減少，天天都是好日。

18至25日，繼程法師前往洛杉磯分會，首先於18至20日在洛杉磯分會講授天台小止觀，21日至華僑文教第二服務中心為南加州佛學聯誼會進行演講，題目為「春在枝頭」，談開悟解脫過程的正確觀念；接著22日在洛杉磯分會指導一日禪，教授禪坐方法，24至25日於橙縣爾灣（Irvine）南海岸中華文化中心，講解禪修法門「六妙門」，並教導禪修的觀念與方法，鼓勵信眾在日常生活中，時時修止觀，收心於當下不散亂，並且調和身心、安住身心。

弘法行程中，繼程法師應信眾之請提筆揮毫，留下多幅具禪味的書法墨寶，提供分會結緣與義賣，也讓這趟弘法之旅增添文藝氣息。

04.12～05.12

西雅圖分會為東初禪寺遷建募款
於華盛頓大學義賣台灣小吃

美國護法會西雅圖分會自4月12日至5月12日，展開為期一個月的小吃義賣活動，做為協助美國紐約東初禪寺遷建募款之用。義賣活動分為兩個部分，除了在一個月期間接受各方訂購外，並參加美國華盛頓大學（University of Washington）於5月12日舉行的台灣週活動現場設攤義賣。

這次的義賣以台灣小吃為主，共有22種產品，皆由當地信眾所提供。由於小吃種類眾多，準備材料也多，手工製程繁複，因此分散在多位信眾家中製作，或是在車庫架起大鍋蒸籠進行，大家忙得十分歡喜。

5月12日晚上舉辦的華大台灣週活動中，西雅圖分會設攤義賣小吃，食物衛生可口，十分受到民眾的喜愛。當天該分會還設置結緣書攤位，展出聖嚴師父的中英文著作和結緣小冊子，有許多對佛學或禪修有興趣的民眾，尤其是青年學子駐足參觀。

西雅圖信眾義賣台灣小吃，協助東初禪寺遷建募款。

此次活動從開始籌畫至大家分工執行，幾乎所有西雅圖地區的法鼓人、法鼓之友都動員起來，不僅協助東初禪寺募款，更讓所有參與的信眾們，有了一次培福、種福的好機緣。

04.13～15

舊金山分會舉辦山水禪三
果謙法師講解聖嚴師父的「十牛圖」開示

美國護法會舊金山分會於4月13至15日，在錫登別墅（Hidden Villa）舉辦一場禪三，由美國護法會輔導師果謙法師擔任總護。

此次禪三以「山水」為主題，選錄聖嚴師父在《禪的生活》一書中提到的「遠觀山有色，近聽水無聲，春去花還在，人來鳥不驚」這首禪詩，做為指導禪修的方法。果謙法師並以聖嚴師父對「十牛圖」的開示，為禪眾講解修行過程。

禪三中，舊金山分會信眾專注練習禪坐。

打坐過程中，果謙法師不時提醒大家要回到初發心，放下眷戀過去以及執著未來的心，並以放下與放鬆為基礎，從零開始。

大眾於最後一天心得分享時表示，這次是舊金山分會第二度舉辦禪三，希望每年都能不間斷地舉行，就像東岸象岡道場，年年提供長期禪修活動，讓有心學禪的人共享禪悅。

● 04.21～22

密西根聯絡處舉辦二日禪修

古帝亞茲前往帶領與演講

美國護法會密西根聯絡處於4月21至22日兩天，在郊區蘭莘學佛會的「彌陀村」舉辦禪修二日活動，內容包括半日禪修及禪修演講，由聖嚴師父西方傳法弟子吉伯．古帝亞茲（Gilbert Gutierrez）前往帶領，將法鼓山的漢傳禪法，有系統地介紹給當地東、西方信眾。

21日下午進行半日禪修，約有二十名東西方信眾參加。為了讓學員在短短半天中，體驗禪法的殊勝奧妙，古帝亞茲以公案做為開始，當學員以邏輯推理的方式，說出所有的答案後，古帝亞茲隨即指出，禪的智慧超越語言文字，它是在清淨無染的心中，自然呈現。

吉伯．古帝亞茲帶領學員體驗禪法的殊勝奧妙。

22日舉行禪修演講，古帝亞茲進一步強調菩提心的重要，並以禪宗「枯木寒岩，婆子燒庵」的公案為例，說明禪法的修行，不是要把自己變成像枯木一樣毫無感情，而是要在沒有自我煩惱束縛的清淨心中，時時抱持「不為己身求解脫，但願眾生得離苦」的悲願。

古帝亞茲的指導，帶給眾人深刻的體驗和啟發。活動結束後，許多人把握機會請益，並希望古帝亞茲能再到密西根聯絡處，帶領大家禪修。

05.01～31期間

海外分會道場同慶佛誕
全球信眾感懷佛陀恩典

5月1至31日，法鼓山海外許多分會道場，包括美國紐約東初禪寺、加拿大溫哥華道場，以及亞洲的香港護法會、新加坡護法會、馬來西亞護法會與澳洲護法會墨爾本分會等，都舉辦浴佛法會及相關活動，全球信眾共同慶祝佛誕節與母親節，感念生命的雙重恩典。

溫哥華道場舉辦浴佛法會，慶祝佛誕節。

北美洲部分，美國紐約東初禪寺除了於5月13日舉辦浴佛法會，並安排東初合唱團演唱、信眾示範茶禪等節目，讓現場近一百五十位參與者印象深刻。

加拿大溫哥華道場在5月26日舉辦浴佛法會，由監院果樞法師主持，除有近兩百位當地信眾參加，七位來自美國護法會西雅圖分會的悅眾也特別前來共襄盛舉。

亞太地區部分，香港護法會自5月17至20日舉辦了系列浴佛節活動，由僧團果建法師前往帶領。法師於17日首先主講「中華禪法鼓宗」，接著於18日帶領菩薩戒誦戒會及念佛共修，19日主持《金剛經》誦經法會；20日則進行浴佛法會、皈依法會，約有兩百多位信眾參加。

馬來西亞護法會及新加坡護法會分別於5月1日舉辦衛賽節祈福會、5月31日舉辦衛賽節浴佛法會。新加坡護法會在浴佛活動圓滿後，悅眾並與大家分享聖嚴師父對於浴佛節意義的開示：浴佛代表的是心智的成長，每個人都必須徹底去除心中煩惱，才能展現自己的潛能，生活得健康自在。

5月13日墨爾本分會的浴佛節活動，則結合母親節慶祝活動，約有三十多位法鼓山信眾及當地華人參加。

藉著一年一度的佛誕節活動，海外各地信眾體會佛陀濟世度人的願心，也充分感受身心淨化的喜悅。

2007年海外各分支單位浴佛慶典活動一覽表

時間	單位	活動名稱或內容	參加人數（約）
5月1日	馬來西亞護法會	衛賽節祈福會	60人
5月13日	美國紐約東初禪寺	浴佛法會、茶禪、合唱團演唱等	150人
5月13日	澳洲護法會墨爾本分會	浴佛節、母親節活動	30人
5月20日	香港護法會	浴佛、皈依法會	200人
5月26日	溫哥華道場	浴佛法會	200人
5月31日	新加坡護法會	衛賽節浴佛法會	50人

05.10

「聖嚴漢傳佛學講座教授」計畫簽約
推動漢傳佛教扎根西方

聖嚴教育基金會與美國哥倫比亞大學（Columbia University）合作設立的「聖嚴漢傳佛學講座教授」計畫，本日在哥大舉行合約簽訂儀式，聖基會由董事長施建昌、執行長蔡清彥以及董事楊蓓等人代表出席。首任教授由哥大宗教系教授于君方出任。

哥大校長李寶靈（Lee Bollinger）在該校國際事務部副總務長保羅．安德爾（Paul Anderer）、東亞語言文化系主任鮑伯．哈默斯（Bob Hymes）、宗教系主任羅伯．瑟曼（Robert Thurman）等多位教授陪同下，親自在校長官邸會晤施建昌等聖基會代表，表達誠懇的祝福和期許。

美國哥倫比亞大學設立「聖嚴漢傳佛學講座教授」，首任教授于君方（左二）與聖基會代表施建昌（右二）、蔡清彥（左一）、楊蓓（右一）合影。

在這場簽約典禮中，聖基會代表除了傳達聖嚴師父的誠摯謝意，也提出師父建議的研究方向，包括近代海峽兩岸的佛教發展、漢傳佛教傳統與現代的比較，以及當代漢傳佛教發展的研究，特別是近半世紀以來，大力推動的人間淨土、心靈環保，對於華人社會所產生的影響和貢獻；而研究領域除了中國、台灣，日、韓、越也都是漢傳佛教影響的範圍，不容忽視。

「聖嚴漢傳佛學講座教授」計畫首任教授于君方，為聖嚴師父1976年在紐約指導三個月禪修課程的學生之一，現於哥大指導博士班研究。去年（2006年）10月，于教授向師父提出設置「聖嚴漢傳佛學講座教授」的構想，計畫在哥大宗教學系內設置永久性的師資席位，保障漢傳佛教的課程和研究能永續開展。于教授表示，漢傳佛教為佛教傳入中國後，長期融合中華文化的優點所形成，研究漢傳佛教不但能鑽研佛學，還可在研究中華文化上受益良多，必然可以號召眾多學生投入，掀起學術研究新浪潮。

將漢傳佛教傳揚至西方國家，一直是聖嚴師父三十餘年來努力耕耘的目標，如今隨著「聖嚴漢傳佛學講座教授」的設置，漢傳佛教扎根西方的種子開始萌芽。

05.12～13

泰國護法會援助泰北清寒學子

果建法師至二所中學頒發助學金

為幫助泰北清萊地區優秀的清寒學生，泰國護法會提供獎助學金給光復中學、大同中學。5月12日起一連兩天，在僧團果建法師的帶領下，泰國護法會悅眾們一行10人前往這兩所中學，親自將獎助學金頒給學子。

果建法師（後排右四）與泰國護法會悅眾頒發助學金給滿星疊大同中學清寒學子。

12日早上一行人搭機抵達泰北，再經兩個多小時的車程，當天傍晚抵達光復中學。隔日一早，一行人又轉往滿星疊，於中午抵達大同中學。此行除發放獎助學金泰銖九萬五千元，嘉惠56位泰北學子外，更贊助光復中學泰銖二萬元、大同中學一萬五千元，支持兩校的辦學。此項計畫將連續進行三年，今年是第一次前往，希望這份關懷的種子，能在泰北生根發芽。

這段期間正值果建法師在泰國弘法之際，果建法師以「布施的人有福，行善的人快樂」勉勵學子們珍惜十方善款，努力向學，在未來有能力時回饋社會。

05.19

東初禪寺舉辦遷建募款活動

台、美兩地三百位信眾共同響應

來自台灣、美國東西岸共約三百人參加東初禪寺募款餐會。

美國紐約東初禪寺因建築物年久失修，加上共修場地有限，計畫進行遷建。為了募集遷建款項，本日於紐約拉加第亞機場萬豪酒店（New York LaGuardia Airport Marriott），以「法鼓希望工程、建設人間淨土」為主題，舉辦一場義賣募款餐會，方丈和尚果東法師特別率同東初禪寺、象岡道場的常住法師們到場參與義賣。出席貴賓包括東禪寺住持通智法師、大覺寺住持德恩法師、駐紐約台北經濟文化辦事處處長夏立言伉儷、名作家王鼎鈞伉儷、《世界日報》紐約分社社長李厚維等，以及來自台灣、美國東西岸共三百位嘉賓參加。

方丈和尚在餐會上表示，這個募款餐會不只是讓大家來認購藝術品，更重要的是瞭解法鼓山在做什麼，同時邀請大家一起為漢傳佛教的弘傳和延續而努力。會中並播放影片介紹聖嚴師父於1979年初臨紐約弘法的經歷，以及東初禪寺舊損的現況。師父早期的西方弟子南西（Nancy Bonardi）以及拍攝師父隨行紀錄的媒體工作者張光斗，也在場分享許多師父的弘法故事。

東初禪寺遷建義賣募款餐會，由方丈和尚果東法師（右一）與東初禪寺的常住法師們共同主持。

義賣會邀請紐約州眾議員楊愛倫、僑聲廣播電台台長薛純陽共同擔任拍賣官。聖嚴師父的兩幅墨寶、仁俊長老的念珠等18件精品及古董，在來賓競標中全部售出。十方大德的善緣成就，讓東初禪寺遷建計畫又向前邁進了一步。

05.20

方丈和尚於東初禪寺開講

勉勵信眾活在當下、快樂生活

美國紐約東初禪寺本日舉辦佛學講座，由方丈和尚果東法師主講「活在當下、快樂生活」，約一百多位民眾到場聆聽。

在進行講座之前，方丈和尚先主持了一場皈依典禮，並頒授感謝狀給多位認捐榮董的信眾，以表達感恩。

方丈和尚果東法師為信眾介紹禪法的妙用。

接著正式展開講座，方丈和尚在演講中指出，現代社會步調緊張快速，許多人雖然物質生活豐盛，內心卻無比空虛，人與人之間的鴻溝也愈來愈深，這些因素都造成環境及心靈的雙重污染。

方丈和尚表示，禪修可以讓我們學習逆向思考、正面解讀，以修福修慧來開發智慧。懂得運用禪修方法，活在當下，就可以快樂生活、淨化心靈。方丈和尚還以禪宗大師馬祖道一見野鴨群飛過，問弟子百丈懷海「那是什麼？」的禪宗公案，進一步說明如何安住於當下。

方丈和尚並以「對過去的懷念、悔恨不能改變事實；對未來的期待、憂慮不切實際」，勉勵大家把握現在、活在當下，生命才會真正踏實。

05.26～29

方丈和尚出席曼谷國際衛塞節

代聖嚴師父宣讀演說專文

今年泰國的衛塞節（佛誕節）適逢泰皇80大壽，因此泰國當局擴大舉辦慶祝活動，邀請泰國副僧王松德．普拉．佛陀恰理亞（Somdet Phra

Buddhacharya）、聯合國代表，以及來自61個國家、約一千五百位佛教領袖代表、外交使節、佛教學者，於5月26至29日在曼谷的佛教城和聯合國亞太總部，進行主題演說和座談等活動。方丈和尚果東法師代表聖嚴師父出席，並於28日代表師父宣讀〈佛教是推動世界永久和平的希望〉一文。

聖嚴師父在文中指出，由於種族、宗教、黨派的不同，加上各種利益衝突，世界和平在短時間內似乎不易達成。然而，大家在各自的領域，仍要朝這個目標繼續努力。師父表示，近十多年來法鼓山提倡「心靈環保」，就是希望每個人以慈悲心、智慧心安定內在，以持戒、修定、智慧在生活中自處，此外，法鼓山還進一步推動「全球倫理」，希望縮小全球各族群觀念上的差距，減少摩擦和誤會，這些都是具體的努力和作法。

為期三天的活動中，各國與會者同時也針對「透過現代科技傳播佛教」、「佛教藝術的衛護與推廣」、「佛教禪修與人類發展」等議題進行討論和經驗分享。閉幕當天，佛教領袖們以各自的語言，共同為世界和平祈禱，並於聯合國大會堂簽署「曼谷宣言」（Bangkok Declaration），為日後和平之路開啟新的希望。

方丈和尚果東法師（第二排左六）與參加泰國衛塞節的各國代表合影。

佛教是推動世界永久和平的希望

5月28日於泰國曼谷聯合國亞太總部「衛塞節」慶典致辭（方丈和尚果東法師代表宣讀）

◎聖嚴師父

首先在此感謝泰國朱拉隆功僧伽大學（Mahachulalongkornrajavidyalaya University）的邀請，讓我有機會在此宣讀一篇論文〈佛教是推動世界永久和平的希望〉，同時，今年的衛塞節正好也是泰國國王陛下80大壽，願以衛賽節（浴佛節）的功德為國王的大壽祝福恭賀，願他能長命住世。

關於世界是否能有永久和平的希望，個人建議可以從兩個方向來思考。一是現實的國際情勢。如果以目前的情況來看，因為有國際政治的問題，有宗教信仰的問題，有種族的問題，有各種利益衝突的問題，致使世界的永久和平，似乎不容易立即出現。雖然世界上大部分的人都期待著永久和平的來到，但是由於每一種族群有各自的利益取向、有各自的價值標準與倫理觀點，以及不同宗教對於什麼是真理、什麼是正義，各有一套自己的詮釋方式，因此要論及世界的永久和平，似乎仍有許多值得努力之處。

在現今世界各大傳統宗教裡，佛教的信仰人數不是最多，也不是最普遍的。可是，對佛教而言，不論是南傳或北傳、顯教或密教，大致上都有一個共同的思想：那就是慈悲與智慧。基於慈悲的原則，眾生都是平等的，都需要被愛護及救濟；從智慧的立場來看，世界上的任何事物，都是隨著因緣、環境和時代的各種因素變化而無常變遷。由於對於無常的認知，我們不會堅持絕對的對與錯，譬如在某一個狀況下，於某一地區、某一時代的某一事可能是對的，但是過了一段時間之後，很可能就會改變。正由於佛教對於一切眾生的平等慈悲以及對於無常的深刻體認，因此具足廣大的包容與適應性，在人類歷史上，始終是奠立安定、和平的一股重要力量。

方丈和尚果東法師代表聖嚴師父在大會中宣讀專文。

其次，我想向各位善知識報告，這十多年來，我們法鼓山這個團體對於世界和平所做的工作。我們提倡一個名詞，叫作「心靈環保」，至於如何以「心靈環保」促成世界的和平，可有兩種作法。一種是比較主觀性的，只要我們的內心能夠平靜、安定、和諧，經常保持慈悲心與智慧心，那麼對自己而言，就是身處一個和平的環境或者時代之中。另一種方式，是在日常生活中運用持戒、修定來自處待人，如此一來，我們自己不會受外在環境的影響而起煩惱，也能夠與他人和平友善地相處；這樣，我們便能擁有一個和諧、快樂的人生。

另外，我們也提倡建立一種全球性的共同倫理，即「全球倫理」。所謂的「全球倫理」，就是不同的宗教、族群與文化，我們大家敞開心胸，共同來討論建立一種具有超越性、普遍性和共通性的倫理價值。每個族群有其固有的倫理，每一宗教對於真理及正義的詮釋也不相同，這些都是正常的，卻也都是需要重新思考的地方。也就是說，在不同族群與宗教之間產生的衝突，很可能就是雙方對於真理、正義等名詞詮釋的差異。因此我們呼籲，在這個價值多元化的人類社會裡，我們亟需建立一種超越宗教、種族與文化藩籬的「全球倫理」，來做為整體人類邁向世界永久和平的努力方向。

這些年來，我在世界各地參加各種國際會議的場合，總是一再提倡「全球倫理」，其實這也是佛教的精神。因為不論在任何時候、到任何環境，佛教都能適應當時、當地的文化背景，予以消融、轉化、提昇，進而注入佛教的慈悲與智慧的泉源，共同為我們的社會和世界奉獻一份和平的努力。因此我相信，佛教的慈悲與智慧，永遠是推動世界永久和平的光明與希望。

因為我目前的身體狀況不適合出國，所以由我的弟子，法鼓山的方丈和尚果東法師代表我宣讀這篇講稿，謝謝諸位的指教。

各國僧侶一起聆聽聖嚴師父的講稿宣讀。

06.06～10

馬來西亞護法會參加佛教文化藝術展

推介法鼓山理念及漢傳佛教

為歡慶馬來西亞獨立50週年，50個當地佛教團體於6月6至10日，共同舉辦一場「以佛法淨化人心，讓藝術感動世界」佛教文化藝術展，法鼓山馬來西亞護法會也參與了這項活動。

馬來西亞護法會於展覽中展出聖嚴師父的多樣化著作。

在藝術展會場兩處分別占地200、400平方公尺的空間裡，馬來西亞護法會展出法鼓文化出版品，以及法鼓山和聖嚴師父的簡介小冊子、「心五四運動」海報等，並布置了一個小禪堂，提供民眾在此體會禪坐的清涼。同時，兩個展出空間皆全天候播放聖嚴師父的開示影片及與各界人士的對話。

五天的展覽活動中，各佛教團體各自以不同方式呈現佛教的多元內容，包括：點燈、供花、法會、佛像展、彩燈展等，並展出佛教書籍。馬來西亞護法會念佛組成員也代表法鼓山參與法會。

這次活動是馬來西亞護法會成立以來，與當地民眾互動最多、最直接的一次，義工們全力投入，為漢傳禪法在馬來西亞的推廣而努力。

06.08～10　06.16～17　06.25～27　06.29～07.01　07.19～22

美國護法會舉辦親子夏令營

多元活動塑造孩子健全人格

6月8日起至7月22日，美國護法會陸續在密西根州、舊金山、西雅圖、洛杉磯、紐約象岡道場等地舉辦五場親子夏令營，營隊以「人格養成」為主題，共近二百位6至16歲的青少年與其父母參加。

這是美國護法會繼去年（2006年）之後，第二度在美國各地巡迴舉辦親子夏令營，同樣邀請來自台灣宜蘭地區的游清海校長，以及吳千惠、陳素秋、劉淑

象岡道場夏令營進行分組活動。

貞、賴世昌等五位師資前往指導。

親子營內容主要包括禪坐、戶外禪、瑜伽、美勞製作、EQ成長課程、營火晚會等，希望培養小朋友健康的人生觀、建立自我信心、體驗自然環保、學習人際溝通及互動等。

在共同的課程活動外，首站於密西根州舉辦的親子營，規畫了「自然探索」單元，安排在蘭莘學佛會共修道場「彌陀村」進行，孩子們在自然生態豐富的野外，將所見所聞記錄下來，並集體創作一幅表現大自然豐富蘊涵的畫報，展現探索自然的奇妙體驗。

此次親子營首次在舊金山分會和西雅圖分會舉辦，活動中皆安排了「和敬平安」過十關及「綠野遊蹤」體驗大自然等課程，透過各式各樣的遊戲，如訓練專注力的「滴水禪」、提高記憶力的「金字遊戲」等潛移默化的方式，引領孩子將禪法運用在日常生活裡。

在象岡道場舉辦的營隊，則特別安排至生態保護區「山姆點」進行一日健行旅遊，在景色宜人的自然環境中，學員體會身心全然放鬆的感受。

各場夏令營也藉由法鼓八式動禪、飲食禪及茶禪教學，引導小朋友體會禪修，學習將躁動的心安定下來，每一個與會家長也藉此共度了一個兼具知性、趣味又充實的假期。

2007年美國護法會親子夏令營一覽表

時間	地點	人數
6月8至10日	密西根州蘭莘學佛會的共修道場「彌陀村」	55
6月16至17日	加州舊金山分會	36
6月25至27日	華盛頓州西雅圖分會	26
6月29日至7月1日	加州洛杉磯分會	30
7月19至22日	紐約象岡道場	50

06.22～23

馬來西亞護法會舞台劇公演

邀請十方善眾贊助建設基金

馬來西亞護法會為籌建永久的禪修與佛教教育中心，所規畫的「千人千元，千人千願」系列募款活動，繼今年3月31日的「歡唱和平，舞動感恩」音樂會後，6月22至23日再度於吉隆玻表演藝術中心（The KL Performing Arts Center）進行兩場佛教舞台劇《圓滿的生命》公演募款活動。

《圓滿的生命》由大馬知名舞台劇導演何靈慧，與佛曲音樂創作演唱者黃慧音共同製作，內容以佛教故事和弘揚佛法為主軸，全劇分為〈因果輪迴〉、〈佛陀與羅睺羅〉、〈六祖惠能〉及〈慈悲的容顏〉四小段。在舞台劇公演前兩個月，馬來西亞的信眾們即積極展開邀請十方善眾贊助、觀賞該舞台劇。

馬來西亞信眾於舞台劇公演現場以佛法小冊子與大眾結緣。

此次馬來西亞護法會進行兩場募款公演，並在每段中間穿插聖嚴師父的開示及弘法影片《談輪迴的觀念》、《談在家如何修行》、《禪修與日常生活》、《生命之鼓》等，讓觀眾藉此認識法鼓山的精神與理念。

06.29～07.04

新加坡護法會舉行禪五

三位法師指導學員滌心發願

6月29日至7月4日，新加坡護法會於新加坡佛教居士林舉辦一場禪五，由僧團果舟、果悅、果仁三位法師前往指導，共有36位學員參加這場認識自己的禪修活動。

在五天的活動中，三位法師全程帶領學員體驗禪修，包括禪坐時的調身、調息、調心，以及經行、法鼓八式動禪、瑜伽運動等。除了法師的帶領，聖嚴師

至新加坡指導禪五的（前排右五起）果仁、果舟、果悅法師與學員合影。

父也透過影片對學員們進行禪法開示，希望大家在感恩拜懺時都能生起慚愧和感恩心，藉由拜懺來消除內心的煩惱。

最後一天進行小組討論時，多位學員分享五天來的禪修心得，除了期勉自己將禪修方法實踐在日常生活中，對於聖嚴師父「盡形壽，獻生命」的慈悲願力，都表示深受感動，更發願效法師父的菩提道心，願在自我成長的生命中，踐履人生的價值與意義。

07.04～07

方丈和尚美國弘法行至紐約象岡道場

為北美首度啟建梁皇寶懺法會主法

承繼聖嚴師父的美國弘法任務，方丈和尚果東法師於7月4至16日，在護法總會副總會長周文進的陪同下，前往美國各分會展開一系列關懷行程，包括紐約象岡道場、伊利諾州芝加哥分會、奧勒岡州聯絡處、舊金山分會、洛杉磯分會等地，除了為「法鼓希望工程」──紐約東初禪寺遷建計畫募款義賣，亦傳達師父的關懷。美國弘法行的第一站為紐約象岡道場，時間是4至7日。

在首站象岡道場，方丈和尚主持法鼓山於北美地區首次啟建的梁皇寶懺法會，這場自7月1至7日舉辦的大型法會，在方丈和尚帶領下，台灣僧團、東初禪寺、象岡道場的法師們齊心合力，讓與會信眾經歷一場法喜充滿的心靈饗宴，共有一百多人參與。

7日當天進行的是齋天、齋僧和焰口法會，從清晨五時持續到晚上十時，在長達17個小時的法會中，中外信眾無論年齡長幼，皆虔敬地全程參與。透過上午的齋天法會向諸佛菩薩與龍天護法表達感恩，接著中午進行齋僧大會，包括美國佛教會會長繼興法師、香光山禪淨中心住持禪雲法師、梵音寺住持常寬法師、大覺寺住持德恩法師、修直法師等貴賓蒞臨，場面莊嚴而隆重。

方丈和尚於法會中特別向信眾及應供的法師們表達感謝，並說明聖嚴師父多年來在西方弘法，以「心靈環保」為精神核心，透過三大教育、四種環保，幫助大家提昇人的品質。繼興法師則表示，學佛者最重要的是心靈的清淨，才能看到處處是佛菩薩，他期勉大家發願勤修戒定慧，息滅貪瞋癡。

最後在傍晚舉辦焰口法會，由方丈和尚擔任金剛上師，與悅眾法師們全心領眾，圓滿這次殊勝而難得的法會。由於長期居住在美國的信眾，大多數未曾參加過像梁皇寶懺這類大型法會，這次看到法師們全程竭盡心力領眾拜懺，更加強了對佛法的信心。

方丈和尚果東法師在法會中為信眾開示。

07.08～10

方丈和尚美國弘法行至芝加哥
舉辦演講、法會與募款餐會

方丈和尚果東法師美國弘法行於7月8至10日至美國護法會伊利諾州芝加哥分會，由美國護法會輔導師果謙法師、護法總會副總會長周文進等人隨行，行程包括主持佛學講座、皈依儀式及祈福大悲懺法會等，並參加「與方丈和尚有約」募款餐會。

8日，方丈和尚主持於芝加哥瑞德森飯店（Radisson Hotel）舉辦的佛學講座與皈依儀式。在講座開始前，首先播放一段影片，讓大眾瞭解聖嚴師父的悲心願行、法鼓山的發展現狀，以及芝加哥分會近年來的活動回顧。

接著方丈和尚以幽默風趣的開場，帶出講題「活在當下，快樂生活」，並以

方丈和尚果東法師在佛學講座中為芝加哥信眾開示佛法。

生活中的小故事，與大家分享生活的態度與佛法的精髓，芝加哥召集人李詩影同步英文翻譯，使西方眾也能聞法無礙，全場共有一百多人聆聽。講座之後，方丈和尚並為九位信眾主持皈依儀式。

9日晚上在芝加哥北郊的共修處舉行祈福大悲懺法會，由果謙法師等人帶領，約有五十多人參加。法會最後，方丈和尚親自到場關懷，同時勉勵大家學習觀世音菩薩願行，增長智慧、慈悲待人。

10日上午，方丈和尚率同果謙法師等人至駐芝加哥台北經濟文化辦事處拜會，並致贈一套《法鼓全集》共102冊，由處長鄭天授代表接受。

為響應「法鼓希望工程」——紐約東初禪寺遷建計畫，芝加哥分會於10日晚上舉辦「與方丈和尚有約」募款餐會，邀請當地12位工商界人士一起護持東初禪寺的建設。方丈和尚特別贈予聖嚴師父的墨寶集《遊心禪悅——聖嚴法師法語．墨緣．興學墨迹選》一套三冊，向信眾們表達感恩之意。

會中播放聖嚴師父為東初禪寺擴遷募款的開示影片，師父指出，此次籌建的目標，是為了將東初禪寺建設成未來的法鼓山全球中心，扮演漢傳佛教在西方傳揚的樞紐，承擔在西方社會弘法的開展工作。

與會者藉此難得機緣，當面向方丈和尚請益佛法，方丈和尚則為大眾解說三皈五戒之意義，並鼓勵大家將佛法逐步融入生活中。在與聽眾熱烈的互動中，方丈和尚圓滿了在芝加哥的弘法行程。

07.10　07.13　10.22　10.23　11.17

法鼓山致贈《法鼓全集》予美國五文教機構

推廣聖嚴師父思想與法鼓山理念

為加強在美洲地區推廣法鼓山與聖嚴師父的理念，美國護法會於7月10、13日，10月22、23日及11月17日，陸續展開贈書活動，將聖嚴師父的著作《法鼓全集》102冊贈送給駐芝加哥、舊金山兩地的台北經濟文化辦事處，以及芝加哥大學（The University of Chicago）圖書館、芝加哥聖路易市佛教圖書館「淨心書坊」、西雅圖華僑文教服務中心等五個單位。

首先是7月10日，方丈和尚果東法師於前往美國進行弘法關懷時，率同美國護法會輔導師果謙法師、美國護法會副會長謝秀英及護法總會副總會長周文進等人至駐芝加哥台北經文處拜會，並致贈《法鼓全集》，由處長鄭天授代表接受。13日，方丈和尚在舊金山分會致贈一套《法鼓全集》予駐舊金山台北經文處圖書館，由處長廖偉平代表接受。

果謙法師則於10月22日，自紐約前往芝加哥，透過駐芝加哥台北經文處的安排協助，代表法鼓山致贈《法鼓全集》予芝加哥大學圖書館，由該館總館長納德爾（Nadler）、東亞館館長周原代表接受，駐芝加哥台北經文處文化組長徐會文、芝加哥分會前任召委王翠嫦、現任分會召集人李詩影等人也出席觀禮。納德爾館長表示，《法鼓全集》不僅對該校的佛學研究有所助益，對瞭解台灣佛教的發展，也提供了豐富的資源。

果謙法師也於10月23日轉往聖路易市，將《法鼓全集》致贈予籌備中的佛教圖書館「淨心書坊」，由淨心書坊發起人史顯寬（Don Sloane）、蔡顯智（Kattie Choi）和李文瑜三位居士代表接受。

另外，西雅圖華僑文教服務中心於11月17日舉行新址啟用典禮，果謙法師也在典禮中贈送《法鼓全集》給僑教中心，由僑務委員會委員長張富美接受贈書，一百多位與會的中外嘉賓及政商學界的僑團代表共同觀禮。

《法鼓全集》是聖嚴師父研修佛法、弘揚佛法的文字紀錄，內容豐富精闢，美國護法會未來將繼續進行這項贈書活動，希望透過《法鼓全集》的捐贈推廣，提供更多西方人士閱覽，共同分享法鼓山的理念。

果謙法師（右）在西雅圖僑教中心新址啟用典禮中贈送《法鼓全集》給該單位，由張富美委員長（左）代表接受。

07.11

方丈和尚美國弘法行至奧勒岡

舉辦結緣餐會說明興學大願

方丈和尚果東法師為大波特蘭地區信眾開示。

方丈和尚果東法師美國弘法行於本日抵達美國護法會奧勒岡州聯絡處關懷，並率同美國護法會輔導師果謙法師、方丈和尚助理常持法師、護法總會副總會長周文進等一行四人，參與於比佛頓市中心考恩廣場（Corne Plaza）舉辦的結緣餐會，共有80位大波特蘭地區信眾共聚一堂。

由於行程緊湊，方丈和尚一行僅停留一個晚上，奧勒岡州聯絡處特地安排一場溫馨的結緣餐會。餐會從下午六點半開始，奧勒岡州召集人羅存齡首先向眾人介紹奧勒岡州聯絡處成立過程。

隨後由方丈和尚進行一段輕鬆又充滿禪意的開示，讓所有與會信眾除了品嚐難得的西式素食餐宴，也藉此次餐會，進一步瞭解法鼓山的理念和聖嚴師父的興學大願。

07.12～14

方丈和尚美國弘法行至舊金山

主持新道場啟用灑淨與佛法演講

方丈和尚果東法師美國弘法行於7月12至14日抵達美國護法會舊金山分會，除了接受當地媒體《世界日報》的訪問，行程還包括關懷當地悅眾、義工，主持分會新道場啟用灑淨典禮，以及於卡波提諾市（Cupertino）演講廳進行公開演說等。

12日晚間，方丈和尚一行人與舊金山分會的悅眾和義工餐敘。席間，方丈和尚期勉大家，做任何事情要盡心盡力、隨緣努力，但不要給自己壓力，當壓力來時，要將它視為助力，如此才能順勢而為，讓事情水到渠成。

13日於舊金山分會的晚間餐會中，方丈和尚則致贈一套《法鼓全集》予駐舊金山台北經濟文化辦事處圖書館，由處長廖偉平代表接受。

14日早上，方丈和尚主持舊金山分會位在桑尼維爾市（Sunnyvale）的新道場啟用灑淨，駐舊金山台北經文處副處長李鴻祥也出席觀禮。方丈和尚致辭時表示，世界上只要有一個人認同法鼓山的理念，就開啟了一個「提昇人的品質、建設人間淨土」的據點，舊金山分會新道場的成立，對於佛法的傳布、眾生的離苦得樂將有很大幫助。灑淨典禮後隨即舉辦皈依典禮，共有13位信眾成為三寶弟子。

方丈和尚果東法師為舊金山新道場啟用灑淨主法。

下午，方丈和尚在卡波提諾市演講廳以「活在當下，快樂生活」為題演講，共近一百六十位民眾參與聆聽。方丈和尚指出，現代人有許多通病，例如：物質生活富裕，精神生活卻沒有提昇、外界變化快速，自己卻跟不上腳步等。面對這些困境時，我們要認知那都是生命中轉變的契機和啟發，所以不須煩惱沮喪，而應反觀自己生命中還有什麼資源可以付出，然後安於當下、把握現在、扮演好自己的角色、專心做現在該做的事情，便能快樂生活、自利利他。

07.15～16

方丈和尚美國弘法行至洛杉磯

主持新道場灑淨與義賣餐會

方丈和尚果東法師美國弘法行於7月15日抵達最後一站——美國護法會洛杉磯分會，早上於洛杉磯分會主持新道場灑淨儀式及皈依典禮，晚上則出席於聖蓋博希爾頓飯店（San Gabriel Hilton Hotel）所舉辦的紐約東初禪寺遷建募款義賣餐會。

義賣會從下午四點展開，首先進行的是義賣展，包含法鼓文化精裝套書、馬來西亞佛學院院長繼程法師及名人的墨寶畫作、佛教文物等一百多件義賣品。

晚上六點，募款餐會開始，由旅美表演工作者田文仲與著名廣播人鄭儀英聯合主持。在觀看聖嚴師父的開示影片及《大法鼓》節目影片後，正式拍賣13件精品，全場貴賓熱烈參與競價，每件精品都超過底價賣出，甚至以桌上鮮花募集到一萬八千美元的善款。餐會結束之際，主持人宣布當晚共募得25萬美元，眾人無不欣喜鼓掌。

方丈和尚（第二排右）、果謙法師（第二排左）與洛杉磯信眾合影。

這次在洛杉磯的募款義賣，緣起於5月19日在紐約舉行的募款餐會。當時參與義賣的洛杉磯分會召集人江秀鳳，深受紐約信眾的護法願力所感動，當下發願要師法紐約，在洛杉磯舉辦募款餐會。本次募款成果遠超過預期，更加強了洛杉磯信眾們護法弘法的信心。

07.16～22

東初禪寺舉辦「佛法生活體驗營」
邀請多位法師主持佛法講座

淨照法師為學員講授《成佛之道》。

7月16至22日，美國紐約東初禪寺於象岡道場舉辦「佛法生活體驗營」，由東初禪寺住持果明法師帶領，並邀請馬來西亞佛學院院長繼程法師、象岡道場住持果峻法師、福嚴佛學院院長淨照法師、法源寺住持寬謙法師等人授課，共有45人參加。

在為期七天的體驗營中，佛法課程安排多元而豐富，內容包括由繼程法師主講「紓壓安心——遠離壓力與過勞的快樂之道」，教大家如何放鬆、解壓與安心；果峻法師主講《修行在紅塵——維摩詰經》，說明法鼓山所大力提倡的心靈環保與人間淨土理念，是源自於《維摩詰經．佛國品第一》：「若菩薩，欲得淨土，當淨其心，隨其心淨則佛土淨。」法師勉勵大眾將「心靈環保」的觀念，運用在生活中；淨照法師則主講印順長老的著作《成佛之道》，對於佛法從發心、修行到成佛，做了系統而完整的介紹，並闡述菩薩修行成佛的法門。

寬謙法師則主講「心靈的探索——探索識界」與「佛教藝術與建築欣賞」兩門課，以講解《八識規矩頌》引導眾人瞭解生命底層的奧祕，探索生命長流中的起伏念頭，進而能夠承擔自己今生的成敗禍福，培養面對問題時積極處理的能力；此外，具有建築專業背景的寬謙法師，更以其豐富的建築閱歷及藝術涵養，帶領大眾走入佛教的藝術殿堂。

除了法義的薰陶，並由東初禪寺住持果明法師、果謙法師帶領生活禪，引導學員以放鬆身心、清楚覺照，來進行每日的動中禪、梵唄早課、吃飯禪、出坡禪等，實際練習將佛法融入生活細節中。

經過體驗營密集佛學課程的洗禮之後，學員們表示，非常感恩有此因緣，能加深對佛法的認識，也共勉將所習得的觀念與方法，落實於生命之中。

● 07.29～08.06

馬來西亞護法會舉辦弘法活動

僧團果慨法師等四人帶領

馬來西亞護法會舉辦系列弘法活動，由僧團果慨、常慧、常戒、常懿等四位法師前往帶領，行程包括於7月30日至8月1日應邀參加「馬來西亞護國慶50週年觀世音菩薩慈悲祈福息災護世大法會」、2日進行大悲懺講座及皈依、4至6日舉辦義工成長營等。

法師們在馬來西亞護法會舉辦的義工成長營中授課。

果慨法師一行人首先參與30日在吉隆坡武吉加裡爾國家體育館（Stadium National Bukit Jalil）舉辦的「馬來西亞護國慶50週年觀世音菩薩慈悲祈福息災護世大法會」，並在法會中帶領禪修。每天在不同的時段，由果慨法師引導與會大眾學習法鼓八式動禪，常戒法師、常懿法師及陪同前來的12位台灣法青示範，帶領現場信眾一起學習清楚、放鬆的禪法，體驗身心自在的感受。法青們並為大眾獻唱〈小鼓手〉及〈菩薩保佑〉，而馬來西亞護法會合唱團也以歌弘法，演唱了五首佛曲。

2日晚間則進行大悲懺講座及皈依儀式，由果慨法師主持，深入淺出地介紹大悲懺的由來與背景，以及拜懺的意義、作用，並指出禪坐只是禪修的方法之一，能在日常生活中，隨時察覺自己的起心動念，以慈悲智慧處理人事物，將禪法落實於行住坐臥之間，才是真正的修行。

4至6日，護法會為凝聚及加強義工與信眾對法鼓山的認識，以及對佛法的體驗，於雪蘭莪（Kuala Selangor）渡假村，舉辦以「關懷與奉獻」為主題的第二屆義工成長營，共有70人參加。

成長營課程由果慨法師等四位法師輪流講授，並介紹即將於12月8至15日在法鼓山世界佛教教育園區舉辦的「大悲心水陸法會」、「承先啟後的中華禪法鼓宗」等。最後，大眾將心中的感恩之情寫在感恩卡上，為此次的義工營畫上圓滿句點。

活動結束後，果慨法師並應邀為20位學員指導菩薩戒唱誦及法器教學，連續八天的弘法行，在緊湊行程中圓滿結束。

08.17～19

溫哥華舉行「卓越．超越成長營」
青年院法師前往協助帶領

加拿大溫哥華法青會於8月17至19日在北溫哥華深灣（Deep Cove）的猶伯利營地（Camp Jubilee）舉辦第一屆「卓越．超越成長營」，以「認識自我、成長自我、超越自我」為主軸，由僧團青年發展院監院果霽法師與常源法師前往協助和指導，約有五十多位青年學子參與。

活動邀請溫哥華副市長黎拔佳與學員分享人生。從小希望當電影明星的黎拔佳副市長和導演李安是好友，並曾在電影《推手》中客串演出。他鼓勵學員增加人生閱歷，隨時隨地以平靜的心，接受自己生命中所有的人生劇本，並盡力扮演好劇中的角色。在分享人生規畫時，黎拔佳副市長並表示，生命是沒得規畫的，但仍要以欣賞和接受的態度，腳踏實地過好每一天，「認真過好每一分

溫哥華「卓越．超越成長營」，讓青年學員探索自我，體驗生命價值。

鐘」才是真正的人生規畫。

猶伯利營地位於半島上，前有美麗海灣，後有高聳松樹林，藉著這樣的地利，活動中特別安排了「溪邊直觀」、「晨曦觀海」這兩項活動，讓學員在大自然體驗禪修。最後一天的營火晚會上，法師和學員們分享各自的生命故事，使大家深受感動，隨後伴著歌聲〈燈燃起了〉，大家傳遞燭火，也點亮了自己的心燈。

08.25

新加坡大學迎新會參訪新加坡護法會

九十多位異國學子共同體驗禪法

由新加坡國立大學佛學社主辦的學生迎新會，本日參訪法鼓山新加坡護法會，約有九十多位新加坡當地的大學生，以及來自世界各國的交流學生，分成兩梯次前往。

為了歡迎這群不同國籍的年輕學子，新加坡法青會規畫了一系列的活動，包括觀看英文版《大哉斯鼓》影片，以及介紹法鼓山僧團青年發展院、法青學員演唱歌曲〈純真覺醒〉等，讓學生們對法鼓山有初步的認識和瞭解。

新加坡大學及各國交流學生齊聚新加坡護法會認識法鼓山。

活動並安排食禪（Chan Eating）體驗，讓學子們在佛像前，聚精會神地咀嚼葡萄乾，練習保持身心的穩定與安靜，不輕易受到外境影響，這個活動讓許多人感到印象深刻。

一個小時的交流活動，透過熱切的互動與生活分享，讓原本文化背景與膚色不同的學子們拉近了彼此距離。活動後，多位參訪學生也報名加入法青會，為法青活動注入新血。

08.25～09.16

溫哥華道場慶週年

舉辦禪修、法會、講座

溫哥華週年慶園遊會上，蘇利文市長伉儷（前坐者、左二）、黎拔佳副市長（左三）、龔中誠處長伉儷（右二、一）、果樞法師（左一）等共襄盛舉。

加拿大溫哥華道場於8月25日至9月16日為慶祝落成啟用週年，一連舉辦三昧水懺法會、精進禪七、地藏法會、中華禪法鼓宗講座、園遊會等系列活動，共有一千多名信眾參與。

8月25日首先舉辦三昧水懺法會，由美國紐約東初禪寺住持果明法師前往主法，溫哥華道場監院果樞法師擔任維那，約有一百六十多位與會大眾和著梵唄融攝身心，至誠依文懺悔。

31日至9月7日舉行首次精進禪七，由僧團果徹法師前往擔任總護，配合聖嚴師父每天四次的影片開示，讓禪眾們不論是打坐、經行、跑香，都能清楚地練習方法，約有三十多人參加。

9月10日則舉辦地藏法會，在果樞法師及果徹法師的共同帶領下，信眾們至誠懇切地參與這場充滿感恩、報恩意義的殊勝法會，約有近一百位信眾參加。

9月11至14日，由果徹法師以「承先啟後的中華禪法鼓宗」為題，進行佛學講座。法師強調，在承先啟後的原則下，法鼓宗已不是19世紀中國大陸的山林式禪宗，而是落實於現代化的生活，期使現代人能瞭解並運用佛法的智慧。

9月16日進行壓軸活動「和敬平安慶週年」園遊會，邀請溫哥華市長蘇利文（Samnel C. Sullivan）、副市長黎拔佳、加拿大國會議員列勵達（Linda

Reid）、卑詩省議員葉志明（John Yap）、駐溫哥華台北經濟文化辦事處處長龔中誠、僑務委員會主任詹文旭、《世界日報》社長林國泰等佳賓蒞臨會場，共有近千位信眾齊聚一堂。

當天園遊會的表演節目，特別邀請黎拔佳副市長主持。節目以溫哥華法青會帶領的法鼓八式動禪揭開序幕，接著邀請蘇利文市長致辭。蘇利文市長以標準的中文與大眾分享自身親受法義的心得。

除了各項精彩的表演節目，園遊會現場還有各式義賣及展示攤位，包括飲食、茶禪、鈔經、影片展覽等，以及抽獎、拍賣活動，整個會場充滿歡喜溫馨的氣氛。一系列的週年慶祝活動，在溫哥華義工、當地信眾及所有嘉賓的熱烈參與中圓滿結束。

09.08～09　09.13　09.15～16　09.22～23　09.29～30　10.06～07　10.13～14

美國護法會推廣生活禪

教聯會生活禪講師前往指導

9月8日起至10月14日期間，美國護法會於新澤西州、芝加哥、西雅圖、洛杉磯、舊金山等五個分會及佛州奧蘭多、佛州天柏二個聯絡處，舉辦生活禪推廣系列活動，邀請台灣護法總會教師聯誼會的生活禪師資劉振鄉、蔡美枝、吳甜、蔡鴻銘四位老師前往帶領，引導各地學員在平日繁忙的生活中，學習身心全然專注與放鬆之道，共有近二百五十人參加。

一系列的生活禪推廣活動，每次為期一至兩天，首場活動於新澤西州分會的共修處舉辦，約有三十多位學員參加。各場所安排的課程內容包括法鼓八式動禪、立禪、吃飯禪、托水禪、書法禪等，引導的重點在於先練習放鬆，然後是清楚身心的感受，進而達到身心放鬆。

舊金山分會學員練習將禪法融入書法中。

劉振鄉老師在立禪課程中，教導學員如何在站立時放鬆肌肉，收攝身心；而進行法鼓八式動禪練習時，則提醒學員清楚動作到哪裡，心就在哪裡；走路禪則強調每一步都要踩得清清楚楚。

吳甜老師則藉由帶領閱讀生動的繪本故事〈馬頭琴〉、〈圓仔山〉，進而介紹聖嚴師父提倡的「心五四」觀念，提醒學員在日常生活中練習運用「四它」解決困境，並以「四要」安定心緒。

蔡美枝老師在「書法禪」的單元裡，首先和大家分享書法的墨韻線條之美，並詳細介紹書法的藝術。實際練習書寫時，她更強調要保持身心放鬆、清楚和愉悅，將禪法運用於書法上，如此更能享受書法的義趣。

最後一場於舊金山分會舉辦的生活禪活動，共有45位當地民眾參加。經《世界日報》報導，又引起當地兩家華文電視台的注意，除派遣記者於活動現場採訪，並邀請四位老師至電視台進行訪談直播。舊金山分會也表示，將持續在當地推廣生活禪修。

2007年美國護法會生活禪系列活動一覽表

時間	地點	參加人數
9月8至9日	新澤西州分會	32
9月13日	佛州奧蘭多聯絡處	15
9月15至16日	佛州天柏聯絡處	30
9月22至23日	伊利諾州芝加哥分會	35
9月29至30日	華盛頓州西雅圖分會	55
10月6至7日	加州洛杉磯分會	35
10月13至14日	加州舊金山分會	45

09.17～18　10.27　12.15～16

美國CNBC兩度來台拍攝法鼓山

專訪聖嚴師父並將法鼓山理念傳送全球

美國CNBC知性旅遊節目《業緣尋旅》（Karma Trekkers）製作人凱文・福克斯（Kevin J. Fox），分別於9月17、18日及12月15、16日，兩度率團至法鼓山世界佛教教育園區，進行有關法鼓山境教和禪修推廣的主題拍攝，12月15日並邀訪聖嚴師父錄製紀錄影片。

《業緣尋旅》是一個以探索人文、心靈為主的旅遊節目，製作單位透過美國護法會新澤西州分會聯絡人王九令的引薦，於9月17、18日來台拍攝節目，介紹法鼓山的歷史、精神、理念與實踐方法，以及法鼓八式動禪、禪坐等。經過兩天的體驗，製作小組深受感動，決定於節目之外，再拍攝一部完整的法鼓山紀錄片。

美國CNBC節目《業緣尋旅》至法鼓山園區拍攝影片。

為了製作紀錄片，福克斯特別於10月27日至新澤西州分會以「拍攝法鼓山紀錄片的動機與展望」為題，和僧團果禪法師及近二十位信眾進行座談與意見交換，希望完成一部描繪聖嚴師父精神、刻畫師父宏願、傳遞法鼓溫情，從而跨越國界、啟迪人心的紀錄片。

12月15、16日，福克斯再度來台造訪法鼓山園區，進行紀錄片的製作、拍攝，並採訪聖嚴師父。訪談中，師父談及法鼓山致力的三個方向，即「中華禪法鼓宗」的闡揚、漢傳佛教走向國際化，以及「心靈環保」的推動，並為紀錄片取名《法鼓鐘聲》。

福克斯已同時向多家具有全球影響力的電視台，提出此紀錄片的製作計畫，並授權所有願意播放的頻道免費播出該紀錄片，也同時建議能提供經費的電視網，將製播費捐贈法鼓山。

屆時該片將在全球包括歐美、中東、日本、韓國及台灣各地電視網播出，讓全球民眾皆能藉此認識法鼓山。

09.27～10.02

香港護法會舉辦「大悲心祈福法會」系列活動

講經法會及皈依等多項內容

9月27日至10月2日期間，香港護法會首度舉辦「大悲心祈福法會」系列活動，內容包括一場佛學講座、三場法會等，由僧團果啟法師、常心法師主持，共約有七百多人次參加。

9月27日於分會舉辦佛學講座，由果啟法師主講《楞嚴經．大勢至菩薩念佛圓通章》，並介紹「大悲心水陸法會」的精神意涵。法師詳述《楞嚴經》如何由印度傳至中國，並解說《楞嚴經．大勢至菩薩念佛圓通章》，以及念佛法門的方式及態度，共有88位信眾參加。

9月30日舉行佛一暨皈依法會，約有三百六十多人參加，77人皈依。10月1日

香港護法會首度舉辦「大悲心祈福法會」系列活動。

舉行地藏法會、10月2日舉行大悲懺法會，兩場法會各有一百多位民眾參加。

此次「大悲心祈福法會」系列活動，是香港護法會第一次舉辦，悅眾、義工們全體動員。許多信眾表示，在這次活動中收穫良多；護法會也期盼大家未來持續同心協力，為建設人間淨土更加努力。

10.07

香港護法會舉辦榮董聯誼會

聖嚴師父興學悲願感動悅眾發心護持

10月7日，香港護法會於南蓮園池舉辦「榮董聯誼晚會」，護法總會輔導師果器法師與護法總會副總會長周文進夫婦，特別前往關懷，約有近一百位信眾參加。

果器法師（立者）傳達聖嚴師父的關懷與建設法鼓大學的悲願。

晚會以播放《大哉斯鼓》影片揭開序

幕。接著由果器法師進行開示，除了傳達聖嚴師父的關懷，並介紹法鼓山的精神、理念、展望，以及師父的故事和近況，同時說明師父堅持建設法鼓大學的悲願。

之後，播放「遊心禪悅──法語．墨緣．興學」聖嚴師父書法展的影片，更讓大家瞭解師父為籌建法鼓大學，在身體違和中仍勉力提筆書寫近五百件墨寶，並巡迴全台關懷勸募會員及出席書法展開幕典禮的點滴過程，許多悅眾看後深受感動，當場發心護持大願興學計畫。

晚會也安排香港護法會合唱團以四部和聲演唱由聖嚴師父填詞的〈菩薩行〉、〈我為你祝福〉等歌曲，和聲莊嚴柔美。這場榮董聯誼晚會在果器法師與所有與會信眾們的祝福聲中圓滿。

● 10.27～29

法鼓山舉辦亞非高峰會議

探討如何以慈悲力量關懷世界

10月27至29日，法鼓山於園區國際會議廳舉辦「法鼓山2007年亞非高峰會議」，以「喚起全球性的慈悲」為主題，邀請來自亞洲、中東、美洲、非洲等33位各宗教領袖、不同領域的專家學者，共同探討如何運用宗教的慈悲和智慧來化解世界的種種衝突和困境。聖嚴師父並於開幕中致辭。

這場會議的與會者，國內部分包括台灣世界展望會會長杜明翰、政治大學教授嚴震生、中央研究院研究員蕭新煌等人；國外部分則有全球女性和平促進會（The Global Peace Initiative of Women，簡稱GPIW）創辦人迪娜．梅瑞恩（Dena Merriam）、南非全球和平與領導發展中心（Global Development for Peace and Leadership）執行長柯連姆．梵維克（Clem Van Wyk）、非洲跨宗教促進和平會（Inter-faith Action for Peace in Africa）協調人沙立歐．莫巴可教長（Sheikh Saliou Mbacke）、印度甘地思想家拉吉夫．沃拉（Rajiv Vora）和妮露．沃拉（Niru Vora）夫婦、回教蘇菲教派宗教師班．托內斯教長（Sheikh Ben Tounes）等貴賓。

聖嚴師父在開幕致辭中表示，許多民族、宗教間的衝突，來自彼此的不瞭解，衝突一產生，戰爭、貧病問題也隨之而來。亞非高峰會的舉辦，即是希望透過世界宗教領袖間的對話，加深彼此的瞭解，開啟合作互助的橋梁，以慈悲和智慧來思考問題，避免衝突與戰爭，為世人帶來幸福。

與會者之一迪娜．梅瑞恩表示，雖然自己是西方人，但感受到亞非兩洲擁有深厚的精神與和平傳統，這是超越西方物質文明的寶貴資糧。拉吉夫．沃拉也表示，歷史上許多宗教創立者都來自亞非地區，而他們的共同特質就是慈悲，因此身處亞非地區的人們應該重視、善用自己的本質和優勢，對世界發揮正面的影響力。

會議以座談會方式進行，共分為九個場次，包括六場主題討論、三場團體討論，主題討論分別以「用慈悲領導全世界」、「宗教傳統價值面臨的全新挑戰」、「探討亞非兩洲面對艱困挑戰時的新視野」、「精神價值的傳承——青年論壇」、「慈悲理念下的新生活觀」等議題進行討論，團體討論主題則有「慈悲與和平」、「如何運用慈悲心改善自然環境」、「強化亞非交流論壇」等。

另外，在會議前夕，26日於法鼓山園區國際宴會廳先進行第二屆「女性慈悲論壇」，邀請國外6位不同宗教的女性修行者，與國內11位宗教女性代表進行對話，探討如何將慈悲力量運用在社會、經濟、醫療、政治等各個層面。

亞非高峰會議透過深度的交流和討論，幫助大家重新省視「慈悲」的真義，同時也促進不同地區的交流，並且建立互助合作的可能性。

各國宗教領袖和專家學者討論如何以慈悲化解衝突。

以慈悲化解鬥爭、暴力與衝突

10月27日講於法鼓山園區「亞非高峰會」開幕致辭

◎聖嚴師父

歡迎諸位來自非洲、亞洲以及台灣本地的貴賓。歷經長時間的構思與籌備，「亞非高峰會」終於在今日順利舉行，此次與會的貴賓，絕大多數是宗教領袖，有的則是亞洲、非洲的青年領袖，是未來世界深具影響力的人士；以此刻來說，也有不少人在自己的國家裡，從事各種社會福利與和平的運動。因此，縱然與會的人數不多，但是它的影響力卻不容小覷，同時也可預見未來諸位對世界的貢獻是相當大的。

過去我參加許多的國際會議，通常只能見到西方三大宗教的代表，即基督教、猶太教和伊斯蘭教，至於東方的宗教，或者漢傳佛教的參與、出席是不多的。而今天在台灣，法鼓山能以佛教團體的身分來主辦「亞非高峰會」，我覺得非常歡喜，也可說是佛教的一種進步。

大會能邀請到諸位貴賓的蒞臨，最主要是由「全球女性和平促進會」（The Global Peace Initiative of Women，簡稱GPIW）的發起人迪娜・梅瑞恩（Dena Merriam）女士，從中穿針引線、聯繫奔走，我非常感謝。

2000年，由於聯合國前祕書長安南（Kofi Annan）的期許，呼籲在聯合國官方組織與行政體系之外，來自民間的非政府組織，也能夠對世界的宗教、戰爭、貧窮、兒童、婦女以及疾病等議題，奉獻一份力量，以促進世界和平的及早到來。然而，到今天為止，這個世界仍有不少問題衝擊著全球人類，當中最嚴重的，莫過於戰爭、暴力與衝突，例如民族跟民族之間的衝突與戰爭、宗教跟宗教之間的衝突與戰爭。這些戰爭，至少造成兩個民族或兩個種族、兩個國家受到傷害、停止生產，其後便有貧窮、疾病、婦女、兒童等問題接踵而來。

在台灣，好像不容易感受到這些問題的嚴重性，但是在非洲、在中東的伊拉克，甚至是亞洲的巴基斯坦、阿富汗和柬埔寨，這些地方都不平安，原因就是陷入鬥爭、衝突和暴力之中，致使當地人民生活貧窮、困頓，痛苦不堪。

因此，本次大會希望達成的目的，就是在慈悲的原則下，探討如何避免衝突、避免戰爭，另一方面則鼓勵經濟的生產、社會的安全，這才是世界人類共同的福祉。否則的話，世界的人民或者民族、種族，經常處於衝突與戰爭的禍亂中，則何來幸福、安定的生活可言。

祝福大會圓滿成功，阿彌陀佛。

用慈悲建立全球倫理

亞非高峰會議反思慈悲真義

在全球化浪潮的衝擊下，亞非地區因經濟開發帶來了種種社會問題及挑戰，亟需全球各界人士共商因應策略。法鼓山今年舉辦了一場以「喚起全球性的慈悲」為主題的「2007年亞非高峰會議」，邀請世界主要宗教領袖、不同領域專家學者，重新反思「慈悲」的意義，集思廣益探討如何善用宗教的悲智力量，尋求消弭當今各種衝突和解決困境之道。

此一會議也是延續2006年舉辦的「全球女性慈悲論壇」、「國際青年領袖會議」及「青年領袖促進和平論壇」等三個會議，以慈悲和關懷精神開啟與世界對話的理念實踐；希望藉由積極主動地參與世界事務，與國際人士交流，傾聽各方意見，並分享法鼓山的理念。

儘管各個宗教都提倡慈悲、愛與和平，然而，世界的戰爭、貧病卻仍不斷。癥結在於，許多人往往以自己認為的慈悲去利益他人，卻沒有考量到：這樣的慈悲是否建立在彼此瞭解、相互尊重的基礎上。

聖嚴師父在出席各項國際會議時，都會大力提倡求同存異，尊重各自不同的文化特色和差異，同時也強調人類共同的價值就是和平、愛與慈悲。結果總是能獲得多數人的認同和更多的友誼，顯示這是普世共同的目標和價值，也是未來可以努力的方向。

亞非高峰會議中，非洲代表提出了當今非洲日益嚴重的資源掠奪問題，例如開發國家往往對未開發地區進行資源掠奪，卻以幫助開發為名使其合理化，卻不知已種下了仇恨的種子。代表法鼓山與會的僧團果光法師和常悟法師便提到，今年3月受邀到蘇丹參加青年和平論壇，親身感受當地人對東方人不友善的態度，原因來自於華人在當地開發所引發剝削當地人士的負面印象。經過此次會議，法鼓山僧團與當地人經過多天的真摯相處後，終於讓當地人士

法鼓山藉舉辦國際會議傾聽各方意見，並分享法鼓山的理念。

漸漸對華人有了正面的觀感。

交流與分享，是法鼓山落實世界關懷的具體作法之一。法鼓山透過持續與國際人士的交流，及超越宗教、族群的關懷行動，共同重新審視「慈悲」真義，以期促進不同地區的互動，進而建立合作互助的可能。這不僅是此次會議的目的，也是法鼓山建立全球倫理的深切期許。

法鼓山2007年亞非高峰會議程表

時間	會議內容	主持人／與談人
10月27日	開幕致辭	・聖嚴師父
	主題討論： 用慈悲領導全世界	・全球女性和平促進會召集人迪娜・梅瑞恩（Dena Merriam） ・非洲跨宗教促進和平會協調人莫巴可（Sheikh Saliou Mbacke） ・印度教宗教師薩拉瓦地（Swami Paramatmananda Saraswati）
	主題討論： 宗教的傳統價值面臨的全新挑戰	・台灣世界展望會會長杜明翰 ・印度教育家阿姜・潔皮雅（Anjali Jaipuria） ・南非全球和平與領導發展中心執行長梵維克（Clem Van Wyk） ・伊斯蘭教蘇菲教派宗教師班・托內斯（Sheikh Ben Tounes）
	主題討論： 探討亞非兩洲面對艱困挑戰時的新視野——第一場	・政治大學國際關係研究中心台灣非洲研究論壇執行長嚴震生 ・烏干達基督教代表歐赫拉（Bishop Macleord Baker Ochola II） ・非洲印度教研究會祕書長派特尼（Prabhudas Pattni） ・非洲跨宗教促進和平會代表拉賓・迪傑拉底（Larbi Djeradi） ・南非開普敦大學宗教學系講師馬森都（Sibusiso Masondo）
	主題討論： 探討亞非兩洲面對艱困挑戰時的新視野——第二場	・台灣中央研究院亞太區域專題研究中心執行長蕭新煌 ・印度甘地思想家拉吉夫・沃夫（Rajiv Vora） ・斯里蘭卡佛教代表強帝瑪法師（Venerable Chandima） ・柬埔寨佛教代表海索喜法師（Venerable Hiek Sopheap） ・馬來西亞無國界醫師貝拉山卓（Susheela Balasundaram）
10月28日	主題討論： 精神價值的傳承——青年論壇	・台灣青年醫師宋睿祥 ・台灣青年代表何麗純 ・印度青年代表亞緹・貝絲（Arti Bakshi） ・塞內加爾青年代表迪南（Mame Bougouma Diene）
	主題討論： 慈悲理念下的新生活觀	・法鼓山僧團果元法師 ・印度吠陀教代表強亭葉（Sadvhi Vrnda Chaitainya） ・印度甘地思想家妮露・沃拉（Niru Vora） ・南非主權運動家馬西尼尼（Nume Mashinini）
	團體討論： 慈悲與和平	・亞美尼亞東正教主教代表西蒙尼恩（Teny Piri Simonion） ・台灣婦女團體全國聯合會創會理事長尤美女 ・印度甘地思想家妮露・沃拉 ・烏干達基督教代表歐赫拉
	團體討論： 如何運用慈悲心改善自然環境	・南非全球和平與領導發展中心執行長梵維克 ・日內瓦國際紅十字委員會（ICRC）訓練師杜哈分（Tho Ha Vinh）
10月29日	團體討論： 強化亞非交流論壇	・全球女性和平促進會召集人迪娜・梅瑞恩
	閉幕式	・方丈和尚果東法師

11.02～19

果謙法師赴美西弘法關懷

帶領念佛禪修、開示佛法精要

美國護法會輔導師果謙法師自11月2至19日，展開為期十多天的美西關懷行，分別至加州洛杉磯分會、舊金山分會、華盛頓州西雅圖分會關懷當地信眾，活動包括佛學講座、念佛禪修、讀書會及法會等。

11月2至3日，果謙法師於洛杉磯橙縣爾灣（Irvine）的南海岸中華文化中心進行「《心經》導讀」佛學課程，並於3、4日分別帶領洛杉磯分會舉辦的念佛禪一、默照禪一，各場活動均有二十多人參加。

9日及10日上午，果謙法師於舊金山分會進行佛學講座，主題為「緣起、性空、無我、禪」，從般若、空性、十二因緣、四大、五蘊等佛法的觀點切入，剖析因緣和合的假象「我」，以及如何將「無我」的觀點運用於日常生活中，各場約近四十人參加；10日下午帶領法鼓八式動禪及禪坐，引導三十多位學員體驗放鬆與身心安定。

11日，果謙法師帶領舊金山分會首度舉辦的一日念佛禪。法師指出，對於無法久坐的信眾，念佛禪提供了一個方便法門，透過持名念佛伴隨打坐或經行，可以使身心很快地安住於方法上，約有三十餘位信眾學習體驗念佛的禪悅。12日及14日則分別舉行佛法甘露門、讀書會，為信眾開示生活或佛法上的種種疑惑，及討論各種佛學相關問題。

17日於西雅圖華僑文教服務中心新址啟用典禮上，果謙法師代表法鼓山致贈一套聖嚴師父著作《法鼓全集》予西雅圖華僑文教服務中心，由僑務委員會委員長張富美代表接受；18日出席西雅圖分會成立六週年慶祝活動，主持新舊召集人交接典禮；19日則帶領念佛共修，並根據《楞嚴經．大勢至菩薩念佛圓通章》開示念佛法門，講解念佛三昧，約有三十多人參加。

果謙法師於舊金山分會帶領一日念佛禪。

果謙法師此次巡迴美西之行，除弘法關懷，也進一步加強與各分會的橫向聯繫，更協調安排了2008年度的活動計畫，期使法鼓山的理念深化於海外。

11.08～12

方丈和尚赴星馬弘法關懷

期勉當地信眾一起推廣心六倫

方丈和尚果東法師於11月8至12日至馬來西亞與新加坡護法會展開弘法關懷行程，方丈和尚祕書室室主常持法師、護法總會輔導師果器法師、副總會長周文進等人也一同隨行，活動內容包括專題演講、參加募款餐會等，並積極推廣「心六倫」，與當地信眾分享新時代的倫理觀。

方丈和尚果東法師在馬來西亞募款餐會上，邀請信眾護持道場建設。

8日晚上，方丈和尚於馬來西亞護法會舉辦一場「心靈講座」，主講「心六倫的主體價值與安定和諧」，約有六十多人參與。第二天晚上，方丈和尚出席馬來西亞護法會於當地天后宮舉辦的「千人千願、千人宴」募款餐會，除了代表聖嚴師父表達關懷與感謝，同時邀請大家一起護持馬來西亞道場的建設，現場共約一千多位信眾與會。

10日晚上，方丈和尚至新加坡護法會進行一場以「從心六倫展現生命的價值」為題的演講，闡述「心六倫」的精神，是在「心靈環保」的基礎上，並整合傳統五倫，提出符合現代人需要，並且可以接受的新倫理觀念。方丈和尚表示，推廣「心六倫」的目的，是讓現代人在複雜的社會關係中，找到適當的準則來定位自己，同時進一步去關懷別人、關懷自然，約有八十多位信眾到場聆聽。11日上午，新加坡護法會於禪堂舉辦禪坐共修，由果器法師、常持法師共同帶領，法師們除了講解禪修功能、如何放鬆身心等觀念與方法，並勉勵眾人以慚愧、謙虛、感恩、懺悔心來消除我執，如此禪修才容易得力，約有三十位信眾參加。

12日早上，方丈和尚一行人前往光明山普覺禪寺參訪，拜會新加坡佛教主席暨普覺禪寺住持廣聲法師，隨後轉往毗盧寺，拜訪住持慧雄法師，並於參訪行程結束後，圓滿返台。

11.15～19

法鼓山參加「柬埔寨青年領袖會議」

協助當地青年開拓視野、開創未來

由全球女性和平促進會（The Global Peace Initiative of Women，簡稱GPIW）主辦、法鼓山贊助的「柬埔寨青年領袖會議」，11月15至19日在柬埔寨北部大城暹粒市（Siem Reap）舉行，法鼓山由創辦人國際發展特別助理常濟法師、美國紐約東初禪寺常悟法師及青年代表何麗純、王貞喬四人代表參加；共約有四十五位柬埔寨青年、多位柬埔寨和泰國的佛教修行者，以及十餘位國際宗教人士、學者、社會工作者參加。

由於柬埔寨長久以來處於戰亂中，文化、社會建設及人心至今未有機會重建。此次會議即是希望協助當地青年人才從歷史的陰影、戰爭的殘害中，重新建立自信，開創未來道路。

15日傍晚，大會在主席迪娜．梅瑞恩（Dena Merriam）的致辭後正式展開。法鼓山代表團在「咖啡桌會談」（World Café）活動中，以「尋找快樂泉源」為主題，分享個人經驗及慈悲觀修行。16日在常濟法師帶領的「未來展望，共同願景」工作坊上，青年代表何麗純分享自己如何在例行不變的高爾夫球教學工作中，體認到心靈成長及快樂之道，引導與會青年深入精神層面探討快樂的真意。

這次與會的青年代表皆是柬埔寨當地新生代菁英，主辦單位特別安排歷史學家、國際救援組織與當地社會工作者，在教育、健康、環保和平、人權等四組議題討論中，提出各自寶貴的經驗和想法。常濟法師也在討論中講述聖嚴師父創建法鼓山的歷程，提供具體案例做為分享，鼓勵青年把握現在，認定方向，不斷充實自己，創造好因緣，才能將願景一步步實現。

法鼓山代表常濟法師（站立者第一排右六）、常悟法師（站立者第一排右七）與泰國佛教修行者、柬埔寨青年合影。

會議最後一天，數位青年代表組織委員會，希望未來持續聯繫，合力推展利益當地的工作。這場「柬埔寨青年領袖會議」，開拓了各國青年代表的視野，也讓與會人士帶著滿心喜悅與願心回到各自的家園，期許未來實踐利人利己的菩薩行，接引更多人開發耕耘心田。

11.16～25

馬來西亞護法會參加國際中文書展

與當地讀者分享法鼓山理念

馬來西亞護法會於11月16至25日，一連10天參加在馬來西亞綠野國際會展中心舉辦的第九屆國際中文書展，該展由《星洲日報》、綠野展覽管理有限公司及馬來西亞全國校長職工總會聯合主辦，這是護法會第六度參與此項盛會。

馬來西亞護法會在書展期間舉辦「分享法鼓山」活動，推廣法鼓山的理念。

此項國際中文書展是馬來西亞最早及最大型的中文書展，這次書展集結台灣、中國大陸、新加坡、馬來西亞等，超過百家出版發行業者參與設置750個展銷攤位，展場四個區域包括綜合區、親子樂園、中華文化世界及多媒體教育走廊，約近四十萬人次參觀。

書展期間，馬來西亞護法會於會場不間斷播放聖嚴師父的開示影片，並於24日進行「分享法鼓山」活動，內容包括法鼓八式動禪教學、分享〈四眾佛子共勉語〉的精神、法義及禪修心得等，讓民眾習得身心放鬆之道，達到健身與調心的目的，也藉由與讀者的直接互動，逐步推廣法鼓山的理念。

此次書展有三十多位義工參與。義工們大多表示，因為從閱讀法鼓文化出版書籍中獲得許多法益，所以願意不辭辛勞奉獻自己，接引更多人來親近佛法。

11.17～19

西雅圖分會六週年慶活動

召集人傳承交棒 持續接引新信眾

美國華盛頓州西雅圖分會為慶祝成立六週年，於11月17至19日三天舉辦系列活動，包括法會、念佛共修、佛學講座及新舊任召集人交接典禮等。

17日首先舉辦一場地藏法會，由正在美西地區進行弘法關懷的美國護法會

在果謙法師（左一）主持下，西雅圖分會召集人陳瑞娟（左二）將重任交接給下任召集人陳瑋（右二）。

輔導師果謙法師帶領，約有五十人參加。次日上午舉行「佛學講座」，由果謙法師主講「禪與情緒管理」，指導六十餘位信眾安頓身心的方法。

18日中午的慶祝活動中，舉行新舊任召集人交接典禮，在果謙法師主持下，召集人陳瑞娟將重任交棒給下任召集人陳瑋，首任召集人陳武成、駐西雅圖台北經濟文化辦事處處長陳俊明伉儷等也到場觀禮，場面溫馨。

陳瑞娟表示，當初創立華盛頓州聯絡處（西雅圖分會前身）時，地點就在家中地下室，期間偶有波折，但在大家同心協力下，才有今日的茁壯成長，她以歡喜心交棒。新任召集人陳瑋則表示，自己從一個完全不懂佛法的人，隨著聯絡處的成立與成長，一路共修研習，獲得許多佛法的助益；接任召集人這個職位，如同聖嚴師父開示所言，不是權力與地位的轉移，而是責任的傳承；她將秉持法鼓山的精神和理念，盡心盡力護持道場。活動中，果謙法師並代表聖嚴師父授三皈依，共有九位信眾成為三寶弟子。

19日下午，果謙法師主持一場念佛共修，並於晚間開示念佛法門，勉勵大家做快樂的念佛人，藉由念佛讓自己的心更柔軟。系列活動在念佛會後圓滿。

12.01～05

方丈和尚美國東西岸關懷行

推廣「心六倫」勉眾學習觀音精神

12月1至5日，方丈和尚果東法師展開美國東西岸弘法關懷之行，行程包括代表聖嚴師父出席於紐約莊嚴寺舉行的美國佛教會創辦人之一沈家楨居士告別式，以及於新澤西州分會、東初禪寺與舊金山分會進行佛學、心靈講座等。

12月1日上午沈家楨老居士告別式舉行，由美國佛教會會長仁俊長老主持，方丈和尚代表聖嚴師父致辭表示，感念沈老居士畢生在美推廣佛教事業的貢獻，並特別提到當年師父在日本攻讀博士時，透過一位無名氏的資助方能順利完成學業，30年後，師父才得知當年的資助者就是沈老居士，後來，沈老居士更出資邀請師父赴美弘法，也因此成就法鼓山在美的弘化事業。

1日下午，方丈和尚至新澤西州分會，為信眾演講「展現生命力，快樂過生活」。方丈和尚指出，「苦」或「樂」均是心理反應，不追究過去，活在當下，以利人利己的愛心，修福修慧種善因；以體諒包容的慈悲心，尊重並善待他人，自然能消煩惱，放下自我中心，展現活潑生命力，快樂過生活。

2日在東初禪寺，方丈和尚開示提及，聖嚴師父2006年於美弘法時，提醒大家要念觀音、學觀音，然後做觀音。方丈和尚說明，所謂「學觀音」就是學習傾聽、關懷別人，但首先要安頓自己的身心，心安定就能包容、接受一切，而身口意清淨可以靠持戒達成，持戒愈清淨，人就愈快樂。方丈和尚並表示，持戒讓人知足常樂、少欲知足，但一般人是「初發心易發，恆常心難持」，他勉勵大家在日常生活中，不斷學習觀音菩薩的精神，如此就能攝眾安眾。活動約有一百人參加。

方丈和尚果東法師於東初禪寺開示，期勉大家學習觀世音菩薩的精神。

5日在舊金山分會，方丈和尚以「好願在人間，開心過生活」為講題，針對12月法鼓山首度啟建「大悲心水陸法會」的意涵、近期推廣「環保自然葬」的意義、作法，以及「心六倫」運動的目的與期許，為四十多位信眾進行簡要開示。方丈和尚特別說明，「心六倫」是聖嚴師父針對現今社會亂象而開出的心靈藥方，對於人與人之間的相對關係，提出一個合理可行的軌範，小至個人、家庭、家族，進一步推展到國家社會，人人各盡其職、各守其分，就能建設平安快樂的人間淨土。

方丈和尚此行，不僅給予海外信眾溫馨的關懷，也提供了新時代的倫理觀，讓美國東西岸法鼓人獲益良多。

● 12.08

東初禪寺歲末感恩聯誼

感恩信眾同心同願 護持道場

美國護法會紐約分會本日於東初禪寺舉行歲末感恩聯誼晚會，美國護法會輔導師果謙法師到場關懷，共約有一百多人參加。

晚會首先由東初禪寺住持果明法師開場，表達對佛教教主釋迦牟尼佛、歷代祖師和聖嚴師父的感恩，讓佛法得以傳承及弘揚，並感恩信眾的護持，認同法鼓山的理念，使大家能在異鄉共同努力，建設人間淨土。

晚會內容包括播放方丈和尚果東法師的開示影片「好願在人間」，以及太極拳示範、短劇等。方丈和尚在影片中除感恩大眾的護持及轉達聖嚴師父的關懷之外，並提到2008年是東初禪寺創立30週年，法鼓山在師父前瞻性的帶領下，屢屢開創新局，籲請大眾同心護持，早日圓滿東初禪寺的遷建工程。

果謙法師則感謝當年資深義工的無私奉獻，成立護法會，並有效運作、發揮功能，也期待第二、三代的義工同心同願，繼續護持佛法。

東初禪寺歲末感恩聯誼，氣氛感性又歡喜。

活動最後進行傳心燈儀式，象徵點亮心燈、承先啟後，眾人共同祈願在菩提道上能同心同願，讓佛法得以弘傳延續。

12.22～23

新加坡護法會新道場落成

舉辦灑淨祈福、佛學講座、禪坐共修等活動

新加坡護法會搬遷至新會所，於12月22至23日舉行系列慶祝活動，包括灑淨祈福法會及歲末感恩、佛學講座、禪坐共修等活動，護法總會輔導師果器法師特別至新加坡，關懷當地信眾。

22日舉行灑淨祈福法會，由果器法師帶領六十多位信眾，以持誦「南無大悲觀世音菩薩」聖號，祈願淨化自身與環境；法會過程中，並進行歲末感恩活動，法師親自頒發結緣品給護持道場的悅眾，感謝大家的努力與奉獻。

同日晚上，果器法師以「如何提昇人的品質」為題，進行一場佛學講座。法師請現場八十餘位與會者分成六組，各自討論與分享個人的經驗與心得，例如：如何接觸佛法、學佛前後的改變、如何將佛法落實在生活中等，引領成員進一步認識自己、肯定自己。

果器法師為新加坡道場主持灑淨祈福法會。

23日舉行一日禪坐共修，果器法師循序漸進地引導五十多位學員體會禪修的方法與益處，並期勉學員透過解行並重的熏修，將禪法應用在日常生活，逐步理解生命的深層意義。

大事記

1月 JANUARY

01.01

- 《人生》雜誌第281期出刊。
- 《法鼓》雜誌第205期出刊。
- 《金山有情》季刊第19期出刊。即日起，《金山有情》報導範圍除原本的金山鄉外，進一步延伸至周邊的三芝、石門、萬里三鄉，以更豐富、多元的內容回饋鄉里。
- 法鼓文化出版新書：經典人物故事系列《大師密碼 I：誰比較聰明？》（鄭栗兒著，周瑞萍Rae繪）、《大師密碼J：神奇大布袋》（鄭栗兒著，蕭湄羲繪）；以及論叢系列《明末佛教發展之研究 》（見曄法師著）。
- 2006年12月29日起至本日，法鼓山於世界佛教教育園區（以下簡稱法鼓山園區）舉辦「第12屆在家菩薩戒」新增梯次戒會，共有501人受戒。
- 即日起至7日，農禪寺舉辦自去年（2006年）12月30日展開的彌陀佛七，約有二百多人參加。
- 即日起，台北安和分院每月第一週週日上午舉辦地藏法會。
- 即日起，台東信行寺每週一晚上舉辦讀書會。
- 本月份起至2008年6月，中華佛學研究所（以下簡稱中華佛研所）延續2005年7月開始執行的蔣經國國際學術交流基金會專案「漢文古籍譯註與數位編輯的研究——以巴利語與漢文《別譯雜阿含經》（T.100）的版本比對與英譯為例」，建置《別譯雜阿含經》英譯本、多語文版本比對、對照表、全XML資料庫。
- 即日起至2月18日，美國護法會發起全美信眾持誦〈大悲咒〉活動，各分會及聯絡處安排於聚會時持咒，祈求東初禪寺擴遷早日實現。
- 馬來西亞護法會延續去年（2006年）12月31日晚上舉辦的跨年祈福會，進行念佛共修，約近五十人參加。

01.02

- 聖嚴師父接受東森新聞台記者秦蕙蘭採訪，錄製新年賀辭。
- 即日起，農禪寺每週二上午舉辦「人間世讀書會」，7月開始於每單週進行。
- 即日起，台北安和分院每週二晚上舉辦念佛共修，約近七百人參加；並於每月最後一週週二晚上增辦菩薩戒誦戒會。
- 即日起，台北安和分院每週二下午舉辦長青讀經班，約近二十人參加。
- 即日起，基隆精舍每週二晚上舉辦念佛共修，約有八十多人參加。
- 即日起，南投德華寺每週二晚上舉辦禪坐共修。
- 即日起，台南分院每週二下午舉辦「智慧海讀書會」，約近二十人參加。
- 即日起，高雄紫雲寺每週二晚上及每週三上午舉辦禪坐共修。
- 即日起，台東信行寺每隔週週二晚上舉辦法器教學。
- 即日起，僧團三學院義工室每週二晚上於法鼓山園區舉辦「住山義工成長課程——禪坐共修」。

◆即日起至4月3日，僧團弘化院佛學推廣中心每週二晚上於護法會內湖辦事處，延續去年（2006年）12月開辦講解聖嚴師父著作《聖嚴法師教觀音法門》佛學課程，由講師立融法師主講，約有五十多人參加。

◆僧團弘化院佛學推廣中心晚上於台中分院，延續去年（2006年）9月開辦的「95秋級精讀——台中班（一上）」佛學課程，進行最後一堂課，由講師林其賢主講，約有四十多人參加。

◆即日起，僧團弘化院佛學推廣中心每週二上午於農禪寺，延續2004年9月開辦的心靈環保讀書會，今年研讀《人間世》與《從心溝通》兩本書。

◆即日起，僧團弘化院佛學推廣中心每週二下午於台南分院進行「心靈環保讀書會」，研讀《找回自己》一書。

◆即日起，護法會高雄前金辦事處每週二上午及每週六晚上舉辦念佛共修。

◆即日起，護法會潮州辦事處每週二上午及每週三晚上舉辦念佛共修；每週二晚上舉辦禪坐共修。

◆即日起，護法會屏東辦事處每月第一或第二週週二晚上舉辦菩薩戒誦戒會。

◆即日起，合唱團全台包括高雄、苗栗、羅東、豐原、台中、基隆、台南、員林、台北等各分團，每週舉行「練唱共修」活動，每場約近五十人參加。

◆即日起，教師聯誼會（以下簡稱教聯會）每週二、五下午於台北市逸仙國小舉辦學童關懷輔導活動，約近二十人參加。

◆即日起至3月15日，法鼓山社會大學（以下簡稱法鼓山社大）展開本年度的寒假課程，金山、大溪、台中三個校區分別在金山法鼓山社大服務中心、桃園齋明寺和台中分院開辦，包括禪修、讀經、電腦、數位攝影，以及禮品包裝、摺紙、捏塑等共16門課程，內容包括修行、藝術和生活實用類別，總參與人數約近五百人。

◆即日起，美國紐約東初禪寺每週二晚上舉辦禪坐共修。

◆即日起，加拿大溫哥華道場每週二上午舉辦「禪門探索讀書會」，約近三十人參加。

◆即日起，澳洲護法會墨爾本分會每週二上午於努納瓦丁社區老人活動中心（Nunawading Senior Centre）舉辦法鼓八式動禪教學課程，約近二十人參加。

01.03

◆即日起，農禪寺每月第一週週三、週日晚上舉辦初級禪訓班。

◆即日起，台北安和分院每單月的週三晚上及週四下午舉辦初級禪訓班，共約近九十人參加。

◆即日起，基隆精舍每週三晚上舉辦合唱團練唱，約近五十人參加。

◆即日起，台中分院每週一晚上及每週三上午舉辦禪坐共修。

◆即日起，南投德華寺每週三晚上舉辦念佛共修，約近三十人參加。

◆即日起，台南分院每週三上午舉辦念佛共修，約近五十人參加；晚上舉辦禪坐共修，約近八十人參加。

◆即日起，高雄紫雲寺每週三晚上及每週六下午舉辦初級禪訓班。

◆即日起，高雄三民道場每週三上午舉辦進階佛學班。

◆即日起，台東信行寺每週三晚上舉辦念佛共修，共有55人參加。

◆即日起，僧團弘化院佛學推廣中心每週三晚上於台中分院進行「心靈環保——拈花微笑讀書會」，陸續研讀《禪的智慧》、《佛教三經切要》等書。
◆即日起，台北中山精舍每週三晚上舉辦教師禪坐共修及讀書會，約近三十人參加。
◆即日起，高雄法青會每週三晚上於紫雲寺舉辦法青初階佛學班。
◆即日起，護法會屏東辦事處每週三晚上舉辦禪坐讀書會。
◆即日起至5月底，宜蘭繪本館每週三晚上舉辦「幼兒繪本故事時間」。
◆即日起，新加坡護法會每週三晚上、週日上午舉辦禪坐共修，約有三十多人參加。

01.04

◆即日起，台北安和分院每隔週週四晚上舉辦禪坐共修。
◆即日起，台北中山精舍每週四晚上舉辦念佛共修，約有七十多人參加。
◆即日起，桃園齋明寺每週四晚上舉辦念佛共修，約近六十人參加。
◆即日起，台南分院每月第一週週四晚上舉辦念佛共修暨菩薩戒誦戒會，約近二百二十人參加。
◆即日起，高雄三民道場每週四晚上舉辦禪坐共修，約近四十人參加。
◆即日起，台東信行寺每週四晚上舉辦禪坐共修，約有十多人參加。
◆即日起至25日，僧團弘化院佛學推廣中心每週四晚上於護法會板橋共修處，延續去年（2006年）10月開辦講解聖嚴師父著作《探索識界——八識規矩頌講記》佛學課程，由講師清德法師主講，約近三十人參加。
◆即日起至25日，僧團弘化院佛學推廣中心每週四晚上於護法會桃園辦事處，延續去年（2006年）7月開辦講解聖嚴師父著作《正信的佛教》佛學課程，由講師見正法師主講，約有十多人參加。
◆即日起至5月3日，僧團弘化院佛學推廣中心每週四晚上於護法會中壢辦事處，開辦講解聖嚴師父編寫的「學佛五講」佛學課程，由講師諦融法師主講，約近五十人參加。
◆即日起，僧團弘化院佛學推廣中心每週四下午於台中分院進行「心靈環保快樂讀書會」，陸續研讀《學佛群疑》、《佛教入門》等書。
◆法行會於台北力霸皇冠大飯店國際會議廳舉辦第79次例會，會中邀請奇幻文化藝術基金會創辦人及執行長朱學恆演講「創意與全球競爭力」，約近一百三十人參加。
◆即日起，護法會嘉義辦事處每週四上午舉辦法器練習。
◆即日起，美國護法會伊利諾州芝加哥分會每週四晚上開辦太極拳班。
◆即日起，加拿大溫哥華道場每週四上午舉辦合唱團練唱共修，約近三十人參加；每隔週週四下午舉辦「心靈察站」，觀看《大法鼓》或《不一樣的聲音》等聖嚴師父的開示影片，約近二十人參加。
◆即日起，新加坡護法會每週四晚上舉辦念佛共修，約近三十人參加。
◆即日起，香港護法會於單月每週四晚上開辦動禪研習班；每週四晚上並舉辦繪本樂趣坊、英文基礎班等活動。

01.05

◆即日起，基隆精舍每週五晚上舉辦禪坐共修，約近二十人參加。
◆即日起，桃園齋明寺每週五晚上舉辦佛學講座，講解印順長老的著作《成佛之道》。

◆即日起，台中分院每週五上午、每週六晚上舉辦念佛共修。
◆即日起至7日，台中分院舉辦精進佛三，由果理法師擔任總護，約近二百人次參加。
◆即日起，南投德華寺每週五晚上舉辦讀書會，研討《佛說八大人覺經》。
◆即日起，台南分院每週五晚上舉辦合唱團練唱共修，約近二十人參加。
◆即日起，高雄紫雲寺每週五上午及晚上各舉辦一場念佛共修。
◆即日起，台東信行寺每週五晚上舉辦兒童讀經班。
◆即日起至26日，僧團弘化院佛學推廣中心每週五晚上於北投雲來寺，延續去年（2006年）10月開辦的「95秋級精讀唯識班」佛學課程，由講師戴良義主講，約近三十人參加。
◆僧團弘化院佛學推廣中心晚上於台北中山精舍延續去年（2006年）9月開辦的「96秋級初階——中山班（一上）」佛學課程，進行最後一堂課，由講師溫天河主講，約近四十人參加。
◆即日起至2月2日，僧團弘化院佛學推廣中心每週五晚上於護法會中永和辦事處，延續去年（2006年）11月開辦講解聖嚴師父著作《六波羅蜜講記》佛學課程，由講師悟常法師主講，約有二十多人參加。
◆即日起，僧團弘化院佛學推廣中心每週五晚上於南投德華寺進行「心靈環保讀書會」，研讀《聖嚴法師教觀音法門》一書。
◆即日起，護法會嘉義辦事處每週五晚上舉辦禪坐共修。
◆即日起，護法會佳里共修處每週五晚上舉辦念佛共修，約近三十人參加。
◆即日起至5月，美國護法會華盛頓州西雅圖分會每週五下午舉辦英文禪坐共修。
◆即日起，加拿大溫哥華道場每月第一週週五上午舉辦菩薩戒誦戒會，約近三十人參加。
◆即日起，加拿大溫哥華道場每隔週週五晚上分別舉辦「佛法指引讀書會」、「相約在法青」、「少年生活營」活動，共約近四十人參加。
◆即日起，香港護法會每週五晚上舉辦念佛共修。
◆即日起，新加坡護法會每週五晚上舉辦心靈環保課程，約近二十人參加。

01.06

◆聖嚴師父至台北華嚴蓮社探望成一長老。
◆即日起，法鼓山園區每月第一、二、三、五週週六晚上舉辦念佛禪共修。
◆即日起，北投中華佛教文化館（以下簡稱北投文化館）每週六下午舉辦禪坐共修。
◆即日起，台北安和分院每週六晚上舉辦佛學研習活動，主題為「成佛之道（三）——五乘共法」。
◆即日起，台北中山精舍週六晚上舉辦初級禪訓班。
◆即日起，基隆精舍每週六上午舉辦兒童讀經班，約近二十人參加。
◆即日起，桃園齋明寺每週六上午舉辦兒童讀經菩提班；下午舉辦兒童歌唱班、兒童故事班，以及禪坐共修；晚上舉辦合唱團練唱，以及「經典導讀」佛學講座。
◆即日起，台南分院每月單週週六下午舉辦「法青園地」活動，內容包括電影欣賞、讀書會、生命故事分享等。
◆即日起，高雄三民道場每週六下午舉辦初級禪訓班，晚上舉辦念佛共修。

◆即日起，台東信行寺每週六上午舉辦「寧靜心鼓」兒童班和成人班；每單月的週六下午舉辦禪訓班。

◆僧團傳燈院於本日及20日於北投雲來寺舉辦禪修課程，由禪修中心副都監果醒法師主持，共有21位法青學員參加。

◆僧團弘化院本日於高雄紫雲寺舉行「聖嚴書院」成立典禮，並與紫雲寺95年度佛學班聯合結業典禮一起進行。方丈和尚果東法師親臨主持，約有六百多人參與。「聖嚴書院」為一系列佛學課程，是將聖嚴師父的思想與法鼓山所有的學習系統和教材加以整合而成，未來將陸續於各地分院道場開辦。

◆即日起，僧團弘化院佛學推廣中心每週六上午於台中分院進行「心靈環保——寶山讀書會」，研讀《從心溝通》、《找回自己》、《學佛群疑》等書；同一時間並進行「學佛入門讀書會」，研讀《從心溝通》一書。

◆即日起至2月12日，護法總會於全台各地分院道場、辦事處舉辦系列歲末關懷感恩分享會，以凝聚信眾願力，共同落實、推廣法鼓山的理念。方丈和尚果東法師、護法總會輔導師果器法師、總會長陳嘉男等也分別到各地進行關懷。首場從北投雲來寺開始，共計舉辦34場，約近萬人參與。

◆即日起，台北安和分院每週六上午舉辦兒童作文班，下午舉辦兒童讀經班，各約近二十人參加。

◆即日起，護法會嘉義辦事處每週六晚上舉辦念佛共修。

◆即日起，高雄法青會每月第一、三週週六晚上，於高雄紫雲寺舉辦「法青英文禪修讀書會」。

◆即日起，護法會屏東辦事處每週六晚上舉辦念佛共修。

◆宜蘭繪本館每週六舉辦繪本教育活動，約近六十位國小學童參加。

◆法鼓山僧伽大學（以下簡稱僧大）於本日及8日舉辦學期末活動，主要觀看《不願面對的真相》（An Inconvenient Truth）紀錄片，並討論地球環保的觀念與問題，由僧大教務長助理常諦法師主持，共有85位僧大法師及所有學僧參加。

◆即日起，美國紐約東初禪寺每週六全天舉辦禪坐共修。

◆美國護法會加州洛杉磯分會與北美印順導師基金會於洛杉磯雙樹飯店（Double Tree Hotel in Rosemead）聯合舉辦仁俊長老開示活動，長老以「中觀與生活」為題進行演說，共有51人參加。

◆即日起，美國護法會加州舊金山分會每單月第一週週六下午舉辦大悲懺法會。

◆即日起，美國護法會加州省會聯絡處每月第一、三週週六或週日下午舉辦法鼓八式動禪及禪坐共修。

◆即日起，新加坡護法會每週六晚上舉辦讀書會，約有十多人參加。

◆即日起，香港護法會每週六下午舉辦禪坐共修，晚上舉辦鈔經班活動。

◆即日起，香港護法會每月第一週週六下午舉辦菩薩戒誦戒會及佛曲帶動唱。

◆即日起，澳洲護法會雪梨分會每月第一週週六下午舉辦北區讀書會。

◆即日起，澳洲護法會雪梨分會每隔週週六舉辦精進禪一。

◆即日起，澳洲護法會墨爾本分會每週六上午舉辦英文禪坐共修。

01.07

◆聖嚴師父應邀出席西蓮淨苑「道安長老百齡誕辰紀念暨西蓮教育中心啟用典禮」，擔任揭幕貴賓，方丈和尚果東法師也一同前往致賀。

◆法鼓山園區服務中心舉辦景觀出坡暨雙週年慶活動，內容包括出坡、聯誼等，共有114人參加。

◆即日起，農禪寺每週日下午舉辦禪坐共修，約近一百三十人參加。

◆即日起，北投文化館於農曆每月19日舉辦觀音消災法會。

◆即日起，台北安和分院每月第一或第二週週日上午舉辦地藏法會，約近四百人參加。

◆即日起，桃園齋明寺每月第一、二、三週週日上午，舉辦以兒童及青少年為主的「和喜太鼓」活動，包括和喜、平安、吉祥、和平四個班次，約有一百多位小朋友參加。

◆即日起，桃園齋明寺每月第一週或第二週週日下午舉辦大悲懺法會，約近八十人參加。

◆即日起，南投德華寺每單月第一週或第三週週日上午舉辦藥師法會。

◆南投德華寺舉辦地藏法會，約有三十多人參加。

◆即日起至2月4日，台南分院每週日上午舉辦初級禪訓班，約近八十人參加。

◆即日起，高雄紫雲寺每單月第一週週日上午舉辦淨土懺法會，約有二百多人參加。

◆即日起至12月30日，合唱團每週日晚上於農禪寺練唱共修。

◆金山法鼓山社大於桃園大溪舉辦「2006年秋季班空間設計與陶藝裝置藝術」課程之戶外活動，與大溪法鼓山社大陶藝班進行交流，約近四十人參加。

◆由北投區公所主辦、慈基會承辦的「北投社區歲末感恩忘年會」，於北投雲來寺進行，演出團體包括北投區健康服務中心、台北市北區社區醫療群、台北市北投文化基金會等社區團體共同參與，活動內容包括北投社區大學的古箏演奏及吉慶社區長青合唱團、法鼓山北投區慈善組的演出等。

◆美國護法會輔導師果謙法師偕同美國護法會副會長郭嘉蜀、新澤西州分會召集人王九令等人，一同前往費城弘法關懷。果謙法師於費城講述「禪修與心靈環保」及「《心經》概要」等佛法課程，約近三十位當地信眾參與聆聽。

◆即日起，美國紐約東初禪寺每週日舉辦禪坐共修及觀音法會。

◆美國護法會新澤西州分會舉辦「新春祈福觀音法會」，由美國護法會輔導師果謙法師主持，約有六十多人參加。

◆即日起，美國護法會加州洛杉磯分會每週日上午舉辦「佛學導讀」課程，邀請目前在佛光山洛杉磯西來大學（University of the West）就讀博士班的性儀法師主講印順長老的著作《成佛之道》，約近二十人參加。

◆即日起，美國護法會芝加哥分會每週日上午舉辦「禪」工作坊。

◆即日起，美國護法會華盛頓州西雅圖分會每月第一週週日上午舉辦大悲懺法會，約有三十多人參加。

◆即日起，加拿大溫哥華道場每週日上午舉辦禪坐共修，約近五十人參加。

◆即日起，加拿大護法會多倫多分會每週日上午舉辦禪坐共修，下午進行讀書會共修。

◆即日起，新加坡護法會每週日上午及週三晚上舉辦禪坐共修；每週日下午則舉辦法器練習，約近二十人參加。

◆即日起，新加坡護法會每月第一、三週週日下午舉辦菩薩戒誦戒會，每場約近三十人參加。

◆即日起，香港護法會每月第一、二、三週週日上午舉辦禪坐共修。

◆即日起，澳洲護法會墨爾本分會每週日上午舉辦禪坐共修（中文班）；下午舉辦大悲懺法會及念佛共修等。

◆心理諮商專家鄭石岩伉儷、台灣大學醫學院附設醫院內科教授廖朝崧醫師伉儷等，上午至法鼓山園區參訪，並於下午至台北安和分院拜會聖嚴師父。

01.08

◆即日起，台北中山精舍每週一晚上舉辦禪坐共修，約近二十人參加。

◆即日起，高雄三民道場每週一、二上午舉辦初級佛學班。

◆即日起至2月5日，僧團弘化院佛學推廣中心每週一晚上於護法會淡水辦事處，延續去年（2006年）10月開辦講解印順長老的著作《成佛之道》（一）佛學課程，由講師宗譓法師主講，約有三十多人參加。

◆即日起至29日，僧團弘化院佛學推廣中心每週一晚上於護法會新莊共修處，延續去年（2006年）10月開辦講解聖嚴師父的著作《心的經典——心經新釋》佛學課程，由講師清德法師主講，約近五十人參加。

◆即日起，僧團弘化院佛學推廣中心每雙週一晚上於台北中山精舍，延續去年（2006年）9月開辦的心靈環保讀書會，陸續研讀《天台心鑰——教觀綱宗貫註》與《絕妙說法——法華經講要》兩本書。

◆即日起，僧團弘化院佛學推廣中心每週一晚上於台東信行寺進行心靈環保讀書會，研讀《兩類超度亡與存》一書。

◆即日起至15日，僧團弘化院佛學推廣中心每週一晚上於護法會基隆辦事處，延續去年（2006年）10月開辦講解聖嚴師父的著作《佛教入門》佛學課程，由講師劉蒼海主講，約有二十多人參加。

◆即日起，護法會高雄前金辦事處每週一晚上舉辦《地藏經》持誦共修。

◆即日起，護法會台南佳里共修處每週一晚上舉辦親子讀經班，約有十多人參加。

◆即日起至2月11日，大溪法鼓山社大每週一、二、四、日舉辦寒假課程，內容主題包括工筆畫、夢幻紙蕾絲、禪如何應用在日常生活上、遇見觀音、兒童捏塑班等，共約有二百二十多人參加。

◆即日起至28日，慈基會延續去年（2006年）12月展開的95年度「法鼓山歲末大關懷」系列活動，關懷對象包括低收入戶、獨居老人、台灣921震災重建區關懷戶、失業清寒家庭、急難貧病等近二千戶。

◆即日起，美國紐約東初禪寺每週一晚上舉辦念佛共修。

◆即日起，加拿大溫哥華道場每週一晚上舉辦西方人讀書會，導讀聖嚴師父的英文書籍，隔週並安排禪坐共修。

◆即日起，加拿大溫哥華道場每週一晚上、隔週週四上午、隔週週六晚上舉辦佛法指引課程。

◆即日起，加拿大溫哥華道場每隔週週一下午舉辦「心靈察站」，觀看《大法鼓》或《不一樣的聲音》等聖嚴師父的開示影片，約近二十人參加。

◆中國國民黨黨主席馬英九至台北安和分院拜會聖嚴師父，請益如何在繁忙中沉澱自己，師父建議其練習禪坐。

01.09

◆聖嚴師父上午於法鼓山園區國際會議廳，對法鼓山僧團法師、全體專職精神講話，主題為「用人、募款、成事」，各分院道場同步視訊連線聆聽開示，共約有六百八十多人參加。

◆即日起，台北安和分院每月第一或第二週週二晚上舉辦淨土懺法會，每場約近三百人參加。

◆即日起，僧團弘化院佛學推廣中心每雙週二晚上於高雄紫雲寺舉辦心靈環保讀書會，研讀《四眾佛子共勉語》。

◆僧大舉辦「新戒法師受戒分享」活動，由常欽法師等14位新戒法師一一分享受戒心得，僧大全體師生參與分享。

◆曾是聖嚴師父的禪修弟子，現任加拿大英屬哥倫比亞大學（University of British Columbia）教授、也是加拿大精神與治療研究學會會長邱麗蓮，本日至法鼓山園區拜會聖嚴師父，向師父請教以科學方法驗證開悟的可能性。

01.11

◆即日起至14日，法鼓山於園區舉辦「第12屆在家菩薩戒」第二梯次戒會，共有543人受戒。

◆即日起至4月12日，農禪寺每週四晚上開辦「生死學中學生死」佛學課程，邀請《聖嚴法師禪學思想》一書作者辜琮瑜主講，約近二百位學員參與聆聽。

◆即日起，僧團弘化院佛學推廣中心每雙週四晚上於台北安和分院，延續2005年11月開辦的「心靈環保善緣讀書會」，研讀《我為你祝福》、《無名問無明》、《成功的助緣》與《大智慧過生活》等共24本書。

◆即日起至14日，美國紐約東初禪寺於象岡道場舉辦大專禪修營，以大專青年學子及40歲以下之專業人士為主要對象，全程以英文進行，以西方的思考模式來進行活動。由常悟法師主持，約近五十人參加。

◆財團法人杜萬全慈善公益基金會代表薛琇真及其親友下午至台北安和分院拜會聖嚴師父，師父並為他們進行皈依授證。

01.12

◆即日起，美國護法會華盛頓州西雅圖分會每月第二週週五晚上舉辦「生活談心」活動，約近二十人參加。

◆即日起，加拿大溫哥華道場每週五上午舉辦念佛共修，約有三十多人參加。

01.13

◆法鼓山下午於台南大億麗緻酒店舉辦「你可以不必自殺，還有許多活路可走」珍惜生命座談會，邀請法鼓佛教研修學院校長惠敏法師、國際口足協會理事長謝坤山、台南奇美醫院院長詹啟賢、前司法院副院長城仲模等四位與談人進行對談，現場約近八百人參與聆聽。

◆即日起至20日，法鼓山園區禪堂舉辦初階禪七，由禪堂常遠法師擔任總護，共有165人參加。

◆即日起，法鼓山園區每月第一或第二週週六舉辦一日禪。

◆即日起，法鼓山園區每月第二週週六、第四週週日舉辦「總本山景觀維護日」活動。

◆即日起，農禪寺每週六晚上舉辦念佛共修，約有六百多人參加。

◆即日起，農禪寺每月第二或第四週週六下午舉辦禪修指引課程。

◆即日起，台北中山精舍每月第二、四週週六上午舉辦「福慧自在讀書會」，7月開始改為每月一次。

◆台中分院舉辦中部地區歲末感恩分享會，會中邀請《阿斗隨師遊天下》一書作者張光斗分享跟隨聖嚴師父海外弘法的故事，護法總會輔導師果器法師、護法總會副總會長黃楚琪亦出席關懷，約近四百五十位勸募會員參加。

◆即日起，高雄三民道場每月第二週週六晚上舉辦大悲懺法會暨菩薩戒誦戒會。

◆台東信行寺上午舉辦地藏法會，共有92人參加。

◆高雄紫雲寺筆耕隊舉辦研習課程，本次由《法鼓》雜誌暨《人生》雜誌主編果賢法師講授「新聞寫作與攝影」，以及義工張三星分享攝影心得及技巧，約近五十位來自高屏地區學員參加。

◆僧團傳燈院下午於農禪寺舉辦禪修指引課程，共有32人參加。

◆僧團傳燈院於法鼓山園區第三大樓活動中心為護法會舉辦「動禪體驗」課程，共有48人參加。

◆即日起，僧團弘化院佛學推廣中心每雙週六上午於台北中山精舍延續2005年8月開辦的心靈環保讀書會，研讀《從心溝通》一書。

◆僧團弘化院於法鼓山園區舉辦「英文導覽員培訓」活動，為因應法鼓山的國際化而培訓首批英文導覽員，共有16位學員參加。

◆即日起至20日，僧大於園區禪堂舉辦初階禪七，由常遠法師擔任總護，除了僧大全體學僧，另有部分信眾參與，總人數約有一百七十多人。

◆即日起至3月15日，金山法鼓山社大每週一、二、三、五、六舉辦寒假課程，內容主題包括禮品包裝設計、吸管摺紙藝術、禪修入門等，共約有二百六十多人次參加。

◆金山法鼓山社大舉辦「2006年度秋季班健康有機飲食研習班課程結業暨成果展」，內容包括小組心得分享、講座等，約近六十人參加。

◆即日起至2月3日，美國護法會加州洛杉磯分會每週六舉辦初級禪訓班，約近三十人參加。

◆即日起，美國護法會加州舊金山分會每月第二、三、四週週六下午舉辦禪坐共修。

◆即日起，美國護法會伊利諾州芝加哥分會每月第二、四週週六下午開辦「親子學佛時間」。

◆即日起至23日，加拿大溫哥華道場每日上午舉辦佛學講座，由法鼓山僧伽大學助理教授果徹法師講授《佛說大乘稻芉經》下半部，約近八十人參加聆聽。

◆即日起，加拿大溫哥華道場每月第二週週六下午舉辦大悲懺法會，約近四十人參加。

◆即日起，香港護法會每月第二週週六下午舉辦大悲懺法會、瑜伽班。

◆即日起，澳洲護法會雪梨分會每月第二週週六上午舉辦大悲懺法會，下午舉辦《金剛經》讀書會。

01.14

◆即日起，農禪寺每月第二週週日舉辦禪一。
◆即日起，台北安和分院每月第二或第四週週日舉辦都會生活禪一。
◆即日起，台南分院每月第二週週日下午舉辦地藏法會。
◆即日起，護法會潮州辦事處每月第二週週日晚上舉辦大悲懺法會。
◆法鼓山基金會皈依關懷組舉辦新皈依弟子「快樂學佛人」活動，本日至法鼓山園區進行朝山與出坡禪，共有45位新莊、泰山區信眾參加。
◆美國護法會加州洛杉磯分會舉辦〈大悲咒〉持誦及禪坐共修，共有18人參加。
◆即日起，美國護法會華盛頓州西雅圖分會每月第二週週日晚上舉辦「禪坐共修」活動，約近二十人參加。
◆即日起，美國護法會伊利諾州芝加哥分會每月第二週日下午舉辦英文讀書會。
◆即日起，新加坡護法會每月第二週週日下午舉辦大悲懺法會，約有十多人參加。
◆馬來西亞佛學院院長繼程法師至台北安和分院拜見聖嚴師父，並至法鼓山園區為僧團法師講授「六妙門」及禪修心得分享，約有四十多人參加。

01.15

◆即日起，台北安和分院每隔週週一上午舉辦浮生半日禪，約近五十人參加。
◆知名作家吳若權和圓神出版社社長簡志忠至台北安和分院拜會聖嚴師父，請教向年輕人推廣佛法的方法。

01.16

◆即日起至4月17日，法鼓山基金會皈依關懷組於護法會文山共修處舉辦新皈依弟子「快樂學佛人」活動，進行《學佛入門》讀書會，約有十多人參加。

01.17

◆即日起，南投德華寺每月第三週週三晚上舉辦大悲懺法會，約有三十多人參加。
◆即日起至22日，法鼓山基金會公關文宣處輔導師果祥法師、聖嚴教育基金會（以下簡稱聖基會）董事長施建昌等人組成代表團，前往印度拜訪創辦龍樹學院與印度佛教普濟會的世友（Dharmachari Lokamitra）居士，洽談出版聖嚴師父英文著作的相關事宜。

01.19

◆即日起，農禪寺每單月第三週週五晚上舉辦淨土懺法會，約近八百人參加。

◆即日起，台北安和分院每月第三或第四週週五下午及晚上舉辦大悲懺法會，約近六百人次參加。

01.20

◆法鼓山於園區舉辦「第12屆佛化聯合婚禮」，主題為「和敬平安．吉祥姻緣」，聖嚴師父為新人授三皈依，共有56對新人參加，觀禮人數約近二千人，創歷年新高。

◆台中分院舉辦「義工關懷課程」，邀請從事英語教學的講師黃隆惠主講，約近四十位學員參加。

◆即日起，台南分院每月第三或第四週週六晚上舉辦大悲懺法會暨菩薩戒誦戒會。

◆即日起至22日，僧團青年發展院（以下簡稱僧團青年院）於法鼓山園區禪堂舉辦2007冬季「法鼓山卓越．超越青年成長營」小隊輔培訓活動，由監院果霽法師帶領，共有18人參加。

◆即日起，護法會屏東辦事處每月第三週週六晚上舉辦大悲懺法會。

◆即日起至3月17日，台中法鼓山社大於每週六舉辦寒假課程，包括上午於惠文高中電腦教室進行電腦課程，下午於台中分院進行數位攝影與應用藝術課程。

◆南投安心服務站舉辦「歲末大關懷——冬令救濟活動」，共有受關懷戶一百五十多人參加，台中分院監院果理法師、南投市長許淑華皆到場關懷。

◆即日起，美國護法會華盛頓州西雅圖分會每月第三週週六下午舉辦「讀書會共修」活動，約有二十多人參加。

◆加拿大護法會多倫多分會下午舉辦中文讀書會共修。

◆新加坡護法會法青組邀請新加坡國立大學、南洋理工學院二校的八位佛學社學生理事，於護法會會所進行聯誼、分享討論等，以接引青年認識佛法和法鼓山「心靈環保」的理念。

◆澳洲護法會雪梨分會舉辦精進禪一。

01.21

◆法鼓山於農禪寺舉行「和敬平安——祈福皈依大典」，共有2,215人在聖嚴師父主持下皈依三寶。

◆即日起，法鼓山園區每單月第三週週日舉辦「總本山環保清潔日」活動，每月約有四十多人參加。

◆台北安和分院舉辦都會佛一暨八關戒齋法會，共有180人參加。

◆即日起，桃園齋明寺每月第四週週日下午舉辦地藏法會，約近八十人參加。

◆即日起，台中分院每月第三週週日晚上舉辦地藏法會。

◆台東信行寺舉辦護法信眾歲末關懷活動，內容包括法師祝福、祈福法會、信眾們的學佛心得分享及觀看聖嚴師父新春祝福影片等，共有55人參加。

◆法鼓山基金會皈依關懷組舉辦新皈依弟子「快樂學佛人活動」，本日上午於台中分院進行佛學講座，由果雲法師主講， 約近二十位學員參加。

◆慈基會於高雄紫雲寺舉辦歲末大關懷活動，內容包括演奏、手語、相聲表演及佛學問答等，並發放慰問金及禮品給193戶受訪戶。與會貴賓包括高雄縣長楊秋興及縣政府高層官員，共約有四百五十多人參加。

◆美國護法會加州洛杉磯分會舉辦菩薩戒誦戒會以及〈大悲咒〉持誦共修，共有20人參加。

◆即日起，美國護法會伊利諾州芝加哥分會每月第三週週日下午舉辦菩薩戒誦戒會。

◆加拿大護法會多倫多分會下午舉辦英文讀書會共修。

◆即日起至26日，僧團果建法師至泰國弘法，內容包括主持佛學講座、大悲懺法會、禪坐共修、念佛共修，以及法鼓文化書展、文物義賣等活動。

01.22

◆即日起至26日，僧團青年院於法鼓山園區舉辦2007冬季「法鼓山卓越．超越青年成長營」，活動內容包括菁英論壇、創意課程、團體成長、禪修體驗等課程，共有184位青年參加。

01.23

◆高鐵董事長殷琪向聖嚴師父長達三年的問法晤談集結出版成《慢行聽禪》一書，本日於台北安和分院舉行新書發表會，師父特別出席和大眾分享此書的內涵。

01.24

◆即日起，台東信行寺每月第四週週三舉辦菩薩戒誦戒會。

01.25

◆即日起至28日，加拿大溫哥華道場舉辦成立以來首度的禪三，由僧團果徹法師帶領，共有45位學員參加。

01.26

◆台北安和分院舉辦「從心看電影——學佛無國界」系列活動，本日放映影片《衝擊效應》，邀請影評人曾偉禎擔任講評，共有98人參加。

◆北投雲來寺舉辦年終拜懺，此為行政中心、文化中心、護法總會、慈基會等單位進駐後首次聯合舉辦，約近二百位專職參加。

◆即日起，高雄紫雲寺每月第四週週五晚上舉辦大悲懺法會，約近一百五十人參加。

◆法鼓山於2006年6月起在斯里蘭卡南省漢班托塔台灣村興建的「菩提心健康服務中心」，本日落成啟用，由僧團副住持果品法師、關懷院監院果器法師率同護法團成員八十餘人前往參與，斯里蘭卡南省衛生部部長、法輪兒童基金會會長強帝瑪法師（Ven. Chandima）等都應邀出席。

◆即日起至29日，僧團果建法師自泰國前往香港弘法關懷，並教授佛七法器執掌。

01.27

◆聖嚴師父於法鼓山園區國際會議廳為全體僧眾、僧大學僧及園區專職、義工等講授「參學禪修的原則與方法」，全台各分院同步視訊連線聽講。

◆即日起，法鼓山園區每月第四週週六晚上舉辦大悲懺法會。

◆即日起一連兩天，台北安和分院舉辦兩梯次的「兒童和敬平安冬令營」，內容包括法師演講「諸佛菩薩的搖籃」、學佛行儀課程、禪坐共修等，共有80位小朋友參加。

◆即日起，台北中山精舍每單月最後一週週六下午舉辦禪修指引課程。

◆即日起至29日，桃園齋明寺舉辦兒童禪修營，由監院果迦法師帶領，共有80位小朋友參加。

◆南投德華寺舉辦歲末大關懷活動，由副寺果恆法師帶領10位義工至南投縣仁愛鄉發放物資、關懷金予35位受關懷戶。

◆台南分院舉辦精進禪一，共有72人參加。

◆僧團傳燈院下午於農禪寺為初學信眾舉辦禪修指引課程，共有45人參加。

◆即日起至2月3日，僧團青年院於法鼓山園區舉辦「2007冬季青年精進禪七」，共有182人參加。

◆僧團傳燈院上午於法鼓山園區舉辦動禪體驗課程，包括85位蘆洲共修處及北三轄區信眾，以及40位蘇澳港務局員工和20位建國中學家長會員共同參加。

◆法鼓佛教研修學院（以下簡稱研修學院）舉辦首屆招生說明會，由校長惠敏法師主持，副校長杜正民、教務組長見弘法師、黃繹勳等多位教師出席，為有意報考的學子介紹教學環境設備、師資和未來研究的展望，約近一百一十人到場聆聽。

◆法鼓山基金會皈依關懷組舉辦新皈依弟子「快樂學佛人」活動，本日至法鼓山園區進行一日禪，約近八十位大安、信義、南港、三重、蘆洲區信眾參加。

◆加拿大護法會多倫多分會舉辦一日禪。

◆即日起，香港護法會每月最後一週週六下午舉辦花藝坊活動。

01.28

◆北投文化館與社團法人台北市恩加貧困家庭協會共同合作，於本日、2月25日、3月25日、4月29日、5月27日、6月24日舉辦「佛恩成長營」，由代理監院果諦法師帶領，教聯會及慈基會協助支援，給予弱勢兒童關懷與協助，每場約近八十人參加。

◆即日起，台中分院每月第四週週日下午舉辦大悲懺法會暨菩薩戒誦戒會。

◆僧團弘化院參學室於法鼓山園區舉辦「導覽組聯絡人暨國際禮儀培訓」活動，邀請華航座艙長退休、現為法鼓山義工的謝傳倫主講，共有80人參加。

◆僧團百丈院於法鼓山園區舉辦「景觀維護日暨專題講座」，邀請榮總毒物科藥師吳佳芬、宜蘭大學教授陳裕文主講「生物（蜂、蛇、蟲）毒性之因應與生態」，共有125位景觀組義工參加；下午則進行景觀維護出坡。

◆護法總會於高雄紫雲寺舉辦歲末感恩分享會，活動中觀看法鼓山重要活動回顧及聖嚴師父新春開示影片，之後進行圍爐、頒發榮譽董事聘書等。護法總會總會長陳嘉男、高雄紫雲寺前任監院果舫法師出席關懷，約有二千一百多位高雄、屏東、潮州等地護法信眾參加。

◆即日起，護法會潮州辦事處每單月第四週週日下午舉辦地藏法會。

◆護法會屏東辦事處舉辦精進禪一。

◆法鼓山基金會皈依關懷組舉辦新皈依弟子「快樂學佛人」活動，本日於台東信行寺進行各項學佛行儀課程，共有54位東區信眾參加。

◆即日起至5月6日，美國紐約東初禪寺青少年會舉辦「一分錢收穫（Penny Harvest）」募款活動，總共募得485美元，所得善款全數捐給聖猶大兒童醫院（St. Jude Children Hospital），專供協助兒童癌症患者。

◆美國護法會加州洛杉磯分會於洛杉磯拉朋第（La Puente）地區的泰國廟舉辦精進禪一，共有22人參加。

◆即日起，美國護法會華盛頓州西雅圖分會每月第四週週日上午舉辦「念佛共修」活動，約近二十人參加。

◆即日起，美國護法會伊利諾州芝加哥分會每月第四週日下午舉辦中文讀書會，研讀聖嚴師父的著作《修行在紅塵──維摩經六講》。

◆即日起，加拿大溫哥華道場每月第四週週日舉辦禪一，約有三十多人參加。

01.29

◆台北市政府社會局士林社會福利服務中心組長湯玉翠、黃怡瑋等人，至北投雲來寺拜訪慈基會，表達對該會長期關懷社區、贊助弱勢家庭物資及配合各項社會福利活動的感謝。

01.30

◆即日起至2月4日，法鼓文化參加於台北世界貿易中心舉辦的「第15屆台北國際書展」，藉由書籍出版品提供安定人心的佛法智慧。

◆即日起，北投文化館於農曆每月12日舉辦藥師消災法會。

◆僧團傳燈院應邀於台北縣三峽鎮介壽國小學生活動中心，為該校60位教師舉辦禪修體驗課程。

01.31

◆聖嚴師父接受《自由時報》記者鍾麗華採訪，師父以「和敬平安」做為新年的新願，並為全世界祈福。

◆台南分院舉辦禪坐共修聯誼，共有 183人參加。

◆即日起，僧團三學院每月第二、四週週三晚上於法鼓山園區居士寮大殿舉辦「住山義工成長課程──菩薩戒誦戒會」，共有13人參加。

2月 FEBRUARY

02.01

◆《人生》雜誌第282期出刊。
◆《法鼓》雜誌第206期出刊。
◆法鼓文化出版新書：輕心靈系列《正念戰役──從軍人到禪師的療癒之旅》（*At Hell's Gate：A Soldier's Journey from War to Peace*）（克勞德．安信．湯瑪斯Claude Anshin Thomas著，陳敬旻譯）；世紀對話系列《不一樣的身心安定》、《不一樣的生活主張》、《不一樣的佛法應用》、《不一樣的生死觀點》、《不一樣的環保實踐》（聖嚴師父與名人對話集）；人間淨土系列《法鼓山故事》（聖嚴師父口述，胡麗桂整理）。
◆台北安和分院於本日及2月8日，舉辦「芝麻開門．大師解碼」兒童營，共有31位小朋友參加。
◆護法總會規畫推動「5475大願興學」計畫，邀請社會大眾響應每天捐五元，三年捐5,475元，共同成就建設法鼓大學的大願。
◆即日起至5日，教聯會於苗栗三義DIY心靈環保教育中心舉辦「2007法鼓山全國教師寒假初階禪修營」，由禪修中心副都監果醒法師帶領，約近一百三十人參加。
◆即日起，香港護法會每雙月週四晚上舉辦初階禪訓班。
◆即日起至27日，僧團果建法師至澳洲墨爾本弘法關懷，行程包括帶領助念法器教學、臨終關懷，主持佛學講座、精進佛七、大專禪修營，以及除夕圍爐暨大悲懺法會等，共約近三百人次參加。

02.02

◆法鼓文化晚上於台北世界貿易中心一館活動區舉辦《從心看電影》新書座談會，邀請該書作者暨影評人曾偉禎主講。
◆即日起一連兩天，台北安和分院舉辦「魔法波特──CLUB兒童戲劇營」，內容單元包括「親親我的小法寶」、「哇！神奇的聲音王國」、「魔法波特的百寶袋」、「法力無邊」等，共有46人參加。
◆法行會於台北力霸皇冠大飯店國際會議廳舉辦第80次例會，邀請環保署綜合計畫處處長劉佳鈞演講「環境影響評估與國內重大開發計畫現況介紹」，共有81人參加。
◆法鼓山基金會皈依關懷組舉辦新皈依弟子「快樂學佛人」活動，本日於士林慈弘精舍（社子辦事處）進行「健康飲食講座（一）」，共有25位社子區信眾參加。

02.03

◆聖嚴師父於法鼓山園區國際會議廳為全體僧眾、僧大學僧及園區專職、義工等講授「法鼓山全山導覽」，約有四百多人參加，全台各分院並同步視訊連線聽講。
◆即日起至6月，農禪寺每月第一週週六晚上舉辦大悲懺法會，約近一千人參加。

◆台南分院晚上舉辦淨土懺法會，共有184人參加。
◆僧團傳燈院於法鼓山園區舉辦動禪體驗課程，共有43人參加。
◆護法總會、聖基會與法鼓文化共同舉辦的「人生系列講座」，本日晚上於宜蘭縣文化局演講廳進行，邀請台北大學社會工作學系副教授楊蓓主講「親密、孤獨與自由」，約近二百五十人參加。
◆僧團果舫法師偕同多位法師與護法會金山辦事處、金山法鼓山社大等近六十人，參加台北縣全縣大掃除，並邀請金山鄉民新春上法鼓山園區走春。
◆即日起至6日，美國護法會新澤西州分會舉辦佛學講座，由至當地弘法的僧團果徹法師主講「承先啟後的中華禪法鼓宗」，講座共分四次進行，每場約有五十多人參加。
◆即日起，美國護法會加州舊金山分會每雙月第一週週六下午舉辦念佛共修。
◆加拿大護法會多倫多分會上午舉辦大悲懺法會，下午進行新春祈福和聆聽聖嚴師父的新年祝辭。
◆即日起至4日，香港護法會「繪本樂趣坊」成員至中國大陸廣東省增城市新塘鎮佛教道場進行關懷，活動內容包括為當地四十多位七至十六歲的小朋友講故事、唱歌及玩遊戲等。
◆澳洲護法會雪梨分會舉辦精進禪一。

02.04

◆法鼓山下午於農禪寺舉辦「社會菁英禪修營第54次共修會」，會中由法行會會長蕭萬長主講「經濟發展的最高目標是：提昇人的品質，建設人間淨土」，聖嚴師父亦蒞臨關懷，約有二百多人參加。
◆即日起，農禪寺每月第一或第三週週日上午舉辦週日講經。
◆桃園齋明寺舉辦歲末感恩分享會，方丈和尚果東法師、護法總會輔導師果器法師、總會長陳嘉男、法鼓山社會大學校長曾濟群等人皆出席關懷，約近二千位北五轄區信眾參加。
◆法鼓山基金會皈依關懷組舉辦新皈依弟子「快樂學佛人」活動，本日於台中分院進行佛學講座，由果雲法師主講「發菩提心，起四弘誓願」，共有51位中部地區信眾參加。
◆南投德華寺舉辦歲末大關懷活動，由副寺果恆法師帶領25位義工至魚池、國姓、埔里等地發放物資、關懷金予105位受關懷戶，並於埔里舉辦義診、義剪活動。
◆即日起，高雄紫雲寺每雙月第一週週日上午舉辦地藏法會。
◆合唱團台北團於農禪寺二樓禪堂舉辦「歲末感恩聯誼」，約近八十人參加。
◆即日起至12日，法鼓山僧伽大學（以下簡稱僧大）於法鼓山園區舉辦第五屆生命自覺營，主題為「體驗現代出家新生活」，共有來自北美、東南亞等地152位青年參加，103位圓滿全程活動。
◆印尼雅加達近日發生嚴重水患，慈基會本日啟動急難救助機制，提供竹蓆、消毒用品和民生必需品，並進行災區關懷慰訪，協助災區民眾安頓身心。
◆法鼓山基金會皈依關懷組舉辦新皈依弟子「快樂學佛人」活動，本日於台北市文山區公所進行「歲末關懷、無限祝福、無盡關懷」，約近兩百三十位文山區信眾參加。
◆美國護法會加州洛杉磯分會於本日及25日舉辦禪坐共修，約有十多人參加。

◆即日起，美國護法會加州省會聯絡處每隔週週日下午舉辦禪坐共修。

◆澳洲護法會墨爾本分會舉辦佛學講座，由僧團果建法師主講「生死的流轉」，共有120人參加。

02.05

◆即日起至8日，「亞洲佛教藝術研習營」於法鼓山園區舉辦，由行政院國家科學委員會、中央研究院歷史語言研究所主辦，覺風基金會、中華佛研所及台灣大學佛學研究中心共同協辦，邀請13位國內外佛教藝術領域的專家學者，發表14篇論文，中華佛研所榮譽所長李志夫並擔任開幕致辭人。

◆即日起至7日，澳洲護法會墨爾本分會舉辦佛學講座，由僧團果建法師主講「四聖諦、八正道及十二因緣」，約近四十人參加。

02.06

◆即日起至11日，僧團傳燈院於苗栗三義DIY心靈環保教育中心舉辦生活禪體驗營，由禪修中心副都監果醒法師主持，共有50位禪眾參加。

02.07

◆聖嚴師父接受《中華日報》記者關嘉慶專訪，以「從尊重生命」為主軸，談生命的意義與價值。

02.08

◆即日起至9月2日，法鼓山園區舉辦「法華鐘禮讚——佛像與經文的對話」特展，展覽內容包括：經鐘與祈福、法相與雕塑、經文與書法、經變與圖像、數位與互動等五個單元。該展覽並於2月10日起至7月28日舉辦七場演講及座談會。

◆即日起至15日，澳洲護法會墨爾本分會舉辦法鼓山在海外的第一場佛七，由前往弘法的僧團果建法師擔任總護，共有來自台灣、雪梨分會24位信眾參加。

02.09

◆法鼓山基金會皈依關懷組舉辦新皈依弟子「快樂學佛人」活動，本日於士林慈弘精舍（社子辦事處）進行「健康飲食講座」，共有28位社子區信眾參加。

◆即日起至11日，美國紐約東初禪寺舉辦「中華禪法鼓宗理念介紹」活動，由東初禪寺常住法師及僧大助理教授果徹法師講解法鼓山所弘揚的禪佛教特色。

02.10

◆法鼓山園區為配合「法華鐘禮讚——佛像與經文的對話」特展，自本日起至7月28日舉辦七場「法華鐘聲揚好風・靈山響盡遍虛空」系列演講和座談活動。本日進行第一場，主題為「鐘聲響起談法華」，邀請聖基會董事長施建昌、鳳甲美術館董事長邱再興、藝術家陳永賢與黃心健，以及研修學院校長惠敏法師等出席，約近兩百人參加。

◆台北安和分院下午舉辦禪修指引課程。

◆僧團傳燈院於農禪寺為初學者舉辦禪修指引課程，共有32人參加。

◆即日起一連兩天，美國護法會加州洛杉磯分會參加當地舉辦的「華人工商大展」，在會場展出法鼓文化出版品，並分送法鼓山的文宣品、結緣品及《法鼓》雜誌。

◆太子建設董事長、也是法鼓山的工程顧問莊南田，偕同遠自德國而來的建築設計師魯道夫・魏南茲（Rudolf Wienands）教授和庫爾特・史迪潘（Kurt Stepan）博士，至法鼓山園區拜會聖嚴師父，並提供有關環保與建築的建言。

02.11

◆位於台北縣三峽鎮，將做為法鼓山禪修中心的天南寺，本日舉行動土灑淨典禮，由方丈和尚果東法師主持。聖嚴師父、捐贈該建地的邱家代表、台北縣長周錫瑋、三峽鎮長陳佳炟等，及北四轄區約近五百位信眾應邀出席觀禮。

◆台南分院舉辦南部地區歲末感恩分享會，會中邀請《阿斗隨師遊天下》一書作者張光斗分享跟隨聖嚴師父海外弘法的故事，護法總會輔導師果器法師、副總會長黃楚琪亦出席關懷，約有二百多位勸募會員參加。

◆護法會海山辦事處至台北市福德社區關懷長者，內容包括念佛共修、分享供佛點心、水果等，並邀請板橋晨操會成員表演原住民舞蹈等，共有35位地區義工及近六十位長者參加。

02.13

◆聖嚴師父中午率僧眾於法鼓山園區第二大樓國際宴會廳圍爐開示；下午於開山紀念館祖堂進行辭歲禮祖，包括方丈和尚果東法師、首座惠敏法師等僧眾，共約有一百多人出席。

02.15

◆法鼓山下午於台北安和分院舉辦「遊心禪悅——法語・墨緣・興學」聖嚴師父書法展記者會，正式向國人公開師父近兩年內的481件書法作品，國立故宮博物院院長林曼麗 、台北藝術大學美術系主任林章湖 、鳳甲美術館創辦人邱再興和書法家杜忠誥 、林隆達 、連勝彥 、張禮權 、周澄 、曾中正等人到場推薦。

◆法緣會五十多位成員下午於台北安和分院舉辦例會，並向聖嚴師父及方丈和尚果東法師拜年。

02.17

◆即日起至3月4日，法鼓山園區舉辦「遊心禪悅花迎春，和敬平安過好年」新春系列活動，活動由除夕的「梵鐘祈願，點放光明」撞鐘祈福儀式展開，接著有大年初一起的新春活動，包括法會、靜態展覽、動態遊戲以及主題園遊會四大項目。其中三項靜態展覽「遊心禪悅——法語．墨緣．興學」聖嚴師父書法展、「法鼓奇珍妙緣展」、「法華鐘禮讚」特展，尤其備受矚目。總計新春期間，共約有十萬民眾上山祈福、發願、禮佛。

◆即日起至8月18日，法鼓山「遊心禪悅——法語．墨緣．興學」聖嚴師父書法展於園區舉辦，展出師父近三年書寫的481幅書法作品。另外，部分展品自5月30日起至12月11日依序至台南市、台中市、高雄市、台北市巡迴展出。

◆法鼓山首度舉辦「梵鐘祈願，點放光明」撞鐘祈福儀式，於本日除夕夜晚上在園區法華公園進行。儀式首先由方丈和尚果東法師帶領僧眾法師撞出除夕第一響，稍後並由聖嚴師父、方丈和尚果東法師、法行會會長蕭萬長及行政院長蘇貞昌、台北縣長周錫瑋、鴻海集團總裁郭台銘、國立故宮博物院院長林曼麗、表演工作者張小燕等人合力撞響第108聲，象徵斷除過去、現在、未來三時六根的108種煩惱，迎接新的一年。共約近四千人參加觀禮。

◆法鼓山園區舉辦除夕彌陀普佛法會。

◆台中分院舉辦除夕彌陀普佛法會，由禪堂板首果元法師主法，約近一百八十人參加。

◆即日起一連兩天，美國紐約東初禪寺舉辦「持大悲咒．祈新年新願」新春祈福活動，17日除夕當天首先進行一場「大悲咒一永日」法會，由住持果明法師領眾，約近六十位信眾參加。18日大年初一邀請曾任美國佛教會紐約大覺寺住持的仁俊長老為大眾做新春開示，並有東初禪寺合唱團獻唱、捏麵人表演等節目，約有兩百多人參加。

◆美國護法會加州洛杉磯分會舉辦持誦〈大悲咒〉共修，共有15人參加。

◆美國護法會伊利諾州芝加哥分會舉辦持誦〈大悲咒〉共修，共有70人參加。

◆即日起一連兩天，加拿大溫哥華道場舉辦新春活動，包括除夕圍爐及大年初一的普佛法會，約近五百人參加。

◆澳洲護法會墨爾本分會晚上舉辦「圍爐暨大悲懺法會」，由僧團果建法師開示並講解佛教除夕圍爐及拜懺的意義，約近三十人參加。

◆澳洲護法會雪梨分會上午舉辦佛學講座，由前往弘法的僧團果建法師主講「十二因緣」，共有30人參加；果建法師接著於中午主持農曆新年除夕聯誼聚餐，共有28人參加圍爐。

02.18

◆即日起至22日（農曆初一至初五），法鼓山園區每天上午舉辦新春平安法會，初一及初三上午聖嚴師父、方丈和尚果東法師出席為大眾祝福，並接受來自全台各地信眾拜年。

◆即日起至20日，農禪寺舉辦慈悲三昧水懺法會，約近四千五百人次參加。

◆即日起至20日，北投文化館舉辦新春千佛懺法會。

◆台北安和分院上午舉辦新春普佛法會，由僧團關懷院監院果器法師主法，約有五百多人參加。

◆即日起至3月4日，台北安和分院舉辦新春禪藝聯展。

◆桃園齋明寺上午舉辦新春普佛法會，下午舉辦新春大悲懺法會，共約兩百人參加。

◆台中分院上午舉辦新春普佛法會，約近五百人參加。

◆南投德華寺上午舉辦新春普佛法會，約近四十人參加。

◆即日起至20日，台南分院每天上午舉辦新春大悲懺法會、下午舉辦新春祈福觀音法會，約近五百人參加。

◆即日起至20日，高雄紫雲寺舉辦新春千佛懺法會，約有二千四百多人參加。

◆台東信行寺上午舉辦新春普佛法會，共有96人參加。

◆美國護法會華盛頓州西雅圖分會舉辦新春大悲咒法會及「點吉祥燈」活動，共有75人次參加。

◆澳洲護法會墨爾本分會舉辦「新春普佛法會暨悅眾關懷」活動，由僧團果建法師主持，約近二十人參加。

◆1992年引介聖嚴師父至捷克弘法的捷克籍性空法師，由中華佛研所榮譽所長李志夫教授陪同，至法鼓山園區拜會聖嚴師父。

02.19

◆台中分院舉辦新春電影欣賞活動，播映影片《放牛班的春天》，由禪堂板首果元法師、台灣婦女團體全國聯合會國際部主任王淑麗講評，約近五十人參加。

02.20

◆台北安和分院下午舉辦新春大悲懺法會，由僧團果祺法師主法，共有485人參加。

◆台中分院上午舉辦新春大悲懺法會，約近三百人參加。

◆台東信行寺上午舉辦新春大悲懺法會，共有90人參加。

◆即日起至21日，澳洲護法會墨爾本分會舉辦「臨終關懷及助念教學指導」課程，由僧團果建法師主持，約近二十人參加。

02.21

◆即日起至3月4日，農禪寺舉辦「佛像藝術欣賞」活動，展出敦煌唐代復原的大型經變畫，中國雲岡、敦煌、龍門、麥積山等石窟的佛像圖片等，並邀請鹿野苑藝文之友會會長吳文成演講「如何欣賞古佛像」。

◆護法會屏東辦事處上午舉辦新春大悲懺法會。

02.22

◆桃園齋明寺舉辦地藏法會，約近兩百人參加。

◆高雄三民道場上午舉辦新春普佛法會，由高雄紫雲寺監院果耀法師主持，約近九十人參加。

◆護法會潮州辦事處上午舉辦新春普佛法會。

◆美國護法會加州舊金山分會舉辦親子茶禪，邀請幼兒教育研究者謝惠娟老師主持，透過中華文化的飲茶之道，傳達優質的人文內涵與禮儀環保的理念，約近二十人參加。

02.23

◆即日起至25日，法鼓山園區禪堂舉辦禪二，約近二百二十人參加。

◆南投德華寺舉辦藥師法會，由副寺果恆法師主持，約近三十人參加。

02.24

◆法鼓山園區舉辦「法華鐘禮讚——佛像與經文的對話」特展系列演講。本日進行第二場，由僧團副住持果暉法師主講「妙法大願迎新春」，約近一百人參加。

◆美國護法會奧勒岡聯絡處舉行新道場灑淨啟用典禮，由美國護法會輔導師果謙法師、加拿大溫哥華道場監院果樞法師共同主持。翌日舉辦大悲懺法會暨皈依典禮，共有20人皈依。

◆新加坡護法會下午舉辦新年團拜聯誼會，美國象岡道場住持果峻法師到場關懷，並點燃20盞蓮花燈祝福信眾，約有七十多人參加。

◆雲門舞集創辦人兼藝術總監林懷民至法鼓山園區拜會聖嚴師父，師父引領林懷民參觀法華鐘樓及「遊心禪悅——法語．墨緣．興學」聖嚴師父書法展。

02.25

◆台南分院舉辦佛一暨八關戒齋法會，共有190人參加。

◆高雄紫雲寺舉辦禪一，由監院果耀法師帶領，共有35人參加。

◆護法會海山辦事處至台北市福德社區關懷長者，內容包括念佛共修、分享供佛點心、水果，及萬華社區大學二胡暨歌唱演出等，共有34位地區義工及近六十位長者參加。

◆國道中山高速公路西螺路段發生重大車禍，慈基會隨即展開緊急救援，前往關懷家屬。

◆即日起一連兩天，美國紐約東初禪寺舉辦兩場親子茶禪活動，邀請幼兒教育研究者謝惠娟老師主持，透過中華文化的飲茶之道，傳達優質的人文內涵與禮儀環保的理念，每場約近三十人參加。

◆即日起至27日，澳洲護法會墨爾本分會舉辦大專禪修營，由僧團果建法師主持，共有25人參加。

02.26

◆即日起至6月25日，僧團弘化院佛學推廣中心每週一晚上於護法會新莊辦事處開辦講解聖嚴師父著作《福慧自在——金剛經生活》課程，由講師戴良義主講，約有五十多人參加。

02.27

◆宏仁集團董事長王文洋至法鼓山園區拜會聖嚴師父，師父致贈《法鼓全集》一套，並向王文洋介紹法鼓大學的辦學理念和特色。

02.28

◆僧團青年院於農禪寺一樓禪堂舉辦「與法相會——北區聯誼活動」，讓學員進行學佛心得分享、交流，約近一百人參加。

3月 MARCH

03.01

◆《人生》雜誌第283期出刊
◆《法鼓》雜誌第207期出刊
◆法鼓文化出版新書：經典人物故事系列《大師密碼K：我的朋友變成蛇？》（鄭栗兒著，張志傑繪）、《大師密碼L：誰偷走小偷的心？》（鄭栗兒著，菊子繪）。
◆聖嚴師父於法鼓山園區國際會議廳為全體僧眾、僧大學僧及建設工程處專職講授「什麼是法鼓山的景觀？」約有二百多人參加，全台各地分院同步視訊連線聽講。
◆即日起至6日，僧團果光、果禪、常悟、常濟、常聞等五位法師與六位青年代表，至肯亞戈曼非洲保護區（Gallmann Africa Conservancy）出席「蘇丹青年和平論壇」（Sudan Youth Peace Dialogue），常聞法師於會議圓滿日代表聖嚴師父宣讀閉幕致辭，約近四十位蘇丹青年，以及來自台灣、日本、黎巴嫩、奈及利亞、烏干達、美國等二十多位青年代表參加。此論壇是由全球女性和平促進會（Global Peace Initiative of Women，簡稱GPIW）附屬的青年領袖和平促進會（Young Leaders Peace Council）所舉辦。
◆即日起至4日，法鼓山於園區禪堂舉辦「第二屆社會菁英精進禪三」，由果祺法師擔任總護，共有70人參加。
◆即日起，基隆精舍舉辦初級禪訓班，由僧團果增法師帶領，共有15人參加。
◆即日起至5月10日，僧團弘化院佛學推廣中心每週四晚上於護法會板橋共修處，開辦講解聖嚴師父著作《六波羅蜜講記》佛學課程，由講師清德法師主講，約有三十多人參加。
◆即日起至5月24日，僧團弘化院佛學推廣中心每週四晚上於護法會桃園辦事處，開辦講解聖嚴師父著作《四聖諦講記》佛學課程，由講師天襄法師主講，約近五十人參加。
◆即日起至5月24日，宜蘭繪本館每週四晚上舉辦教師成長營。
◆香港護法會於3月、7月、11月每週四舉辦法鼓動禪研習班，推廣法鼓八式動禪，約近二十人參加。

03.02

◆僧團弘化院佛學推廣中心於3月2、16、30日及4月13日晚上在台北安和分院，開辦「觀音道場學觀音法門」佛學課程，由講師果燦法師主講，約近五十人參加。
◆即日起至6月1日，僧團弘化院佛學推廣中心每週五晚上於護法會中永和辦事處，開辦講解聖嚴師父著作《八正道講記》佛學課程，由講師大常法師主講，共約有二十多人參加。

◆法鼓山基金會皈依關懷組舉辦新皈依弟子「快樂學佛人」活動，本日於士林慈弘精舍（社子辦事處）進行「健康飲食講座（三）」，共有25位社子區信眾參加。

03.03

◆即日起至31日，台南分院每週六下午舉辦初級禪訓班，共有83人參加。

◆即日起一連兩天，高雄紫雲寺舉辦元宵節慶祝活動，內容有燃燈供佛法會、提燈踩街，法會當天共有240人參加，翌日並與高雄縣勞工局在勞工育樂中心前縣民廣場舉辦祈福園遊會。

◆台東信行寺於3月3、4、31日及4月1日舉辦中西式點心製作教學課程，希望能進一步接引信眾加入香積組義工行列，共有25人參加。

◆即日起至10月27日，僧團弘化院佛學推廣中心每月一、三週週六晚上於護法會林口辦事處開辦《學佛五講》佛學課程，由講師謝水庸主講，約近四十人參加。

◆即日起至10日，禪坐會於苗栗三義DIY心靈環保教育中心舉辦中階禪七，由僧團果理法師擔任總護，共有43人參加。

◆即日起一連兩天，美國護法會加州舊金山分會於舊金山灣區桑尼維爾市（Sunnyvale）菩提學會道場舉辦禪修課程，主題為「禪修與生活」，邀請聖嚴師父的西方法子吉伯．古帝亞茲（Gilbert Gutierrez）帶領，約近四十位東西方人士參加。

◆加拿大溫哥華道場下午舉辦新春燃燈供佛法會，由監院果樞法師帶領，約有七十多人參加。

◆行政院環保署署長張國龍等一行六人，本日上午前往法鼓山園區拜會聖嚴師父與方丈和尚果東法師，請益如何持續推展環保理念。

03.04

◆法鼓山於園區全天舉辦「平安觀音法會」，以「祈福．平安」為主題，聖嚴師父親臨為大眾祈福開示；晚間舉行「燃燈供佛平安法會」，由方丈和尚果東法師主持，約近五百人參加。

◆農禪寺舉辦燃燈供佛法會，並在法會後進行提燈踩街活動，約近三百八十人參加。

◆台北安和分院舉辦燃燈供佛法會，由禪修中心副都監果醒法師主法，約近兩百人參加。

◆桃園齋明寺晚上舉辦元宵法會，由僧團關懷院監院果器法師主法，共有100人參加。

◆台中分院舉辦觀音法會，約近二百六十人參加。

◆南投德華寺舉辦燃燈供佛法會，由副寺果恆法師主持，約近三十人參加。

◆台南分院舉辦元宵燃燈供佛法會，共有274人參加。

◆美國紐約象岡道場為歡慶美國春節開放日，舉辦慶祝活動，內容包括茶禪、書法等，共約近三百人參加。

03.05

◆即日起至7月2日，僧團弘化院佛學推廣中心每週一上午於台北安和分院，開辦「聖嚴書院95秋級初階——安和班（一下）」佛學課程，由講師溫天河主講，約近五十人參加。

◆即日起至7月2日，僧團弘化院佛學推廣中心每週一晚上於高雄紫雲寺，開辦「聖嚴書院94春級初階——紫雲班（三上）」佛學課程，由講師果品法師主講，約近五十人參加。

◆即日起至7月2日，僧團弘化院佛學推廣中心每週一上午於高雄三民道場，開辦「聖嚴書院95春級初階——三民班（二上）」佛學課程，由講師禪松法師主講，約近六十人參加。

◆即日起至7月2日，僧團弘化院佛學推廣中心每週一晚上於護法會屏東辦事處，開辦「聖嚴書院95春級初階——屏東班（二上）」佛學課程，由講師郭惠芯主講，約有三十多人參加。

◆中華佛研所推廣教育中心第一期開課，共有13堂課分別於慧日講堂、華嚴蓮社、中山精舍、愛群教室進行；推廣教育業務自今年第二期起移至研修學院辦理。

03.06

◆即日起至7月3日，僧團弘化院佛學推廣中心每週二晚上於農禪寺，開辦「聖嚴書院95秋級初階——農禪班（一下）」佛學課程，由講師果廣法師主講，約有八十多人參加。

◆即日起至7月3日，僧團弘化院佛學推廣中心每週二晚上於台北中山精舍，開辦「聖嚴書院96春級初階——中山班（一上）」佛學課程，由講師溫天河主講，約近六十人參加。

◆即日起至7月3日，僧團弘化院佛學推廣中心每週二晚上於台中分院，開辦「聖嚴書院95秋級精讀——台中班（一下）」佛學課程，由講師林其賢主講，約近四十人參加。

◆即日起至7月3日，僧團弘化院佛學推廣中心每週二上午於高雄三民道場，開辦「聖嚴書院94春級初階——三民班（三上）」佛學課程，由講師果品法師主講，約近四十人參加。

◆慈基會下午邀請台北市陽明養護中心18位老菩薩及輔導老師至北投雲來寺參訪，並由法鼓山義工一對一護送。

03.07

◆即日起至7月4日，僧團弘化院佛學推廣中心每週三早上於台北安和分院，開辦「聖嚴書院96春級初階——安和班（一上）」佛學課程，由講師果傳法師主講，約有六十多人參加。

◆即日起至7月18日，僧團弘化院佛學推廣中心每週三晚上於台北安和分院，開辦「中國佛教史」佛學課程，由講師果鏡法師主講，約有七十多人參加。

◆即日起至7月4日，僧團弘化院佛學推廣中心每週三晚上於台北中山精舍，開辦「聖嚴書院95春級精讀——中山班（二上）」佛學課程，由講師林其賢主講，約有三十多人參加。

◆即日起至7月4日，僧團弘化院佛學推廣中心每週三上午於高雄三民道場，開辦「聖嚴書院96春級初階——三民班（一上）」佛學課程，由講師郭惠芯主講，約近八十人參加。

◆即日起至7月4日，僧團弘化院佛學推廣中心每週三晚上於高雄紫雲寺，開辦「聖嚴書院96春級初階——紫雲班（一上）」佛學課程，由講師果澔法師主講，約有八十多人參加。

03.08

◆即日起至6月28日，僧團弘化院佛學推廣中心每週四晚上於士林慈弘精舍（社子辦事處），開辦講解聖嚴師父著作《學佛群疑》佛學課程，由講師悟常法師主講，約有三十多人參加。

◆即日起至7月5日，僧團弘化院佛學推廣中心每週四晚上於高雄紫雲寺，開辦「聖嚴書院95春級初階——紫雲班（二上）」佛學課程，由講師越建東主講，約有五十多人參加。

◆即日起至7月5日，僧團弘化院佛學推廣中心每週四上午於護法會潮州辦事處，開辦「聖嚴書院96春級初階——潮州班（一上）」佛學課程，由講師郭惠芯主講，約近五十人參加。

◆法行會晚上在台北力霸皇冠大飯店舉行第81次例會，由禪堂板首果元法師以「中華禪法鼓宗」為題進行演講，共有85人參加。

03.09

◆即日起至7月27日，僧團弘化院佛學推廣中心每週五晚上於台北安和分院，開辦「佛學入門」佛學課程，由講師悟常法師主講，約有七十多人參加。

◆即日起至7月27日，僧團弘化院佛學推廣中心每週五晚上於台北中山精舍，開辦「聖嚴書院95秋級初階——中山班（一下）」佛學課程，由講師胡國富主講，約有四十多人參加。

◆即日起至7月6日，僧團弘化院佛學推廣中心每週五晚上於北投雲來寺，開辦「聖嚴書院95秋級精讀唯識班」佛學課程，由講師戴良義主講，約近二十人參加。

◆法鼓山基金會皈依關懷組舉辦新皈依弟子「快樂學佛人」活動，本日於士林慈弘精舍進行「健康飲食講座（四）」，共有28位社子地區信眾參加。

◆即日起至16日，美國紐約象岡道場舉辦公案禪七，邀請聖嚴師父的西方法子約翰．克魯克（John Crook）及賽門．查爾得（Simon Child）帶領，約有十多人參加。

◆即日起一連兩天，新加坡護法會於光明山普覺禪寺舉辦演講活動，邀請馬來西亞佛學院院長繼程法師主講；9日講題為「快樂人生」，10日為「禪與愛」，各場皆有七百多位聽眾參加。

03.10

◆即日起至17日，法鼓山園區禪堂舉辦默照禪七，由禪堂板首果元法師擔任總護，共有66人參加。

◆台中分院於苗栗三義DIY心靈環保教育中心舉辦禪一，由果雲法師指導，約有一百人參加。

◆台東信行寺於本日、4月28日、5月12日、6月19、20日舉辦《佛說盂蘭盆經》佛學講座，由果舟法師主講，共約有五十多人參加。

◆僧團青年院於台南分院舉辦「法鼓山寒假青年活動學員聯誼會」，內容包括法青活動影片回顧、僧大介紹影片欣賞、分組討論等，共有78人參加。

◆僧團傳燈院於農禪寺舉辦禪修指引課程，共有68人參加。

◆即日起至7月7日，僧團弘化院佛學推廣中心每週六下午於高雄紫雲寺，開辦「聖嚴書院95春級專題——紫雲班（一上）」佛學課程，由講師林其賢主講，約有十多人參加。

◆即日起至7月7日，僧團弘化院佛學推廣中心每週六上午於高雄紫雲寺，開辦「聖嚴書院95春級精讀——紫雲班（二、三上）」佛學課程，由講師林其賢主講，約近四十人參加。

◆即日起至7月7日，僧團弘化院佛學推廣中心每週六下午於高雄紫雲寺，開辦「聖嚴書院95春級初階——岡山班（二上）」佛學課程，由講師禪松法師主講，約有三十多人參加。

◆即日起至7月7日，僧團弘化院佛學推廣中心每週六下午於高雄紫雲寺，開辦「聖嚴書院96春級初階——岡山班（一上）」佛學課程，由講師郭惠芯主講，約近七十人參加。

◆即日起一連兩天，僧團弘化院參學室於法鼓山園區舉辦「導覽組感恩聯誼會暨授證典禮」，為48位第一批參學服務員授證。

◆護法總會舉辦聖嚴師父與方丈和尚果東法師全台巡迴關懷活動，北部首場於法鼓山園區大殿舉行，師父為信眾開示興建法鼓大學的目的、宗旨和願景，活動中同時舉行新進勸募會員授證典禮，護法總會總會長陳嘉男、副總會長黃楚琪等人，以及北部各區轄召、召委、勸募會員共約有八百多人參與。

◆即日起至6月16日，法行會每週六下午於農禪寺舉辦健康養生研習班，邀請長期投入健康有機飲食研習的李錦芳等人授課，共有54人參加。

◆教聯會於本日、24日在法鼓山園區舉辦書法禪師資培訓，由教育推廣組講師蔡美枝帶領，約近二十人參加。

◆即日起一連兩天，助念團於農禪寺舉辦大事關懷一般課程，內容主題包括佛教的生死觀、聖嚴師父談「禪的生死觀」、法鼓山的大關懷教育、從瀕死現象談佛教的生命關懷、大事關懷的時機及關懷技巧等，兩天共約近七百人參加。

◆中華電子佛典協會（簡稱CBETA）於台北慧日講堂舉辦「2007電子佛典成果發表會暨九週年慶」，會中由該協會主任委員惠敏法師介紹最新版本的「CBETA電子佛典集成2007版」。

◆台中市教育局局長張光銘帶領台中地區各國小、國中、高中校長及大學教授等一行約近八十人參訪法鼓山園區，希望透過此次行程深入瞭解聖嚴師父的教育理念。

03.11

◆法鼓山園區舉辦景觀維護大出坡活動，共有196人參加。
◆台中法青會於台中分院舉辦寒假青年活動中區學員聯誼會，由僧團青年院監院果霽法師等多位法師帶領，約近四十人參加。
◆禪坐會於農禪寺舉辦禪一，由僧團果許法師帶領，共有43人參加。
◆法緣會上午於台北安和分院舉行例會，會中舉辦佛學講座，由僧團代理都監果廣法師主講「中華禪法鼓宗」，方丈和尚果東法師亦到場關懷，共有44人參加。
◆金山法鼓山社大於金山金美國小舉辦「主持人研習營」，由講師林月娥帶領，內容包括人際互動、信眾接引、活動主持、課程開講、組織培訓等，共有31人參加。
◆法鼓山基金會皈依關懷組舉辦新皈依弟子「快樂學佛人」活動，本日至法鼓山園區進行朝山，分別有45位新莊、泰山區信眾，84位海山區信眾參加。
◆護法總會、聖基會與法鼓文化共同舉辦的「人生系列講座」，本日於高雄紫雲寺進行，邀請《阿斗隨師遊天下》一書作者張光斗主講「阿斗隨師遊天下——你所不知道的故事」，共有213人參加。
◆美國護法會舉辦「淨化身心靈」系列講座，本日邀請心理治療師林晉成（Peter Lin）於美國法拉盛（Flushing）華僑文教中心主講，約近八十人參加。
◆美國護法會加州洛杉磯分會與天主教僻靜中心（Mary & Joseph Retreat Center）於帕勒司．佛德斯農場（Rancho Palos Verdes）合辦一日禪，由資深禪修講師毛靖帶領，共有18人參加。
◆前台北市文化局局長龍應台至法鼓山園區拜訪聖嚴師父，請益知識分子如何面對生死與信仰等問題。
◆台大醫院院長林芳郁率同兩位副院長何弘能、蔡克嵩，以及各科主任、醫師及眷屬等一行四十餘人至法鼓山園區參訪，並與聖嚴師父、方丈和尚果東法師餐敘。

03.12

◆即日起至7月9日，僧團弘化院佛學推廣中心每週一晚上於護法會淡水辦事處，開辦講解聖嚴師父著作《戒律學綱要》佛學課程，由講師果會法師主講，約有三十多人參加。

03.14

◆僧團三學院於本日、4月13日、5月2日、6月27日，在法鼓山園區舉辦「《法華三昧懺儀》的理論與實踐」課程，邀請主修《法華三昧懺儀》的大航法師主講，各地分院並同步視訊連線聽講。
◆中華佛研所舉辦校外教學，參觀故宮博物院「慈悲與智慧——佛教文物特展」、「北宋書畫、汝窯、宋版圖書特展」及「大英博物館收藏展」等，約近五十人參加。
◆印尼蘇門達臘省會巴東附近，3月6日發生芮氏規模6.3的強烈地震，慈基會啟動緊急救援系統，本日偕同印度尼西亞佛乘協會（MBE）和愛心永恆基金會義工，至災情較嚴重的12個村莊發放救援物資，約近一千兩百戶、六千人受惠。

03.16

◆僧團傳燈院應台灣電力公司基隆區營業處之邀，至其營業處禮堂教授禪修課程「禪與生活」，共有150位員工參加。

◆即日起至18日，僧團傳燈院於土城教育訓練中心針對有禪修經驗者，舉辦法鼓八式動禪義工講師培訓活動，由禪修中心副都監果醒法師帶領，共有31人參加。

◆法鼓山園區舉辦景觀大出坡活動，共有43人參加。

03.17

◆即日起一連兩天，台東信行寺舉辦基礎佛學講座「懺悔法對修行者的重要」，由僧團果慨法師主講，共有52 人參加。

◆僧團弘化院佛學推廣中心於台中分院舉辦讀書會初階種子培訓課程，由講師方隆彰帶領，約近六十人參加。

◆僧團青年院於農禪寺舉辦「皈依新手快樂上路」關懷會，帶領今年1月份皈依三寶的青年，瞭解修行佛法的正確知見和價值觀，以及如何在生活中落實的方法。聖嚴師父及方丈和尚果東法師都親臨關懷，師父並特地錄製一段開示錄音，表達對法青的關懷和期許，共有80人參加。

◆護法總會舉辦聖嚴師父與方丈和尚果東法師全台巡迴關懷活動，本日、24日於農禪寺進行，活動中同時舉行新進勸募會員授證典禮，護法總會總會長陳嘉男、副總會長黃楚琪等人，以及北部各區轄召、召委、勸募會員共約有兩千多人參加。

◆法鼓山基金會皈依關懷組舉辦新皈依弟子「快樂學佛人」活動，本日至法鼓山園區參訪，共有50位士林、天母區信眾參加。

◆法鼓山基金會皈依關懷組舉辦新皈依弟子「快樂學佛人」活動，本日於北投雲來寺舉辦新春茶禪聯誼會，共有44位北投區信眾參加。

◆即日起，美國護法會伊利諾州芝加哥分會每月第一、三週週六下午舉辦「身心保健研討」活動。

◆香港志蓮中學老師陳裕皇帶領師生參訪香港護法會，安排觀看《大哉斯鼓》影片、體驗托水缽等活動，共有21人參加。

03.18

◆即日起至25日，法鼓山園區禪堂舉辦話頭禪七，由禪堂果祺法師擔任總護，共有31人參加。

◆台北中山精舍舉辦中山區勸募會員聯誼會，並說明「5475大願興學」的意義及勸募方式，由召委潘壽英帶領，共有85人參加。

◆僧團三學院於法鼓山園區舉辦「法鼓山園區義工工作說明會」，共有75人參加。

◆義工團於北投雲來寺舉辦護勤組初階課程，由團長秦如芳帶領，共有40人參加。

◆僧大上午於法鼓山園區第三大樓舉行招生說明會，院長果暉法師、副院長果鏡法師到場致辭關懷，約有一百多名海內外青年參加。

◆法鼓山基金會皈依關懷組舉辦新皈依弟子「快樂學佛人」活動，本日於護法會淡水辦事處進行「學佛入門與禪修指引」課程，共有31位淡水區信眾參加。

◆香巴拉國際中心（Shambhala International）總裁理查・雷奧克（Richard Reoch）及歐洲負責人克里斯・唐吉帝（Chris Tamdjidi）、翻譯蔡雅琴等一行三人上午參訪法鼓山園區，由僧大院長果暉法師、副院長果鏡法師接待。

03.22

◆農禪寺舉辦「義工菩薩感恩晚會」，感謝義工長期護持，約近五百人參加。

◆美國哈佛大學（Harvard University）教授丘成桐，偕同交通大學教授林松山、台大講座教授崔茂培等人，前往聖基會拜會聖嚴師父。

◆即日起一連兩天，清雲科技大學中亞研究所長傅仁坤帶領師生一行25人參訪法鼓山園區，希望瞭解法鼓山大學院教育並學習禪修，由研修學院校長惠敏法師與僧大教務長常諦法師接待，禪修中心副都監果醒法師指導禪修，並與中華佛研所進行交流。

03.23

◆僧團三學院於農禪寺舉辦「2007師父特別接見新春義工」活動，感謝和表揚於新春期間，在總本山、農禪寺、台北安和分院等全台各地服務超過五天的義工，共有226位義工代表參加。

◆即日起一連兩天，僧團青年院於花蓮舉辦「法青山水禪——禪進洄瀾浪」，內容包括禪坐、感官體驗、參訪和南寺等活動，並觀看、探討影片《不願面對的真相》，由常惺法師擔任總護，共有143人參加。

◆即日起至25日，美國護法會伊利諾州芝加哥分會舉辦佛法講座與禪修活動，由美國護法會輔導師果謙法師帶領，分別於23日與25日各舉辦一場佛學講座，共有75人參加；24日舉辦生活禪，共有20人參加。

03.24

◆法鼓文化下午於台北金石堂信義店金石書院舉辦《從心看電影》新書座談會，邀請該書作者曾偉禎主講，共有46人參加。

◆法鼓山園區舉辦「法華鐘禮讚——佛像與經文的對話」特展系列演講。本日進行第三場，邀請圓光佛學研究中心郭祐孟主講「火宅妙喻法華信」，共有50人參加。

◆台北中山精舍舉辦禪修指引課程，共有16人參加。

◆即日起一連兩天，高雄紫雲寺舉辦「接待禮儀教育關懷培訓」，由義工團團長秦如芳、副團長吳滿雄、吳麗卿授課，約近一百位高雄、屏東、潮州等地學員參加。

◆即日起至31日，禪坐會於台東信行寺舉辦初階禪七，由僧團果弘法師擔任總護，共有66位學員參加。

◆研修學院校長惠敏法師應國立中山大學中山陽光藝術季「愛在陽光下」活動之邀，於中山大學文藝中心演講「生生之德——化育萬物的大愛」。

◆即日起一連兩天，慈基會於土城教育訓練中心舉辦「96年度聯絡人成長營」，進行專題演講以及討論活動，約有七十多位全台各地區正副聯絡人、安心站站長參加。

◆即日起一連兩天，美國護法會佛州奧蘭多聯絡處與天柏聯絡處於泰國廟（Wat Florida Dhammaram）共同舉辦二日禪，由聖嚴師父的西方法子吉伯．古帝亞茲（Gilbert Gutierrez）帶領，共有15人參加。

◆斯里蘭卡大寺派（Malwathu Chapter）國師——最高長老提巴圖瓦維．師利．悉達塔．蘇曼噶拉．瑪哈．納亞卡．泰羅（The Most Ven. Tibbatuwawe Sri Siddhartha Sumangala Maha Nayaka Thero）與南林尼僧苑一行25人參訪法鼓山園區，由方丈和尚果東法師、僧大副院長果鏡法師等人接待。

03.25

◆僧團弘化院佛學推廣中心於北投雲來寺舉辦「心靈環保讀書會帶領人種子培訓充電課程」，邀請《從心看電影》一書作者曾偉禎主講 「電影的延伸閱讀」，約近五十人參加。

◆義工團於農禪寺舉辦新義工說明會，由團長秦如芳帶領，共有45人參加。

◆即日起至28日，僧大院長果暉法師代表聖嚴師父至日本立正大學參加三友健容教授的論文出版祝賀會。

◆法鼓山基金會皈依關懷組舉辦新皈依弟子「快樂學佛人」活動，本日至法鼓山園區朝山參訪，共有38位三重、蘆洲區信眾，132位新莊、泰山區信眾，以及41位松山區信眾參加。

◆即日起至27日，美國護法會伊利諾州芝加哥分會舉辦一系列弘法活動，由美國護法會輔導師果謙法師帶領，內容包括兩場佛學講座、生活禪練習及觀音法會等，約有三十多位東西方學員參加。

◆香港護法會舉辦佛一，共有80人參加。

◆法行會副會長暨鳳甲美術館董事長邱再興及「法華鐘禮讚——佛像與經文的對話」策展人陳永賢教授，邀請46位參展藝術家，本日下午前往法鼓山園區參觀特展，方丈和尚果東法師、聖基會董事長施建昌蒞臨現場向藝術家們致謝。

03.26

◆僧團傳燈院應中華電信國際分公司之邀，至中華電信公司教授法鼓八式動禪，共有80位員工參加。

◆僧大於法鼓山園區女寮佛堂舉辦禪一，由常聞法師擔任總護，共有57位學僧參加。

03.27

◆聖嚴師父於法鼓山園區教育行政大樓為僧大學僧教授「高僧行誼」課程，講述師父最敬佩的近代高僧太虛大師的事跡，共有全體師生97人聽講。

◆即日起至7月24日，僧團弘化院佛學推廣中心每週二晚上於護法會內湖辦事處，開辦講解聖嚴師父著作《無量壽經講記》佛學課程，由講師宗譓法師主講，約近四十人參加。

◆專研弘一大師的林子青居士女兒林志明，偕同夫婿喬尚明及女婿蘇耿德，至法鼓山園區拜會聖嚴師父。

03.29

◆即日起至4月1日，法鼓山於園區禪堂舉辦「第28屆社會菁英禪修營」，由僧團副住持果品法師擔任總護，共有118人參加。

◆護法總會、聖基會與法鼓文化共同舉辦的「人生系列講座」，本日於台北中山精舍進行，由澳洲護法會墨爾本分會前任召委鞠立賢演講「澳洲墨爾本弘法的因緣」，約有八十多人參加。

03.30

◆台北安和分院舉辦「從心看電影・學佛無國界」系列活動，本日播映影片《羅拉快跑》，邀請知名導演柯一正講評，約近一百人參加。

◆即日起至4月1日，高雄紫雲寺舉辦清明佛三，共有1,035人參加。

03.31

◆即日起至4月6日，台中分院於台中逢甲大學體育館啟建「清明報恩梁皇寶懺」法會，由禪修中心副都監果醒法師、禪堂板首果元法師等擔任主法，法會期間，方丈和尚果東法師、僧團副住持果暉法師皆蒞臨關懷，彰化縣長卓伯源亦參與拜懺，約有五千多人次參加。

◆金山法鼓山社大於金山鄉中山堂舉辦開學典禮，方丈和尚果東法師於典禮中關懷致辭，金山鄉長許春財等人亦蒞臨現場。

◆法鼓山基金會皈依關懷組舉辦新皈依弟子「快樂學佛人」活動，本日至法鼓山園區進行朝山一日禪，共有43位大安、信義、南港區信眾參加。

◆美國護法會加州洛杉磯分會舉辦「初級禪訓班」，由資深禪修講師毛靖帶領，共有55人參加。

◆馬來西亞護法會舉辦「歡唱和平，舞動感恩」音樂會，為道場籌募建設基金，馬來西亞佛學院院長繼程法師及僧團青年院常惺法師、常御法師等人出席關懷，約有七百多人參加。

4月 APRIL

04.01

◆《人生》雜誌第284期出刊。

◆《法鼓》雜誌第208期出刊。

◆《金山有情》季刊第20期出刊。

◆法鼓文化出版新書：隨身經典系列《慈雲懺主淨土文》（重排再版，聖嚴師父著）；學佛入門系列《學佛群疑》（簡體版，聖嚴師父著）；佛教會議論文彙編《觀世音菩薩與現代社會》（中文版，聖嚴師父等著）；《法鼓山故事》（簡體版，聖嚴師父口述，胡麗桂整理）。

◆台東信行寺舉辦清明報恩佛一，共有45人參加。

◆本月份起，研修學院執行「漢傳佛教高僧傳之時空資訊系統之專案計畫」（GIS based study of the Biographies of Eminent Monks），建立高僧傳人、時、地文本資料結合地理資訊系統的研究資源。

◆本月份，研修學院與中國大陸「中國藏學研究中心」簽訂圖書交換協議書，研修學院提供102冊《法鼓全集》一套予對方，該中心圖書資料館則提供124部《大藏經．丹珠爾》一套，另有110部《大藏經．丹珠爾》待明年（2008年）出版後再行提供，藉此圖書交流建立長期合作關係，嘉惠兩岸學術界及佛教界文化交流。

◆大溪法鼓山社大於桃園齋明寺舉行2007年第一期（春季班）開學典禮，法鼓山社大校長曾濟群、齋明寺監院果迦法師、大溪鎮長代表郭進德、桃園縣議員楊朝偉、李柏坊等人到場觀禮，共有373人參加。

◆美國紐約象岡道場舉辦初階禪坐班，由住持果峻法師帶領，共有30人參加。

◆馬來西亞護法會於雪邦佛教學會舉辦一日生活禪，由僧團青年院常惺法師、常御法師帶領，共有44人參加；並於晚上進行「成功人生方程式」講座，由常惺法師主講，共有50人參加。

04.02

◆僧團傳燈院應羅東康泰老人養護中心之邀，至養護中心教授法鼓坐姿八式動禪，共有30人參加。

◆馬來西亞護法會舉辦大悲懺法器教學，由僧團青年院常惺法師、常御法師帶領，共有15人參加；並於晚上進行大專悅眾聯誼活動，由召委林忠彪主持，共有25人參加。

04.03

◆即日起至30日，美國紐約象岡道場舉辦28天淨住課程，參與禪眾於象岡道場入住28天，隨常住眾作息，包括早晚定課、自修、出坡，並於最後七天參加初階禪七，全程由住持果峻法師帶領。

◆馬來西亞護法會下午舉辦「清明報恩大悲懺」法會、晚上進行聯誼暨皈依活動，由僧團青年院常惺法師、常御法師帶領，共有90人次參加。

04.05

◆即日起至25日，美國護法會邀請馬來西亞佛學院院長繼程法師至美國西岸弘法，行程包括加州舊金山、加州洛杉磯以及華盛頓州西雅圖等地分會。第一站於本日至9日抵達舊金山主持多場弘法活動，包括一日禪、讀書會、演講等。

04.06

◆美國紐約長島大學（New York Long Island University）16位師生參訪法鼓山園區，並參觀即將成立的法鼓佛教研修學院。

04.07

◆即日起至14日，法鼓山於園區禪堂舉辦默照禪七，由禪堂板首果元法師擔任總護，共有40人參加。
◆台東信行寺舉辦禪一，共有25人參加。
◆義工團於法鼓山園區舉辦「攝影組——基礎數位攝影體驗營」，共有36人參加。
◆加拿大溫哥華道場下午舉辦觀音法會，由監院果樞法師主持，共有170人參加。

04.08

◆高雄紫雲寺舉辦觀音法會，由僧團果顯法師帶領，共有245人參加。
◆僧團傳燈院於法鼓山園區為石牌區信眾教授法鼓八式動禪，共有86人參加。
◆義工團於北投雲來寺舉辦「接待組——進階課程」，共有135人參加。
◆研修學院上午於法鼓山園區舉行揭牌成立典禮，由聖嚴師父、方丈和尚果東法師、校長惠敏法師、行政院文化建設委員會主任委員邱坤良、教育部高教司長何卓飛、聖靈寺住持今能長老、前教育部次長范巽綠、日本龍谷大學教授芳村博實等人共同揭幔。隨後舉行首任校長惠敏法師就職典禮。
◆中華佛研所於法鼓山園區教育行政大樓海會廳舉辦校友會，約有四十多位25屆歷屆傑出校友前來參與盛會，聖嚴師父特地前往關懷。
◆法鼓山基金會皈依關懷組舉辦新皈依弟子「快樂學佛人」活動，本日至法鼓山園區朝山戶外禪，共有90位石牌區信眾及45位中正、萬華區信眾參加。
◆美國護法會新澤西州分會舉辦地藏法會與《金剛經》講座，由美國護法會輔導師果謙法師主持，共有35人參加。
◆加拿大溫哥華道場舉辦演講，由義工團團長秦如芳主講「學佛行儀，義工心得漫談」，共有46人參加。

04.09

◆即日起至5月30日，北投文化館舉辦《地藏經》共修，由代理監院果諦法師帶領，約近九十人參加。
◆即日起至6月11日，僧團弘化院佛學推廣中心每週一晚上於基隆精舍開辦「大悲懺法」佛學課程，由講師果慨法師主講，約有七十多人參加。
◆僧團傳燈院應三重地政事務所之邀，至其辦公室教授禪修指引課程，共有35人參加。

04.11

◆美國護法會邀請馬來西亞佛學院院長繼程法師至美國西岸弘法，11日抵達西雅圖，於12至14日在華盛頓州西雅圖分會演講「自我、真我與無我」、「從有與空中求解脫」，每場約近五十人參加。

04.12

◆即日起至15日，美國護法會加州舊金山分會舉辦禪三，由美國護法會輔導師果謙法師帶領，共有17人參加。

◆即日起至5月12日，美國護法會華盛頓州西雅圖分會展開為期一個月的小吃義賣活動，做為協助美國紐約東初禪寺遷建募款之用，除了在一個月期間接受各方訂購外，並於5月12日參加美國華盛頓大學（University of Washington）舉行的台灣週活動，在活動現場進行義賣。

04.13

◆即日起至5月11日，台中分院每週五舉辦初級禪訓班，由監院果理法師帶領，約近八十人參加。

◆即日起至15日，僧團傳燈院於苗栗三義DIY心靈環保教育中心舉辦生活禪體驗營，由禪修中心副都監果醒法師帶領，共有49人參加。

◆法行會晚上於台北安和分院舉行第82次例會，由僧團副住持果暉法師演講「禪的生死觀」，共有110人參加。

04.14

◆法鼓山義工團與台北縣衛生局於法鼓山園區聯合舉辦香積組「食品衛生安全講習」，由資深義工帶領，約有八十人參加。

◆即日起至21日，香港護法會舉辦「親子繪本瑜伽班」，共有六個家庭，約近二十人報名參加。

◆菲律賓大乘信願寺住持傳印法師與普濟禪寺住持廣學法師至法鼓山園區參訪，由方丈和尚果東法師等人接待，並於16日前往北投雲來寺參訪，由僧團代理都監果廣法師等人接待。

04.15

◆法鼓山於農禪寺舉行祈福皈依大典，共有1,732人在聖嚴師父主持下皈依三寶；台南分院亦同步視訊連線舉行，約有一百三十多人皈依。

◆台中分院舉辦禪一，由果雲法師帶領，約有一百人參加。

◆僧團弘化院於本日、21、22日在北投雲來寺舉辦「心靈環保讀書會帶領人——種子培訓初階班」系列課程，約有四十多位學員參加。

◆高雄法青會於紫雲寺舉辦「從心過生活——生活智慧禪」活動，播放電影《神祕河流》，由果澔法師以禪的角度解析，約近三十人參加。

◆僧大於法鼓山園區禪堂舉辦一日禪，共有36位學僧參加。

◆ 慈基會推動「安心家庭關懷專案」，於高雄紫雲寺舉辦南區慰訪員行前專業訓練課程，邀請高雄縣政府社會局課長田禮芳授課，內容包括：認識安心家庭與瞭解處理流程、轉介服務、認識社會福利服務資源等，共有70位學員參加。
◆ 加拿大溫哥華道場於本日、21、22、28日舉辦初級禪訓班，由監院果樞法師帶領，共有45人參加。
◆ 中華電信公司北區員工及家屬組團至法鼓山園區參訪並參與景觀大出坡活動，共有100人參加。

04.17

◆ 方丈和尚果東法師於北投雲來寺二樓大殿代表聖嚴師父對法鼓山僧團法師、全體專職精神講話，主題為「以創辦人的開示與大家共勉」， 全台各分院道場同步視訊連線聆聽開示，約有六百八十多人參加。

04.18

◆ 即日起一連兩天，僧團舉辦一年一度的僧活營，以「健身．建僧——承先啟後」為主題，18日自祖庭北投文化館行腳至金山法鼓山園區，19日於法鼓山園區禪堂進行系列課程，約有一百多位僧團法師參加。
◆ 即日起至25日，美國護法會邀請馬來西亞佛學院院長繼程法師至加州洛杉磯分會進行禪修指導，並講解天台宗的「小止觀」、「六妙門」等禪修法門，以及主持一日禪，共約有兩百多人次參加。

04.19

◆ 慈基會高雄區義工關懷4月3日國防部陸軍航空601旅空偵任務失事意外，陸軍司令部上校梅道岡、中校謝淇任、少校彭志偉、主任丁良箴等人本日至法鼓山護法會中壢辦事處頒贈感謝狀，由僧團關懷院監院果器法師代表接受。

04.20

◆ 農禪寺晚上舉辦地藏法會，約近五百人參加。

04.21

◆ 法鼓文化下午於台北金石堂信義店金石書院舉辦《正念戰役》新書座談會，邀請醒吾技術學院助理教授辜琮瑜主講，共有33人參加。
◆ 即日起一連兩天，桃園齋明寺舉辦春季報恩法會，由僧團果建法師主持，約有二千多人次參加。
◆ 台東信行寺舉辦大悲懺法會，由監院果寰法師帶領，共有64人參加。
◆ 即日起一連兩天，僧團弘化院參學室舉辦參學服務員培訓課程，由常湛法師帶領，共有73人參加。

◆合唱團舉辦「法鼓法音教師巡迴列車」活動，本日於台中分院進行，邀請東海大學音樂系教授李秀芬指導發聲與歌唱技巧，課程包括演唱觀摩、佛曲「心」詮等，約有一百人參加。

◆教聯會於法鼓山園區舉辦校園禪修（生活禪）研習課程，由禪修中心副都監果醒法師帶領，約近九十人參加。

◆即日起一連兩天，護法總會高雄市北區辦事處舉辦「法鼓山朝山尋根之旅」二日遊，參訪法鼓山園區、農禪寺、北投文化館等地，共有62人參加。

◆北投法鼓山社大於農禪寺大殿舉行2007年第一期（春季班）開學典禮，方丈和尚果東法師、法鼓山社大校長曾濟群及台北市民政局局長黃呂錦茹等蒞臨與會，約有三百五十多位社大成員參與。

◆法鼓山基金會皈依關懷組舉辦新皈依弟子「快樂學佛人」活動，本日於新莊運動公園進行「親子同樂畫新莊」活動，共有35位新莊、泰山區信眾參加。

◆即日起至27日，美國紐約象岡道場舉辦初階禪七，禪眾可選擇參加前三天、五天或全程，由住持果峻法師帶領，共有20人參加。

◆即日起一連兩天，美國護法會密西根州聯絡處於蘭莘學佛會彌陀村舉辦禪修二日活動，內容包括半日禪修及禪修演講，由聖嚴師父的西方法子吉伯．古帝亞茲（Gilbert Gutierrez）主持，約有二十多位東西方人士參加。

◆加拿大溫哥華道場舉辦食品衛生安全課程，邀請市府衛生局專員葉家碧主講，為信眾建立食品衛生安全知識，並培養香積組義工，共有24人參加。

04.22

◆即日起至29日，法鼓山園區禪堂舉辦話頭禪七，由果祺法師擔任總護，共有31人參加。

◆台北安和分院舉辦四場「安寧療護系列課程」，本日進行第一場，邀請台灣安寧緩和醫學學會理事許禮安醫師主講，共有190位學員參加。

◆禪坐會於高雄紫雲寺舉辦禪一，由果顯法師帶領，共有68人參加。

◆念佛會於土城教育訓練中心舉辦念佛法器聯誼會，由僧團關懷院監院果器法師開示，共有140位海山地區信眾參加。

◆合唱團舉辦「法鼓法音教師巡迴列車」活動，本日至高雄紫雲寺舉行，課程包括合唱團長李俊賢歌曲教唱、林欣欣教授主講「美聲法——發聲與技巧」課程等，由法鼓山高雄合唱團指揮陳世音老師主持，共約有七十多位團員參加。

◆護法會海山辦事處於土城教育訓練中心舉辦念佛法器聯誼會，僧團關懷院監院果器法師到場關懷，共有海山地區信眾140人參加。

◆台中法鼓山社大上午於台中市立惠文高中禮堂舉辦2007年第一期（春季班）開學典禮，法鼓山社大校長曾濟群、僧團副住持果暉法師皆出席致辭，約有五百多人參加。

◆法鼓山基金會皈依關懷組舉辦新皈依弟子「快樂學佛人」活動，本日於土城教育訓練中心進行「念佛生淨土」佛一共修，共有100位海山區信眾參加。

◆法鼓山基金會皈依關懷組舉辦新皈依弟子「快樂學佛人」活動，本日於護法會大同共修處進行禪修指引課程，共有49位大同區信眾參加。

◆法鼓山基金會皈依關懷組舉辦新皈依弟子「快樂學佛人」活動，本日至法鼓山園區朝山參訪，共有35位三重、蘆洲地區信眾參加。

◆香港護法會舉辦法青禪一，內容包括法鼓八式動禪、山水禪、出坡禪、茶禪、止觀等，約有四十多人參加。

04.24

◆法鼓山基金會皈依關懷組舉辦新皈依弟子「快樂學佛人」活動，本日於護法會中和永和辦事處進行「如何修習佛法」講座，共有48位中和、永和地區信眾參加。

04.27

◆台北安和分院舉辦「從心看電影．學佛無國界」系列活動，本日播映影片《盧安達飯店》（Hotel Rwanda），邀請影評人曾偉禎解析，共有101人參加。

◆僧大於法鼓山園區女寮佛堂舉辦禪一，由僧大果乘法師擔任總護，共有81位學僧參加。

◆即日起至29日，泰國朱拉隆功佛教大學（Mahachulalongkornrajavidyalaya University）佛研所主任兼校長祕書撒瓦伊．秋提科（Sawai Chotiko）等一行16人參訪法鼓山園區，由僧團副住持果品法師、研修學院校長惠敏法師、圖書資訊館（以下簡稱圖資館）副館長果見法師接待。

◆美國護法會於駐紐約台北經濟文化辦事處舉辦「淨化身心靈」系列講座，本日邀請紐約大學（New York University）物理治療系教授凌汶主講「憂鬱症——亞裔的潛在殺手」，共有60人參加。

04.28

◆聖嚴師父應美國國家地理學會（National Geographic Society）之邀，與協會駐會首席探險家維德．戴維斯（Wade Davis）於台北誠品書店信義店展開一場以「世界盡頭的光明」（Light At the Edge of the World）為題的對談，討論環保、心靈科學、全球氣候變遷等議題，由媒體工作者陳文茜主持。

◆法鼓山園區舉辦「法華鐘禮讚——佛像與經文的對話」特展系列演講，本日進行第四場，由研修學院推廣教育中心講師許書訓主講「大願成就法華讚」，共有50人參加。

◆台中分院舉辦新勸募會員聯誼會，共約一百多人參加。

◆即日起至6月30日，高雄紫雲寺每週六上午開辦「生死學中學生死」課程，邀請屏東社區大學副主任郭惠芯主講，共有52人參加。

◆高雄紫雲寺舉辦「認養鳥松鄉人行廣場灑淨動土祈福典禮」，由方丈和尚果東法師主持，立法委員林岱樺、高雄縣政府民政局局長邱志偉、鳥松鄉長林榮宗等應邀參加，共有高雄、屏東、潮州等地三百多位信眾參加。

◆僧團傳燈院於法鼓山園區為南投縣敦和國小舉辦禪修體驗活動，共有40人參加。

◆僧團傳燈院於農禪寺舉辦禪修指引課程，共有65人參加。

◆法鼓山園區舉辦「機動交通義工初級工作說明會」，共有18人參加。

◆即日起一連兩天，僧團青年院於苗栗三義DIY心靈環保教育中心舉辦法青禪修成長營，共有138人參加。

◆合唱團舉辦「法鼓法音教師巡迴列車」活動，本日於農禪寺舉行，邀請美國明尼蘇達大學（University of Minnesota）音樂藝術博士鄭琪樺教授指導發聲與歌唱技巧，北區三分團——羅東團、基隆團、台北團派員支援，約有一百人參加。

◆即日起一連兩天，助念團於台南分院舉辦大事關懷一般課程，內容主題包括佛教的生死觀、聖嚴師父談「禪的生死觀」、法鼓山的大關懷教育、從瀕死現象談佛教的生命關懷、大事關懷的時機及關懷技巧等，兩天共約兩百五十多人次參加。

◆即日起一連兩天，僧大於法鼓山園區居士寮舉辦僧大「House Party」，由全體學僧共同策畫，邀請歷屆生命自覺營學員及其親友參加，共有90人參與。

◆即日起至5月20日，慈基會舉辦「第10期百年樹人獎助學金」系列頒發活動，首場於4月28日上午在土城教育訓練中心進行，頒贈獎助學金予北投、石牌、板橋等地區的學子，僧團關懷院監院果器法師、台北縣教育局督學歐人豪等人蒞臨關懷勉勵。

◆美國護法會佛州天柏聯絡處參加佛教和平聯誼會坦帕灣分會（Buddhist Peace Fellowship Tampa Bay）於聖彼得市德索托公園（De Soto Park）舉辦的「心靈轉換日」（Change your mind day）活動，向當地15個佛教團體與民眾介紹法鼓山，約近九十人參加。

◆新加坡護法會舉辦「心靈環保一日生活營」，共有13位新加坡南洋理工學院佛學社師生參加。

04.29

◆慈基會於高雄紫雲寺舉辦「第10期百年樹人獎助學金」頒發活動，共有38位學子受益。

◆義工團於北投雲來寺舉辦「醫護組——緊急救護課程」，共有70人參加。

◆法鼓山基金會皈依關懷組舉辦新皈依弟子「快樂學佛人」活動，本日至法鼓山園區參訪，共有40位基隆區信眾參加。

04.30

◆加拿大納蘭達學院（Nalanda College）校長蘇旺達．蘇古納西利（Suwanda Sugunasiri）伉儷至法鼓山園區參訪，並拜會研修學院校長惠敏法師。

5月 MAY

05.01

◆《人生》雜誌第285期出刊

◆《法鼓》雜誌第209期出刊

◆法鼓文化出版新書：大智慧系列《禪門第一課》（*Subtle Wisdom*）（聖嚴師父著）；經典人物故事系列《大師密碼M：百變不驚的小黑炭》（鄭栗兒著，鍾淑婷繪）、

《大師密碼N：王子的怪老師》（鄭栗兒著，張慧嵐繪）；論叢系列《山東佛教史蹟——神通寺、龍虎塔與小龍虎塔》（鄭岩、劉善沂編著）。

◆即日起至31日，桃園齋明寺舉辦「溫馨5月孝親報恩行」活動，內容包括點孝親報恩祈福燈和超薦燈、每日午課課誦《父母恩重難報經》，以及6日浴佛節園遊會、大悲懺法會；20日浴佛法會、親子朝法鼓山浴佛禮觀音；27日地藏法會等。

◆馬來西亞護法會舉辦衛塞節祈福會，共有60人參加。

05.03

◆法行會晚上於農禪寺舉辦第83次例會，由禪修中心副都監果醒法師演講「轉心轉境」，僧團關懷院監院果器法師、農禪寺監院果燦法師到場關懷，共有82人參加。

05.04

◆即日起至6月2日，法鼓山園區禪堂舉辦默照禪三十，由禪堂板首果元法師擔任總護，約有八十多人參加。

◆美國紐約東初禪寺舉辦義工心得分享活動，邀請台北大學社會工作學系副教授楊蓓以及聖基會董事長施建昌分享經驗，約有五十多人參加。

◆美國護法會伊利諾州芝加哥分會舉辦募款餐會，共有80人參加。

05.05

◆即日起至5月31日，僧團弘化院每週六、日於法鼓山園區舉辦「朝山．浴佛．禮觀音」活動，內容包括浴佛法會、朝山行禪、禮拜觀音等，共約有五千多人參加。

◆即日起至6月23日，台北安和分院每週六晚上舉辦「神經語言學」初階課程，邀請長期教授神經語言學課程的王葆琴主講，共有58人參加。

◆台南分院舉辦觀音法會，共有137人參加。

◆即日起一連兩天，香港分會舉辦讀書會種子培訓課程，邀請讀書會帶領人培訓專業講師方隆彰主講，約近三十人參加。

◆聖嚴師父於法鼓山園區對僧眾進行早齋開示，主題為「眼光高遠，心胸廣大」，約近一百五十人參加。

05.06

◆農禪寺舉辦浴佛法會，並展出信眾提供的藝術作品，約近一千人次參加。

◆南投德華寺舉辦浴佛法會暨「第10期百年樹人獎助學金」頒發典禮，由副寺果弘法師主持，約近一百人參加。

◆台東信行寺舉辦佛一暨八關戒齋法會，由監院果寰法師主持，共有50人參加。

◆台中法青會於台中分院舉辦「探訪自心的香格里拉——自我成長活動」，活動內容為藉「心五四」運動中的「四要」來滌除心中的煩惱；由僧團青年院常法法師帶領，約近二十人參加。

◆金山法鼓山社大於法鼓山園區舉辦母親節慶祝活動，內容包括切壽糕歡喜慶生、向父母親獻花頂禮、親子遊戲等，邀請金山鄉民眾偕同母親上山歡度佳節，共約有兩百多人參加。

◆法鼓山基金會皈依關懷組舉辦新皈依弟子「快樂學佛人」活動，本日至法鼓山園區浴佛、朝山、禮觀音，共有230位林口地區信眾及280位海山地區信眾參加。

◆即日起至28日，慈基會與金山、萬里地方人士合作，補助弱勢學生營養午餐費，由僧團果舫法師和慈基會義工前往金山、萬里等各中小學發放。包括金山鄉中角、三和、金美、金山等國小、金山高中，以及萬里鄉大鵬、崁腳等國小和萬里國中，共有26位學子接受補助。

◆慈基會於農禪寺舉辦台北市士林、天母、社子、中山、文山，以及台北縣新店、大三重等六區的「第10期百年樹人獎助學金」頒發典禮，共有89位學子受益。

◆慈基會於台南分院舉辦「第10期百年樹人獎助學金」南區頒發典禮，由監院果舟法師主持，約有四十多位學子受益。

◆即日起至11日，僧團副住持果品法師、關懷院監院果器法師率領關懷團，前往印尼日惹、棉蘭與亞齊等地，為興建完工的各項學校工程，進行揭牌落成啟用及捐贈典禮，同時關懷災區學童及慰勉法鼓山駐印尼義工。

05.07

◆即日起至13日，僧團果建法師至泰國護法會弘法關懷，指導當地信眾禪坐、讀書會、念佛共修，以及進行「佛教入門導讀」和《彌陀經》講座等，10日並主持佛一。

05.10

◆聖基會與美國紐約哥倫比亞大學（Columbia University）共同開設「聖嚴漢傳佛學講座教授」，本日於該校舉行計畫簽訂典禮，董事長施建昌、執行長蔡清彥、董事楊蓓等人代表出席參加，由哥倫比亞大學宗教系教授于君方擔任首任教授。

05.11

◆新加坡佛教總會佛教教育委員會主任慧光法師，由台大醫院緩和病房宗教師宗諄法師及弟子陪同，一行五人參訪法鼓山園區，由僧大果慨法師及常諦法師等接待。雙方並針對法鼓山大學院教育概況，以及新加坡當地佛學教育現況及佛教弘傳情形進行交流座談。

05.12

◆即日起，法鼓山園區每月第二週週六進行景觀維護日出坡活動，約近五十人參加。

◆桃園齋明寺舉辦佛一暨八關戒齋法會，共約一百人參加。

◆台中分院舉辦浴佛法會，由僧團副住持果暉法師主法，約有五百多人參加。

◆僧團傳燈院於農禪寺舉辦禪修指引課程，約有二十多人參加。

◆即日起至19日，禪坐會於苗栗三義DIY心靈環保教育中心舉辦初階禪七，由僧團果稱法師擔任總護，共有82人參加。

◆研修學院舉辦首屆的第一階段招生考試，共有51名學生報考，錄取15名正取生。

◆美國護法會華盛頓州西雅圖分會於4月中展開為期一個月的小吃預購義賣活動，本日參加於西雅圖華盛頓大學（The University of Washington at Seattle）舉辦的「台灣週」活動，在現場義賣小吃，為協助美國紐約東初禪寺遷建募款。

◆為幫助泰北清萊地區優秀的清寒學子，泰國護法會提供獎助學金給光復中學、大同中學。即日起一連兩天，於泰國弘法的僧團果建法師與當地悅眾一行人前往，頒發獎助學金給二所中學的56位泰北學子。

05.13

◆法鼓山於農禪寺舉辦「社會菁英禪修營第55次共修會」，由禪修中心副都監果醒法師帶領，聖嚴師父親臨開示，共有113人參加。

◆台北安和分院上午於國父紀念館西側廣場舉辦「大願祈福感恩會」母親節活動，內容包括浴佛、禪食禪茶，以及音樂藝術團體表演等，方丈和尚果東法師、國父紀念館館長鄭乃文、台北市民政局副局長葉傑生，及護法總會總會長陳嘉男等人皆出席參加，約近八千人次參加。

◆美國紐約東初禪寺舉辦浴佛節活動，包括浴佛儀式、茶禪及東初合唱團演唱等，由住持果明法師主持，約有一百五十人參加。

◆馬來西亞護法會舉辦「從心看電影」活動，播放影片《愛回家》，共有40人參加。

◆澳洲護法會墨爾本分會舉辦浴佛節活動，約有三十多人參加。

05.14

◆台南分院舉辦初級禪訓班，由監院果舟法師主持，共有30人參加。

◆北投法鼓山社大於北投雲來寺舉辦2007年第一期（春季班）自治幹部會議，由校長曾濟群主持，共有21人參加。

05.15

◆聖嚴師父於本日，5月17、31日，以及6月5、31日 ，接受《天下文化》特約撰述潘煊採訪，主題為「漢傳佛教與心靈環保」。師父先後談及法鼓山的核心價值「心靈環保」及「心六倫」運動的內容與意涵，並從禪法論述創意、四種環保、自然灑葬、禪修的態度與層次等問題。

05.17

◆即日起至20日，香港護法會舉辦浴佛節系列活動，包括17日專題演講「中華禪法鼓宗」，18日菩薩戒誦戒會及念佛共修，19日《金剛經》誦經法會，20日浴佛法會、皈依法會等，由僧團果建法師帶領，約有兩百多人參加。

05.18

◆護法會海山辦事處舉辦生活與法律講座，由法律專家郭中文主講，約近二十人參加。
◆法行會舉辦藝文饗宴活動，本日至法務部、文化總會、國立歷史博物館參觀，共有30人參加。

05.19

◆台東信行寺舉行浴佛法會，內容包括念佛、浴佛、燃燈供佛、香花供佛、義賣等，由監院果寰法師主持；活動中並舉辦「第10期百年樹人獎助學金」頒發典禮，約近二百人參加。
◆僧團三學院義工室舉辦義工工作說明會，幫助新加入者瞭解法鼓義工精神，認識園區義工組別、任務與意義等，共有56人參加。
◆即日起一連兩天，由僧團主辦、僧大協辦的「考生祝福」活動，在護法總會北七轄區義工協助下，於基隆經國管理暨健康學院、基隆女中進行第一梯次的活動，僧團弘化院果妙法師、常宏法師、僧大常諦法師，都親自到場為考生加油打氣。
◆研修學院副校長杜正民及教授馬紀，代表參加行政院國科會於台北誠品書店信義店舉辦的「擁抱數位．湧現台灣——95年度內容開發公開徵選計畫成果展」。
◆美國紐約東初禪寺於紐約拉加第亞機場萬豪酒店（New York LaGuardia Airport Marriott）舉辦遷建義賣募款餐會，主題為「法鼓希望工程．建設人間淨土」，由方丈和尚果東法師、東初禪寺住持果明法師及美國護法會輔導師果謙法師共同參與，聖嚴師父並做錄影開示。出席者包括東禪寺住持通智法師、大覺寺住持德恩法師、駐紐約台北經濟文化辦事處處長夏立言伉儷、名作家王鼎鈞伉儷、《世界日報》紐約分社社長李厚維等，約有來自台灣、美國東西岸三百多人參加。
◆即日起至21日，加拿大溫哥華道場舉辦精進禪三，由監院果樞法師擔任總護，約近四十人參加。
◆台北市立心慈善基金會152位義工及多位坐著輪椅的老菩薩一行人，本日至法鼓山園區參訪。
◆台中大甲的蓮心自強服務協會260位身心障礙人士，本日至法鼓山園區參訪。

05.20

◆北投文化館舉辦浴佛節活動，活動內容包括法會、親子闖關遊戲、義診、義賣等，以及逸仙國小將近一百多位小朋友表演24節氣鼓、弦樂、合唱等，共約有一千兩百多人參加。
◆桃園齋明寺舉辦母親節報恩法會，約近一百人參加。
◆台南分院於台南二中舉行「祈福平安浴佛法會」，由僧團果興法師主法，約有一千多人參加。
◆高雄紫雲寺舉辦浴佛法會，由監院果耀法師主持，約有四百多人參加。
◆台中法鼓山社大於台中分院舉辦烹飪班成果分享日活動，共有25人參加。
◆法鼓山基金會皈依關懷組舉辦新皈依弟子「快樂學佛人」活動，本日至法鼓山園區進行浴佛、朝山、禮觀音，約近兩百八十位新莊、泰山區信眾參加。

◆法鼓山基金會皈依關懷組舉辦新皈依弟子「快樂學佛人」活動，本日上午於台中分院進行佛學講座，由果雲法師主講， 約近三十人參加。

◆南投竹山安心服務站九位慰訪及助念成員，前往竹山秀傳醫院關懷太極峽谷風景區發生的九人座廂型車翻落山谷事件受傷病患，為往生者助念，並進行後續的關懷。

◆美國紐約東初禪寺舉辦佛學講座，由方丈和尚果東法師主講「活在當下、快樂生活」，約有一百多人到場聆聽；講座開始前，方丈和尚並主持一場皈依典禮。

◆馬來西亞護法會舉辦精進禪一，約有十餘人參加。

◆澳洲護法會墨爾本分會響應澳洲紅十字會每四個月所舉辦一次的捐血活動，約有十多人參加。

◆由內政部建築研究所主辦，委託台北縣政府舉辦的「推動綠建築及建立綠建築審查及抽查制度」研討會，於本日、26、27日三天，分三梯次參觀法鼓山園區，約有六百四十多位建築專家及其家眷參加。

05.21

◆護法總會、聖基會、法鼓文化共同舉辦的「人生系列講座」，本日於護法會松山辦事處進行，邀請金融管理專家戴萬成演講「佛法與如實人生」，約有七十多人參加。

◆在印尼棉蘭創辦菩提學校（Maha Bodhi School）的學源法師，本日拜訪聖基會。聖基會則提供學源法師法鼓山的書籍及影音結緣品，其中書籍將做為菩提學校各級學生上課使用的教材。

05.22

◆台北縣金山國小143位三年級同學參訪法鼓山園區，進行校外教學。

05.23

◆高雄紫雲寺舉辦初級禪訓班，共有42位學員參加。

05.24

◆即日起至6月24日，台北郵政公司於郵政博物館六樓特展室舉辦「宗教文物郵展」，法鼓山應邀參展，展出聖嚴師父的著作《法鼓全集》及三冊墨寶集等出版品與文物。

◆即日起至6月28日，僧團弘化院佛學推廣中心每週四晚上於護法會中壢辦事處，開辦講解《楞嚴經．大勢至菩薩念佛圓通章》佛學課程，由講師見正法師主講，約有三十多人參加。

05.25

◆台北安和分院舉辦「從心看電影、學佛無國界」系列活動，本日播映影片《佐賀的超級阿嬤》，由行政中心公關文宣處輔導師果祥法師解析，共有132人參加。

◆即日起一連兩天，僧團傳燈院於苗栗三義DIY心靈環保教育中心舉辦生活禪體驗營，由禪修中心副都監果醒法師主持，共有78人參加。

◆文基會舉辦「心靈環保列車活動」，本日台東信行寺與台東縣教育局於信行寺共同進行「環保資源再生——童玩製作」活動，約有三百多人參加。

05.26

◆即日起至29日，方丈和尚果東法師代表聖嚴師父出席泰國政府於曼谷佛教城和聯合國亞太總部擴大舉辦的衛塞節暨泰皇80大壽慶祝活動，並於28日代師父宣讀〈佛教是推動世界永久和平的希望〉一文。參加的來賓包括泰國副僧王松德．普拉．佛陀恰理亞（Somdet Phra Buddhacharya）、聯合國代表，以及來自61個國家、約一千五百位佛教領袖代表、外交使節、佛教學者等。

◆法鼓山園區舉辦「法華鐘禮讚——佛像與經文的對話」特展系列演講，本日進行第五場，由僧大副院長果鏡法師主講「作禮事尊法華經」，約近五十人參加。

◆台北中山精舍舉辦禪修指引課程，共有17人參加。

◆高雄三民道場舉辦浴佛法會，由紫雲寺監院果耀法師主持，約近一百五十人參加。

◆即日起一連兩天，僧團青年院於南投惠蓀林場舉辦法青山水禪，由僧團果興法師擔任總護，共有88人參加。

◆即日起一連兩天，由僧團主辦、僧大協辦的「考生祝福」活動，在護法總會北七轄區信眾支援下，於基隆中學、基隆女中進行第二梯次的活動。

◆法鼓山基金會皈依關懷組舉辦新皈依弟子「快樂學佛人」活動，本日至法鼓山園區浴佛、朝山、禮觀音，共有255位大安、信義、南港及海山區信眾參加。

◆加拿大溫哥華道場舉辦浴佛法會，由監院果樞法師主持，約近二百人參加。

◆印度哲蚌寺法海法師至法鼓山園區拜訪聖嚴師父，請益有關漢、藏佛教中的止觀法門之同異。

05.27

◆即日起，法鼓山園區每月第四週週日舉辦景觀維護日出坡活動，約近六十人參加。

◆農禪寺舉辦新義工說明會，由義工團團長秦如芳主持，共有50人參加。

◆高雄三民道場舉辦禪一，由僧團果顯法師主持，共有35人參加。

◆法行會中區分會於台中分院舉辦今年第一次會員大會，僧團副住持果暉法師、台中分院監院果理法師、台中市長胡志強伉儷、彰化縣長卓伯源、台中縣副縣長張壯熙受邀出席，聖嚴師父也特地錄製了一段開示影片，表達對法行會中區分會的關懷與期望。

◆法鼓山基金會皈依關懷組舉辦新皈依弟子「快樂學佛人」活動，本日至法鼓山園區浴佛、朝山、禮觀音，共有213位中正、萬華、中山區，及三重、蘆洲區信眾參加。

05.28

◆僧團傳燈院應台北縣中和市華冠通訊公司之邀，於該公司研發中心舉辦禪修指引課程，共有30人參加。

◆韓國曹溪宗全國僧伽大學教職成員一行，在曹溪宗教育院教育部長法藏法師帶領下，包括教育院各局長、七所僧大佛學院長、14所佛學院講師等共65位法師居士，首次組團到法鼓山園區參訪考察，進行僧伽高等教育的經驗交流，並與研修學院校長惠敏法師、僧團副住持果品法師、僧大副院長果鏡法師等人進行簡報交流及教育經驗分享。

05.29

◆中華佛研所漢藏佛教文化交流研究班（以下簡稱漢藏班）下午舉行第二次論文發表會。

05.30

◆即日起至6月10日，法鼓山「遊心禪悅——法語・墨緣・興學」聖嚴師父書法展全台巡迴展第一站於台南市新光三越百貨展場舉行，6月2日上午舉行開幕儀式，聖嚴師父、方丈和尚果東法師，以及台南市長許添財、大億麗緻飯店董事長吳俊億等人皆親臨參與。

05.31

◆由護法總會、聖基會、法鼓文化共同舉辦的「人生系列講座」，本日於台北中山精舍進行，由法鼓山建設工程處長李孟崇主講「法鼓山永續環保建築」，共有92人參加。

◆新加坡護法會舉辦衛塞節浴佛法會，約近五十位民眾參加。

◆比利時根特大學（Ghent University）校長高文貝基（Paul Van Cauwenberge）、漢學系系主任巴德勝（Bart Dessein）等人至法鼓山園區參訪，由研修學院校長惠敏法師介紹研修學院的創校宗旨、成立經過等。

6月 JUNE

06.01

◆《人生》雜誌第286期出刊

◆《法鼓》雜誌第210期出刊

◆法鼓文化出版新書：琉璃文學系列《禪味京都》（秦就著）。

◆法行會於台北安和分院舉辦第84次例會，會中進行專題演講，由助念團團長鄭文烈主講「莊嚴的佛事——大事關懷」，約近七十人參加。

◆即日起至7月31日，法鼓山人文社會基金會（以下簡稱人基會）辦理第一屆「關懷生命獎」選拔活動，徵選關懷生命的個人及團體。

06.02

◆護法總會舉辦聖嚴師父與方丈和尚果東法師全台巡迴關懷活動，本日下午於台南大億麗緻飯店舉行，方丈和尚為76位新進勸募會員授證，師父也為新認捐的28位榮譽董事授證，隨後並進行關懷開示。護法總會副總會長劉偉剛、黃楚琪、周文進等，以及嘉義、台南地區勸募會員共六百多人參加。

◆文基會舉辦「心靈環保列車活動」，本日護法會花蓮辦事處於花蓮縣壽豐鄉米棧村進行「親親大自然——探索米棧古道」活動，共有50人參加。

◆加拿大溫哥華道場舉辦佛一暨八關戒齋法會，由監院果樞法師主持，共有62人參加。

06.03

◆桃園齋明寺舉辦佛一暨八關戒齋法會，約近一百二十人參加。

◆台中法青會於台中分院舉辦「探訪自心的香格里拉——自我成長活動」，活動內容藉「心五四」運動中的「四感」來回顧生命過程，學習感恩。由僧團青年院常法法師帶領，約近二十人參加。

◆護法會新店辦事處上午舉辦新道場落成灑淨啟用法會，由護法總會輔導師果器法師主持，護法總會副總會長黃楚琪、法行會執行長藍福良、教聯會召集人楊美雲、北四轄區召委楊紀梅等人，以及北二、北四轄區五百多位信眾到場參與。

◆法鼓山基金會皈依關懷組舉辦新皈依弟子「快樂學佛人」活動，本日至桃園齋明寺一日遊，共有43位石牌地區信眾參加。

◆慈基會於北投雲來寺二樓大殿舉辦「緊急救援正副總指揮成長營」，約有八十多位來自全國各分院、地區救災中心緊急救援系統的正、副總指揮參與，行政中心副都監兼慈基會祕書長果光法師到場關懷。

◆美國護法會加州舊金山分會舉辦一日禪，由輔導師果謙法師主持，共有15人參加。

◆明基友達集團（BenQ）全球各地的分公司主管及員工一行85人，本日下午參訪法鼓山園區。

06.05

◆即日起至6月底，護法會海山辦事處每週二、五晚上開辦初級禪訓班，由僧團果妙法師帶領，約近七十人參加。

◆慈基會高雄分院救災中心總指揮陳元章至高雄醫學院附設醫院與高雄榮總，瞭解與關懷洗衣店疑遭縱火一家六口四死事件，給予精神關懷，並協助後續事宜。

06.06

◆研修學院圖資館於法鼓山園區教育行政大樓海會廳，舉辦新圖書資料自動化系統Aleph啟用儀式。

◆即日起至15日，人基會推動「青年領袖願景實踐方案」，贊助「台灣與獅子山願景實踐團隊」，於台灣大學舉辦「愛飛至獅，愛／非自私」校園系列活動。

◆即日起至10日，馬來西亞護法會參加歡慶馬來西亞獨立50週年活動，在50個當地佛教團體共同舉辦的「以佛法淨化人心，讓藝術感動世界」佛教文化藝術展中，展出法鼓文化出版品，以及法鼓山和聖嚴師父的簡介等。

06.07

◆即日起至7月26日，僧團弘化院佛學推廣中心每週四晚上於護法會板橋共修處，開辦講解聖嚴師父著作《八正道講記》佛學課程，由講師大常法師主講，約有三十多人參加。

◆即日起至8月9日，僧團弘化院佛學推廣中心每週四晚上於護法會桃園辦事處，開辦講解聖嚴師父著作《四正勤講記》佛學課程，由講師大宣法師主講，約近三十人參加。

◆僧團三學院義工室於本日及9日在法鼓山園區舉辦二梯次服務接待義工工作說明會，幫助新義工瞭解法鼓義工精神、服務接待任務與意義，並現場演練實習，約近五十人參加。

◆台北蒙特梭利幼稚園校長胡蘭，偕同夫婿吳紹麟至聖基會辦公室拜訪聖嚴師父，並簽署約定書，捐贈胡蘭女士已故姨母李吳麗英老太太的遺產一億八千七百萬元，做為法鼓大學環境研究學院教學大樓的建設經費。

06.08

◆即日起至10日，護法總會於法鼓山園區禪堂舉辦「悅眾禪二」，由常遠法師主持，共有181位悅眾參加。

◆即日起至10日，美國護法會密西根州分會於蘭莘學佛會彌陀村舉辦親子夏令營，主題為「人格養成」，活動內容包括自然探索、法鼓八式動禪、茶禪及營火晚會等，約有五十多人參加。

06.09

◆文基會舉辦「心靈環保列車活動」，本日台北中山精舍配合端午節慶，舉辦「愛心暖人間——相約五日節，與長者共慶端午」活動，邀請中山區獨居長者進行聯誼，活動內容包括播放影片介紹法鼓山以及茶敘等，共有188人參加。

◆即日起一連兩天，台中分院於苗栗三義DIY心靈環保教育中心舉辦禪二，由果雲法師擔任總護，約一百人參加。

◆僧團傳燈院於農禪寺禪堂舉辦禪修指引課程，約有二十多人參加。

◆法行會於農禪寺舉辦健康養生研習班成果展，內容包括健康飲食、副食、點心及家常菜類的作法示範、展出，約近七十人參加。

◆即日起一連兩天，助念團於高雄紫雲寺進行大事關懷一般課程，內容主題包括佛教的生死觀、聖嚴師父談「禪的生死觀」、法鼓山的大關懷教育、從瀕死現象談佛教的生命關懷、大事關懷的時機及關懷技巧等，兩天共約近四百七十人次參加。

06.10

◆農禪寺舉辦禪一，由果時法師帶領，共有68人參加。

◆台北安和分院舉辦四場「安寧療護系列課程」，本日進行第二場，邀請台灣安寧緩和醫學學會理事許禮安醫師主講，約有二百一十多位學員參加。

◆台北中山精舍本日及24日在松山區福德社區舉辦念佛共修，約有二十多位福德社區年長居民參加。

◆台中分院舉辦「年輕化聯誼會」，讓法青悅眾在互動中討論未來服務的方向和內容，由監院果理法師主持，約近二十人參加。

06.11

◆即日起至13日，僧團三學院於農禪寺舉辦「第九梯次法鼓山大普化教育講師核心教學能力培訓」，邀請潛能開發顧問林鈞翔主講，共有14位僧眾參加。

◆即日起至13日，僧團三學院於禪堂舉辦「初級禪訓班師資培訓」，由禪堂板首果元法師等人指導，共有20位僧眾參加。

06.13

◆護法總會、聖基會、法鼓文化共同舉辦「人生系列講座」，本日於護法會新店辦事處進行，邀請金融管理專家戴萬成演講「佛法與如實人生」，約近一百位聽眾參加。

06.15

◆即日起至24日，法鼓山園區禪堂舉辦話頭禪十，由禪堂板首果元法師擔任總護，共有48人參加。

◆農禪寺晚上舉辦地藏法會，約有五百多人參加。

06.16

◆即日起一連兩天，法鼓山園區於居士寮舉辦「工商禪二」活動，由禪修中心副都監果醒法師擔任總護，聖嚴師父特別到場關懷所有學員。包括工商倫理委員會主委顏元博、法行會會長蕭萬長、法行會執行長藍福良等，共有64名工商界人士參加。

◆文基會舉辦「心靈環保列車活動」，本日響應世界清潔地球日，由金山法鼓山社大與金山鄉公所、豐漁社區發展協會等單位，共同參與台北縣沿海鄉鎮春季淨灘活動，約近三百位義工參加。

◆慈基會「安心家庭關懷專案」北區研討會於北投雲來寺舉行，內容包括慰訪的技巧和須知、慰訪實務演練、如何對案家進行協助等，邀請台北市社會局專員林淑文主講，約有九十多位學員參加。

◆台中東勢安心服務站舉行增建工程竣工灑淨啟用儀式，由台中分院監院果理法師主持，台中、豐原等地信眾也前來參加。

◆即日起一連兩天，美國護法會加州舊金山分會舉辦親子夏令營，主題為「人格養成」，活動包括綠野遊蹤、茶禪、成果展等，共有36人參加。

◆即日起一連兩天，香港護法會舉辦悅眾成長課程，邀請資深悅眾楊美雲主講「法鼓人應知法鼓事」，內容包括法鼓山的理念、勸募會員的認識及態度等。

◆香港護法會義工團至伸手助人協會麗瑤白普理護老院，陪伴年長院民們歡度端午節 。

◆澳洲護法會雪梨分會至朵梅（Domain）達賴喇嘛演講的露天會場設置攤位，發送法鼓山結緣書，並向民眾介紹聖嚴師父的書籍，約近二十位義工參加。

◆交通大學校友會、教職員及眷屬二百多人，組成「法鼓山心靈之旅」參訪團，至法鼓山園區進行一天的參訪與禪修活動。

06.17

◆南投德華寺舉辦端午節關懷活動，除發放物資外，並有義剪及義診，約有四十多位埔里鎮獨居老人受惠。

◆台南分院常及法師與義工一行近三十人，至台南市私立健生障礙照護中心，進行端午關懷活動。

◆高雄紫雲寺啟建慈悲三昧水懺法會，由僧團果建法師主法，約近五百位來自台南、高雄、潮州、屏東等地信眾參加。

◆北投法鼓山社大舉辦暑期活動「遊戲魔法禪師資培訓班」，邀請東吳大學教授林月珠指導，培養學員帶領活動的技巧，共有35人參加。

◆法鼓山基金會皈依關懷組舉辦新皈依弟子「快樂學佛人」活動，本日上午於台中分院舉辦佛學講座，由果雲法師主講， 約近三十位學員參加。

◆因應美國象岡道場將於6月30日首度啟建的梁皇寶懺法會，紐約東初禪寺於本日及6月24日開辦一場共修，由僧團果慨法師為信眾講解梁皇寶懺的意義及懺法的殊勝修行方法，約近六十人參加。

◆現定居香港的中國大陸甘肅省涇川「新農村學習型學校社區」建設工程總策畫師許國輝博士，偕同香港聖公會何澤芸小學校長王雲珠，上午至法鼓山園區拜會聖嚴師父。

06.18

◆美國護法會華盛頓州西雅圖分會於西海岸公園（Marymoor Park）舉辦華盛頓州會員戶外聯誼野餐會，共有100人參加。

06.20

◆護法總會、聖基會、法鼓文化共同舉辦「人生系列講座」，本日於護法會海山辦事處進行，邀請資深媒體人劉忠繼演講「從新聞事件看為人處世」，共有88位聽眾參加。

06.21

◆即日起至7月12日，北投法鼓山社大每週四下午及晚上於農禪寺舉辦兩梯次的暑期活動——「水果禪」課程，由法鼓山社大老師黃麗月指導藉供養水果的方式修習禪定，共有32人參加。

06.22

◆即日起一連兩天，僧團傳燈院於苗栗三義DIY心靈環保教育中心舉辦生活禪體驗營，由禪修中心副都監果醒法師帶領，共有79人參加。

◆即日起一連兩天，馬來西亞護法會舉辦「千人千元，千人千願」的募款活動，邀請大馬知名舞台劇導演何靈慧、佛教音樂創作人黃慧音共同製作佛教舞台劇《圓滿的生命》，在吉隆坡表演藝術中心（The KL Performing Arts Center，簡稱KLPAC）進行兩場公演。

06.23

◆法鼓山園區舉辦「法華鐘禮讚——佛像與經文的對話」特展系列演講。本日進行第六場，邀請心理諮商專家鄭石岩主講「利益眾生法華行」，約近一百二十人參加。

◆台北安和分院舉辦觀音法會，共有212人參加。

◆即日起至30日，僧大於法鼓山園區教育行政大樓和禪堂舉辦96學年度招生考試，本日舉行筆試，24日至30日舉行術科禪七，共有16位男眾，48位女眾應試。

06.24

◆台南分院為祈求佳里雲集寺興建順利，本日舉辦整日持誦〈大悲咒〉共修，共有180人參加。

◆合唱團於農禪寺舉辦「96年度專業研習課程」北部場次，邀請東海大學音樂系教授李秀芬為學員講授「聲樂理論發聲法與技巧」，共有北區三分團——台北團、基隆團、羅東團，以及北五轄區等一百多位團員和悅眾參加。

◆文基會舉辦「心靈環保列車活動」，本日護法會大同共修處於台北市保安宮進行「人與歷史的對話——台北保安宮參訪」活動，共有40人參加。

◆法鼓山基金會皈依關懷組舉辦新皈依弟子「快樂學佛人」活動，本日分別有35位三重、蘆洲地區信眾至法鼓山園區朝山一日遊，40位林口地區信眾至法鼓山園區參訪，並進行一日禪。

◆慈基會關懷台北陽明山仰德大道重大車禍，由總幹事陳果開及副總幹事鄭文烈、林武雄動員北區六十多位義工，於第一時間前往各醫院關懷車禍事故的傷亡者及家屬。

◆廣達電腦公司董事長林百里、前故宮院長秦孝儀的公子及千金一行，本日至法鼓山園區拜會聖嚴師父，就書法與興學的願心向師父請益。

06.25

◆僧團傳燈院於農禪寺禪堂舉辦禪修指引課程，約近三十人參加。

◆研修學院推廣教育中心第二期開課，共有11堂課，分別於慧日講堂、華嚴蓮社、愛群教室進行。

◆慈基會於北投雲來寺舉辦「社會工作者心靈饗宴」，由禪修講師李珮穎主講，指導學員學習禪修、放鬆身心，共有32位台北縣政府的社工人員參加。

◆即日起至27日，美國護法會華盛頓州西雅圖分會舉辦親子夏令營，主題為「人格養成」，活動包括「和敬平安」過十關、綠野遊蹤、茶禪等，共有26人參加。

◆日本龍谷大學桂紹隆伉儷至法鼓山園區參訪研修學院，並拜訪校長惠敏法師。

06.26

◆新加坡護法會舉辦「素食漫談講座會」，共有80人參加。

06.27

◆香港護法會「繪本樂趣坊」成員上午至黃藻森小學，為該校五百多位小朋友進行繪本故事導讀和遊戲。

06.28

◆僧團傳燈院應台北市萬國商標事務所之邀，於台北安和分院舉辦法鼓八式動禪教學課程，共有140人參加。

06.29

◆台北安和分院舉辦「從心看電影」活動，本日播放影片《那人那山那狗》，邀請知名導演曾壯祥講評，共有95人參加。

◆即日起至7月2日，美國護法會加州洛杉磯分會舉辦親子夏令營，主題為「人格養成」，活動包括「和敬平安」過十關、綠野遊蹤、茶禪等，約有三十多人參加。

◆即日起至7月1日，加拿大護法會多倫多分會邀請聖嚴師父的西方法子吉伯．古帝亞茲（Gilbert Gutierrez）前往當地弘法，6月29日、7月1日分別進行一場禪修演講，6月30日則舉辦一日禪。

◆即日起至7月4日，新加坡護法會舉辦禪五，由僧團果舟、果悅、果仁三位法師前往指導，帶領學員體驗禪修，以及經行、法鼓八式動禪、瑜伽運動等，共有36位學員參加。

06.30

◆法鼓文化下午於台北金石堂信義店金石書院舉辦《禪味京都》新書座談會，邀請該書作者秦就主講，約近百人參加。

◆農禪寺舉辦佛一暨八關戒齋法會，約近一千人參加。

◆台東信行寺舉辦禪一，共有15人參加。

◆即日起至7月3日，僧團青年院於法鼓山園區舉辦「2007年全球法青悅眾培訓營」，這場培訓營是「法青兩年培訓計畫」的首波活動，聖嚴師父、方丈和尚果東法師、僧團代理都監果廣法師都到場關懷，約有台灣、溫哥華、新加坡等地一百四十多位海內外法青會員參加。

◆即日起一連兩天，僧團百丈院景觀維護組於法鼓山園區，舉辦「景觀維護成長二日營」，內容包括植物養護、生態保育等課程，共有70人參加。

◆人基會為推動「倫理專案」，本日於台北市圓山飯店舉辦一場「新時代．心倫理」座談會，邀請聖嚴師父、前監察院院長錢復、宏碁集團創辦人施振榮、前清華大學校長劉炯朗及台積電文教基金會董事張淑芬等人進行對談，由媒體人葉樹姍主持，方丈和尚果東法師、行政院長張俊雄、台積電董事長張忠謀等人亦蒞臨參與，約有近千位民眾參加。

◆即日起一連兩天，法鼓山基金會皈依關懷組舉辦新皈依弟子「快樂學佛人」活動，至法鼓山園區進行二日禪，共有30位新莊、泰山區信眾參加。

◆慈基會「安心家庭關懷專案」南區研討會於高雄紫雲寺舉行，邀請高雄縣社會局督導吳素秋、社工員吳姿儀擔任講師；課程透過地區實際案例，讓學員們進行分組演練，以增進訪視的技巧，共有45位台南、高雄、屏東等地慰訪義工參加。

JULY

07.01

◆《人生》雜誌第287期出刊

◆《法鼓》雜誌第211期出刊

◆《金山有情》季刊第21期出刊。

◆法鼓文化出版新書：經典人物故事系列《大師密碼O：頭上長角的老虎》（鄭栗兒著，邱千容繪）、《大師密碼P：再也不睡覺了》（鄭栗兒著，含仁繪）；佛教會議論文彙編《觀世音菩薩與現代社會》（英文版）（*Bodhisattva Avalokiteśvara (Guanyin) and Modern Society*）（聖嚴師父等著）；智慧海系列《佛教建築的傳統與創新——2006法鼓山佛教建築研討會論文集》（聖嚴師父等著）。

◆台中分院舉辦勸募會員聯誼會，約近一百人參加。

◆南投德華寺上午舉辦地藏法會，約近三十人參加。

◆高雄紫雲寺上午舉行淨土懺法會，共有210人參加。

◆中華佛研所於法鼓山園區舉辦「第四屆法鼓山漢藏佛教文化交流翻譯研究班」成果感恩發表會，計有來自印度、尼泊爾的14位西藏喇嘛簡報翻譯作品及示範辯經，聖嚴師父、方丈和尚果東法師、研修學院校長惠敏法師、中華佛研所代理所長果肇法師、台藏基金會副祕書長翁仕杰、蒙藏委員會副處長娥舟文茂等人蒞臨會場，共約有二百多位貴賓應邀參加。

◆即日起至8月28日，大溪法鼓山社大每週二、三、六、日開辦系列暑假課程，內容包括中國結、不織布DIY、兒童英文繪本、太極拳與養生、兒童歌唱班、親子禪坐、英語正音與LEGO超易結構法等，約近兩百八十人次參加。

◆即日起至7日，美國紐約象岡道場首度啟建梁皇寶懺暨焰口法會，方丈和尚果東法師於4日抵達並主法，約有一百多位信眾參加。

◆美國護法會加州洛杉磯分會舉辦佛學講座，邀請福嚴佛學院院長淨照法師講授《瑜伽師地論》，共有33人參加。

◆香港護法會舉辦「走向生命的高峰」講座，邀請台灣宜蘭頭城國小校長林信德主講，約近五十人參加。

◆即日起至8月31日，澳洲護法會墨爾本分會每月第一週週日舉辦大悲懺法會及法器練習，約有十多人參加；每月第一、二、三週週日舉辦法鼓八式動禪、禪坐共修，約有十多人參加。

07.02

◆即日起至9月17日，僧團弘化院佛學推廣中心每週一晚上於護法會新莊辦事處，開辦講解聖嚴師父著作《四聖諦講記》佛學課程，由講師宗譓法師主講，約近三十人參加。

◆即日起至9月17日，僧團弘化院佛學推廣中心每週一晚上於護法會淡水辦事處，開辦「成佛之道——五乘共法」佛學課程，由講師清德法師主講，約近三十人參加。

◆即日起至8月23日，北投法鼓山社大每週一、二、三、四分別於農禪寺及北投雲來寺開辦暑期兒童課程，內容包括環保美勞DIY、遊戲魔法禪、親子繪本創意、兒童瑜伽、趣味手繪書等班次，約近七百位學員參加。

◆即日起至8月24日，北投法鼓山社大每週一、二、五分別在農禪寺、北投雲來寺及法鼓山園區開辦暑期活動成人課程，包括會場創意布置、禪與花的對話及法鼓山夏日禪趣、金山之美一日遊等，共有140人參加。

07.03

◆即日起至8月27日，桃園齋明寺每週二舉辦太極拳教學，共有45人參加。

◆護法會基隆辦事處於本日至4日、5至6日，於基隆市仁愛國小大禮堂舉辦兩梯次的法鼓山「2007兒童心靈環保夏令營」，共有92人參加。

◆即日起，護法會前金辦事處每週二晚上舉辦法器共修。

◆即日起至8月25日，金山法鼓山社大每週一、二、五、六開辦2007春季班暑期活動先修班，內容包括禪與花的對話、紙藝編織、盆栽造景、織品彩繪等課程，共約近一百位學員參加。

07.04

◆即日起至16日，方丈和尚果東法師前往美國展開一系列關懷行程，陸續至紐約、芝加哥、奧勒岡、舊金山、洛杉磯等地，首先於本日至7日主持紐約象岡道場啟建的梁皇寶懺、齋僧大會與焰口法會，約有一百多位信眾參加。

◆即日起至10月31日，僧團弘化院佛學推廣中心每週三晚上於護法會新店辦事處，開辦「佛教入門」佛學課程，由講師悟常法師主講，約近五十人參加。

◆即日起一連兩天，僧大於法鼓山園區階梯教室舉辦第二屆畢業製作發表會，包括全體師生及指導和評分老師等共約近一百三十人參加。

07.05

◆即起至8月23日，北投文化館每週四下午與台北市恩加貧困家庭協會合辦貧困兒童潛能開發課程。

◆即日起至8月23日，台北安和分院每週四舉辦第一期「發現自己——精緻藝術心靈探索」課程，邀請英國中英格蘭大學（University of Central England）藝術教育研究所進修博士徐曉萍指導，共有19人參加。

◆台北安和分院舉辦「佛陀の微笑——禪修講座系列」，由禪堂板首果元法師主講「中華禪法鼓宗」，共有169人參加。

◆即日起一連兩天，高雄紫雲寺舉辦海內外法青環島參訪活動，至高雄澄清湖、美濃朝元寺等地，共有23位來自馬來西亞、新加坡、溫哥華、台灣等地的法青參加。

◆中華佛研所於法鼓山園區舉辦暑期佛學營，主題為「經禪脫殼——認識與體驗中華禪法鼓宗」，由禪堂板首果元法師指導，約有一百多位學員參加。

◆新加坡護法會舉辦禪坐共修監香培訓，由僧團果舟、果仁、果悅三位法師前往帶領，共有12位悅眾參與。

07.06

◆即日起至12月21日，農禪寺於每月第一週週五下午與晚上舉辦兩場大悲懺法會。

◆台北安和分院於本日、13日，及8月3、10日共舉辦兩梯次的「暑期安和菓子噴噴親子班」，讓小朋友學習如何烹飪健康素食，並在互動中增進親子關係。

◆即日起至8日、9至11日，台東信行寺展開兩梯次的「寶貝地球自然環保體驗營」，邀請行政院農委會林務局主任朱木生、台東高中教官冷鑫泉等人帶領，共有106名國小三至六年級的小朋友參加。

◆即日起至10月12日，僧團弘化院佛學推廣中心每週五晚上於護法會中永和辦事處，開辦「四神足、五根力、七覺支」佛學課程，由講師宗譓法師主講，約有二十多人參加。

◆即日起至8月24日，金山法鼓山社大每週一、五、日於法鼓山社大服務中心、金美國小舉辦「暑期自然環保兒童體驗營——看見人文新願景」，內容包括創意繪本禪藝班、兒童美術創作、自然有約——生態之旅、兒童瑜伽、親子讀經等班次，共約近兩百五十位學員參加。

◆新加坡護法會於新加坡佛教居士林舉辦一日基礎禪訓班，由僧團果舟、果仁、果悅三位法師前往帶領，約有九十多位學員參加；果舟法師並於晚上在護法會所禪堂主講「用心靈環保過生活」，約有七十多人參加。

07.07

◆即日起至8月25日，法鼓山園區禪堂首度舉辦話頭禪四十九，聖嚴師父親臨開示，由禪堂板首果元法師、果祺法師輪流擔任總護，禪堂板首果如法師參與禪法開示與小參指導，約有來自海內外二百七十多人次參與。

◆台北安和分院於本日、15日舉辦兩梯次的暑期兒童夏令營，帶領小朋友學習觀音、文殊、地藏、普賢四大菩薩的「悲、智、願、行」，共有160人參加。

◆僧團傳燈院於農禪寺舉辦禪修指引課程，共有29人參加。

◆即日起一連兩天，護法會潮州辦事處舉辦潮州、萬丹地區勸募會員關懷聯誼會，響應法鼓大學興學募款，高雄紫雲寺監院果耀法師並到場關懷，共有102人參加。

◆美國護法會加州洛杉磯分會於本日及8月4日在洛杉磯橙縣爾灣（Irvine）的南海岸中華文化中心舉辦橙縣讀書會，研讀基礎佛法概論。

◆加拿大溫哥華道場法青會於邦曾湖（Buntzen Lake）舉辦心靈環保親子夏令營，共有90人參加。

07.08

◆聖嚴師父接受年代電視台邀請，本日於法鼓山園區第三大樓校史館，以「心六倫」為題錄製宣導影片，開示六種新倫理價值的意涵、目的及期許等，並將提供年代電視台製播「心六倫」宣導短片。

◆農禪寺舉辦禪一，由果時法師帶領，共有69人參加。

◆台中分院舉辦青年領袖培訓系列活動Part I心靈成長課程，邀請觀新心理成長諮商中心負責人王天興講授「自我察覺與自我同理」課程，內容包括自我察覺——做自己的主人、與自己協調、認識情緒及情緒的處理、察覺輪迴模式等，共有71人參加。

◆即日起至15日，禪坐會於苗栗三義DIY心靈環保教育中心舉辦初階禪七，由僧團果弘法師擔任總護，共有58人參加。

◆台中法鼓山社大於台中分院舉辦烹飪班「成果分享日」，由素菜料理班指導老師陳豐志帶領，共有20人參加。

◆即日起至12日，台中東勢安心服務站舉辦「暑期生活體驗營」，活動包括打坐、食材料理、團體遊戲等，並於活動第三天前往法鼓山園區體驗香積、環保、景觀維護等出坡工作，共有22位小朋友參加。

◆方丈和尚果東法師美國關懷行（7月4至16日），本日在美國護法會伊利諾州芝加哥分會主持於瑞德森飯店（Radisson Hotel）舉行的佛學講座、皈依儀式。

◆即日起至8月31日，澳洲護法會墨爾本分會每月第二週週日舉辦《阿彌陀經》、《禮佛大懺悔文》共修，約有十多人參加。

07.09

◆即日起至14日，僧大於法鼓山園區居士寮為學僧舉辦佛七法器培訓，指導學僧熟悉佛七法器和佛七儀程，由副院長果鏡法師帶領，共有43位僧大二、三、四年級女眾學僧參加。

◆方丈和尚果東法師美國關懷行（7月4至16日），本日於美國護法會伊利諾州芝加哥分會進行祈福大悲懺法會。

◆方丈和尚果東法師美國關懷行（7月4至16日），本日上午率同美國護法會輔導師果謙法師、護法總會副總會長周文進等人至駐芝加哥台北經濟文化辦事處拜會，並致贈一套《法鼓全集》102冊；下午參與美國護法會芝加哥分會所舉辦的「與方丈和尚有約」募款餐會。

07.11

◆即日起至9月12日，僧團弘化院佛學推廣中心每週三晚上於護法會佳里共修處，開辦「學佛學活」佛學課程，由講師許永河主講，約有四十多人參加。

◆護法會大同辦事處舉辦「2007和敬平安年——法鼓山大同區暑期兒童自然環保體驗營」，共有28人參加。

◆即日起，護法會潮州辦事處每月第二週週三晚上舉辦念佛共修暨菩薩戒誦戒會。

◆方丈和尚果東法師美國關懷行（7月4至16日），本日於美國護法會奧勒岡州聯絡處在比佛頓市中心考恩廣場（Corne Plaza）舉辦的結緣餐會中進行關懷，共有80位大波特蘭地區信眾參加。

07.12

◆即日起至11月8日，僧團弘化院佛學推廣中心每週四晚上於護法會中壢辦事處，開辦「佛教入門」佛學課程，由講師諦融法師主講，約有四十多人參加。

◆方丈和尚果東法師美國關懷行（7月4至16日），本日於美國護法會加州舊金山分會接受當地媒體《世界日報》訪問，訪談內容主要包括法鼓山的理念、法鼓希望工程、法鼓山美國護法會舊金山分會的成立等相關問題，方丈和尚皆給予詳盡回答；並期勉社會大眾與法鼓山一起關懷社會、為全球的環境與世界和平共同努力。

07.13

◆即日起至12月28日，法鼓山基金會皈依關懷組每週五於護法會文山共修處，舉辦「快樂學佛人」活動，進行經典導讀《禪門第一課》課程，共有30位文山區信眾參加。

◆方丈和尚果東法師美國關懷行（7月4至16日），本日於美國護法會加州舊金山分會與當地悅眾和義工進行餐敘，並於餐會中致贈一套《法鼓全集》102冊予駐舊金山台北經濟文化辦事處圖書館，由處長廖偉平代表接受。

07.14

◆即日起一連兩天，由僧團主辦、僧大協辦的「考生祝福」活動，在護法總會北七轄區信眾支援下，於基隆中學、基隆女中進行關懷活動。

◆僧團青年院於農禪寺舉辦「法青悅眾授證暨成長營」，由僧團副住持果暉法師到場授證，共有96位台北、桃園、宜蘭等北區法青悅眾參加。

◆即日起一連兩天，助念團於護法會宜蘭辦事處舉辦大事關懷一般課程，內容主題包括佛教的生死觀、聖嚴師父談「禪的生死觀」、法鼓山的大關懷教育、從瀕死現象談佛教的生命關懷、大事關懷的時機及關懷技巧等，兩天共約近兩百二十人次參加。

◆即日起一連兩天，護法會花蓮辦事處舉辦「心寧・自然環保體驗營」，共有28人參加。

◆文基會舉辦「心靈環保列車活動」，本日高雄市北區悅眾與梅苓全人音樂無限可擊打擊樂團、高雄市立美術館，共同於高美館圓形廣場進行「〈聖嚴法師108自在語〉創意推廣活動」，約有三百五十多人參加。

◆文基會舉辦「心靈環保列車活動」，本日台北市內湖地區悅眾於大溝溪親水公園進行「親親大自然」戶外禪及生態導覽活動，共有45人參加。

◆慈基會緊急救援中心舉辦緊急救援訓練系列課程，本日於台中東勢安心服務站進行，內容包括介紹救災中心組織各組工作要點，並由資深義工分享國內救援案例與國外救援心得，共有84位海山區義工參加。

◆方丈和尚果東法師美國關懷行（7月4至16日），本日上午於美國護法會加州舊金山分會主持位在桑尼維爾市（Sunnyvale）的新道場啟用灑淨典禮，隨後並為13位信眾主持皈依；下午在卡波提諾市（Cupertino）演講廳公開演說「活在當下，快樂生活」，約近一百六十位民眾前往聆聽。

07.15

◆農禪寺上午舉辦地藏法會，約近五百三十人參加。

◆台中分院舉辦「年輕化聯誼會」，讓法青悅眾在互動中討論未來服務的方向和內容，約近二十人參加。

◆高雄紫雲寺舉行禪一，由常覺法師帶領，共有29人參加。

◆僧團三學院於法鼓山園區活動大廳舉辦義工工作說明會，為新加入者介紹法鼓義工精神，以及園區義工組別、任務與意義等，共有43人參加。

◆僧團百丈院於法鼓山園區第二大樓國際宴會廳舉辦景觀義工工作說明會，共有100人參加。

◆僧團青年院於台南分院舉辦「法青悅眾授證暨成長營」，由台中分院監院果理法師、台南分院監院果舟法師、高雄法青會輔導師果澔法師為各分會悅眾授證，共有78位台中、台南、高雄等中南部法青悅眾參加。

◆即日起至8月12日，護法會佳里共修處每週日晚上舉辦初級禪訓班，由台南分院監院果舟法師帶領，共有22人參加。

◆即日起至26日，研修學院副校長杜正民 、僧大副院長果鏡法師帶領13位師生，前往中國大陸西安進行唐代佛教文化地圖考察；考察活動結合數位佛典文獻、地理資訊科技（GIS）、多媒體音像紀錄等數位技術，並參加蘭州大學安排的絲路中段研習活動。

◆法鼓山基金會皈依關懷組舉辦新皈依弟子「快樂學佛人」活動，本日至法鼓山園區進行朝山行禪，共有40位新莊、泰山區信眾參加。

◆法鼓山基金會皈依關懷護勤組於高雄紫雲寺舉行義工團護勤組課程，為迎接8月11日聖嚴師父南下主持祈福皈依大典預做準備，共有19人參加。

◆即日起至18日、22至25日，台中東勢安心服務站舉辦兩梯次的「暑期閱讀營」，內容包括繪本閱讀、墨香心香、燈籠彩繪等活動，共有45位小朋友參加。

◆美國紐約東初禪寺上午舉辦「《百喻經》的啟示」佛法講座，邀請福嚴佛學院院長淨照法師主講，約近六十人參加。

◆美國紐約象岡道場舉辦一日攝影禪，由住持果峻法師帶領。

◆方丈和尚果東法師美國關懷行（7月4至16日），本日上午於美國護法會加州洛杉磯分會主持新道場灑淨及皈依儀式，晚上出席於聖蓋博希爾頓飯店（San Gabriel Hilton Hotel）舉辦的東初禪寺遷建募款義賣餐會，當晚共募得25萬美元，約近三百五十人參加。

◆美國護法會賓州聯絡處舉辦禪一，邀請馬來西亞佛學院院長繼程法師帶領。

◆澳洲護法會墨爾本分會共修活動處喬遷至維多利亞省白馬市政府（Whitehorse Council）努納瓦丁社區老人活動中心（Nunawading Senior Centre），本日舉辦遷移灑淨儀式，約近三十人參加。

07.16

◆即日起至23日，教聯會於苗栗三義DIY心靈環保教育中心舉辦教師暑假禪七，由僧團果建法師擔任總護，共有135人參加。

◆即日起至22日，美國紐約東初禪寺於象岡道場舉辦「佛法生活體驗營」，由住持果明法師帶領，並邀請福嚴佛學院院長淨照法師、馬來西亞佛學院院長繼程法師、法源寺住持寬謙法師、象岡道場住持果峻法師等人授課，共有45人參加。

◆方丈和尚果東法師美國關懷行（7月4至16日），本日於美國護法會加州洛杉磯分會主持關懷聚會，共有32位信眾參加。

07.17

◆美國護法會賓州聯絡處舉辦佛學講座「解脫之道——八正道」，邀請馬來西亞佛學院院長繼程法師主講，共有30人參加。

07.18

◆即日起至20日，研修學院校長惠敏法師至德國漢堡大學（University of Hamburg）參加「第一屆佛教女性僧伽角色國際會議：比丘尼戒與其受戒傳承」（1st International Congress on Buddhist Women's Role in the Sangha：Bhiksuni Vinaya and Ordination Lineages）研討會，並於會中發表論文〈比丘尼受戒傳承之研究〉（An Inquiry Concerning the Lineage of Bhiksuni Ordination）。

◆即日起至24日，香港護法會參與由香港貿易發展局於香港會議展覽中心舉辦的書展，今年主題為「閱讀香港」，並於書展中播放《大哉斯鼓》影片，本屆共有來自15個國家及地區，共約有四百七十多家參展商參與，約近七十六萬人次入場。

07.19

◆即日起至22日，美國紐約象岡道場舉辦暑期夏令營，內容包括禪修課程、瑜伽、藝術創作、越野健行、營火晚會等，約有五十多位青少年學員參加。

07.20

◆台東信行寺為台東縣政府主管舉辦一日禪修營，由監院果寰法師帶領，約近三十位縣府二級主管參加。

◆即日起，宜蘭法青會每月第三週週五晚上於護法會宜蘭辦事處舉辦「從心看電影」系列活動。

◆人基會發布新法人名稱公告，由原先的「財團法人法鼓山人文社會獎助學術基金會」，正式更名為「財團法人法鼓山人文社會基金會」。

07.21

◆僧團傳燈院於農禪寺舉辦禪修指引課程，共有37人參加。

◆台北安和分院舉辦「暑期兒童學佛營」，共有84人參加。

◆台南分院舉辦大悲懺法會，共有212人參加。

◆即日起，台東信行寺每單月最後一週週六晚上舉辦大悲懺法會。

◆法鼓山於園區第一大樓舉辦景觀課程「認識小龍暨芭蕉移植」，上午為認識蛇類課程，下午則至臨溪朝山步道種植芭蕉，由金山法鼓山社大老師向高世、「景觀維護種子領隊研習營」第一期種子學員暨認養人陳美菊帶領，共有50人參加。

◆護法總會於高雄紫雲寺舉辦勸募會員成長課程，內容包括肯定自己、提昇自己、消融自我等，共約有一百五十多人參加。

◆即日起，護法會嘉義辦事處每月第三週週六晚上舉辦菩薩戒誦戒會。

◆文基會舉辦「心靈環保列車活動」，本日由北投金山法鼓山社大、台中法鼓山社大共同進行法鼓山園區參訪活動，由法鼓山社大校長曾濟群帶領學員及家屬前往，方丈和尚果東法師並親臨關懷與勉勵，約近四百八十人參加。

07.22

◆法鼓山上午於農禪寺舉辦祈福皈依大典暨會團迎新博覽會，在聖嚴師父主持下，來自美國、加拿大、日本、越南等共有1,590人皈依三寶。

◆台北安和分院舉辦「都會佛一暨八關戒齋」法會，共有182人參加。

◆即日起，法行會推廣福田養護計畫，認養法鼓大學預定地上的法印溪兩側綠地維護工作，並安排每月舉辦兩次出坡活動，約有十多人參加。

◆護法會宜蘭辦事處於法鼓山園區舉辦「2007法鼓山暑期兒童自然環保體驗營」，共有33人參加。

◆護法會屏東辦事處舉辦佛一，共有51人參加。

◆文基會舉辦「心靈環保列車活動」，本日高雄縣南區悅眾與高雄縣政府環保局共同於鳳山市鳳凌廣場進行「心靈環保博覽會」，活動以闖關遊戲為主，設有禪坐體驗、念佛祈福、心靈環保、生活環保、親子遊戲等五個攤位關卡，共約有六百多人參加。

◆法鼓山基金會皈依關懷組舉辦新皈依弟子「快樂學佛人」活動，本日至法鼓山園區進行朝山一日遊，共有16位三重、蘆洲區信眾參加。

◆美國紐約東初禪寺舉辦「佛教建築與藝術」講座，邀請法源寺住持寬謙法師主講，約近六十人參加。

07.24

◆即日起至26日、27至29日，桃園齋明寺舉辦兩梯次的「兒童自然藝術夏令營」，運用齋明寺周遭的自然生態為教材，帶領學員探索自然、藝術創作，共有247人參加。

◆即日起至8月1日，僧團三學院於法鼓山園區第一大樓舉辦第二梯次僧大畢業僧領執培訓，由僧團代理都監果廣法師等人授課，共有20位第三屆畢業學僧參與。

◆即日起至31日，護法會基隆辦事處舉辦暑期兒童靜坐班，共有17人參加。

◆即日起至8月3日，台中法鼓山社大於台中市太平國小、台中分院開辦暑期課程，內容包括法鼓動禪——法鼓隊、插花、紙黏土、健康有活力健身等課程。

◆即日起一連兩天，美國護法會加州洛杉磯分會於加州北美印順導師基金會舉辦「佛教圖像與建築藝術」專題演講，邀請法源寺住持寬謙法師主講，共約有七十多人參加。

◆中國大陸「中華宗教文化交流協會」副會長齊曉飛、「中華宗教文化交流協會」常務理事徐遠杰、江蘇省宗教事務局局長翁振進、國家宗教事務局港澳台辦處長趙磊等一行九人至法鼓山園區參訪，並拜會聖嚴師父與方丈和尚果東法師。

07.25

◆即日起至29日，由佛教蓮花臨終關懷基金會主辦，僧團青年院協辦的「暑期大專生死超克營」，於苗栗三義DIY心靈環保教育中心展開，由青年院常惺法師、常源法師協助帶領，幫助青年啟發生命自覺，從身、心、靈建構整體且覺醒的人生觀，共有105人參加。

◆即日起至8月3日，美國紐約象岡道場舉辦精進話頭禪十，由聖嚴師父法子繼程法師及住持果峻法師帶領，共有17人參加。

07.26

◆即日起至29日，美國護法會加州洛杉磯分會於南加州佛學聯誼會舉辦「唯識——佛教心理學」專題演講，邀請法源寺住持寬謙法師主講，共約有一百人參加。

07.27

◆即日起至8月5日，「遊心禪悅——法語．墨緣．興學」聖嚴師父書法展於台中市新光三越百貨公司舉辦，7月28日上午舉行開幕儀式，聖嚴師父、方丈和尚果東法師蒞臨會場，台中市長胡志強伉儷、書法家杜忠誥等貴賓也都出席參加。

07.28

◆即日起至8月10日，農禪寺與北投法鼓山社大合辦2007年暑期藝術卓越營，於農禪寺展開，邀請藝文界專家前來教授，共計開辦17堂課，包括佛教詩聯研究、書法賞析、佛教徒的穿著藝術、國畫賞析等，希望透過藝術美學課程帶領大眾提昇心靈，共有314人次參加。

- ◆台北中山精舍舉辦禪修指引課程，共有16人參加。
- ◆即日起一連兩天，台南分院舉辦「兒童心靈環保體驗營」，活動內容包括法鼓八式動禪、製作餅乾、拍攝照片、觀看《不願面對的真相》環保紀錄片等，並邀請漸凍人蕭建華分享對生命的熱愛，共有98位小朋友參加。
- ◆護法總會舉辦聖嚴師父與方丈和尚果東法師全台巡迴關懷活動，本日下午於台中逢甲大學體育館進行，方丈和尚果東法師為新進勸募會員授證，聖嚴師父隨後開示三大教育的重要，共約有大台中地區一千兩百多位勸募會員及其家屬參加。
- ◆文基會舉辦「心靈環保列車活動」，即日起一連兩天，護法會海山辦事處於土城教育訓練中心舉辦「兒童四環生活體驗營」，內容包括「禮儀環保劇場」、「飲食禪」、「繪本天地」、「環保科學小玩子」等課程，共有92位小朋友參加。
- ◆即日起，護法會嘉義辦事處每月第四週週六晚上舉辦大悲懺法會。
- ◆法鼓山基金會皈依關懷組舉辦新皈依弟子「快樂學佛人」活動，本日至法鼓山園區進行朝山一日遊，共有20位大安、信義、南港區信眾參加。
- ◆法鼓山園區舉辦「法華鐘禮讚——佛像與經文的對話」特展系列演講和座談活動，本日進行最後一場「鐘鼓滌心清、大願法華行」座談會，由研修學院校長惠敏法師主持，並邀請參展藝術家詹獻坤分享創作歷程、研修學院助理教授莊國彬帶領與會者一同回顧前六場活動，共約有三百多人參加。
- ◆加拿大溫哥華道場舉辦觀音法會，由監院果樞法師帶領，共有90人參加。

07.29

- ◆法鼓山園區舉辦全山的景觀維護日活動，共有54人參加。
- ◆農禪寺上午舉辦淨土懺法會，約有四百一十多人參加。
- ◆台北安和分院於陽明山冷水坑七星山步道舉辦山水禪活動，由果傳法師帶領，共有75人參加。
- ◆高雄紫雲寺晚上於高雄市文化中心至德堂舉辦「紫雲之夜」音樂晚會，高雄縣長楊秋興、國寶級音樂大師黃友棣教授、財團法人中華音樂文化教育基金會創辦人陳功雄博士等貴賓都應邀出席聆賞，共約有一千兩百多位民眾入場欣賞。
- ◆即日起至8月6日，僧團弘化院果慨法師等一行四人至馬來西亞展開一系列的弘法活動。首先於7月30日至8月1日應邀參加在吉隆坡（Kuala Lumpur）武吉加裡爾國家體育館（Stadium Nasional Bukit Jalil）舉辦的「馬來西亞護國慶50週年觀世音菩薩慈悲祈福息災護世大法會」，3至6日為馬來西亞護法會義工進行大悲懺講座及主持皈依、義工成長營、大悲心水陸法會說明會、菩薩戒誦戒及法器教學等課程。
- ◆僧團弘化院參學室於園區舉辦參學服務員進階培訓課程，參加對象為甫於4月底完成初階培訓的參學服務員，課程內容包括：平台功能介紹及值班辦法說明、全山動線介紹、大地尋寶、值班問題面面觀等，約有五十多人參加。
- ◆護法會嘉義辦事處上午舉辦觀音法會，約近七十人參加。
- ◆慈基會緊急救援中心舉辦緊急救援訓練系列課程，本日於淡水辦事處進行，內容包括介紹救災中心組織各組工作要點，並由資深義工分享國內救援案例與國外救援心得，共有33位淡水地區義工參加。

- 美國紐約東初禪寺舉辦菩薩戒誦戒會，由住持果明法師與美國護法會輔導師果謙法師帶領，約近五十人參加。
- 澳洲墨爾本分會響應澳洲「全國植樹日」（National Tree Planting）活動，至比拿邦保護區（Billabong Sanctuary）參與綠化環保活動，約有一百多人參加。

07.30

- 即日起至8月1日，高雄紫雲寺舉辦「兒童自然環保體驗營」，活動包括學佛行儀、相見歡、彩繪燈籠、製作隊旗等，並前往「扇平森林生態科學園區」實際體驗自然生態，共有54人參加。
- 即日起至8月27日，僧團弘化院佛學推廣中心每週一晚上於護法會基隆辦事處，開辦講解聖嚴師父著作《四聖諦講記》佛學課程，由講師果樸法師主講，共有55人參加。
- 即日起一連兩天，由僧團青年院承辦的「扶輪社國際青年宗教體驗二日營」於法鼓山園區舉行，營隊由台灣國際扶輪社主委陳思明、青年院監院果霽法師、常華法師等人帶領，共有來自美、歐、亞洲等十三個國家、43名扶輪青年及隨行社友參加。

07.31

- 聖嚴師父上午於北投雲來寺二樓大殿對法鼓山僧團法師、全體專職精神講話，主題為「法鼓山的四大堅持」，全台各分院道場同步視訊連線聆聽開示，共約有六百八十多人參加。
- 護法總會、聖基會與法鼓文化共同舉辦的「人生系列講座」，本日於新莊共修點進行，由聖基會董事長施建昌主講「分享法鼓山」。

8月 AUGUST

08.01

- 《人生》雜誌第288期出刊。
- 《法鼓》雜誌第212期出刊。
- 即日起至2008年7月，研修學院執行行政院國家科學委員會專案「數位典藏多媒體檔案之研究與建置——西藏珍藏語音檔案研究（Ⅲ）」，將西藏佛教、藏語的相關多媒體資料進行數位化珍藏，以供學術研究、教學使用。
- 即日起至2008年7月，研修學院執行「佛典數位典藏內容開發之研究與建構——經錄與經文內容標記與知識架構（III）」，本計畫以中華電子佛典協會（Chinese Buddhist Electronit Text Association，簡稱CBETA）現有的數位典藏基礎，主要將各版藏經目錄、歷代古經錄等CBETA所未列入作業規畫的文獻資料，配合當代資訊科技，建構佛典知識管理系統。

◆即日起，研修學院執行行政院國家科學委員會的專案「台北版電子佛典集成之研究與建構」。

◆即日起至2008年7月，研修學院執行行政院國家科學委員會專案「絲路中印文化交流研究——以法顯、玄奘、義淨三大師西行路線為主」，內容為以中印歷史長河為經，以中印高僧和歷史人物所經絲路之遊記、傳記為緯，從事絲路中印文化交流之研究。

08.02

◆即日起至23日，台北安和分院每週四下午舉辦「暑期兒童禪修班」，共有55人參加。

◆即日起至5日，台中分院於苗栗三義DIY心靈環保教育中心，舉辦青年領袖培訓系列活動Part II青年領袖培訓營，約近六十人參加。

◆即日起一連兩天，日本鎌倉佛教研究學會蓑輪顯量等九位教授組成訪問團，至法鼓山園區參訪。訪問團成員分別來自立正、愛知學院、鳴門教育、身延山、東北、關西、東京等大學，由研修學院校長惠敏法師、僧大院長果暉法師、圖資館副館長果見法師等接待。

08.03

◆法行會於台北安和分院舉辦第86次例會，邀請心理諮商專家暨知名作家鄭石岩教授演講「禪・優質的生活智慧」，共有110人參加。

08.04

◆即日起至10月23日，法鼓山「大悲心水陸法會」籌備小組舉辦海內外巡迴說明會，由僧團弘化院果慨法師、常慧法師等人主講，首場說明會於本日在馬來西亞分會舉行，國內外共舉辦六十多場，約近三千人參加。

◆北投文化館舉辦手工皂教學活動，約近七十人參加。

◆即日起至25日，台北安和分院每週六下午舉辦「暑期青少年禪修班」，約有五十多人參加。

◆即日起至11日，台東信行寺舉辦大小鼓隊暑期密集訓練暨成果發表會，「寧靜心鼓」精進兒童班與成人班各有20人參加。

◆僧團傳燈院於農禪寺舉辦禪修指引課程，共有34人參加。

◆即日起，護法總會為新進勸募會員舉辦系列說明會，本日於農禪寺二樓禪堂舉辦第一場，護法總會輔導師果器法師、總會長陳嘉男、副總會長黃楚琪以及地區轄召、召委等出席關懷，共有65位北部地區新進勸募會員參加。

◆法鼓山基金會皈依關懷組舉辦新皈依弟子「快樂學佛人」活動，本日於士林慈弘精舍（社子辦事處）進行專題演講，邀請腦神經外科醫師許達夫主講「守護癌友」，共有150位社子區信眾參加。

◆法鼓山基金會皈依關懷組舉辦新皈依弟子「快樂學佛人」活動，本日至法鼓山園區進行朝山、念佛禪，共有45位文山區信眾參加。

◆即日起一連兩天，慈基會於土城教育訓練中心舉辦「聯絡人成長營暨效能提昇研討會」，共有各地區正副聯絡人、安心站站長、專職等90位學員參加。

◆即日起至13日，美國紐約象岡道場舉辦精進話頭禪十，由聖嚴師父法子繼程法師及住持果峻法師帶領，共有24人參加。

◆即日起一連兩天，美國護法會伊利諾州芝加哥分會舉辦禪修暨佛學講座活動，由聖嚴師父的西方法子吉伯．古帝亞茲（Gilbert Gutierrez）帶領，4日舉辦初級禪坐班，共有35人參加，5日的佛學講座則有30人與會聆聽。

08.05

◆法鼓山下午於農禪寺舉辦「社會菁英禪修營第56次共修會」，聖嚴師父親自到場關懷學員，並開示大小乘佛法的修行精神，會中並邀請實踐大學董事長謝孟雄演講「日本建築之旅」，共有116位學員參加。

◆即日起至9月2日，台南分院每週日晚上舉辦初級禪訓班，由果舟法師帶領，共有77人參加。

◆台南分院舉辦精進佛一，由果舟法師、常及法師帶領，共有120人參加。

◆護法總會於北投雲來寺二樓大殿舉辦「正副會團長／轄召／召委聯席會議」，會中針對各地護法組織運作的情形，進行經驗交流，約有一百二十多位來自全台各地的悅眾參加。

◆即日起，美國護法會加州洛杉磯分會每月第一週週日下午舉辦禪修導讀，研討聖嚴師父著作《聖嚴法師教默照禪》與進行讀書心得分享，約有二十多人參加。

◆美國護法會加州洛杉磯分會舉辦感恩餐會，感謝參與7月15日募款餐會的義工，並進行心得分享，共有23人參加。

◆即日起至26日，美國護法會加州舊金山分會每週日舉辦初級禪訓班，共有20人參加。

08.06

◆即日起至9月10日，北投文化館每日下午舉辦《地藏經》共修，由代理監院果諦法師帶領，約近二千九百二十人次參加。

08.07

◆教聯會於法鼓山園區舉辦校園禪修師資研習，內容包括戶外行禪、吃飯禪、聽溪禪、水果禪等生活禪修研習，由禪修中心副都監果醒法師等人帶領，約有六十人參加。

◆法鼓大學於法鼓山園區教育行政大樓海會廳舉辦籌備處主任交接儀式，在聖嚴師父監交下，曾濟群校長將籌備處主任一職交由果肇法師接任，方丈和尚果東法師、研修學院校長惠敏法師、護法總會總會長陳嘉男、中華佛研所榮譽所長李志夫、前逢甲大學校長劉安之，以及法鼓山事業體各部會主管應邀觀禮。

08.08

◆即日起至11日、14至17日，台中分院舉辦兩梯次「暑期兒童禪修體驗營」，活動以「四福」為主軸，並至雪霸國家公園汶水遊客中心進行大自然觀察與體驗等活動，兩梯次各約有九十位小朋友參加。

◆屏東市一棟住商大樓清晨發生火警意外，慈基會於第一時間動員救災中心偕同護法會屏東辦事處義工，分組前往屏東寶建醫院、基督教醫院，以及屏東公私立殯儀館等地關懷受災戶。

08.09

◆聖嚴師父應邀出席由台北縣政府舉辦的「環保網路普度記者會」，於會中針對傳統祭祀方式提出建議，希望大家以誠心普度祭祀，珍惜有限的地球資源。

◆教聯會於本日、16日在護法會新店辦事處舉辦「淨化歌曲手語師資研習」，約近二十人參加。

◆護法會員林辦事處舉辦「2007法鼓山兒童心靈自然環保體驗營」，共有80人參加。

08.11

◆法鼓山上午於高雄紫雲寺舉辦祈福皈依大典，由聖嚴師父與方丈和尚果東法師主持，共有1,166位來自屏東、潮州、高雄、嘉義等地信眾皈依三寶。

◆即日起至22日，法鼓山「遊心禪悅——法語．墨緣．興學」聖嚴師父書法展於高雄市立文化中心舉辦，11日舉行開幕典禮，由高雄市立高雄中學校長黃秀霞主持，聖嚴師父蒞臨會場，立法院長王金平、高雄市長陳菊、高雄市議會前議長陳田錨伉儷、立法委員黃昭順、羅世雄、林岱樺及各級民代與貴賓，皆應邀出席。

◆即日起至13日，北投文化館舉辦「心地之藏——大願法會」，上午持誦《地藏菩薩本願功德經》，下午禮拜《地藏寶懺》，並於圓滿日進行焰口法會，共約有三千七百多人參加。

◆護法總會舉辦聖嚴師父與方丈和尚果東法師全台巡迴關懷活動，本日下午於高雄紫雲寺五樓大殿舉行，共有618位來自高雄、屏東、潮州等地區勸募悅眾參加。

◆即日起一連兩天，「法鼓大學使命願景共識營」於法鼓山園區教育行政大樓海會廳舉行，應聖嚴師父之邀，法鼓大學董事會董事、學院系所規畫教授、僧團相關執事法師、護法會及籌備處規畫人員約近三十人與會，共同勾勒法鼓大學的願景和使命。

08.12

◆台北安和分院舉辦四場「安寧療護系列課程」，本日進行第三場，邀請台灣安寧緩和醫學學會理事許禮安醫師主講，共有176位學員參加。

◆禪坐會於農禪寺舉辦禪一，共有81人參加。

◆文基會舉辦「心靈環保列車活動」，本日於南投安心服務站進行「一人一筷，健康愉快」活動，推廣外出用餐自備環保餐具，減輕環境負擔並吃出健康，共有40人參加。

◆法鼓山基金會皈依關懷組舉辦新皈依弟子「快樂學佛人」活動，本日至法鼓山園區進行朝山一日遊，共有42位中壢區信眾參加。

◆即日起至26日，美國護法會加州洛杉磯分會每週日舉辦禪一，約有二十多人參加。

◆加拿大溫哥華道場舉辦「七佛通誡偈」佛法講座，由前往當地關懷的僧團青年院監院果霽法師主講，共有70人參加。

08.13

◆即日起一連兩天，研修學院執行的「數位典藏國家型科技計畫」中：「經錄專案」、「西藏語音」、「台北版電子佛典集成」等三組成員，參加於行政院國家科學委員會舉辦的「96年度數位內容公開徵選計畫期初聯席會」，活動首日進行各執行專案的計畫簡介，翌日為數位典藏相關基礎課程。

◆即日起至15日，加拿大溫哥華道場舉辦法青悅眾培訓成長課程，由前往當地關懷的僧團青年院監院果霽法師帶領，共有15人參加。

08.14

◆即日起至17日，台中分院舉辦兒童禪修營，約近一百位學員參加。

◆即日起至21日，護法會基隆辦事處於基隆精舍舉辦暑期兒童靜坐班，約近二十人參加。

◆台灣中南部連日豪大雨造成美濃溪暴漲，導致高雄縣美濃鎮與屏東縣東港鎮嚴重淹水，慈基會於第一時間啟動緊急救援系統，本日高雄地區總指揮陳元章與屏東地區救災總指揮陳結輝等人分別前往受災地區協助，提供民眾礦泉水與乾糧等物資。

08.15

◆教聯會本日、29日於護法會新店辦事處舉辦「淨化歌曲趣味團康帶動唱」活動，約近二十人參加。

◆即日起至18日，美國紐約東初禪寺舉辦英語大專禪修營（Chan Camp），由常悟法師帶領。

08.17

◆即日起至19日，加拿大溫哥華法青會於北溫哥華深灣（Deep Cove）的猶伯利營地（Camp Jubilee）舉辦第一屆「卓越．超越成長營」，以「認識自我、成長自我、超越自我」為主軸，僧團青年院監院果霽法師與常源法師前往帶領，共有54位青年學子參加。

08.18

◆即日起至24日，農禪寺啟建梁皇寶懺法會，聖嚴師父於法會第二天及圓滿日親臨關懷和開示。24日最後一天的焰口法會，約有五千多位民眾參與，七天共約有一萬六千人次參加。

- ◆台南分院舉辦大悲懺法會，由果舟法師帶領，共有208人參加。
- ◆強颱聖帕造成雲林沿海地區包括台西、口湖、四湖嚴重災情，慈基會緊急救援系統成員陳泰安第一時間趕赴現場勘災，隨即與杜萬全慈善公益基金會共同協助賑災，即日起一連兩天，在台中大里竹子坑官兵支援下，分別於台西、口湖兩鄉發放泡麵600箱及礦泉水200箱，援助居民生活所需。
- ◆即日起至21日，美國紐約東初禪寺舉辦「英語大專禪三」，由常悟法師帶領，共有16人參加。

08.19

- ◆桃園齋明寺上午舉辦中元普度法會，由監院果治法師帶領，約近兩百人參加。
- ◆台南分院舉辦精進〈大悲咒〉持誦共修，由監院果舟法師帶領，共有125人參加。
- ◆馬來西亞護法會舉辦精進禪一，共有17人參加。

08.20

- ◆即日起至23日，研修學院校長惠敏法師、副校長杜正民老師應邀前往越南胡志明市參加越南佛教大學舉辦的「越南佛教與傳承學術研討會」，並發表論文〈唐西域求法高僧與海上絲路〉。
- ◆南美祕魯於8月15日發生芮氏規模8的強烈地震，造成五千多人罹難，慈基會與美國護法會發起募款活動，法鼓山緊急救援系統並組成賑災團隊，於本日前往祕魯投入救援行動，發放民生物資，援助兩千多戶人家。

08.22

- ◆慈基會緊急救援中心舉辦緊急救援訓練系列課程，本日於護法會中正萬華共修處進行，內容包括介紹救災中心組織各組工作要點，並由資深義工分享國內救援案例與國外救援心得，共有84位中正萬華區義工參加。

08.24

- ◆即日起一連兩天，台東信行寺舉辦地藏法會暨三時繫念法會，共有93人參加。
- ◆即日起至28日，僧團青年院於法鼓山園區舉辦「卓越．超越」成長營，以「轉角，遇見生命貴人」為主題，邀請僧團首座暨研修學院校長惠敏法師、阿原肥皂創辦人阿原、城邦出版集團董事吳麗萍、導演吳念真等人分享與座談，28日方丈和尚果東法師並特地到場關懷，共有286位青年學子參加。
- ◆即日起至9月14日，新加坡護法會每週五晚上舉辦素食健康講座，共有80人參加。

08.25

◆法鼓山上午於花蓮高商活動中心舉辦祈福皈依大典，在聖嚴師父主持下，由方丈和尚果東法師代師父授三皈依，花蓮市長蔡啟塔、花蓮縣議會議長楊文植、花蓮佛教居士會會長陳貞如等地方貴賓蒞臨觀禮，護法總會總會長陳嘉男等人亦到場祝福，共有367位來自花蓮、宜蘭地區的信眾皈依。

◆即日起一連兩天，台中分院舉辦地藏懺及地藏法會，共約近一千二百人參加。

◆即日起一連兩天，僧團傳燈院於土城教育訓練中心舉辦專為培訓義工的「另類輔導動中禪」，內容包括遊戲禪、運動禪、生活禪、靜禪等，由講師林月珠帶領，共有37人參加。

◆護法總會舉辦聖嚴師父與方丈和尚果東法師全台巡迴關懷活動，本日下午於花蓮高商活動中心進行，由方丈和尚為21位新進勸募會員授證，加入「5475大願興學」的護持行列，共約近三百位花蓮、宜蘭地區勸募會員及其家屬參加。

◆美國護法會加州舊金山分會舉行「生命關懷講座」，邀請美華慈心關懷聯盟（Chinese American Coalition for Compassionate Care）主席陳明慧及陳曉峰，主講「關鍵時刻的醫療抉擇」，共有52人參加。

◆即日起至9月16日，加拿大溫哥華道場舉辦落成啟用週年系列慶祝活動，包括法會、禪修、講座等，共約有一千多位民眾參加。本日舉行三昧水懺法會，由紐約東初禪寺住持果明法師主法，溫哥華道場監院果樞法師擔任維那，共有170位民眾參與。

◆由新加坡國立大學佛學社主辦的學生迎新會，本日安排參訪法鼓山新加坡護法會，新加坡法青會並規畫一連串的活動，包括播放英文版《大哉斯鼓》影片、法鼓山法青會介紹、法青學員演唱歌曲〈純真覺醒〉等，幫助學生們認識法鼓山，約有九十多位來自當地與世界各國學生參加。

08.26

◆南投德華寺上午舉辦中元普度地藏法會，約有四十多人參加。

◆台南分院舉辦地藏法會，由監院果舟法師帶領，共有230人參加。

◆台東信行寺下午舉辦三時繫念法會，共有130人參加。

◆護法會嘉義辦事處上午舉辦地藏法會，約近七十人參加。

◆護法會屏東辦事處舉辦中元地藏法會，共有124人參加。

◆北投法鼓山社大於農禪寺舉辦暑期課程成果展，展出環保美勞DIY作品、花藝等，約近一百人參加。

◆法鼓山基金會皈依關懷組舉辦新皈依弟子「快樂學佛人」活動，本日至法鼓山園區進行出坡動中禪體驗，共有62位海山區信眾參加。

◆美國紐約東初禪寺舉辦地藏法會，由果謙法師與常悟法師帶領，約近一百人參加。

08.28

◆台北縣政府舉辦「台北縣環保心靈論壇」，以「北縣升格、環境昇華」為主軸，聖嚴師父應台北縣長周錫瑋邀請出席，針對人間淨土的推動、環保理念的實踐等議題發表談話，現場約有三百多位民眾和青年學子到場聆聽。

◆即日起至31日，僧大於法鼓山園區居士寮舉辦期末禪四，由院長果暉法師擔任總護，共有104位師生參加。

◆新竹東大路和西濱路口發生重大車禍，造成一死四重傷，慈基會於第一時間動員地區義工至署立新竹醫院、南門醫院、新竹馬偕醫院瞭解狀況，並關懷慰問往生者家屬與傷者。

08.29

◆即日起一連兩天，僧團三學院於法鼓山園區舉辦淨土寶懺維那培訓，邀請廣慈長老指導，共有14位法師參加。

◆護法總會、聖基會與法鼓文化共同舉辦的「人生系列講座」，本日於台北縣土城私立慈園幼稚園進行，邀請中華佛研所校友、日本立正大學博士周柔含演講「我的學佛歷程」，共有36人參加。

08.30

◆即日起至9月2日，法鼓山於園區禪堂舉辦「第三屆社會菁英精進禪三」，由禪堂板首果元法師擔任總護，共有99人參加。

◆僧團弘化院參學室於台北中山精舍舉辦導覽組義工培訓課程，邀請台北大學社會工作學系副教授楊蓓講授「傾聽的學習與練習」，共有30人參加。

◆即日起至9月2日，高雄紫雲寺啟建「中元普度大法會」，30、31日舉辦地藏法會，9月1日為地藏懺法會，2日舉行三時繫念法會，共約近一千六百人次參加。

◆人基會捐贈三千萬經費予聖基會，做為漢傳佛學研究基金，本日於台北安和分院舉辦受贈儀式，聖嚴師父親自代表人基會簽約，聖基會由董事長施建昌代表簽署，方丈和尚果東法師、僧團代理都監果廣法師、法鼓山社大校長曾濟群、聖基會學術發展部董事楊蓓皆出席觀禮。

◆即日起至9月3日，美國紐約東初禪寺於象岡道場舉辦念佛禪五，由住持果明法師帶領，共有30人參加。

08.31

◆台北安和分院舉辦「從心看電影、學佛無國界」活動，本日播映影片《東尼瀧谷》，邀請台灣藝術大學電影系主任曾壯祥教授講析，共有78人參加。

◆即日起至12月14日，僧團弘化院佛學推廣中心每週五晚上於護法會內湖辦事處，開辦講解聖嚴師父的著作《四十二章經》佛學課程，由講師果建法師主講，共有56人參加。

◆加拿大溫哥華道場舉辦落成啟用週年系列慶祝活動，本日至9月7日舉行精進禪七，由僧團果徹法師擔任總護，共有30人參加。

◆即日起至9月3日，加拿大護法會多倫多分會舉辦禪三。

9月 SEPTEMBER

09.01

◆《人生》雜誌第289期出刊。

◆《法鼓》雜誌第213期出刊。

◆法鼓文化出版新書：大自在系列《你是佛陀接班人！》（*The Buddha's Apprentices：More Voices of Young Buddhists*）（蘇密．隆敦Sumi Loundon著，錢掌珠譯）；論叢系列《華嚴經．入法界品——空間美感的當代詮釋》（陳琪瑛著）；經典人物故事系列《大師密碼Q：不怕鬼的石頭》（鄭栗兒著，果祥繪）、《大師密碼R：傻瓜開竅啦！》（鄭栗兒著，菊子繪）；智慧海系列《佛教神通：漢譯佛典神通故事敘事研究》（丁敏著）。

09.02

◆台北安和分院舉辦農曆7月「孝親報恩法會」系列活動，分別於2、4、7、9、10日進行地藏法會、淨土懺、大悲懺、藥師法會、地藏懺等，10日並有「地藏懺暨孝親報恩總迴向」活動，系列活動共約有三千一百多人次參加。

◆僧團傳燈院下午於農禪寺舉辦禪修指引課程，共有48人參加。

◆法鼓山基金會皈依關懷組舉辦新皈依弟子「快樂學佛人」活動，本日於台中分院進行學佛行儀、會團介紹等活動， 約近四十人參加。

◆即日起至10月，澳洲護法會墨爾本分會於每月第一、二、三週週日舉辦法鼓八式動禪及禪坐共修，約有十多人參加。

09.03

◆聖嚴師父於台北安和分院出席作家吳若權《甘露與淨瓶的對話——聖嚴法師開示，吳若權修行筆記》新書發表會，二人並於會中對談。該書主要記錄吳若權今年1至3月間向師父請法的內容。

◆僧團傳燈院應邀至台灣電力公司訓練所，為2007年委任公務人員晉升薦任官訓練班學員舉辦法鼓八式動禪教學，共有51人參加。

◆即日起至12月24日，僧團弘化院佛學推廣中心每週一下午於北投雲來寺，開辦「聖嚴書院96秋級雲來班——A班」佛學課程，由講師郭惠芯主講，約有五十多人參加。

◆即日起至12月31日，僧團弘化院佛學推廣中心每週一下午於台北中山精舍，開辦「聖嚴書院96秋級初階——中山班（一上）」佛學課程，由講師戴良義主講，約近五十人參加。

◆即日起至12月31日，僧團弘化院佛學推廣中心每週一上午於台北安和分院，開辦「聖嚴書院95秋級初階——安和班（二上）」佛學課程，由講師溫天河主講，約近四十人參加。

09.04

◆即日起至12月25日，僧團弘化院佛學推廣中心每週二下午於北投雲來寺，開辦「聖嚴書院96秋級雲來班——B班」佛學課程，由講師郭惠芯主講，約有六十多人參加。

◆即日起至12月25日，僧團弘化院佛學推廣中心每週二上午於台北安和分院，開辦「聖嚴書院96秋級初階——安和班（一上）」佛學課程，由講師常華法師主講，約近六十人參加。

◆即日起至12月25日，僧團弘化院佛學推廣中心每週二晚上於台北中山精舍，開辦「聖嚴書院96春級初階——中山班（一下）」佛學課程，由講師溫天河主講，約近四十人參加。

◆即日起至2008年1月1日，僧團弘化院佛學推廣中心每週二下午於台北中山精舍，開辦「聖嚴書院96春級精讀——中山班（一下）」佛學課程，由講師戴良義主講，約近二十人參加。

◆即日起至12月25日，僧團弘化院佛學推廣中心每週二晚上於農禪寺，開辦「聖嚴書院95秋級初階——農禪班（二上）」佛學課程，由講師果廣法師主講，約近七十人參加。

◆即日起至2008年1月1日，僧團弘化院佛學推廣中心每週二晚上於台中分院，開辦「聖嚴書院95秋級精讀——台中班（二上）」佛學課程，由講師林其賢主講，約近四十人參加。

◆即日起至11日每週二晚上、10月2至23日每週三晚上，金山法鼓山社大舉辦念佛共修，約有二十多人參加。

09.05

◆即日起至12月26日，僧團弘化院佛學推廣中心每週三晚上於農禪寺，開辦「聖嚴書院96秋級初階——農禪班（一上）」佛學課程，由講師果賢法師主講，約近一百人參加。

◆即日起至12月26日，僧團弘化院佛學推廣中心每週三上午於台北安和分院，開辦「聖嚴書院96春級初階——安和班（一下）」佛學課程，由講師果舫法師主講，約近五十人參加。

◆即日起至2008年1月2日，僧團弘化院佛學推廣中心每週三晚上於台北中山精舍，開辦「聖嚴書院95春級精讀——中山班（二下）」佛學課程，由講師林其賢主講，約近三十人參加。

09.06

◆即日起至12月20日，農禪寺每週四晚上開辦「生死學中學生死」佛法課程，邀請《聖嚴法師禪學思想》一書作者辜琮瑜講授「佛教生死關懷」，約有二百多人參加。

◆台北安和分院晚上舉辦「佛陀の微笑——禪修講座系列」，由禪堂板首果元法師主講「中華禪法鼓宗」，共有140人參加。

◆即日起至2008年1月3日，僧團弘化院佛學推廣中心每週四晚上於台中分院，開辦「聖嚴書院96秋級初階——台中班A（一上）」佛學課程，由講師果理法師主講，約近一百六十人參加。

◆即日起至27日，護法會海山辦事處每週四於台北縣三峽鎮介壽國小舉辦禪訓班，由僧團常全法師及常大法師帶領，共有37位來自三峽、鶯歌地區學員參加。

09.07

◆即日起至2008年2月1日，僧團弘化院佛學推廣中心每週五晚上於台北安和分院，開辦「學佛五講（前三講）」佛學課程，由講師清德法師主講，約近五十人參加。

◆即日起至12月28日，僧團弘化院佛學推廣中心每週五晚上於台北中山精舍，開辦「聖嚴書院95秋級初階——中山班（二上）」佛學課程，由講師大常法師主講，約有三十多人參加。

◆即日起至2008年1月4日，僧團弘化院佛學推廣中心每週五晚上於北投雲來寺，開辦「聖嚴書院95秋級精讀唯識班」佛學課程，由講師戴良義主講，約有十多人參加。

◆即日起至12日，美國紐約象岡道場舉辦「西方禪五」活動，由聖嚴師父法子賽門．查爾得（Simon Child）及英國西方禪協會資深老師西拉瑞．理查茲（Hillary Richards）帶領，共有17位西方禪眾參加。

◆台北縣三芝鄉長花村祥上午帶領鄉公所43位職工代表至法鼓山園區參訪，由方丈和尚果東法師、僧團副住持果品法師、法鼓山社大校長曾濟群接待。花村祥鄉長邀請方丈和尚於9月29日晚上至三芝鄉公所為鄉民演講，講題為「展現生命的價值——平安過生活」。

09.08

◆即日起至10月27日，台北安和分院每週六晚上舉辦「神經語言學」初階課程，由長期講授神經語言學的王葆琴主講，共有53人參加。

◆台中分院於寶雲別苑（原東籬農園）舉辦法青會聯誼共修，活動內容包括參觀「合樸農學」市集，並邀請東籬農園創辦人陳孟凱博士主講「好好吃飯（生活環保）」，共有25人參加。

◆台南分院於國立台南第一高級中學啟建「中元普度三時繫念法會」，共約有一千一百多位信眾參加。

◆即日起至12月29日，僧團弘化院佛學推廣中心每週六下午於台北安和分院，開辦「中國佛教史（二）」佛學課程，由講師果鏡法師主講，約有二十多人參加。

◆即日起至2008年1月5日，僧團弘化院佛學推廣中心每週六下午於台中分院，開辦「聖嚴書院96秋級初階——台中班B（一上）」佛學課程，由講師果雲法師主講，約近一百人參加。

◆即日起至2008年1月12日，僧團弘化院佛學推廣中心每週六上午於高雄紫雲寺，開辦「聖嚴書院95春級精讀——紫雲班（二／三）」佛學課程，由講師林其賢主講，約近四十人參加。

◆即日起至2008年1月12日，僧團弘化院佛學推廣中心每週六下午於高雄紫雲寺，開辦「聖嚴書院96春級專題——紫雲班」佛學課程，由講師林其賢主講，約十多人參加。

◆即日起一連兩天，法鼓山基金會皈依關懷組與高雄紫雲寺合辦新皈依弟子「快樂學佛人」活動，由紫雲寺監院果耀法師帶領信眾至法鼓山園區及農禪寺朝山、參訪，共有130人參加。

◆即日起至10月14日，美國護法會於新澤西州、佛州奧蘭多、佛州天柏、芝加哥、西雅圖、洛杉磯、舊金山等七個分會及聯絡處，舉辦生活禪推廣活動，邀請四位護法總會教聯會的生活禪師資劉振鄉、蔡美枝、吳甜、蔡鴻銘老師前往帶領。本日於新澤西州分會進行，共有32人參加。

◆即日起一連兩天，加拿大溫哥華道場舉辦「法鼓風範成長課程」，內容包括學佛行儀、殿堂禮儀、接待禮儀等，由護法總會義工團團長秦如芳、副團長吳麗卿帶領，共有45人參加。

09.09

◆農禪寺舉辦禪一，共有90人參加。

◆台中分院至苗栗三義挑炭古道舉辦戶外禪，由果雲法師帶領，約近九十人參加。

◆即日起至16日，台東信行寺舉辦初階禪七，共有30人參加。

◆護法會海山辦事處32位義工至台北市福德社區進行長者關懷活動，並帶領社區長者念佛共修，共有68人參加。

◆人基會主辦的第一屆「關懷生命獎」本日於台北市西華飯店舉行頒獎典禮，關懷生命團體獎由財團法人張老師基金會獲得，個人獎由中華民國牧愛生命協會執行長吳美麗獲得。典禮由資深媒體人廖筱君主持，頒獎人為聖嚴師父、立法院長王金平。方丈和尚果東法師、研修學院校長惠敏法師、人基會祕書長李伸一、衛生署副署長陳再晉、前台灣大學校長陳維昭、宏仁集團董事長王文洋等貴賓皆蒞臨與會。

◆法鼓山基金會皈依關懷組舉辦新皈依弟子「快樂學佛人」活動，本日至法鼓山園區朝山、行禪，約近四十位新莊、泰山區信眾參加。

◆美國護法會加州洛杉磯分會舉辦大悲懺法會，約近三十人參加。

◆澳洲護法會墨爾本分會舉辦《阿彌陀經》、《禮佛大懺悔文》持誦共修，約近二十人參加。

09.10

◆僧團上午於法鼓山園區大殿舉行剃度典禮，共有24位僧大佛學系、禪學系和僧才養成班二年級的學僧落髮，包括5位男眾、19位女眾出家奉獻三寶。

◆基隆精舍舉辦「朝禮地藏王菩薩——法鼓山朝山」活動，約近二百六十位信眾參加。

◆即日起至2008年1月7日，僧團弘化院佛學推廣中心每週一晚上於台北安和分院，開辦「根本沒煩惱——與唯識初相遇」課程，由講師辜琮瑜主講，約近六十人參加。

◆即日起至2008年1月7日，僧團弘化院佛學推廣中心每週一晚上於高雄紫雲寺，開辦「聖嚴書院94春級初階——紫雲班（三下）」佛學課程，由講師果建法師主講，約近四十人參加。

◆即日起至2008年1月7日，僧團弘化院佛學推廣中心每週一上午於高雄三民道場，開辦「聖嚴書院95春級初階——三民班（二下）」佛學課程，由講師果建法師主講，約近五十人參加。

◆即日起至2008年1月7日，僧團弘化院佛學推廣中心每週一晚上於護法會屏東辦事處，開辦「聖嚴書院95春級初階——屏東班（二下）」佛學課程，由講師果澔法師主講，約近三十人參加。

◆人基會與廣播電視事業發展基金合辦「世界防治自殺日座談會」，上午於台灣大學公共衛生學院舉行，座談會主題為「媒體啊！請給我們一生的承諾」，探討議題包括：近年來台灣媒體報導自殺新聞的概況、媒體報導名人自殺對社會的影響、從自殺防治看媒體社會責任等。方丈和尚果東法師出席致辭，人基會祕書長李伸一、廣電基金執行長林育卉、中央研究院生物醫學研究所鄭泰安教授等人參與座談。

◆加拿大溫哥華道場舉辦落成啟用週年系列慶祝活動，本日舉辦地藏法會，由監院果樞法師及僧大助理教授果徹法師帶領，約近百人參加。

09.11

◆即日起至2008年1月29日，僧團弘化院佛學推廣中心每週二上午於台北安和分院，開辦「佛教入門」佛學課程，由講師悟常法師主講，約有四十多人參加。

◆即日起至14日，加拿大溫哥華道場舉辦落成啟用週年系列慶祝活動，每日上午舉辦佛學講座，由僧大助理教授果徹法師主講「承先啟後的中華禪法鼓宗」，約近兩百八十人次參加聽講。

09.12

◆即日起至2008年1月9日，僧團弘化院佛學推廣中心每週三晚上於高雄紫雲寺，開辦「聖嚴書院96春級初階——紫雲班（一下）」佛學課程，由講師果品法師主講，約有六十多人參加。

◆即日起至2008年1月9日，僧團弘化院佛學推廣中心每週三上午於三民道場，開辦「聖嚴書院96春級初階——三民班（一下）」佛學課程，由講師果澔法師主講，約近七十人參加。

◆慈基會於高雄紫雲寺舉辦「社會工作者心靈饗宴」，由監院果耀法師主持，指導學員學習禪修、放鬆身心，共有26位高雄縣市政府的社工人員參加。

09.13

◆即日起至2008年1月10日，僧團弘化院佛學推廣中心每週四上午於護法會潮州辦事處，開辦「聖嚴書院96春級初階——潮州班（一下）」佛學課程，由講師郭惠芯主講，約近五十人參加。

◆即日起至2008年1月10日，僧團弘化院佛學推廣中心每週四晚上於高雄紫雲寺，開辦「聖嚴書院95春級初階——紫雲班（二下）」佛學課程，由講師果澔法師主講，約近四十人參加。

◆即日起至2008年1月10日，僧團弘化院佛學推廣中心每週四上午於高雄三民道場，開辦「聖嚴書院94春級初階——三民班（三下）」佛學課程，由講師果品法師主講，約有三十多人參加。

◆美國護法會佛州奧蘭多聯絡處舉辦生活禪推廣活動，邀請四位護法總會教聯會的生活禪師資劉振鄉、蔡美枝、吳甜、蔡鴻銘老師前往帶領，約有二十多人參加。

09.14

◆法行會於台北安和分院舉辦第87次例會，邀請台北醫學大學附設醫院院長吳志雄演講「健康．活力．彩色人生」，共有87人參加。

◆在耕莘文教院馬天賜神父推介下，義大利籍馬維道神父、剛果籍鮑霖神父和西班牙籍聶世平神父共同至法鼓山園區參訪。三位神父除與研修學院校長惠敏法師晤談，並由圖資館館長馬德偉為其導覽圖資館。

09.15

◆聖嚴師父應中國電視公司邀請，本日於名製作人王偉忠的節目《全民大講堂》裡介紹「心六倫」，節目並邀請富邦文教基金會執行長陳藹玲、法鼓山人基會祕書長李伸一參與對談。

◆即日起一連兩天，法鼓山園區首度舉辦「八關戒齋菩薩行」，以觀音法門為主軸，並搭配禪修方法，約近三百人參加。

◆農禪寺舉辦佛一暨八關戒齋法會，共有1,194人參加。

◆南投德華寺舉辦中秋關懷活動，提供民生物資予40位受關懷戶。

◆台南分院舉辦大悲懺法會，共有220人參加。

◆即日起至2008年1月12日，僧團弘化院佛學推廣中心每週六下午於高雄紫雲寺，開辦「聖嚴書院95春級初階——岡山班（二下）」佛學課程，由講師關則富主講，約近三十人參加。

◆即日起至2008年1月12日，僧團弘化院佛學推廣中心每週六下午於高雄紫雲寺，開辦「聖嚴書院96春級初階——岡山班（一下）」佛學課程，由講師果澔法師主講，約近六十人參加。

◆即日起一連兩天，僧團弘化院參學室於法鼓山園區為導覽組義工舉辦「心靈導覽員成長營」，共有44位學員參加。

◆僧團青年院於北投雲來寺舉辦「與法相會」活動，內容包括佛曲演唱等，由常御法師帶領，約近三十人參加。

◆研修學院出版發行《法鼓研修院訊》創刊號。

◆法鼓山文基會舉辦「心靈環保列車活動」，本日響應世界清潔地球日，在全台包括淡水、大信南區（信義、南港、汐止）、中正萬華區、花蓮、屏東、基隆等六個地區同步舉辦「逗陣來拚掃」淨山、掃街等活動，約有八百四十多人參加。

◆美國護法會新澤西州分會舉辦佛學講座，由象岡道場住持果峻法師主講《佛說八大人覺經》。

◆即日起一連兩天，美國護法會佛州天柏聯絡處舉辦生活禪推廣活動，邀請四位護法總會教師聯誼會的生活禪師資劉振鄉、蔡美枝、吳甜、蔡鴻銘老師前往帶領，約近三十人參加。

◆即日起至19日，僧大助理教授果徹法師至美國護法會華盛頓州西雅圖分會弘法關懷，於當地進行演講，主題為「《佛說大乘稻芉經》導讀」；並簡介法鼓山所傳承的漢傳禪佛教及中華禪法鼓宗。

09.16

◆農禪寺上午舉辦地藏法會，約近五百三十人參加。

◆即日起一連兩天台北安和分院於上午舉辦佛學研習，主題為「法鼓新鮮人——都會學佛苑」。

◆桃園齋明寺舉辦中秋敦親睦鄰活動，由悅眾帶領義工關懷周邊住戶。

◆台南分院舉辦精進禪一，由監院果舟法師擔任總護，約近一百二十人參加。

◆高雄紫雲寺舉辦「圖書館志工成長課程」，包括圖書館的值班須知、索書號，及討論至其他圖書館參訪的構想，以瞭解學習其他圖書館的經營管理方式，幫助該寺圖書館義工更瞭解值班內容等，共有 18人參加。

◆高雄三民道場舉辦禪一，由紫雲寺監院果耀法師擔任總護，共有 37人參加。

◆研修學院、中華佛研所、僧大及漢藏班聯合開學暨畢結業典禮於法鼓山園區國際會議廳舉行，包括研修學院首屆、僧大第七屆新生，中華佛研所第23屆、僧大第三屆、漢藏班第四屆的畢結業生，共有92位新舊生出席。聖嚴師父、方丈和尚果東法師、研修學院校長惠敏法師、前逢甲大學校長劉安之等師長及兩百多位貴賓與會。

◆即日起至20日，研修學院校長惠敏法師應中國大陸學者方廣錩教授邀請，至上海出席由上海師範大學舉辦的「漢文大藏經國際學術研討會」，發表論文〈CBETA電子佛典集成（Version 2007）之製作與使用報告〉。

◆美國紐約東初禪寺邀請隨聖嚴師父習禪多年、曾任法鼓山美國護法會董事的保羅．甘迺迪（Paul Kennedy），分享美國護法會派員援助祕魯震災的心得，約近五十人參與聆聽。

◆美國護法會新澤西州分會至紐布朗斯維克（New Brunswick）的玫瑰園老人養護中心（Rose Mountain Care Center）進行關懷，約有十多位信眾參加。

◆美國護法會加州洛杉磯分會舉辦「念佛暨菩薩戒誦戒會」，並進行法器練習，共有16人參加。

◆加拿大溫哥華道場舉辦落成啟用週年系列慶祝活動，本日於道場前門廣場舉辦「和敬平安慶週年」園遊會，溫哥華市長蘇利文（Samuel C. Sullivan）、加拿大國會議員林達．里德（Linda Reid）、卑詩省議員葉志明（John Yap）、駐溫哥華台北經濟文化辦事處處長龔中誠、僑務委員會主任詹文旭等佳賓皆蒞臨會場，約近一千一百人參加。

09.17

◆即日至2008年1月12日，僧團與僧大於法鼓山園區首次舉辦「僧命體驗班」，提供有意出家修行者體驗長期出家生活，共有25位學員參加，包括4位男眾、21位女眾。

◆即日起一連兩天，美國CNBC知性旅遊節目《業緣尋旅》（Karma Trekkers）製作人凱文．福克斯（Kevin J. Fox）及主持人戴蒙．瑞德芬（Demon Redfern）等一行六人，至法鼓山園區進行拍攝，並針對法鼓山的特色和理念展開訪問。

09.19

◆即日起至9月23日，美國護法會新澤西州分會舉辦為期五天的佛學講座，邀請馬來西亞佛學院院長繼程法師主講「菩提佛性」、「平淡清淨」、「無住生心」、「禪在哪裡？佛在哪裡？」、「感恩眾生，完美的緣」等，共有55人參加。

09.20

◆由內政部主辦的公益慈善及績優宗教團體表揚大會，本日於台大醫院舉行，法鼓山佛教基金會、北投中華佛教文化館以及農禪寺同時獲頒「奉獻發芽」獎，由內政部長李逸洋頒發，方丈和尚果東法師、文化館住持鑑心法師代表領獎。

◆即日起至12月27日，僧團弘化院佛學推廣中心每週四晚上於護法會桃園辦事處，開辦「四神足、五根五力」佛學課程，由講師大宣法師主講，約近三十人參加。

◆即日起至22日，美國護法會加州洛杉磯分會開辦義工課程，內容包括佛教儀軌、日常生活的禮儀規範、接待工作的分享等，由護法總會義工團團長秦如芳、副團長吳麗卿、資深義工陳修平等人自台灣前往當地帶領，約有二十多人參加。

◆即日起至22日，僧大助理教授果徹法師至美國護法會加州舊金山分會弘法關懷，於當地進行三場公開演講，主題為「《佛說大乘稻芉經》導讀」；並簡介法鼓山所傳承的漢傳禪佛教及中華禪法鼓宗，每場約近三十人參加。

09.21

◆即日起至30日，法鼓山園區禪堂舉辦禪二暨默照禪十，由禪堂板首果元法師擔任總護。禪二約近九十人參加，禪十約有五十多人參加。

◆由經濟部能源局委託工業技術研究院能源與環境研究所主辦、法鼓山建設工程處協辦的「再生能源講習會」，上午於法鼓山園區展開，講習會邀請國內能源相關產業業者、各級學校教師、各級政府相關人員、公益團體成員，共約近七十人參加。

◆即日起至25日，僧團傳燈院於苗栗三義DIY心靈環保教育中心舉辦生活禪體驗營，由禪修中心副都監果醒法師帶領，共有64人參加。

◆印尼蘇門答臘島（Sumatra）西岸外海於9月12日發生芮氏規模8.4強震，造成嚴重災情，慈基會緊急聯絡印尼亞齊安心服務站展開救援，本日至23日由安心站站長李徒以及五位專職和義工，前往災情嚴重的朋姑露（Bengulu）北部發放賑災物資。

◆即日起至23日，美國紐約象岡道場舉辦「健康禪」活動，內容包括瑜伽、禪修等；23日於象岡山進行山水禪，由住持果峻法師帶領，共有17人參加。

◆澳洲護法會雪梨分會五位悅眾參加澳洲昆士蘭格里菲斯大學（Griffith University）於皇果園（Kingsgrove）舉辦的「世界和平日祈福祝禱會」，在會中宣讀聖嚴師父在「世界經濟論壇」（WEF）的演說內容，同時唱誦南無觀世音菩薩聖號。

09.22

◆護法總會舉辦聖嚴師父與方丈和尚果東法師全台巡迴關懷活動，本日上午於台東信行寺舉辦祈福皈依大典，由方丈和尚代師父授三皈依，共有243人皈依三寶。隨後師父為大眾開示，台東縣長鄺麗貞、台東縣議會議長李錦慧、護法總會總會長陳嘉男等，到場為新皈依弟子祝福，下午則進行第八場勸募會員關懷會，約有一百五十多位當地勸募會員及親友眷屬參加。

◆中秋節前夕，僧團果宜法師帶領15位法鼓山義工拜訪法鼓山園區周邊鄰居約近兩百五十戶人家，表達敦親睦鄰、關懷之意。

◆桃園齋明寺舉辦「菩提心，清涼月——中秋祝福聯誼晚會」，內容包括兒童和喜太鼓表演、法青會「嫦娥也團圓」幽默話劇演出、帶動唱等，約有近百人參加。

◆法鼓山基金會皈依關懷組舉辦新皈依弟子「快樂學佛人」活動，本日至法鼓山園區朝山一日遊，共有64位淡水、大安、信義、南港區信眾參加。

◆文基會舉辦「心靈環保列車活動」，本日響應世界清潔地球日，護法會松山辦事處於台北東郊的四獸山登山步道進行「逗陣來拚掃」淨山、掃街等活動，共有20人參加。

◆文基會舉辦「心靈環保列車活動」，本日台北市士林區民眾至台北孔廟與保安宮進行「心靈環保」參訪活動，共有55人參加。

◆美國紐約東初禪寺舉辦義工成長聯誼及傳心燈活動，由資深義工進行心得分享，並由住持果明法師、果謙法師及常悟法師共同主持傳心燈活動，約近五十人參加。

◆即日起一連兩天，美國護法會伊利諾州芝加哥分會舉辦生活禪推廣活動，邀請四位護法總會教聯會的生活禪師資劉振鄉、蔡美枝、吳甜、蔡鴻銘老師前往帶領，共有35人參加。

◆新加坡護法會法青會於聖淘沙島舉辦戶外活動，內容包括團體遊戲、禪坐、托水缽等，共有23位學員參加。

09.23

◆台南分院舉辦地藏法會，共有179人參加。

◆法鼓山基金會皈依關懷組舉辦新皈依弟子「快樂學佛人」活動，本日至法鼓山園區進行朝山一日遊，共有20位三重、蘆洲區信眾參加。

◆即日起一連兩天，美國護法會加州洛杉磯分會舉辦佛學講座，由僧大助理教授果徹法師主講《佛說大乘稻芉經》，共有38人參加。

◆美國護法會加州舊金山分會開辦義工課程，內容包括佛教儀軌、日常生活的禮儀規範、接待工作的分享等，由護法總會義工團團長秦如芳、副團長吳麗卿、資深義工陳修平前往帶領。

09.24

◆法鼓山園區下午舉辦「中秋月明．法鼓箏情」活動，內容包括手創市集、中秋晚會，約有七百多位民眾參加。

◆金山法鼓山社大下午於法鼓山園區大殿舉行2007年第二期（秋季班）開學典禮暨金山、萬里地區中秋關懷活動，金山鄉長許春財、鄉民代表會副主席王炳煌、金山高中校長鍾雲英等當地貴賓皆蒞臨與會。典禮除了頒發結業證書、終身學習護照以及勤學、服務獎，方丈和尚果東法師並代表法鼓山致贈中秋慰問禮金給金山地區174戶受關懷戶。

◆法鼓山基金會皈依關懷組舉辦新皈依弟子「快樂學佛人」活動，本日於法鼓山園區進行中秋晚會禪會之旅，共有62位海山區信眾參加。

09.27

◆研修學院邀請比利時根特大學（Ghent University）漢學系系主任巴德勝（Bart Dessein），於法鼓山園區教育行政大樓海會廳發表演講，講題為「南北方大眾部和大乘佛教的起源」（The Northern and Southern Mahasamghikas and the Rise of the Mahayana Buddhism）。

◆即日起至10月2日，香港護法會首度舉辦「大悲心祈福法會」系列活動，由僧團果啟法師、常心法師帶領。本日活動包括地藏法會、果啟法師主講《楞嚴經．大勢至菩薩念佛圓通章》及「水陸法會」佛學講座，約有一百多位民眾參加。

09.28

◆台東信行寺舉辦大悲懺法會，共有108人參加。

09.29

◆方丈和尚果東法師晚上應邀於台北縣三芝鄉公所演講「展現生命的價值，平安快樂過生活」，約近三百位鄉民出席聆聽。

◆即日起一連兩天，助念團於台中分院舉辦大事關懷一般課程，內容主題包括佛教的生死觀、聖嚴師父談「禪的生死觀」、法鼓山的大關懷教育、從瀕死現象談佛教的生命關懷、大事關懷的時機及關懷技巧等，兩天共約有一百七十多人次參加。

◆即日起一連兩天，財團法人伽耶山基金會於台北市印儀學苑舉辦「專科工具書編輯研討會」會議，研修學院副校長杜正民、法鼓文化總編輯果毅法師應邀參加。杜正民教授發表論文〈藏經與佛教工具書的數位化編纂──以CBETA電子佛典與數位經錄計畫為例〉，果毅法師則以「法鼓山年鑑的編製」為題，發表專題演說。

◆法鼓山基金會皈依關懷組舉辦新皈依弟子「快樂學佛人」活動，本日至法鼓山園區進行聯誼會及朝山、念佛禪，共有114位苗栗、海山區信眾參加。

◆文基會舉辦「心靈環保列車活動」，本日苗栗地區民眾至法鼓山園區進行「綠建築」參訪，共有66人參加。

◆即日起一連兩天，美國護法會西雅圖分會舉辦生活禪推廣活動，邀請四位護法總會教聯會的生活禪師資劉振鄉、蔡美枝、吳甜、蔡鴻銘老師前往帶領，約有五十多人參加。

09.30

◆護法會北五轄區於桃園齋明寺舉辦新勸募會員說明會，會中介紹聖嚴師父今年7月31日為法鼓山專職及義工精神講話開示的「四大堅持」──法鼓山理念、三大教育、四種環保、漢傳佛教。

◆桃園法青會於桃園齋明寺舉辦「與法相會」活動，由僧團青年院常一法師帶領，齋明寺監院果治法師及常宏法師到場關懷，約近三十人參加。

◆台中法青會於台中分院舉辦「與法相會」活動，由僧團青年院常御法師帶領，台中分院果雲法師、常湛法師到場關懷，約有三十多人參加。

◆台南法青會於台南分院舉辦「與法相會」活動，由僧團青年院常惺法師等帶領，台南分院監院果舟法師到場開示，約近二十人參加。

◆高雄法青會於高雄紫雲寺舉辦「生活智慧禪——南區法青聯誼活動」，由高雄法青會輔導師果澔法師帶領，僧團青年院常惺、常源法師出席關懷，共有42位南區法青學員參加。

◆大溪法鼓山社大於至善高中活動中心舉行2007年第二期（秋季班）開學典禮，桃園縣教育局駐區督學李國亮、縣議員李柏枋等多位貴賓蒞臨觀禮，約有三百多位學員、眷屬到場參加。

◆慈基會於高雄紫雲寺舉辦「中秋重陽關懷暨第14屆聯合祝壽」，由監院果耀法師主持，參與的團體包括惠心養護之家、新吉祥護理之家及中低收入戶等，另有九對結婚50週年以上的信眾，共約有一百多人參加。

◆慈基會緊急救援中心舉辦緊急救援訓練系列課程，本日於屏東辦事處進行，內容包括介紹救災中心組織各組工作要點，並由資深義工分享國內救援案例與國外救援心得，共有69位屏東、潮州地區義工參加。

◆美國紐約東初禪寺舉辦「止觀療法」講座，邀請具心理治療專長的林晉成博士主講，約有三十多位信眾參加。

◆美國護法會加州洛杉磯分會舉辦禪一，由聖嚴師父西方法子吉伯．古帝亞茲（Gilbert Gutierrez）帶領，共有28人參加。

◆新加坡護法會舉辦一日禪坐共修，共有40人參加。

◆香港護法會於寶覺中學禮堂舉辦「佛一暨皈依法會」，由僧團果啟法師代表聖嚴師父授三皈依，約有三百六十多人參加，77人皈依三寶。

◆澳洲護法會墨爾本分會響應澳洲紅十字會每四個月所舉辦一次的捐血活動，約有十多人參加。

10月 OCTOBER

10.01

◆《人生》雜誌第290期出刊。

◆《法鼓》雜誌第214期出刊。

◆《金山有情》季刊第22期出刊。

◆法鼓文化出版新品：大自在系列《空谷幽蘭——尋訪當代隱士》（*Road to Heaven*）（比爾．波特Bill Porter著）；琉璃文學系列《癲狂與純真：日本高僧傳奇》（李永熾著）；2008年幸福禪味桌曆；經典系列《法華住世——法華鐘落成典禮紀念專輯DVD》。

◆即日起至明年（2008年）2月底，由人基會製作的《聖嚴師父談「新時代．心六倫」》電視帶狀節目，於每週一至週五下午兩點半到三點在有線電視霹靂台（11頻道）播出，每週播出單一倫理單元。

◆即日起至31日，僧團及僧大沙彌（尼）共27位前往基隆靈泉禪寺參加為期一個月的三壇大戒傳戒會。

◆慈基會關懷彰化縣員林汽車修理廠9月30日發生的嚴重火災，本日動員義工前往慰問家屬，並致贈急難救助金及協助家屬後續事宜。

◆香港護法會舉辦「大悲心祈福法會」系列活動，本日進行地藏法會，約有一百多位民眾參加。

10.02

◆香港護法會舉辦「大悲心祈福法會」系列活動，本日進行大悲懺法會，約有一百多位民眾參加。

10.03

◆護法會桃園辦事處舉辦佛學講座，邀請資深悅眾戴萬成主講「佛法與如實人生」。

10.05

◆即日起至13日，法鼓山園區禪堂舉辦「初階禪七暨禪二」，由常遠法師擔任總護，共有156人參加。

◆法行會於台北福華飯店舉辦第88次例會，邀請「優人神鼓」音樂總監黃誌群演講「從修行走入藝術．自藝術走入修行」，共有102人參加。

◆文基會舉辦「心靈環保列車活動」，即日起至7日，護法會南投辦事處與慈基會共同於南投集集岳崗營區進行「遍地黃金——惜福市場」，約有兩千一百多人次參加。

◆即日起至11日，美國紐約象岡道場舉辦初階禪七，提供禪眾選擇參加前三天、五天或全程共修，由住持果峻法師擔任總護，共有22人參加。

10.06

◆僧團青年院於台中寶雲別苑舉辦全台法青會分會長聯席會，由常惺法師主持，約近二十人參加。

◆即日起至13日，教聯會每週六於北投雲來寺舉辦「繪本師資研習課程」，邀請宜蘭頭城國小校長林信德、吳美美及林秋燕老師主講，共有35人參加。

◆法鼓山基金會皈依關懷組舉辦新皈依弟子「快樂學佛人」活動，本日於台東信行寺進行，共有40位台東區信眾參加。

◆慈基會緊急救援中心舉辦緊急救援訓練系列課程，本日於護法會新竹辦事處展開，內容包括介紹「法鼓山地區救災中心組織及作業要點」，並由資深義工分享國內救援案例與國外救援心得，共有40位新竹地區的義工參加。

◆慈基會關切強颱柯羅莎侵台期間發生的災情，本日動員急難救助義工前往各地援助，並持續關懷各地區急需救助民眾生活與傷痛後心靈慰訪的工作。

◆即日起一連兩天，美國護法會洛杉磯分會舉辦生活禪推廣活動，邀請四位護法總會教聯會的生活禪師資劉振鄉、蔡美枝、吳甜、蔡鴻銘老師前往帶領，共有35人參加。

10.07

◆美國護法會新澤西州分會舉辦念佛禪一，由美國護法會輔導師果謙法師帶領，約近四十位禪眾參加。

◆香港護法會舉辦「榮董聯誼晚會」，活動中播放《大哉斯鼓》影片，以及介紹「遊心禪悅——法語．墨緣．興學」聖嚴師父書法展活動影片。護法總會輔導師果器法師與副總會長周文進夫婦前往參與，約近一百位民眾參加。

10.08

◆韓國安國禪寺包括中央僧伽大學教授彌山法師、中央禪院禪院長徹悟法師、萇泉寺住持真守法師、海印僧伽大學教務部長道慶法師等一百二十多人，至法鼓山園區參訪。

10.10

◆僧團青年院於農禪寺舉辦法青悅眾成長營，以協助學員學習如何企畫一場成功的活動為主要內容，邀請中菲行航運公司人力資源部副總裁陳若玲主講，約近三十人參加。

◆護法會於高雄紫雲寺舉辦「勸募會員、小組長進階成長營」，由多位資深悅眾分享法鼓山弘化的目標和共識，以及護法會的責任和功能，共有89位勸募會員參加。

10.11

◆僧團傳燈院應邀至台灣電力公司訓練所，為該公司全國訓練機構之主管人員進行法鼓八式動禪教學，約近四十人參加。

10.12

◆即日起至11月2日，護法會海山辦事處每週五於土城慈園幼稚園舉辦「土城禪訓班」，約有二十多人參加。

◆研修學院推廣教育中心第三期課程開課，共有12堂課分別於慧日講堂、華嚴蓮社、愛群教室進行。

◆即日起至14日，美國護法會加州洛杉磯分會首次與天主教僻靜中心（Mary&Joseph Retreat Center）合辦禪三，由紐約東初禪寺常悟法師主持，全程以英語進行，共有40人參加，其中三分之一禪眾是西方眾，多半是天主教徒。

◆為感謝法鼓山於8月20日協助祕魯地震災後的救援，祕魯駐台灣代表艾賀熙（Jose Eyzaguirre）夫婦本日上午偕同富蘭克林．桑傑士（Franklin Sanchez）等六位祕魯國會議員，前往法鼓山園區參訪並致意，方丈和尚果東法師出席陪同。

10.13

◆方丈和尚果東法師下午應邀於宜蘭羅東高中舉行「心靈環保」講座，以「展現生命的價值，平安快樂過生活」為題，介紹法鼓山倡導的「心六倫」運動，約近四百人參加。

◆方丈和尚果東法師偕同護法總會輔導師果器法師、總會長陳嘉男於本日晚上至宜蘭羅東高中研習廳，關懷一百五十多位來自宜蘭、羅東地區的勸募會員。

◆農禪寺舉辦佛一暨八關戒齋法會，約有一千一百多人參加。

◆即日起至12月1日，台北安和分院每週六晚上舉辦「發現自己——現代藝術心靈探索」課程，由英國中英格蘭大學（University of Central England）藝術教育研究所進修博士徐曉萍主講，共有11人參加。

◆即日起一連兩天，僧團弘化院與護法總會於法鼓山園區居士寮舉辦北部七轄區第一梯次「地區梵唄法器進階課程」課程，課程主題包括「梵唄與修行」、「念佛共修儀軌淺釋及練習」、「認識維那」、「發音教學及練習」等，由僧團果慨法師、果界法師、果增法師等人帶領，約有一百七十多位執掌法器悅眾參加。

◆即日起至明年（2008年）1月12日，僧團弘化院佛學推廣中心每週六上午於台北安和分院，開辦《佛說大乘稻芊經》佛學課程，由講師果徹法師主講，約近五十人參加。

◆即日起一連兩天，僧團青年院暨法鼓山世界青年會（以下簡稱世青會）於桃園齋明寺舉辦首次「純真覺醒成長營」，透過「創新、關懷、專注」主題式課程的學習，引導青年進行探索自我、關懷自然、創新環保的體驗，由青年院常源法師擔任總護，約近七十位大專青年參加。

◆即日起至20日，禪坐會於苗栗三義DIY心靈環保教育中心舉辦中階禪七，由僧團果理法師帶領，共有55人參加。

◆即日起一連兩天，研修學院校長惠敏法師應邀參加日本南山大學與輔仁大學合辦之「從一些亞洲觀點看意識、腦科學與宗教」（Consciousness, Brain Science, and Religion : Some Asian Perspectives）國際研討會，並發表論文〈打坐與腦科學觀〉（Meditation and the Brain Science）。

◆台中法鼓山社大於台中市立惠文高中大禮堂舉辦2007年第二期（秋季班）開學典禮，約近一百七十位春季班學員獲頒結業證書、終身學習護照，共約近三百位新舊生參加，法鼓山社大校長曾濟群也到場勉勵學員。

◆法鼓山基金會皈依關懷組舉辦新皈依弟子「快樂學佛人」活動，本日於護法會花蓮辦事處進行在家居士如何學佛成長課程，共有22位花蓮區信眾參加。

◆慈基會緊急救援中心舉辦緊急救援訓練系列課程，本日分別於新竹辦事處及南投安心服務站進行，內容包括介紹救災中心組織各組工作要點，並由資深義工分享國內救援案例與國外救援心得，共有40位新竹地區義工和54位南投地區義工參加。

◆即日起一連兩天，美國護法會加州舊金山分會舉辦生活禪推廣活動，邀請四位護法總會教聯會的生活禪師資劉振鄉、蔡美枝、吳甜、蔡鴻銘老師前往帶領，共有45位學員參加。

◆即日起至27日，美國護法會加州省會聯絡處每月雙週週六上午舉辦法鼓八式動禪及禪坐共修。

10.14

◆即日起至11月11日，法鼓山「大悲心水陸法會」籌備小組舉辦五場「大悲心水陸講座

——傳統與創新」，每週日晚上於農禪寺進行，由水陸籌備小組長果慨法師主講，內容涵蓋傳統水陸介紹、水陸與民間信仰建醮的比較、法鼓山大悲心水陸法會的特色等，讓更多信眾瞭解法會的精神意涵。每場皆約有一百多人參加，五場共約五百多人參加。

◆台北安和分院舉辦四場「安寧療護系列課程」，本日進行第四場，邀請台灣安寧緩和醫學學會理事許禮安醫師主講，共有135位學員參加。

◆台南分院舉辦精進佛一，由監院果舟法師帶領，共有120人參加。

◆台東信行寺舉辦佛化聯合祝壽活動，共有80人參加。

◆護法會北四轄區於土城海山高工舉辦「重陽敬老暨心靈環保博覽會」，進行法鼓山合唱團演唱、廣福國小舞蹈團表演以及感恩茶禪等活動，約有板橋、土城、樹林等地一千多人參加。

◆護法會桃園辦事處舉辦佛化聯合祝壽活動，僧團關懷院常哲法師、慈基會總幹事陳果開到場關懷。共有桃園地區48位65歲以上的勸募會員和民眾參加，並有21位長者皈依三寶。

◆北投法鼓山社大於農禪寺舉行2007年第二期（秋季班）開學典禮，由僧團副住持果品法師、法鼓山社大校長曾濟群出席為學員頒獎，台北市民政局局長黃呂錦茹、立法委員丁守中也出席參與，共有286位春季班學員獲頒畢業證書，三百位多位學員獲頒終身學習護照。

◆法鼓山基金會皈依關懷組舉辦新皈依弟子「快樂學佛人」活動，本日於台中分院進行會團介紹，約近二十人參加。

◆慈基會緊急救援中心舉辦緊急救援訓練系列課程，本日於護法會苗栗辦事處進行，內容包括介紹救災中心組織各組工作要點，並由資深義工分享國內救援案例與國外救援心得，共有45位苗栗地區義工參加。

◆慈基會於高雄紫雲寺舉辦「安心家庭關懷專案南區團體督導」研討會，邀請高雄縣政府社會局大寮區社會福利服務中心督導吳素秋主講慰訪技巧，以及協助弱勢家庭的方法，約近三十位關懷員參加。

◆澳洲護法會墨爾本分會舉辦《阿彌陀經》、《禮佛大懺悔文》共修，約近二十人參加。

10.15

◆僧大師生上午至宜蘭龍潭湖進行校外教學，體驗戶外禪，下午至國立傳統藝術中心參觀，共有師生109人參加。

◆研修學院繼今年招收第一屆佛學系碩士班新生，於9月開學後，本日再獲教育部函覆核可，自97學度起可招收佛教學系學士班學生。

10.16

◆僧團傳燈院應邀至台北百齡高中，為國中部學生進行禪修指引課程，共有36人參加。

◆即日起至12月15日，研修學院與「中華發展基金管理會」合作辦理「台灣地區宗教教義研修機構邀請大陸宗教人士來台研修教義計畫」，本次共邀請宏度法師、賢禪法師、曙正法師、印照法師等四位大陸法師來台研修教義。

◆研修學院副校長杜正民至美國加州史丹佛大學（Standford University）佛學中心商討

雙方締約事項，並進行一場專題演講，主題為「透過時空資訊系統從藏經目錄達至文全資料庫」（From Sutra Catalogs via Spatial-temporal Information System to CBETA Text Database）。

◆47位考試院公務人員保障暨培訓委員會委員在主委劉守成的帶領下，本日下午至法鼓山園區參訪。

10.17

◆即日起至12月5日，台北安和分院每週三晚上舉辦「發現自己——現代藝術心靈探索」課程，由英國中英格蘭大學（University of Central England）藝術教育研究所進修博士徐曉萍主講，共有12人參加。

◆研修學院圖資館於法鼓山園區教育行政大樓四樓視聽室舉辦線上資料庫使用說明會，講解自動化系統Aleph（WebPAC）介面與MetaLib & SFX介面的使用方法。該館除提供亞洲研究書目資料庫、電子佛典資料庫及《法鼓全集》等資料庫外，並將增購宗教及人文領域的西文電子資料庫，以加強對該校師生的服務。除該校師生、行政人員外，僧大院長果暉法師也到場聆聽。

◆研修學院副校長杜正民應邀參加美國加州柏克萊大學圖書館（The Library-University of California, Berkeley）舉辦的「中國宗教文化地圖會議」（The Atlas of Chinese Religions Meeting）並於會議中發表論文〈法鼓佛教研修學院佛學資訊專案的統計資料〉（The Statistical Data of DDBC Buddhist Informatic Projects）。

10.18

◆即日起至21日，法鼓山於園區禪堂舉辦「第29屆社會菁英禪修營」，內容主題包括禪修方法、禪修觀念的活學活用等，由果祺法師擔任總護，共有112人參加。

◆即日起至10月20日，研修學院副校長杜正民應邀參加美國柏克萊加州大學圖書館（The Library-University of California, Berkeley）舉辦的「太平洋鄰里協會（PNC）2007年年會暨聯合會」（PNC and ECAI 2007 Annual Conference and Joint Meetings）並於會議中發表論文〈時空資訊系統在藏經目錄與高僧傳資料庫上的運用〉（Applications of Spatial-temporal Information System in the Digital Database of Buddhist Tripitaka Catalogs and Biographies of Chinese Buddhist Eminent Monks）。

10.19

◆美國護法會加州舊金山分會舉辦禪修問答及共修活動，由紐約東初禪寺常悟法師前往帶領，共有25人參加。

10.20

◆農禪寺舉辦「法鼓山佛化聯合祝壽」活動，由僧團果建法師主持，約有二百三十多位大台北地區的長者出席接受祝福，四百多位民眾參加活動。

◆台南分院舉辦大悲懺法會，共有202人參加。

- 台東信行寺舉辦地藏法會，共有70人參加。
- 僧團傳燈院於農禪寺舉辦禪修指引課程，共有65人參加。
- 即日起一連兩天，僧團傳燈院於土城教育訓練中心，為資深禪眾進行生活禪試教課程，由禪修中心副都監果醒法師主持，共有20人參加。
- 即日起一連兩天，僧團弘化院與護法總會於法鼓山園區居士寮舉辦北部七轄區第二梯次「地區梵唄法器進階課程」課程，課程主題包括「梵唄與修行」、「念佛共修儀軌淺釋及練習」、「認識維那」、「發音教學及練習」等，由僧團果慨法師、果界法師、果增法師等人帶領，約有二百多位執掌法器悅眾參加。
- 慈基會緊急救援中心舉辦緊急救援訓練系列課程，本日於烏來進行，內容包括介紹救災中心組織各組工作要點，並由資深義工分享國內救援案例與國外救援心得，共有35位台北市士林地區義工參加。
- 即日起一連兩天，美國護法會輔導師果謙法師至伊利諾州芝加哥分會弘法關懷，於20、21日分別帶領念佛禪一、一日禪。
- 加拿大溫哥華道場下午舉辦「法青心靈成長營」活動，課程包括情緒管理、心靈探討等，共有38人參加。

10.21

- 聖嚴師父於法鼓山園區創辦人辦公室接受《康健》雜誌主編張曉卉採訪，主題為「如何面對生死」。
- 農禪寺上午舉辦地藏法會，約近五百三十人參加。
- 台北中山精舍舉辦「銀髮飛揚慶重陽」活動，關懷地區65歲以上勸募會員及70歲以上信眾，共有76人參加。
- 台中分院舉辦勸募會員聯誼會，由文化中心副都監果毅法師帶領，勸募會員林素珠並在會中分享「法鼓山與我」，約近五十人參加。
- 高雄紫雲寺舉辦佛一暨八關戒齋法會，由僧團果舫法師主法，共有163人參加。
- 慈基會於台南分院舉辦「一般關懷員訓練課程」，由台南分院監院果舟法師主持，共有48人參加。
- 慈基會緊急救援中心舉辦緊急救援訓練系列課程，本日於台北安和分院進行，共有123位北三轄區（大信南、中正萬華、內湖）義工參加。

10.22

- 美國護法會輔導師果謙法師代表法鼓山致贈一套《法鼓全集》102冊予芝加哥大學（The University of Chicago）圖書館，由該館總館長納德爾（Judith Nadler）、東亞館長周原代表接受。駐芝加哥台北經濟文化辦事處文化組長徐會文、美國護法會芝加哥分會前任召集人王翠嬿、現任召集人李詩影等都出席觀禮。

10.23

- 聖嚴師父上午於法鼓山園區國際會議廳，對僧團法師、全體專職精神講話，主題為「佛教、佛法與佛學」，全台各分院道場同步視訊連線聆聽開示，約有六百八十多人參加。

◆聖嚴師父為研修學院師生進行「創辦人時間」開示，勉勵學生尊師重道，師者善盡傳道、授業、解惑之責，以確立法鼓學風。

◆由經濟部能源局主辦、工業技術研究院能源與環境研究所承辦的「法鼓山照明設計案例觀摩會」，本日邀請國內建築、燈光、照明等設計公司及學界七十多位專業人士至法鼓山園區觀摩，由僧團副住持果品法師、建設工程處長李孟崇等介紹符合「節約、自然、環保、健康」的燈光照明系統。

◆慈基會緊急救援中心舉辦緊急救援訓練系列課程，本日於護法會中永和辦事處進行，內容包括介紹救災中心組織各組工作要點，並由資深義工分享國內救援案例與國外救援心得，共有20位中永和地區義工參加。

◆美國護法會輔導師果謙法師代表法鼓山致贈一套《法鼓全集》102冊予聖路易市淨心書坊，由淨心書坊三位發起人史顯寬（Don Sloane）、蔡顯智（Kattie Choi）和李文瑜三位居士代表接受。

◆中國大陸上海靜安寺前住持德悟長老在聖靈寺今能長老、新加坡毗盧寺住持慧雄法師陪同下，本日至法鼓山園區拜訪聖嚴師父。

10.25

◆護法總會、聖基會與法鼓文化共同舉辦的「人生系列講座」，本日於台北中山精舍進行，邀請王志強老師以「禮物」為題進行演講，分享生活經驗，共有68人參加。

10.26

◆法鼓山於園區國際宴會廳舉辦第二屆「女性慈悲論壇」，共有國內外17位不同宗教的女性修行者受邀參加，於論壇中以個人的親身經驗與觀察，共同討論如何將慈悲力量運用在社會、經濟、醫療等各個層面。

◆即日起至28日，法鼓山園區禪堂舉辦禪二，由常遠法師擔任總護，共有120人參加。

◆台北安和分院舉辦「從心看電影．學佛無國界」活動，本日播映影片《歌劇魅影》，邀請影評人段貞夙講評，共有53人參加。

◆金山法鼓山社大舉辦2007年第二期（秋季班）自治幹部會議，約近二十人參加。

◆即日起至28日，美國護法會輔導師果謙法師至密西根州弘法，在安娜堡市（Ann Arbor）以「《心經》與禪」為專題做了三場佛學講座，共約近九十人次前往聽講。

10.27

◆即日起至29日，法鼓山於園區國際會議廳舉辦「法鼓山2007年亞非高峰會議」，以「喚起全球性的慈悲」為主題，邀請33位亞非兩地各宗教領袖，以及不同領域的專家學者進行交流和討論，探討如何運用宗教的慈悲和智慧關懷環境，聖嚴師父和方丈和尚果東法師都出席致辭。

◆即日起一連兩天，桃園齋明寺舉辦秋季報恩法會，本日舉行地藏法會，28日舉行三時繫念法會，由監院果治法師帶領，約有一千多人參加。

◆僧團傳燈院於北投雲來寺，為北投法鼓山社大學員進行法鼓八式動禪教學，共有48人參加。

◆法鼓山基金會皈依關懷組舉辦新皈依弟子「快樂學佛人」活動，本日至北投文化館與善光寺進行聯誼，共有22位大安、信義、南港區信眾參加。

◆美加地區知名電視節目製作人凱文·福克斯（Kevin Fox）計畫為法鼓山製作紀錄片，本日至法鼓山美國護法會新澤西州分會以「拍攝法鼓山紀錄片的動機與展望」為題，和與會果禪法師及近二十位信眾進行座談與意見交換。

◆加拿大溫哥華道場舉辦觀音法會，由監院果樞法師帶領，共有93人參加。

◆「雲門舞集」藝術總監林懷民上午至法鼓山園區拜訪聖嚴師父，師父並恭賀林懷民新近獲得台北藝術大學榮譽博士學位。

◆台中亞洲大學校長張紘炬及教授葉祖堯、李禮仲、陳瑾瑛一行四人，至法鼓山園區拜訪聖嚴師父。

10.28

◆台北中山精舍舉辦法鼓山朝山參學活動，共有105人參加。

◆台南分院舉辦地藏法會，由常盛法師主持，共有153人參加。

◆台東信行寺舉辦佛一暨八關戒齋法會，共有50人參加。

◆高雄紫雲寺舉辦「從心溝通」法青活動，由僧團青年院常惺法師帶領學員進行自我瞭解及探索，共有22人參加。

◆護法會樹林共修處舉行新共修場地遷移啟用灑淨儀式，由護法總會輔導師果器法師主持，樹林市長陳世榮、立法委員廖本煙亦到場恭賀與致辭，約有一百多人參加。

◆法鼓山基金會皈依關懷組舉辦新皈依弟子「快樂學佛人」活動，本日至新社莊園進行一日遊，共有85位大同區信眾參加。

◆法鼓山基金會皈依關懷組舉辦新皈依弟子「快樂學佛人」活動，本日至法鼓山園區進行朝山一日禪，共有48位中正、萬華區信眾參加。

◆法鼓山基金會皈依關懷組舉辦新皈依弟子「快樂學佛人」活動，本日至國泰人壽景美展業處進行人生講座「修行在紅塵」，共有130位文山區信眾參加。

◆慈基會於台中分院舉辦「第11期百年樹人獎助學金」頒發典禮，共有163位學生受益。

◆慈基會緊急救援中心舉辦緊急救援訓練系列課程，本日於護法會新店辦事處進行，內容包括介紹救災中心組織各組工作要點，並由資深義工分享國內救援案例與國外救援心得，共有50位新店地區義工參加。

10.30

◆慈基會緊急救援中心舉辦緊急救援訓練系列課程，本日於護法會大同辦事處進行，內容包括介紹救災中心組織各組工作要點，並由資深義工分享國內救援案例與國外救援心得，共有40位台北市大同地區義工參加。

10.31

◆大溪法鼓山社大於至善高中舉辦2007年第二期（秋季班）第一次自治幹部會議，共有14人參加。

11月 NOVEMBER

11.01

◆《人生》雜誌第291期出刊
◆《法鼓》雜誌第215期出刊
◆法鼓文化出版新書：經典人物故事系列《大師密碼S：一個人一千雙手》（鄭栗兒著，黃宜葳、張志傑繪）、《大師密碼T：誰打敗了金剛？》（鄭栗兒著，鍾淑婷繪）；般若方程式系列《當牛頓遇到佛陀》（惠敏法師著）、論叢系列《元代中峰明本禪師之研究》（釋有晃著）、人生DIY系列《玩味金山》（法鼓文化編輯部編撰）。
◆台北安和分院晚上舉辦「佛陀の微笑——禪修講座系列」，由禪堂板首果元法師帶領，共有110人參加。
◆即日起至4日，僧團傳燈院於苗栗三義DIY心靈環保教育中心舉辦生活禪體驗營，由禪修中心副都監果醒法師帶領，共有70人參加。
◆法行會晚上於台北福華飯店舉辦第89次例會，邀請臨終關懷社工師蘇絢慧演講「生命的敘述與重整」，共有92人參加。

11.02

◆即日起至10日，法鼓山園區禪堂舉辦默照禪七暨禪二，由禪堂板首果元法師帶領，禪七有50人、禪二有74人參加。
◆研修學院下午於法鼓山園區國際會議廳舉辦「大師講座」，邀請美國密蘇里大學（University of Missouri）醫學院神經科臨床教授暨《禪與腦》（*Zen and Brain*）一書作者詹姆士．奧斯汀（James H. Austin），主講「東西方心靈探索的匯集：禪與腦科學觀」，由校長惠敏法師擔任引言人，包括國內神經科知名醫師朱迺欣、張楊全、陳榮基等神經科主治醫師，約有四百多人到場聆聽。
◆即日起至5日，慈基會派遣慰訪人員關懷苗栗縣後龍鎮豐富里地下爆竹工廠，於11月2日發生爆炸意外的五位受傷民眾及四位往生者家屬。
◆即日起至19日，美國護法會輔導師果謙法師展開美西關懷行，陸續至加州洛杉磯分會、加州舊金山分會、華盛頓州西雅圖分會進行關懷，活動內容包括佛學講座、念佛禪修、讀書會及法會等。本日及3日在洛杉磯橙縣爾灣（Irvine）的南海岸中華文化中心進行《心經》導讀佛學課程，並於3、4日在洛杉磯分會帶領念佛禪一、默照禪一，各場活動均約有二十多人參加。

11.03

◆僧團傳燈院下午於農禪寺二樓禪堂舉辦禪修指引課程，共有22人參加。
◆護法總會於農禪寺舉辦「正副會團長／轄召／召委聯席會議」，針對各地護法組織運作的情形，進行經驗交流，約近二百位來自全台各地的悅眾參加。
◆即日起，羅東合唱團每月第一週週六至羅東鎮立安養院進行關懷，並與長者分享法鼓山的理念，約近三十人參加。

◆僧團傳燈院上午於北投雲來寺為北投法鼓山社大舉辦法鼓八式動禪教學課程，共有48人參加。
◆金山法鼓山社大於法鼓山園區第二大樓簡介館舉辦「自然環保心體驗」系列課程，本日上午邀請荒野保護協會創辦人徐仁修主講「走過自然」，約有一百多人參加。
◆法鼓山基金會皈依關懷組舉辦新皈依弟子「快樂學佛人」活動，本日於護法會花蓮辦事處進行禪法入門、實用法鼓八式動禪課程等，約有三十多人參加。
◆慈基會緊急救援中心舉辦緊急救援訓練系列課程，本日於台北中山精舍進行，講解防火、滅火、避難逃生常識等，提供各項救災技能，共有45人參加。
◆文基會舉辦「心靈環保列車活動」，本日響應世界清潔地球日，金山法鼓山社大於金山鄉豐漁村海岸進行「逗陣來拚掃」水尾淨灘等活動，約有兩百多人參加。
◆文基會舉辦「心靈環保列車活動」，即日起一連兩天，台北文山地區民眾至日月潭、溪頭進行「親親大自然——生態之旅活動」，共有60人參加。

11.04

◆法鼓山於農禪寺舉行皈依祈福大典，聖嚴師父親臨開示，並由方丈和尚果東法師代表師父授三皈依，共有1,515人成為三寶弟子。
◆台南分院舉辦精進禪一，由僧團常盛法師帶領，共有50人參加。
◆高雄紫雲寺上午舉行淨土懺法會，約近一百七十人參加。
◆台東信行寺舉辦精進禪一，約近三十人參加。
◆僧團青年院於台中分院舉辦法青悅眾成長營，以協助學員學習如何企畫一場成功的活動為主要內容，邀請中菲行航運公司人力資源部副總裁陳若玲主講，共有50人參加。
◆北投法鼓山社大於北投雲來寺舉辦2007年第二期（秋季班）自治幹部會議，由法鼓山社大校長曾濟群主持，共有19人參加。
◆法鼓山基金會皈依關懷組舉辦新皈依弟子「快樂學佛人」活動，本日至法鼓山園區進行出坡禪，共有84位海山區信眾參加。
◆慈基會緊急救援中心舉辦緊急救援訓練系列課程，本日於護法會泰山共修處進行，內容包括介紹救災中心組織各組工作要點，並由資深義工分享國內救援案例與國外救援心得，共有40位新莊地區義工參加。
◆慈基會分別於宜蘭安康托兒所、嘉義再耕園舉辦「第11期百年樹人獎助學金」頒獎典禮，各有87位、61位學子受益。

11.07

◆研修學院副校長杜正民應邀參加台灣大學舉辦的「數位典藏與數位學習國家型科技計畫——數位典藏部分公開徵選計畫說明會」，並於會中介紹研修學院執行的行政院國家科學委員會「佛教藏經數位資料庫」計畫。

11.08

◆即日起12日，方丈和尚果東法師至馬來西亞與新加坡弘法關懷活動，護法總會輔導師果器法師、副總會長周文進等隨行。本日下午方丈和尚於馬來西亞護法會主講「心六倫的主體價值與安定和諧」，約有六十多人參加。

11.09

◆即日起，台中分院每週五晚上舉辦初級禪訓班，約近五十人參加。

◆方丈和尚果東法師至馬來西亞與新加坡弘法關懷期間（11月8至12日），本日出席馬來西亞護法會的「千人千願、千人宴」募款餐會，代表聖嚴師父向與會信眾表達感謝，同時邀請大家護持馬來西亞道場的建設，約有千餘人參加。

◆美國護法會輔導師果謙法師美西關懷行期間（11月2至19日），本日及10日上午於舊金山分會進行佛學講座「緣起、性空、無我、禪」，約近四十人參加。

◆即日起至11日，美國紐約象岡道場舉辦「初發心禪」（Beginner's Mind Retreat），內容為初學者而設計，包括禪坐、經行、直觀及公案研討等活動，共有31人參加。

11.10

◆即日起一連兩天，農禪寺舉辦三昧水懺法會，共約有八百多人次參加。

◆台中分院於苗栗三義DIY心靈環保教育中心舉行禪一，約有一百多人參加。

◆即日起一連兩天，台南分院舉辦法鼓山朝山共修，由僧團常及法師、常盛法師帶領，共有450位來自嘉義、佳里及台南地區的信眾參與。

◆僧團傳燈院下午於北投雲來寺舉辦法鼓八式動禪課程，共有15人參加。

◆即日起一連兩天，僧團青年院暨世青會於法鼓山園區舉辦「純真覺醒成長營」，由常御法師擔任總護，帶領學員透過禪修反省自我生命，約近一百位大專青年參加。

◆教聯會於本日及24日在北投雲來寺舉辦佛曲帶動唱研習營，約近三十人參加。

◆研修學院於法鼓山園區國際會議廳舉辦「佛學研究與佛教修行研討會」，研討會分為「佛學研究」、「佛教應用」、「佛教修行」三大專題，約有四百多位來自台灣、中國大陸的學界人士出席。

◆法鼓山基金會皈依關懷組舉辦新皈依弟子「快樂學佛人」活動，本日至法鼓山園區朝山，約有八十多位松山區信眾參加。

◆法鼓山基金會皈依關懷組舉辦新皈依弟子「快樂學佛人」活動，本日至法鼓山園區進行朝山、參訪，約有一百多位台中地區信眾參加。

◆方丈和尚果東法師至馬來西亞與新加坡弘法關懷期間（11月8至12日），本日下午於新加坡護法會主講「從心六倫展現生命的價值」，約有八十多人參加。

◆美國護法會輔導師果謙法師美西關懷行期間（11月2至19日），本日下午於舊金山分會進行法鼓八式動禪及禪坐共修，約有三十多位學員參加。

◆加拿大溫哥華道場下午舉辦大悲懺法會，由監院果樞法師帶領，共有80人參加。

11.11

◆慈基會緊急救援中心舉辦緊急救援訓練系列課程，本日於北投雲來寺進行，內容包括介紹救災中心組織各組工作要點，並由資深義工分享國內救援案例與國外救援心得，共有120位石牌、北投地區義工參加。

◆即日起一連兩天，慈基會於北投雲來寺舉辦南亞義工教育訓練課程，共有14人參加。

◆ 慈基會於高雄紫雲寺舉辦「第11期百年樹人獎助學金」頒發典禮，共有73位學子受益。
◆ 方丈和尚果東法師至馬來西亞與新加坡弘法關懷期間（11月8至12日），本日上午於新加坡護法會進行禪坐共修，由隨行的護法總會輔導師果器法師、常持法師帶領，約有三十多人參加。
◆ 美國護法會輔導師果謙法師美西關懷行期間（11月2至19日），本日於舊金山分會進行一日念佛禪，約近三十人參加。

11.12

◆ 慈基會緊急救援中心舉辦緊急救援訓練系列課程，本日於宜蘭辦事處展開，內容包括介紹救災中心組織各組工作要點，並由資深義工分享國內救援案例與國外救援心得，共有14位宜蘭地區義工參加。
◆ 方丈和尚果東法師至馬來西亞與新加坡弘法關懷期間（11月8至12日），本日早上方丈和尚一行人前往光明山普覺禪寺參訪，拜會新加坡佛教主席暨普覺禪寺住持廣聲法師，隨後轉往毗盧寺，拜訪住持慧雄法師。
◆ 美國護法會輔導師果謙法師美西關懷行期間（11月9至15日），本日中午於美國護法會加州舊金山分會開關甘露門，為信眾開示生活或佛法上的疑惑，約近二十人參加。

11.13

◆ 僧團弘化院於法鼓山園區禪堂為法緣會舉辦禪修指引課程，由禪堂板首果元法師帶領，共有40人參加。
◆ 研修學院校長惠敏法師應邀前往美國普莫納大學（Pomona University）訪問，並進行一場專題演講，講題是「臨終者的意識變化——於安寧療護之最後48小時的佛教觀點」（What Happens to the Consciousness of the Dying ? A Buddhist Perspective of the Last 48 Hours in Hospice Care）。
◆ 國防部軍備局中山科學院五十多位成員在院長龔家政的帶領下，本日參訪法鼓山園區，並於禪堂進行禪修指引課程，由果祺法師帶領。

11.14

◆ 美國護法會輔導師果謙法師美西關懷行期間（11月2至19日），本日中午於美國護法會加州舊金山分會主持讀書會，約近二十人參加。

11.15

◆ 即日起至19日，法鼓山受邀出席全球女性和平促進會（The Global Peace Initiative of Women，簡稱GPIW）於柬埔寨北部暹粒市（Siem Reap）舉辦的「柬埔寨青年領袖會議」，由法鼓山創辦人國際發展特別助理常濟法師、紐約東初禪寺常悟法師及青年代表何麗純、王貞喬等一行四人前往參加。
◆ 僧大於法鼓山園區禪堂舉辦禪一，由僧大常聞法師擔任總護，共有100位學僧參加。
◆ 研修學院校長惠敏法師本日代表研修學院，與美國史丹佛大學佛學研究中心

（Stanford Center for Buddhist Studies, SCBS）主任卡爾．畢勒菲德（Carl Bielefeld）教授簽署交流協定，締結姊妹學校。隨後並以「亞洲佛教高等教育的議題與挑戰」（Issues and challenges in Buddhist Higher Education in Asia）為題，進行學術講座。

11.16

◆僧團三學院於法鼓山園區禪堂舉辦僧團英文禪修師資培訓課程，內容包括介紹台灣英文禪坐共修的狀況及模式、英文禪修引導示範教學等，由禪堂板首果元法師帶領，共有19位法師參加。

◆即日起至25日，馬來西亞護法會參加於綠野國際會展中心舉辦的第九屆國際中文書展，24日進行「分享法鼓山」活動，內容包括法鼓八式動禪教學及禪修心得分享等。

11.17

◆台南分院舉辦大悲懺法會，由監院果舟法師帶領，共有228人參加。

◆僧團傳燈院下午於農禪寺舉辦禪修指引課程，共有37人參加。

◆即日起一連兩天，僧團傳燈院於土城教育訓練中心舉辦生活禪試教課程，由禪修中心副都監果醒法師帶領，共有15人參加。

◆即日起一連兩天，僧團弘化院佛學推廣中心於北投雲來寺舉行「讀書會帶領人種子初階培訓」，由僧團果稱法師帶領，共有67人參加。

◆即日起一連兩天，僧團青年院暨世青會舉辦祈福法會暨朝山活動，首日於台北中山精舍進行祈福法會，並於18日凌晨至法鼓山園區朝山，由僧團常源法師擔任總護，各有60人、35人參加。

◆禪坐會於北投貴子坑水土保持園區舉辦戶外禪，共有45人參加。

◆美國護法會新澤西州分會舉辦佛學講座，由紐約象岡道場住持果峻法師主講《佛說八大人覺經》，約近三十人參加。

◆即日起至19日，美國護法會華盛頓州西雅圖分會慶祝成立六週年，舉辦系列活動；首日進行地藏法會，由正在美西弘法關懷的美國護法會輔導師果謙法師帶領，約近五十人參加。

◆美國西雅圖華僑文教服務中心舉行新址啟用典禮，僑務委員會委員長張富美、美國護法會輔導師果謙法師及一百多位政商學界的僑團代表、中外貴賓應邀參加；果謙法師在典禮中代表法鼓山致贈一套聖嚴師父著作《法鼓全集》102冊予西雅圖華僑文教服務中心，由張富美委員長代表接受。

11.18

◆台中分院於苗栗三義DIY心靈環保教育中心舉辦禪一，由果雲法師帶領，約近七十人參加。

◆高雄紫雲寺舉行禪一，由果顯法師帶領，共有58人參加。

◆高雄法青會舉辦淨覺育幼院關懷活動，共有56位學員參加。

◆僧大於法鼓山園區階梯教室舉行新戒法師受戒心得分享，約近一百二十位師生參加。

◆即日起至21日，研修學院校長惠敏法師受邀參加於加州聖地牙哥召開的美國宗教學會（The American Academy of Religion，簡稱AAR）之年會，於會中發表論文〈從中華電子佛典協會的電子藏經集成到佛學資訊學程與整合性佛教文獻數位資料庫〉（From CBETA（Chinese Buddhist Electronic Text Association）Electronic Tripitaka Collection to BIP（Buddhist Informatics Program）and IBA（Integrated Buddhist Archives）。

◆慈基會緊急救援中心舉辦緊急救援訓練系列課程，本日於護法會松山辦事處進行，內容包括介紹救災中心組織各組工作要點，並由資深義工分享國內救援案例與國外救援心得，共有54位台北市松山地區義工參加。

◆美國護法會華盛頓州西雅圖分會慶祝成立六週年系列活動，本日上午由美國護法會輔導師果謙法師主講「禪與情緒管理」，約近六十人參加；中午進行第三任召集人交接典禮，駐西雅圖台北經濟文化辦事處處長陳俊明伉儷等貴賓也到場觀禮，果謙法師並為九位信眾舉行皈依儀式。

◆美國紐約象岡道場舉辦初階禪坐班，由住持果峻法師帶領。

11.19

◆美國護法會華盛頓州西雅圖分會慶祝成立六週年系列活動，本日下午進行念佛共修，由美國護法會輔導師果謙法師主持，並於晚間開示念佛法門，約有三十多人參加。

11.20

◆多明尼加本月初因熱帶風暴造成122人死亡，約七萬人無家可歸，慈基會本日組成代表團前往救援，除了發放物資，並關懷災區居民。

11.22

◆澳洲格利菲斯大學（Griffith Unversity）國際商業學院榮譽教授大衛．沙學漢（David Schak）參訪法鼓山園區，瞭解法鼓山推動「人間佛教」、對台灣社會各層面的影響，由研修學院副校長杜正民、圖資館館長馬德偉等接待。

11.23

◆台北安和分院舉辦「從心看電影、學佛無國界」系列活動，本日放映影片《天下無賊》，由僧團果元法師解析，約有一百多人參加。

◆念佛會晚上於護法會泰山共修處舉行菩薩戒誦戒會，約近六十人參加。

◆研修學院校長惠敏法師應邀出席日本東京武藏野大學舉辦的「人間淨土論壇」，發表論文〈西方淨土、人間淨土與社區淨土〉（西方淨土、人間淨土とコミュニティ淨土）。

◆慈基會緊急救援中心舉辦緊急救援訓練系列課程，本日於羅東興德素食館進行，內容包括介紹救災中心組織各組工作要點，並由資深義工分享國內救援案例與國外救援心得，共有40位羅東地區義工參加。

◆即日起至12月2日，美國紐約象岡道場舉辦話頭禪十，由住持果峻法師帶領，共有20人參加。

11.24

◆法鼓山捐贈台北縣政府的「台北縣立金山環保生命園區」本日於法鼓山園區正式啟用，由方丈和尚果東法師、台北縣副縣長陳威仁共同主持啟用暨植存儀式，北投文化館住持鑑心法師、僧團副住持果暉法師、金山鄉長許春財蒞臨觀禮；法鼓山並率先響應，植存聖嚴師父恩師東初老和尚的骨灰，並有10位往生者家屬參與植存活動。

◆台東信行寺舉辦大悲懺法會，由果寰法師帶領，共有92人參加。

◆念佛會於護法會板橋共修處舉行法器共修研習，由副會長莊麗珠帶領，約近七十位板橋、樹林、土城區會員參加。

◆大溪法鼓山社大上午於至善高中舉辦戶外禪，包括托缽、吃飯禪的體驗等。

◆法鼓山基金會皈依關懷組舉辦新皈依弟子「快樂學佛人」活動，本日至法鼓山園區進行朝山、體驗一日禪，約有四十多位大安、信義、南港區信眾參加。

◆法鼓山基金會皈依關懷組舉辦新皈依弟子「快樂學佛人」活動，本日於護法會板橋共修處進行念佛與法器教學等，共有75位海山區信眾參加。

◆即日起一連兩天，慈基會於北投雲來寺舉辦南亞義工華語教師培訓，課程包括第二外語教學、漢語拼音等，兩天共有28人次參加。

◆加拿大溫哥華道場舉辦佛一暨八關戒齋法會，由監院果樞法師帶領，共有66人參加。

11.25

◆法鼓山於農禪寺舉辦「社會菁英禪修營第57次共修會」，由僧團果興法師帶領，並邀請南華大學宗教學研究所教授蔡源林主講「台灣宗教教育之多元化與國際化」，共有151人參加。

◆台北安和分院舉辦都會生活禪一，由監院果傳法師帶領，共有64人參加。

◆南投德華寺舉辦佛一暨八關戒齋法會，由僧團果弘法師帶領，共有31人參加。

◆台南分院舉辦地藏法會，由監院果舟法師帶領，共有193人參加。

◆僧團青年院暨世青會於北投雲來寺舉行「法青World Café」活動，以小組討論的方式，進行學佛心得分享，約有二十人參加。

◆護法會屏東辦事處舉辦禪一，由僧團果耀法師帶領，共有56人參加。

◆法鼓山基金會皈依關懷組舉辦新皈依弟子「快樂學佛人」活動，本日至法鼓山園區參訪，分別有十多位三重、蘆洲區，四十多位基隆區信眾參加。

◆即日起至2008年1月，慈基會舉辦歲末大關懷活動，首站於台北縣金山鄉金美國小展開，之後陸續在農禪寺、桃園齋明寺、台中分院、台南分院及高雄紫雲寺等分院，以及南投、東勢、竹山等安心服務站舉辦，除了提供物資，並舉行祝福念佛法會或生活佛法分享等活動，全台合計有15個關懷據點，關懷家庭約兩千六百多戶。

◆加拿大溫哥華道場舉辦精進禪一，由監院果樞法師帶領，共有36人參加。

11.26

◆即日起至28日，澳洲寂靜森林道場（Santi Forest Monastery）住持阿姜蘇嘉多（Ajhan Sujato）比丘等一行四人至法鼓山園區參訪，並與研修學院進行學術座談與交流。

11.28

- 即日起至2008年2月17日，研修學院圖資館於圖館週舉辦「東初老人圓寂30週年紀念暨台灣佛教環島推廣影印《大藏經》50載紀念文獻展」，並製作「臨濟、曹洞法脈東初老和尚紀念數位典藏」光碟；本日於圖資館一樓舉行開幕茶會，包括校長惠敏法師、副校長杜正民、圖資館館長馬德偉、副館長果見法師，以及澳洲寂靜森林道場（Santi Forest Monastery）住持阿姜蘇嘉多比丘（Ajhan Sujato）、剛果籍鮑霖神父、義大利籍馬明哲修士等多位國外貴賓，都出席與會。
- 加拿大英屬哥倫比亞大學（University of British Columbia）教授寇斯比博士（Kate Crosby）等一行三人，本日至研修學院參訪，與校長惠敏法師晤談，雙方並就未來交換學生等合作計畫進行洽談。

11.29

- 即日起至12月11日，法鼓山「遊心禪悅——法語・墨緣・興學」聖嚴師父書法展於台北市新光三越百貨公司信義店舉行；12月1日舉行開幕式，聖嚴師父親臨會場與雲門舞集總監林懷民共同主持開幕，聖靈寺住持今能長老、北投文化館住持鑑心法師、故宮博物院院長林曼麗等上百位佛教界、藝文界和企業界貴賓一同與會。
- 美國護法會加州舊金山分會晚上舉辦電影欣賞，播放《高山上的世界盃》（The Cup），約有二十多人參加。

11.30

- 即日起一連兩天，研修學院校長惠敏法師應邀出席日本東京國際佛教大學院大學舉辦的「佛典文獻學——資料庫與日本古寫經論壇」研討會，並發表論文〈CBETA 電子佛典集成（2007年版）的製作與應用之研究〉（A Study on Creation and Application of CBETA（Chinese Buddhist Electronic Texts Association）Electronic Tripitaka collection（Version 2007））。

12月 DECEMBER

12.01

- 《人生》雜誌第292期出刊。
- 《法鼓》雜誌第216期出刊。
- 法鼓文化出版新品：大自在系列《調伏自心——快樂生活的智慧》（*Taming the Mind*）（圖丹卻准Thubten Chodron著，俞靜靜譯）；人間淨土系列《方外看紅塵》（聖嚴師父口述，梁玉芳採訪整理）；學佛入門系列《學佛五講》（套裝24CD）（常延法師（林孟穎）著），《人生》月刊合訂本第一卷至第十四卷（12冊）、《佛教文化》季刊合訂本第一期至第十四期（1冊）。

◆僧團傳燈院於農禪寺舉辦禪修指引課程，共有38人參加。
◆高雄法青會於紫雲寺舉辦「心靈成長會客室」，主題為「鏡子哲學：自我覺察」，邀請張老師中心特約講師劉華厚帶領，約有四十多人參加。
◆金山法鼓山社大於法鼓山園區第二大樓簡介館舉辦「自然環保心體驗」系列課程，本日上午邀請「台北赤蛙復育計畫」成員程禮怡，分享揚名國際的台灣生態復育案例「阿石伯與赤蛙的故事」，約有一百多人參加。
◆法鼓山基金會皈依關懷組舉辦新皈依弟子「快樂學佛人」活動，本日於護法會花蓮辦事處進行禪修入門、法鼓八式動禪等課程，共有16位花蓮區信眾參加。
◆即日起至2008年1月，慈基會於各地舉辦歲末大關懷活動；本日於農禪寺舉行，並舉辦祈願祝福念佛法會、園遊會等多項活動，約近兩千人參加。
◆即日起至5日，方丈和尚果東法師展開美國東西岸關懷行，12月1日上午至紐約莊嚴寺，代表聖嚴師父參加於11月27日往生的沈家楨居士告別式；晚上至美國護法會新澤西州分會演講「展現生命力，快樂過生活」，約有三十多人參加。
◆泰國護法會上午於曼谷中華會館二樓舉辦法鼓文化書籍及生活用品義賣活動，以籌募慈善基金。

12.02

◆法鼓山基金會皈依關懷組舉辦新皈依弟子「快樂學佛人」活動，本日上午於台中分院進行「何處法鼓山」學佛入門活動，內容包括影片觀賞、悅眾分享等，約有三十多位中部地區信眾參加。
◆大溪法鼓山社大於宜蘭福山植物園舉行中醫課戶外教學，共有35位學員及家屬參加。
◆法鼓山基金會皈依關懷組舉辦新皈依弟子「快樂學佛人」活動，本日於法鼓山園區進行出坡禪體驗活動，共有84位海山區信眾參加。
◆方丈和尚果東法師美國東西岸關懷行期間（12月1日至5日），本日於美國紐約東初禪寺以「學觀音、安頓身心」為主題進行開示，約近一百人參加。
◆斯里蘭卡衛生部南省醫療祕書布達哈皮亞（Mr. N. Buddhapriya）、漢班托塔衛生局副局長里亞那吉（Dr. S. A. H. Liyanage）及南亞重建醫療單位的相關首長一行九人，上午由慈基會專職及義工陪同參訪法鼓山園區。

12.04

◆雲門舞集創辦人林懷民拜會聖嚴師父，並帶來雲門海外公演隨筆新作《跟雲門去流浪》，師父以數本「寰遊自傳」系列著作回贈。

12.05

◆即日起，高雄三民道場更名為高雄三民精舍。
◆僧大於法鼓山園區階梯教室，舉辦「原住民影音中的文化思惟」演講，邀請中央研究院民族研究所研究員胡台麗主講，約有一百二十多位僧大師生參加。
◆方丈和尚果東法師美國東西岸關懷期間（12月1至5日），本日晚上於美國護法會加州舊金山分會，以「好願在人間，開心過生活」為題演講，約近四十人參加。

12.08

◆即日起至15日，法鼓山首度啟建的「大悲心水陸法會」於園區舉辦，聖嚴師父親臨壇場關懷，泰國前外交部長桑納旺斯（Krasae Chanawongse）、美國CNBC電視台也與會觀禮、拍攝；故宮博物院院長林曼麗、台北縣鄰近鄉鎮代表及各界賢達亦共同參與；師父並於15日送聖儀式中為大眾開示「以觀音法門，利益一切眾生」，長達八天七夜的法會，約近八萬名民眾參加。

◆台中分院於寶雲別苑舉辦年輕化聯誼會，約近二十位法青會員參加。

◆美國護法會華盛頓州西雅圖分會舉辦禪訓班，共有16人參加。

◆美國護法會紐約分會晚上於東初禪寺舉辦歲末感恩聯誼，晚會中播放方丈和尚果東法師預錄的「好願在人間」開示影片，另有太極拳示範、短劇等活動，住持果明法師及美國護法會輔導師果謙法師也到場表達對信眾護持的感恩，約有一百多人參加。

12.09

◆護法會海山辦事處參與由台北縣家扶中心主辦的歲末聯歡暨園遊會，並將義賣所得全數捐出贊助，約近六十位義工參加。

12.12

◆孟加拉11月因熱帶氣旋（風暴）造成南部沿海地區嚴重傷亡，即日起至21日，慈基會組代表團前往賑災，除了發放物資，並慰訪災區居民。

12.14

◆即日起一連兩天，僧團傳燈院於桃園大溪鴻禧山莊為中華開發金融控股公司員工舉辦禪修課程，共有98位學員參加。

12.15

◆僧團傳燈院於農禪寺舉辦禪修指引課程，共有25人參加。

◆《法鼓研修院訊》第2期出刊。

◆即日起一連兩天，澳洲護法會雪梨分會於藍山（Blue Mountain）舉行週末禪修營，活動包括坐禪、行禪、茶禪，以及歌詠禪、影片觀賞、團體討論等。

◆美國CNBC頻道節目製作人凱文．福克斯（Kevin J. Fox）至法鼓山園區拍攝法鼓山紀錄片，並邀訪聖嚴師父錄製影片，師父為紀錄片取名《法鼓鐘聲》。

12.16

◆表演工作者李連杰下午至台北安和分院拜會聖嚴師父，並響應師父的辦學理念，捐出兩百張電影《投名狀》首映會門票做為結緣品，感恩發心參與「5475大願興學」的民眾，師父也回贈一對慈悲與智慧小沙彌。

12.17

- 研修學院與澳洲雪梨大學（University of Sydney）締結姊妹校，雙方協議具體合作計畫，包括學術交流、研究人員互訪、學生交換、出版物及資訊的交流等。
- 美國護法會新澤西州分會上午舉辦大悲懺法會，下午進行佛學講座，皆由美國護法會輔導師果謙法師前往帶領。

12.18

- 即日起至21日，高雄法青會舉辦海外法青環島參訪行程，陸續參訪朝元寺、紫雲寺、澄清湖等，共有12人參加。

12.20

- 聖嚴師父接受《時報周刊》記者孫沛芬專訪，主題為「什麼是生命的意義與價值？」並談及如何超脫肉體病痛、建立健康心靈的歷程等議題。
- 方丈和尚果東法師應國際扶輪社之邀，下午於台北國賓飯店進行「展現生命的價值，平安快樂過生活」專題演講，約有兩百多人參加。
- 慈基會與台中分院於台中豐樂公園舉辦歲末大關懷活動，內容包括素食、春聯、衣飾、手工藝品等義賣，及中醫師義診活動。
- 僧團三學院與工業技術研究院合辦「再生能源巡迴列車講習」，下午於北投雲來寺二樓大殿進行，約有五十多人參加。

12.21

- 即日起至30日，法鼓山園區禪堂舉辦默照禪十暨禪二，由果祺法師擔任總護，禪十有59人、禪二有91人參加。
- 農禪寺與北投文化館榮獲「95年度台北市改善風俗、宗教團體興辦公益慈善及社會教化事業績優單位」，本日由農禪寺監院果燦法師代表方丈和尚果東法師至台大醫院國際會議中心受獎。
- 即日起至26日，人基會與法行會於台北市信義廣場舉辦「啟動心六倫，提昇好人品」系列活動，首日晚上邀請中華民國婦女聯合會常務委員田玲玲、台灣大學校長李嗣涔、信義房屋董事長周俊吉、富邦文教基金會執行長陳藹玲、遠雄集團董事長趙藤雄、和泰興業董事長蘇一仲等六位企業與學界代表，一起宣讀發願文〈從我做起〉，揭開活動序幕。聖嚴師父也蒞臨會場關懷民眾，方丈和尚果東法師則出席開示，呼籲社會大眾一起推動心六倫運動。
- 美國護法會奧勒岡州聯絡處晚上舉行「年終祈福法會」及新址灑淨啟用儀式，內容包括灑淨、誦經及點光明燈等活動，約近三十人參加。

◆加拿大溫哥華道場上午舉辦菩薩戒誦戒會，由監院果樞法師帶領，共有17人參加。

12.22

◆法鼓文化下午於台北金石堂信義店金石書院舉辦《當牛頓遇到佛陀》新書座談會，由作者惠敏法師主講，約有九十多人參加。

◆台南分院舉辦大悲懺法會，由監院果舟法師帶領，共有243人參加。

◆台東信行寺舉辦地藏法會，約近五十人參加。

◆法行會晚上於台北市信義區公所舉辦成立八週年會慶活動，內容包括社區舞蹈、黑管獨奏等，方丈和尚果東法師、僧團副住持果品法師等人亦出席關懷。

◆美國護法會新澤西州分會舉辦佛學講座，由象岡道場住持果峻法師主講《佛說八大覺人經》。

◆加拿大溫哥華道場下午舉辦大悲懺法會，由監院果樞法師帶領，約近六十人參加。

◆即日起一連兩天，新加坡護法會舉行新會所喬遷系列活動；22日下午舉行灑淨祈福法會，由僧團關懷院監院果器法師主持，約有六十多人參加；晚上進行佛法講座，由果器法師主講「如何提昇人的品質」，約有八十多人參與。23日則進行一日禪坐共修，約有五十多人參加。

12.23

◆台中分院於寶雲別苑舉辦「中區護法體系年終關懷聯誼會」，監院果理法師勉勵大眾努力推廣法鼓山的理念，活動內容還包括悅眾分享、法鼓隊演出，約有兩百多人參加。

◆即日起至30日，高雄紫雲寺舉辦精進佛七，由僧團常覺法師擔任總護，約有一百多人參加。

◆法鼓山基金會皈依關懷組舉辦新皈依弟子「快樂學佛人」活動，本日至法鼓山園區參訪，約近二十位三重、蘆洲區信眾參加。

◆慈基會舉辦歲末大關懷系列活動，本日於台南分院進行，參與此次活動的關懷戶共有81戶，合計140人。

◆新加坡護法會舉辦一日禪，由僧團關懷院監院果器法師帶領，約有五十多人參加。

◆台灣高鐵公司董事長殷琪、台北市長郝龍斌，分別至法鼓山園區拜會聖嚴師父。

12.25

◆即日起至27日，香港護法會舉辦「走向生命高峰」系列活動，邀請台灣宜蘭頭城國小校長林信德主持，內容包括講座、繪本帶領指導及讀書會，共有51人參加。

12.26

◆中華佛研所上午於法鼓山園區教育行政大樓舉行「卸新任所長交接典禮」，在方丈和尚果東法師的監交下，代理所長果肇法師將印信交予研修學院研修中心主任果鏡法師，研修學院校長惠敏法師、僧團副住持果暉法師、護法總會總會長陳嘉男等貴賓，都到場觀禮。

◆即日起至2008年1月4日，美國象岡道場舉辦默照禪十，由住持果峻法師帶領，共有28人參加。

12.27

◆新疆塔里木大學教職員一行22人參訪法鼓山園區，由中華佛研所所長果鏡法師、榮譽所長李志夫等接待。

12.28

◆台東信行寺為台東縣政府員工舉辦「心靈成長營」一日禪，由監院果寰法師帶領，共有40人參加。

12.29

◆即日起至2008年1月6日，農禪寺舉行彌陀佛七，約近兩百人參加。

◆即日起至2008年1月1日，僧團青年院暨世青會於高雄大岡山高爾夫球場舉辦「全球法青種子培訓營」法青悅眾授證暨成長活動，活動中播放聖嚴師父的開示影片，講授「青年學佛的三條件──信、願、行」，共有67位來自海內外各地的法青悅眾參加。

◆金山法鼓山社大於法鼓山園區第二大樓活動大廳舉辦「自然環保心體驗」系列課程，本日上午邀請文山新願景促進會及綠盟理事陳建志主講「與河流對話」，介紹水資源保育，下午則實地觀察法鼓山溪流生態，約近五十人參加。

12.30

◆法鼓山基金會皈依關懷組舉辦新皈依弟子「快樂學佛人」活動，本日至法鼓山園區參訪，共有90位中壢區信眾參加。

◆加拿大溫哥華道場舉辦禪一，由監院果樞法師帶領，約近三十人參加。

12.31

◆台中分院舉辦「跨年禪修迎新春」活動，內容包括播放園區介紹影片、誦念《心經》、禪坐共修等，由常湛法師帶領，約近一百人參加。

◆新加坡護法會晚上舉辦歲末祈福聯誼會，約近六十人參加。

◆馬來西亞護法會晚上舉辦跨年持咒活動，約近三十人參加。

【附錄】

法鼓山2007年各地分院定期共修活動一覽表

【法會共修活動】

◎北部地區

法會名稱	舉辦地點	時間	備註
念佛禪共修	法鼓山世界佛教教育園區	每月第一、二、三、五週週六19：00～21：00	
念佛共修	農禪寺	週六19：00～21：00	1/6、2/3、2/17、3/3、3/31、4/7、5/5、5/19、6/2、6/30、8/18、8/25、10/13、11/10、12/8、12/15、12/29暫停
	中華佛教文化館	週四09：30～11：30	2/8、2/15、2/22、3/1、3/8、3/29、5/17、12/13暫停
	台北安和分院	週二19：00～21：00	
	台北中山精舍	週四19：00～21：00	2/22暫停
	桃園齋明寺	週四19：00～21：00	
	基隆精舍	週二19：00～21：00	
八關戒齋菩薩行（授八關戒齋、朝山）	法鼓山世界佛教教育園區	週六至週日（9/15～9/16、11/17～11/18）	
菩薩戒誦戒會暨念佛共修	台北安和分院	週二19：00～21：00（1/30、2/27、3/27、4/24、5/29、6/26、7/31、8/28、9/18、10/30、11/27、12/25）	
佛一暨八關戒齋法會	農禪寺	週六 08：30～21：00（6/30、9/15、10/13）	
	台北安和分院	週日09：00～21：00（1/21、7/22）	
	桃園齋明寺	週日08：30～20：30（5/13）	
淨土懺法會	農禪寺	週五19：00～21：00（1/19、3/16）	
		週日09：00～12：00（7/29、9/30、10/28）	
	台北安和分院	週二19：00～21：00（1/9、2/6、3/13、4/10、5/8、6/5、7/3、8/7、9/4、10/9、11/6、12/4）	
大悲懺法會	法鼓山世界佛教教育園區	每月第四週週六19：00～21：00（7～12月）	
	農禪寺	每月第一週週六19：00～21：00（1～6月）	
		週五14：00～16：00、19：00～21：00（7/6、8/3、9/7、10/5、11/2、12/21）	
	台北安和分院	週五14：00～16：00、19：00～21：00（1/19、3/23、4/20、5/18、6/15、7/20、8/17、9/7、10/19、11/16）	
	桃園齋明寺	週日14：00～17：00（1/7、2/4、3/4、4/8、5/6、6/10、7/1、8/5、9/2、10/7、11/4、12/2）	
慈悲三昧水懺法會	農禪寺	週六09：00～17：00（5/19）	
		週六至週日09：00～17：00（11/10～11/11）	

法會名稱	舉辦地點	時間	備註
地藏法會	農禪寺	週五19：00～21：30（4/20、6/15）	
		週日09：00～12：00（7/15、9/16、10/21）	
	中華佛教文化館	週六至週一08：30～16：30（8/11～8/13）	
	台北安和分院	週日09：00～11：30（1/7、2/4、3/11、4/8、5/6、6/3、7/1、8/5、9/2、10/7、11/4、12/2）	
	桃園齋明寺	週日14：00～17：00（1/21、2/25、3/25、5/27、6/24、7/22、9/30、11/25、12/23）	
地藏懺	台北安和分院	週一19：00～21：30（9/10）	
觀音法會	中華佛教文化館	農曆每月19日10：00～12：00	
	台北安和分院	週六09：30～11：30（3/31、6/23）	
藥師法會	中華佛教文化館	農曆每月12日10：00～12：00	
	台北安和分院	週日09：00～11：30（9/9）	
佛七	農禪寺	週六至週日（3/31～4/8清明報恩佛七）	
		週六至週日（2006/12/29～2007/1/6彌陀佛七）	
辭歲——彌陀普佛法會	法鼓山世界佛教教育園區	週六23：00～24：00（2/17除夕夜）	
新春平安法會	法鼓山世界佛教教育園區	週日至週四10：00～12：00（2/18～2/22大年初一～初五）	
新春和敬平安法會	台北安和分院	週日至週日（2/18～3/4大年初一～十五）	
新春普佛法會	台北安和分院	週日09：30～11：30（2/18大年初一）	
	桃園齋明寺	週日09：00～12：00（2/18大年初一）	
新春慈悲三昧水懺法會	農禪寺	週日至週二09：00～17：00（2/18～2/20大年初一～初三）	
新春千佛懺法會	中華佛教文化館	週日至週二08：30～17：00（2/18～2/20大年初一～初三）	
新春大悲懺法會	台北安和分院	週二14：00～16：00（2/20大年初三）	
	桃園齋明寺	週日14：00～17：00（2/18大年初一）	
元宵燃燈供佛法會	法鼓山世界佛教教育園區	週日19：00～21：00（3/4）	
	農禪寺	週日19：00～21：00（3/4）	
	台北安和分院	週日19：00～21：00（3/4）	
	桃園齋明寺	週日19：00～21：00（3/4）	
浴佛法會	法鼓山世界佛教教育園區	週六至週日09：00～16：00（朝山浴佛禮觀音活動：5/5～5/6、5/12～5/13、5/19～5/20、5/26～5/27）	
	農禪寺	週日09：00～12：00（5/6）	
	中華佛教文化館	週日08：30～16：00（5/20）	
	台北安和分院	週日09：00～11：30（5/13）	
	桃園齋明寺	週日09：30～11：30（5/20）	
梁皇寶懺法會	農禪寺	週六至週五08：30～17：00（8/18～8/24）	
中元普度法會	桃園齋明寺	週日14：00～17：00（8/19）	

法會名稱	舉辦地點	時間	備註
報恩法會	台北安和分院	週六至週一09：00～21：00 （9/1～9/10孝親報恩法會）	
	桃園齋明寺	週六至週日09：00～17：00 （4/21～4/22春季報恩法會）	
		週六至週日09：00～17：00 （10/27～10/28秋季報恩法會）	
大悲心水陸法會	法鼓山世界佛教教育園區	週六至週六（12/8～12/15）	

◎中部地區

法會名稱	舉辦地點	時間	備註
念佛共修	台中分院	週五09：00～11：00 週六19：30～21：30	
	南投德華寺	週三19：00～21：00	
大悲懺法會	南投德華寺	每月第三週週三19：00～21：00	
觀音法會	台中分院	週日19：30～21：30（3/4）	
地藏法會	台中分院	每月第三週週日19：00～21：30	
	南投德華寺	週日09：00～17：00（4/1、6/3、7/1、9/2、12/30）	
藥師法會	南投德華寺	週日09：00～11：30（1/7、3/18、5/6）	
佛一 暨八關戒齋法會	南投德華寺	週日09：00～17：00（10/28）	
大悲懺法會暨 菩薩戒誦戒會	台中分院	每月第四週週日14：00～17：00	
新春普佛法會	台中分院	週日09：00～12：00（2/18）	
	南投德華寺	週日09：00～11：30（2/18）	
新春大悲懺法會	台中分院	週二09：00～12：00（2/20）	
	南投德華寺	週三09：00～11：30（2/21）	
元宵祈願法會	南投德華寺	週日19：00～21：00（3/4）	
梁皇寶懺法會	台中分院	週六至週五08：30～17：00（3/31～4/6）	
浴佛法會	台中分院	週六09：00～20：00（5/12）	
中元普度法會	台中分院	週六～週日（8/25～8/26）	
	南投德華寺	週日09：00～16：00（8/26）	

◎南部地區

法會名稱	舉辦地點	時間	備註
念佛共修	台南分院	週二09：00～11：00（1～6月）	
		週三09：00～11：00（7～12月）	
		週四19：00～21：00	
	高雄紫雲寺	週五09：00～11：00	
		週五19：00～21：00	
	高雄三民精舍	週六19：00～21：00	5/26、8/25、12/29暫停

法會名稱	舉辦地點	時間	備註
觀音法會	台南分院	週六08：30～12：00（5/5）	
	高雄紫雲寺	週日09：00～12：00（4/8、7/29、10/28）	
大悲懺法會	台南分院	每月第三週週六19：00～21：00（7～12月）	
	高雄紫雲寺	每月第四週週五19：00～21：30	
大悲懺法會暨菩薩戒誦戒會	台南分院	週六19：00～21：30（1/20、3/17、4/21、5/26、6/16）	
	高雄三民精舍	每月第二週週六19：00～21：30	
淨土懺法會	台南分院	週六19：00～21：30（2/3、6/2）	
	高雄紫雲寺	每月第一週週日09：00～12：00（1～6月，7/1、11/4）	
佛一暨八關戒齋法會	台南分院	週日09：00～21：00（2/25）	
	高雄紫雲寺	週日08：30～21：00（10/21）	
地藏法會	台南分院	週日14：00～17：00（1/14、2/11、3/11、5/13、6/10）	
		週日08：30～12：30（8/26、9/23、10/28、11/25、12/30）	
	高雄紫雲寺	每雙月第一週週日09：00～12：00	
慈悲三昧水懺法會	高雄紫雲寺	週日09：00～17：00（6/17）	
三時繫念法會	台南分院	週六14：00～17：00（9/8）	
	高雄紫雲寺	週日15：00～22：00（9/2）	
佛一	台南分院	週日09：00～17：00（8/5、10/14）	
佛二	台南分院	週六至週日09：00～21：00（6/23～6/24）	
佛三	高雄紫雲寺	週五至週日（3/30～4/1）	
新春普佛法會	高雄三民精舍	週三09：00～12：00（2/21）	
新春大悲懺法會	台南分院	週日至週二09：00～12：00（2/18～2/20）	
新春祈福觀音法會	台南分院	週日至週二14：00～17：00（2/18～2/20）	
新春千佛懺法會	高雄紫雲寺	週日至週二09：00～17：00（2/18～2/20）	
元宵燃燈供佛法會	台南分院	週日19：00～21：00（3/4）	
	高雄紫雲寺	週六19：00～21：00（3/3）	
清明報恩地藏法會	台南分院	週四至週五19：00～21：30（4/5～4/6）	
清明報恩三時繫念法會	台南分院	週六15：00～22：00（4/7）	
浴佛法會	台南分院	週日09：00～12：00（5/20）	
	高雄紫雲寺	週日09：00～12：00（5/20）	
	高雄三民精舍	週六09：00～12：00（5/26）	
中元地藏法會	高雄紫雲寺	週四至週五09：00～17：00（8/30～8/31）	
中元地藏懺法會	高雄紫雲寺	週六09：00～12：00（9/1）	
都市彌陀佛七	高雄紫雲寺	週日至週日08：30～21：30（12/23～12/30）	

◎東部地區

法會名稱	舉辦地點	時間	備註
念佛共修	台東信行寺	週三19：30～21：30	
大悲懺法會		週六19：30～21：30（4/21、7/21、9/29、11/24）	
地藏法會		週六09：00～12：00（1/13、6/3、10/20、12/22）	
		週五至週六09：00～17：00（8/24～8/25）	
三時繫念法會		週日15：00～21：00（8/26）	
菩薩戒誦戒會		週三19：30～21：30（1/24、2/28、4/25、5/23、6/27、7/25、8/22、9/26、10/24、11/28、12/26）	
佛一暨八關戒齋法會		週日09：00～21：00（5/6、10/28）	
新春普佛法會		週日09：30～12：00（2/18）	
新春大悲懺法會		週二09：00～12：00（2/20）	
元宵燃燈供佛法會		週日19：30～21：30（3/4）	
清明佛一		週日09：00～21：00（4/1）	
浴佛法會		週六09：00～12：00（5/19）	
中秋祈福法會		週二18：30～21：00（9/25）	

【禪修活動】

◎北部地區

活動名稱	舉辦地點	時間	備註
禪坐共修	農禪寺	週日14：00～17：00	2/18、4/1、8/19、12/9、12/30暫停
	台北安和分院	隔週四19：00～21：00	
	台北中山精舍	週一19：00～21：00	
	桃園齋明寺	週六14：00～17：00	
		週三19：00～21：00（7～12月）	10/27暫停
	基隆精舍	週五19：00～21：00	
國際禪坐共修	中華佛教文化館	週六14：00～17：00	
初級禪訓班	農禪寺	每月第一週週三、日19：00～21：00	2月暫停
	台北安和分院	週三19：00～21：00	
		週四14：00～16：00	
		週六09：30～11：30（10/6、10/13、10/20、10/27）	
	台北中山精舍	週六19：00～21：00	2月暫停
	基隆精舍	週六14：00～16：00	

活動名稱	舉辦地點	時間	備註
禪修指引	農禪寺	週六14：30～16：30（1/13、1/27、2/10、3/10、4/28、5/12、6/9、6/23、7/7、7/21、8/4、9/1、10/6、10/20、11/3、11/17、12/1、12/15）	
	台北安和分院	週六14：00～16：30（2/10、4/21、6/16、8/25、10/27、12/29）	
	台北中山精舍	週六14：00～16：00（1/27、3/31、5/26、7/28、9/29、11/24）	
浮生半日禪	台北安和分院	隔週一09：30～11：30	
禪一	農禪寺	週日08：30～17：00（1/14、2/11、3/11、5/13、6/10、7/8、8/12、9/9、10/14）	
	桃園齋明寺	週日08：30～17：00（3/18、6/17、9/9）	
戶外禪一	台北安和分院	週日07：00～18：00（4/29）	
都會生活禪一	台北安和分院	週日09：00～17：00（1/14、2/25、3/25、6/24、8/26、9/30、11/25）	
山水禪一	台北安和分院	週日07：00～18：00（7/29、10/28）	
都會禪二（悅眾禪二）	台北安和分院	週六～日08：30～18：00（5/26～5/27）	

◎中部地區

活動名稱	舉辦地點	時間	備註
禪坐共修	台中分院	週一19：00～21：30	
		週三09：00～11：00	
	南投德華寺	每週二19：00～21：00	
初級禪訓班	台中分院	週五19：00～21：00（8/24、10/5、11/9，每期上課五次）	
	南投德華寺	週一19：00～21：00	
		週五19：00～21：00	
禪一	台中分院	週日08：30～17：00（1/14、3/11、5/13、8/12）	
	南投德華寺	週一09：00～17：00（4/6、6/11、10/7）	
		週日09：00～17：00（10/8、12/3）	
戶外禪一	台中分院	週日08：00～16：00（9/9）	
	南投德華寺	週日（11/11）	
禪二	台中分院	週六至週日（11/10～11/11）	

◎南部地區

活動名稱	舉辦地點	時間	備註
禪坐共修	台南分院	週三19：00～21：00	
	高雄紫雲寺	週二19：00～21：00	
		週三09：00～11：00（1～6月）	
	高雄三民精舍	週四19：00～21：00	
初級禪訓班	台南分院	週一14：30～16：30	
		週五19：00～21：00	
		週日19：00～21：00	
	高雄紫雲寺	週三19：00～21：00	
		週六14：00～16：00	
	高雄三民精舍	週六14：00～16：00	
禪一	台南分院	週日09：00～17：00（1/27、9/16、11/4）	
	高雄紫雲寺	週日08：30～17：00（2/25、7/15、11/18）	
	高雄三民精舍	週日08：30～17：00（4/29、9/16）	

◎東部地區

活動名稱	舉辦地點	時間	備註
禪坐共修	台東信行寺	週四19：30～21：30	3/29、7/5、9/13暫停
禪訓班		週六14：00～16：00（1～6月）	
		週五19：30～21：30（7～12月）	
禪一		週六09：00～17：00（4/7、6/30、11/3）	
初階禪七		週六至週六（3/24～3/31、9/9～9/16）	

【經典系列及讀書會活動】

◎北部地區

活動名稱	舉辦地點	時間	備註
週日講經	農禪寺	週日09：30～11：30（2/4、3/4、3/18、5/20、6/17）	
佛學研習	台北安和分院	週一19：00～21：00	
		週二14：00～16：00	
		週五19：00～21：00	
		週六09：30～11：30、15：00～17：00、19：00～21：00	
佛學講座	桃園齋明寺	週五19：00～21：00（1～6月）	
		週六19：00～21：00（1～6月）	
佛學課程——學佛入門	農禪寺	週日09：30～11：30	
皈依典禮	農禪寺	週日08：00～13：00（1/21、4/15、7/22、11/4）	

活動名稱	舉辦地點	時間	備註
兒童讀經班	台北安和分院	週六14：00～15：30	
	基隆精舍	週六09：00～11：00	
	桃園齋明寺	週六09：00～11：00	
長青讀經班	台北安和分院	週二14：30～16：30（1～6月）	
讀書會	農禪寺	週二09：00～12：00	
	台北中山精舍	週一19：00～21：00 （《天台心鑰——教觀綱宗貫註》讀書會）	
		週三19：00～21：00 （教師禪坐共修暨讀書會）	寒暑假暫停
		週六09：30～11：30（福慧自在讀書會）	

◎中部地區

活動名稱	舉辦地點	時間	備註
兒童讀經班	台中分院	週三07：30～08：30	
	南投德華寺	週六09：00～11：00（1～6月）	
讀書會	台中分院	週六09：00～11：30（寶山讀書會）	
		週四14：00～16：00（快樂讀書會）	
		週二19：30～21：30（拈花微笑讀書會）	
		週三19：30～21：30（心靈平台讀書會）	
		每月第二、四週週六14：30～16：30 （法青讀書會）	
	南投德華寺	週五19：00～21：00	

◎南部地區

活動名稱	舉辦地點	時間	備註
佛學課程	台南分院	週五19：00～21：00（7/13、7/20、7/27、8/3、8/10、8/17、8/24、8/31、9/7、9/14）	
	高雄紫雲寺	週一、三、四19：00～21：00	
		週六09：00～11：00、14：00～16：00	
	高雄三民精舍	週一、二、三09：00～11：00	
讀書會	台南分院	週二14：00～16：00	

◎東部地區

活動名稱	舉辦地點	時間	備註
兒童讀經班	台東信行寺	週五19：30～21：00	3/30、7/6、8/24、9/14暫停
讀書會		週二19：30～21：30（1～6月）	3/27
		週一19：30～21：30（7～12月）	7/9、9/10暫停
基礎佛學課程		週五19：30～21：30（1～6月）	
		週六09：00～11：00（1～6月）	
		隔週六09：00～11：00（7～12月）	7/7、8/25、9/22暫停

【其他活動】

活動名稱	舉辦地點	時間	備註
合唱共修	農禪寺	週日19：00～21：00	
	基隆精舍	週三19：00～21：00	
	桃園齋明寺	週六19：00～21：00	
	台中分院	週三19：30～21：30	
	台南分院	週五19：00～21：00（1～6月）	
		週日17：00～19：00（7～12月）	
	高雄紫雲寺	週一19：00～21：00（成人）	
		週三15：30～17：00（兒童，1～6月）	
	高雄三民精舍	週一19：00～21：00（成人）	
		週三15：30～17：00（兒童，1～6月）	
法器練習	台南分院	週二19：00～21：00（1～6月）	
		週六19：00～21：00（7～12月）	
	台東信行寺	週二19：30～21：30	
禪藝班	高雄紫雲寺	週三19：00～21：00（筆禪書法班）	
		週二08：40～10：10（瑜伽禪坐班）	
		週日19：15～21：00（瑜伽禪坐班）	
	高雄三民精舍	週二19：00～21：00（筆禪書法班）	
		週三19：00～21：00（瑜伽禪坐班）	
		週四09：00～11：00（筆禪書法班）	
		週五09：00～11：00（瑜伽禪坐班）	
鈔經班	高雄紫雲寺	週二19：30～20：30	
和喜太鼓	桃園齋明寺	每月第一、二、三週週日09：00～11：30	
寧靜心鼓	台東信行寺	週六10：30～12：00（成人班，1～6月）	2/18、3/4、4/1、5/6、6/3、6/24、7/7、8/25、9/9、10/28暫停
		週六09：00～10：30（兒童班，1～6月）	
		週六16：00～17：30（成人班，7～12月）	
		週六14：30～16：00（兒童班，7～12月）	
		週六至週六09：00～11：30（精進班成人組8/4～8/11）	
		週六至週六14：00～16：30（精進班兒童組8/4～8/11）	

備註：

1.定期例行活動意指每週、每月或隔週、隔月固定舉辦的法會共修、禪修與經典讀書會等活動。

2.上述活動的主辦單位以僧團、寺、分院、精舍、道場為主；全省辦事處、共修處及各會團因活動繁多或規模較小，故未收錄。

法鼓山2007年各地辦事處、共修處定期活動一覽表

◎北部地區

區域	辦事處/共修處	時間	項目
北一轄區			
北投	農禪寺	週二09：00～12：00	讀書會
		週三19：00～21：00	初級禪訓班
		週日19：00～21：00（每月第一週開課）	
		週五19：00～21：00	淨土懺法會
		週日09：00～12：00（單月第三週）	
		週五19：00～21：00	地藏法會
		週日09：00～12：00（每兩個月一次）	
		每月第一週週六19：00～21：00（1～6月）	大悲懺法會
		每月第一週週五14：00～16：00（7～12月）	
		每月第一週週五19：00～21：00（7～12月）	
		週六14：30～16：30	禪修指引
		週六19：00～21：00	念佛共修
		週日08：30～17：00	禪一
		週日09：30～11：30（2～6月）	講經
		週日09：30～11：30	佛學課程——學佛入門
		週日14：00～17：00	禪坐共修
		週日19：00～21：00	合唱共修
	中華佛教文化館	週四09：30～11：30	念佛共修
		週六14：00～17：00	國際禪坐共修
		農曆12日10：00～12：00	藥師法會
		農曆19日10：00～12：00	觀音法會
	北投辦事處	週一19：30～21：30	禪坐共修
		週二14：00～16：00	助念法器練習
		週三19：30～21：30	念佛共修
		週六19：30～21：30	讀書會（生活佛法運用）
		週六08：00～10：00	法鼓八式動禪、戶外禪（北投文化館前公園）
淡水	淡水辦事處	週一19：30～21：30	佛學課程
		週三15：00～17：00	兒童作文
		週四19：30～21：30	念佛共修
		週六09：00～11：00	兒童繪本
		週六14：00～16：00	

區域	辦事處/共修處	時間	項目
石牌	石牌辦事處	週一至週六06：00～06：30 週日06：30～07：00	法鼓八式動禪（陽明大學、立農國小校門口旁）
		週一19：30～21：30	禪坐共修
		週四19：30～21：00	法器教學
		週五09：30～11：30	兒童繪本
		每月第一、三、四週週三19：30～21：30	念佛共修
		每月第二週週三19：30～21：30	菩薩戒誦戒會
	同德共修處	週三20：00～21：30	念佛共修
三重 蘆洲	三重辦事處	週二19：30～21：30	讀書會
		週三19：30～21：30	念佛共修
		週四19：30～21：30	禪坐共修
		每月第二、四週週一19：30～21：30	法器練習
	蘆洲共修處	週一19：30～21：30	佛學講座
		週二19：30～21：30	念佛共修
		週三19：30～21：30	禪坐共修
北二轄區			
士林 天母	士林天母辦事處	週四19：30～21：30	單週禪坐，雙週念佛
		週五19：30～21：30	禪坐共修
		週六07：30～09：30（雙週）	日文課
		每月第一、三週週三19：30～21：30	讀書會
	天母共修處	週二19：30～21：30	單週念佛，雙週禪坐
	劍潭共修處	週二19：30～21：30	念佛共修
社子	社子辦事處	週一19：30～21：30	念佛共修
		週二19：30～21：30	禪坐共修
中山	中山精舍	週一14：00～17：00（單週）	佛經導讀共修
		週一19：00～21：00	禪坐共修
		週一19：00～21：00	中華花藝
		週一19：00～21：00（雙週）	《天台心鑰——教觀綱宗貫註》讀書會
		週一19：00～21：00（雙週）	法華讀書會
		週二10：30～12：00	小原流花藝
		週二19：00～21：00	太極拳
		週五19：00～21：00	
		週二19：00～21：00（9月5日開課）	《金剛經》導讀
		週三09：00～11：30	生活日語
		週三18：00～21：10	學佛五講師資班
		週三19：00～21：00	教師禪坐共修暨讀書會
		週四19：00～21：00	念佛共修
		週五09：00～11：30	成人書畫班
		週五19：00～21：00（單週）	學佛五講精讀班

區域	辦事處/共修處	時間	項目
中山	中山精舍	週五19：00～21：00（9月開課）	初階佛學
		週六09：30～11：30	福慧自在讀書會
		週六14：00～16：00	禪修指引
		週六15：50～17：50	瑜伽
		週六19：00～21：00	初級禪訓班
大同	大同辦事處	週一19：30～21：30	禪坐共修
		週二19：30～21：30	念佛共修
		週六15：30～17：30	《天台心鑰——教觀綱宗貫註》讀書會
松山	松山辦事處	週一	念佛共修
		週三	禪坐共修
		週四	讀書會
北三轄區			
信義 大安 南港	安和分院	週一09：30～11：30（隔週）	浮生半日禪
		週一19：00～21：00	佛學研習
		週二14：00～16：00	
		週五19：00～21：00	
		週六09：30～11：30	
		週六15：00～17：00	
		週六19：00～21：00	
		週二19：00～21：00	念佛共修
		週二14：30～16：30（1～6月）	長青讀經班
		週三19：00～21：00	初級禪訓班
		週四14：00～16：00	
		週四19：00～21：00（隔週）	禪坐共修
		週六14：00～16：30	禪修指引
		週六14：00～16：00	兒童讀經班
		週日09：00～17：00	都會生活禪一
		每月第一週週二19：00～21：00	淨土懺法會
		每月第一週週日09：00～15：30	地藏法會
		每月第三週週五14：00～16：00	大悲懺法會
		每月第三週週五19：00～21：00	
		每月第四週週二09：00～21：00	菩薩戒誦戒會暨念佛共修
中正 萬華	中正、萬華辦事處	週一19：30～21：30	法器練習
		週二19：30～21：30（單週）	念佛共修
		週二19：30～21：30（雙週）	讀書會
		週五19：30～21：30（單週）	
		週四19：30～21：30	禪坐共修
內湖	內湖辦事處	週二19：30～21：30	佛學講座
		週三19：30～21：30	念佛共修
		週四19：30～21：30	禪坐共修

區域	辦事處/共修處	時間	項目
北四轄區			
板橋 土城 樹林	海山辦事處	週一19：30～21：30（8月開始）	成佛之道讀書會
		週二19：30～21：30	禪坐共修
		週三19：30～21：30	念佛共修
		週四19：30～21：30	佛學講座
		每月第二、四週週五19：30～21：30	喜悅讀書會
	土城共修處 土城教育訓練中心	週二19：30～21：30	法鼓八式動禪、禪坐
		週三19：30～21：30	念佛共修
	樹林共修處	週二19：30～21：30	念佛共修
		週三19：30～21：30	禪坐共修
新店	新店辦事處	週一19：00～21：30	法鼓八式動禪、禪坐
		週四09：30～11：30（9、10月暫停）	讀書會
		週四19：30～21：30	念佛共修
	屈尺共修處	週一19：30～21：00	念佛共修
		週三19：30～21：00	禪坐共修
中永和	中永和辦事處	週一19：30～21：30	念佛共修
		週三09：30～12：00	佛學英文班
		週三19：30～21：30	禪坐共修
		週五13：30～16：00	國畫班
		週五19：30～21：30	佛學講座
		週六09：30～11：30	兒童英文班
		每月第一、三週週二13：30～16：30	陶塑班
		每月第二、四週週四19：00～21：30	讀書會
		每月第一週週四20：00～21：00	誦戒共修
		每月第四週週二19：00～21：30	生活講座
		週一至週六06：10～07：00（中和四號公園）	法鼓八式動禪
		週一至週日07：10～08：00（福和運動公園）	
		週一至週日 06：30～07：20（永和仁愛公園）	
文山	文山辦事處	週二09：30～11：30	法器教學
		週三19：30～21：30	念佛共修
		週四19：30～21：30	禪坐共修
		每月第二、三、五週週五19：30～21：30	禪坐暨讀書會
		每月第一、四週週五19：30～21：30	心靈環保讀書會
	深坑共修處	每月第一、二、三週週四19：00～21：30	法鼓八式動禪、禪坐共修
		每月最後一週週四19：00～21：30	拜懺
新莊	新莊辦事處	週一19：30～21：30（9月開始）	花藝研習班
		週二19：30～21：30	禪坐共修
		週三19：30～21：30	法器練習
		週五19：30～21：30	念佛共修
林口	林口共修處	週一19：00～21：00	念佛共修
		週四19：00～21：00	禪坐共修

<table>
<tr><th>區域</th><th>辦事處/共修處</th><th>時間</th><th>項目</th></tr>
<tr><td colspan="4">北五轄區</td></tr>
<tr><td rowspan="16">桃園</td><td rowspan="10">齋明寺</td><td>週四19：00～21：00</td><td>念佛共修</td></tr>
<tr><td>週五19：00～21：00（1～6月）</td><td rowspan="2">佛學講座</td></tr>
<tr><td>週六19：00～21：00（1～6月）</td></tr>
<tr><td>週三19：00～21：00（7～12月）</td><td rowspan="3">禪坐共修</td></tr>
<tr><td>週六14：00～17：00（1～6月）</td></tr>
<tr><td>週六14：00～17：00（7～12月）</td></tr>
<tr><td>週六09：00～11：00</td><td>兒童讀經班</td></tr>
<tr><td>週六19：00～21：00</td><td>合唱共修</td></tr>
<tr><td>每月第一、二、三週週日09：00～11：30</td><td>和喜太鼓</td></tr>
<tr><td>每月第一週週日14：00～17：00</td><td>大悲懺法會</td></tr>
<tr><td>每月第三或第四週週日14：00～17：00</td><td>地藏懺法會</td></tr>
<tr><td rowspan="6">桃園辦事處</td><td>週一19：00～21：00</td><td>禪坐共修</td></tr>
<tr><td>週二19：00～21：00</td><td>法器研習</td></tr>
<tr><td>週四19：00～21：00</td><td>佛學講座</td></tr>
<tr><td>每月第一週週三19：00～21：00</td><td>大悲懺法會</td></tr>
<tr><td>每月第三週週三19：00～21：00</td><td>念佛暨菩薩戒誦戒會</td></tr>
<tr><td>每月第四週週三19：00～21：00</td><td>念佛共修、拜懺</td></tr>
<tr><td rowspan="8">中壢</td><td rowspan="5">中壢辦事處</td><td>週三19：30～21：00</td><td>禪坐共修</td></tr>
<tr><td>週四19：30～21：00</td><td>經典導讀</td></tr>
<tr><td>每月第一、三、五週週一19：30～21：00</td><td>念佛共修</td></tr>
<tr><td>每月第二週週一19：30～21：00</td><td>觀音法會</td></tr>
<tr><td>每月第四週週一19：30～21：30</td><td>大悲懺法會</td></tr>
<tr><td>觀音共修處</td><td>週日19：00～21：00</td><td>念佛共修</td></tr>
<tr><td rowspan="2">楊梅共修處</td><td>週二19：30～21：30</td><td>素食烹飪課程</td></tr>
<tr><td>週五19：30～21：30</td><td>讀書會、法鼓八式動禪</td></tr>
<tr><td rowspan="5">新竹</td><td rowspan="5">新竹辦事處</td><td>週一19：30～21：30</td><td>念佛共修</td></tr>
<tr><td>週二19：30～21：30</td><td>禪坐共修</td></tr>
<tr><td>每月第一、三週週六09：00～11：00</td><td>念佛共修</td></tr>
<tr><td>每月第二週週六09：00～11：00</td><td>大悲懺法會</td></tr>
<tr><td>每月第四週週六09：00～11：00</td><td>菩薩戒誦戒會</td></tr>
<tr><td colspan="4">北六轄區</td></tr>
<tr><td rowspan="8">宜蘭</td><td rowspan="8">宜蘭辦事處</td><td>週一19：30～21：00（每二週一次）</td><td>讀書會</td></tr>
<tr><td>週二19：30～21：00</td><td>法鼓隊</td></tr>
<tr><td>週三19：30～21：30</td><td>禪坐共修</td></tr>
<tr><td>週四19：30～21：00</td><td>法器練習</td></tr>
<tr><td>週日19：30～21：00（隔週）</td><td>共好讀書會</td></tr>
<tr><td>每月第二、三、五週週五19：30～21：30</td><td>念佛共修</td></tr>
<tr><td>每月第一週週五19：30～21：30</td><td>大悲懺法會</td></tr>
<tr><td>每月第四週週五19：30～21：30</td><td>念佛暨菩薩戒誦戒會</td></tr>
</table>

區域	辦事處/共修處	時間	項目
羅東	羅東辦事處	週二19：00～21：00	合唱團
		週三19：00～21：00	念佛共修
		週四19：00～21：00	法器練習
		週五19：30～21：30	禪坐共修
花蓮	花蓮辦事處	週三19：30～21：30（7月開始，隔週）	讀書會
		週四19：30～21：30	禪坐共修
		週六19：30～21：30	法器練習
		每月第一、三週週二19：30～21：30	念佛共修
		每月第二週週二19：30～21：30	菩薩戒誦戒會
		每月最後一週週二19：30～21：30	大悲懺法會
	瑞穗共修處	週二19：00～21：30	禪坐共修、讀書會
		每月第一、三、四週週六14：00～17：30	念佛共修、讀書會
		每月第二週週六14：00～17：30	大悲懺法會
北七轄區			
金山萬里	金山辦事處	週二19：00～21：00	禪坐共修
		週四19：30～21：00	念佛共修
三芝石門	三芝辦事處	週一19：30～21：15	念佛共修
		週三19：30～21：30	禪坐共修
基隆	基隆精舍	週二19：00～21：00	念佛共修
		週三19：00～21：00	合唱共修
		週五19：00～21：00	禪坐共修
		週六14：00～16：00	初級禪訓班
		週六09：00～11：00	兒童讀經班

◎中部地區

區域	辦事處/共修處	時間	項目
台中	台中分院	週一19：00～21：30	禪坐共修
		週三09：00～11：00	
		週二19：30～21：30（拈花微笑讀書會）	讀書會
		週三19：30～21：30（心靈平台讀書會）	
		週四14：00～16：00（快樂讀書會）	
		週六09：00～11：30（寶山讀書會）	
		每月第二、四週週六14：30～16：30（法青讀書會）	
		週三07：30～08：30	兒童讀經班
		週三19：30～21：30	合唱共修
		週五09：00～11：10	念佛共修
		週六19：30～21：30	
		每月第三週週日19：00～21：30	地藏法會
		每月第四週週日14：00～17：00	大悲懺法會暨菩薩戒誦戒會

區域	辦事處/共修處	時間	項目
豐原	豐原辦事處	週一19：30～21：30	法器練習
		週二19：30～21：30	念佛共修
		週三19：30～21：30	合唱共修
		週四19：00～21：30	禪坐共修
		每月第二週週二19：30～21：30	大悲懺法會
	東勢安心服務站	週二15：30～16：30	《阿彌陀經》共修
		週二19：30～21：00	禪坐共修
		週六19：30～21：30	念佛共修
		週日09：30～11：00；19：30～21：30	讀書會
		週日14：00～17：00（隔週）	小鼓手劇團
		每月最後一週週三19：30～21：30	《地藏經》共修
		每月第二週週三19：30～21：30	觀音法會
中部海線	海線共修處	週四19：30～21：30	禪坐共修
		週五19：30～21：30	念佛共修
		每月第二週週日19：00～21：00	大悲懺法會
		每月第四週週日19：00～21：00	地藏懺法會
苗栗	苗栗辦事處	週一19：30～21：00	合唱團練唱
		週二19：00～20：30	英文讀經班
		週三19：30～21：30	念佛共修
		週四19：30～21：00	禪坐共修
		週六08：30～10：00	兒童中文讀經班
		週日10：00～11：30	國文教室
		週日19：00～20：30	西方經典導讀
		每月最後一週週三19：30～21：30	彌陀法會
	苑裡共修處	週二19：30～21：30	禪坐共修（小城花店二樓）
		週三19：30～21：30	念佛共修（山腳李登山住處）
彰化	彰化辦事處	週四19：30～21：30	念佛共修
		週五19：00～21：15	禪坐共修
		週六14：00～15：30	動禪教學
		週六14：00～16：30	讀書會
		週日19：15～20：15	瑜伽
		每月第二、四、五週週一19：30～21：30	〈大悲咒〉共修
		每月第一週週一19：00～21：30	《地藏經》共修
		每月第三週週一19：30～21：30	菩薩戒誦戒會
		每月最後一週週四19：30～21：30	大悲懺共修
員林	員林辦事處	週二19：30～21：30	念佛共修
		週三19：30～21：30	讀書會
		週四19：30～21：30	禪坐共修
		週五19：30～21：30	合唱共修
		每月第一週週二19：30～21：30	大悲懺法會
		每月第三週週一19：30～21：30	菩薩戒誦戒會
		每月第三週週六19：30～21：30	《地藏經》共修

區域	辦事處/共修處	時間	項目
南投	德華寺	週一19：00～21：00	初級禪訓班
		週五19：00～21：00	
		週二19：00～21：00	禪坐共修
		週三19：00～21：00	念佛共修
		週五19：00～21：00	讀書會
		週六09：00～11：00（1～6月）	兒童讀經班
		每月第三週週三19：00～21：00	大悲懺法會
	南投安心服務站	週三09：00～11：00	念佛共修
		週五19：00～21：00	
		週三19：30～21：00	讀書會
		週四19：30～21：00	禪坐共修
		每月第一週週二19：30～20：30	菩薩戒誦戒會
		每月第四週週五19：00～21：00	大悲懺法會
	竹山安心服務站	週一19：30～21：30	念佛共修
		週二14：30～16：30	法器練習
		週三19：30～21：30	禪坐共修、讀書會
		週五19：30～21：30	社區老人關懷

◎南部地區

區域	辦事處/共修處	時間	項目
嘉義	嘉義辦事處	週四19：30～21：00	讀書會
		週四09：00～11：00	法器練習
		週五19：00～21：00	禪坐共修
		週六19：30～21：30	念佛共修
		每月第四週週六19：00～21：30	大悲懺法會
台南	台南分院	週一14：30～16：30	初級禪訓班
		週五19：00～21：00	
		週日19：00～21：00	
		週二14：00～16：00	讀書會
		週二09：00～11：00（1～6月）	念佛共修
		週三09：00～11：00（7～12月）	
		週四19：00～21：00	
		週二19：00～21：00（1～6月）	法器練習
		週六19：00～21：00（7～12月）	
		週三19：00～21：00	禪坐共修
		週五19：00～21：00（1～6月）	合唱共修
		週日17：00～19：00（7～12月）	
		週六19：00～21：30	大悲懺法會暨菩薩戒誦戒會
		週日14：00～17：00（1～6月）	地藏法會
		週日08：30～12：30（8～12月）	
		每月第三週週六19：00～21：00（7～12月）	大悲懺法會
	白河共修處	週三19：30～21：30	念佛、禪坐、誦戒、讀書會
		每月第四週週六19：30～21：30	大悲懺法會

區域	辦事處/共修處	時間	項目
台南	佳里共修處	週五19：00～21：00	念佛共修
高雄	紫雲寺	週一、三、四19：00～21：00	佛學課程
		週六09：00～11：00；14：00～16：00	
		週一19：00～21：00（成人）	合唱共修
		週三15：30～17：00（兒童1～6月）	
		週二08：40～10：10	瑜伽禪坐
		週日19：15～21：00	
		週二19：30～20：30	鈔經班
		週二19：00～21：00	禪坐共修
		週三09：00～11：00（1～6月）	
		週三19：00～21：00	初級禪訓班
		週六14：00～16：00	
		週三19：00～21：00	筆禪書法班
		週五09：00～11：00	念佛共修
		週五19：00～21：00	
		每月第四週週五19：00～21：30	大悲懺法會
		每月第一週週日09：00～12：00（1～6月）	淨土懺法會
		每雙月第一週週日09：00～12：00	地藏法會
	三民精舍	週一、三、四09：00～11：00	佛學課程
		週一19：00～21：00（成人）	合唱共修
		週三15：30～17：00（兒童1～6月）	
		週二19：00～21：00	筆禪書法班
		週四09：00～11：00	
		週三19：00～21：00	瑜伽書法班
		週五09：00～11：00	
		週四19：00～21：00	禪坐共修
		週六14：00～16：00	初級禪訓班
		週六19：00～21：00	念佛共修
		每月第二週週六19：00～21：30	大悲懺法會暨菩薩戒誦戒會
潮州	潮州辦事處	週二09：00～10：40	念佛共修
		週三19：30～21：30	
		週四19：30～21：30（7月20日開始）	初階禪訓班
		每月第二週週日19：00～21：00	大悲懺法會
		每月第四週週日14：00～17：00	地藏法會
屏東	屏東辦事處	週一19：30～21：30	禪味拼布班
		週一19：30～21：30	學佛初階班
		週二09：00～10：30	念佛、讀書會
		週三19：30～21：30	禪坐讀書共修
		週四19：30～21：30	佛學講座
		週四20：00～21：00	兒童讀經
		每月第一週週二19：30～21：30	菩薩戒誦戒會
		每月第三週週六19：30～21：30	大悲懺法會

◎東部地區

區域	辦事處/共修處	時間	項目
台東	信行寺	週二19：30～21：30	法器練習
		週二19：30～21：30（1～6月）	讀書會
		週一19：30～21：30（7～12月）	
		週三19：30～21：30	念佛共修
		週三19：30～21：30	菩薩戒誦戒會
		週四19：30～21：30	禪坐共修
		週五19：30～21：00	兒童讀經班
		週五19：30～21：30（1～6月）	基礎佛學課程
		週六09：00～11：00（1～6月）	
		隔週六09：00～11：00（7～12月）	
		週六14：00～16：00（1～6月）	禪訓班
		週三19：30～21：30（7～12月）	
		週六10：30～12：00（成人班，1～6月）	寧靜心鼓
		週六09：00～10：30（兒童班，1～6月）	
		週六16：00～17：30（成人班，7～12月）	
		週六14：30～16：00（兒童班，7～12月）	

法鼓山2007年海外分會、聯絡處定期共修活動一覽表

◎美洲

分會/聯絡處	時間	項目
美國紐約東初禪寺	週一19：30～21：00	念佛共修
	週二19：00～21：45	禪坐共修
	週六09：00～15：00	
	週四19：30～21：00	太極拳
	週四19：30～21：00	瑜伽課
	週日10：00～18：00	禪坐共修、法師開示、午供、觀音法會、佛法討論、合唱團練唱
	週日09：30～15：30	地藏法會（4/1、8/26舉行）
	週日10：00～15：00	浴佛法會（5/13舉行）
	每月第二週週日14：00～16：00	大悲懺法會
美國象岡道場	半年一次，08：30～17：00	大專禪修營（1/11～1/14、8/15～8/18）
	週五20：30～週六17：00	梁皇寶懺法會（6/29～7/7舉行）
	週四18：00～週一10：00	念佛禪五（8/30～9/3舉行）
	首日17：00～圓滿日10：00	精進禪十 （話頭禪十：11/23～12/2舉行） （默照禪十：5/25～6/3、12/26～2008/1/4舉行）
	首日17：00～圓滿日10：00	進階精進話頭禪20 （第一梯次：7/25～8/3舉行） （第二梯次：8/4～8/13舉行）
美國護法會——東北轄區		
紐約州長島聯絡處	週四19：00～21：00	禪坐共修
	每月一次	佛學講座
佛蒙特州聯絡處	每月第二週或第三週週六 13：00～17：00	禪坐共修、讀書會
美國護法會——中大西洋轄區		
新澤西州分會	每月第一週週五19：30～21：30	「智慧掌中書」讀書會
	每月第一週週日09：30～12：30	精進半日禪
	每月第一週週日13：30～15：30	彈心談心
	每月第二週週日10：45～12：30	念佛法會
	每月第三週週日10：45～12：30	大悲懺法會
	每月第三週週日13：30～15：30	心靈拾綴
	每月第三週週五19：30～21：30	《金剛經》讀書會
	每月第四週週日10：45～12：30	《金剛經》持誦共修
	每月第四週週日13：30～15：30	《大法鼓》讀書會
紐約羅徹斯特聯絡處	週二19：30～21：30	禪坐共修
	每週日08：00～12：00	
賓州聯絡處	週日09：30～12：00	法鼓八式動禪、禪坐、觀看聖嚴師父開示影片

分會/聯絡處	時間	項目
美國護法會——南部轄區		
喬治亞州聯絡處	每週	禪坐、中英文讀書會、拜經、拜佛
德州達拉斯聯絡處	每月第三週週日	法鼓八式動禪、禪坐、觀看聖嚴師父開示影片
佛州奧蘭多聯絡處	每月第一週週六10：00～12：30	禪坐共修、佛學研討（英文為主）
佛州天柏聯絡處	每月第二週週六14：30～16：30	禪坐共修
	每兩個月第二週週日09：00～15：00	讀書會、大悲懺法會
美國護法會——中西部轄區		
伊利諾州芝加哥分會	週四19：30～20：30	太極拳班
	週五20：00～22：00	念佛、誦經、法器班
	每月第四週週日11：00～12：30	
	週日08：30～11：30	「禪」工作坊
	每月第一、三週週六13：30～16：15	身心保健研討
	每月第二、四週週六13：30～15：15	親子學佛時間
	每月第二週週日13：30～16：30	《修行在紅塵——維摩經六講》中文讀書會、英文讀書會
	每月第三週週日13：30～14：30	菩薩戒誦戒會
密西根州聯絡處	每月第三週週六14：30～16：30	禪坐共修
美國護法會——西部轄區		
加州洛杉磯分會	週日10：00～12：00	佛學導讀
加州舊金山分會	週六14：00～17：00	禪坐共修
	隔週週三19：30～21：30	讀書會
	每月第一週週日13：30～15：30	大悲懺法會
	每月第二週週日13：30～15：30	念佛共修
	每月第三週週日13：30～15：30	菩薩戒誦戒會
	每月最後一週週六全天	一日禪
	每月最後一週週五19：30～21：30	電影欣賞
加州省會聯絡處	每月第一、三週週日	法鼓八式動禪、禪坐、持誦〈大悲咒〉七次
奧勒岡州聯絡處		禪坐、念佛、讀書會
華盛頓州西雅圖分會	週五17：00～18：30	英文禪坐共修
	每月第一週週日10：00～12：00	大悲懺法會
	每月第二週週五19：30～21：30	生活談心
	每月第二週週日09：00～12：00	禪坐共修
	每月第三週週六15：00～17：30	讀書會
	每月第四週週日10：00～12：00	念佛共修

◎加拿大

分會/聯絡處	時間	項目
法鼓山溫哥華道場	週二09：30～12：00	禪門探索讀書會
	週四10：00～12：00	合唱團練唱
	週五10：00～12：00（除第一週外）	念佛共修
	週日09：30～12：00	禪坐共修
	隔週五19：00～21：30	佛法指引課程
	隔週五19：00～21：30	相約在法青或少年生活營
	每月第一週週五10：00～12：00	菩薩戒誦戒會
	每月第二週週六14：00～16：00	大悲懺法會
	每月第四週週日09：30～17：00	禪一
加拿大護法會		
多倫多分會	週日10：15～12：15	禪坐共修
	每月第三週週六14：00～16：00	中文讀書會
	每月第三週週日14：00～16：00	英文讀書會
	每月第四週週六	一日禪

◎亞洲

分會/聯絡處	時間	項目
新加坡護法會	週三19：30～21：30	禪坐共修
	週日09：30～11：30	
	週四20：00～21：30	念佛共修
	週五19：30～21：30	心靈環保課程
	週六19：30～21：30	讀書會
	週日15：30～16：30	法器練習
	每月第一、三週週日13：30～15：30	菩薩戒誦戒會
	每月第二週週日12：00～13：30	大悲懺法會
馬來西亞護法會	週一20：00～22：00	合唱團練唱
	週二、五20：00～22：00	禪坐共修
	週日09：00～11：00	
	週四20：00～22：00	念佛共修
	每月第二、四週週三20：00～21：30	菩薩戒誦戒會
	每月第一週週日11：00～17：30	中英文初級禪坐班
	每月第二週週日	讀書會

分會/聯絡處	時間	項目
香港護法會	週一19：30～21：30	合唱團練唱
	週二19：30～21：30	法器練習
	週三19：30～21：30	太極班
	週四19：30～21：30	繪本樂趣坊
	週五19：30～21：30	念佛共修
	週六15：00～17：00	禪坐會
	週六19：00～21：00	鈔經班
	週六17：15～18：45（第一週除外）	瑜伽班
	週日10：00～13：00（每月最後一週除外）	禪坐共修
	每月第一、三週週四19：30～21：30	動禪研習班
	每月第一、三週週六14：00～15：30	佛曲帶動唱
	每月第二、四週週四19：30～21：30	初階禪訓班
	每月第一週週六17：15～18：45	菩薩戒誦戒會
	每月第二週週六19：30～21：30	大悲懺法會
	每月最後一週週六14：00～15：30	花藝坊

◎大洋洲

分會/聯絡處	時間	項目
澳洲護法會		
雪梨分會	每月第三週週六09：00～17：00	精進禪一
	每月第一週週六14：30～16：30	北區讀書會
	每月第二週週六10：00～12：00	大悲懺法會
	每月第二週週六14：00～15：00	《金剛經》讀書會
墨爾本分會	每週二11：30～12：30（1～10月）	法鼓八式動禪推廣
	週六上午（1～10月）	禪坐共修（英文班）
	週日上午（1～10月）	禪坐共修（中文班）
	週日14：00～15：30（1～10月）	法會及念佛共修

法鼓山2007年主要禪修活動

◎法鼓山世界佛教教育園區禪堂

活動名稱		日期
禪二		2/23～2/25、9/21～9/23、10/26～10/28
禪七	初階禪七	1/13～1/20、10/5～10/13
	默照禪七	3/10～3/17、4/7～4/14
	默照禪七暨禪二	11/2～11/10
	話頭禪七	3/18～3/25、4/22～4/29
禪十	默照禪十	9/21～9/30
	默照禪十暨禪二	12/21～12/30
	話頭禪十	6/15～6/24
禪30	默照禪30	5/4～6/2
禪49	話頭禪49（共分三梯）	7/7～8/25

◎傳燈院

活動名稱	舉辦地點	日期	時間
禪修指引	農禪寺	1/13、1/27、2/10、3/10、4/28、5/12、6/9、6/25、7/7、7/21、8/4、9/1、10/20、11/3、11/17、12/1、12/15	每場約二小時
生活禪體驗營	三義DIY心靈環保教育中心	2/6～2/11、4/13～4/15、5/25～5/26、6/22～6/23、9/21～9/25、11/1～11/4	每期約二～六天
禪修試教	北投雲來寺	3/3、4/7、4/8	每場約八小時
法鼓八式動禪義工講師培訓	土城教育訓練中心	3/16～3/18	每期約三天
另類輔導動中禪	土城教育訓練中心	8/25～8/26	每期約二天
生活禪試教	土城教育訓練中心	10/20～10/21、11/17～11/18	每期約二天

◎國際禪坐會

活動名稱	舉辦地點	時間
國際禪坐共修	中華佛教文化館	週六14：00～17：00

法鼓文化2007年出版品

出版月份	書名
1月	·《明末佛教發展之研究——以晚明四大師為中心》(論叢系列/見曄法師著) ·《大師密碼I:誰比較聰明?》(經典人物故事系列/鄭栗兒著,周瑞萍(Rae)繪) ·《大師密碼J:神奇大布袋》(經典人物故事系列/鄭栗兒著,蕭湄義繪)
2月	·《正念戰役——從軍人到禪師的療癒之旅》(*At Hell's Gate:A Soldier's Journey from War to Peace*)(輕心靈系列/克勞德·安信·湯瑪斯著,陳敬旻譯) ·《不一樣的生活主張》、《不一樣的佛法應用》、《不一樣的身心安定》、《不一樣的環保實踐》、《不一樣的生死觀點》(世紀對話系列/聖嚴師父與名人合著) ·《法鼓山故事》(人間淨土系列/聖嚴師父口述,胡麗桂整理)
3月	·《大師密碼K:我的朋友變成蛇?》(經典人物故事系列/鄭栗兒著,張志傑繪) ·《大師密碼L:誰偷走小偷的心?》(經典人物故事系列/鄭栗兒著,菊子繪)
4月	·《學佛群疑》(簡體版)(學佛入門系列/聖嚴師父著) ·《觀世音菩薩與現代社會》(中文版)(佛教會議論文彙編/聖嚴師父等著) ·《法鼓山故事》(簡體版)(人間淨土系列/聖嚴師父口述,胡麗桂整理)
5月	·《禪門第一課》(*Subtle Wisdom*)(大智慧系列/聖嚴師父著) ·《大師密碼M:百變不驚的小黑炭》(經典人物故事系列/鄭栗兒著,鍾淑婷繪) ·《大師密碼N:王子的怪老師》(經典人物故事系列/鄭栗兒著,張慧嵐繪) ·《山東佛教史蹟——神通寺、龍虎塔與小龍虎塔》(論叢系列/鄭岩、劉善沂編著)
6月	·《禪味京都》(琉璃文學/秦就著)
7月	·《觀世音菩薩與現代社會》(英文版)(*Bodhisattva Aśvalokitevara (Guanyin) and Modern Society*)(佛教會議論文彙編/聖嚴師父等著) ·《大師密碼O:頭上長角的老虎》(經典人物故事系列/鄭栗兒著,邱千容繪) ·《大師密碼P:再也不睡覺了》(經典人物故事系列/鄭栗兒著,含仁繪) ·《佛教建築的傳統與創新——2006法鼓山佛教建築研討會論文集》(智慧海系列/聖嚴師父等著)
9月	·《你是佛陀接班人!》(*The Buddha's Apprentices:More Voices of Young Buddhists*)(大自在系列/蘇密·隆敦Sumi Loundon著,錢掌珠譯) ·《華嚴經·入法界品——空間美感的當代詮釋》(論叢系列/陳琪瑛著) ·《大師密碼Q:不怕鬼的石頭》(經典人物故事系列/鄭栗兒著,果祥繪) ·《大師密碼R:傻瓜開竅啦!》(經典人物故事系列/鄭栗兒著,菊子繪) ·《佛教神通:漢譯佛典神通故事敘事研究》(智慧海系列/丁敏著)
10月	·《空谷幽蘭——尋訪當代隱士》(*Road to Heaven*)(大自在系列/比爾·波特Bill Porter著) ·《癲狂與純真:日本高僧傳奇》(琉璃文學系列/李永熾著) · 2008年幸福禪味桌曆 ·《法華住世——法華鐘落成典禮紀念專輯DVD》(經典系列/1 DVD)
11月	·《當牛頓遇到佛陀》(般若方程式系列/惠敏法師著) ·《元代中峰明本禪師之研究》(論叢系列/釋有晃著) ·《大師密碼S:一個人一千雙手》(經典人物故事系列/鄭栗兒著,黃宜葳、張志傑繪) ·《大師密碼T:誰打敗了金剛?》(經典人物故事系列/鄭栗兒著,鍾淑婷繪) ·《玩味金山》(人生DIY系列/法鼓文化編輯部編撰)
12月	·《調伏自心——快樂生活的智慧》(*Taming the Mind*)(大自在系列/圖丹卻准Thubten Chodron著,俞靜靜譯) ·《方外看紅塵》(人間淨土系列/聖嚴師父口述,梁玉芳採訪整理) ·《學佛五講》(聖嚴法師最新修訂版)(學佛入門系列/常延法師(林孟穎)主講/24CD) ·《人生》月刊合訂本第一卷至第十四卷(12冊)、《佛教文化》季刊合訂本第一期至第十四期(1冊)

中華佛學研究所2007年課程表

◎95學年度第二學期

年級	必／選修	印度佛學組		中國佛學組		西藏佛學組	
		課程名稱	授課老師	課程名稱	授課老師	課程名稱	授課老師
一年級	共同必修	印度佛教史專題（II）					莊國彬
一年級	共同必修	中國佛教史專題（II）				二選一	黃繹勳
一年級	共同必修	西藏佛教史專題				二選一	翁仕杰
一年級	共同必修	日文文法	藍碧珠	日文文法	藍碧珠	日文文法	藍碧珠
一年級	共同必修	英文佛學論著導讀	郭瑞	英文佛學論著導讀	郭瑞	英文佛學論著導讀	郭瑞
一年級	共同必修	日文佛學文獻導讀	見弘法師	日文佛學文獻導讀	見弘法師	日文佛學文獻導讀	見弘法師
一年級	必修					英文佛教方法學（II）	馬紀
一年級	必修					藏文佛典導讀（II）	廖本聖
各年級共同選修	本組必修（他組選修）	《阿含經》研究	楊郁文	中國淨土專題研究	果鏡法師	因明研究	雪歌仁波切
各年級共同選修	本組必修（他組選修）	《大乘莊嚴經論》〈發心品〉梵典研究（II）	惠敏法師	禪觀專題	陳英善	《辨了不了義善說藏論》研究	雪歌仁波切
各年級共同選修	本組必修（他組選修）	藏梵語文獻導讀	見弘法師	判教專題	陳英善	自續派與應成派之思想專題	馬紀
各年級共同選修	本組必修（他組選修）	《思擇炎：入瑜伽真實抉擇章》研究	見弘法師	禪宗典籍導讀	黃繹勳		
各年級共同選修	本組必修（他組選修）	梵緣起相依性思想研探——以《明句論》第10章為中心	見弘法師	初期唯識思想專題（II）	蔡伯郎	《中論疏：正理海》導讀	馬紀
各年級共同選修	本組必修（他組選修）	菩提心專題研究	宗玉媺	《俱舍論》研究（II）	蔡伯郎		
各年級共同選修	本組必修（他組選修）	巴利佛典選讀	莊國彬	佛教史料學	藍吉富		
各年級共同選修	本組必修（他組選修）	巴巴利語初階	莊國彬				
各年級共同選修	本組必修（他組選修）	巴阿毗曇研究	莊國彬				
各年級共同選修	共同選修	華文釋典研讀					高明道
各年級共同選修	共同選修	佛教歷史學					馬紀 馬德偉
各年級共同選修	共同選修	佛教文化數位地圖——以《高僧傳》為研究主題					杜正民
資訊學程	必修	人文資訊學專題					謝清俊
資訊學程	必修	佛學資訊、工具與技術（II） 電子佛典實習（II）					維習安 周邦信
資訊學程	選修	數位文獻製作專題（XHTML, CSS, JS）					馬德偉
資訊學程	選修	XML進階班					馬德偉
資訊學程	選修	佛教文化數位地圖——以《高僧傳》為研究主題					杜正民
資訊學程	選修	互動式多媒體設計					許素朱
資訊學程	選修	網路藝術					許素朱

◎96學年度第一學期

年級	必／選修	印度佛學組		中國佛學組		西藏佛學組	
		課程名稱	授課老師	課程名稱	授課老師	課程名稱	授課老師
一年級	共同必修	藏文文法（暑）					廖本聖
		梵文文法（暑）					宗玉媺
		漢傳佛教史專題（I）					黃繹勳
		西藏佛教史專題					曾德明
		英文佛學史料選讀	郭瑞	英文佛學史料選讀	郭瑞	英文佛學史料選讀	郭瑞
		佛學日文（I）	見弘法師	佛學日文（I）	見弘法師	佛學日文（I）	見弘法師
	必修					西藏佛教認知學導讀	廖本聖
						佛教方法學	馬紀
各年級共同選修	本組必修（他組選修）	瑜伽梵典研究（I）	惠敏法師	中國淨土思想研究	果鏡法師	西藏唯識思想專題（I）	馬紀
		佛教思想專題（I）	見弘法師	天台專題	陳英善	攝類學導讀	馬紀
		中觀學派原典研究（I）	見弘法師	華嚴專題	陳英善	《辨了不了義善說藏論》研究	雪歌仁波切 廖本聖
		巴利佛典導讀（I）	莊國彬	禪宗典籍導讀	黃繹勳		
		上座部論書專題研究（I）	莊國彬	宋代禪宗典籍專題	黃繹勳	西藏因明思想專題（I）	雪歌仁波切 廖本聖
				《攝大乘論》研究（I）	蔡伯郎		
				《俱舍論》研究（I）	蔡伯郎		
	共同選修	漢譯佛典研究：《維摩經》第二品					高明道
		實用佛教文獻學：語言．文字					高明道
		佛教歷史與哲學專題					馬紀 馬德偉
資訊學程	必修	XML進階班					馬德偉
	選修	佛教資訊學專題					杜正民

中華佛學研究所、法鼓佛教研修學院2007年師資簡介

◎專任師資名單

姓名	職稱	最高學歷	任教科目
惠敏法師	教授	日本國立東京大學文學博士	·瑜伽行派梵典研究 ·三學精要研修
杜正民	教授級專業技術人員	中華佛學研究所結業	·佛教資訊學專題
見弘法師	助理教授	日本國立九州大學文學博士	·佛學日文 ·佛教思想專題 ·中觀學派原典研究
黃繹勳	助理教授	美國維吉尼亞大學宗教研究博士	·禪宗典籍專題 ·宋代禪宗典籍專題 ·漢傳佛教史專題
馬紀（William Magee）	助理教授	美國維吉尼亞大學宗教研究	·攝類學專題 ·佛教方法學 ·佛教歷史與哲學專題 ·西藏唯識思想專題
蔡伯郎	助理教授	中國文化大學哲學博士	·《攝大乘論》研究 ·《俱舍論》研究
莊國彬	助理教授	英國布里斯托大學神學與宗教研究系博士	·印度佛教史專題
馬德偉（Marcus Bingenheimer）	助理教授	德國烏茲堡大學宗教史系文學博士	·佛學資訊 ·工具與技術 ·佛教歷史與哲學專題
廖本聖	副教授級專業技術人員	淡江大學化學研究所碩士 中華佛學研究所畢業	·藏文文法 ·西藏佛教認知專題 ·西藏因明思想專題 ·《辨了不了義善說藏論》研究
果暉法師	助理教授	日本立正大學文學博士	·陰持入經專題
果鏡法師	助理教授	日本京都佛教大學文學博士	·中國淨土思想研究
果肇法師	副教授級專業技術人員	國立中興大學企業管理系畢業 曾任中華佛學研究所副所長	·禪修行門

◎兼任師資名單（校外單位兼課者）

姓名	職稱	最高學歷	任教科目
楊郁文	教授級專業技術人員	高雄醫學院醫學士	·《阿含經》研究
陳英善	副教授	中國文化大學哲學博士	·天台專題 ·華嚴專題
高明道	副教授級專業技術人員	中國文化大學中國文學研究所碩士	·實用佛典文獻學 ·漢譯佛典研究：《維摩經》第二品
宗玉媺	助理教授	德國漢堡大學哲學博士	·梵文文法
雪歌仁波切	助理教授級專業技術人員	格魯派三大寺頭等格西	·西藏因明思想專題 ·《辨了不了義善說藏論》研究

中華佛學研究所2007年畢業生名單

姓名	畢業論文題目	指導老師
釋顯覺	《明句論・第二十四品・觀四聖諦》之研究——以第七至十一偈頌為中心	見弘法師
黃纓淇	初期佛教「樂受」之研究	惠敏法師 楊郁文
黃侃如	楊郁文——佛法之理解與實踐	見弘法師 蔡篤堅
林恕安	初探宗喀巴大師對「他生」的看法：《入中論自釋》與《入中論善顯密義疏》對「破他生」的比較	馬紀（William Magee） 廖本聖
簡奕瓴	《廣論・四家註》的「真正所破」及高達美詮釋學之應用	馬紀（William Magee） 廖本聖
闞慧貞	《地道建立：智者頸飾》之譯注與研究	陳美華 廖本聖

法鼓山僧伽大學96學年度課程表

◎佛學系

學年			一年級	學分	二年級	學分	三年級	學分	四年級	學分
慧業	解門	戒	戒律學（一）	4	戒律學（二）	4	戒律學（三）	4	戒律學（四）	4
		定	禪學（一）	4	禪學（二）	4	禪學（三）	4	禪學（四）	4
		慧	高僧行誼	2	高僧行誼	0	高僧行誼	0	高僧行誼	0
			世界佛教史導論（一）	4	世界佛教史導論（二）	4	世界佛教史導論（三）	4	世界佛教史導論（四）	4
					大乘三大系	2	唯識學 中觀學 如來藏（三選一）	4		
			佛法導論（一） 佛教入門	4	佛法導論（二） 學佛五講	4	漢傳佛教諸宗導讀	4	天台學 華嚴學 淨土學（三選一）	4
							二課合解	2		
		通識教育	通識課程（一）	2	通識課程（二）	2	通識課程（三）	4	通識課程（四）	4
			電腦應用	1	英文（一）	4	英文（二）	4	英文（三）	4
			動禪	4	書法禪	4				
	行門		禪修（一）	4	禪修（二）	4	禪修（三）	4	禪修（四）	4
			梵唄與儀軌（一）	4	梵唄與儀軌（二）	4	梵唄與儀軌（三）	4	梵唄與儀軌（四）	4
			出家行儀（一）	4	出家行儀（二）	4	出家行儀（三）	4	出家行儀（四）	4
福業			作務與弘化（一）	0	作務與弘化（二）	0	作務與弘化（三）	0	宗教師教育	4
			班會		班會		班會		班會	

◎禪學系

學年			二年級	學分
慧業	解門	戒	戒律學	4
			沙彌律儀	4
		定	漢傳佛教禪觀	4
			禪學	4
		慧	高僧行誼	0
			大乘三大系	2
			禪宗法脈	4
		通識教育	禪法開示	2
			書法禪	4
			超心理學講座	4
	行門		禪修課程	4
			行解交流	2
			出家行儀	4
			梵唄與儀軌（二）	4
福業			作務與弘化（二）	0
			班會	

◎僧才養成班

學年			二年級	學分
慧業	解門	戒	戒律學（二）	2
			戒律學（三）	4
		定		
		慧	高僧行誼	0
			世界佛教史導論（二）——印度佛教史	4
			二課合解	2
		通識教育	英文（基礎、中階）	4
			宗教師教育	4
			書法禪	4
	行門		禪修指引（二）	4
			梵唄與儀軌（二）	8
			出家行儀（二）	4
福業			作務與弘化（二）	0
			班會	

法鼓山僧伽大學96學年度師資簡介

姓名	職稱	學經歷	本年度任教科目
聖嚴師父	創辦人 專任教授	日本立正大學博士 法鼓山創辦人	‧創辦人時間 ‧高僧行誼
果東法師	院長 （2007/11/1～）	法鼓山方丈和尚	
果暉法師	院長 （2007/8/1～2007/10/31） 專任助理教授	日本立正大學博士 法鼓山僧團副住持	‧四分比丘戒 ‧宗教師教育
果鏡法師	副院長 專任助理教授	日本佛教大學博士 曾任法鼓山僧團都監	‧禪宗法脈 ‧淨土學 ‧僧制與清規
常諦法師	教務長 專任副教授	國立陽明大學博士 法鼓山僧伽大學佛學院養成班畢業 曾任法鼓山僧伽大學教務處課務組組長	‧高僧行誼 ‧論文寫作
常度法師	男眾學務長 （2007/8/1～2007/10/7） 專任講師	三軍大學空軍指揮參謀學院畢業 法鼓山僧伽大學佛學院養成班畢業 法鼓山僧團男眾部僧值 （2005/12/1～2007/7/14）	‧出家行儀
常惺法師	男眾學務長 （2007/11/26～）	國立中興大學畢業 法鼓山僧伽大學佛學院佛學系畢業 僧團青年發展院代理監院 （2007/9～2007/11）	
果勤法師	女眾學務長 專任講師	曾任台東信行寺監院	‧出家行儀
果高法師	總務長 專任講師	僧團弘化院監院 （2006/2/17～2007/3/30）	‧出家行儀
果建法師	專任助理教授	政治大學法律系畢業 法鼓山僧團賢首會賢首 曾任法鼓山齋明寺監院	‧禪林寶訓 ‧中國佛教史 ‧梵唄與儀軌
果峙法師	代理男眾學務長 （2007/10/8～2007/11/25） 男眾學務處輔導組組長 專任講師	法鼓山僧團總務組組長 曾任法鼓山僧伽大學總務長	‧出家行儀 ‧戒律學
常順法師	男眾學務助理 男眾學務處規畫組組長 專任講師 （2007/8/1～2007/10/25）	政治大學畢業 法鼓山僧伽大學佛學院畢業	‧出家行儀
常聞法師	男眾學務助理 （2007/10/26～） 專任講師	美國紐約州立大學ESF分校畢業 法鼓山僧伽大學佛學院畢業	‧出家行儀
果徹法師	專任助理教授	中華佛學研究所畢業 曾任法鼓山僧團教育院監院	‧中觀學 ‧禪學——話頭 ‧比丘尼戒 ‧禪修

姓名	職稱	學經歷	本年度任教科目
果通法師	女眾學務處輔導組組長 專任講師	法鼓山僧團賢首會賢首 法鼓山僧團女眾部副僧值	・戒律學 ・出家行儀
果乘法師	專任講師	美國底特律大學畢業 曾任美國東初禪寺監院	・出家行儀
果解法師	女眾學務處助理 專任講師	法鼓山僧伽大學佛學院祕書 (2006/8/1～2007/7/31)	・出家行儀
常慧法師	女眾學務處規畫組組長 專任講師	中華佛學研究所畢業 法鼓山佛學推廣中心室主 (2006/1/10～2007/1/15)	・禪學 ・禪修
惠敏法師	兼任教授	日本東京大學文學博士 法鼓佛教研修學院校長 中華佛學研究所副所長	・思考與表達方法 ・世界佛教史
果元法師	兼任助理教授	美國喬治布朗學院畢業 法鼓山禪堂板首 曾任法鼓山東初禪寺住持	・禪修——默照 ・禪法開示教學
果醒法師	兼任講師	法鼓山禪修副都監 法鼓山禪堂堂主 曾任法鼓山監院	・禪學 ・漢傳佛教禪觀 ・禪修——止觀 ・禪法開示教學
果祺法師	兼任講師	法鼓山禪堂禪修室室主	・作務與弘化
果品法師	兼任講師	法鼓山僧團副住持 曾任法鼓山僧團都監	・梵唄與儀軌
果興法師	兼任講師	法鼓山僧團男眾僧值	・禪修
常智法師	兼任講師	輔仁大學碩士	・戒律學
常應法師	兼任講師	法鼓山僧伽大學佛學院養成班畢業 法鼓山僧團男眾部維那師	・梵唄與儀軌
石朝霖	兼任教授	日本近畿大學碩士	・超心理學
杜正民	兼任教授	中華佛學研究所結業 法鼓佛教研修學院圖書資訊館館長 法鼓佛教研修學院副校長(2007/ 4/8～)	・如來藏 ・印度大乘三大系 ・知識管理
林其賢	兼任副教授	中正大學博士班 聖嚴教育基金會董事	・弘講理論與實務
純因法師	兼任助理教授	美國亞利桑那大學博士	・禪學 ・華嚴學 ・漢傳佛教諸宗導讀
蘇南望傑	兼任助理教授	日本佛教大學博士課程	・ 西藏佛教史
熊永生	兼任講師	台灣藝術大學碩士課程	・書法禪
陳世佳	兼任講師	動禪講師	・動禪(太極拳)
李承崇	兼任講師	法鼓山僧伽大學教務處學術出版組	・電腦應用
果祥法師	兼任助理教授	美國密西根大學研究 中華佛學研究所畢業 法鼓山行政中心公關文宣室輔導師	・佛法導論

姓名	職稱	學經歷	本年度任教科目
證融法師	兼任助理教授	日本龍谷大學博士	・戒律學 ・唯識學
陳瑾瑛	兼任助理教授	美國聯合研究學院博士 台灣大學兼任助理教授 亞洲大學助理教授	・英文
果舫法師	兼任講師	法鼓山僧團三學院監院 曾任高雄紫雲寺監院	・梵唄與儀軌
果廣法師	兼任講師	法鼓山僧團執行副都監 法鼓山僧團代理都監	・佛法導論
果理法師	兼任講師	中興大學畢業 台中分院監院	・禪學
果印法師	兼任講師	法鼓山農禪寺知客師 法鼓山僧團代理都監助理	・梵唄與儀軌
果慨法師	兼任講師	法鼓山僧團女眾部維那師 法鼓山僧伽大學女眾學務處規畫組組長	・梵唄與儀軌 ・出家行儀
果增法師	兼任講師	僧團弘化院維那師 曾任農禪寺典座	・梵唄與儀軌
果傳法師	兼任講師	台北安和分院監院	・梵唄與儀軌
大常法師	兼任講師	中華佛學研究所畢業 法鼓山佛學推廣中心講師	・天台學
黃怡琪	兼任講師	中華佛學研究所畢業 中華佛學研究所專職	・動禪（太極拳） ・書法禪
方怡蓉	兼任講師	中華佛學研究所畢業	・英文
李詩慧	兼任講師	逢甲大學中文所碩士 台灣師範大學進修推廣部兼任講師 淡江大學成人教育學院兼任講師	・中文

法鼓佛教研修學院推廣教育中心2007年開課概況

◎第一期課程：3月初至6月初

課程名稱	授課老師	地點
根本佛教的佛學活用	楊郁文	慧日講堂
瑜伽（塑身健康篇）	簡淑華	華嚴蓮社
應用佛教心理學	許書訓	中山精舍
從禪定到禪悟	黄連忠	愛群教室
入中論導讀	劉嘉誠	
名僧墨跡之美	李銘宗	
宗教經驗之總總	道興法師	
藏文讀論班	廖本聖	
西藏佛教文化	曾德明	
《華嚴經》選讀	陳琪瑛	
日文閱讀	鐘文秀	
梵文閱讀	鐘文秀	
日語基礎句型與文法	鐘文秀	

◎第二期課程：6月底至10月初

課程名稱	授課老師	地 點
根本佛教的佛學活用	楊郁文	慧日講堂
禪SPA瑜伽	簡淑華	華嚴蓮社
淨土學概論	藍吉富	愛群教室
四部宗義	洛桑滇增	
佛教哲學諮商（日常問題學佛指南）	尤淑如	
唯識經典導讀	蔡伯郎	
《華嚴經》選讀	陳琪瑛	
初階佛典藏語	曾德明	
日文閱讀	鐘文秀	
梵文閱讀	鐘文秀	
梵文文法初階	鐘文秀	

◎第三期課程：10月中至2008年1月中

課程名稱	授課老師	地點
根本佛教的佛學活用	楊郁文	慧日講堂
禪柔瑜伽——新活力系列	簡淑華	華嚴蓮社
佛教修持法入門	藍吉富	愛群教室
基礎佛學	藍吉富	
《中觀寶鬘論》	洛桑滇增	
善財求道記	陳琪瑛	
佛學英文閱讀	馬紀（William Magee）	
佛教哲學諮商	尤淑如	
應用佛教心理學	許書訓	
藏文讀論班	廖本聖	
梵文閱讀	鐘文秀	
日文閱讀	鐘文秀	

法鼓山佛學推廣中心2007年課程一覽表

◎北部地區

地點	課程	講師
農禪寺	·聖嚴書院95秋級初階——農禪班（一年級下）	果廣法師
	·聖嚴書院96秋級初階——農禪班（一年級上）	果賢法師
	·聖嚴書院95秋級初階——農禪班（二年級上）	果廣法師
安和分院	·聖嚴書院96春級初階——安和班（一年級上）	果傳法師
	·聖嚴書院95秋級初階——安和班（一年級下）	溫天河
	·中國佛教史	果鏡法師
	·佛學入門	悟常法師
	·觀音道場學觀音法門	果燦法師
	·聖嚴書院96秋級初階——安和班（一年級上）	常華法師
	·聖嚴書院96春級初階——安和班（一年級下）	果舫法師
	·學佛五講（前三講）	清德法師
	·根本沒煩惱——與唯識初相遇	辜琮瑜
	·中國佛教史（二）	果鏡法師
	·佛教入門	悟常法師
	·聖嚴書院95秋級初階——安和班（二年級上）	溫天河
	·佛說大乘稻芊經	果徹法師
雲來寺	·聖嚴書院95秋級精讀唯識班（共三學期）	戴良義
	·聖嚴書院96秋級初階——雲來A、B班	郭惠芯
中山精舍	·聖嚴書院96春級初階——中山班（一年級上）	溫天河
	·聖嚴書院95秋級初階——中山班（一年級下）	胡國富
	·聖嚴書院96春級精讀——中山班（一年級上）	戴良義
	·聖嚴書院95春級精讀——中山班（二年級上）	林其賢
	·聖嚴書院96秋級初階——中山班（一年級上）	戴良義
	·聖嚴書院96春級初階——中山班（一年級下）	溫天河
	·聖嚴書院95秋級初階——中山班（二年級上）	大常法師
	·聖嚴書院96春級精讀——中山班（一年級下）	戴良義
	·聖嚴書院95春級精讀——中山班（二年級下）	林其賢
慈弘精舍（社子辦事處）	·學佛群疑	悟常法師
內湖辦事處	·聖嚴法師教觀音法門	立融法師
	·無量壽經講記	宗譓法師
	·講解四十二章經	果建法師
林口辦事處	·學佛五講	謝水庸
淡水辦事處	·戒律學綱要	果會法師
	·成佛之道——五乘共法	清德法師
	·成佛之道（一）	宗譓法師
新店辦事處	·佛教入門	悟常法師

地點	課程	講師
板橋共修處	·探索識界——八識規矩頌講記	清德法師
	·六波羅蜜講記	清德法師
	·八正道講記	大常法師
中永和辦事處	·六波羅蜜講記	悟常法師
	·八正道講記	大常法師
	·四神足、五根力、七覺支	宗譓法師
新莊辦事處	·福慧自在——金剛經生活	戴良義
	·四聖諦講記	宗譓法師
	·心的經典——心經新釋	清德法師
基隆辦事處	·大悲懺法	果慨法師
	·四聖諦講記	果樸法師
	·佛教入門	劉蒼海

◎桃、竹、苗地區

地點	課程	講師
桃園辦事處	·正信的佛教	見正法師
	·四聖諦講記	天襄法師
	·四正勤講記	大宣法師
	·四神足、五根五力	大宣法師
中壢辦事處	·學佛五講	諦融法師
	·大勢至菩薩念佛圓通章	見正法師
	·佛教入門	諦融法師

◎中部地區

地點	課程	講師
台中分院	·聖嚴書院95秋級精讀——台中班（一年級下）	林其賢
	·聖嚴書院96秋級初階——台中班A（一年級上）	果理法師
	·聖嚴書院96秋級初階——台中班B（一年級上）	果雲法師
	·聖嚴書院95秋級精讀——台中班（二年級上）	林其賢

◎南部地區

地點	課程	講師
台南分院	·佛法因緣觀	許永河
佳里共修處	·學佛學活	許永河

地點	課程	講師
高雄紫雲寺	・聖嚴書院94春級初階——紫雲班（三年級上）	果品法師
	・聖嚴書院95春級初階——紫雲班（二年級上）	越建東
	・聖嚴書院96春級初階——紫雲班（一年級上）	果澔法師
	・聖嚴書院95春級精讀——紫雲班（二、三年級上）	林其賢
	・聖嚴書院96春級專題——紫雲班（一年級上）	林其賢
	・聖嚴書院95春級初階——岡山班（二年級上）	禪松法師
	・聖嚴書院96春級初階——岡山班（一年級上）	郭惠芯
	・聖嚴書院96春級初階——紫雲班（一年級下）	果品法師
	・聖嚴書院96春級初階——岡山班（一年級下）	果澔法師
	・聖嚴書院95春級初階——紫雲班（二年級下）	果澔法師
	・聖嚴書院95春級初階——岡山班（二年級下）	關則富
	・聖嚴書院94春級初階——紫雲班（三年級下）	果建法師
	・聖嚴書院95春級精讀——紫雲班（二／三年級）	林其賢
	・聖嚴書院96春級專題——紫雲班	林其賢
三民精舍	・聖嚴書院94春級初階——三民班（三年級上）	果品法師
	・聖嚴書院95春級初階——三民班（二年級上）	禪松法師
	・聖嚴書院96春級初階——三民班（一年級上）	郭惠芯
	・聖嚴書院96春級初階——三民班（一年級下）	果澔法師
	・聖嚴書院95春級初階——三民班（二年級下）	果建法師
	・聖嚴書院94春級初階——三民班（三年級下）	果品法師
屏東辦事處	・聖嚴書院95春級初階——屏東班（二年級上）	郭惠芯
	・聖嚴書院95春級初階——屏東班（二年級下）	果澔法師
潮州辦事處	・聖嚴書院96春級初階——潮州班（一年級上）	郭惠芯
	・聖嚴書院96春級初階——潮州班（一年級下）	郭惠芯

法鼓山人文社會基金會2007年「法鼓人文講座」開課概況

◎北京大學（中國大陸）

講座主題	主講人
「二十四史」和中國文化——誰閱讀了「二十四史」	魏根深（Endymion Wilkinson）
俄羅斯突厥考古新收穫	科兹拉索夫（I.L.Kyzlasov）
碎葉古城——考古學研究的新視角	科兹拉索夫（I.L.Kyzlasov）
天上掉下來的哲學家	庫古能（Taneli Kukkonen）
後伊斯蘭哲學中的意義和隱喻	庫古能（Taneli Kukkonen）
現代人的擴散	巴爾約瑟夫（Ofer Bar-yosef）
西南亞的新石器時代革命	巴爾約瑟夫（Ofer Bar-yosef）

◎清華大學（中國大陸）

講座主題	主講人
語法化輪迴的研究：以漢語鼻音尾／鼻化小稱詞為例	曹逢甫
早期現代主義——魯迅、卡夫卡和喬依斯	李歐梵
紐約・紐約	道格拉斯・塔拉克
黃侃之禮學	池田秀三
從癩病史看中國史的特色	梁其姿
道義經濟的爭論：關於中國的社會科學基礎的新思維	李特爾（Daniel Little）
革命是否存在——中國遼寧的階層化，1749-2005	李中清
理由的統一性與差異性	斯科如普斯基（John Maria Skorupski）
意義的體系：維根斯坦的《邏輯哲學論》與形式語義學	斯托克霍夫（Martin Stokhof）
王陽明心學中的天下「第一等人」	曾春海
商業在唐宋變革中的作用	斯波義信
增進民主的多邊主義	馬塞多（Stephen Macedo）
跨文化翻譯中的價值問題	劉禾

◎南京大學（中國大陸）

講座主題	主講人
儒家的藝術精神	龔鵬程
學問之道與做人之道——治學體會漫談	馬敏
國學熱與國學教育的思考	郭齊勇
牛津浸禮會文獻與早期中英文化交流史的若干新發現	馬敏
當代文學中的文革敘事	陳思和
近代中國史學研究及其演進	桑兵
近代中國的新史學及其流變	桑兵
《西遊記》宗教研究之學術意義	陳洪
道家理想與理想人生	劉笑敢
人文自然與正義原則	劉笑敢
孔孟儒家的公私觀與公共事務倫理	郭齊勇

◎中山大學（中國大陸）

講座主題	主講人
丸山真男政治學中的「政治」	孫歌
從精神史視角看當代中國的歷史變遷	賀照田
如何從「醫療史」的視角理解現代政治？	楊念群
對話文明：和——同——異	杜維明
東亞歷史上的國家形成與佛教——一種宏觀區域式的研究	馬克瑞（John R. McRae）
中國哲學的「正當性」問題	李明輝
Two Conceptions of Happiness in Aristotle	余紀元
全球化後的社會和價值危機	黃萬盛
價值哲學和價值觀的困境	黃萬盛
重建價值體系的任務和可能	黃萬盛
論經典詮釋與哲學建構之關係——以朱子對《四書》的解釋為中心	黃俊傑

◎台灣大學（台灣）

講座主題	主講人
中西文化如何對話	汪容祖
東亞的書籍之路	王勇
佛教生死學的傳統與發展——以「靈性照顧」與「覺性照顧」為例，兼論東西文化比較	惠敏法師
西方哲學思潮下的現代自我概念	林鴻信
霸王別姬：從歷史、回憶到想像——一個兼涉歷史與文學的主題	葛兆光
西學首航——脫亞入西的近代中日學子群像	陳瑋芬
東亞文化圈「自我」與「他者」的互動	黃俊傑

◎成功大學（台灣）

講座主題	主講人
生命的奧祕與生死教育——人生最後的48小時	惠敏法師
一株番茄，大開文史研究的眼界	黃永武
《論語》與二十一世紀文明之發展	林安梧
當理學家遭遇風水師——古代儒家對一種傳統知識的態度	葛兆光
道家的人文精神——從諸子人文思潮及其淵源說起	陳鼓應
道教與生命治療	李豐楙

◎亞洲大學（台灣）

講座主題	主講人
人間愉快——中國文學生命境界	曾永義
墨分五彩筆應繽紛——中國文學的顏色情感	吳弘一
論中國經典中「中國」概念的涵義及其在近世日本與現代台灣的轉化	黃俊傑
佛教人生觀	鄭振煌
太空天文與生命的起源	李羅權
從我唱戲的那天起——吳興國的當代傳奇	吳興國

法鼓山全球聯絡網

【全球各地主要分支道場】

【國內地區】

■北部

法鼓山世界佛教教育園區
電話：02-2498-7171
傳真：02-2498-9029
20842台北縣金山鄉三界村7鄰半嶺14-5號

農禪寺
電話：02-2893-3161
傳真：02-2895-8969
11268台北市北投區大業路65巷89號

中華佛教文化館
電話：02-2891-2550；02-2892-6111
傳真：02-2892-5501
11246台北市北投區光明路276號

雲來寺（行政中心、文化中心）
電話：02-2893-9966
傳真：02-2893-9911
11244台北市北投區公館路186號

台北安和分院
電話：02-2778-5007~9
傳真：02-2778-0807
10688台北市大安區安和路一段29號10樓

齋明寺
電話：03-380-1426；03-390-8575
傳真：03-389-4262
33561桃園縣大溪鎮齋明街153號

中山精舍（中山辦事處）
電話：02-2591-1008
傳真：02-2591-1078
10451台北市中山區民權東路一段67號9樓

基隆精舍（基隆辦事處）
電話：0932-071-645；02-2426-1677
傳真：02-2425-3854
20045基隆市仁愛區仁五路8號3樓

北投辦事處
電話：02-2892-7138
傳真：02-2388-6572
11241台北市北投區溫泉路68-8號1樓

士林辦事處
11162台北市士林區中正路335巷6弄5號B1

社子辦事處（慈弘精舍）
電話：02-2816-9619
11165台北市士林區延平北路五段29號1、2樓

石牌辦事處
電話：02-2832-3746
傳真：02-2872-9992
11158台北市士林區福華路147巷28號

大同辦事處
電話：02-2599-2571
10367台北市大同區酒泉街34-1號

南港辦事處（設於台北安和分院）
電話：0921-611-906
傳真：02-2727-4361
10688台北市大安區安和路一段29號10樓

松山辦事處
電話：02-2713-3497
10572台北市松山區民生東路五段28號7樓

中正萬華辦事處
電話：02-2305-2283；0928-010-579；02-2307-3288
10878台北市萬華區萬大路239號4樓

內湖辦事處
電話：02-2793-8809
11490台北市內湖區民權東路六段123巷20弄3號1樓

文山辦事處
電話：02-2935-3640
傳真：02-8935-1858
11687台北市文山區興隆路二段27號3樓

海山辦事處
電話：02-8951-3341
傳真：02-8951-3341
22067台北縣板橋市三民路一段120號7樓

淡水辦事處
電話：02-2629-2458；0912-871-112
25153台北縣淡水鎮新民街120巷3號

三重辦事處
電話：02-2986-0168
傳真：02-2978-8223
24145台北縣三重市正德街61號4樓

新店辦事處
電話：02-8911-3242
傳真：02-8911-2421
23143台北縣新店市中華路9號3樓之一

中永和辦事處
電話：02-2231-2654
傳真：02-2925-8599
23455台北縣永和市中正路417號10樓

新莊辦事處
電話：02-2994-6176
傳真：02-2994-4102
24242台北縣新莊市新莊路114號

林口辦事處
電話：02-2603-0390；0935-577-785
傳真：02-2602-1289
24446台北縣林口鄉中山路91號3樓

金山辦事處
電話：02-2408-2593
傳真：02-2408-2554
20841台北縣金山鄉仁愛路61號

三芝辦事處
電話：02-2636-7752
傳真：02-2636-5163
25241台北縣三芝鄉公正街三段10號

桃園辦事處
電話：03-302-4761；03-302-7741
傳真：03-301-9866
33046桃園縣桃園市大興西路二段105號12樓

中壢辦事處
電話：03-281-3127；03-281-3128
傳真：03-281-3739
32448桃園縣平鎮市環南路184號3樓之一

新竹辦事處
電話：03-525-8246
傳真：03-523-4561
30042新竹市林森路231號11樓D室

苗栗辦事處
電話：037-362-881
傳真：037-362-131
36046苗栗縣苗栗市大埔街42號

三義DIY心靈環保教育中心
電話：04-2223-1055；037-870-995
傳真：037-872-222
36745苗栗縣三義鄉廣盛村八股路21號

中部

台中分院（台中辦事處）
電話：04-2255-0665
傳真：04-2255-0763
40756台中市西屯區市政路37號

德華寺（埔里安心服務站）
電話：049-242-3025；049-242-1695
傳真：049-242-3032
54547南投縣埔里鎮清新里延年巷33號

海線辦事處
電話：04-2662-5072；04-2686-6622
傳真：04-2686-6622
43655台中縣清水鎮鎮南街53號2樓

豐原辦事處
電話：04-2524-5569
傳真：04-2515-3448
42054台中縣豐原市圓環西路141號2樓

彰化辦事處
電話：04-711-6052
傳真：04-711-5313
50049彰化縣彰化市中山路二段2號10樓

員林辦事處
電話：04-837-2601；04-831-2142
傳真：04-838-2533
51042彰化縣員林鎮靜修東路33號8樓

南投辦事處（南投安心服務站）
電話：049-239-2363；049-239-2365
傳真：049-239-1414
54044南投縣中興新村中學西路106號

東勢安心服務站
電話：04-2588-1337
傳真：04-2577-3942
42341台中縣東勢鎮東蘭路26-11號

竹山安心服務站
電話：049-264-5456
傳真：049-263-0747
55768南投縣竹山鎮桂林里加正巷7之2號

南部

台南分院（台南辦事處）
電話：06-220-6329；06-220-6339
傳真：06-226-4289
70444台南市北區西門路三段159號14樓

紫雲寺
電話：07-732-1380轉11、12；07-731-2310
傳真：07-731-3402
83341高雄縣鳥松鄉鳥松村忠孝路52號（原大埤路19號）

三民精舍（高雄北區辦事處）
電話：07-380-0848
傳真：07-396-6260
80767高雄市三民區建安街94號1、2樓

嘉義辦事處
電話：05-2760071；05-2764403
傳真：05-276-0084
60072嘉義市林森東路343號3樓

高雄南區辦事處
電話：07-241-4513；07-241-1864
傳真：07-241-0048
80144高雄市前金區自強二路45號

屏東辦事處
電話：08-738-0001
傳真：08-738-0003
90055屏東縣屏東市建豐路2巷70號1樓

潮州辦事處
電話：08-789-8596
傳真：08-780-8729
92045屏東縣潮州鎮和平路28號7樓

東部

信行寺（台東辦事處）
電話：089-225-199；089-225-299
傳真：089-239-477
95059台東縣台東市更生北路132巷36或38號

宜蘭辦事處
電話：039-332-125
傳真：039-332-479
26052宜蘭縣宜蘭市泰山路112巷8弄18號

羅東辦事處
電話：039-571-160
傳真：039-561-262
26549宜蘭縣羅東鎮純精路三段38號

花蓮辦事處（花蓮安心服務站）
電話：03-834-2758
傳真：03-835-6610
97047花蓮縣花蓮市光復街87號7樓

【海外地區】

美洲

美國紐約東初禪寺
CHAN MEDITATION CENTER
TEL：（1-718）592-6593
FAX：（1-718）592-0717
E-MAIL：info@ddmba.org
WEBSITE：http://www.chancenter.org
ADDRESS：90-56 Corona Ave., Elmhurst NY 11373, U.S.A.

美國紐約象岡道場
DHARMA DRUM RETREAT CENTER
TEL：（1-845）744-8114
FAX：（1-845）744-8483
E-MAIL：ddrc@dharmadrumretreat.org
WEBSITE：http://www.dharmadrumretreat.org
ADDRESS：184 Quannacut Rd., Pine Bush NY 12566, U.S.A.

美國護法會
DHARMA DRUM MOUNTAIN BUDDHIST ASSOCIATION
（D.D.M.B.A.）

◎東北部轄區

紐約州紐約分會
New York Chapter, NY
TEL：（1-718）592-6593
FAX：（1-718）592-0717
E-MAIL：info@ddmba.org
WEBSITE：http://www.ddyp-test.org
ADDRESS：90-56 Corona Ave. Elmhurst NY 11373, U.S.A.

紐約州長島聯絡處
Long Island Branch, NY
TEL：（1-631）689-8548
E-MAIL：haideelee@yahoo.com
WEBSITE：http://longisland.ddmusa.org

康州聯絡處
Connecticut Branch
TEL：（1-203）972-3406
E-MAIL：contekalice@aol.com

佛蒙特州聯絡處
Vermont Branch
TEL：（1-802）658-3413
FAX：（1-802）658-3413
E-MAIL：juichulee@yahoo.com
WEBSITE：http://www.ddmbavt.org

◎中大西洋轄區

新澤西州分會
New Jersey Chapter
TEL：（1-732）549-7134
FAX：（1-732）957-0563
E-MAIL：chiuwang@msn.com
WEBSITE：http://www.ddmba-nj.org
ADDRESS：789 Jersey Ave. New Brunswick, NJ 08901, U.S.A.

紐約羅徹斯特聯絡處
Rochester Branch, NY
TEL：（1-585）249-0617#148
E-MAIL：chianhong@hotmail.com
WEBSITE：
http://www.geocities.com/ddmbarochny

賓州聯絡處
Pennsylvania Branch
TEL：（1-814）867-9253
E-MAIL：ddmbapa@gmail.com
WEBSITE：http://www.ddmbapa.org/

◎南部轄區

喬治亞州聯絡處
Georgia Branch
TEL：（1-770）416-0941
FAX：（1-770）417-5897
E-MAIL：jaolingny@gmail.com
WEBSITE：http://georgia.ddmusa.org

德州達拉斯聯絡處
Dallas Branch, TX
TEL：（1-817）226-6888；（1-972）660-5971
FAX：（1-817）274-7067
E-MAIL：ddmba_patty@yahoo.com
WEBSITE：http://dallas.ddmusa.org

佛州奧蘭多聯絡處
Orlando Branch, FL
TEL：（1-407）671-6250 #7548
E-MAIL：chihho2004@yahoo.com
WEBSITE：http://orlando.ddmusa.org

佛州天柏聯絡處
Tampa Branch, FL
TEL：（1-727）393-9588
E-MAIL：skau@tampabay.rr.com
WEBSITE：http://tampa.ddmusa.org

◎中西部轄區

伊利諾州芝加哥分會
Chicago Chapter, IL
TEL：（1-773）907-9853
FAX：（1-773）907-9853
E-MAIL：ddmbachicago@gmail.com
WEBSITE：http://www.ddmbachicago.org
ADDRESS：1234 North River Rd. Mt Prospect, IL 60056, U.S.A.

密西根州聯絡處
Michigan Branch
TEL：（1-517）332-0003
FAX：（1-517）332-0003
E-MAIL：lkong2006@gmail.com
WEBSITE：http://www.geocities.com/ddmbami/

◎西部轄區

加州洛杉磯分會
Los Angeles Chapter, CA
TEL：（1-626）350-4388
E-MAIL：ddmba@gmail.com
WEBSITE：http://www.ddmbala.org/
ADDRESS：9674 Telstar Ave. #C El Monte, CA 91731, U.S.A.

加州舊金山分會
San Francisco Chapter, CA
TEL：（1-408）272-9380
E-MAIL：ddmbasf@yahoo.com
WEBSITE：http://www.ddmbasf.org/ddmbasf2/
ADDRESS：1153 Bordeaux Dr #106 Sunnyvale, CA 94089, U.S.A.

加州省會聯絡處
Sacramento Branch, CA
TEL：（1-916）681-2416
E-MAIL：ddmbasacra@yahoo.com
WEBSITE：http://sacramento.ddmusa.org

華盛頓州西雅圖分會
Seattle Chapter, WA
TEL：（1-425）889-9898
FAX：（1-425）828-2646
E-MAIL：christinelin00@hotmail.com
WEBSITE：http://seattle.ddmusa.org
ADDRESS：14028 Bel-Red Rd., Suite 205 Bellevue, WA 98007, U.S.A.

加拿大溫哥華道場
DHARMA DRUM MOUNTAIN VANCOUVER CENTER
TEL：（1-604）277-1357
FAX：（1-604）277-1352
E-MAIL：info@ddmba.ca
WEBSITE：http://www.ddmba.ca
ADDRESS：8240 No.5 Rd. Richmond, B.C. V6Y 2V4, Canada

加拿大護法會
CANADA CHAPTER
多倫多分會
TORONTO CHAPTER
TEL：（1-416）621-7885；（1-416）937-0986
FAX：（1-416）621-6391
E-MAIL：ddmba_toronto@yahoo.com
WEBSITE：http://www.ddmba-ontario.ca/news.php
ADDRESS：Unit 1, 2 fl. 1041 Avenue Rd., Toronto, Ontario M5N 2C5, Canada

■亞洲

新加坡護法會
SINGAPORE BRANCH
TEL：（65）6735-5900
FAX：（65）6224-2655
E-MAIL：ddrum@singnet.com.sg
WEBSITE：
http://www.ddsingapore.org/
ADDRESS：100A, Duxton Rd.
089544 Singapore

馬來西亞護法會
MALAYSIA BRANCH
TEL：（60-3）7960-0841
FAX：（60-3）7960-0842
E-MAIL：ddmmalaysia@gmail.com
WEBSITE：http://www.ddm.org.my
ADDRESS：No.7, Jalan Changgai（6/22）, 46000 Petaling Jaya, Selangor Malaysia

香港護法會
HONG KONG BRANCH
TEL：（852）2865-3110
FAX：（852）2591-4810
E-MAIL：info@ddmhk.org.hk
WEBSITE：http://www.ddmhk.org.hk
ADDRESS：香港九龍荔枝角永康街23-27號安泰工業大廈B座二樓205室
Room 205 2F, Block B, Alexandra Industrial Building 23-27 Wing Hong St. Lai Chi Kok, Kowloon Hong Kong

泰國護法會
THAILAND BRANCH
TEL：（662）2535819；
（662）2531859
FAX：（662）2533098
E-MAIL：ddmbkk@gmail.com
ADDRESS：1041/29 Soi Nailerd Ploenchit Rd. 10330 Bangkok Thailand

■澳洲

澳洲護法會
AUSTRALIA BRANCH
雪梨分會
SYDNEY CHAPTER
TEL：（61-4）131-85603
FAX：（61-2）9283-3168
E-MAIL：ddmsydney@yahoo.com.au
WEBSITE：http://www.ddm.org.au
ADDRESS：Lucy Garden, 413-425 Beamish St., Campsie NSW 2194 Australia

■歐洲

盧森堡聯絡處
LUXEMBOURG LIAISON OFFICE
TEL：（352）400-080
FAX：（352）290-311
E-MAIL：li-chuan.lin@royalchine.com
ADDRESS：15, Rue Jean Schaack L-2563 Bonnevoie G.D. De Luxembourg

【教育事業群】

法鼓山僧伽大學
電話：02-2498-7171
傳真：02-2408-2492
20842台北縣金山鄉三界村七鄰半嶺14-5號
網址：http://sanghau.ddm.org.tw

法鼓佛教研修學院
電話：02-2498-0707轉2364～2365
傳真：02-2408-2472
20842台北縣金山鄉西勢湖2-6號
網址：http://www.ddbc.edu.tw

法鼓佛教研修學院・推廣教育中心
電話：02-2773-1264
傳真：02-2751-2234
11688台北市大安區忠孝東路四段124-6號7樓B
網址：http://ddbctw.blogspot.com

中華佛學研究所
電話：02-2498-7171
傳真：02-2408-2492
20842台北縣金山鄉三界村七鄰半嶺14-5號
網址：http://www.chibs.edu.tw

法鼓大學籌備處
電話：02-2893-9966
11244台北市北投區公館路186號

法鼓山社會大學服務中心
（新莊法鼓山社會大學）
電話：02-2994-3755；02-2408-2593～4
傳真：02-2994-4102
24241台北縣新莊市新莊路114號
網址：http://www.ddcep.org.tw/

金山法鼓山社會大學
電話：02-2408-2593-4
傳真：02-2408-2554
20841台北縣金山鄉仁愛路61號

大溪法鼓山社會大學
電話：03-387-4372
傳真：03-387-4372
33557桃園縣大溪鎮康莊路645號

台中法鼓山社會大學
電話：04-2255-0665轉212、213
傳真：04-2255-0763
40756台中市西屯區市政路37號

北投法鼓山社會大學
電話：02-2893-9966轉6135、6141
傳真：02-2891-8081
11244台北市北投區公館路186號

【關懷事業群】

法鼓山社會福利慈善事業基金會
電話：02-2893-9966
傳真：02-2893-9911
11244台北市北投區公館路186號
網址：http://charity.ddm.org.tw

法鼓山人文社會基金會
電話：02-2742-3603
台北市民生東路五段26號4樓
網址：http://www.ddmthp.org.tw/

聖嚴教育基金會
電話：02-2397-9300
傳真：02-2393-5610
10056台北市中正區仁愛路二段56號
網址：http://www.shengyen.org.tw

法鼓山

聖嚴

國家圖書館出版品預行編目資料

法鼓山年鑑. 2007／法鼓山年鑑編輯組編輯. -- 初版. -- 臺北市：法鼓山佛教基金會，2008.08 面；公分

ISBN 978-957-598-438-0（精裝）

1. 法鼓山 2.佛教團體 3.年鑑
220.58 97013670

2007 法鼓山年鑑

創辦人 聖嚴法師
出版者 財團法人法鼓山佛教基金會
地址 台北市北投區公館路186號
電話 02-2893-9966
傳真 02-2896-0731
編輯企畫 法鼓山年鑑編輯組
召集人 釋果賢
主編 梁金滿
執行編輯 林蒨蓉
編輯 釋常真、高正奕、李怡慧
校對 胡琡珮、許翠谷、林孟兒、陳重光、沈宜樺
文稿資料提供 法鼓山各會團、海內外各分院及聯絡處等單位
攝影 法鼓山攝影義工
美編完稿 陳淑瑩
網址 http://www.ddm.org.tw/event/2008/ddm_history/index.htm
初版 2008年8月
發心助印價 800元
劃撥帳號 19078983
劃撥戶名 財團法人法鼓山佛教基金會